U0494135

主办单位：中国社会科学院国际法研究所

国际法研究

CHINESE REVIEW OF INTERNATIONAL LAW

第八卷
Vol.8

2013年第1、2期

主　编　　陈泽宪
本卷执行主编　　黄东黎

社会科学文献出版社
SOCIAL SCIENCES ACADEMIC PRESS (CHINA)

编 委 会

编者前言

 中国社会科学院国际法研究所是中国社会科学院专事国际法研究的科研机构。其前身是中国社会科学院国际法研究中心。1959 年，在中国科学院哲学社会科学部建立法学所之后的第二年，法学所即成立了国际法组。1978 年 9 月，国际法组改建为国际法研究室。2002 年 10 月，在原国际法研究室的基础上，中国社会科学院国际法研究中心正式建立，2009 年 9 月经中央机构编制委员会办公室批准更名为国际法研究所。

 国际法研究所所长为陈泽宪研究员，副所长为陈甦研究员（兼法学研究所、国际法研究所联合党委书记）。研究所下设国际公法、国际私法、国际经济法、国际人权法四个研究室和海洋法与海洋事务研究中心、竞争法研究中心、国际刑法研究中心，有一支高水平的研究队伍，在国际法许多领域中的研究居于国内领先地位，在国际上也有重要影响。国际法研究所设有国际法专业的博士点和硕士点。目前，国际公法、国际私法、国际经济法、国际人权法四个研究方向均可招收和培养法学博士、硕士和指导博士后研究人员。

 中国社会科学院国际法研究所愿与从事国际法实践、科研、教学的学界同仁一道，共同促进中国国际法学理论与实践的发展，并促进国内外学术交流，为国际社会国际法学的传播和发展贡献力量。

 由中国社会科学院国际法研究所编辑出版的《国际法研究》，一年四期，努力为国际法学界提供一个学术研究和交流的平台，展现国内外、老中青三代学者的研究成果。恳请各位读者给予支持！

《国际法研究》编辑部

目　录

创新工程专栏

研究生论坛

信息综述

CONTENTS

Articles

Frontier

Special Issues: CASS "Innovation Project"

Graduate Forum

Information

学术论坛

国际法的变与不变[*]

何志鹏^{**}

摘　要：20世纪以后，特别是二战结束后的国际法，虽然主体的类型增加了，但国家在国际法主体中的核心地位未被撼动；国家的数量虽然随着非殖民运动而大幅上升，但大国的关键作用依然显著。尽管国际法处理问题的领域扩大，规范数量增多、规范形式多样，但国家安全问题依然是国际法的核心关切。虽然国际法的渊源与运行显示出了法治化的端倪，但是大国政治的痕迹依然明显。由此可知，国际法变的仅仅是外表而非内核，仅仅是形式而非实质，仅仅是量变而非质变。国际法变革与恒常的主导因素是国际关系的总体环境和国家的观念。国际法变与未变的启示是，不可对国际法治和全球治理盲目乐观，任何进步都要通过努力方能达到。国际法的真正法治化还有待于国际社会各行为体长期的努力。

关键词：国际法　主体　规范　运行　国际法治　变化

半个多世纪以来，人类取得了很大的进步，世界发展日新月异。表面上看，国际法也发生了深刻的变化。有学者认为："20世纪初以后，国际政治经济形势发生重大变化。国际法也有了突破性发展。"① 或者，"进入20世

---

* 本文系受车丕照教授的观点启发而成。2011年11月，在中国社会科学院举办的"中国社会科学论坛暨国际法论坛"的总结发言中，车丕照教授阐述了"国际法最近出现了很多变革，但有些方面仍然没有变"的观点，笔者多有认同。故展个人读书与思考，撰写本文的初稿，车丕照教授阅读后在结构上提出了修改建议。在2012年的"中国社会科学论坛暨国际法论坛"上，笔者陈述了基本观点后，受到了很多与会专家的指教，故进行了修订。本文受到了吉林大学青年学术领袖培育计划"国际法的中国理论"（2012FRLX10）的支持。

** 何志鹏，法学博士，吉林大学法学院教授，博士生导师。

① 邵津主编《国际法》，北京大学出版社、高等教育出版社，2008，第7页。

纪后，国际社会发生剧烈振荡，迎来一个新的历史转折点，使国际法获得了巨大的发展，开始进入现代期"。① 国际联盟的建立和《巴黎非战公约》的缔结"把国际法带入一个新的发展阶段"。② 更多学者认为，第二次世界大战的结束意味着国际法的一个新阶段。国际法有了"新的变换""明显的发展"；③ "在国际法领域所发生的许多变化，都是相当重大的"。④ 或者，"两次世界大战使整个国际关系发生根本变化，也使国际法发生变化，进入了新的时期"。⑤ "战后，《联合国宪章》的诞生和联合国的建立以及大量的新独立国家的兴起，标志着国际法的发展进入了一个新的阶段。传统的、以欧洲为中心的国际法开始被现代的、普遍性的国际法所取代。国际法的领域，不论从其主体、适用范围以及内容来看，都比以前扩大了。"⑥ "联合国的成立，对于国际法的发展发生重大影响。"⑦ "联合国的地位，对于国际法的发展发生了深刻的影响。"⑧ 也有学者提出："非殖民化运动的结束不仅带来了国际社会成员的彻底改变，也使调整国际关系的国际法发生了巨大的变化。"⑨ "20世纪80年代以来，全球化增加了全球和区域性组织的数量和影响范围，并要求国际法扩张其影响以包含这些行为体的权利和义务。由于其复杂性及其所涉及行为体的广泛性，现在新的国际法经常通过近于普遍认同的方式来形成。"⑩ 国际法取得了前所未有的信心与声誉，进入了一个崭新的时代。⑪

但冷静观察，不难发现，国际法的诸般变化又总会在历史中找到似曾相识的痕迹。虽然有很多新生的事物和情况，但仍然有很多方面、很多领域、很多层次依然如故，正如鲁迅所云，"历史总是有惊人的相似"。而列宁说过，"忘记历史就是背叛"，因此，考察今天的国际法，在缤纷

---

① 梁西主编、曾令良修订主编《国际法》，武汉大学出版社，2011，第23页。
② 邵沙平主编《国际法》，高等教育出版社，2008，第9页。
③ 王铁崖：《国际法引论》，北京大学出版社，1998，第289、297~301页。
④ 杨泽伟：《国际法史论》，高等教育出版社，2011，第199页。
⑤ 周忠海主编《国际法》，中国政法大学出版社，2007，第16页。
⑥ 《中国大百科全书·法学》（修订版），中国大百科全书出版社，2006，第164页。
⑦ 丘宏达：《现代国际法》（修订二版），三民书局，2006，第24页。
⑧ 王铁崖：《联合国与国际法》，《中国国际法年刊》（1986），中国对外翻译出版公司，1986，第4页。
⑨ 白桂梅：《国际法》（第二版），北京大学出版社，2010，第12页。
⑩ *Encyclopedia Britannica*，15th ed.（Encyclopedia Britannica Inc. 2010），vol. 21, p. 790.
⑪ Malcolm D. Evans（ed.），*International Law*，3rd ed.（Oxford University Press, 2010），p. 24.

复杂之中，需要审视的是：发生了哪些变化，哪些依然如故？对于这个问题的分析和考察有助于对国际法以及国际关系的深刻、清晰、明确、整体的认识。

一　行为体在变化，但核心主体未变

（一）国际法中的行为体日益多元化

同样是从 19 世纪后半叶开始，政府间国际组织开始建立，并随着一战后的国际联盟和二战后的联合国而具有越来越广泛的工作范围。随着从三大欧洲共同体的建立到单一的欧洲共同体的形成直至欧洲联盟的发展，从 GATT 的临时生效到 WTO 的正式成立并运作成为越来越成熟的规范体系，国际组织的地位在逐步提升，国家从国际法和国际关系中的唯一行为体转变成为诸多行为体之一，享有国际法权利、承担国际法义务的实体明显地添加了政府间国际组织。

由于战争情势的发展，特别是非殖民化运动的发展和人民自决观念的兴起，殖民地在 20 世纪 70 年代之前迅速独立，一些多民族国家在 20 世纪 90 年代分裂。因而，在亚洲、非洲、南美洲、东欧出现了大量的新国家，国家的数量比 100 年前增长了 4 倍。① 这些国家被纳入先行国际法体制之内，而且根据《联合国宪章》所规定的国家不分大小强弱一律平等的原则，与原有的联合国创始成员国共同享有权利、商议事务。与此同时，民族解放组织和叛乱团体在国际法上的地位也被确认。

在国际行为体方面的另一个现象是，非政府组织蓬勃发展，在国际法中的活动范围和活动影响在扩大，地位也越来越受关注。绿色和平组织、国际特赦组织等 NGOs 在国际事务上屡屡成为关注的中心。虽然人们可能并没有充分注意到，但实际情况是，早在 1862 年，作为非政府组织的 ICRC 就已经开始带动各国在国际战争和武装冲突法方面达成一致，签订条约了。所以，尽管非政府组织的国际法律人格仍然受到怀疑，但其活动对于国际法订立与运行的影响显然是不可小觑的。

而在国际法人格方面最受关注的当然还是个人。个人（包括公司）在

---

① David J. Bederman, *International Law Frameworks*, 3rd ed. (Foundation Press, 2010), p. 5.

人权法方面享有的权利、在战争及武装冲突法方面承担的义务和责任，使得人们深入关注个人在国际法上的地位。虽然在当代国际法上，私人是否作为国际法主体仍然存在着疑问，尚无定论，但国际法上个人的地位越来越高、越来越广泛而深入地参与到国际法律事务之中，则是一个不容置辩的事实。

个人在国际法上的主体地位在很大程度上取决于我们如何理解"国际法的主体"这一概念。其中最核心的症结在于主体的条件。人们都认同国际法的主体应当是参与国际活动、享有国际法上的权利、承担国际法上的义务的行为体，但是对于这些因素之间是并列（和）的关系，还是选择（或）的关系，并没有统一的观点。这就导致了非政府组织、跨国公司和个人（可以统称为私人）是否具有国际法主体地位的问题存在争论。① 关于个人是否为国际法主体的问题，表面上诸多纷繁复杂、高深莫测的讨论，实质上仅仅是立场之争、利益之争。这是因为，对于个人在国际法上所具有的行为领域、行为方式，所拥有的权利和承担的义务以及责任，无论是有关国家，还是学者，都无异议。其存在争论的焦点在于：如果私人与国家签订了协议，当国家违背约定之后，私人可否在国际司法机构中具有诉权，对抗国家？那些强调国家利益、站在国家立场上的人就会认为，个人与国家签署的协议仅仅是合同，应当按照国内法来处理；国家违约，个人也只能当作一种无法克服的客观事实而予以承受。这种合同不具有条约的地位，私人不能据此诉诸国际司法体制，要求国家予以补偿。而站在个人的立场上、维护个人利益的人就会认为，私人与国家签署的协议与私人之间签署的契约、国家之间签署的条约均无本质差异，其根本规则都是约定必须信守，任何一方都不应任意违约而逃避法律责任。如果出现了违约情事，国家必须负责任，私人既可以启动国内的司法救济程序，也可以启动国际司法或准司法程序要求个人的利益得以恢复，国家不应以任何理由阻止私人的行动，损害个人的利益。现在的国际法体系，从根本上认可国家与私人的不同地位，不认为私人有在国际司法机构起诉国家的资格。② 但是，在国际人权、国际投资领域，为了个人的利益，国家之间做出了特别的安排，其中

① 白桂梅：《国际法》（第二版），北京大学出版社，2010，第 236~241 页；《中国大百科全书·法学》（修订版），中国大百科全书出版社，2006，第 173 页。

② 参见 *Anglo-Iranian Oil Co. Case* (United Kingdom v. Iran), Judgment of July 22nd 1952, I. C. J. Reports 1952, p. 93。

包括很多人权条约的附加议定书确立了个人在人权条约机构进行申诉的机制，欧洲人权法院确立了个人起诉国家的机制，美洲人权法院和非洲人权法院在这方面也正在改革和强化。在国际投资条约中，国家在条约的层面概括性地保护私人的权利，形成了"保护伞"条款，投资者由此获得了更高的保护标准和更加有效的救济机制。① 与此同时，通过华盛顿公约形成的ICSID机制，由国家的许可和同意为基础，私人取得了在国际仲裁机构中主张权利的有限资格。这就意味着，在当今国际法领域，个人已经初步具备了行为体的资格。是否将之视为主体，仅仅是一个态度的问题，而不是一个真正的理论命题或者实证问题。

（二）国家的核心地位没有变

尽管存在上述的实践发展与理论争议，尽管国际法上的行为体在增加，国家作为国际法的原生主体、主要主体、基本主体，其地位并没有被撼动，国际法依然以国家为中心。② 这不仅因为在历史上国际法发展的最初阶段即作为国家之间的法，更主要的是，从内容上看，当前最大规模的国际法律关系是国家之间的关系，最大量的国际权利义务是国家之间的权利义务，最主要的国际法律争端是国家之间的争端，还因为从进程上看，国际法的规范确立、修正、改革、发展都以国家为中心，国际法的定理、遵守、实施都以国家为基本行为者，更因为从行为范围上看，国家可以毫无障碍、无须任何授权地全面参加国际法各领域、各方面的事务，所以是国际法的完全主体。与此相对，国际组织是国际法的继生主体、次要主体、部分主体。民族自决／人民自决的原则仍然必须受制于国家及其领土完整，忽视后者主张自决权很容易将国际秩序带入歧途，将国际法律引向混乱。因而，国际法实际上依然是国家中心的体制，远远没有超越国家体制，国家的核心性、主导性仍然存在。

而且，国家增多的状况也并不能够掩盖另外一个事实，那就是在国际事务中，依然以大国为中心。大国占据着国际议题的主导地位，而且起着关键作用。不仅确立着规则，也决定着规则的效力，决定着很多小国的命运。大

---

① 参见王彦志《国际投资条约的保护伞条款》，《中国国际法年刊》2008年卷，世界知识出版社，2009，第 295 ~ 341 页。
② 参见梁西主编、曾令良修订主编《国际法》（第三版），武汉大学出版社，2011。

国和小国仅仅是在名义上平等，这种平等不会形成实质上的同等，而且也不意味着遵守同样的规则，在规则面前受到同样的对待。这不仅体现在联合国安理会中的大国一致原则，[①] 体现在世界银行和国际货币基金组织的加权表决中，也体现在 WTO 的议事日程和讨论事项上。乔治·奥维尔（George Orwell）在《动物农场》（*Animal Farm*，1940）中所提及的"人人生而平等，但是有些人更平等（All men are created Equal，but some are more Equal than others）"[②] 的现象仍然鲜明地存在着。这就表明，大国左右国际法的基调，并不因为不结盟运动的发展、七十七国集团的存在和声音而有所变化。西方大国所提出的全球化观念虽然确实在一定程度上反映了科技与经济发展的客观现实，但是其本质依然是承载着新自由主义的观念和资本全球安家的目标。它们所倡导的全球治理模式对造成金融危机之类的危害与风险其实也并没有提出任何有效、可行的处置策略。

从这些显而易见的事实不难看出，虽然国际法上的行为体多元化了，但是原来的国际关系和国际法上所显现的大国主宰、大国掌控的基本格局并没有任何本质的变化。在当前的国际格局中，大国占据着国际议题的主导地位，起着关键作用，它们不仅确立规则，也决定着规则的效力，决定着许多小国的命运。

二 规范迅速增加，但规范主旨未变

（一）国际法规范增加的表现

一个世纪以来，国际法出现了很多新的规范，国际法的外延在迅速地扩大，国际法的范围在不断地拓展。

1. 国际法的领域迅速扩大

从国际法涉及事项的范围看，国际法的传统问题相对简单，主要关注诉诸战争的权利、战争的开始、战争结束的后续问题，以及和平时期的领土、使节等方面的安排。从 19 世纪后半叶开始，随着国际事务的复杂化，以及

---

① Peter Malanczuk, *Akehurst's Modern Introduction to International Law*, 7th ed. (Rougledge, 1997), p. 27.

② 有考证指出，早在奥维尔的这句名言广被流传之前 20 余年，R. Andom 就提到"All men are equal, but some are more so than others", *Walter Barrett*, Stanley Paul & Co, 1913.

国家功能的多样化，国际法的领域逐渐在增多。20 世纪以后，人类的生活空间不断扩展，不仅在陆地和近海，而且在深海、空气空间、外层空间、基地和网络上开展活动，进行探索，相应的规则如果不能国际化，就会带来很多阻碍和迟滞。所以除却传统的国家地位、国家承认、国家继承、武力适用与战争、领土、海洋、外交、条约之外，出现了空间与外空法、经济法、人权法、环境法、原子能使用法等很多国际法的新领域。与此同时，由于国家在国内事务中地位的变化，国家开始大规模介入经济问题。而且，由于二战带来的人权意识的觉醒，由于人类生产生活方式的影响，特别是生活方式、生活观念的变化，国家意识到很多现代性的风险社会问题需要合作解决。因而，国际法的处理事项在原有的领土、战争与和平问题之外，新添加了人权、经济、空间、外空、环境等等方面。① "在第三世界国家的推动下，国际法的原则、规则和制度得到了新的发展。其基本内容主要涉及国际法渊源和发展、基本理论和基本原则、国际法的主体、国际法上的居民、领土、海洋法、外交关系和领事关系法、条约法、航空法、国际组织法、和平解决国际争端和战争法等。在国际关系中，层出不穷地出现新问题，如核武器、国际海底、外层空间、环境保护等，都要求国际法加以调整，使现代国际法有了显著的发展。"② 由此，国际法从一个范围极为有限的法律体系一跃而成为发展极为迅速、涵盖方面极为广泛的新领域。③

2. 新的国际法律规则的制定

从国际法渊源的角度看，国际条约、习惯的数量在迅速增多，法律编纂的速度在加快，国际规范条约化的程度在提高。20 世纪的国际法走入了一个条约化的时代。如果说 19 世纪以前的国际法以习惯为主、条约为辅的话，20 世纪以后的国际法则以条约为主、习惯为辅。很多新的条约被制定出来，很多原有的条约被更新和发展，很多原初的习惯被整理和编纂成条约。④ 所以，在海洋法、外交法、条约法领域出现了很多新的国际条约。这些规则被国际组织所倡导和推动，并被大多数国家所承认和接受，不仅作为国家所允

---

① Cf. Lori F. Damrosch, Louis Henkin, Sean D. Murphy, and Hans Smit, *International Law: Cases and Materials*, 5th ed. （Thomson Reuters: West, 2009），p. 29；苏义雄：《平时国际法》（修订第四版），三民书局，2007，第 371 ~ 391 页。

② 《中国大百科全书》第 8 卷（第二版），中国大百科全书出版社，2008，第 361 页。

③ Peter Malanczuk, *Akehurst's Modern Introduction to International Law*, 7th ed. （London: Routledge, 1997），p. 16.

④ Malcolm N. Shaw, *International Law*, 6th ed. （Cambridge University Press, 2008），p. 31.

诺的条约，更作为国家所认可的习惯。

3. 新的国际法律形式出现

在条约与习惯之上，国际社会认同强行法（*jus cogens*）这一概念。这一概念起源于对国际法的自然法理解，即在国家的实证认可之上确立必须遵从的规则。[①] 虽然当今对于强行法的具体内涵、范围、操作尚未达成一致，但是国际强行法的观念已经深入人心。与条约、习惯并存的还有"国际软法"这一新的范畴。这些软法以国际会议文件、国际组织宣言，特别是联合国大会决议的方式表达，其形式多种多样，但共同特点是不能构成条约和习惯。虽然它们不具有直接的法律约束力，却代表了国际社会的发展方向，代表了国际法的未来前景，所以被国际行为体所高度重视和广泛接受。这些软法的存在也使国际法的渊源更趋多样化。

4. 新的国际法律观念萌生

从国际法具体规范的角度看，出现了"对一切的义务""保护的责任""人类共同遗产"（common heritage）等新的原则或主张，仿佛整个国际法都进入了一个人本主义的新时代，国际法的范围呈现出"乱花渐欲迷人眼"的局面。

（二）对于国家利益的关注没有变

1. 国际法的领域虽然在不断扩大，但国家安全依然居核心地位

国家的关注不仅包括军事、领土等传统安全的内容，还包括粮食、生态环境、信息等非传统安全的领域。在这种情况下，就有必要认识到，虽然国际法处理问题的领域不断拓展，但我们所处的世界依然是一个分化的世界，国际法的整体观念和理想被现实的国家疆界、利益、文化、性别所分割，变成了区域的或者国家集团的法律。而文化相对性与区域、霸权大国的崛起对于国际法的全球性发展也有很大的阻碍作用。[②] 国家利益、国家意志仍然是现代国际法的主旨，超国家的体系没有全面建立，国际法规范量的积累并没有导致质的突破，国际法仍然是国家之间的法，而不是国家之上的法。国际法并没有因此而变成"全球法"或者"人类法"。

---

① 参见罗国强《强行法的国际法渊源属性》，《中国国际法年刊》2008 年卷，世界知识出版社，2009 第 143 ~ 144 页。

② Mary Ellen O'Connell, Richard F. Scott, and Naomi Roht-Arriaza, *The International Legal System：Cases and Materials*, 6th ed.（Foundation Press, 2010）, p. 1163.

2. 国际法的规范数量虽然急剧增加，但国际法的规范仍然与国家的权利义务、国家的行为密切相关

国家之间确立了很多新的规范，但这些规范都没有使国际法变成一种全新的体系，而仍然是国家之间的法，仍然基于国家的承认和认可，而没有达到国内法的程度。

3. 从精神层面看，虽然出现了人本主义的观念，但就国际法的基调而言，在规则的认可和实施上，对于国家利益的关注始终居于首位

换言之，虽然从伦理的角度出现了一些重要的价值指向，但是国家对自身意志和利益的追求仍然居主导地位。由于国家之间的力量存在着差距，大国强权的局面就很容易形成。所有国家对于国家利益的关注，就会导致上述理想可能被边缘化，仅仅变成口号，国际法的人本化、人类共同利益、人民权益被忽略，在某些情况下也可能被曲解，成为大国实现霸权的工具。

三　运行方式强化，但弱法状态未变

（一）国际法实施体系的增强

当前，在国际法的一些领域中，组织化的程度不断提高。二战以后建立的联合国，由于其安理会具有一定的做出具有约束力决议的权能，在一定程度上已经被视为超国家的组织。[①] 与这种组织化的机制相对应，法律运行的效果逐渐增强，一些规则具有了类似于国内法的强制约束力，而不再是像凯尔森所描述的以自助为基础的国际法获取强制力的实施状态。[②] 也就是说，国际法的监督、执行机制越来越提升和完善。其中，比较值得注意的是人权、贸易和区域一体化的领域。

---

① John Baylis, Steve Smith, and Patracia Owens, *The Globalization of World Politics*, 5th ed. (Oxford University Press, 2011), p. 282.

② Hans Kelsen, *The Pure Theory of Law*, translated by Max Knight (University of California Press, 1970), p. 1, chapter 7; also in Kelsen, *General Theory of Law and State* (Harvard University Press, 1945) pp. 325 – 363; David Armstrong, Theo Farrell, and Hélène Lambert, *International Law and International Relations* (Cambridge University Press, 2007), pp. 11 – 12；当前，这种自助的方式仍然存在，而且在以往报复、反报的基础上被提炼成为"反措施"，具体分析参见李永胜《论国际法上的反措施制度》，《中国国际法年刊》2010 年卷，世界知识出版社，2011，第 78 ~ 119 页。

在人权领域，自 1946 年《国际人权宣言》开始的全球性的人权立法阶段，不仅形成了《公民权利和政治权利国际公约》《经济、社会文化权利国际公约》《消除一切形式种族歧视国际公约》《禁止酷刑或其他残忍、不仁道或有辱人格的待遇或处罚公约》《保护所有移徙工人及其家庭成员权利公约》《保护所有人免遭强迫失踪国际公约》《消除对妇女一切形式歧视公约》《儿童权利公约》《残疾人权利公约》等一系列全球性的人权公约，而且出现了欧洲、非洲、美洲一些区域性的人权体制。当前，不仅人权理事会具有普遍定期审查制度（UPR）、国别与专题的特别程序、申诉程序等人权保护体制，而且联合国人权高级专员、联合国难民署、国际劳工组织也确立了人权保护机制；还建立了基于人权条约的委员会；更重要的是，欧洲人权法院（原来还包括欧洲人权委员会）、美洲人权委员会和美洲人权法院、非洲人权和民族权委员会、非洲人权和民族权法院等机构，以国家报告、国家间指控、个人申诉等方式对于人权法的实施建立了体制。①

在贸易领域，自 1947 年关税与贸易总协定临时生效以来，多边贸易体制逐渐建立并且发展起来。1994 年 WTO 成立，覆盖了货物贸易、服务贸易、知识产权、农产品贸易、纺织品贸易、补贴与反补贴、反倾销、保障措施、非关税壁垒、与贸易有关的投资措施、政府采购等领域，更重要的是，WTO 建立了贸易政策审议机制和争端解决机制，前者对各成员实施WTO 多边贸易纪律的情况进行定期审核，后者强化了 GATT 时期已经比较成功的争端解决方式，特别在"反向一致"和"上诉机制"方面有所更新和提升。②

在欧盟，区域宪法性体制逐渐建立起来。③ 欧盟在 20 世纪 50 年代成立的三个欧洲共同体基础上不断发展，经 1986 年《单一欧洲法令》整合，特别是通过《马斯特里赫特条约》、《阿姆斯特丹条约》、《尼斯条约》和《里斯本条约》不断提升欧洲一体化的程度。虽然《欧洲宪法条约》由于一些成员国对于全球化的抵触未能通过，但此前欧洲法院已经确立了欧盟法在成员国直接适用和优先适用的原则，欧洲法院对于各成员国实施欧盟法的状况

---

① 参见白桂梅主编《人权法学》，北京大学出版社，2011，第 226～258 页；并参见徐显明主编《国际人权法》，法律出版社，2004，第 110～173 页。

② 参见王贵国《世界贸易组织法》，法律出版社，2003。

③ Anthony Aust, *Handbook of International Law*, 2nd ed.（Cambridge University Press, 2005）pp. 430 - 448.

进行审查和指引。①

国际刑法与国际人道法也得到了迅速发展，2002 年《国际刑事法院罗马规约》正式生效，国际刑事法院成立。"对于严重的国际刑事犯罪，国际社会已普遍认同应当绳之以法，任何人都不应逍遥法外，可以预见，在新世纪相当长一段时期内，建立法制社会的理想信念与建立公正合理的国际政治经济新秩序的努力将会汇成一股强大的动力，推动国际关系朝着更加民主、更加法制、更加多元化的方向发展。"②

正是由于这些情况的存在，"国际法从未犹如今日这般显而易见地强劲有力。新的国际法庭建立起来，国家更愿意接受从海域划界到贸易法律争端仲裁的强制性裁决。每年国际法委员会的工作议程都会添加新的法律问题，提出新的改革建议"。③

（二）大国政治的主旋律没有变

所有的法律都在政治与伦理之间，但是国际法的政治色彩更浓厚，法律约束力更加脆弱。也许与 19 世纪英法等国明目张胆的帝国主义行径、20 世纪上半叶苏联的大国沙文主义比起来，今天的国际法有了很多道德约束，对于国家的行为有了很多限制。但是这种变化不能太夸张。关于国际法是一种弱法，笔者想引入一个概念来说明问题，即"国际法的不对称性"（asymmetry of international law）。④ 这一概念是指同样的国际法规范在不同的国家具有不同的约束力。对于某些国家而言，国际法规范具有强大的约束力；对于另外一些国家而言，这些规范可以被任意解释，直至毫无效力。

从国际法遵行的总体情况看，美国国际法学家亨金的论断"It is probably

---

① Paul Craig and Gráinne de Búrca, *EU Law: Text, Cases, and Materials*, 5th ed. (Oxford University Press, 2011), pp. 482 – 544; Damian Chalmers, Gareth Davies, and Giorgio Monti, *European Union Law: Cases and Materials*, 2nd ed. (Cambridge University Press, 2010), pp. 142 – 227.

② 薛捍勤：《新世纪国际法的挑战》，《中国国际法年刊》2002/2003 年卷，法律出版社，2006，第 297 页。

③ Gillian D. Triggs, *International Law: Contemporary Principles and Practices*, 2nd ed. (LexisNexis Butterworths, 2011), p. 18.

④ 对于"不对称性"这一概念，国际关系学者 Brantly Womack 用来表述国家之间力量不对等、影响能力不同的状况。Brantly Womack, "Asymmetry Theory and China's Concept of Multipolarity", 13 *Journal of Contemporary China* (2004) 351; Brantly Womack, "China and Southeast Asia: Asymmetry, Leadership and Normalcy", 76 *Pacific Affairs* (2003) 529. 笔者转化并套用这一概念在这里表达在国际法体系中国家遵行和操作的能力差异。

the case that almost all nations observe almost all principles of international law and almost all of their obligations almost all of the time"① 大体不错。但问题在于，所有的"almost"累积在一起，就能够看出，总体遵循的比率并不算高。

更重要的是，那些国际法遭到违背的情况并没有受到有效的法律制裁，这也是国际法最不同于国内法运行的地方。所以那些逍遥法外、无所顾忌的情形特别引人注目。例如，主权与领土完整是被《联合国宪章》所宣示的国际法规范，同时也被很多国际实践所认可。但美国照样可以在 2001 年入侵阿富汗，在 2003 年入侵伊拉克，却没有受到任何有效的国际法惩治。美国的类似行动，包括在巴基斯坦击毙恐怖主义犯罪的嫌疑人奥撒马·本·拉登，同样与《联合国宪章》所确立的不得使用武力和以武力相威胁的规范相违背，美国却轻而易举地以"预防性自卫"（preemptive self-defense）和"反恐战争"（war on terror）来搪塞。相反，朝鲜不顾民生发展核武器、弹道导弹或者航空器的行为虽然不理智，却没有违背任何其作为成员的国际条约，但以美国为首的西方大国却不愿意看到朝鲜在这方面的发展，不仅操纵安理会通过决议"关切"和禁止，甚至采取经济措施予以制裁，使得朝鲜的民生与日俱下。中国在 1993 年遭遇的"银河号"事件，也是霸权大国在国际法上恣意妄为的一个例证。国际法的不对称性还表现在司法领域，在前南特别法庭建立起来之后，前南斯拉夫的官员纷纷被收监问罪，北约的官员尽管也犯有明显的攻击平民和民用设施（例如中国使馆）等国际人道罪行，却得以逍遥法外，心安理得。2011 年利比亚的冲突，北约显而易见地偏袒反政府武装一方，攻击政府军，这种不符合国际人道目标的、滥用安理会授权的行为却没有受到任何国际法的责罚。不仅如此，西方大国还热切地希望并积极地推进此种模式在叙利亚重演一次。在对待科索沃单方宣布独立的问题上，西方大国表现出了极大的热情和支持，这种对"民族自决"的片面强调与对国家主权与领土完整的忽视，体现出了大国解释规则的不公允立场，更是对小国权利无情的践踏。②

---

① Louis Henkin, *How Nations Behave: Law and Foreign Policy*, 2nd ed. (New York: Columbia University Press, 1979), p. 47.

② 笔者对于此类问题的分析，参见何志鹏《保护的责任：法治黎明还是霸权再现》，《当代法学》2003 年第 1 期；何志鹏：《大国政治中的正义谜题》，《法商研究》2012 年第 5 期；何志鹏：《从强权入侵到多元善治》，《法商研究》2011 年第 4 期；何志鹏：《大国政治中的司法困境》，《法商研究》2010 年第 6 期。

这种大国任意解释和驾驭国际法、让小国备受欺凌压榨的情势，与19世纪的鸦片战争、第二次鸦片战争、甲午战争以及战后签订不平等条约的状况①没有本质区别，都是一种"人为刀俎、我为鱼肉"的体系，都是一种不平等对待的格局。类似地，二战之前苏德互不侵犯条约对于欧洲势力范围的划分，② 二战之中美、英、苏几个大国对于欧洲、中国利益的分割，③ 都体现了国际法大国强权的特征。在这样一个强国呼风唤雨、小国风雨交加的国际法律环境里，很难去阐释法律的公平性、预见性、指引性。一个不能让法律面前的主体平等遵行和适用规范的体制，其实在一定程度上等于尚未脱离丛林时代，即如中国战国时代的状况，大国靠实力支配小国，伦理道德仅仅是一种可以随便粘贴的说辞。法律的力量就在于约束强者，保护弱者。如果它只是强者控制弱者的工具，则其薄弱不容置疑。因此，虽然国际法的行为体多元化了，但是原来国际关系、国际法上所显现的大国主宰、大国掌控的基本格局并没有任何本质的变化。

四　国际法变与不变的原因

如果我们对于前述现象进行追问的话，那么国际法变革与恒常的根本原因在于国际社会的总体状态。

（一）国际法变革的原因

国际法变革的基本推进因素是国际社会格局的发展和国家意识、观念的变革，反过来，国家意识和观念的变革又促进了国际格局的演进。国际社会格局是国际法变化的外因，国家观念的变化是国际法变化的内因。

国际法总体上起源于西方世界，其基础是欧洲国际关系体系的基本范式，也就是威斯特伐里亚和约所确立的主权、民族国家平等体系。这一体系意味着凌驾于各民族国家之上的教权被打散，国家的至高性获得广泛认可。

---

① 参见李玉民《近代中国的"条约制度"论略》，《湖南师大学报》1992年第6期；陈公禄：《中国近代史》，中国工人出版社，2012，第30~90、230~270页。

② 刘德斌主编《国际关系史》，高等教育出版社，2003，第300~301页。

③ 王绳祖主编《国际关系史》第六卷，世界知识出版社，1995，第270~292、327~350、364~382页。

其主旋律的变革则是在一场场战争中渐渐发生的。无论是拿破仑战争之后的神圣同盟、欧洲协调机制，还是索尔弗利诺战役之后出现的战争法规范，对于国际法的发展无疑具有意义。但更加重要的是第一次世界大战和第二次世界大战之后国际组织的建立。国际联盟是人类大规模组织化、国家让渡一部分自由给国际组织、构建国际社会契约的第一次尝试，联合国则是国际联盟经验和教训基础上将国际社会进一步组织化的进一步努力。集体安全制度的形成为国际体系的总体安全奠定了基础，而贸易、人权制度的强化则是这个大环境下的产物。世界市场的发展所导致的相互依赖的形成则为国际经济法的发展强化提供了条件。

国家观念的变化促动着其所处的环境发生变化，而环境的变化又为国家观念的变化提供着动力。国家在以往探索、试验的前提下汲取教训，重塑精神，并一点点达成共识。在受到共同威胁的时候，国家利益的界定发生改变，由原来的彼此对立、对抗变成了在某种情况下的共同利益。而相互依赖的客观现实则增加了国际合作的意愿。当全球风险社会在全球变暖、切尔诺贝利核电站泄漏、9·11事件、SARS危机、日本福岛核泄漏的警示下不再是传说的时候，国际身份认同、全球伦理的形成也就不言而喻了。所以，环境改变了思想，改变了国家的行为方式，也就改变了国际法规范，改变了国际法的运行机制。

（二）国际法未变的原因

与国际法变革的原因一样，国际法在很大程度上没有本质变化的根本原因是国际格局发展得不够彻底，也就是国际社会的环境从总体基调和格局上看，并没有根本的变化，威斯特伐里亚体系并没有质变。因而，国家的观念和意识也没有实质变化。

从社会整体背景看，国际社会的无政府状态、国家中心的基本格局依然如故。这就导致并强化了国际法上的主权原则，国家在法律原则上不受制于任何其他的力量，国家以名义上的平等资格彼此交往。这种国家中心、主权基石的无政府状态的国际体系也就塑造了国际法的状态，它必然是国家之间的法，是分散法，而非国家至上的统一法。与此同时，绝大多数国际法体现为"特别法"，而非广泛适用于一切国家的"普通法"。

国际法的核心保持不变的另一个基本因素是国际体系还保持在原来的

状态，国家的观念没有根本的变化。在这个资源有限的世界上，国家之间更多地考虑竞争和斗争，对于他国给自身带来威胁的忧虑使得各国陷于安全困境之中。每个国家都谋求自身的发展，不惜损人利己；彼此的防范使得条约和国际组织都处于脆弱的状态，世界被看成是一个群狼恶斗的场所，导致国家在高政治的问题上，仅仅服从自身的安全，丝毫不会考虑道德规范。

国际政治的总体环境、格局未变，国家观念也就未变，由此，国际法的运行过程体现出对于大国和权力的屈从和依赖。（1）在国际法的形成阶段，基于国家协定（条约）或者国家行为（习惯），国家之间的协定在很大程度上取决于国家的谈判能力；国家的行为能力、影响力在很大程度上依赖于国家的经济、军事力量。（2）在国际守法环节，国家的同意、国家的自主实施仍然非常重要。国际法的义务履行以自愿为主，国家如果能够信守承诺，则法律被实施；如果国家不能信守承诺，则取决于国家的力量。力量强大的国家违背法律也很难被约束和惩罚；力量弱小的国家稍稍出现一些违法的苗头就可能被惩治；更有甚者，力量弱小的国家在没有明显违法迹象的时候，就被大国欺辱。（3）国际执法与司法机制不成熟，在很大程度上仰赖于大国的支持，无法在国家之上超然、公正地发挥作用；运行软弱，法律结果约束力取决于政治力量对比。所以，大国政治依然左右着当代国际法。虽然国家并非不受国际法所约束，虽然大国并非不考虑国际法，但国际法的功能发挥始终是受限的。在国际事务上，符合大国意志的，可能成功；违背大国意志的，就会失败。这主要不是一个守法和违法的问题，而是一个权力和利益的问题。

在这个意义上，认为已经实现了法治，已经形成了模范国际法，显然还过于乐观。因此，我们可以说，时代背景在变化，但国际法的总体状态没有变化；国际社会确实在法治化，国际法的运行趋于规范化，但是大国政治的基调依然明显。

五 结论

由上述分析不难看出，从国际关系的维度看，世界虽然处于全球化的进程中，国家之间的相互依赖在增强，但国家之间的贫富分化、南北国家之间的差异和斗争依然存在；帝国虽然已经不存在了，但帝国主义思想还在，霸权主义使得世界和平依然受到严重的威胁；殖民体系虽然已然瓦解，但殖民思想还在，世界仍然是一个白人主导的世界。国际法一个世纪以来的发展，仅仅是量变，而非质变；仅仅是表面规范和机制的增加，而非深层基调的转换；仅仅是外在的形式的变化，而非内在的精神的变革。国际法的运行仅仅是形式上的增强，并没有出现根本上的差异。今天，国际秩序仍然是一个以国家主权、国家意志为主导的秩序，这也就意味着国家力量、国家能力的大小决定了国际事务的方向。大国可以以自己的偏好决定国际事务的走向，小国却只能被动接受。国家中心主义、国家利益至上、国家之间的斗争和竞争仍然是国际关系的主流。大国决定世界，小国被世界决定。少数大国的眼界决定了多数大国的世界。由此，国际法仍然是协定法、平位法、弱法，仍然是以国家为核心主体的法。

总体看来，虽然国际法的伦理性在不断提升，其政治性却依旧重要。如果从政治性的角度进行区分，国际法可以分为高政治、中政治、低政治等各个层面。高政治的武力与领土安全问题，主要靠国家的力量对比来决定，法律在多数时候仅仅是一种修饰。中政治的经济交往问题，国家靠利害分析来决定行为，对自身有利的，国家就会积极遵守国际法，对自身不利的，国家就可能逃避法律规范。低政治的人权、人道、环境等领域，国家之间可能会形成共同的观念，在一般情况下国家会积极拥护和遵行，但是在与国家安全和基本利益相矛盾的时候，就可能放弃这些基本观念。所以国际法没有变成超国家法、垂直法、强法，而仍然是平位法、协定法、弱法，[①] 这是我们认识当今国际法地位的基本论断和重要前提。

与此同时，必须认识到，尽管有国际社会的组织化，国际法的条约化，国际规范的等级化、司法化、宪政化、人本化，但千变万化，国际关系仍然以大国为核心，大国对于国际社会的发展有更大的能量，关键看这个国家是为自身谋取霸权还是为社会寻求公正。总体上看，在这个世界上，大国、大国的立场、大国的声音越多，国际关系就越容易公平，国际法就越容易公正有效。所以中国要成为大国，在国际社会彰显自身的立场、声音，表达自己的话语，为国际法的进一步完善、为国际社会的进一步提升做出自己的贡献。

---

① 参见何志鹏《在政治与伦理之间：本体维度的国际法》，《浙江大学学报》（人文社会科学版）2012 年第 5 期。

Change and Constancy in International Law

He Zhipeng

Abstract: Since the 20th century, especially after the World War II, international law changed in some aspects, but remained unchanged in others. The types of subjects increased, but the status of states as the core subject is still as before. The number of states increased due to decolonization, but the key function of the great powers is still evident. Although the field of international law expanded, more norms are created, forms of norms are various, it is clear that state security is the central problem of international law. The sources and operation of international law reflects the development of international rule of law, but the reality is that power politics is still dominant. To conclude, international law changed superficially, quantitatively, but not the nature, qualitatively. The environment of international relations and notion of states dominate changes and stability of international law. The implications of changes and stability of international law is that international law and global governance could not be highly relied on at the present, any progress needs great efforts. Only when all actors strive hard, it is possible for international rule of law to be realized.

Key Words: International Law; Subjects; Norms; Operation; International Rule of Law; Change

全球治理与联合国的改革问题

江国青[*]

摘　要：全球治理，是国际社会面对全球化带来的一系列问题和挑战所提出的一个新的概念。其所倡导的，是一种多主体、多层次和多种形式的综合治理模式。本文认为，在全球治理的过程中，国际法治是其最核心的层次，国际组织也往往扮演最重要的角色；并通过实例分析，探讨了联合国在全球治理过程中的作用与改革问题，以及中国应当采取的立场和对策。

关键词：全球治理　国际法治　联合国改革

本文主要从四个方面对全球化背景下联合国的改革问题进行探讨。第一，全球化和全球治理的概况。第二，在全球治理的背景下，联合国的角色定位是什么，是发挥核心作用，还是逐渐被边缘化？第三，联合国在这个背景下的改革问题与实例分析。第四，联合国改革的前景如何？中国应当采取怎样的立场和对策？

一　联合国与全球治理和国际法治

20世纪80年代冷战结束以来，随着科学技术和生产力的进一步发展，国家之间的关系和交往日益增多。世界各国（包括不同地区、不同民族）的政治、经济、文化和法律制度，呈现出一种逐渐整合，并以地球作为一个

---

[*] 江国青，外交学院、北京理工大学法学院教授，外交学院联合国研究中心主任，法学博士。

整体而延伸或趋同的现象。这种一体化、趋同化的现象或过程，就是我们所说的全球化或全球化进程。全球化是一个全方位、多维度的延伸现象和过程，但主要是以经济全球化为核心，并为资本在全球的配置利益所驱动。以经济全球化为核心的全球化，同时也延展到其他领域，引起了文化、政治、法律等上层建筑领域的全球化。在这种总的趋势和背景下，国际上各行为体（不限于国际法主体）之间的关系和利益已经越来越紧密地联系在一起。无论其愿意与否，它们之间的相互依存度愈来愈高。当然，全球化同时会带来一些负面影响。随着全球化的进一步发展，一些涉及全人类共同命运的问题与挑战，如贫困、灾难、流行性疾病、国际恐怖主义、债务和金融危机、气候变化与环境等，已经危及所有国家和地区的安全与利益。

面对全球化带来的一些负面影响，有些国家行为体和学者出于某种目的仍然主张采取一种单边或区域主义的解决办法，实际上仍然奉行和推崇一种强权政治。但实践证明，有些问题并不是单凭实力或武力就能解决的。有些现象（如种族或民族仇恨），任何一个国家或国家集团，即使再有实力，也都是无法单独应对和解决的。有鉴于此，国际上一些有识之士和组织提出了"全球治理"和"国际法治"的概念和主张。所谓"全球治理"，根据全球治理委员会在其1995年报告中的定义，就是指各种公共的和私人的机构管理诸多共同事务的综合治理。这种治理是一种持续的进程，通过这一进程，各种冲突或不同的利益可以得到适当的配置和采取合作行动。它包括被赋予强制执行权力的正式机构或机制，也包括公民和政体之间已经达成或认识到符合其共同利益的非正式安排。① 从上述定义来看，全球治理的主体既包括公主体，也包括私主体，是一种多主体参与的治理；从管理事务的对象来看，主要是对各主体具有共同利益的事务；从适用的方法和规则来看，全球治理除了政府间的层次之外，它也有某种超国家的治理，另外还有区域或次区域层次、NGO 和私人的治理。总之，全球治理就是一种多主体、多层次的治理（multi-level governance）。② 这种治理，不限于国家与国家之间达成

---

① 全球治理委员会是 1992 年在时任联合国秘书长加利的全力支持下建立的一个非政府组织或精英团体。其创始人和现任成员均为政界和商界领袖，包括一些前国家元首或首脑。1995年发表了题为《我们的全球邻居关系》的报告，其中界定了全球治理的概念。参见 The Commission on Global Governance, *Our Global Neighbourhood*, The Report of the Commission on the Global Governance（Ingvar Carlsson and Shridath Ramphal, Co-Chairmen），1995, pp. 11–12。

② Thomas Risse, ed., *Governance Without a State*（New York：Columbia University Press, 2011），p. 29.

的有约束力的正式规则和制度，也包括一些非国家之间的不那么正式的合意和安排，前者如《联合国宪章》和 WTO 协定等，后者如在联合国系统内安南秘书长倡导的《全球契约》、国际标准化组织制定实施的《ISO 14000 质量标准体系》等。①

"国际法治"的概念和全球治理有所不同。前者一般指的是一种对国际法主体有法律约束力的治理。国际法治的概念或理念在理论或学术界早有各种提法和表述。有人认为，荷兰国际法学者格劳秀斯之所以被称为"国际法之父"，部分原因，就是他在其《战争与和平法》一书中洞察和预见到国际社会对于国际法治的需要。② 有关国际文件中正式提出这一概念的，是1989 年联合国大会的 44/23 号决议。该决议宣布 1990~1999 年为"联合国国际法十年"，并首次以联合国正式文件的形式提出了"国际关系中的法治"（the rule of law in international relations）的概念，并确信要加强这一层面的法治。③ 1999 年 11 月 7 日《联合国大会关于国际法十年的决议》（54/28）确认该十年加强了"国际法治"（international rule of law）。这两个决议中提及的国际关系中的法治或国际法治的内容主要包括：逐渐发展与编纂国际法；遵守国际法规则与原则；加强国际法的实施机制，包括诉诸和充分尊重国际法院；鼓励国际法的教学、传播和更广泛的国际法意识等。由此可见，全球治理与国际法治的关系是：全球治理是一个更大范畴的概念，它包括国际法治和一些其他层次的治理形式，而国际法治主要是指国家或者政府层面治理的一种形式。由于国家仍然是当今世界最主要的行为体，因此，在全球治理的诸方面，国际法治仍然是一种最有效的、最活跃的方式。

---

① 在联合国体系之外，其他一些区域性和专门性国际组织，也通过类似"软法性"方式对跨国公司等国际行为体制定了一些自愿接受的行为准则或指南，如 2011 年最新版的《经济合作与发展组织跨国公司指南》，主要鼓励跨国公司积极从事有利于环境改善的活动，增加绿色投资，承担相应社会责任；国际金融公司与荷兰银行 2002 年提出一项通称为"赤道规则"的企业贷款准则，也是要求金融机构应当考虑向其提出贷款申请的项目是否会对环境和社会造成不利影响，旨在通过金融杠杆的方式促进实施更多有利于考虑环境影响的项目。截至 2011 年 7 月，全球已有 72 家银行（包括中国的兴业银行）选择接受了"赤道规则"，在某种意义和程度上承担了环境领域的全球治理责任。

② 参见 James Bacchus, *Groping Toward Grotius: WTO and International Rule of Law*, p. 3, http://www.worldtradelaw.net/articles/bacchus grotius.pdf。

③ 2006 年联合国大会进而提出"国家和国际两级法治"的概念，并将其列入第六委员会（法律委员会）的议题。

二 全球治理背景下联合国的角色与作用

2000 年，安南秘书长曾发表一个关于"我们人民——联合国 21 世纪角色与作用"的工作报告。关于联合国在全球治理背景下的角色定位，我们还可以从以下不同角度进行观察。

首先，从应然角度出发，一般认为，在全球治理的过程中，国际组织作为一种多边外交的平台，是最能发挥全球治理作用的。而联合国又是世界上最具有普遍性的组织，所以，联合国应该扮演一个最重要的角色，或应担当为一个"世界上最高的管理组织"（as the world's supreme governance institution）。[①] 尽管在联合国成立之初，似乎还没有全球治理的概念，但从联合国的宗旨和目的来分析，则可以清晰地发现这种精神和理念。《联合国宪章》的宗旨有四个：第一，维护国际和平与安全；第二，发展各国间友好关系；第三，促进国际合作；第四，构成一个协调各国行动的中心。《宪章》第 2 条的 7 项原则是配合这些宗旨的。

维护国际和平与安全是联合国的首要目的。在这方面，《联合国宪章》设计的是一种集体安全体系，即以安理会负主要责任、五个常任理事国一致为核心和国际社会整体配合（包括非联合国会员国，第 2 条第 6 项）来维护国际和平与安全的体制。这个体系或体制由《宪章》的一系列规定予以体现和保证：序言中规定，集中力量，以维护国际和平与安全；第 1 条第 1 项规定，采取有效集体办法，以防止且消除对于和平之威胁；第 5 章安理会的职责和大国一致的制度；第 6 章和平解决国际争端；第 7 章制裁等应付办法；第 8 章区域安排应依联合国宗旨与原则行事的规定；等等。这种集体安全制度，明显有别于传统的国际政治与国际关系理论与实践，其所设计的是一种集中而又普遍（集体）的安全制度。这种集体安全制度，是对传统军事同盟、霸权主义、遏止政策和强权政治的摈弃。在一定程度或层面上，这也就是一个政府间的全球治理体制。

其次，联合国的组织结构和职权划分，也体现出全球治理的理念。联合

---

① 参见 Roni Kay O'dell, "New Perspectives on the Independence of International Organizations: How Do They Influence Peacebuilding and Good Governance?", in *Global Governance: A Review of Multilateralism and International Organizations*, vol. 18, Oct. – Dec. 2012, pp. 480 – 481。

国是一个庞大的组织体系，主要包括三类机构或组织：主要机构、附属机构和专门机构。联合国有 6 个主要机构，它们是在《宪章》中有明确规定和地位的，包括大会、安理会、经社理事会、托管理事会、秘书处和国际法院。主要机构下还可以根据行使职权的需要设立各种附属机构。此外，还有通过经社理事会与联合国订立关系协定而纳入联合国系统的 20 多个专门机构。

联合国系统的各不同组织机构具有不同的性质和职权范围。其中，联合国大会是全体机关，只要是联合国的成员，都有参加大会活动的权利。它是一个权力和决策机关，采取一国一票、多数表决的议事规则。大会通过的决议根据其类型，具有不同的效力，有的具有约束力，但多数仅具有建议的性质。安理会是联合国组织一个最重要的执行机关，其主要职权是维护国际和平与安全，并为履行此项职务而享有特定的权力。安理会由 15 个理事国（5 个常任理事国和 10 个非常任理事国）组成。议事规则分为程序问题与程序事项以外的一切问题（包括决定一个事项是否为程序事项的问题）两种情况，分别适用不同的规则：前者由任何 9 个理事国的可决票决定；后者由 9 个理事国其中包括 5 个常任理事国的可决票决定，这也就是我们通常所说的安理会 5 个常任理事国的否决权。安理会通过的决议一般均具有法律拘束力，《宪章》规定各会员国应接受并履行安理会的决议（第 25 条）。联合国大会和安理会在维护国际和平与安全的问题上有比较明确的职权划分。大会可以讨论任何《宪章》范围内的问题，包括足以危及国际和平与安全的问题。但如果安理会正在执行《联合国宪章》所授予的职务，着手处理某个问题时，则大会非经安理会请求，不能对此提出任何建议（第 12 条）。这体现了《宪章》关于安理会在维护国际和平与安全方面负有"主要责任"的规定，并在一定程度上赋予其优先权。[①]

经社理事会由 54 个理事国组成，主要讨论、审议社会、经济等问题并向大会提出建议。经社理事会还负责与有关专门性国际组织缔结关系协定，

---

① 但安理会并非享有专属的维护国际和平与安全的权力或责任。如果有关一个涉及维护国际和平与安全的问题安理会还没有开始处理，大会可以提起审议并通过有关决议。同样，如果安理会在某个问题上陷于瘫痪状态，也可能给大会审议提供机会。如 2012 年 2 月 16 日和 6 月 3 日联合国大会通过的两个有关叙利亚的决议就是在安理会的有关决议被否决后由西方国家所推动通过的。联合国大会的此类决议虽不像安理会决议一样对会员国具有法律约束力，但也具有一定的政治影响和象征意义。

将其纳入联合国系统成为其专门机构，以便统一协调相互间的工作和更好地发挥各自的作用。托管理事会由管理国、5个常任理事国和大会选举的其他国家组成，主要监督战后托管领土的管理并促成其自治和独立。已于1994年11月1日结束任务，停止工作。现在，它的状态是等待改革。国际法院是联合国的主要司法机关，是一个相对独立的专家型的团体，在和平解决国际争端和推动国际法治的发展方面发挥着重要作用。秘书处是一个具有国际性质的行政机构，现有包括秘书长在内的4万多名各种级别的工作人员（国际公务员），主要负责联合国的日常行政技术事务。秘书处的国际性质主要包括两方面的内容：一是秘书长及其他工作人员执行职务时，应专对本组织负责，不得请求和接受本组织以外任何政府或其他当局之训示，并应避免足以妨碍其国际官员地位的行动；二是联合国会员国应尊重秘书长及其他工作人员责任的专属国际性，决不设法影响其责任的履行。① 国际法院的独立性地位和秘书处的专属国际性质尤其体现了联合国的全球治理和国际法治精神。

第三，全球化背景下联合国面临的危机和挑战。应该承认，联合国自成立以来，在世界风云变幻的"汪洋大海"颠簸了近70年，其是非功过虽众说纷纭，但的确为人类的进步与福祉做出了贡献。联合国作为一种政府间层面的全球治理形式，实际上也发挥了非常重要的作用。联合国具有崇高的全球治理的理想或理念，它把国家间的和平与安全问题以及经济和社会问题，都集中在一个组织框架之下予以通盘考虑和处理；创造了维护国际和平与安全的"集体安全体制"；强调国际大家庭里各国的主权平等地位；并将联合国设计为一个"协调各国行动的中心"。联合国具有比较完备的组织结构，其所规定的基本原则已成为当代国际社会公认和普遍接受的基本原则。实践中，联合国在维护国际和平与安全、促进经济社会发展、非殖民化运动、激励增进和尊重人权、推动国际社会的法治建设诸方面都取得了一定的成就。

尽管如此，联合国的某些制度设计及其实际运作也并不是那么完善和理想。特别是随着时代的发展，20世纪80年代冷战结束以来建立在雅尔塔体制基础上的两极势力均衡体系已经崩溃，超级大国越来越明显地奉行单边主义和强权政治，各种名目的区域主义苗头泛起。学术理论上似乎也出现了一种所谓"去集中化"思潮。在全球治理的背景下，联合国不但没有起到应有的

① 《联合国宪章》第100条。

中心协调作用，反而在一定程度上出现了被"边缘化"的危险和挑战。联合国在维护国际和平与安全方面的集体安全体制尤其受到严重的冲击和影响。

例如，2012年2月4日俄罗斯和中国投反对票否决了由西方国家及有关阿拉伯国家共同起草的有关叙利亚问题的决议草案，美国及其西方盟国即开始拟建反叙联盟，企图绕开联合国而孤立俄罗斯和中国。美国国务卿希拉里于2月5日表示："面对已然瘫痪的联合国，我们要在联合国之外加倍努力。"这意味着美国和其他一些西方国家并不尊重联合国，而只希望联合国成为它们自己的工具。

实际上，早在1999年的科索沃战争（及后来的伊拉克战争）中，以美国为主导的北大西洋公约组织就已经开始撇开联合国单独行动，并在此之前进行了舆论准备。1988年11月，北约理事会正式通过决议，提出北约可以在联合国授权之外，在北大西洋公约组织安全区域以外使用武力。1999年北约《联盟战略概念》删掉了"依据联合国宪章的基本原则"的文字，意味着北约以后将在未经联合国授权的情况下进行防区外军事干涉行动。这也表明北大西洋公约组织作为西方的一个区域性军事集团（西方自诩为"和平的联盟"），其冷战后的军事战略出现了一系列演变和转型，凸显了其军事新战略的强权色彩。①

联合国的"边缘化"问题，除了超级大国的单边主义和北约强权政治的原因，还涉及其他一些正式和非正式的国际会议和机制的因素或影响。如八国集团虽然并不是一个严格意义上的国际组织，也没有任何实际的决策权，却具有强大的内部协调和外部促进功能。② 作为一个工业化国家的俱乐部，它主要协调成员国对国际政治和经济问题的看法和立场。八国集团对于联合国、世界贸易组织和其他国际金融机构不会产生直接的竞争关系，但其对外部世界的影响力在不断加强。其他一些区域性和专门性国际组织与联合

① 《联合国宪章》第8章规定了"区域办法"。《宪章》原则上不排除区域办法或区域机关在适宜于区域行动的情况下用来应付有关维护国际和平与安全的问题，但规定要求有关区域办法或机构及其工作应该符合联合国的宗旨与原则（第52条）。第53条进一步规定，对于安理会职权范围内的执行行动，如无安理会的授权，不得依区域办法或区域机关采取任何执行行动。第54条规定，依区域办法或区域机关已采取或正在考虑的行动，不论何时应向安理会予以充分报告。

② 八国集团是由七国集团发展而来的，现由美国、英国、法国、德国、意大利、加拿大、日本和俄罗斯组成。俄罗斯是1997年参加进来的。它是一种定期会晤和磋商机制，不具有国际法律人格和常设的秘书处。有时也邀请其他国家（特别是南方国家）的代表参加会议。参见〔加拿大〕彼得·哈吉纳尔：《八国集团体系与二十国集团：演进、角色与文献》，朱杰进译，上海人民出版社，2010，第107～117页。

国的关系也在发生微妙的变化，逐渐呈现一种去集中化趋势。当然，联合国没有必要也不可能垄断一切权力。但在冷战后的全球化浪潮中，联合国的确面临着前所未有的威胁和挑战。联合国要在新的时代背景下继续发挥其应有的作用，较全面的改革势在必行。

三 全球治理背景下联合国的改革问题与有关实例分析

总体而论，联合国改革问题可以分为两大类，第一类是机构性改革，包括大会、安理会、托管理事会的改革，还有一些附属机构，例如现在的人权理事会，之前是人权委员会的改革。这种改革一般是比较实质性的，涉及《联合国宪章》的修改。第二类是管理层面的改革，主要是秘书处的管理工作和内部程序。这方面的问题比较具体，主要是人力资源的开发、服务质量的提高等等，不需要修改《联合国宪章》。现在，国际社会讨论的联合国改革问题的范围非常广泛，并不设限制，但主要涉及以上两个方面。

应该看到，作为国际社会一个最重要的多边合作组织，联合国在世纪之交特别是进入新世纪以来已经在全球治理和国际法治建设方面率先进行了一系列改革尝试和努力。如前面提及的 1989 年联合国大会 44/23 号决议，正式宣布 1990～1999 为联合国国际法十年，明确提出了国际关系中法治的概念。此后，2000 年秘书长关于"我们人民——联合国 21 世纪角色与作用"的工作报告，2004 年"威胁、挑战和改革高级别小组"提交的《一个更安全的世界：我们的共同责任》的报告，2005 年安南秘书长名为《大自由：实现人人共享的安全、发展与人权》的报告，2005 年《世界首脑会议成果文件》，等等，都是围绕联合国的发展与改革问题展开的。有的已经拟订了较具体的方案，有的已经取得了初步成效。我们可以扼要讨论和分析一下三个不同层面的实例。

首先是安理会的改革。用现任秘书长潘基文的话说，这乃是联合国改革中一个最敏感、最有争议和最困难的问题（the most sensitive and most controversial and most difficult issue）。① 安理会有几个问题比较明显，第一就是代表性问题。现在大家认为 15 个理事国的代表性不够，在全部 193 个国家之中代表性不足 8%。第二是构成问题，即是否需要改变 5 个常任理事国

① 潘基文 2007 年 1 月 16 日在华盛顿战略与国际问题中心的演讲，见 www. centerforumreform. org/node/318。

和 10 个非常任理事国的构成模式。第三是五常的地位和否决权的合理性问题。虽然联合国成立之初有关国家（当时有一个"四国声明"）曾对此做出过解释，认为联合国主要是维护国际和平与安全的国际组织，五大国在这个方面负有主要责任，故而需要享有相应的权利。① 但是，在联合国后来的实践中，由于常任理事国行使否决权的状况往往不合人意，故而这个问题屡屡被提出来。第四是职能的有效性和司法监督问题，这是同一个问题的两个方面。职能的有效性指的是，所有理事国能够一致通过皆大欢喜的决议的情况很少，安理会受大国的否决权或政治影响经常处于瘫痪状态。有的决议虽然通过了，但是在执行过程中会发生变形或走样。例如，关于利比亚的 1973 号决议决定设立禁飞区，这项决议虽然基本上是一致通过的（中国投弃权票），但大国在实施过程中却超越了决议的授权范围。安理会的改革是典型的国家或政府间的全球治理层面的问题，更多地体现或反映了广大中小国家的关切，要求对大国的权力予以监督和限制。

目前有关安理会的改革方案主要有安南《大自由报告》中的 A、B 两个方案。前者被称为 6 + 3 方案，即增加 6 个常任理事国和 3 个非常任理事国；后者被称为 8 + 1 方案，即增加 8 个连任 4 年的半常任理事国和 1 个非常任理事国。日本、德国、印度、巴西"四国联盟"极力支持 A 方案。另有意大利和韩国等"团结谋共识"国家方案，主张现有常任理事国格局不变，再增加 10 个非常任理事国。目前的现状是，对于上述几种主要方案，其他国家也往往有非常不同，甚至完全不同的意见，尚远没有形成共识。作为某种替代办法，有人呼吁联合国在进行较全面改革之前，应尽可能加强其工作的可信度、透明度和有效性。有些非政府组织建议安理会常任理事国在有些问题（如种族灭绝、战争罪和反人类罪方面）上自觉放弃使用否决权。现任秘书长表示将继续谋求尽可能最广泛的共识。

其次是人权理事会（原人权委员会）的改革。联合国人权委员会（1946 ~ 2006 年）原是经社理事会的一个附属机构，主要负责联合国人权领域的事务。但长期以来，人权委员会一直为西方国家控制和利用，主要针对发展中国家设立国别议题并进行国别审查，而没有一个西欧和北美国家受到审议。久而久之，引发了联合国内部的政治对抗，使人权委员会偏离了促进人权发展的轨道而不得不进行改革。2006 年 3 月 15 日，第六十届联合国大会通过第 60/

---

① 参见许光建主编《联合国宪章诠释》，山西教育出版社，1999，第 183 ~ 188 页。

251 号决议，设立联合国人权理事会，取代已运行 60 年的联合国人权委员会。人权理事会和原来的人权委员会的地位是不一样的，原来是经社理事会的下属机构，现在是大会的附属机构。有人还提出要进一步提高人权理事会的地位，将其作为和大会平起平坐的主要机构。但是，目前还没有实质性的进展。

与其前身人权委员会相比较，人权理事会的一个主要特点是其"普遍定期审查"（universal periodic review）机制，旨在确保联合国全部会员国履行人权义务和承诺的情况都得到审查。"普遍定期审查"机制是联合国大会赋予人权理事会的一项重要职权。创建该机制，是为了纠正原来人权委员会在国别人权问题上的选择性做法，以便更好地保证所有国家不论大小强弱，都能受到公正、公平和平等的对待。2007 年 6 月 18 日，人权理事会第五届会议正式通过了一个题为《联合国人权理事会的体制建设》的第 5/1 号决议。该决议附件的第一部分就对人权理事会的"普遍定期审查"机制予以了详细规定，包括审议工作的依据、审议的原则与目的、审议的期间与顺序、审议的程序与方式、审议的结果及后续行动等。这些制度或规定都在一定程度上保证了普遍定期审议机制的权威性和公正性。从 2008 年 4 月普遍定期审议工作组举行第一届会议到 2011 年 10 月，人权理事会已经对联合国当时所有 192 个会员国都进行了一轮审议。从 2012 年 5 月开始到 2016 年 11 月，将对包括南苏丹在内的 193 个联合国会员国进行为期四年半的第二轮审议。2012 年 5 月 21 日至 6 月 4 日，人权理事会普遍定期审议工作组第十三届会议在日内瓦举行，对巴林、英国等 14 个国家进行审议，标志着第二轮审议已经开始。根据人权理事会 2011 年 3 月 25 日通过的第 16/21 号决议以及理事会有关普遍定期审议的第 17/119 号决定，第二轮和此后各轮审议将主要集中于对受审议国所接受的建议的履行和人权局势的发展的情况进行审议。与安理会的改革相比较，人权理事会的改革及其普遍定期审议机制，主要是一种国际监督下的国家一级治理模式，它更多地仍然体现或反映了一种西方国家的全球治理理念。①

---

① 在 2011 年普遍定期审议第一轮最后一届的工作组会议闭幕会上的讲话中，人权理事会主席劳拉·D. 拉色尔（Laura Depuy Lasserre）大使将普遍定期审议机制描述为一个"独特的过程"（unique process），它为全球的人权局势提供了一幅综合的版图，并强调第二轮审议对许多人而言将被证明是"一个真相的时刻"（a moment of truth）。在 2012 年 3 月召开的人权理事会上，联合国人权高级专员纳维·皮涞女士也认为，第二轮审议将检验该机制的价值和可信度，并敦促各国本着公正、客观的精神评价人权局势并提出新的建议。

第三是"全球合约"（global compact）。这实际上是联合国秘书长的一个倡议。前任联合国秘书长科菲·安南在1999年1月31日世界经济论坛的发言中，首次邀请企业界领袖们参加一项名为《全球合约》的行为准则。《全球合约》呼吁企业界与联合国机构、劳工和民间社会联合起来，支持人权、劳工和环境领域的九项普遍原则，其目的是通过集体行动的力量，培养企业负责任的公民意识，从而使企业界参与应对全球化的各项挑战。这种行动是自愿性的，参与之后就必须按照这些原则和标准去做。《全球合约》于2000年7月开始实施，至2010年已经举办三次全球合约领导人峰会。此外，《全球合约》每年还召集一系列会议重点讨论与全球化和公民社会相关的具体问题，包括"私营部门在冲突地区的作用""工商界与可持续发展"等。通过《全球合约》，联合国动员和吸引了最大范围内的企业和其他非政府实体参与到全球治理的过程中来。与安理会和人权理事会的改革所涉及的均属于国家或政府间层面的问题不同，全球合约倡导的是一种公民社会参与的全球治理。

四 联合国改革的前景与中国的立场和对策

从以上的几个实例可以看到，中小国家要求的全球治理和联合国改革与大国的要求是不一样的，同样的问题不同国家要求改革的重点也是不一样的。但一样的是，它们都要求改革。所以说，联合国改革既是一个法律问题，也是一个政治问题。无论是从法律视角，还是从不同会员国政治意愿的视角，有关联合国任何实质意义的改革都不是一件轻而易举的事情，都必须寻求最广泛的共识，都需要联合国会员国真诚的合作和努力。从联合国组织本身的情况来看，这次大规模的联合国改革运动，主要是在前任秘书长安南任下发起的。现任秘书长潘基文上任后至少在其第一个任期内并没有采取太多的实际行动。他的态度是，他会履行和执行其前任所提出的任何在实践中可行和必要的改革计划和方案，并表示必要时也会组织提出一些自己的改革计划或方案。但从以往的情况看，秘书长的惯例似乎都是在任期即将结束或卸任之前才开始重视改革问题，可能也是这时才发现一些需要改革的问题。他们似乎也更愿意把问题留给下任处理。久而久之，联合国的问题就会积累得越来越多。

中国有关全球治理和国际法治的立场和态度总体是积极的。中国是联合国的创始会员国，特别是 1971 年恢复了在联合国的合法席位后，中国对于联合国作用和地位的观念也发生了重要变化。如以前我们往往将其视为一个"外交斗争的场所"，而现在大家更多地认为联合国是一个重要的多边外交活动平台，需要更多地发挥其维护国际和平与安全和促进国际合作方面的作用。作为安理会的常任理事国，随着中国在国际上地位的提升，我们也应该承担更多的国际责任。2005 年中国外交部发布了《中国关于联合国改革问题的立场文件》。文件指出，在全球化深入发展、各国依存不断密切的情况下，全球性威胁和挑战也呈现多元化的特点，更加相互关联。因此各国应共同努力，以集体行动应对威胁和挑战，特别是努力消除其产生的根源。联合国作为最具普遍性、代表性和权威性的政府间国际组织，在国际事务中的作用不可或缺，是实践多边主义的最佳场所，是集体应对各种威胁和挑战的有效平台。通过改革加强联合国的作用，符合全人类的共同利益。文件强调改革应有利于推动多边主义，最大限度地满足所有会员国尤其是广大发展中国家的要求和关切，并在此基础上提出了联合国改革应遵循的原则和主要方面的问题。中国也完全赞同 2005 年《世界首脑会议成果文件》中将法治作为一项价值观和基本原则的观点和主张，认为法治是人类文明和进步的重要标志，并支持联合国大会第六委员会（法律委员会）将"国内和国际两极法治"问题列入其议题进行审议。①

应该肯定，中国政府关于联合国改革和推进国际社会法治建设的原则立场及其行动无疑是理性和正确的。实践证明，在全球化的背景下，任何强权政治或单边主义的选择都是不可取的。任何一个国家，不论其多么强大或有实力，都不可能单独应对跨越国境的所有问题。而从全球治理和国际法治的基本理念出发，我们赞成并强调应该通过改革来加强联合国的作用和地位，这既符合中国的国家利益，也符合整个国际社会和全人类的共同利益。值得肯定的是，改革开放 30 多年以来，中国的经济建设和法治建设都取得了非常大的进展。但中国尚不是一个实力国家。尽管中国的经济总量现在排名世界第二，但是人均国民生产总值仍排在 100 位左右。即使有实力，中国也不会选择霸权主义和权力政治。从法治建设的角度而言，即使改革开放以来我们的法律制度日益健全，也参加和缔结了许多国际条约和协定，但整体的国

① 参见中国代表在第六十六届联大六委关于"国内和国际法治"议题的发言，《中国国际法年刊》（2011），世界知识出版社，2012，第 551~552 页。

内法治建设还需要进一步完善。因此，中国政府和学术界都认为，坚持以《联合国宪章》的宗旨和原则为核心的国际法治有利于维护世界和平、稳定和发展，符合世界各国人民的共同利益。在全球化继续发展的今天，国际法治和国内法治的联系越来越密切。因为法律制度的多元内在价值在国际层面和国内层面都是相通的，加强国内法治同样有利于社会稳定，促进经济发展，实现社会正义，所以我们应积极推动国际法治和国内法治的良性互动，使两者相互借鉴，共同发展。[①] 但是，中国不赞成推行不成熟的联合国改革方案，特别是在没有达成广泛共识之前，强制性地表决某些方案。国际社会只有尊重联合国的作用和权威，不断完善其组织机制，全球治理和国际法治才会取得更大成效。

Global Governance and Issues of United Nations Reform

Jiang Guoqing

Abstract：Global governance is a new concept introduced by the Commission on the Global Governance to address a series of problems and challenges arisen in the context of globalization. This article suggests that the international rule of law constitutes the most essential method and international organizations play the most important role in the process of global governance. By analyzing some cases, it further probes the role and related reform issues of the United Nations, as well as the appropriate position and strategies of China.

Key Words：Global Governance；Rule of International Law；Reform of the United Nations

---

① 参见中国代表在第六十六届联大六委关于"国内和国际法治"议题的发言，《中国国际法年刊》（2011），世界知识出版社，2012，第 551 ~ 552 页；另见何志鹏《国际法治的理论逻辑》，《中国国际法年刊》（2008），世界知识出版社，2009，第 101 ~ 141 页。

国际经济法律秩序的重构与中国的地位及作用[*]

何　力[**]

摘　要： 当今的国际经济法律秩序和法律规则形成于二战以后，GATT、IMF 和世界银行构成了最初的骨架，到现在 WTO 规则是其中的核心制度。中国加入 WTO 并没有改变这个秩序和规则，而是去适应它、运用它，从而取得了如今的经济成就，成为当今国际经济格局中的一个要素。但不可否认，当今的国际经济法律秩序和法律规则并没有充分反映中国的地位和诉求。2008 年美国的次贷危机爆发，接踵而至的是欧元债务危机的深刻化，反映了这一秩序和规则存在着严重缺陷。这也是国际经济法律秩序重构，提高中国在其中的地位和话语权的大好时机。我们应该抓住这个机遇，以我国经济实力为后盾，在 WTO、IMF、世界银行以及其他国际经济组织的活动和规则制定方面发出自己的声音。

关键词： 国际经济法律秩序　WTO　国际经济法律规则　国际经济格局

当历史进入 21 世纪之际，中国加入了 WTO。从那以来，国际经济形势和格局发生了重大变化。特别是中国作为一个强势发展中的新兴经济体，以多年持续的经济高速增长为背景，GDP 于 2010 年起跃居世界第二，2012 年国际贸易总额首次超过美国，成为世界第一。[①] 而外汇储备总额早已是世界

---

　　* 本文是国家社会科学基金项目"气候变化下中国海外能源投资法律保护研究"（项目批准号：10BFX097）的阶段性研究成果之一。

　** 何力，复旦大学法学院教授，博士生导师，法学博士。

　① 2012 年上半年外贸进出口总值 18398.4 亿美元，同比增长 8%，中国新闻网：http://finance.chinanews.com/cj/2012/07－10/4020762.shtml，而 2011 年美国的贸易总额是 37340 亿美元，中国是 36420 亿美元，综合考虑，中国外贸总额 2012 年超美国已成定局。

第一，① 如今大约占各国外汇储备总额的 40%。中国已经在国际经济和贸易中成为举足轻重的角色。那么，在当今国际经济法律秩序及其法律规则中，中国国际经济地位的这种变化是否已经得到体现？在国际经济法律秩序和法律规则的形成机制中，中国是否已经获得与其地位相称的发言权？如果没有，在国际经济法律秩序和法律规则如何重构上，中国应该采取什么措施加以应对？本文准备就这些问题展开讨论，以期为中国的未来发展提供有益的建议。

一 国际经济法律秩序和法律规则的形成机制

国际经济法是调整国际经济关系的法律规范的总和，是一个抽象的集合概念，而国际经济法律规则是国际经济法规范中具体确定国际经济法主体的权利和义务的法律规则。② 国际经济法有国际法规范和国内法规范，并且也可以包含公法规范和私法规范。而本文所说的国际经济法律秩序和法律规则，则专指国际法规范部分，即具体确定国家、国际经济组织、单独关税区等国际经济法主体的权利和义务的那些国际法规则，特别是国际公法规则。比如：WTO 法律体系中的各种规则、IMF 规则、ICSID 规则等。当然，WTO规则是最重要的部分，也是本文讨论的重点。之所以专指国际法规范部分，是因为本文讨论的是约束国家、国际经济组织和单独关税区的国际性法律规则，主要就是那些国际经济条约的规则。正是因为这一部分的存在和发展事实，国际经济法作为一个单独部门法和部门法学才得以成立。这些规则反映了国际经济形势演变和格局发展的现实，并应其变化而调整乃至重构。之所以排除讨论私法规范，是因为这部分法律规则奉行私法自治，主体是私人性质，不可能，也不存在其重构问题。

国际经济法律规则由于主要体现为国际经济条约的条文，因此其形成与通常的国际法规则的造法过程类似。这些国际经济条约一般都是由国际经济组织主导，通过国际会议制定。③ 但是，这里说的形成机制，主要是说在其形成中，不同国家集团各自发挥什么作用，哪个或哪些国家集团的意志或利

---

① 2012 年 6 月末国家外汇储备余额为 3.24 万亿美元，中商情报网：http://www.askci.com/news/201207/13/94143_20.shtml。
② 参见杨心宇主编《法理学导论》第二版，上海人民出版社，2006，第 226~227 页。
③ 关于国际组织造法机制，参见〔英〕伊恩·布朗利、曾令良《国际公法原理》，余敏友译，法律出版社，2007，第 610 页。

益得到什么程度的反映，等等。

虽然国际经济法的历史源流可以追溯到很久远的时代，但是，它作为一个部门法整体还是形成于布雷顿森林体制的实践，即战后的 GATT、IMF、世界银行的构建过程中。当时的国际经济格局是，全球经济分为市场经济圈和计划经济圈。国际经济法律规则是在以北美和西欧国家为核心的市场经济圈形成和发展起来的。苏联、中国等计划经济圈在战后数十年中游离在外，自成体系，直到 20 世纪 80 年代才开始渐渐统合于市场经济圈内。

市场经济圈国家分为不同的集团，各自在国际经济法律规则的形成中发挥着自己的作用。发达国家和发展中国家的对立构成了基本格局。而发达国家中又有美英与欧陆国家之分。战后初期，最初的国际经济法律规则主要是 GATT、IMF 和世界银行三大全球性国际经济组织的构建及其规则。战后的国际经济法律秩序就是这样形成的，即在市场经济圈的美英两国主导下形成的。①

在战后初期，市场经济圈国家还没有明确分为发达国家与发展中国家两个集团。但是，两类国家的存在早已是事实。前者主要是指西欧和北美国家，后者是指亚非拉国家。发达国家还有若干称呼。战前一般把实现工业化的国家叫作"先进国家"②，但有歧视的含义。战后有"工业化国家"的称呼，但随着工业化在一些亚非拉国家的普及，此称呼也不具有明显的区别特征。也有"西方国家"的称呼，在冷战时期意识形态对立色彩更浓，也不能把亚非拉国家包含进去。而 20 世纪 50 年代开始的非殖民化运动，使觉醒后的亚非拉国家的地位和诉求开始得到尊重，于是开始使用"发达国家"与"发展中国家"这一对称的称呼。在市场经济圈国家中，在构建战后国际经济法律秩序和法律规则中，发展中国家由于势单力薄，基本上被忽略。发达国家中，德国、意大利和日本是战败国，被完全排除。西欧大陆国家经济被战争严重破坏，亟待美国"马歇尔计划"援助复兴，大大失去这一构建中的话语权。美国的相对国力达到顶点，一言九鼎。英国作为美国最坚定的盟友，挟大英帝国余威，在构建战后国际经济法律秩序和法律规则过程中同样享有主导性话语权。加拿大、澳大利亚和新西兰等尊英国女王与共主元

---

① 黄贵荣：《1945 年美英贸易谈判和 GATT 的起源》，《思想战线》2002 年第 6 期。
② 词条"先进国家"，参见李琮主编《世界经济大辞典》，经济科学出版社，2000，第 168 页。

首的英联邦发达国家群，则烘托在英国周围，也得到尊重。所有这些国家都是盎格鲁－撒克逊国家，英语、英美法传统的影响，英美联盟加英联邦，盎格鲁－撒克逊民族特性等，构成了战后构建国际经济法律秩序和法律规则机制的特征，也极大影响了 GATT-WTO 等布雷顿森林体系的国际经济法律秩序和法律规则的未来发展，直至今天。

从 20 世纪 50 年代到 60 年代，随着欧洲的复兴和欧共体的成功，法国和德国的话语权渐渐得到恢复。它们的呼声和诉求在国际清算银行、海关合作理事会、国际海事组织等国际组织中得到尊重，在相关国际经济法律秩序和法律规则的形成中得到比较充分的反映和体现。战前成立的若干国际经济组织也在战后得到很大发展，在战后国际经济法律秩序和法律规则体系构建中获得一席之地，比如国际海事委员会、国际民用航空协会、国际航空运输协会、国际海上保险联盟、国际航空保险公司联盟、国际标准化组织等等。而西欧国家主导的一些权威性的老牌非官方国际组织也得以复兴和活跃起来，比如国际商会、国际法协会、国际统一私法协会等等。可以说，在这些不属于布雷顿森林体系的国际经济法律秩序和法律规则形成机制中，美国和西欧国家基本上具有同等的话语权。英国的立场左右摇摆，而日本虽然后来成为经济规模仅次于美国的发达国家，但是由于种种原因只具有很少的发言权。

联合国作为一个普遍性的综合国际组织，它除了具有基本职能——维护国际和平和安全之外，也具有大量国际经济组织的功能。通过联合国经社理事会，这些功能得到发挥，并且将若干国际经济组织纳入联合国专门机构体系中，从 20 世纪 60 年代起开始在国际经济法律秩序和法律规则形成机制中发挥很大的作用。这就为发展中国家改变发达国家主导的国际经济法律秩序和法律规则形成机制提供了机会。随着非殖民化运动的发展和成功，大量新成员的加盟，发展中国家在联合国等国际舞台上已经获得了席位数量优势，并于 20 世纪 60 年代和 70 年代在联合国大会上成功通过了《经济、社会和文化权利国际公约》、《关于自然资源永久主权的宣言》和《关于建立国际经济新秩序的宣言》。这些联合国大会的决议虽然不具有强制执行力，但作为软法得到国际社会公认，其中的原则和规则体现在之前和之后的若干联合国主导的国际经济法律秩序和法律规则之中。[①] 联合国贸易与发展会议、联

---

① 王海峰：《论国际经济合作领域中的"软法"现象》，《国际贸易》2007 年第 5 期。

合国国际贸易法委员会、国际开发协会、国际金融公司、多边投资担保机构、解决投资争端国际中心的建立及其规则的形成，多少体现了发展中国家的诉求。20 世纪 50 年代到 70 年代初期，即使发展中国家的诉求很强烈，但由于与发达国家对抗意识很强，自己也难以提出有效可行的提案，其话语权并没有多少实际效果。从 70 年代 GATT 东京回合谈判起，发达国家和发展中国家都开始摸索相互容忍与妥协的可能性。巴西、阿根廷、印度、墨西哥等发展中国家的大国也具有了一定的提案能力。发展中国家开始在国际经济法律秩序和法律规则的形成机制中发挥作用，开始改变国际经济法律秩序和法律规则的格局。这也反过来影响到了布雷顿森林体系的国际经济法律秩序和法律规则。比如 20 世纪 90 年代的 WTO 规则的构建，虽然益格鲁 – 撒克逊国家主导的传统多多少少有所遗留，但西欧国家、日本以及发展中国家的话语权也得到了尊重。

二 WTO 规则的形成与中国的入世

中国自改革开放后就开始参与到这个国际经济法律秩序和法律规则的形成中。中国先后恢复了在 IMF、世界银行等各式国际经济组织中的席位，并且在其中发挥了自己的作用。但是，所有这些都没有中国入世的意义重大。中国入世是中国与国际规则的接轨，是指中国承诺全面接受以 WTO 规则为代表的国际经济法律秩序和法律规则。从 1986 年的中国入关申请开始，中国入世谈判历经 15 年。虽然中国也参与了创建 WTO 的乌拉圭回合谈判，但其身份并非 GATT 的正式成员，而是观察员，所以并无实质性的发言权。虽然中国的个别意见得到考虑，但总体而言中国对 WTO 规则的形成并无多少影响。中国入世，就意味着对 WTO 规则必须全盘接受，并且还要根据入世所承担的国际法义务，大量改变与 WTO 规则不相符的国内法规则，包括清理改革开放后历年的法律、行政法规和规章、地方性法规等。所有这些，都体现在《中国入世议定书》及其 9 个附件和《中国入世工作组报告》中。[①]中国承诺保证贸易体制的统一管理，以统一、公正、合理的方式实施和使用中央政府有关货物贸易、服务贸易、与贸易有关的知识产权或外汇管制的所有法律法规及其他措施，以及地方各级政府发布或适用的地方性法规、规章

---

① 见《中国入世法律文件》（中英文对照），上海人民出版社，2001。

及其他措施。为此，中国要废除和修改部分不符合 WTO 规则的法律，新修订为适应 WTO 规则的法律，总计废除、修改和新制定的法律法规超过 2000 项。中国遵守 WTO 规则的承诺还必须全面落实到行政和司法层面，包括地方行政和司法。即中国各级政府的行政措施、各级法院的司法程序和案件的审理等等，都必须遵守中国政府不违反 WTO 规则的承诺，必须履行政府向 WTO 全面承担的国际条约义务，并且可以在 WTO 的 DSU 机制中得以贯彻。

WTO 规则是一个庞大的法律规则体系，包括在《货物贸易多边协定》项下的 GATT 1994 等 14 项协定（WTO 成立时是 13 项），GATS 及其若干关于服务贸易的协定，TRIPS 协定，贸易政策审议机制和争端解决机制。此外，还有各项协定、议定书、谅解的附件，部长会议决议，各成员方向 WTO 提交的关税减让表和非关税承诺表、服务贸易承诺减让表等。这些长达数万页的法律文件的名称有很多，比如协定（包括 GATT 和 GATS 两部所谓总协定）、谅解、议定书、部长会议决议、承诺表、减让表等，由于都对成员方产生了国际法上的约束力，因此都是国际经济法律规则，从国际法渊源看都属于国际条约。[①] 其中有多边条约，属于造法性条约，构成当今国际经济法律秩序和法律规则中非常重要的一部分。它们有的是"一揽子协定"，包括大多数多边协定和谅解，要求不得有任何保留和改动，所有成员方必须无条件加入，否则其 WTO 成员资格将得不到保证。其他多边协定等也许不是"一揽子协定"，但其缔约方也覆盖 WTO 大多数成员，也由 DSU 从司法的角度确保其得到实施。部长会议决议是否作为正式的国际法渊源虽然还有争论，但就 WTO 规则体系的一部分来看，它们对成员方也是具有法律约束力的。若干议定书、承诺表、减让表等属于双边契约型条约，除了一些新成员的加入议定书有可能脱逸 WTO 规则的一般义务的过渡性规定，属于特殊约定外，其他一般都是按照 WTO 各项多边协定的规定、原则和制度制定的，无损于 WTO 规则的统一性。

国际经济法律规则按照其调整的国际经济领域部门分为国际贸易法规则、国际投资法规则、国际金融法规则、国际税法规则、国际环境法规则、国际劳工法规则等等。国际经济法各个部门法规则因其国际法含量的不同发展程度也相异。其中，国际贸易法规则由于有 GATT-WTO 体制而最为发达，

---

① 赵维田：《世贸组织（WTO）的法律制度》，吉林人民出版社，2000，第 26 页。

不但自身比较完善，而且开始向其他某些国际经济领域扩散。而那些受到 WTO 规则扩散的国际经济领域也许其国际法性质的法律规则发展不顺利，但这些法律规则通过 WTO 规则的扩散，不但可以搭上 WTO 规则的便车，通过 WTO 的法律机制得到提升，还可以利用 WTO 的 DSU 司法机制成为能够得到各国政府实际履行的法律规则。比如在国际投资法方面，WTO《与贸易有关的投资措施协定》（TRIMs）将国际投资措施纳入 WTO 规则规制范围。任何规制限制外来投资的国内法措施，只要事实上或被解释成为与国际贸易有关，就纳入 WTO 规则规制范围，成员方有关争端就可以诉诸 WTO 的 DSB，得到司法性的解决。WTO 的 GATS 规定的商业存在模式，在很大程度上确立了服务领域的国际投资自由化。此外，WTO 在国际环境保护、国际劳工保护等法律领域方面也有扩散。这种 "WTO + X" 的方式的盛行，使得 WTO 规则在当代国际经济法律秩序和法律规则中具有关键性的地位。WTO 规则的形成机制是什么状态呢？我们可以从以下几个方面来进行分析。

第一，要从历史上看到 WTO 与 GATT 的继承关系。WTO 虽然是一个新的国际组织，具有全新的体制和诸协定等规则体系，但是，GATT 1994 中纳入了包括 GATT 1947 以及后来的所有发展及其规则，构成了 WTO 货物贸易规则的核心。WTO 的大量制度和做法惯例也承继了 GATT。

第二，要肯定美国在 WTO 规则形成机制中所起的中心作用。不但在 GATT 的创建与运营中美国起了最大的作用，在 WTO 的创建过程中，美国仍然是主要的推动者，美国的政策和方针起着关键性的作用。美国总统获得的 "快车道程序" 授权是 WTO 谈判成功和产生实效的关键。[①] 而且还要看到，WTO 的构想本身也受到了当年美英主导的国际贸易组织（ITO）构想的启发。在 WTO 各种具体制度和规则的设计中，美国的约翰·杰克逊教授的方案成为基础，因而他也被称为 "WTO 之父"。[②] 很多 WTO 的具体规则实际上都是在美国国内法制度和实践的规则基础上建立起来的。

第三，欧盟、加拿大、日本等发达国家和地区主导了 WTO 规则的形成。在 WTO 创立的时代，国际经济格局已从美国一极独大演变成发达国家共同主导，即北美自由贸易区和欧盟构成两长边，日本构成一短边的三角形

---

① 李莉文：《美国 "快车道" 授权探析》，《国际论坛》2011 年第 3 期。

② 〔美〕约翰·H. 杰克逊：《国家主权与 WTO》，社会科学文献出版社，赵龙跃、左海聪、盛建明译，2009，序言第 1 页。

的三极结构。战后数十年中形成的国际经济法律秩序和法律规则也充分反映了包括欧盟、加拿大、日本等在内的发达国家和地区的利益。在 GATT 后期，有关 GATT 的各种谈判和协议基本是在美国、欧共体、日本、加拿大四方谈判的基础上形成的。

第四，发展中国家在 WTO 规则形成中发挥了有限作用。发展中国家通过多年的抗争，终于在乌拉圭回合谈判中赢得了一定的话语权，从而对 WTO 规则的形成产生了一定的影响。从 WTO 规则对发展中国家成员的若干优惠的过渡措施，以及 WTO 的《纺织品与服装协定》《农产品协定》的出台上，都可以看到发展中国家的诉求在一定程度上得到了体现。① 但是总体而言，发展中国家虽然有行使其话语权的机会，却不一定最大限度运用了它。发展中国家多年来对发达国家主导的国际经济法律秩序和法律规则，以及其中包含的不合理不公正有很多不满，有很多批评，但是，由于对包括 GATT 规则在内的国际经济法律秩序和法律规则研究不足，提出创造性建议的情况比较少，其结果是发挥的作用很有限。发展中国家主张的建立国际经济新秩序，实际上在 WTO 规则的形成中已无实际意义。

综上所述，中国入世前后所接受的 WTO 规则基本上是一个美国为首的发达国家主导下的国际经济法律秩序和法律规则体系。其中有利于发展中国家的条款或许对中国有一些利益，但《中国入世议定书》及其附件还对中国作为新加入国附加了很多条件，使得中国享受的发展中国家的优惠也大受减损。中国当时的国力也很有限，虽然有一定的外贸顺差和外汇储备，但还没有达到影响世界经济格局的程度，几乎没有在当时的国际经济法律秩序和法律规则的形成中发挥作用的机会，也几乎没有话语权。这种状况在 IMF、世界银行集团等其他国际经济组织及其规则形成机制中也大致相同。只有在世界海关组织等比较专业性的国际经济组织中，中国的话语权才稍有所体现。

三 从中国入世到 2008 年美国次贷危机国际经济格局的变化

中国入世以来，国际经济格局发生了重大变化。这些变化与中国的国际经济地位，与中国在国际经济法律秩序和法律规则中的话语权密切相关。大

---

① 朱晓勤主编《发展中国家与 WTO 法律制度研究》，北京大学出版社，2006，第 56～60 页。

体上，这些年间的国际经济格局变化以 2008 年的美国次贷危机的爆发为界分为前后两个时期。

2001～2008 年，国际经济格局是中国入世前国际经济格局的延续。但也出现了若干变化，以至对国际经济法律秩序和法律规则的形成产生了一定的影响，其中也有中国的地位和作用的变化，中国也有了行使其话语权的机会。影响这一时期国际经济格局的要素大体上有以下几点。

第一，美国 9·11 事件的发生。9·11 事件虽然是政治恐怖主义事件，但是纽约世界贸易中心被撞毁、国际贸易和投资的安全成本的上升、IT 泡沫的破灭等都是其给国际经济带来的消极影响，国内产业不断向发展中国家转移，出现了实体经济空洞化，在所谓"金融创新"下资本和金融运作成为其经济的主要增长点，导致了经济虚拟化。① 金融泡沫的破灭成为对国际经济的主要威胁。发达国家在国际经济中的作用已经从过去的创造转变成具有一定的破坏要素。这蕴含着美国和发达国家的国际经济地位的相对下降的风险，其对国际经济法律秩序和法律规则的垄断性话语权开始受到质疑。

第二，"金砖四国"等新兴经济体的崛起。② 中国、印度、土耳其、墨西哥、印度尼西亚、越南等国采用以出口贸易拉动经济的发展模式，在国际经济中崭露头角，成为全球性产业转移的目标国。其国际经济地位得到提高。特别是在国际产业链分工中，新兴经济体已经成为不可缺少的一个环节。如果这一环节出了问题，也会对全球经济造成巨大冲击。这些国家中很多实行新重商主义政策，③ 外汇储备急剧增长，成为影响国际金融法规则的一个要素，以至于出现了 IMF、世界银行的投票权调整的课题。

第三，资源和能源在国际产业结构中地位的加强。由于中国等国成为发达国家向发展中国家实行产业转移的接受国，国际投资大量涌入，带动了这些国家的就业和生产活性化。这从根本上改变了长达二十余年的资源和能源的需求和价格的低迷状态，石油、天然气、铁矿石等资源价格开始直线上涨，给若干资源大国带来巨大的财富。它们就是俄罗斯、巴西、澳大利亚、加拿大以及中东产油国。④ 这不但加强了这些国家的国际地位和在国际经济

---

① 李宝伟：《美国的金融自由化与经济虚拟化》，《开放导报》2010 年第 1 期。

② 当时是"金砖四国"（BRIC），接纳了南非后成为"金砖五国"（BRICS）。

③ 胡燕喃：《论"新重商主义"》，《中国市场》2008 年第 26 期。

④ 朱民、马欣：《新世纪的全球资源商品市场——价格飙升、波动、周期和趋势》，《国际经济评论》2006 年第 6 期。

法律秩序和法律规则形成中的话语权，也导致大量通过资源的出口获得资金流向国际金融市场现象的出现，促进了国际资本和金融的投机成分。

然而，中国才是国际经济格局的最大变数。上述三点变化中，中国都是主角。在美国和发达国家的产业转移中，中国成为主要的中低端产业接受者，开始被称为"世界工厂"。[①] 中国的产品逐渐占据发达国家的柜台，中国从中也获得巨大的贸易顺差，其外汇储备成为天文数字。[②] 同时，中国成为全球资源的最大进口国之一。对资源的"中国特需"使得国际资源市场走出了长期低迷，改变了国际财富的流向。中国的新重商主义政策使得中国有足够的资金去购买这一切的资源。中国成为发达国家和发展中国家在其国际经济政策中必须要认真考虑的因素。中国的 GDP 和国际贸易总额的世界排名从 2001 年的第七位上升到 2008 年的第三位，外汇储备超过日本成为世界第一。中国推行改革开放政策多年，终于进入让世界刮目相看的时代。

中国的这一变化必然反映在这一时期的国际经济法律秩序和法律规则形成中。经过数年的过渡，中国已经适应了 WTO 规则，并作为有影响力的正式成员在 WTO 多哈回合谈判中发挥了重要作用。中国不但可以在 WTO 的规则形成过程中表达、维护中国的国家利益，而且因为中国的加盟，提高了发展中国家的整体实力，发展中国家的话语权得到了强化。特别是中国对国际经济法及其规则的研究和实践的丰富，使得中国在 WTO 以及其他国际经济领域中具有可以与美欧相抗衡的提案能力，对发展中国家的利益也能兼顾。在 WTO 多哈回合农业谈判中的"绿屋会议"中，美国、欧盟、加拿大、中国、印度和巴西构成六方成员，而正是中国和印度作为一方与美国在农产品保障措施出现门槛上的分歧，才导致美国等发达国家对事关发展中国家农业安全的要求没有得到实现。中国在 IMF、世界银行的地位进一步上升，有望获得投票权再分配的最大份额。在世界海关组织等职能性国际经济组织中，中国已经成为其规则形成的主要参与者。

四　国际经济法律秩序重构与中国话语权机遇的到来

2008 年因美国次贷危机引发的国际金融危机严重打击了各国经济。次

---

① 吕政：《国际产业转移与中国制造业发展》，经济管理出版社，2006，第 1～20 页。
② 2011 年 6 月末中国外汇储备达到 31975 亿美元。

年，西方主要经济大国都出现了经济的负增长。紧接着，欧元区也爆发了以对国家的经济力过分透支的高福利政策背景下的欧债危机。这比起次贷危机对经济的影响更加严重，更加深刻，一直延续到现在，还没有找到解决问题的出口。金融泡沫的破灭导致全球经济的一大块被蒸发，各国都蒙受了巨大经济损失。这些金融动荡是国际经济格局的一次大洗牌，而中国由于人民币不能自由兑换、实体经济基础比较稳固和政府的应对措施得当，虽然外贸有很大的下滑，但通过 4 万亿人民币规模投入的刺激计划，保持了比较高速的增长。其结果，中国经济的地位相对上升。到 2011 年，中国的 GDP 突破 7 万亿美元，仅次于美国稳居世界第二。2011 年对外贸易总额成为世界第二，2012 年超过美国成为世界第一。外汇储备突破 3 万亿美元大关，是第二名的日本的 3 倍。中国的成功让人们看到国际经济的曙光，拉动了各国经济的复苏。这一变化给国际经济格局带来了深远的影响，主要体现在以下几个方面：

第一，中国开始从地区性经济大国成长为全球性经济大国。改革开放后，中国开始发展外向型经济，主要经济交往的对象是中华经济圈以及日本。后来虽然扩大到美国和欧盟等各个发达经济体，但在国际贸易上，中国和发达国家之间仍然是典型的南北关系，发达国家向中国投资，利用中国廉价的劳动力向发达国家出口。虽然中国有巨额的贸易顺差，但由于发达国家买方市场的优势，使得中国在国际经济事务中不仅难以取得话语权，而且还因出口贸易拉动经济的结构性问题饱受贸易救济的困扰。中国加强了与发展中国家的经济关系，以东南亚为方向，建立中国－东盟自由贸易区，再加上中国与日韩已经形成非常密切的经济关系，从而使中国在东亚（包括东南亚）的地区性经济大国的地位得到公认。但是这并不能改善中国在全球性国际经济法律秩序和法律规则形成机制中基本无话语权的处境。而金融危机以及中国之后的正确应对和成功发展，使得中国的国际地位陡升，以全球性经济大国的身份登上国际经济舞台。这一点已经得到包括美国、欧盟、中国周边国家以及亚非拉发展中国家的认可。中国与同它保持同一增长势头的若干发展中大国结成"金砖国家"集团，大大强化了新兴经济体大国对发达国家的立场。

第二，国际经济发展出现了"中国模式"。冷战时代东西方两大阵营的对抗催生了市场经济和计划经济两大发展模式。但随着中国的改革开放和冷战时代的过去，全球经济一统于市场经济模式已经没有任何异议。但是如何在市场经济下发展经济，在金融危机爆发前，可以说只有一种模式可借鉴，即欧美模式。在欧美国家拥有绝对话语权的情势下，这一模式及其所维护的利益长期以来也没有受到任何挑战。包括 WTO 规则在内的现有的国际经济法律秩序和法律规则也是在此模式下形成的。这一模式对战后国际经济的发展和取得的空前成就的确起到了非常积极的作用，但是，金融危机暴露出这一模式的某些问题来。比如脱离实体经济基础的虚拟经济狂野化，超出了可控制的范围，使得进入 21 世纪后，所谓"金融创新"获得了远远高于制造业的利益，全球首屈一指的债务大国和贸易逆差国美国却因美元的发行权而不但不破产，反而通过绑架各国，特别是那些对美贸易顺差国的经济，使得各国的资本又进一步流向美国。① 这些不合经济常理的怪现象，反而被主导话语权的西方国家经济学家通过高深的理论论证而被合理化，体现在国际经济法律秩序和法律规则上则被合法化。中国经济的成功虽然也没有逃脱这一怪圈，但毕竟中国经济是靠制造业等实体经济支撑起来的。中国雄厚的外汇和其他储备使中国在各种危机面前有比其他国家更加充分的回旋余地。于是，人们在西方的市场经济模式以外发现了"中国模式"。这一模式的成功，与历史上曾经对西方市场经济模式发起挑战的"苏联模式""拉美模式""东亚模式"的失败形成了鲜明的对比。②

第三，由于中国的兴起，发展中国家已开始分化为新兴经济体大国与其他发展中国家。中国领衔的新兴经济体大国由于高速增长的经济、庞大的人口基数、无限的发展潜力，日益改变着国际经济格局和势力对比。这对于发达国家的经济体而言，不但面临空前的挑战，必须正视和面对，并且开始以强化发展中大国国际责任的主张加以牵制。它们已经不把中国等新兴经济体大国看作是普通的发展中国家，不再愿意让这些国家享受发展中国家应该享有的待遇。比如在世界气候大会上讨论温室气体减排计划时，发达国家都强烈要求中国、印度、印度尼西亚、巴西等新兴经济体大国必须像发达国家一样承担强制性减排义务，实行发展中国家分化战略。而在很多发展中国家看来，以巨大经济实力为后盾的中国海外投资向非洲或拉丁美洲国家进军、从海外大量获取能源或矿产资源，大量向发展中国家出口中国制造的产品的中国与它们的关系犹如传统的发达国家与发展中国家关系的翻版。中国在坚持

---

① 《美国次贷危机转嫁国外令全球买单》，《文汇报》2011 年 6 月 15 日。
② 《中国模式的流行源于东亚模式、拉美模式失效》，《广州日报》2011 年 5 月 16 日。

主张作为一个发展中国家的同时，也开始感到自身的海外经济利益开始与传统的发展中国家的主张有些不一致了。比如如何维护中国海外投资的利益，如何确保中国稳定获得海外能源与矿产资源，如何减轻中国产品在发展中国家屡屡遭受贸易救济的打击，等等。

通过以上分析，可以得出的结论是：2008 年金融危机后，中国已经成为全球性经济大国，在国际经济法律秩序和法律规则形成机制中应该享有充分的话语权，以便使中国的国际经济权益得到保障，同时也要承担适当的责任。目前，国际经济法律秩序和法律规则的不完善，和以中国为代表的新兴经济体大国的崛起，要求现在的国际经济法律秩序和法律规则有必要进行大的调整，以便客观反映国际经济格局和势力变化的趋势。因此，中国必须改变自己在国际经济法律秩序和法律规则形成机制中的比较保守的立场和态度，采取更加积极的对策，以一个全球性经济大国的立场，推进国际经济法律秩序和法律规则的重构。具体的对策建议是：

第一，正式确立和强化发展中国家在未来国际经济法律秩序和法律规则重构中的话语权。虽然发展中国家出现了新兴经济体大国与一般发展中国家的分化，但是，在应对发达国家战略，改变以往国际经济法律秩序和法律规则单方面维护发达国家的利益，改正不合理的制度，包括国际金融机制、国际价格机制，单方面利于进口国忽视出口国利益等做法上，发展中国家的立场基本上是一致的。在战后国际经济格局的演变和国际经济法律秩序和法律规则的形成机制中，迄今为止，没有一个发展中国家能够跻身于全球性经济大国行列，因此，以往的国际经济法律秩序和法律规则自然不能充分反映发展中国家的利益。而以中国为首的新兴经济体大国成为国际经济格局的一大势力，对改善中国乃至发展中国家的处境是一个难得的机遇。

第二，在国际经济法律秩序和法律规则的重构中，推进自由贸易和自由开放的国际经济体制。由于中国经济的高度外向性质，过分强调国家经济主权的发展中国家传统国际经济法战略已经不合中国的国情和国家利益。因此，中国在自由贸易等立场上，不可能全面与大部分发展中国家保持一致。中国有全面系统的工业基础和雄厚的国际投资资金做后盾，作为一个全球性经济大国，自由开放的国际经济战略符合中国的国家利益，也会给各国经济带来利益。所以，中国应该积极推进和引领自由贸易，其中包括与美国等发达国家就建立更加开放的国际经济体制进行更密切的合作。尽早重开 WTO 多哈回合谈判，并以中国作为大国的力量和国际影响力，推动谈判早日成功。和美国等主张国际投资自由化的发达国家共同推进国际投资自由化，争取早日建立普遍性多边投资机制和争端解决机制，保护中国的海外投资利益。

第三，必须要在国际经济法律秩序和法律规则形成机制中，体现中国的国家利益。现有的国际经济法形成机制基本上是发达国家把持，特别是美国与欧盟主导，要改变现有机制，就必须要求它们做出让步，分让出既得的权益。处于国际经济上常见的国家利己主义考虑，既得利益者很难将其既得利益拱手相让，因此需要一种外来的强力推动。现在美国和欧盟分别出现了金融和货币危机，使得现有机制显现出体制性和结构性破绽，它们必须自省。中国国力和国际贡献相对上升，使得中国可以堂堂正正向发达国家主张自己应有的权益，以中国的资本和实体经济实力为后盾，利用发达国家间的矛盾和利益冲突强化中国的立场，联合新兴经济体大国构成联合阵线，都可以形成这样的推动力。具体可以表现在：WTO 多哈回合谈判重新启动后对若干不合理的多边国际贸易规则的修正、IMF 和世界银行表决权的重组、气候变化等国际环境问题以及对国际劳工问题的保护主义倾向的抑制等。

Reconstruction of the Legal Order of the International Economy and China's Position and Role

He Li

Abstract：The legal order and the legal rules of today's international economy were formed after World War II. GATT, IMF and IBRD constitute its early skeleton, and now the WTO rules make up the core system. China's accession to the WTO did not change the order and rules. However, China adopted and used it to realize today's economic achievements, becoming an important element in today's international economic landscape. It is undeniable that the legal order and the legal rules of today's international economy have not adequately reflected the status and aspirations of China. The U. S. subprime mortgage crisis in 2008, followed by the euro debt crisis, show that this order and rules is seriously flawed. This is a good opportunity to reconstruct the legal order of the international economy, to improve China's status and right to speak. We should seize this opportunity, on the basis of China's economic strength, to participate in the formulation of the rules of the WTO, IMF, IBRD and other international economic organizations, so as to make our voice heard.

Key Words : International Economic Legal Order; WTO; The International Economic Legal Rules; International Economic Pattern

从补贴规则视角分析中国官方支持
出口信贷措施 WTO 合规性

龚柏华[*]

摘　要：WTO《补贴与反补贴措施协定》附件一《出口补贴例示清单》的（K）项对官方支持出口信贷做了纪律规定，其中一个重要豁免例外是符合经合组织《关于官方支持的出口信贷的安排》的规定。中国官方支持的出口信贷措施遭到了美国、欧盟等的诟病，指控中国的有关做法违反 WTO 反补贴协定。本文认为：从构成补贴要素看，中国官方支持出口信贷符合补贴主体、财政资助的特征；在是否构成赋予利益问题以及专向性问题上，中国政府有一定的辩护空间。中国需要完善官方支持的出口信贷措施。

关键词：官方出口信贷　WTO　补贴　经合组织（OECD）

引　言

近年来，美、欧一直在指责中国政府以"大幅低于市场水平"的优惠条件向中国企业提供出口信贷，从而导致其企业遭受不公平竞争损失，并扬言可能就此问题向 WTO 提出争端解决。2012 年 10 月，墨西哥就中国有关服装和纺织品产品生产和出口措施提出与中国政府进行 WTO 争端解决下的磋商，其中就提到我国政策性银行和商业银行的出口贷款政策可能构成补贴。

为平息欧美的指控，中国政府积极与欧盟进行沟通、磋商。在 2011 年 5 月 9 日至 10 日举行的中美战略与经济对话中，中美约定联合研究官

---

* 龚柏华，复旦大学法学院教授。本文形成过程中孙灵瑶做了一定的基础资料收集工作。

方支持出口信贷问题。2012 年 2 月 14 日，中美双方发布中美战略与经济对话框架下经济对话议定的《关于加强中美经济关系的联合情况说明》。其中第 18 段提到，"中美双方同意举行两次双边研讨会，以增强双方出口信贷机构项目透明度及对彼此出口信贷机构项目的相互理解。首次会议于 2 月初举行，美方财政部和进出口银行，中方财政部、进出口银行、中国出口信用保险公司的高级技术专家参会；第二次会议将于下一轮中美战略与经济对话之前举行，双方的高级政策官员和技术专家将参会。此外，中美双方将建立一个由主要出口融资提供方组成的国际工作组，以在制定一套照顾不同的国家利益和国情、与国际最佳实践一致的出口信贷国际指导原则方面取得具体进展，争取在 2014 年达成协议"。2012 年 5 月 3 日至 4 日举行的中美战略与经济对话的成果之一，是中美同意成立一个由主要出口金融提供者参加的国际工作小组，于 2012 年年中在美国举行工作计划谈判。

过去，中国对经合组织（OECD）出口信贷指南采取消极态度，认为这是发达国家之间的约定，中国没有参加其制定过程，因而没有义务去签署。目前，中国已改变态度，同意在 OECD 出口信贷的基础上，与美国等协商出口信贷的新的国际规则。因此，如何制定一项中国可接受的新的出口信贷的国际规则需要政府和学者共同深入研究。

本文试图从 WTO《补贴与反补贴措施协定》的角度，结合 OECD 的相关做法，分析中国官方出口信贷的 WTO 合规性问题。

一　官方出口信贷与 OECD "君子协定"

信贷，即英文 "Export Credit"，包含了信用和贷款的两重意思。它既包括为了出口货物或服务提供的贷款，又包括了担保。官方出口信贷，通常指一国政府为支持和扩大本国资本性货物的出口或者大型工程承包项目，通过该国的出口信贷担保机构，以直接融资或间接融资向银行提供出口信用保险的方式，为本国出口商或外国借款人提供中长期的优惠贷款。官方出口信贷起源于 20 世纪 50 年代。当时，法国、英国等国家政府为了鼓励出口成立了专门的出口信贷机构以承保买方国家的政治风险和商业风险，同时通过利率补贴鼓励银行提供出口信贷。

官方出口信贷的利率一般低于市场利率。一国利用政府资金进行利息补贴，可以改善本国出口信贷条件，扩大本国产品的出口，增强本国出口商的国际市场竞争力，进而带动本国经济增长。所以，出口信贷的利率水平一般低于相同条件下资金放贷市场利率，利差由出口国政府补贴。官方出口信贷常常与出口信用保险相结合。提供出口信贷的机构会承担一定的风险。商业银行出于风险规避的考虑一般不会提供此类贷款。私人保险公司同样没有能力提供风险过高的业务。于是，官方出口信贷填补了这个空缺。政府为了鼓励本国银行或其他金融机构发放出口信贷，一般通过设立国家信贷保险机构，以对银行发放的出口信贷给予担保，或对出口商履行合同所面临的商业风险和国家风险予以承保的方式促进出口信贷。

1963 年，提供官方出口信贷的 OECD 成立了"出口信贷和出口信用担保工作组"（Working Party on Export Credits and Credit Guarantees），对包括船舶在内的许多特殊类别的产品做出了一些谅解。1976 年 6 月，6 个国家宣布就官方出口信贷在利率、期限、事先通知等方面达成一致意见，成为 OECD "君子协定"的雏形。1978 年，美国和欧共体在是否继续推进该一致意见上的分歧得到解决，《关于官方支持的出口信贷的安排》（简称《安排》）"君子协定"最终得以出台。以后，OECD 国家就提高出口信贷最低利率等问题达成几项协议。目前，OECD《安排》的最新版是 2011 年 9 月版，[①] 包括四章十三个附件。《安排》的主要目的，是为官方出口信贷提供框架，以维护秩序。《安排》希望给官方支持提供一定的活动空间，鼓励出口方在商品、服务的质量和价格的基础上进行竞争，而不是展开最优惠财政支持条款和条件的竞争。《安排》适用于归还期在两年及两年以上的官方支持的出口信贷，包括对商品、服务的出口和融资租赁的支持，以及约束性援助贷款、贸易相关的混合信贷和部分非约束性援助。《安排》不适用于军用设备和农产品的进出口。如果有明确的证据证明，进口方与货物最终目的地不是同一国，则《安排》不适用于这种情况。最低利率成员国提供固定利率的官方融资支持的最低固定利率适用商业参考利率（Commercial Interest Reference Rates：CIRR），是《安排》中最重要的规定。目前，OECD《安排》的参加方有欧盟、美国、加拿大、日本、澳大利亚、新西兰、挪威和瑞士。以色列和土耳

---

① 参见 OECD 官方网站：http: //www. oecd. org/document/42/0, 3746, en_ 2649_ 37431_ 40898090_ 1_ 1_ 1_ 37431, 00. html, 最后访问日期：2012 年 12 月 31 日。

其为观察员。

OECD《安排》并不是具有法律拘束力的国际条约，故被称为"君子协定"。经过多年国际实践，该套《安排》实际上已经成为国际惯例。①

二　WTO《补贴与反补贴措施协定》有关官方出口
　　信贷的规定

WTO《补贴与反补贴措施协定》（以下简称《SCM 协定》）有关官方出口信贷的规定主要是附件一《出口补贴例示清单》的（J）项和（K）项，内容如下："（J）政府（或政府控制的特殊机构）提供的出口信贷担保或保险计划、针对出口产品成本增加或外汇风险计划的保险或担保计划，保险费率不足以弥补长期营业成本和计划的亏损。（K）政府（或政府控制的和/或根据政府授权活动的特殊机构）给予的官方出口信贷，利率低于它们使用该条资金所实际应付的利率（或如果它们为获得相同偿还期和其他信贷条件且与官方出口信贷货币相同的资金而从国际资本市场借入时所应付的利率）或它们支付的出口商或其他金融机构为获得信贷所产生的全部或部分费用，只要这些费用保证在官方出口信贷方面能获得实质性优势。但是，如果 WTO 成员属某一官方出口信贷的国际承诺参加方，且截至 1979 年 1 月 1 日至少有 12 个本协定创始成员属该国际承诺（或创始成员所通过的后续承诺）的参加方，或如果一成员实施相关承诺的利率条款，则符合这些条款的出口信贷做法，不得视为本协定所禁止的出口补贴。"②

（J）项针对的，是出口信贷担保与信用保险。迄今为止，WTO 争端中少有根据（J）项提起的针对出口信贷担保或者保险的案件。专家组也几乎没有对（J）项做出过任何解释。③ 相比之下，与（K）项有关的争议和讨论不断。一些专家组报告中对（K）项做出了详细的解释。如"巴西航空器

---

① 关于 OECD 的出口信贷政策的总体评估，OECD, Smart Rules for Fair Trade 50 years of Export Credits, OECD Publishing, 2011。

② 《补贴与反补贴措施协定》附件一，英文版本见 www. worldtradelaw. net/uragreements/ scmagreement. pdf，中文版本见 http：//tpb. mofcom. gov. cn/static/h/co/h. html/1。

③ 在 2009 年美国、墨西哥和危地马拉发起的"中国——赠与、贷款和其他鼓励措施"的 WTO 磋商案中，涉及中国出口信用保险公司的保费补贴措施问题，后因该案磋商解决，因此该案未能进入专家组阶段进行实质的审查。

案"和"韩国影响商船贸易措施案"。

（K）项第一段定义了禁止性官方出口信贷的构成条件。第二段提供了一项豁免。该豁免实际上是指 OECD 的《关于官方支持的出口信贷的安排》，是专门为 OECD"君子协定"所设定的"安全岛"例外，其用意是说明 OECD"君子协定"的参加方或实施相关承诺的利率条款的成员的出口信贷做法不被视为禁止性出口补贴。安全岛例外只限于符合以下条件的出口信贷：首先，是一项官方财政资助；第二，还款期限至少两年；第三，有固定的利率。只有在这三个条件都得到满足的情况下，某项措施才可能因为符合 OECD"君子协定"的规定而享受《SCM 协定》下的豁免。[①]

由（K）项第一段提出的禁止性官方出口信贷的构成要件有两个：第一，政府通过自身/授权或控制的机构提供的利率低于其成本利率的官方出口信贷，或直接为官方出口信贷的提供机构支付费用；第二，该种官方出口信贷被用于保证官方出口信贷方面的实质性优势。这两个要件从行为和目的两个方面，对禁止性官方出口信贷进行了阐述。首先是行为方面。行为主体有政府本身、政府授权的机构和政府控制的机构，这也就是对"官方机构"的定义。行为的方式有两种，即直接由官方机构提供官方出口信贷，非官方机构直接提供官方出口信贷但由官方机构间接向其支付提供官方出口信贷的费用。[②] 行为的界限，是官方出口信贷的利率低于成本利率。其次是目的方面，政府的这些措施使得官方出口信贷的获得者取得了实质性的竞争优势。

该规定中的关键，是对成本利率的界定。如果该政府为获得该官方出口信贷资金支付了一定的利率，则该利率为成本利率；如果前述方法难以获得成本利率，则可以参照政府从国际市场获得相同类型信贷资金所应支付的利率或费用。政府提供的官方出口信贷资金会有一定的来源，可能是公共财政收入，也可能是从国际资本市场借入或者从国际货币基金组织获得的低息贷款。在政府取得该贷款的利率明确可查时，这样的利率就会被视为政府获得该贷款的成本利率。如果这样的利率不明确或者不可查，法律适用者可以从国际资本市场寻找合理的"替代利率"并将其视为成本利率，进而把该成

---

① 关于"安全岛"例外可详见 Dominic Coppens， "How Much Credit for Export Credit Support under the SCM Agreement?"， *Journal of International Economic Law* 2009， 12（1），pp. 63 – 113。

② 杨洪：《国际法视野下的官方出口信贷》，《环球法律评论》2007 年第 4 期。

本利率与政府提供该贷款的利率相比较。如果更高，则属于正常的市场经济行为。如果更低，说明政府为出口商提供了补贴。①

不具备以上两个条件的政府措施是否就必然不构成禁止性的出口补贴？这就是《出口补贴例示清单》中官方出口信贷的构成是否可以逆向解释的问题。在以往的案例中，专家组均不支持（K）项可以进行逆向解释的主张。

在多哈新一轮谈判中，欧盟等发达国家、印度和巴西等发展中国家分别对有关《SCM 协定》中出口信贷的规定提出了新议案。欧盟主张在不损害现有的或者即将建立的出口融资专向性规定的前提下，对所有类型的出口融资建立一个明确一致的规则。美国主张按照比较优势和市场力量而非政府介入决定贸易流量，所以应该扩大现有的禁止性补贴的范围。美国还主张取消所有的农业出口补贴。印度提议逐步取消安全岛规定的豁免，因为 OECD "君子协定" 最初是作为 "祖父条款"② 被纳入《SCM 协定》的体系之中的。OECD 的参加方是少数发达国家。按照欧盟的建议扩大安全岛规定的适用范围，实际上剥夺了发展中国家参加有关出口信贷规则的权利。巴西则提议修改安全岛规定，以使发展中国家和发达国家在真正平等的基础上竞争，并提出了新的（K）项的建议文本，修改第一段保证成员方不以低于市场利率的水平提供出口信贷，修改第二段使 OECD "君子协定" 的文本必须经过 WTO 成员方一致同意之后才可生效。③

三　欧、美可能对中国官方出口信贷措施提起指控的分析

自 2011 年初始，欧委会就在收集中国政府以优惠条件向中国企业提供出口信贷，从而导致欧盟企业遭受不公平竞争损失的证据。就进行调查的领域来看，主要集中在交通基础设施建设、能源、电信以及医疗设施领域。最集中的攻击点是中国政府提供了利率 "大幅低于市场水平" 的贷款。欧盟

① 欧福永、高萍：《WTO〈补贴与反补贴措施协定〉附件一 k 款二项的解释与使用》，《湛江海洋大学学报》2006 年第 5 期。

② 对 "祖父条款" 的引用是指某些人或者某些实体现在仍然按照过去的规定行事，新的法规可以免除这些人或者这些实体的义务，但是这些人或者实体不受新法律法规的约束，继续依照原有的规定办事。

③ 参阅 Robert Soprano, "Doha Reform of WTO Export Credit Provisions in the SCM Agreement: the Perspective of Developing Countries", *Journal of World Trade* 2010, 44（3）, pp. 611 - 632.

官方称可能就此问题导致欧盟企业遭受不公平竞争而向 WTO 提出诉讼。美国企业也抱怨中国不遵守有关出口信贷条款的国际协议，靠提供带有高额补贴的出口贷款赢得海外合同。

由于目前欧盟和美国的调查结果尚未出炉，其具体的诉求和针对的出口信贷项目难以预测。欧、美可能根据《SCM 协定》主张我国某出口信贷项目是禁止性补贴或者可诉补贴，而后根据《SCM 协定》第二部分对禁止性补贴的界定主张该项目属于禁止性补贴，或者根据《SCM 协定》第三部分的内容主张该项目属于可诉补贴。

判断一项出口信贷措施是否符合 WTO 规则，需要综合考虑多方面因素，包括提供出口信贷措施的主体，出口信贷的内容和结果是否构成了利益，该项措施是否由政府提供了财政资助，以及政府提供该项出口信贷措施是否低于其成本利率或者支付了费用，这种政府支持使出口信贷的接受者获得多大的优势，甚至还要考虑该项出口信贷措施是否符合 OECD "君子协定" 的规定，等等。

（一） 中国提供出口信贷的机构是否为 "公共机构"

根据《SCM 协定》第 1 条的规定，补贴的提供者必须是 WTO 成员领土内的政府或公共机构。私人提供的补贴不属于《SCM 协定》的管辖范围。但是，政府授权或者委托私营机构提供的补贴，也可能被视为《SCM 协定》管辖下的补贴。"政府" 或者 "公共机构" 的范围相当广，包括行使政府职能的金融和商业性机构等等。简而言之，任何一个组织机构都有可能在一定情况下成为补贴的提供者。

在美国对来自中国某些产品最终反倾销和反补贴措施案的裁定报告中，专家组在该报告中裁定中国国有企业和国有商业银行本身，为《SCM 协定》第 1 条第 1 款所指的 "公共机构"。上诉机构推翻了专家组的这一判决，认为政府控制力和所有权不足以证明某一机构是《SCM 协定》下的 "公共机构"。①

我国的官方出口信贷从官方出口融资业务起步。1988 年国务院责成中国人民保险公司承办官方出口信用保险业务。1991 年中国一次性取消了国

---

① WTO 上诉机构报告：中国某些产品最终反倾销和反补贴措施案。WT/DS379/AB/R，第 359 段。

家财政对出口的直接补贴，官方出口信贷的作用开始凸显出来。1994 年以来，中国开始建立专门的官方出口信贷机构以提供官方出口信贷业务。1994 年中国进出口银行成立，执行中国人民银行规定的优惠利率，而其他国有银行开展的出口信贷都执行中国人民银行规定的商业利率，不被视为官方出口融资。2001 年 12 月，第二家专业性官方出口信贷机构——中国出口信用保险公司经国务院批准成立。①

根据 WTO 争端解决实践，公共机构的认定可能需考虑多种因素，包括股权控制、最高管理人员的任免和经营计划的制订者。而美国、欧盟考虑的因素则可能更多，如该机构是否在公共法令的基础上建立并运行，决策是否受到政府的控制，是否追求公共政策目标，是否获得国家资源，等等。至于中国具体某机构是否为"公共机构"的判断，需要根据情况具体分析。欧、美如果对中国发起出口信贷补贴措施 WTO 诉讼，其依据主要是我国的国内法规、产业政策、涉案企业的公司章程、机构的年报等。本文以中国进出口银行为例进行分析。中国进出口银行是完全受政府控制的。根据《中国进出口银行章程》第 2 条，中国进出口银行是直属国务院领导的政策性金融机构，实行自主、保本经营，企业化管理。在业务上接受财政部、对外贸易经济合作部、中国人民银行的指导和监督。因此，中国进出口银行是为政府所有的受政府控制和监督的金融机构。中国进出口银行的资金来源是国家财政。根据《中国进出口银行财务管理实施办法》第 5 条，中国进出口银行的资本金为国家资本金，包括国家拨给的和从法定的盈余公积金、资本公积金中按规定转增的资本金，法定的盈余公积金是银行按规定从税后利润按 10% 比例提取。可以看出，中国进出口银行是由我国国家财政提供运作资本，并且受我国政府控制的金融机构。尽管 WTO 争端解决上诉机构已经否定了将控股作为公共机构唯一判断标准的做法，但是，控股仍然是判断公共机构的重要因素之一。中国进出口银行作为提供出口信贷的主体被认定为公共机构不是难事。

中国政府在回答 WTO 成员提问时明确，除了中国进出口银行这类政策性银行外，中国的商业银行也能够提供出口信贷服务。2008 年起，中国开发银行已经改制为商业银行。中国商业银行在提供出口信贷服务时是否构成

---

① 有关中国的官方出口信贷的发展，参见严启发、成泽宇《官方出口信用：理论和实践》，中国金融出版社，2010。

补贴协定意义上的"公关机构"？在美国对华双反补贴案（379案）中，专家组及上诉机构都对之做出了不利于中国的裁定。

（二）中国提供的出口信贷是否包含了政府的"财政资助"或收入或价格支持

《SCM协定》下的财政资助行为，指政府公共账户存在开支的财政性干预行为。这种财政性的干预行为包括财政资助、收入或价格支持。我国的出口信贷主要涉及第一种情况，即涉及资金的直接转移（贷款）、潜在的资金或者债务的直接转移（出口信用保险）的政府做法。在"巴西航空器案"中，专家组认定，这两种做法的区别不影响对补贴的认定，并且财政资助的提供不以结果的证明为要求，而是只要能够证明政府行为涉及资金的直接转移或潜在的资金或债务的转移补贴就存在。

对于出口信贷来说，不论是直接的贷款还是间接的出口信用保险，财政资助的证明都较为容易，以不存在"财政资助"主张不存在补贴难度较大。

（三）中国提供的出口信贷是否"授予了一项利益"

确定财政资助是否授予了利益，要看财政资助是否使接受者处于比没有接受资助时更有利的地位。[1]判断一项出口信贷是否授予了利益的标准，是比较该出口信贷的条件与正常商业运作情况下的市场条件。专家组曾经对官方出口信贷机构所提供的出口信贷担保是否构成禁止性补贴、出口企业是否因此而获得利益做出裁决，认为应将该担保的费用与其他国内银行的费用或国外银行所提供的担保的费用进行比较，即官方出口授信机构所收取的担保费用，不得低于国内其他银行或国外银行的费用，否则构成"企业获得利益"。但专家组的报告并未明确指出，比较的对象为国内市场、国际市场或进口国市场时，在各市场的利率及费用。[2]可见，专家组对利益授予的标准采取开放性的态度，可能考虑包括外国银行和其他国内银行多种因素。这使得该判断的结果具有不确定性。

中国政府表示，中国进出口银行的外汇出口信贷，要么是参考OECD的

---

[1]　如加拿大民用航空器案，美国对英国的热轧铅铋案，欧盟DRAMs案。

[2]　姚新超：《WTO规范下非农产品出口授信补贴正当性的检验》，《国际贸易》2007年第1期。

CIRR 确定的固定贷款利率，要么是按 LIBOR 确定的浮动贷款利率。外汇贷款在 2010 年占中国进出口银行贷款的 44.65%，人民币贷款占 55.35%。

在国内市场为比较对象的情况下，以中国人民银行 2012 年 6 月 8 日公布的利率为依据，利率根据贷款期限不同而不同，在 5.85% 和 6.80% 之间。[①] 中国进出口银行提供的出口贷款的利率较低，按中国政府回答 WTO 成员的说法，有 0.9% 的降低。也有学者计算约有 2% 的差距。

以国际市场为比较对象的情况下，专家组很可能以 CIRR 为依据。具体关于 CIRR 计算，OECD 的官方网站每个月 15 日公布最新的 CIRR 数值。[②] 但是，由于 OECD 所公布的数据只是 OECD 参加国货币的数据，而中国没有加入 OECD，所以无法直接获得人民币的 CIRR。在这种情况下，CIRR 的计算有三种做法：第一种是参考 IMF 在计算净现值（NPV）时的方法，即在一种货币没有 CIRR 而与某一货币挂钩时，使用被挂钩的货币，否则就使用特别提款权的 CIRR；第二种方法是参考 CIRR 的确定方法；第三种是以中国人民银行公布的 5 年以上贷款利率作为贴现率。由于我国并没有固定汇率的挂钩货币，所以以 5 年以上贷款利率或者按照 CIRR 的确定方法确定人民币的 CIRR 更为合理。根据中国人民银行 2012 年 6 月 8 日的发布，5 年以上各项贷款的利率是 6.8%；[③] 而根据中国财政部公告 2012 年第 10 号，本期国债计划中 5 年期的年利率为 6.15%，按照 CIRR 的计算方法加上 100 个基点为 6.25%。因此专家组可能参考的数值是 6.25% 以及 6.8%。这个水平和我国国内贷款利率相差不多，都高于中国人民银行公布的中国进出口银行提供出口信贷的利率约 2 个百分点。

欧、美可能直接主张中国某项出口信贷措施符合《SCM 协定》附件一《出口补贴例示清单》（K）项的条件，直接证明该项措施属于禁止性补贴。此时，欧、美需要证明中国政府，或者根据中国政府授权活动的特殊机构给予的出口信贷，不符合商业行为的成本原则，并且用于保证在出口信贷领域的实质性优势：其利率低于政府或其授权委托的机构使用该资金实际支付的

---

① 参见中国人民银行官方网站：http：//www. pbc. gov. cn/publish/zhengcehuobisi/625/2011/20110405180040106926959/20110405180040106926959_. html，最后访问日期：2012 年 12 月 31 日。

② 参见 OECD 官方网站：http：//www. oecd. org/dataoecd/15/47/39085836. pdf。

③ 参见中国人民银行官方网站：http：//www. pbc. gov. cn/publish/zhengcehuobisi/625/2012/20120607185856802594865/20120607185856802594865_. html，最后访问日期：2012 年 12 月 31 日。

利率（包括在国际市场借入相同偿还期相同其他条件的贷款成本），或者它们为该信贷的取得支付费用。

中国政府在解释中国进出口银行在获得出口信贷资金来源时，是在市场发行债券募得，因此，出口信贷的利率是发行债务的成本决定的。

在判断某支付是否被用于保证实质性优势时，专家组可能按照"巴西航空器案"中上诉机构的观点，采用 OECD 的 CIRR 作为市场基准，判断出口商接受补贴后的利率。如果低于 CIRR，则认定存在"出口信贷方面的实质性优势"。

仍然以中国进出口银行为例。2000 年的《中国进出口银行出口买方信贷管理办法》① 第 12 条规定："参照 OECD 公布的商业参考利率（CIRR）执行，特殊情况可由借贷双方商定。"2000 年《中国进出口银行出口卖方信贷试行办法（修订稿）》② 第 10 条规定："人民币贷款利率按照中国人民银行规定的利率执行。外汇贷款利率按照中国进出口银行规定的利率执行。利息的记收、罚息按《中国进出口银行利率管理暂行规定》执行。"可见，中国进出口银行将 CIRR 纳入了其利率确定体系。这有利于我国证明某出口信贷的利率并没有给出口商带来实质性优势。

值得注意的是，尽管 CIRR 被纳入了利率判断的体系，但这并不足以证明我国当然可以援引"安全岛"的豁免。如前文有关利益的授予所述，人民币的 CIRR 约为 6%，比中国人民银行确定的中国进出口银行提供出口贷款的利率高了 2 到 3 个百分点，在具体的案例中仍然要根据具体的利率水平判断是否能够援引安全岛的豁免。

（四）中国提供的出口信贷是否具有专向性

退一步说，如果欧、美无法直接证明中国的出口信贷措施属于禁止性补贴，其可能转而需要证明中国的出口信贷措施为可诉性补贴。这样，欧、美就需要证明中国提供的出口信贷具有专向性。

欧、美对我国出口信贷项目的专向性证明有两种可能。一种是法律上的专向性。一种是事实上的专向性。其中，法律上的专向性较容易证明，但存在较少。事实上的专向性的证明较为复杂。多数 WTO 争议的出口信贷都属

---

① 进出银买信发〔2000〕第 347 号。
② 进出银信二发〔2000〕第 262 号。

于事实上的专向性补贴。即表面上给予没有特定目的，是对许多部门提供的补贴，但实际上只有少数部门或者企业能够享受该补贴。

仍然以中国进出口银行为例。《中国进出口银行出口卖方信贷试行办法（修订稿）》第 7 条要求："借款企业必须是独立的企业法人，经营管理正常，财务信用状况良好，有独立的资产处置权，借款人具备履行商务合同的能力；项目符合国家有关政策规定和企业的经营范围，出口商品在中国制造部分符合我国出口原产地规则的有关规定，项目获得有关部门审查批准并已签订出口合同，单笔出口合同金额原则在 30 万美元以上；项目经济效益良好，换汇成本合理，各项配套条件落实等。"《中国进出口银行买方信贷管理办法》第二章规定了贷款的基本条件，要求出口商必须是独立的企业法人，具有中国政府授权机构认定的实施出口项目的资格，具备履行商务合同的能力。出口的货物和服务符合出口买方信贷的支持范围。出口买方信贷支持的商务合同必须经中国进出口银行审查认可，并满足包括合同金额在 200 万美元以上，出口货物的中国成分不低于 50% 等基本条件。该《办法》还要求借款人必须是中国进出口银行认可的进口商或银行、进口国财政部或政府授权的机构。借款人须资信良好，具有偿还全部贷款本息及支付有关费用的能力。《中国进出口银行出口卖方信贷中短期额度贷款管理办法》主要为支持我国机电产品和高新技术产品发挥作用，该《办法》规定申请使用额度贷款的企业必须具备的条件包括：企业必须具有独立法人资格，有权经营机电产品和高新技术产品出口业务；企业资信好，经营管理水平高，还贷能力强。中国进出口银行对其信用等级评定在 A 级以上（含 A 级）；出口产品属于国家有关部门颁布的《机电产品目录》《高新技术产品出口目录》和《高新技术产品目录》规定的范围；企业的机电产品和高新技术产品年出口额原则上在 1000 万美元以上（西部地区企业可降低到 500 万美元以上）。其中，第 1 款是对企业组织形式和业务的要求，第 2 款是对企业资信的要求，第 3 款是对产业的要求，第 4 款是对出口额的要求。

根据《SCM 协定》第 2 条判断专向性的三项原则，结合中国进出口银行提供出口信贷的具体做法，分析中国进出口银行所提供的出口信贷是否可能被视为具有专向性：

首先，《SCM 协定》第 2 条第 1 款将明确限于某些企业可获得的补贴是具有专向性的。上述法律、法规中并没有提到具体的企业名称，因此一般不会被认为将补贴的获得明确限于某些企业。第二，《SCM 协定》第 2 条第 2

款关于标准和条件的自动性的规定认为，如果获得补贴的资格数量的标准和条件是自动的和透明的，则该补贴不具有专向性。《中短期贷款办法》中，除了第 5 条的明确要求外，第 12 条说明额度贷款的审批需按照中国进出口银行有关贷款审批制度执行。中国进出口银行有关贷款审批的法规主要有《中国进出口银行关于大型出口项目贷款审批程序的规定》、《中国进出口银行出口卖方信贷项目评审实施细则》及中国人民银行颁布的《贷款通则》等。这些规定列举了申请贷款的基本条件和评审程序。但是，进出口银行内部审批贷款的具体条件并没有向公众公开。审批条件一般是银行内部规定并不向借款人提供有关审批条件的信息。《买方信贷办法》中要求借款人必须是进出口银行认可的进口商等。至于进出口银行对进口商的认定标准则没有说明。其他法规中也没有类似的指引。目前，我国进出口银行的有关贷款条件的透明度可能难以达到《SCM 协定》第 2 条第 2 款的要求，从而无法依据该款说明某项出口贷款不具有专向性。第三，《SCM 协定》第 2 条第 3 款关于事实上专向性补贴的规定给专向性的判断带来一定不确定性。根据该款，判断的因素包括企业使用补贴计划、某些企业主要使用补贴、给予某些企业不成比例的大量补贴以及授予机关在做出给予补贴的决定时行使决定权的方式等。这取决于进出口银行实际提供补贴的对象和量的统计，数据较难获得，在适用上也会遇到较多的不确定因素。

我国政府在对 2012 年 WTO 对华贸易政策审议书面回答中，否认了中国进出口银行在形成出口信贷贸易融资政策时将目标定于某些产业。[1]

The Officially Supported Export Credits in China and its Conformity with WTO SCM Agreement

Gong Baihua

Abstract：The discipline on the officially supported export credits can be found in paragraph 2 of item（k）of the illustrative list of prohibited export

---

① WT/TPR/M/264/Add. 1. 22 August 2012.

subsidies of WTO SCM agreement. An exception for this kind of export credit is the conformity with the OECD Arrangement on Officially Supported Export Credits (OECD Arrangement). Recently, the Chinese officially supported export credit is criticized by the U. S. and EU. They claim that China's practice violates WTO SCM agreement. This paper tries to analyze the Chinese practice from the factors of a subsidy under SCM agreement. This paper agrees that the Chinese practice is a financial contribution by the government. However, there is room to argue over the issue of the benefit and specialty. For its long-term interest, Chinese government needs to reform its officially supported export credit.

Key Words: Officially Supported Export Credit; WTO; Subsidy; OECD

实践中的法律选择：外国法适用的视角

杜新丽[*]

摘　要：国际私法作为法律适用法，通过多种方法进行法律选择，选择的结果不是内国法就是外国法。于此，困惑人们的矛盾焦点，是当适用外国法时，必然涉及承认外国法的域外效力和适用外国法问题。倘若在法律选择中，寻找到的准据法是外国法，与内国法做准据法所不同的是，还会遇到司法层面上的一个现实问题，那就是对外国法内容的查明。

关键词：国际私法　法律选择　外国法的查明

所谓外国法的查明，又称外国法内容的确定，在英美等普通法系国家称为外国法的证明（the Proof of Foreign Law）。它是指一国法院根据本国冲突规范指定应适用外国法时，应如何查明该外国法的存在与内容。众所周知，国际民商事关系的产生和存续，取决于对外国法效力的承认。法律选择的基础，也在于平等地对待内外国法，平等地承认外国法与内国法有同等的法律效力。法律选择的一个重要结果，也是对外国法的适用。但是，各国的法律纷繁浩杂，一国的法官在正确地选择法律之后，面对应当适用的外国法，其对查明及正确适用均感力不从心。在这种情况下，外国法适用的困难，将不可避免地动摇法律选择这一尖锐而又现实的问题。英国芬提曼（Fentiman）教授指出：由于缺乏完善的程序制度，所以要保证精确、完整和及时地查明外国法，以及成功地适用外国法是不可能的，因

---

* 杜新丽，中国政法大学教授，博士生导师。

此，选择适当的准据法来抵制单纯地适用法院地法的整个思想观念从根本上被动摇了。[①] 因此，不能把外国法的查明只看作是冲突法系统中的一个小环节。它是一个大问题。是一个长期被忽视，但又直接关乎国际私法根基的大问题。该问题不妥当解决，不但法律适用不能最终确定，而且还会完全背离国际私法的制度，法律选择就会变得毫无意义。

一 法律选择中适用外国法的理论探讨

法律是国家意志的体现，其本身具有严格的地域性。一国法院审理某一涉外案件适用外国法，必须要有依据。国际私法必须对此提供理论说明。从国际私法产生之时起，国际私法学者就试图从各自的理论出发来回答这一问题。可以说，传统国际私法的理论，就是围绕这一问题展开的。各家之说均有一定道理，都在历史上起到了一定的作用，但随着历史的发展又都逐渐走向黯淡或被彻底淘汰。对这个问题的回答似乎永远没有一个十全十美的理论，却有着恒定不变的道理。所以，人们最终放弃了这种探讨，将其作为一种结果普遍认可：那就是为了正常的国际交往，各国在一定条件下承认外国法的域外效力。从美国冲突法革命开始，人们已经将研究的重点转向了法律选择方法的探讨。

意大利的"法则区别说"作为国际私法开创性的学说，当时面临的实际问题，就是在不同城邦的商事交往中如何面对各自的法则。巴托鲁斯在对法则进行分类的过程中，将所谓的"人法"，等同于已经过国家承认的具有真实域外效力的法律，并且通过对法律规则的统一划分，促使各国在一定程度上达到这样的共识：人法 = 域外效力。人法，即是具有当然域外效力的法律。这种法律的效力应得到承认和适用。这种方法的本质，是从法则本身出发，试图建立一个统一的法则划分标准，来绕过国家的承认，从而给适用外国法，承认其域外效力找到理由。在此种情况下，国家根本不需要为适用他国的法律去找理由。因为具有"人法"性质的法则，本来就具有当然的域外效力。国家只需要对人法进行辨别和适用。法则区别说这种通过统一的规则区分、强制的法律效力解释，以及赋予某类法律以当然的域外效力，来达

---

① 参见 Fentiman, English Report C. IV. 转引自李双元《国际私法正在发生质的飞跃》，《国际法与比较法论丛》（第五辑），中国方正出版社，2003，第 396 页。

到各国对他国法律的适用的方法，在国际民商事交往比较简单的时代，有一定的作用。但其方法的唯心色彩、对法律关系的视而不见，及其对主权国家法官们在实践中能动性的忽视，都使其解释的意义和价值成为阶段性和历史性的。就目前而言参考价值并不大。

"国际礼让说"在分析问题时，将"国家主权"① 思想引入法则区别说，把适用外国法的问题放在国家政治关系和国家利益的基础上来考察，在国际私法发展的历史上是一次巨大的突破。国际私法的基础，在于国家对另一国法律的域外效力的承认。因此，对于外国法的域外效力承认与否，是一个国家所应考虑的问题。国际礼让说的核心，在于"礼让"。即承认外国法的域外效力，适用外国法的理由完全是基于一种礼让，或者说是国家间的礼节、礼貌。为了国家间的相互交往和彼此尊重，国家应当礼貌地承认另一国的法律在自己国内的域外效力。当然，这种"礼让"还有一个重大的前提：对于法律的承认，在内国保持其效力的时候，不得损害本国国家及其公民的权利和利益。国际礼让说在一定程度上，为后来的学说在适用外国法效力原因的探讨上提供了一定的方向和指引。但是，胡伯将他国对外国法域外效力的承认绝对化，认为外国法的域外效力完全来自他国的承认，显然不符合事实。因为任何一个主权国家，都有权决定自己法律具有的域内效力与域外效力。只不过在未得到他国承认之前，这只是一种虚拟的域外效力，但并不是没有任何的域外效力。

"法律关系本座说"在承认外国法的效力上，与以往的学说不同，是以法律关系的本质联系来推导外国法的适用。虽然法律关系本座说与法则区别说的出发点不同，选择法律的方法也不同，一个从法律关系另一个从法律规则，但它们的目的很相似，都是为了绕开国家的层面来承认他国法律的域外效力。法则区别说认为，统一标准划分的法则中的人法在各国都具有当然的域外效力。而法律关系本座说从法律关系的性质出发，认为一国法官之所以适用他国法律，是因为法律关系的"本座"要求和法律关心的本质联系的需要。"本座所在地"法律的域外效力可以自然而然地扩大到法院地国。萨维尼绝妙地将国家对外国法域外效力的承认转换为对于法律关系"本座"的寻找。只要外国法拥有"本座"，外国法便具有当然的域外效力。"本座

---

① 17世纪后半叶，法国的博丹发表了《论共和》，荷兰的格劳秀斯发表了《战争与和平法》，奠定了国际公法的基础，提出了"国家主权"这个现代国际法上的基本概念。

说"的这种解释就个案的处理而言是精到而合理的，逻辑关系严密而顺畅。但从宏观而言，却不能从整个国际私法层面上找到承认外国法域外效力的理由和依据。

贯彻"既得权说"的基本理念是：法庭的基本任务之一，是平等公正地保护一种已存在的权利，即便这种权利来自外国。从承认外国法的域外效力看，既得权说具有某些合理之处。第一，既得权说首先看到了域外效力的产生来自承认，很大程度上是国家主动地对外国法域外效力的认可。这不像是"法则区别说"中的通过对法律规则的区分来赋予某些法律具有绝对的域外效力，也不同于"法律关系本座说"仅从本座位于外国，与法律关系有本质联系而承认适用外国法。承认，应当是国家的主动行为，是国家层面的行为，是国家体现自己司法主权的表现。第二，既得权说看到了国家间的一种事实，与法院的一种义务。国家承认权利的正当性与合法性，即使来自外国保护与承认已存在的权利。国家承认一种合法的权利，与"国际礼让说"中的承认是因为国家间的礼貌来比较，当然更易于让人接受和信服。第三，从许多学者的批评看，既得权说似乎存在矛盾的地方。但是，从其作为承认外国法域外效力的理由上看，仍具有可取之处。一项权利总是来源于其产生的法律。作为法律上的权利一旦脱离了创设它的法律，权利将不复存在。既得权说从表面上虽说不执行外国法的本身，这是由于国家的司法主权的存在，为了维护国家的尊严，没有一个国家会表示自己对外国法的一种屈服。但是，既得权说通过对一种正当权利的承认和保护，间接地达到了承认外国法域外效力的目的。这种承认好比水流与水源、树木与树干的关系，虽然表面上是对"正当权利"的承认，但实际上是对外国法域外效力的承认。这种方法为承认外国法域外效力找到了较好的依据和理由。在探讨外国法适用的理由上，既得权说的思维程式是：权利的正当性——权利绝对的域外效力性——产生权利的法律域外效力性。这种从法律所产生的权利出发来证明法律域外效力的方法值得肯定。

作为美国国际私法革命先驱的库克，运用科学的经验主义的方法论创立了"本地法说"，对传统的既得权说进行了猛烈的批判，并从根本上动摇了既得权说的统治地位。库克从现实主义出发，认为：法院在审理涉外民事案件时总要适用自己的国内法。在某种情况下，法院可以考虑适用外国法，但此时只是将外国法作为本国的法律规范予以适用。这种观点不同于传统观点，主要是从法官在实际解决法律冲突中，适用外国法的过程中总结出来的。本地法说认为：由于外国法不是来源于法官所属国的主权，而是来源于外国主权，本国法院并无必要接受外国法。但当要考虑适用外国法的情况下，内国立法者可以授予该外国法以"国籍"，将外国法纳入本国法律规范，是一种"外国法本国化（本地化）"的过程，从而使外国法在该国具有域内效力，承认与本国法律具有相同效力的法律并且进行适用。库克的这种方法在一定程度上解决了既得权说中"不承认外国法"与"保护外国法所产生的权利"的矛盾。因为权利是本国内化的本国法、本国的法律规范所产生的权利，肯定应当予以承认和执行。

但库克的"本地法"说从现实出发，始终以本国法为主，将国家主权原则推向了顶峰，夸大了法律的属地性，歧视他国主权和立法权。同样，将他国法律任意纳入本国法律规范，作为本国法律规范来适用，并且外国法所创设的权利也怪异地作为本国法所产生的权利，的确令人费解。甚至在国际私法的发展中是一种倒退。但是，库克从法官的审判实践出发，赋予外国法以"国籍"，将外国法"本国化"，成为一种"拟制的本国法"，也为适用外国法找到了一定的合理依据。

作为现代国际私法理论之一的卡弗斯（Cavers）①"结果选择说"，已经将注意力集中到了法律选择方法的研究，并不直接回答外国法的域外效力问题。但其理由可以通过分析得到。"结果选择说"的思维方式摆脱了以前的"单纯的准据法选择之前的法律选择"，而变更为"理解了相关准据法之后的法律选择"。前者是利用法则分类、法律关系本座的确定，来对法律进行选择，而后者是在找出与案件有联系或可能被适用的法律之后，比较法律适用可能带来的结果，从而找出对案件最公正的法律。从承认外国法域外效力的角度来说，"结果选择说"在很大程度上是为了达到"结果的公正"。在同一案件中，适用本国法与外国法会产生不同结果的情况下，为何要适用外国法，是因为适用外国法的结果比适用本国法更为公正，更能达到当事人间的公平正义，以及促进本国的社会交往。卡弗斯的学说明显受到实用主义的影响，将适用外国法及如何选择法律归结为结果的选择与评价。这种方法从一定程度上改变了以往学说中的种种拟制与复杂，让人觉得很容易接受。但

---

① 戴维·卡弗斯（David Cavers）早年曾从事律师工作，并先后在哈佛等大学法学院任教，1969 年以后为哈佛大学名誉教授。1933 年卡弗斯教授在《哈佛法律评论》上发表《法律选择问题评论》一文，首次对传统理论提出批评。

是，因其简单和模糊使用起来比较困难。

在对外国法域外效力的承认上，"政府利益分析说"与结果选择说都是基于实用主义与功利主义的思想，在法律选择方法的研究上间接地做出了回答。但利益分析说要更为合理一些。利益分析说认为：每个州的政策和法律都体现了本州的利益，即各国法律都体现了各国的利益，并且通过法律的适用来实现。那么进一步的潜台词就是：之所以要承认外国法的域外效力，是因为外国法比本国法具有更大的利益。这种从国家利益实现的角度出发，当然比追求具体案件中的结果公正，显得更合理，更接近国际交往中的国家主权原则和相互尊重的考虑。从本质上来说，内外国法律冲突是各国利益的冲突，冲突法的问题在于如何调节或解决不同国家之间的利益冲突。

"最密切联系说"虽然也是偏重于法律选择方法的研究，但在对承认外国法域外效力的原因上，其内含的观念是：适用外国法是因为外国法与该法律关系或当事人有最真实的法律联系。最密切联系的考虑因素包括与法律关系的本质联系，也包括当事人因素，如案件结果、当事人的正当期望，同时也包括国家政府因素，即国家正当利益、洲际和国际的需要。最密切联系说综合了传统理论与现代理论的许多优点，考虑的因素也更加全面。但是，正因为最密切联系将所有的因素包括在一起，就容易忽略其中最本质和最重要的因素，所以，最密切联系容易让人接受，但是无法令人完全信服。

学说	思考角度	效力根据
法则区别说	法律规则的统一标准划分	人法具有强制的域外效力
国际礼让说	国家对外国法的态度	通过礼让承认域外效力
法律关系本座说	法律关系的属性与本座归属	法律关系自身与外国法的联系
既得权说	正当权利的确定力	权利的承认导致外国法的承认
本地法说	外国法的本国化	与本国法具有同等效力的内化的外国法
结果选择说	结果的公正	外国法符合结果正义的选择
政府利益分析说	国家利益的权衡	外国法更有利于本国利益
最密切联系说	多种因素的综合选择	外国法是最密切联系的综合

综上，在对承认外国法域外效力的解释上，不同学说受不同历史条件的限制和法社会学、法哲学的影响，给出了侧重不同的答案。法则区别说从法

律规则的本身出发，本座说从法律关系的性质出发，都企图创造一种强制的方式来达到避开国家对域外效力的承认。礼让说将国家主权绝对化，认为相互尊重的礼让才是承认域外效力的依据。既得权说从法律效力所产生的权利出发，以权利的正当性引出适用外国法的理由。本地法说是将外国法化归于本国的法律规范来予以适用。利益分析说，通过案件带来的结果、利益大小，来决定是否适用外国法。最密切联系说从涉外案件中所涉及的全部因素，整体上来找到适用外国法的理由。

二　对承认外国法域外效力之原因的深层探究

在对以往学说的分析评价上，笔者试图从其他角度，来探讨承认外国法域外效力的原因。

（一）法律价值的实现

每一个国家制定法律，是为了体现本国立法者对社会某方面或者某种法律关系的看法和评价。每种法律关系，均具有自己特定的"法律价值"或者"法律目的"，即一种与满足社会与个人需要的关系。不同的法律关系存在着不同的法律价值，如：合同的法律价值在于促进正常的商品交易，平衡当事人的权利与义务，维护交易安全和交易秩序；物权的法律价值在于维护物权的稳定性，保护所有人的合法权利不受非法侵犯；侵权的法律价值在于对受害者人身及财产权利的填补，维护社会交往的正常状态，回到未发生侵权损害时的状态；等等。同时，相同的法律关系在不同的时代、不同的社会中也可能具有不同的法律价值。如：侵权行为的法律价值从以前注重对侵权人的惩罚，转向对损害的填补，再到要求社会对损害事故的保险分担，即转向所谓的"分配正义"。婚姻关系的价值由以前的"维护婚姻关系的稳定性"发展到尊重婚姻双方当事人的合意性，促进婚姻的自由性。法律关系自身的法律价值或法律目的，已经越来越被国家、国际社会、学者所认识。

立法者的职责，应是在法律条文中尽可能最大限度地体现、接近此种法律关系的法律价值。然而，现实中的立法总有一定的差距，各国的立法水平也总有差异。那么，在一个涉外案件中，涉及几个不同国家的法律，而不同国家的立法目的对这种法律关系的法律价值的体现和追求必然存在水平和层次上的差异。因此，当一个案件涉及不同国家的法律时，即在所谓的法律冲突中，出现了不同国家立法目的的差异时，应当选择最能促进此类民事关系法律价值实现的法律。或者说哪国立法者的立法目的最能体现、接近法律价值，哪个国家的法律就应当予以适用。

从承认外国法域外效力的角度来看，对于某类民事法律关系，涉及本国与外国的法律时，当本国立法者的立法目的不如外国法更能体现此类民事关系的法律价值，而适用外国法更有利于促进法律价值的实现时，本国应当承认外国法的域外效力。

另外，从法律选择的方法上看，要促进法律价值的实现，必须进行适当的法律选择，那么，就应先弄清此类法律关系的法律价值，然后综合考虑与案件有关联国家的立法目的，从中找出最能促进法律价值实现的国家的法律。这种方法，一方面平衡了各国法律之间的冲突，另一方面也维护了当事人的合法利益，有利于此类民事法律关系的发展。

（二）平等协调

平等协调主要是基于国际公法上的理念。国际私法，从冲突的角度而言，实际上涉及两个情形：各国法律域外效力与民事案件法院地国法律域内效力的重叠，和各国法律域外效力在法院地国的重叠。因此，国际私法与其称为冲突法，不如叫做协调法，即协调各国法律效力的法。这种协调是基于各国平等主权的前提下，对各国法律效力进行的协调，是对涉外民事关系权利义务如何调整的协调。为了更好地协调各国的利益，在必要时可以承认外国法的域外效力。

（三）默示承认

在国际民商事交往中，一个国家基于国家主权平等以及司法主权独立性的考虑，在通常情况下不会以其本国的名义公开地对另一国的法律表示无条件的承认。没有任何国家能够轻易表示对他国法律的屈服和服从。但是，国际社会的发展要求国家在一定程度和层面上去适用外国法。于是，国家便寻找各种可能让人信服的理由，来表示对他国法律域外效力的承认，如礼让、法律关系本座、最密切的联系或更有利于结果的公正等。

笔者认为，在涉外民事关系中，一国如果适用了外国的法律，这一行为与事实本身就单独构成了对外国法律虚拟的域外效力的承认，从而使外国法在其本国具有真实的域外效力，这种行为即构成了一种对外国法域外效力的

"默示承认"。默示承认时以国家或法院主动在本国涉外民事案件中，适用外国法律的行为，来表示承认了外国法的域外效力。因此，有了这种默示承认，国家不必再为其承认外国法的域外效力去寻找各种理由与借口，仅需要在实践中适用外国法，便达到了承认的目的。

三 关于外国法的定性

（一）关于是否需要定性的争议

"法官知晓法律"是一个不容置疑的定律。但是，世界各国法律千差万别，纷繁复杂，任何法官都不可能通晓各国的法律。因此，当法院按照冲突规范适用外国法时，就会面临外国法的查明问题。而在外国法内容的确定上，需要解决的一个基础性问题，就是该外国法的内容由谁负责提出，是当事人还是法官。这是因为在知晓外国法内容方面，法官与当事人是一样的，并不比当事人要承担更多的责任。所以在司法实践中就产生了一个如何看待外国法的问题。有的学者将其解释为是对外国法性质的界定。也就是外国法是法律还是事实的问题。倘若将外国法作为"事实"对待，查明的责任就由当事人承担。如果视外国法为"法律"，则由法官负责调查。这样就提出了对外国法定性的问题，其实就是在外国法适用的问题上，如何看待外国法，其目的是为查明外国法寻找途径与方法。

关于是否需要对外国法定性，学界有不同看法。一种观点认为，在我国，民事诉讼采取的是"以事实为根据，以法律为准绳"的原则，并不将事实与法律截然分开，而分别由当事人与法官承担。不管是"事实"还是"法律"，法官都有查明的责任。所以，在中国对外国法进行定性没有实际意义与价值。[①] 对此定性问题过于关注，不但对司法实践无指导意义，而且会使研究陷入其中而纠缠不休。但是，也有学者认为，定性是外国法适用当中的基础性问题。它决定着外国法的查明程序。此问题不解决，将会导致司法实践中的困惑与混乱。[②]

---

① 韩德培主编《国际私法》，高等教育出版社、北京大学出版社，2002，第136页。
② 郑新俭、张磊：《中国内地域外法查明制度之研究》，《内地、香港、澳门区际法律问题研讨会论文集》，第153页。

笔者认为应当对外国法进行定性。但这种定性不是说一定要在"事实"与"法律"中选择一个，必须教条地将其认定为非此即彼。其实外国法既不是通常意义上的"事实"，也与国内法有所不同，不同在于法官无职责知晓外国法。所以，外国法成了一个介于两者之间的因素。司法实践中，法官的职责是认定事实与适用法律。那么，法官在法律选择中遇到外国法时，就自然会产生一个如何看待外国法的问题。对此问题理论研究可以回避，但法官不能回避。所以从实务的角度来看，给外国法一个定性是必要的。此外，定性的意义还在于理顺下一步确定外国法内容所用的方式与途径。例如英美普通法系国家根据自己的诉讼制度，将外国法看作"事实"，在获取内容及其确认上，就自然而然启动证据程序，通过双方当事人的质证过程，最终确定外国法的内容。就个案审理的程序正义而言是较为公平的。当然，这种公平与英美国家的国内诉讼制度是相辅相成的，将其移植于其他不同诉讼制度的国家就未必公正了。所以，在中国如何对外国法定性，还需从中国自身的法律制度入手进行探讨。

（二）如何定性

对于外国法的性质，主要有三种主张：第一，事实说。这是英美法系国家的主要观点，认为依冲突规范的指引而适用的外国法相对于内国法而言，只是一个单纯的事实，而非法律。外国法应由当事人提供。外国法的内容也应依照证明事实的程序来确定。但英国学者也承认这是一个"特殊类型的事实问题"。[①] 第二，法律说。这种理论认为，内国法院适用外国法，是根据法律关系的本座而适用的。由于内外国法律是完全平等的，因此，法官适用外国法同适用内国法一样，没有什么区别。这种理论为法国、意大利的学者所支持。外国法应当由法官依职权主动查明，而不论当事人是否提出适用外国法或者提供了外国法的内容。该理论建立在萨维尼学说的基础上。萨维尼认为，外国法与习惯法及其内国成文法一样，都是行为规范。它们与内国法唯一不同的是，法官不一定能够像通晓内国法那样通晓外国法或习惯法。这种区别导致了它们在程序上与内国法的不同。但对待外国法的程序决不能与对待事实等同。外国法也是法律，应当得到平等的对待。但在适用外国法

---

① 〔英〕J. H. C. 莫里斯主编《戴西和莫里斯论冲突法（下）》，李双元等译，中国大百科全书出版社，1998，第 1752 页。

的程序上可以与适用内国法有所不同。第三，折中说。该说主张外国法既非单纯的事实，亦非绝对的法律，是一种特殊的法律事实。这种理论主要为德国、日本学者所主张。

笔者认为，在我国的司法实践中，法院应当基本上将外国法作为"法律"看待。但也应客观地承认外国法与内国法在适用上的不同，外国法是一种特殊的法律。这是因为：（1）从根本上讲，一国法院不论基于何种理论适用外国法，实质上都是承认了外国法的域外法律效力。外国法通过法院国冲突规范的指引"合法地"适用于某一具体案件而成为准据法。实际上，法院国的立法者通过冲突规范的制定，司法者通过应用冲突规范的行为以及法律选择的方法，授予了外国法以本国法律的"国籍"，使得外国法在法院国也具有了效力。这种过程不论如何复杂，都未改变外国法的法律本质特征。（2）在中国，冲突规范属于强制性规则，是法官在审理涉外案件中必须首先适用的。那么，如果冲突规范指引适用外国法时，法官就有义务查明外国法。此时，只有将外国法作为"法律"对待，才符合逻辑。只有尊重外国法的法律属性，才符合我国冲突法的精神。（3）将外国法作为"法律"对待，符合我国的诉讼模式。英美普通法系国家将外国法看作"事实"有其历史渊源，符合英美国家的诉讼模式。英美法系国家的诉讼程序一直以来采取当事人主义，程序的启动基本由当事人控制，法官仅起到居中裁判的作用。而我国的诉讼模式基本沿袭大陆法系的职权主义，诉讼程序及法律制度都按照职权主义设置，法官在诉讼中起着主导作用。近些年来，我国在诉讼制度中进行了一系列的改革，吸收了一些英美普通法系国家诉讼制度的合理内涵，从以前的强职权主义走向职权主义，在有些领域向当事人主义与职权主义混合的制度过渡与发展。但是，诉讼模式并没有彻底地改变，还是职权主义而非当事人主义。那么，"查明事实、正确适用法律"就是法官的职责。

（三）外国法查明的内涵

笔者认为，外国法的查明，广义而言应是外国法的获取与内容的确定两个环节。就外国法查明的内涵而言，应包括外国法的"查"，与外国法的"明"，两个方面的内容。所谓外国法的"查"，是指外国法的提供或者获取，即通过一定的方法收集并提供可以证明某一外国法存在及其内容的证据材料的行为。我国最高人民法院《关于适用贯彻执行〈中华人民共和国民法通则〉若干问题的意见》第193条所规定的5种途径，^① 应属于获取外国法的范畴。所谓外国法的"明"，即外国法内容的确认，是指法官通过一定的诉讼程序对所查到的证明外国法存在的证据材料进行审查，以确定该外国法律制度是否存在及其内容如何的活动。在这一过程中，法官应依据一定的规则与标准对所提供的外国法的存在与内容进行审查。只有经过司法审查的外国法才能成为准据法而适用。

外国法的查明，应是外国法的获取与外国法内容的确认两者的完整结合。前者是后者的基础与前提，后者是前者的归属与目的，两者缺一不可。倘若忽视了某一个，正确确定和适用外国法就不能得到保障。所以，一个国家应当在立法与司法实践中，对两个环节加以区分，设立适用于两个环节的程序制度，既不能将两者混淆，也不能用前者代替后者。从补救的角度来讲，也只能是两个环节的程序都用尽了，即不但运用法律手段获取了外国法的内容，而且通过一定的程序对外国法的内容进行了审查，最终还是不能确定外国法的内容时，才可以用法院地法作为补救来使用。

（四）外国法查明的两种情形

在司法实践中，应当将外国法查明分为两种情形，分别予以讨论。一种是在当事人主张之下的外国法的查明，另一种是法官在法律选择中依据冲突规范的指引对外国法的适用所涉及的查明问题。

1. 当事人主张之下的外国法的查明

众所周知，当代社会各国均将意思自治作为合同法律适用的首要原则。合同当事人可以在合同中设立法律适用条款，就适用的准据法做出选择。倘若当事人通过意思自治选择了法院国以外的某一外国法做准据法，关于该外国法的查明，应由当事人提供该外国法的内容。外国法的查明应按照以下顺序进行：首先依据合同的法律适用原则确定当事人选择法律的合法性，将准据法确定为是法院国以外的某个外国的实体法。然后由当事人提供或者证明该外国法的存在。当事人可以通过法律专家、法律服务机构、行业自律性组织、国际组织、互联网等途径提供相关外国法律的成文法或者判例，也可同

---

① 最高人民法院《关于贯彻执行〈中华人民共和国民法通则〉若干问题的意见》第193条规定：对于应当适用的域外法律，可通过下列途径查明：（1）由当事人提供；（2）由中国驻该国使馆提供；（3）由与中国订立司法协助协定的缔约对方的中央机关提供；（4）由该国驻中国使领馆提供；（5）由中外法律专家提供。

时提供相关的法律著述、法律介绍资料、专家意见书等来证明外国法的存在与内容。当事人提供的这些资料应属于证据的范畴，此时，法官应启动证据程序对当事人提供的外国法律进行质证。倘若双方当事人对彼此提供的外国法经质证无异议，法院就可以直接确认。如果当事人对外国法律的存在与内容存在歧异，或者当事人提供的法律专家的意见不一致，就由法官进行司法审查，从而确定外国法的内容。在此情况下，法官一定要给当事人充分的时间与机会就外国法内容进行辩论，在此基础上，最终由法官做出认定。此种情形下的外国法查明与适用，因为是基于当事人的主张，所以当事人应负更多的责任，也应承担一定的后果。这个后果就是如果当事人拒绝提供外国法的内容，或者当事人在法院指定的期限内未能提供外国法律而不能说明正当理由的，法官可以直接适用法院地的法律。

例如，我国某海事法院在处理一桩提单运输纠纷中，对保函准据法的确定，就比较妥当。1995 年 5 月，被告某冶金公司与澳大利亚新人山公司 （MT NEWMAN JOINT VENTURES） 签订了进口 60500 公吨铁矿砂的买卖合同。1995 年 6 月 28 日，上述货物在澳大利亚黑德兰港装上了原告纳瓦公司所属的 "STONEGEMINI" 轮，当日该轮船长签发了一套三份指示提单。提单记明的托运人为新人山公司 （MT NEWMAN JOINT VENTURES），收货人为凭指示，通知方为被告冶金公司，装港为黑德兰港，卸港为青岛，数量为 60500 公吨铁矿砂，运费支付方式依据租船合同，租船合同条款并入该提单。1995 年 7 月 10 日，"STONEGEMINI" 轮抵达青岛港，由于被告冶金公司尚未通过其开证行青岛交通银行取得正本提单，于是便向 "STONEGEMINI" 轮船长出具了担保函，并请求原告向其放货。该担保函内容除做出各种承诺外，还就准据法做了选择，即此担保由英国法律调整，担保函下的每一个责任人在贵方同意下应将纠纷提交英国高等法院管辖。原告接受了被告出具的上述保函，并将 "STONEGEMINI" 轮所载货物全部交付给被告冶金公司。

但后来因为开证行发现了不符点，对该信用证项下的货款拒绝支付。承运人在赔付了议付行的求偿后，在我国某海事法院提起诉讼，要求中国公司履行保函中的承诺。

在本案庭审中，原告坚持按被告方出具的保函中确定的准据法——英国法律来处理本案，被告则主张适用中国法。中国法官认为保函中就准据法的约定符合中国法律的规定，该案应适用的法律是英国法。那么，原告应就英国法的内容提供证明。2001 年 3 月 22 日，原告代理人向法院提出申请，因英国法"对于调整保函的规则及确定保证人责任与义务的相关案例经过多方努力仍未查明"，申请有关被告向"STONEGEMINI"轮船东出具的保函的法律关系适用中国法，而有关本案的诉讼时效则适用英国《1980 年时效法》。最终中国法官在当事人不能证明外国法律的情况下，直接适用了中国法。但是关于时效问题，依照最高人民法院对民法通则的解释意见第 195 条"涉外民事法律关系的诉讼时效，依冲突规范确定的民事法律关系的准据法确定"，当事人提供了英国的时效法，应当予以适用。①

此种情形下，外国法的查明呈现出如下特点：

（1）主要由当事人负提供外国法律的责任。此种情形下外国法的适用，是基于当事人的选择，所以，由当事人提供外国法的内容最为便利，也合情合理。笔者认为，此时提供外国法内容是当事人的责任，法官可以责成当事人提供，并且可以规定一定的时间。倘若遭到拒绝，或者在规定的时间内没有就外国法的内容提供证明，法官可以直接适用法院国的法律。更明确地讲，此种情形下外国法律的证明责任由当事人承担。

（2）在法律内容的证明上，应尽可能尊重与实现当事人选择法律的意愿。所以，在当事人对外国法的内容无异议时，即使在证据链上有所欠缺，法官也可以直接确认外国法的内容而予以适用，而不必再启动其他程序或方法予以证明。因为此时的外国法没有普遍的效力，只是约束该合同相对人之间的合同关系，只要不影响第三人的利益，法官就可以直接适用。

（3）法官没有主动获取外国法的职能，只有在当事人提供外国法确有困难而向法院提出申请时，法官才可以依职权查明相关的外国法。倘若当事人难于查明外国法，而又不变更准据法或者请求法官查明，那么，法官可以认为外国法不能查明，而直接适用法院地法律。

（4）在外国法的提供上，当事人负主要责任。但在外国法内容的确认上，启动的是法院的司法审查程序，此时法官就成了主角。那么，在当事人对外国法内容发生歧异或者对专家意见看法不一致时，则由法官审查认定。

以英国为代表奉行"事实说"的大多数普通法系国家一般也认为，外国法是事实而不是法律。外国法只有在一方或者双方当事人提出申请时才适用。即使案件具有明显的涉外因素或者当事人在合同条款中约定了适用外国法处理案件争议，法院仍然不能主动适用该外国法，而只能将这个具有涉外

---

① 资料来源于中国涉外商事海事审判网，公布于 2004 年 2 月 5 日。

因素的案件当成纯粹的国内案件而适用英国法。

2. 法官依据冲突规范的指引对外国法的适用所涉及的查明问题

此种情形下外国法的查明与适用，起因于法官根据冲突规则指引的准据法是外国法。该外国法的援引不是出自当事人的意思自治，而是法院国冲突规则的适用。这样就提出了一个基础性的问题，即冲突规范的适用是否具有强制性。

在我国，冲突规范规定在《民法通则》[①] 及其他一些单行法规中，[②] 作为强制性规范而使用。在司法实践中，法官在审理一个涉外案件时，首先应当适用中国成文法中的冲突规范，在冲突规范的指引下选择适当的准据法确定当事人的权利义务关系，最终做出判决。与审理涉内案件不同的是一定要首先适用冲突规范，而不能直接适用法院地的中国法。中国法官审理涉外案件的路径应是：

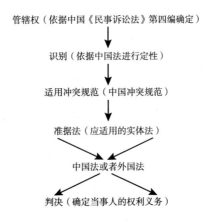

就合同关系而言，我国《合同法》第126条规定："涉外合同的当事人可以选择处理合同争议所适用的法律，但法律另有规定的除外。涉外合同当事人没有选择的，适用与合同有最密切联系的国家的法律。"[③] 倘若当事人选择了某一个外国法并且该选择符合中国法律的要求，那么，该外国法的查明就依照上述第一种情形进行。但倘若当事人没有选择法律，那么，法官依据最密切联系原则做判断时，如果某个外国法具有最紧密的联系，则该外国法应当作为准据法被适用。这时就出现了对外国法的查明问题。

---

① 参见《中华人民共和国民法通则》第八章。

② 《中华人民共和国海商法》《中华人民共和国民用航空法》《中华人民共和国票据法》《中华人民共和国合同法》《中华人民共和国继承法》《中华人民共和国公司法》《中华人民共和国收养法》中均有冲突规范。

③ 我国《民法通则》第145条也有同样的规定。

就非合同关系而言，我国冲突规范除了少数单边规则之外，绝大部分都是双边规则。所谓双边，是指同一条规则，在不同的事实情况下，可能导向适用内国法，也可能导向适用外国法，所以称这类规范为双边规则。当然，只有双边规则是建立在严格遵守平等对待内外国法原则基础上的规则，不折不扣地反映了国际私法的本质，所以任何一个国家的冲突规范都是以双边规范为主体，辅之以其他类型的规范。法官依照此类规范选择法律，在事实条件的作用下，就有可能适用外国法。① 例如我国《民法通则》第 146 条规定："侵权行为的损害赔偿，适用侵权行为地法。"发生于加拿大境内的一个交通事故，受害人到中国的法院进行诉讼，中国法官依据该规则与事实因素，应将加拿大的法律作为该案件的准据法，在此法官就需要对加拿大的法律进行查明。

此种情形下对外国法的查明与前者不同，没有当事人对外国法的主张，那么，查明的责任应由法官承担，而不是当事人。具体做法与第一种情形有以下不同。

（1）法官承担查明外国法的责任。法官可以通过各种途径，包括当事人提供、使馆提供、法律专家提供、相关资料库、网络查找等等，获取外国法的内容。笔者认为，在法官获取外国法的具体途径上不宜制定具体规则，只需要将责任明确就可以了，给法官一个灵活操作的空间，以避免捆住手脚。此外，也不必担心取证方法的合法性问题，因为还有审查程序予以把关。再者，法官熟知法律，会以合法的手段获取外国法。

（2）在法官与当事人的关系上，当事人提供外国法的内容，是法官查明外国法的一个途径，那么，法官就有义务将外国法的适用通知当事人，并请求当事人提供外国法的内容。倘若当事人拒绝，法官不能责成与强迫，也不能由当事人承担不予提供的后果。

（3）关于法官获取外国法的途径，不需要做出具体规定。理论上应当是包括所有的能够获取的方法。这样除了给法官一个自由度之外，还绕开了一个是否"穷尽"的问题。例如，我国最高法院在司法解释中规定了查明外国法内容的五种途径，② 结果在审判实践中屡屡被质疑。当事人要求使用

---

① 在内外国法的选择上，理论上的概率可以占到 50%。

② 最高人民法院《关于贯彻执行〈中华人民共和国民法通则〉若干问题的意见（试行）》第 193 条的规定："对于应适用的外国法律，可通过五种途径查明：（1）由当事人提供；（2）由与我国订立司法协助协定的缔约对方的中央机关提供；（3）由我国驻该国使、领馆提供；（4）由该国驻我国使馆提供；（5）由中外法律专家提供。"

完所有的途径之后，倘若查不到外国法的内容，才应当适用中国法。此种要求，法官在实践中很难做到，结果陷法官于被动当中。另外在具体操作中，还捆住了法官的手脚。法官不能利用五种以外的途径来获取外国法，尽管在某个案件中该种途径可能最便捷。

（4）一旦法官依据中国国际私法规范指向外国法，法官就必须适用该外国法，不论当事人的诉求与主张如何。

以上两种情形，两大法系各有侧重。普通法系国家注重当事人主张下的外国法的适用，甚至认为这是适用外国法的条件。而大陆法系国家则更注重法官在外国法适用中的能动作用，认为法官有义务主动查明与适用外国法，而不论当事人是否提出适用的申请。笔者认为，我国在司法实践中，可以采取灵活的做法，兼采两大法系的制度，将外国法查明分为以上两种情形分别设立不同的责任与法律制度，以方便法官对外国法内容的确定。

The Choice of Law in Practice: From the Perspective of the Application of Foreign Law

Du Xinli

Abstract: As the law on application of laws, Private International Law makes a choice of law through multiple ways and the result of that choice is either domestic laws or foreign laws. Therefore, the contradiction should focus on the acknowledgment of the extraterritorial effect of foreign law and the application of foreign law when the foreign law is applied. In cases where the applicable law is a foreign law rather than a domestic law, the real issue about proof of foreign law will be encountered at the judicial level.

Key Words: Private International Law; Choice of Law; Proof of Foreign Law

保护过程中的责任及其对保护责任的影响

〔加〕乔安娜·哈林顿 文　韩 蕾　王洪如　侯家琳 译*

摘　要： 国家保护责任即为保护人民免受极端的人权践踏。然而这一概念被指责为西方国家意图进行人道主义干涉的借口。这样的指责又出现在了 2011 年联合国授权干预利比亚行动中，将安理会首次运作的保护责任推至最极端的形式。巴西提议创造一个新的概念"保护过程中的责任"来回应这些指责。从长远来看，"保护过程中的责任"将有可能提高对保护责任项目的支持。巴西提议的核心保留了 2005 年的观念，并将"保护过程中的责任"纳入到了保护责任三大支柱的框架中去。

关键词： 国家保护责任　使用武力　人道主义干涉　利比亚 2011

一　引言

保护人民的权利使其免遭肆意戕害的"保护责任"概念是各国讨论中的一个话题，特别是该责任实施中的最极端形式，即武装干预问题。这一概念也引起了学者及非政府组织（NGO）的关注，有的希望将该政治概念纳入国际法义务的调整范围，有的则致力于将此概念涵盖的范围扩大到种族灭绝罪、战争罪、族裔清洗罪及反人类罪以外。尽管用意良好，但笔者认为，这些努力似乎有些操之过急，也并非明智之举，因为该概念已经过时且有重

---

* 〔加〕乔安娜·哈林顿，加拿大埃尔伯塔大学法学院教授。韩蕾、王洪如、侯家琳，中国社会科学院国际法研究所硕士研究生。

塑"作为责任的主权"① 来掩饰干涉主义的嫌疑。弱国及非西方发达国家通常对这种疑虑十分敏感，但这不能表明它们不支持保护责任项目，相反，从长远来看这恰恰有助于该项目目标的实现。正因如此，笔者认为巴西最近提出的在现有保护责任的框架内纳入"保护过程中的责任"② 概念为该问题获得更大支持提供了途径，也为在短期内澄清现有疑虑提供了空间。

为评析保护责任这一概念，并评估巴西有关保护过程中的责任这一提案的影响，找到分析的起始点并对其加以澄清将大有裨益。在笔者看来，这一起始点就是国际社会于 2005 年达成的有限的保护责任概念，即保护人民免受种族灭绝罪、战争罪、族裔清洗罪以及反人类罪行为的侵害。其中，与责任相关的用语经过了特别选定，以避免在人道主义干涉的"权利"内容上产生任何更具分歧性的理解。2005 年议定的保护责任概念不局限于武装干预，而是有其更宽广的视角，大量强调事前预防，并将实施依据限制在四种特定情况之下。2005 年联合国大会达成的这一协议缩小了先前相关提案的范围，③ 包括干预与国家主权国际委员会（ICISS）④ 的提案。笔者也认为，若以先前的提案作为分析的起始点将无法确保该概念获得广泛支持。但笔者注意到，政治性、不具约束性的保护责任概念，的确存在于既存的法律框架中，包括一般国际法规则及国际刑法、国际人权法和国际人道主义法的新发展。巴西提议则将法律手段的益处，包括指导标准，纳入了讨论。

笔者认为，自 2005 年该概念被采纳以来所发生的重要事件，将有助于评估该概念的生命力，并提供有助于推进巴西提议的某些见解。2005 年后

---

① 关于该概念的出处，可进一步参见 Francis M. Deng et al., *Sovereignty as Responsibility*: *Conflict Management in Africa* (Washington DC: Brookings Institution, 1996)。还可参见 Francis Deng, "Frontiers of Sovereignty", (1995) 8: 2 *Leiden Journal of International Law*, pp. 249 – 286。后来邓于 2007 年至 2012 年担任联合国秘书长关于防止种族灭绝罪的特别顾问。

② *Letter dated 9 November* 2011 *from the Permanent Representative of Brazil to the United Nations addressed to the Secretary-General*, UN Doc. A/66/551 – S/2011/701 (11 November 2011) ["Brazil's Concept Note"].

③ 之前，笔者在关于将该概念扩展至适用于自然灾害的想法中提出过此观点：Joanna Harrington, "R2P and Natural Disasters", in W. Andy Knight and Frazer Egerton (eds.), *The Routledge Handbook of the Responsibility to Protect* (London: Routledge, 2012), pp. 141 – 151.

④ 参见 *The Responsibility to Protect*: *Report of the International Commission on Intervention and State Sovereignty* (Ottawa: International Development Research Centre, 2001) [ICISS Report], 还可以参见与其同处一卷的 *The Responsibility to Protect*: *Research*, *Bibliography*, *Background* (Ottawa: International Development Research Centre, 2001)。

发生的重要事件包括为实现该概念而对三大支柱结构进行了细致阐明。这有助于强化对第一、二个支柱的普遍支持，并反过来缩小了第三个支柱中仍存争议的范围。① 另一个重要事件，是 2011 年对利比亚的干涉。此次干涉，暗含将保护责任作为军事干涉的正当理由，因此在持怀疑态度的人中引起了强烈反响。为了继续保留该概念，一份像巴西这样的提议是很有必要的。正如本文将要强调的，巴西提议提出，保护过程中的责任这一概念，旨在配合保护责任发挥作用，因此它作为一种手段，为保留 2005 年提出的保护责任概念建立了更广泛的支持。

与其他人不同，笔者不认为推广保护过程中的责任这一概念会带来危害。事实上，笔者发现，巴西在舆论压力下努力发起进一步的讨论已经带来许多益处。巴西的提议是不断发展的。它将考虑后续讨论的内容，因此对其做出确定结论为时尚早。但该提议经过修订完全可能成为新兴国家和发展中国家参与其中的桥梁和渠道，并因此最终强化保护责任的概念。

二　保护责任的概念

2005 年，联合国（UN）在成立六十周年之际召开了一次政府首脑和国家元首世界峰会。正是在本次峰会期间经过激烈谈判达成了一项共识，赞同保护人民免受种族灭绝罪、战争罪、族裔清洗罪及反人类罪侵害的责任这一概念。达成共识的该概念的表述，被明确纳入峰会的"成果文件"——具体为第 138 段和第 139 段——2005 年世界峰会成果是第六十届联合国大会通过的第一项决议。② 该概念的通过，标志着与国家主权的范围和界限有关的观念发生了重大转变。③ 一位学者指出，在以美国和不结盟运动为代表的反对者中，很多人支持通过第 138 段和第 139 段，标志着一种胜利。④ 但另

---

① 正如美国国务院的一个高级顾问所说的，第一个支柱重申了各个国家的积极性义务，这如今在国际法中已经被广泛认可，但是在第二个和第三个支柱方面尚未达成明确的共识，这不代表制定法：Catherine Powell，"Libya：A Multilateral Constitutional Moment?"，（2012）106 *American Journal of International Law* 298，p. 300。

② 联合国大会决议 60/1，UN Doc. A/RES/60/1（2005 年 9 月 16 日通过），并重现于《联合国大会决议及决定》，UN Doc. A/60/49（卷一），第 3~25 页。

③ 详见 Carsten Stahn，"Responsibility to Protect：Political Rhetoric or Emerging Legal Norm?"，（2007）101：1 *American Journal of International Law* 99，特别是第 100~101 页。

④ Thomas G. Weiss，"R2P after 9/11 and the World Summit"，（2006 – 2007）24：3 *Wisconsin International Law Journal* 741，p. 745。

一位学者提醒，"一个观念能被截然不同的伙伴认可必然是好坏参半"。①

依据被采纳的决议，与国际社会在一国明显不能履行义务时有采取行动的相应义务相同，保护责任的原则或概念角度有四个诱因，分别是：种族灭绝罪、战争罪、族裔清洗罪以及反人类罪。这四种情况在国际法中被视为严重的国际犯罪，② 国家采取行动的首要责任，及国际社会采取行动的次要责任，与作为法律手段的国际刑事法院的互补性原则，形成结构上的平行。③此后，在 2006 年安理会成员有关保护武装冲突中的平民决议中，与执行有关的一个段落"重申"了 2005 年保护责任的概念及其四个诱因。④ 在 2009年一个决议的序言中，该重申得到进一步推动，⑤ 通过民间社会工作组织提出的"R2P"以及"RtoP"的口号，该概念进一步流行开来（至少在英语语言中）。很多人将联合国大会在 2005 年 9 月通过这一概念视为一个重要的转折点。从此，尊重国家主权原则本身，不再被视为采取行动保护平民免受大规模暴行侵害的障碍。

三 三大支柱结构

2005 年该概念通过后，联合国秘书长感到有必要鼓励进一步的讨论，并有必要消除该概念在适用和实施方面的某些担忧。在制度上，这一认知促使联合国秘书长潘基文任命了一名秘书长助理级别的特别顾问，协助其寻找方法，以进一步巩固联合国成员对保护责任概念的支持。⑥ 第一位顾问爱德华·勒克博士是国际和平学会的前副主席，现为圣地亚哥大学琼 B. 克罗克和平研究学院的系主任。勒克被授权"通过咨询程序广泛提出联合国成员

---

① José E. Alvarez, "The Schizophrenias of R2P", in Philip Alston and Euan Macdonald (eds.), *Human Rights, Intervention, and the Use of Force* (Oxford: Oxford University Press, 2008), p. 277.

② 详见 David Scheffer, "Atrocity Crimes Framing the Responsibility to Protect", (2007 – 2008) 40: 1 – 2 *Case Western Reserve Journal of International Law*, pp. 111 – 136。

③ 《国际刑事法院罗马规约》1998 年 7 月 17 日，2187 UNTS 3（2002 年 7 月 1 日生效）第 17 条。

④ 安理会第 1674（2006）号决议，UN Doc, S/RES/1674（2006），第 4 段。

⑤ 安理会第 1894（2009）号决议，UN Doc. S/RES/1894（2009），序言第 1 段，第 1674（2006）号决议和第 1894（2009）号决议均在安理会 2009 号决议（2011）中以利比亚形势为背景得到了明确的重申，UN Doc. S/RES/2009（2011），序言第 2 段。

⑥ 特别顾问关于保护的责任的工作隶属于防止种族灭绝罪特别顾问办公室，其官方网站网址为：http://www. un. org/en/preventgenocide/adviser/responsibility. shtml。

应当加以考虑的提案"，① 他重点关注了 2005 年达成的保护责任概念在"概念、政治、制度以及操作层面的发展"。② 值得注意的是，这其中没有列出"法律"一词。勒克自己解释称，联合国在工作中特意避免将这一概念称为"规范"，因其不具备法律约束力。③

2009 年初，在勒克的努力下，联合国秘书长发布了自 2005 年该概念被联合国大会通过以来的第一份发展报告。"保护责任的履行"这一报告题目，暗示该概念从创立阶段进入实施阶段。④ 2009 年报告被视为"第一份将概念转化为政策的综合性联合国文件"，⑤ 尽管随后，秘书长将该报告解释为旨在提供实现 2005 年承诺的"一些初步建议"，确认联合国大会"为继续寻求达成一项多边战略共识提供了场所"。⑥ 但该报告也明确认识到，保护责任概念得到众多国家支持的基础，在于施行该概念的三大支柱结构；与此相一致，在保护公民免受大规模暴行侵害方面负首要责任的，是每一国家自身。

国家是保护责任的首要承担者，国际社会仅扮演辅助性角色。国际社会在保护责任上的这一辅助性质，被强调国际援助和能力建构的第二大支柱所确认。它强调国际社会向各国提供援助，使其发展本土能力以履行第一大支柱责任。该战略的支持者指出，"帮助国家建构保护其人民的能力"以及"在危机和冲突爆发之前帮助正处于压力中的国家"这一国际承诺，原封不动地体现在 2005 年决议第 139 段。"在危机和冲突爆发之前"的表述，进一步表明对重在预防的广泛认可。

采取集体行动保护危险中的人民构成保护责任概念第三大支柱的内容。作为万不得已的最后手段，其实施须与《联合国宪章》保持一致。联合国成

---

① 《秘书长任命美国的爱德华 C. 勒克为特别顾问》，联合国新闻稿 SG/A/1120 – BIO/3936（2008 年 2 月 21 日）。

② "宗旨说明"，来自 http：//www. un. org/en/preventgenocide/adviser/index. shtml。

③ Edward C. Luck，"Environmental Emergencies and the Responsibility to Protect：A Bridge Too Far?"，（2009）103 *Proceedings of the Annual Meeting of the American Society of International Law* 32，p. 32.

④ 《履行保护的责任：秘书长报告》，UN Doc，A/63/677（2009）。

⑤ Ved P. Nanda，"Emergence of the 'Responsibility to Protect' Norm Under International Law – Is the International Community Ready for It?"，（2011）34：1 *Houston Journal of International Law* 1，p. 29.

⑥ 联合国秘书长的声明文本，对它在 2009 年 7 月联合国大会全体会议上的报告做了介绍，可参见 UN Doc，A/63/PV，96（2009 年 7 月 21 日），第 1～3 页。

员国在 2005 年决议的第 139 段明确肯定了这一点："……如果和平手段不足以解决问题并且国家当局明显不能保护其人民免受种族灭绝罪、战争罪、族裔清洗罪以及反人类罪的侵害，我们则随时准备根据《宪章》，包括第七章，通过安理会以个案为基础，并酌情与相关区域组织合作，及时、果断地采取集体行动。"由于涉及在一国不愿或不能保护其人民时国际社会可以采取集体行动，并授权使用军事力量作为最后手段，显然第三大支柱无疑最具争议。

2009 年 1 月，联合国秘书长发布了 2005 年以来关于保护责任的第一份报告，其构成同年 7 月联合国大会全体辩论的议题基础，与此同时还举行了一次针对该议题的非正式互动对话。① 报告在获取支持以进一步完善 2005 年概念的同时，被认为是缓和该概念在适用中某些疑虑的一种努力。显然，该概念在实施及应用方面的分歧和差异将持续存在，② 但对话为各国创造机会来表达其对三大支柱方法的支持态度，包括国家责任、国际援助及在相关国家明显不能保护其人民免受所列四种犯罪侵害时采取及时、果断行动。③ 它还促使联合国大会随后通过一项决议重申 2005 年达成的共识，并决定进一步考虑保护责任的概念。④

中国利用 2009 年辩论的机会强调，任何责任概念的实施不得违背早已被广泛认可的国家主权原则和不干涉内政原则。中国常驻联合国副代表刘振民强调，尽管国际社会可以提供援助，但保护一国公民和居民终究要依靠该国政府。⑤ 中国还评论了保护责任概念的限制范围，"任何国家不得对这一概念做扩大或任意解释"，并支持严格依据《联合国宪章》的规定采取行动，特别强调"不允许任何国家通过单边形式履行保护责任"。中国阐述的观点还包括，"保护责任还只是一个概念，且尚未构成国际法规范"，"因

---

① 见《保护人民免受种族灭绝罪、战争罪、族裔清洗罪以及反人类罪侵害的责任的概念说明：大会主席的说明》，UN Doc，A/63/958（2009）。

② 大会继续考虑该概念的决议上记录了对各种立场的说明：UN Doc，A/63/PV，105（2009 年 9 月 14 日），也正如这些说明所表明的一样。

③ 辩论期间做出的声明记载于 UN Doc. A/63/PV. 97（23 July 2009）和 UN Doc，A/63/PV，98（2009 年 7 月 24 日）中。另外，还可以参见《随着联合国大会对保护责任辩论的持续，超过 40 位代表表达了强烈质疑、完全支持》，联合国新闻稿 GA/10849（2009 年 7 月 24 日）；并参见 Ved P. Nanda, "Emergence of the 'Responsibility to Protect' Norm Under International Law – Is the International Community Ready for It?", (2011) 34：1 *Houston Journal of International Law*, pp. 32 – 34。

④ 联合国大会决议 63/308，UN Doc，A/RES/63/308（2009 年 9 月 14 日通过）。

⑤ UN Doc，A/63/PV，98（2009 年 7 月 24 日），第 23～24 页（刘振民）。

此，各国必须避免将保护责任当作向他国施压的外交手段"。

此后，联合国秘书长办公室为联合国成员准备了三份报告，以进一步发展保护责任概念在其他操作层面的细节问题。这些报告包括：2010 年发布的关于早期预警信息和评估的报告、① 2011 年发布的关于全球区域合作及区域和下属区域机构作用的报告，② 以及 2012 年发布的关于保护责任第三大支柱在时效性、决定性反应方面的报告。③ 正如一位资深观察员所指出的，这些报告"在固有争议之上保存并巩固了新的国际共识"。④ 然而，另一位资深观察员则表示，秘书长在报告中"高度强调所谓从根源上预防及国家能力建构"⑤ 的策略"也是有代价的"。

四　武装干涉利比亚

联合国秘书长首次发表该概念实施方面的报告两年后，也就是该概念的表述获得联合国大会一致通过仅六年之后，保护责任概念已获得了强有力的实施效力。对该概念的坚定支持者而言，安理会第 1970（2011）号及第 1973（2011）号决议援引了保护平民的责任被尊为该概念本身的转折点。这里指的是行动上的责任。该概念的支持者认为，安理会援引该用语，证明国际社会有意愿，且在必要情况下，将强制采取行动，保护平民免受大规模暴行侵害。但是，当强制保护平民发展到包括或在某些情况下超过必要的，包括强制进行政权更迭时，对利比亚的授权干涉就使至少一部分人联想到责任概念在实施中的上限（或下限）问题。⑥ 可能因为考虑了利比亚的情况，

---

① 《早期预警、评估以及保护的责任：秘书长报告》，UN Doc，A/64/864（2010）。
② 《实施保护的责任过程中区域和下属区域机构的作用：秘书长报告》，UN Doc，A/65/877 – S/2011/393（2011）。
③ 《保护责任：及时和果断回应：秘书长报告》，UN Doc，A/66/874 – S/2012 – 578（2012）。
④ Ramesh Thakur，"The Libya Case：A Cautionary Tale"，*Süddeutsche Zeitung*（Special Supplement），（2012 年 2 月 3 日）第 3 页。发表于 Munich，*Süddeutsche Zeitung* 是德国最大的日报。
⑤ Jennifer Welsh，"Civilian Protection in Libya：Putting Coercion and Controversy Back into RtoP"，（2011）25：3 *Ethics & International Affairs*，pp. 255 – 262.
⑥ 对干预利比亚作为国家法中的具有重要意义的规范时刻的探讨，参见 Catherine Powell，"Libya：A Multilateral Constitutional Moment？"，（2012）106 *American Journal of International Law* 298，p. 300。关于"干预利比亚的法律意义微不足道"以及国际律师关于"干预利比亚很有意思，但不具有开创性"的观点，参见 Simon Chesterman，"'Leading from Behind'：The Responsibility to Protect, the Obama Doctrine, and Humanitarian Intervention after Libya"，（2011）25：3 *Ethics & International Affairs*，pp. 279 – 285。

安理会对叙利亚境内暴行行为的反应就微乎其微了。①

安理会介入利比亚"阿拉伯之春"事件始于 2011 年 2 月，距离被政府军残酷镇压的奥马尔·穆阿迈尔·卡扎菲政府的抗议后不久。该抗议爆发于利比亚第二大城市班加西。这次镇压反过来进一步造成了全国性的反抗。安理会以不同寻常的速度做出反应，谴责利比亚政府的暴行和对平民使用武力的行为。② 由于怀疑存在反人类罪，安理会迅速通过了一项决议，将该事项提交至国际刑事法庭。③ 第 1970（2011）号决议还授权对利比亚实行武器禁运，禁止利比亚某些指定官员和卡扎菲家族成员出境并冻结其财产。该决议得到安理会 15 个理事国的一致支持。可能是试图向利比亚传递清晰而毫不含糊的信息要求其停止武力，在序言的一个段落中，决议明确提到了保护责任的概念，特别"重申了利比亚当局保护人民的责任"。④

利比亚当局没有理会安理会的要求。2011 年 3 月 17 日，安理会通过了一项决议，授权采取"一切必要措施保护阿拉伯利比亚民众国境内面临袭击威胁的平民及平民居住区，包括班加西，同时，不对利比亚领土任何地区采取任何形式的外国军事占领……"。⑤ 决议还授权在利比亚领空建立禁飞区使平民免受空袭，而另一些段落则旨在扩大先前决议通过的武器禁运以及财产冻结。第 1973（2011）号决议还包含一个序言段落，明确"重述利比亚当局有责任保护利比亚民众，并重申武装冲突各方负有采取一切可行步骤保护民众的首要责任"。尽管非常含蓄，但它标志着保护责任概念首次被用来授权联合国成员使用武力。⑥ 决议通过两天后，2011 年 3 月 19 日，包括法国、英国及美国在内的国家间联盟开始对利比亚境内的军事目标实施空中打击。

第 1973（2011）号决议中有关执行的第 4 段和第 5 段，提供了一项联合国授权的集体行动命令，导致北约主导的对利比亚的军事干涉历时数月，

① 详见 Spencer Zifcak，"The Responsibility to Protect after Libya and Syria"，（2012）13 *Melbourne Journal of International Law*，pp. 59 – 93。

② 《安理会关于利比亚的新闻发布会》，联合国新闻稿 SC/10180 – AFR/2120（2011 年 2 月 22 日）。

③ 安理会第 1970（2011）号决议，UN Doc. S/RES/1970（2011），第 4 段。

④ 安理会第 1970（2011）号决议，UN Doc. S/RES/1970（2011），第 4 段，序言第 9 段。

⑤ 安理会第 1973（2011）号决议，UN Doc，S/RES/1973（2011），第 4 段。

⑥ 安理会第 1973（2011）号决议，UN Doc，S/RES/1973（2011）第 308 段，鲍威尔强调，尽管安理会没有像在利比亚决议中一样，授权成员国干预或使用武力，但安理会先前早已批准位于苏丹的联合国特派团（UNMIS）"使用一切必要手段……保护处于有形暴力威胁之中的平民"：见安理会第 1706（2006）号决议，UN Doc. S/RES/1706/2006（2006），第 12（a）段。

并最终推翻了卡扎菲政权。对一些批评者而言，他们坚信应提供更多时间以穷尽所有非武力措施。另一些人起初支持该授权的某些方面，如建立禁飞区及摧毁利比亚空军，但随后抱怨更迭政权的企图使寻求停火的机会化为灰烬。反过来，其他人回应，认为在政府实施大量暴行并遭到广泛谴责之后，政权更迭必不可免。① 例如，英国在决议通过时已经表示，其欲在利比亚建立一个新政府以取代卡扎菲上校"暴虐且名声扫地的政权"。英国还声称，"决议的核心宗旨非常明确：结束暴力、保护平民，让利比亚人民决定自己的未来并从卡扎菲政权的暴政中解脱"。② 事实上，一位学者将对利比亚的干预描述为"第一次或多或少公开承认以推翻政府及更迭政权为目标的安理会授权行动"。③ 尽管如此，也有人对此次授权行动从保护平民演化为"站队伍"持批判态度，向反叛者提供武器、反抗禁运令等也招致了愤怒。④ 无论如何，不管支持何方，各种看法将对国际关系产生影响，包括通过建立跨地区支持以对概念加以调整，且联合国批准对利比亚进行军事干涉显然导致一些国家对保护责任概念持异常谨慎的态度。

主导批判运动的主要是"金砖"集团中的"新兴国家"——巴西、俄罗斯、印度、中国及南非的集体行动。金砖集团所有成员在第 1973（2011）号决议通过这一引人注目的历史时刻时都是安理会成员国，尽管那时它们立场各异。南非（非盟的一个成员国）是投票赞成通过决议的十国之一，⑤ 但后来又极力批评该决议的执行。其余的金砖国家和德国一样投了弃权票。在有关弃权的解释声明中，中国、俄罗斯以及巴西和印度（加上德国）强调需要优先考虑以和平手段解决问题。中国还特别强调"非常难以赞同决议的部分内容"。⑥ 但中国没有投反对票是因为该决议"高度重视"阿拉伯联盟以及非洲联盟的愿望。⑦ （就在几天前，阿拉伯联盟委员会呼吁安理会

---

① 尤其参见贝拉克·奥巴马、大卫·卡梅伦以及尼古拉·萨科奇：《利比亚的和平之路》，《纽约时报》2011 年 4 月 14 日。（"我们的义务以及授权……是保护平民……而不是通过武力铲除卡扎菲。但是如果卡扎菲仍然掌权，利比亚的未来是难以想象的。"）

② UN Doc. S/PV. 6498（2011 年 3 月 17 日）第 4 页（马克·兰雅·格兰特爵士）。

③ Mehrdad Payandeh, "The United Nations, Military Intervention, and Regime Change in Libya", (2012) 52 *Virginia Journal of International Law* 355, p. 358.

④ 见《北约扩大了联合国的利比亚授权：埃文斯》，《悉尼先驱晨报》2011 年 4 月 4 日。

⑤ 另外九个投赞成票的国家是：波斯尼亚和黑塞哥维那、哥伦比亚、法国、加蓬、黎巴嫩、尼日利亚、葡萄牙、英国以及美国。

⑥ UN Doc. S/PV. 6498（2011 年 3 月 17 日）第 10 页（李保东）。

⑦ UN Doc. S/PV. 6498（2011 年 3 月 17 日）第 10 页（李保东）。

"对利比亚每况愈下的局势负起责任"并要求设立禁飞区。)① 弃权方还表示反对使用武力。这既出于一般意义上的整体考虑（如印度），也出于对国际关系的考虑（如中国）。它们表达了对军事干预的潜在风险及无法预料后果的担忧。忧虑还存在于授权的具体范围。② 俄罗斯对通过决议所采用的程序也持批判态度。③ 一些金砖国家接着对行动展开时未向大会及时传递信息进行了批评，认为其某种程度上引发了对该次行动的轻视反对，因为这导致（大会）无法在千里之外对军事行动进行微操控。

五　保护过程中的责任概念

作为对武装干涉利比亚及滥用保护平民授权的回应，赞成概念补充的人士目前提出了"保护过程中的责任"这一表述，大力强调在适用武力保护人民之前，穷尽和平手段解决冲突的必要性。由巴西主导的 2005 年框架内的"保护过程中的责任"概念，意在鼓励各国采取一系列标准，监管未来国际社会对保护责任的任何实施行为。巴西还呼吁建立某些监督机制，以确保所有安理会成员知悉，并对未来任何武力强制行动进行监督。尽管一些人担心巴西提议可能削弱对保护责任概念的坚定支持，但保护过程中的责任这一概念的确对责任目标的实现有积极意义，尤其有助于维系 2005 年共识。

逐步引入保护过程中的责任概念始于巴西总统迪尔玛·罗塞夫 2011 年 9 月 21 日在联合国大会开幕词中的首次阐述。④ 彼时，距离授权干预利比亚正式结束还有一个多月。⑤ 她通过演讲，将"新兴国家和发达国家之间的新型合作"界定为一个"历史机遇，借此可以团结并负责任地重新界定监管国际关系的各项承诺"，⑥ 并据此对全球经济危机、安理会改革的必要性及巴勒斯坦加入联合国的请求发表了评论。在提到 2010 和 2011 年阿拉伯国家

---

① 详见 *Letter dated 14 March 2011 from the Permanent Observer of the League of Arab States to the United Nations addressed to the President of the Security Council*, UN Doc. S/2011/137（2011 年 3 月 15 日）。

② 具体分析参见 Mehrdad Payandeh, "The United Nations, Military Intervention, and Regime Change in Libya", (2012) 52 *Virginia Journal of International Law*, pp. 383 – 391。

③ UN Doc. S/PV. 6498（2011 年 3 月 17 日），第 8 页（维塔利·丘尔金）。

④ 授权于 2011 年 10 月 31 日终止：安理会第 2016（2011）号决议，UN Doc. S/RES/2016 (2011)，第 5 段。

⑤ 罗塞夫总统的声明记载于 UN Doc. A/66/PV. 11（2011 年 9 月 21 日），第 6~9 页。

⑥ UN Doc. A/66/PV. 11（2011 年 9 月 21 日），第 7 页。

发生的大规模游行示威时，她敦促各国"寻找一条合法有效的途径援助亟须改革的社会——但不能剥夺在这一过程中其公民的主导角色"。① 她接着表明，虽然巴西人民"强烈谴责使平民饱受其害的残酷镇压事件，但我们仍坚信，对国际社会而言，诉诸武力必须始终是最后选择"。②

尽管未排除军事干预的可能性，罗塞夫总统认为，用外交手段和促进发展来预防冲突是更好的选择。她特别强调："当今社会饱受干预行动所带来的苦果，这些干预加剧了既存冲突，使恐怖主义渗透到原本不曾出现的地区，进而导致新的暴力循环，并使平民受害者的数量倍增。"③ 秉承该声明，巴西紧接着对保护过程中的责任首次做出官方表述。罗塞夫总统强调："关于保护的责任，已经说了很多；但对保护过程中的责任却鲜有提及。我们必须发展并使这两个概念成熟起来。为此，安理会的作用至关重要，它的决议越具有合法性，它所起的作用也越相称。"④

两个月后——2011 年 11 月，在安理会关于保护武装冲突中的平民的公开辩论上，巴西常驻联合国代表玛丽亚·路易莎·里贝罗·维奥蒂代表巴西外交部长安东尼奥·阿吉亚尔·帕特利奥塔发言，表达了"国际社会在行使其保护责任时，必须在保护过程中展现出高度责任感"的观点。她进一步强调："两个概念应当以一套议定的基本原则、必备要素和程序为基础……协同发展。"⑤ 她还提交了一份进一步在联合国内部散发的概念注解，标题为"保护过程中的责任：制定和推广一个概念的各项要素"。⑥ 该文件包含 11 段，旨在激起进一步的讨论。最后一段指出，应当以"一套议定的基本原则、必备要素和程序"指导保护责任概念和所倡导的保护过程中的责任概念的融合（第 11 段）。该段还列出了九条原则、必备要素和程序。⑦

---

① UN Doc. A/66/PV.11（2011 年 9 月 21 日），第 8 页。

② UN Doc. A/66/PV.11（2011 年 9 月 21 日），第 8 页。

③ UN Doc. A/66/PV.11（2011 年 9 月 21 日），第 8 页。

④ UN Doc. A/66/PV.11（2011 年 9 月 21 日），第 8 页。

⑤ 该发言记载于 UN Doc. S/PV.6650（2011 年 11 月 9 日），第 15～17 页。

⑥ Letter dated 9 November 2011 from the Permanent Representative of Brazil to the United Nations addressed to the Secretary-General, UN Doc. A/66/551 – S/2011/701（11 November 2011）.

⑦ 这些原则与 2001 年 ICISS 通过的军事干预的六个标准［见 ICISS 报告，The Responsibility to Protect: Report of the International Commission on Intervention and State Sovereignty（Ottawa: International Development Research Centre, 2001），第 4.16 段］以及高级别小组针对 2004 年的威胁、挑战和变化所提出的五个标准［见《一个更加安全的世界：我们共同的责任：秘书长关于威胁、挑战和变化的高级别小组的报告》，UN Doc. A/59/565（2004），第 207 段］有相似之处。

它们被认为是巴西提议的说明性示例。对于起草该文件的原因，巴西指出："越来越多的人感到保护责任概念可能被滥用于更迭政权等保护平民之外的目的。"①

很显然，巴西关注的问题之一是武力的使用，认为需对其施加以大的限制。巴西大量强调预防，认为在指导保护责任概念及保护过程中的责任概念时，任何原则都必须强调预防策略的重要性，以及在诉诸武力之前用尽所有可能的和平手段［第 11（a）段和第（b）段］。巴西还主张"使用武力，包括在履行保护责任时使用武力，必须始终遵循《联合国宪章》第七章，经过安理会的批准，或在特殊情况下由大会根据第 337（五）号决议授权"。巴西这么做，显然希望关上运用其他途径获得集体批准以动用武力的大门。但有意思的是，巴西打开了另一扇门，重新唤起了对旧时"团结谋和平"决议方式的兴趣。该决议是 20 世纪 50 年代由美国推动通过的，指当安理会陷入僵局时，由联合国大会扮演处理国际和平与安全问题的角色。诚然，联合国大会的构成已大不同于 20 世纪 50 年代，发展中国家已占据了明显多数席位，且任何对"团结谋和平"做出的让步，都与巴西基本主张一致："确实可能存在某些情形使国际社会考虑采取军事行动以防止人道主义灾难"（第 8 段）。

先后顺序也是巴西概念文件的一个显著特征。巴西希望保护责任概念三大支柱结构得到进一步关注。因此，概念文件首次呈现，就与 2005 年国际社会所认可的结构保持了一致。巴西在其概念文件中的立场是，第三大支柱只有在"特殊情况以及第一和第二大支柱所规定的措施明显无效时"（第 4段）才可适用。由此看来，巴西主张在时间和对象上，对国际社会在履行保护责任时使用武力加以限制。用巴西的话说，时间限制以"个别国家明显不能履行其保护责任以及用尽所有和平手段"（第 5 段）为基础。因此，巴西的概念文件倡导"这三大支柱必须严格遵循政治上的主次之分以及时间上的先后顺序"（第 6 段），并将集体责任和集体安全区分开来。巴西认为，前者"完全可以通过非胁迫性措施实现"，而后者涉及安全理事会从政治上的逐案评估。

---

① 参见巴西的概念文件，*Letter dated 9 November 2011 from the Permanent Representative of Brazil to the United Nations addressed to the Secretary-General*，UN Doc. A/66/551 - S/2011/701（11 November 2011）［ "Brazil's Concept Note"］. 第 10 段。

巴西关注的另一个问题是，需确保行动与安理会或联合国大会的任何武力命令在具体规定上保持严格一致。正如巴西在指导原则中所提出的，"授权使用武力时必须对法律、操作及时间要素加以限定，军事行动的范围必须遵守安理会或大会授权的原文精神，并严格遵循国际法，尤其是国际人道主义法和国际武装冲突法"［第 11（d）段］。巴西强调，如果考虑诉诸武力，"行动必须审慎、适度并限于安理会确定的目标"［第 11（f）段］。在巴西看来，任何此类授权，只有在"个案基础上对军事行动的可能后果进行综合、审慎的分析"（第 9 段）之后才可通过。巴西的概念文件还强调，动用武力"在任何情况下"，都不能"产生大于被授权而试图防止的损害"［第 11（f）段］。在意识到应当杜绝对平民使用暴力的同时，巴西也希望各方对"干预既存冲突造成损害加剧"的状况给予关注。

最后，巴西利用其概念文件呼吁，"强化安理会程序"以监督并评估解释和执行决议的方式，从而确保实现保护过程中的责任［第 11（h）段］。概念文件进一步强调，"安理会必须确保被授权诉诸武力的实施者为其行为承担责任"［第 11（i）段］。

六　后续探讨

巴西的基本观点是，国际社会在履行保护责任时必须高度展现保护过程中的责任，适当考虑比例原则及最后诉诸武力等原则，并充分权衡目标的达成及其造成的损害，包括意图之外的可能性后果。巴西并非呼吁抛弃保护责任概念，而是期望将两个概念加以结合，以确保某一主体不但具有保护责任，且在保护过程中也体现出责任感。同时，巴西试图进一步激发相关讨论。包括中国在内的其他国家已表示"积极支持"此类讨论的展开。中国驻联合国代表在该概念文件提出的当天欣然宣称："中国欢迎并愿意仔细研究巴西提出的概念文件，并将积极支持就该概念文件展开讨论。"[①] 同俄罗斯一样，南非也表示支持。[②] 俄罗斯宣称："我们认为，巴西关于保护责任的构想非常有意思。我们将建设性地参与发展这一设想。"[③]

---

① UN Doc. S/PV. 6650（2011 年 11 月 9 日），第 25 页（李保东）。
② "……正如巴西代表所明确阐述的那样，肩负该责任的国家在保护平民的过程中必须维护这些责任……"：UN Doc. S/PV. 6650（2011 年 11 月 9 日），第 22 页（Baso Sangqu）。
③ UN Doc. S/PV. 6650（2011 年 11 月 9 日），第 23 页（维塔利·丘尔金）。

巴西的提议已经引发了讨论。这种讨论遍及新兴领导力量、发展中国家及对保护责任概念的模糊性持批评态度者之间。随着巴西于 2012 年 2 月主持非正式讨论①并于该年 8 月末举行一次研讨会，此种讨论也出现在联合国内部及公民社会中。联合国大会最近一次关于保护责任的非正式互动对话也涉及该提议。秘书长潘基文将巴西的概念文件描述为 "一个受欢迎的倡议"。② 这些讨论反过来使巴西转变了对其最初主张的支持态度。为了保持灵活性和逐案分析方法，巴西似乎正在远离其最初关注的顺序问题。许多国家似乎也希望在适用保护责任的三个支柱时不受先后顺序的严格要求。有一种观点还认为，如果授权采取 "及时且果断的行动"，安理会对军事行动的管理就无法事无巨细，尽管仍有观点认为，未来在援引保护责任进行干预时，军事专家仍需进行常规报告。关注点还在于推动制定一系列标准或指导方针，供安理会在做出军事行动授权之前加以考虑，并强化监督和审议程序，使理事会成员在授权的执行过程中能够对该授权进行讨论。

七　初步结论

由于巴西提议 2011 年刚刚提出，任何关于其影响的最终结论都为时尚早。但笔者认为，随着三大支柱结构对其的进一步推动，保护过程中的责任概念并不意图削弱或抗衡保护责任概念。巴西已明确表示支持保留 2005 年的提法。但通过首先提出提议，巴西为批判利比亚行动提供了必要的空间，同时以一种可能使其在未来变得更强或以复兴形态重现的方式再次确认了保护责任概念。不算其他贡献，巴西发起的讨论至少帮助我们确认了问题的起始点。巴西提议的某些方面也使我们想起 2005 年之前的讨论中，在彼时尚未达成一致的某些要素。

2005 年达成一致的保护责任概念表述仍然存在。但该概念步入实施阶段时需要进一步完善。巴西呼吁用原则、必备要素和程序，包括标准，来指导武力行动的授权，并加强监督和审查程序。这符合减少模糊性的诉求。对

---

① 《关于巴西外交部长启动 2012 年 2 月事件的声明》，参见 http：//www. un. int/brazil/speech/12d – agp – RESPONSIBILITY – WHILE – PROTECTING. html。

② 《关于 "保护责任：及时和果断回应" 的大会非正式互动对话的评论》，联合国新闻中心，2012 年 9 月 5 日，参见 http：//www. un. org/apps/news/infocus/sgspeeches/statments_ full. asp？statID = 1641#. UOTJ84njm8w。

标准的呼吁也可能是一个契机，使该概念在诉诸武力方面与既存国际法规则建立进一步的联系。此外，巴西提议还使新兴国家能够利用其影响力发起意义深远的跨区域讨论，从而改革全球治理机制。巴西在其中体现出的桥梁或纽带作用，使保护责任概念获得了更多发展中国家的支持。从长远来看，这可能是对该责任项目的最大帮助。

Responsibility While Protecting and the Impact on the Responsibility to Protect

Joanna Harrington

Abstract：The concept of a "responsibility to protect" populations from the most egregious human rights abuses has been criticized as masking a Western desire for a right of humanitarian intervention. Such criticisms were reignited during the UN-authorized intervention in Libya in 2011, marking the Security Council's first operationalization of the responsibility to protect concept at its sharpest end. Brazil has responded to these criticisms by proposing a new concept of "responsibility while protecting" that may, in the long run, enhance support for the responsibility to protect project. At its core, Brazil's proposal retains the 2005 conception and incorporates the idea of a "responsibility while protecting" within the three-pillar responsibility to protect framework that has developed.

Key Words：Responsibility to Protect; Use of Force; Humanitarian Intervention; Libya 2011

国际私法之多元主义：从选法方法论与法源谈起

许耀明[*]

摘　要：本文针对国际私法之选法理论与法源，提出多元主义之看法。除传统选法理论之外，国际私法选法方法论上出现了即刻适用法与最重要关连理论，而与传统理论分庭抗礼。而在法源上，除传统之国内法源之外，二次大战后国际私法之国际法源如雨后春笋般出现，在欧盟更有欧盟统一国际私法运动之出现。然而，不管是新的选法方法论，或是新的法源，与传统方法论与法源理应处于并存之状态，而须于具体个案谨慎厘清不同选法结果之可能，以求得最适当的法律适用。

关键词：国际私法　选法方法论　法源　即刻适用法　最重要关连理论

一　前言

传统国际私法之发展，在大陆法系，系遵守 19 世纪德国大儒萨维尼（Savigny）之法律本据（*Sitze*/seats）理论，透过抽象之法律条文设计，以决定一定涉外法律关系准据法之决定与适用。此种选法模式，讲求的是法律系统之稳定性与选法结果之可预测性，而为一种普遍主义（universalisme）的想法。然而，在 20 世纪一次大战与二次大战间，大陆法系亦开始弥漫着个别主义（particularisme）的想法，认为法庭地实体法之适用，对于法官来说较为便利，且较能贯彻法院地的公序良俗等政策。

相对来说，早期英美法系之发展，则是透过判例法（case law）逐渐累积冲突法之原理原则。和大陆法系相同，此亦属普遍主义之想法，差别点仅

* 许耀明，台湾政治大学法律学系副教授。

在于有无成文抽象立法。但英美法系，更讲求个案正义的追求，因而亦有个别主义的思考。尤其是美国在 20 世纪 60 年代选法革命后，最重要关连理论（the most significant relationship）① 之提出，为国际私法选法方法论，提供了更具弹性的选法空间。

前述之基础，加上国际私法近二十多年来之发展（尤其是欧盟国际私法），深深影响了整个国际私法之理论基础与实际适用。借用法国法兰西学院院士 Delmas-Marty 女士所认为的当代法学思潮发展趋势之术语"普遍主义（universalisme）与相对主义（relativisme）"之对比②来看，国际私法之当今发展，已非简单的普遍主义与相对主义之对比，而系呈现出"多元主义"（le pluralisme）③之面貌。此一发展，可从三层面观察：国际私法方法论、国际私法法源与国际私法目的论。限于篇幅，本文讨论之焦点，集中在方法论与法源上，目的论之部分，则另待他日再为文讨论〔暂题为《国际私法之多元主义（Ⅱ）：从国际私法目的论谈起》〕。而各种多元现象之冲突与调和，亦留待他日详细为文论述〔暂题为《国际私法之多元主义（Ⅲ）：冲突与调和》〕。④

国际私法方法论之多元，除前述传统选法理论（大陆法系、英美法系）之外，目前更蓬勃发展者，在选法理论上，尚有直接跳过选法程序之即刻适用法（La loi d'application immédiate/ lois de police）；而在规范模式上，则有欧盟统一国际私法之出现，例如《关于管辖权决定之布鲁塞尔规则》Ⅰ⑤与Ⅱ，⑥ 以及

---

① 或译成：最重要牵连说、最密切关系说或最重要牵连关系说等。

② 参见 Mireille Delmas-Marty, *Les forces imaginantes du droit*, Le relatif et l'universel, 2004。

③ 参见 Mireille Delmas-Marty, *Les forces imaginantes du droit*（Ⅱ）, Le pluralisme ordonné, 2006。

④ 对目的论有兴趣之读者，可先参阅 Hélène Gaudemet-Tallon, *Le pluralisme en droit international privé: richesses et faiblesses*（le funambule et l'arc-en-ciel）, Recueil des Cours de l'Académie de droit international, Tome 312, 2005, p. 171 et s.；对于多元主义之冲突与调和，有兴趣之读者，可先参阅 Paolo Picone, *Les méthodes de coordination entre ordres juridiques en droit international privé*, Recueil des Cours de l'Académie de droit international, Tome 276, 1999, pp. 9 – 296。

⑤ 原为《布鲁塞尔公约Ⅰ》（la Convention de Bruxelles de 1968 sur la compétence judiciaire et l'exécution des décisions en matière civile et commerciale），后经欧盟立法转化成《布鲁塞尔规则Ⅰ》（Règlementn° 44/2001 du Conseil, du 22 décembre 2000, concernant la compétence judiciaire, la reconnaissance et l'exécution des décisions en matière civile et commerciale）。

⑥ 原为《布鲁塞尔公约Ⅱ》（la Convention concernant la compétence, la reconnaissance et l'exécution des décisions en matière matrimoniale），后经欧盟立法变成《布鲁塞尔规则Ⅱ》（Règlement n° 1347/2000 du Conseil, du 29 mai 2000, relatif à la compétence, la reconnaissance et l'exécution des décisions en matière matrimoniale et de responsabilité parentale des enfants communs），后又经修正，称之为《布鲁塞尔规则Ⅱ》bis（Règlementn° 2201/2003 du Conseil relatif à la compétence, la reconnaissance et l'exécution des décisions en matière matrimoniale et en matière de responsabilité parentale abrogeant le règlement）。

欧盟国家间《关于契约准据法之 1980 罗马公约》；① 此一公约，目前也转化成为欧盟立法《罗马规则 I》。② 欧盟国际私法整合之成果，另有《关于非契约债务准据法之罗马规则 II》③ 与《关于离婚准据法之罗马规则 III》，④ 甚至有《关于夫妻财产制之管辖权、准据法与判决执行合一规范之罗马规则 IV 草案》⑤ 之出现。至此，国际私法之法源，已经从单纯国内法，另新增欧盟法与如海牙国际私法会议（la Conférence de La Haye de droit international privé，简称 HCCH）⑥ 之国际条约等。前述发展，在显示国际私法之选法理论，不论在方法论上，或是法源上，都有别于传统一国以内国立法制订选法规则以决定管辖权、准据法适用与外国判决承认执行之方式。

因此，本文将进行关于前述转变之描述与讨论，并论及这样的转变，对于目前国际私法学说与实务，将有何等影响。

---

① Convention de Rome de 1980 sur la loi applicable aux obligations contractuelles.

② Regulation (EC) No 593/2008 of the European Parliament and of the Council of 17 June 2008 on the law applicable to contractual obligations.

③ Regulation (EC) No 864/2007 of the European Parliament and of the Council of 11 July 2007 on the law applicable to non-contractual obligations. 相关说明可参见许耀明《欧盟国际私法最新发展——简评 2007 欧盟关于非契约债务准据法 864/2007 号规则（罗马规则 II）》，《台湾国际法季刊》4 卷 4 期，2007 年 12 月，第 7~47 页。

④ Council Regulation No 1259/2010 of 20 December 2010 implementing enhanced cooperation in the area of the law applicable to divorce and legal separation (hereinafter "Rome III Regulation"), 29. 12. 2010, Official Journal of the European Union, L 343/10, http：//eur – lex. europa. eu/LexUriServ/LexUriServ. do? uri = OJ：L：2010：343：0010：0016：EN：PDF（最后访问日期：2011 年 8 月 30 日）。相关说明可参见许耀明《两岸新国际私法典中关于离婚准据法之规定与省思——兼论欧盟罗马规则 III》，《月旦民商法杂志》第 35 期，2012 年 3 月，第 89~109 页。

⑤ Brussels, 16. 3. 2011, Proposal for a Council Regulation on jurisdiction, applicable law and the recognition and enforcement of decisions in matters of matrimonial property regimes, COM (2011) 126 final, available at：http：//eur – lex. europa. eu/LexUriServ/LexUriServ. do? uri = COM：2011：0126：FIN：EN：PDF（最后访问日期：2012 年 5 月 31 日）。相关讨论可参见 Yao-Ming Hsu, "Conflict of Laws in Matters Concerning Matrimonial Property – Perspectives from European Union's Rome IV Regulation Proposal", *Chinese and Taiwanese New Code of Private International Law*, 2012 Conference "Reopening the Silk Road in the Legal Dialogue between Turkey and China", Marmara University, Istanbul, Turkey, 2012 June 12 – 14（预计 2013 年出版）。

⑥ 自 1893 年成立，订立许多关于国际私法之国际公约。简介参见网站：http：//www. hcch. net/index_ en. php（最后访问日期：2013 年 3 月 23 日）。

二　国际私法方法论之多元主义

法国国际私法大儒 Henri Batiffol（1905～1989）[①] 在海牙国际法学院 1973 年之国际私法讲义《国际私法方法之多元主义》[②] 里，首度针对 20 世纪以来的国际法理论发展，提出多元主义之看法。其认为，国际私法选法方法上的多元主义，为法律冲突论与管辖权冲突论（conflits de lois et conflits de juridictions）、实体法则（règles matérielles），以及即刻适用法三者并列呈现之情形。实则，此三者之出现，代表了国际私法选法理论，由传统的一般、抽象的选法理论，过渡到针对特定事项之具体、明确的选法理论。[③] 然而，新兴选法理论，并未完全取代传统选法理论之地位。事实上，不管在大陆法系或是英美法系国家，传统理论依旧是处理一般涉外民事案件的主要处理方式，仅在例外之情形里，才适用具体明确之选法理论，例如即刻适用法，或是最重要牵连说。

此外，在 Batiffol 讲义提出的二十多年后，Paolo Picone 教授在 1999 年出版的海牙国际私法讲义《国际私法上各法律秩序间的协调方法》[④] 里，亦提出四种不同的法律冲突调和方式：（1）传统选法方法（la méthode traditionnelle）；（2）实体法方法（la méthode materielle）；（3）适用有权管辖之外国法（la référence à l'ordre juridique étranger compétent）；（4）法院地法之一般适用（l'application généralisée de la lex fori）。Paolo Picone 的分类，跟 Batiffol 有诸多相似之处，但 Picone 主要是兼从法律适用之"方法"与法律适用之"结果"而为分类，其第一、第二分类是方法论上的观察，而第三、第四分类则是法律适用结果上之观察。而 Batiffol，则是纯粹从法律适用方法论而为分类。从分类学方法论上看，Batiffol 之分类比较合乎逻辑。

---

① 生平可参见海牙国际法庭与国际法学院图书馆（Hague Peace Palace Library）网站：http：//www. ppl. nl/100years/author. php？subject = internationallaw&aulast = batiffol（最后访问日期：2013 年 3 月 10 日）。

② Henri Batiffol, *Le pluralisme des méthodes en droit international privé*, Recueil des Cours de l'Académie de droit international, Tome 139, 1973, pp. 75 – 148.

③ 笔者个人认为，实体法则之出现，同时具有方法论上与法源上之意味，因此，本文以下将实体法则部分，放在"三　国际私法法源之多元主义"讨论。

④ Paolo Picone, *Les méthodes de coordination entre ordres juridiques en droit international privé*, Recueil des Cours de l'Académie de droit international, Tome 276, 1999, pp. 9 – 296.

而 Picone 第三、第四分类，亦可纳入 Batiffol 的讨论架构：亦即，Picone 第三分类适用有权管辖之外国法，其实是 Batiffol 第一分类法律冲突论与管辖权冲突论之适用结果；Picone 第四分类，将适用法院地法一般化，亦为法律冲突论与管辖权冲突论之适用结果，Batiffol 甚至认为即刻适用法也是一种法院地法的扩大适用。①

此外，法国国际私法当代代表学者 Pierre Mayer 也在其 2004 年的教科书里，提出国际私法选法方法之"多元性"（la pluralité）概念，② 认为解决国际私法上法律冲突之方法，可能有以既得权（droit acquis）之尊重为基础之选法理论（即一般的冲突法则适用），也有经由选法理论指向实体法则之适用，或是直接适用实体法则。此种区分，依旧是从选法方法论上之区分方式。而另一位学者 Yvon Loussouarn 于其 2004 年教科书里，则也区分"冲突方法"与"实体法方法"等选法理论，并特别讨论实体法则适用之情形。③ 而台湾国际私法大儒柯泽东教授，也于其 2003 年教科书里，针对国际私法法律适用方法之演进，提出传统方法与现代方法之并存主张。④ 另外台湾地区国际私法另一位硕儒陈隆修教授，也提出以实体法方法论为思考出发的新选法理论。⑤

综上，本文还是倾向从"方法论"上出发而为区分，而讨论各该方法论下，可能出现的不同选法结果。以下，兹从传统理论之处理方式谈起，次论及新兴选法理论。

（一）传统选法理论

1. 大陆法系之抽象立法模式

针对涉外事件之处理，大陆法系国际私法理论，自中世纪以来，有长远

---

① Henri Batiffol, Le pluralisme des méthodes en droit international privé, p. 138.

② Pierre Mayer et Vincent Heuzé, *Droit international privé*, 8ᵉ édition, 2004, p. 61 et seq.

③ Yvon Loussouarn, "Pierre Bourel et Pascal de Vareilles-Sommières", *Droit international privé*, 8ᵉ édition, 2004, p. 62 et seq.

④ 柯泽东：《国际私法》，元照出版公司，2006，第 18 页以下。此外，大陆学者胡永庆，也针对国际私法法律选择方法之多元现象，提出论述。参见胡永庆《论法律选择方法的多元化》，《中国国际私法与比较法年刊》（第四卷），法律出版社，2001，第 156 ~ 173 页。

⑤ 陈隆修：《以实体法方法论为选法规则之基础》，载陈隆修、林恩玮、许兆庆等《国际私法：选法理论之回顾与展望》，台湾财产法暨经济法研究协会，2007，第 103 ~ 234 页；陈隆修：《父母责任、管辖规则与实体法方法论相关议题评析》，《东海法学研究》第 25 期，2006 年 12 月，第 191 ~ 324 页。

的发展历史。① 目前学说上，主要依循 19 世纪 Savigny 的本据理论，认为一定之法律关系，与一定之法律本据相关，因此，依该本据，决定该法律关系之准据法适用。② 此一理论之当代说法，即为"连结因素论"（la théorie de rattachement）。③ 立法者透过一定之归纳与整理，就一定之法律关系，设定一定之连结因素，而指向一定准据法之适用，而多半为成文立法之呈现。例如，德国《民法总则施行法》（*Einführungsgesetz zum Bürgerlichen Gesetzbuch*，简称 EGBGB）④ 之规定与瑞士《联邦国际私法》 （la Loi fédérale du 18 décembre 1987 sur le droit international privé，简称 LDIP）⑤、2004 年比利时《国际私法》（Loi portant le Code de droit international privé）⑥ 与日本 2007 年最新《关于法之适用通则法》（法の适用に关する通则法）⑦ 等等。⑧ 而台

---

① Henri Batiffol et Paul Lagarde, *Traité de droit international privé*, 8ᵉ édition, 1993, p. 372 et s. ; Pierre Mayer et Vincent Heuzé, *Droit international privé*, p. 37et s. ; Yvon Loussouarn, "Pierre Bourel et Pascal de Vareilles-Sommières", p. 83 et seq; 参见马汉宝《国际私法》（总论、各论），财团法人喜马拉雅研究发展基金会，2004，第 279 页以下；刘铁铮、陈荣传：《国际私法论》，台湾三民书局，2004，第 31 页以下；曾陈明汝：《国际私法原理》，台湾三民书局，1993，第 17 页以下；赖来焜：《基础国际私法学》，台湾三民书局，2004，第 162 页以下；赖来焜：《当代国际私法学之基础理论》，台湾神州图书出版有限公司，2001，第 201 页以下；苏远成：《国际私法》，五南图书出版股份有限公司，1990，第 12 页以下；黄进：《中国国际私法》，香港三联书店，1997，第 35 页以下；刘想树：《国际私法基本问题研究》，法律出版社，2001，第 8 页以下：林欣、李琼英：《国际私法》，中国人民大学出版社，1998，第 12 页以下。

② 详见赖来焜《当代国际私法学之构造论：建立以"连结因素"为中心之理论体系》，2001，第 80 页以下；林恩玮：《大陆法系国际私法选法理论方法论之简短回顾》，载陈隆修、林恩玮、许兆庆等《国际私法：选法理论之回顾与展望》，台湾财产法暨经济法研究协会，2007，第 1 ~ 28 页，参见第 5 页。

③ 关于连结因素之详尽说明，详见马汉宝《国际私法》，第 65 页以下；刘铁铮、陈荣传：《国际私法论》，第 73 页以下。

④ 现行条文 1994 年 9 月 21 日通过，2007 年 5 月 16 日最新修正，条文参见：http://dejure. org/gesetze/EGBGB（最后访问日期：2013 年 2 月 13 日）。

⑤ 1987 年 12 月 18 日通过，条文参见：http://www. admin. ch/ch/f/rs/c291. html（最后访问日期：2013 年 2 月 13 日）。

⑥ 2004 年 7 月 16 日通过，条文参见：http://staatsbladclip. zita. be/moniteur/lois/2004/07/27/loi－2004009511. html（最后访问日期：2013 年 2 月 13 日）。

⑦ 原《法例》（明治三十一年法律第 10 号），平成十八年（2006 年）6 月 21 日法律第 78 号修正，于 2007 年 1 月 1 日起施行。条文参见：http://law. e－gov. go. jp/announce/H18HO078. html（最后访问日期：2013 年 2 月 13 日）。

⑧ 有趣的是，大陆法系国际私法鼻祖法国，迄今仍以判例法与学说补充之方式适用各选法规则，而无成文立法。当然，尤其在 2004 年比利时国际私法制定之后，法国国内也有不少呼声，认为应制定成文立法以为法律之明确适用。例可参见 A. Bodenes-Constantin, *La codification du droit international privé français*, 2006。

湾目前之涉外民事法律适用法，即是以成文之单行法模式，规定一定涉外法律关系发生时，应如何决定准据法。其中例如，关于人之行为能力，立法者可能认为此与当事人之国籍相关，因之以国籍作为连结因素，而设计"人之行为能力，依其本国法"① 之条文。

此种选法条文之设计，有所谓"单面法则"（one-sided rules）与"双面法则"（two-sided rules）之设计。② 双面法则基本上是此种选法模式之标准型，就内外国之连结因素，并不加以特殊考虑，而仅抽象地一律平等适用。而所谓单面法则，则为例外型，有特殊立法上之考虑，通常是以一定之内国连结因素为考虑，而指向内国实体法之适用。例如，前述"人之行为能力，依其本国法"，不管是何国人，就适用其国籍所属之国法。但如中国台湾（旧）《涉外民事法律适用法》第13条第2项规定，"外国人为中华民国国民之赘夫者，其夫妻财产制依中华民国法律"，在招赘婚之情形，即以"中华民国妻之国籍"，为连结因素，而指向"中华民国法律"之适用。以下讨论者，主要为双面法则，合先叙明。

就连结因素之种类，③ 学者进一步细分成："与主体有关者"，例如自然人之国籍、住所或居所，法人之事务所或营业所；与"与客体有关者"，指案件事实中之客体或与物相关者，例如物之所在地；"与行为有关者"，为行为地，包括为法律行为之要约地、承诺地，以及侵权行为之侵权行为地等等；最后为"与当事人意思有关者"，例如以当事人意思选定契约之准据法。

举例详言之，④ 其中关于自然人之两大连结因素，国籍与住所，为涉外私法属人事项解决最重要者，称之为属人法两大原则，⑤ 即本国法原则与住所地法原则。此两原则歧异之原因，乃因就当事人之身份能力与地位等事项，究竟应该依当事人何一连结因素决定？在历史上有不同之主张，也在大陆法系与英美法系间产生不同之原则。在14世纪Bartolus法则区别说时，

---

① 《台湾涉外民事法律适用法》（2010年5月26日修正）第10条第1项。
② 马汉宝：《国际私法》，第61页以下。
③ 详见赖来焜《当代国际私法学之构造论：建立以"连结因素"为中心之理论体系》，神州图书出版有限公司，第98页以下。
④ 限于篇幅，本文以下仅举例以属人法两大原则说明，不另外对"物之所在地法原则"、"当事人意思自主原则"与"场所支配行为原则"等传统选法理论原则加以说明。
⑤ 详见刘铁铮、陈荣传《国际私法论》，第75页以下；陈隆修：《论国际私法上属人法之连系因素》，载《比较国际私法》，五南图书出版公司，1989，第41~96页。

关于"人之法则"，依该人之实际所在决定，此一概念接近于现在英美法系主张的住所地法原则（*lex domicilii*），但需注意其时现代意义之民族国家尚未出现，所以当然没有本国法原则。在现代民族国家出现之后，本国法原则之主张逐渐兴起，尤其是法国 1804 年《法国民法典》前加篇第 3 条第 3 项首揭"关于身份与能力之法律，适用于一切法国人"（*Les lois concernant l'état et la capacité des personnes régissent les Français, même résidant en pays étranger*），于此开启"本国法原则"（*lex patriae*）在"成文法"中之序幕，而 19 世纪意大利学者 Mancini 亦提倡本国法之适用。于此，大陆法系就属人事项，明确主张本国法原则之适用。而英美法系，则一向主张住所地法之适用。为调和此两大原则在适用上可能发生之冲突，法国法上另外发展出反致（*renvoi*）① 之概念，以求国际间判决一致之达成。而当代海牙国际私法会议在诸多属人事项之条约中，例如在 1961 年第九届海牙国际私法会议中，关于未成年人监护之管辖权与准据法公约，也开始提倡以"惯居地"（habitual residence）② 此一"事实概念"，作为调和两大原则适用之折中方案。

大陆法系此种以连结因素为中心之立法模式，有其明确而具可预见性之优点，当然也有其僵化而可能不符合个案正义之缺点，而需要法官于个案进行衡平之裁决，或是学说、判例之不断补充。例如，依台湾（旧）《涉外民事法律适用法》第 19 条，"父母与子女间之法律关系，依父之本国法"，此乃关于亲权事项之行使，由父之本国法之具体内容决定。然而，如父之本国法，对于该等亲权事项之行使，对于未成年子女较为不利，而母之本国法较为有利，甚至子女之本国法或住所地法等等，较为有利时，法官应如何适用法律？依目前之立法，仅能机械式地适用父之本国法，而无其他选择之可

---

① 关于反致之意义，参见 Henri Batiffol et Paul Lagarde, Traité de droit international privé, p. 300；Pierre Mayer et Vincent Heuzé, Droit international privé, p. 158 et seq.；Yvon Loussouarn, "Pierre Bourel et Pascal de Vareilles-Sommières", p. 256 et seq.；马汉宝：《国际私法》，第 245 页以下；刘铁铮、陈荣传：《国际私法论》，第 492 页以下；曾陈明汝：《国际私法原理》，第 209 页以下；柯泽东：《国际私法》，第 124 页以下；陈隆修：《论国际私法有关反致之问题》，载陈隆修《比较国际私法》，1989，第 97～118 页；刘铁铮：《反致条款与判决一致》，载刘铁铮《国际私法论丛》，台湾三民书局，1994，第 195～226 页；王海南：《论国际私法中关于反致之适用》，载《法律哲理与制度（国际私法卷）——马汉宝教授八秩华诞祝寿论文集》，元照出版公司，2006，第 1～34 页。

② 详参赖来焜《当代国际私法学之基础理论》，第 455 页以下；陈隆修：《论国际私法上属人法之连系因素》，第 90 页；林凯：《论属人法之新连接因素——习惯居所》，载《国际私法之理论与实践（二）——刘铁铮教授六秩华诞祝寿论文集》，学林文化出版，1998，第 299～317 页。

能。台湾 2010 年修正《涉外民事法律适用法》，针对以上缺陷，考虑国际间立法趋势为"子女之本国法主义"与"保护子女最大利益原则"，因此于新法第 55 条，修正为"父母与子女间之法律关系，依子女之本国法"。此一修正，依旧遵从大陆法系以连结因素指向一定准据法适用之方式，仅将连结因素由"父之国籍"，改为"子女之国籍"，因此仍然可能有僵化之缺点。如依新法，则如果在具体个案中，反倒是父或母之本国法，或是例如子女之住所地法，对子女较为有利时，此时如何能贯彻修正说明中"保护子女最大利益原则"？此问题依旧无解。因此，诸如《台湾民法》第 1055 条第 4 项，关于离婚后未成年子女权利义务之行使，有"前三项情形，法院得依请求或依职权，为子女之利益酌定权利义务行使负担之内容及方法"，此种由法院酌定之弹性空间，在目前台湾涉外民事法律适用法之新法中，依旧没有此等弹性选法之空间。

综上，传统大陆法系之选法理论架构，系以抽象的连结因素为主，设计一定之准据法适用，以解决法律冲突之问题。此种方式，固然有其稳定性、法之安定性与可预见性之考虑，然而在个案里，并没有办法斟酌个案情状，给予最适合该个案之准据法适用，因此有其机械化、僵化与牺牲个案正义之批评。

2. 英美法系之判决先例原则、学说理论建构与国际私法整编运动

英美法系，虽然并无如大陆法系之成文立法，但也透过一定之判例法累积，建立起"一定法律关系适用一定准据法"之诸项原则，而透过"遵守判决先例"（*stare decisis*）原则在各法院得到贯彻。例如，在行为能力之准据法决定，通常适用当事人之住所地法。以下主要以美国之选法理论变迁说明之。

因实行联邦制之关系，美国之选法冲突理论，基本上就州际之法律冲突与国际之法律冲突，采取一样的处理方式。[①] 溯本追源，19 世纪美国之选法理论之发展，系深深受到大陆法系 Huber 教授之影响。美国 Joseph Story 法官，于其《冲突法学评释》（Comment on the Coflicts of Laws）一书中，继承Huber 之想法，采取国际礼让说以为法律冲突之解决基础。[②] 而在 1934 年

---

① Symoen C. Symeonides, The American Choice-of-Law Revolution: Past Present and Future, 2006, pp. 2 – 5.

② 曾陈明汝：《美国现代选法理论之剖析与评估》，载《国际私法原理续集——冲突法论》，台湾三民书局，1996，第 45 ~ 65 页，参见第 47 页；许兆庆：《二十世纪美国国际私法选法理论之回顾与展望》，载陈隆修、林恩玮、许兆庆等《国际私法：选法理论之回顾与展望》，2007，第 29 ~ 101 页，参见第 33 页。

美国法律学会（American Law Institute）之《国际私法第一整编》（Restatement of the Law of Conflict of Laws，简称 First Restatement）中，Beale 教授亦基于"既得权理论"与"属地主义"，主张发生于某一特定法域之单一、重要的关连因素，将主导权利的内涵及特定法律的适用。此一第一整编，为美国州际与国际法律冲突，提供了全面性、组织化的双面法则，以利解决所有的法律冲突情状。① 美国该阶段之实务发展，基本上也从此理论。例如 1918 年之 New York Life Insurance Co. V. Dodge 一案，② 认为保险契约虽于密苏里州签订，被保险人亦为密苏里州州民，但嗣后被保险人以保险契约为质向保险人借款，而借贷契约系于纽约州签订时，则纽约州法律应为该借贷契约之准据法。此即遵守契约作成地应为决定该契约效力与结果之准据法。

然而，美国第一整编的法律冲突解决方式，和大陆法系传统选法理论一样，固有其固定、中立与可预见性之优点，却也显得僵化而没有弹性。亦即，其满足了冲突正义（conflicts justice），却可能牺牲掉实质正义（material justice）。因此，有许多美国学者陆续对其提出批评，而促成了美国选法理论革命。详见下述。

在英国部分，基本上也是依赖判例法、个别立法与学说形成整个国际私法理论架构。例如于管辖权决定之原则上，基于"令状"（Writ）主义，英国法上发展出对被告于英国领土境内可送达英国法院即有管辖权之基本原则，但也在有管辖权之前提下，发展出不便利法庭原则（*forum non conveniens*），③ 而于契约法领域，亦以当事人意思自主原则为其适用主要依据。④ 此等基本原则之适用，在具体个案难免会有僵化之处，因此英国法上亦有相关的新选法革命，详见下述。

---

① Symoen C. Symeonides, The American Choice-of-Law Revolution: Past Present and Future, p. 10.

② 246 US 357 (1918)，转引自许兆庆《二十世纪美国国际私法选法理论之回顾与展望》，第 37 页。

③ Trevor C. Hartley, *The Modern Approach to Private International Law: International Litigation and Transactions from a Common-Law Perspective*, Recueil des Cours de l'Académie de droit international, Tome 319, 2006, pp. 9–324, v. pp. 46–49; Sir Lawrence Collins (eds.), *Dicey, Morris and Collins on Conflict of Laws*, 14th ed., Sweet Maxwell Ltd 2006, p. 461.

④ 关于英国国际私法在契约法之发展，详见陈隆修《国际私法契约评论》，五南图书出版公司，1986，第 21 页以下。

（二）新兴选法理论

针对前述大陆法系双面法则选法僵化与无法兼顾个案正义之缺点，以及英美法系虽为判例法，但所发展出之选法原则亦有与大陆法系一样之缺点，大陆法系与英美法系，立基于不同的思考点，分别提出了"即刻适用法"与"最重要关连理论"。大陆法系之即刻适用法，其实并非直接针对传统选法理论而发，而仅仅指出了新的国际私法选法趋势，其乃跳过选法程序，而直接适用法院地就一定涉外事项之国内法规范。此种适用，应为例外适用。而英美法系之最重要关连理论，则是针对侵权行为选法规则之僵化而发，而认为在例外之情形，不应直接适用该选法规则，而需有个案之衡平考虑。

1. 大陆法系即刻适用法之出现

"即刻适用法"（Lois de police/ lois d'application immédiate），实系法国学者 Francescakis 于 20 世纪 60 年代最早提出此一理论。① 此理论之崛起，乃因国际法院（la Cour internationale de Justice）于 1958 年 Boll 一案②中，认为荷兰儿童 Boll 居住在瑞典境内，依瑞典法施行保护教育时，并未违背1902 年海牙有关未成年儿童之监护公约。原本依该公约规定，对于未成年儿童之监护，应依该儿童之本国法，在本案中，即为荷兰法。但瑞典当局，为维护一定之社会目的，立法规定其境内儿童与少年之保护，应一律适用瑞典法。此案意指，在一定之社会法关系，有即刻适用法之适用，而不适用传

---

① Ph. Francescakis, "Quelques précisions sur les «lois d'application immédiate» et leurs rapports avec les règles de conflits de lois", *Revue critique de droit international privé*, 1966, pp. 1 – 18. 新近说明可参见：Pierre Mayer et Vincent Heuzé, *Droit international privé*, p. 88 et seq.; Yvon Loussouarn, Pierre Bourel et Pascal de Vareilles-Sommières, "Pierre Bourel et Pascal de Vareilles-Sommières", p. 136 et seq.; Haris P. Meidanis, Public Policy and *Ordre Public* in the Private International Law of the EU: Traditional Positions and Modern Trends, *European Law Review*, Vol. 30 (1), 2005, p. 97; 柯泽东：《从国际私法方法论讨论契约准据法发展新趋势——并略评两岸现行法》，《台大法学论丛》第 23 卷 1 期，1993 年 12 月，第 292～297 页（亦载柯泽东《国际私法新境界——国际私法专论》，元照出版有限公司，2006，第 141～184 页）；许兆庆：《海事国际私法上"至上条款"与即刻适用法简析——兼评新海商法第 77 条之订定》，载许兆庆《国际私法与比较法研究》，2005，第 47～86 页；许兆庆：《国际私法上"即刻适用法"简析》，载许兆庆主编《国际私法论文选集》，2005，第 91～104 页；吴光平：《重新检视即刻适用法——源起、发展，以及从实体法到方法的转变历程》，《玄奘法律学报》第 2 期，2004 年 12 月，第 147～196 页。

② CIJ, 28 novembre 1958, Boll.

统选法理论中决定准据法之方法。其后，法国最高法院于 1964 年之案件①
中，也认为"关于未成年人之保护之法律，适用于全法国境内"。

此一理论主张，就某一特定涉外法律关系，原应由冲突法则决定其准据
法适用，但由于其性质上有特定立法政策之考虑，或趋于社会法或公法范畴
之变动，因此于涉外法律关系冲突法立法或是实体法立法时，直接明定其法
律关系所应适用之国家法律，而毋庸再依选法理论或冲突法则决定其准据
法。② Francescakis 认为，在法国民法前加篇第 3 条第 1 项，规定"关于警察
与治安之一切法律，适用于居住于境内之一切人民"（les lois de police et de
sûreté obligent tout ceux qui habitent le territoire.），此虽未明言是否适用于内
外国法律冲突之状况，③ 但吾人可以从该条之意旨，认为此种即刻适用法系
该条所涵摄。④

关于即刻适用法在现代选法理论上之应用，学者认为例如在劳动法
事项，或是在消费者保护法事项，或是关于家庭法、社会法事项等等，
皆有即刻适用法之适用。例如在 1980 年《罗马公约》（Convention de
Rome）中，于契约准据法上当事人意思自主原则之行使，第 3 条第 3 项
亦有"类似"之规定："当事人选定外国法时，无论该外国法是否与外国
法院之选择相关，当选定准据法时契约之情状显示与某一国家相关时，
该准据法之选择不能影响到该国家特定契约法律之适用，以下称之为强
制规定。"⑤

笔者之所以称"类似"之规定，乃因罗马公约之制定，系属各国折中之
结果，此一立法模式，仅在契约准据法中，画出一部分为"强制规定"
（dispositions impératives／mandatory rules）而必须适用，并非如理论上即刻适

---

① 27 octobre 1964, JCP 1964. II. 13910, D. 1965. 81, Revue critique 1965, 79. 转引自 Henri Batiffol, *Le pluralisme des méthodes en droit international privé*, p. 136。

② Ph. Francescakis, "Quelques précisions sur les «lois d'application immédiate» et leurs rapports avec les règles de conflits de lois", p. 5; Henri Batiffol, *Le pluralisme des méthodes en droit international privé*, p. 136; 柯泽东：《国际私法》，第 22 页以下。

③ Ph. Francescakis, "Quelques précisions sur les «lois d'application immédiate» et leurs rapports avec les règles de conflits de lois", p. 3.

④ Ph. Francescakis, "Quelques précisions sur les «lois d'application immédiate» et leurs rapports avec les règles de conflits de lois", p. 10.

⑤ Convention de Rome, l'art. 3.3: «Le choix par les parties d'une loi étrangère, assorti ou non de celui d'un tribunal étranger, ne peut, lorsque tous les autres éléments de la situation sont localisés au moment de ce choix dans un seul pays, porter atteinte aux dispositions auxquelles la loi de ce pays ne permet pas de déroger par contrat, ci-après dénommées ‹dispositions impératives› ».

用法所称的"不经选法程序"，因此，此是否为即刻适用法之体现，仍待澄清。甚者，在《罗马公约》中，第 7 条第 1 项另有 lois de police/ mandatory rules 之规定，① 乍看之下，以 ois de police 之名，此似乎亦为此处所称之即刻适用法，但细看其规定，系规定"依本公约适用一定法律时，须适用与契约情状具有密切关系之国家的强制规定，如依该国法律规定，此强制规定之适用，系不论契约准据法为何，皆有其适用。为决定是否适用此等强制规定，需综合考虑该等条款之性质与其目的，以及不适用该等规定之法律后果"。究其适用，依旧在选定准据法之前提下，排除一定准据法之适用，而此一法律适用方式，比较接近于传统选法理论中所称"公序"（l'ordre public）② 之方式，而非即刻适用法之方式。纯就理论架构言之，即刻适用法，与公序条款，仍有不同之处。虽然两者皆立基于一定之立法政策，或是一定之内国秩序，在概念上有接近之处，③ 但是即刻适用法并不需要透过选法程序决定准据法，而系直接适用该即刻适用法，但公序条款则是在依选法程序决定准据法后，再依公序条款排除该准据法之适用，而另适用其他法律（通常为法庭地法）。因此，笔者倾向于认为，前述罗马公约两项规定，皆非即刻适用法，而系公序条款，此观诸该条文英文版本，皆称 Mandatory rules，而不称 immediately applicable law 自明。

理论上言之，此等即刻适用法，应该有"内国"之即刻适用法与"外国"之即刻适用法区分。所谓外国之即刻适用法，系指内国法院法官在审理涉外案件时，如发现与该案事实相关之一定外国之法律，具有即刻适用法之性质，"理应"直接适用该外国法律，而不适用内国之选法程序以决定准据法。④ 然而，此在实际应用上，可能有其困难，其一为内国法院法官是否可能如此宽宏大量平衡适用内外国之即刻适用法，仍待观察；其二为内国法官在适用外国即刻适用法时，可能对于外国之一定立法考虑，未能充分理解。

---

① Convention de Rome, l'art. 7.1: "Lors de l'application, en vertu de la présente convention, de la loi d'un pays déterminé, il pourra être donné effet aux dispositions impératives de la loi d'un autre pays avec lequel la situation présente un lien étroit, si et dans la mesure où, selon le droit de ce dernier pays, ces dispositions sont applicables quelle que soit la loi régissant le contrat. Pour décider si effet doit être donné à ces dispositions impératives, il sera tenu compte de leur nature et de leur objet ainsi que des conséquences qui découleraient de leur application ou de leur non-application."

② 可参见许耀明《欧盟国际私法上的公序问题》（上）（下），《政大法学评论》第 102 期与第 103 期，2008 年 4 月与 6 月，第 223～256 页与 205～236 页。

③ Henri Batiffol, *Le pluralisme des méthodes en droit international privé*, p. 139.

④ Henri Batiffol, *Le pluralisme des méthodes en droit international privé*, p. 142.

无论如何，就即刻适用法之适用来说，纵使为内国之即刻适用法，Batiffol 依旧指出 Francescakis 理论之限制。首先，此种单面主义（unilatéraliste）之适用，就其范围上，可能有界定不清之处。① Francescakis 自己认为，即刻适用法之适用有助于"保存一国之政治、经济与社会组织"。② Batiffol 则反驳，何一法律与一国之政治、经济或社会组织无关？如果依 Francescakis 之见解，则"所有"法律都变成即刻适用法，因此此一太过广泛之定义，对于即刻适用法之界定，并无意义，吾人理应限定一定之范围，由立法者"明确之意志"彰显该法律在涉外民事关系之绝对适用。其次，Batiffol 认为，此一基于"特定连结因素"（rattachements particuliers）所产生的即刻适用法之介入，在整体选法理论来说，依旧是属于"辅助"或"例外"之地位。③ 因此，就传统选法理论之适用与即刻适用法之适用，应该是并存之地位。④

2. 英美法系最重要关连理论之提倡

针对前述美国第一整编之僵化，美国学者 Walter W. Cook 与 David F. Cavers 首先提出批评。Cook 于 1924 年，基于法律现实主义（legal realism）思考，提出当地法理论（local law theory），主张在法律冲突之情形发生时，法院地法官并非在确认基于外国法所成立之既得权，而系以法院地法之适用，达成与适用该外国法近似的当地救济（local remedy）；而冲突法则之目的，即在于贯彻法院地之法律与政策。此一说法，当然是一种单面主义式的反动。Cavers 除了与 Cook 有一样之看法外，其更进一步直指传统选法模式之僵化，而认为需于每个个案考虑不同法律之适用结果，以为选法冲突之解决途径。⑤

基于前述批评，Brainerd Currie 在 20 世纪 50 年代起，进一步提出政府利益分析说（analysis of governmental interest），主张法律适用与解释的本土方法（domestic method）、于具体个案中考虑政府利益之保护，以及区分真冲突、假冲突与无适任法院（unprovided-for）等情形，而提倡事实上与法律

---

① Henri Batiffol, *Le pluralisme des méthodes en droit international privé*, p. 138.

② Francescakis, in *Répertoire de droit international*, conflit de lois, no. 136. 转引自 Henri Batiffol, *Le pluralisme des méthodes en droit international privé*, p. 138。

③ Henri Batiffol, *Le pluralisme des méthodes en droit international privé*, p. 139, pp. 139、140.

④ Henri Batiffol, *Le pluralisme des méthodes en droit international privé*, p. 139 pp. 139、145.

⑤ Symoen C. Symeonides, The American Choice-of-Law Revolution: Past Present and Future, pp. 11 – 13.

上的法庭地法主义。① 在此一思潮中，William F. Baxter 在 1963 年，提出比较损害说（comparative impairment），以反面之思考方式，比较一州政府之利益在该州之法律不适用时将受到较大损害，则适用该州法律。② 而 Robert A. Laflar 在 1966 年亦提出较佳法律（Better Law）方法，提倡个案之实体正义，认为须以判决结果之可预测性、州际与国际秩序之维持、司法业务之简化、法院地政府利益之增进与较佳法律之适用，作为法律冲突解决之准绳。③ 此外，Arthur von Mehren 和 Donald T. Trautman 则在 1965 年亦提出功能分析说（funtional analysis），提倡各种不同利益与政策间的衡量。综合来看，对于第一整编的批评与响应，主要集中在提出其他较为弹性的判准（当地法、个案正义、政府利益、比较损害、较佳法律或功能分析等不一而足），以为冲突法则之弹性适用。

这样的思潮，正好与美国实务的新发展结合在一起。在 1963 年，纽约州上诉法院做出了改变美国当代冲突法则的重要判决：Babcock v. Jackson。④ 该案之事实略为，Babcok 小姐与同住纽约州之 Jackson 夫妇一同出游加拿大，车经加拿大安大略省时，Jackson 先生驾驶失控导致车祸。回纽约州之后，Babcok 小姐主张 Jackson 先生有过失而请求损害赔偿。然加拿大之法律有非营业汽车驾驶人对于乘客之受伤或死亡，不负损害赔偿责任之规定，但纽约州则无此一规定。依传统冲突法则，侵权行为依侵权行为地法，则本案原应适用加拿大安大略省法律，则 Jackson 先生不需负损害赔偿责任。唯本案中，纽约州上诉法院鉴于此一法则之僵化，认为本案衡诸纽约州与加拿大安大略省之利益，应以纽约州较具法律适用利益，具有"最重要关连"，而排除传统冲突法则之适用。但法院于判决中亦指出，此一排除

---

① Symoen C. Symeonides, The American Choice-of-Law Revolution：Past Present and Future, pp. 13 – 23；陈隆修：《美国国际私法新理论》，五南图书出版公司，1986，第 49 页；许兆庆：《二十世纪美国国际私法选法理论之回顾与展望》，第 43～44 页。

② Symoen C. Symeonides, The American Choice-of-Law Revolution：Past Present and Future, p. 24；陈隆修：《美国国际私法新理论》，第 69 页。

③ Symoen C. Symeonides, The American Choice-of-Law Revolution, Past Present and Future, pp. 25 – 28；陈隆修：《美国国际私法新理论》，第 82 页；许兆庆：《二十世纪美国国际私法选法理论之回顾与展望》，第 45～47 页。

④ 12 N. Y. 2d 473, 240 N. Y. 2d 743, 191 N. E. 2d 279 (1963)，转引自许兆庆《二十世纪美国国际私法选法理论之回顾与展望》，第 61 页。详细介绍参见林益山《国际私法上"最重要牵连因素原则"之研究》，载《国际私法之理论与实践（一）——刘铁铮教授六秩华诞祝寿论文集》，1998，第 415～443 页，参见第 433 页。

效果，系属例外性质。

虽有前述发展，在美国 1969 年由 William Reese 教授主导之《国际私法第二整编》（Second Restatement）却并非完全拥抱前述选法革命之成果，而呈现为传统与批判之妥协。[①] 第二整编第 6 条在侵权行为部分，规定：（1）关于侵权行为事件之争点，依第 6 条所定之诸原则下，就该侵权行为之发生，与当事人具有最重要牵连关系之法域之实体法，以决定当事人之权利与责任。（2）在适用第 6 条所定之原则以选定一争点之准据法时，应斟酌之连结因素包括：（a）损害发生地；（b）行为做成地；（c）当事人之住所、居所、国籍、公司所在地与营业地；（d）双方当事人关系集中地。[②] 由前述规定可知，虽然关于侵权行为之选法已经变成弹性化，但是其具体斟酌事项，依旧属于传统选法领域中各连结因素之考虑。此第二整编，也忽略了部分学者之主张，例如 Leflar 之较佳法律并未出现在条文当中。而如 Currie 所主张的政府利益，在第二整编里头也不明显，与其说第二整编是"各州"的利益分析，毋宁说第二整编更重视"政府间利益"与"国际利益"，更重视"法律适用结果之一致性"。[③] 此种思维模式，依旧是传统选法理论法安定性与可预见性的思维模式。

在此第二整编之后，美国选法理论上依旧不断地持续发展。基本上，出现了反 Currie 学派，例如 Lea Brilmayer 主张的以政治权利为基础之方法论，以及综合各种新旧方法论之融合学派。[④] 在司法实务方面，也是呈现混乱的状况与方法论之混用。因此，虽美国已有如 Symoen C. Symeonides 教授，在 2000 年开始提倡第三整编（Third Restatement）之筹备，但是到目前为止，传统选法理论，与新兴选法理论，依旧处于并存之状态。

受到美国最重要关连理论发展之影响，英国在侵权行为法领域部分，也有相对应之发展。原本英国判例法上，基于 1870 年 Phillips v. Eyre 判例，对于涉外侵权行为，一样采取行为地法主义，而认为在满足下述两要件之前提下，该诉讼可在英国审理：（1）若该行为发生于英国，一样属于可追诉

[①] Symoen C. Symeonides, The American Choice-of-Law Revolution: Past Present and Future, p. 31.

[②] 条文转引自许兆庆《二十世纪美国国际私法选法理论之回顾与展望》，第 49 页。

[③] Symoen C. Symeonides, The American Choice-of-Law Revolution: Past Present and Future, supra note 37, p. 32.

[④] 许兆庆：《二十世纪美国国际私法选法理论之回顾与展望》，第 65～71 页。

之行为；（2）依行为地法，该行为系属不法行为。① 但此一原则之适用，过于僵化。因此，在1971年Boys v. Chaplin一案中，提出侵权行为之"适当法"（proper law）主张，而不再受前述判例之拘束。② 此一适当法，与最重要关连说之精神实属一致。

附带一提的是，受到美国最重要关连说之影响，法国学者Paul Lagarde也提出"邻近原则"（le principe de proximité），③ 作为对于传统大陆法系选法理论之挑战与响应。所谓邻近原则，系指"涉外法律关系，系由与该法律关系具有最密切之连系（les liens les plus étroits）之国家法律支配"之主张。④ 但Lagarde亦认为，此一原则仅为国际私法选法原则"之一"，并需与其他三项原则保持良好之共存关系（cohabitation）：⑤ 主权原则（le principe de souveraineté）、实体结果考虑原则（le principe du résultat matériel）与当事人意思自主原则（le principe de l'autonomie de la volonté）。⑥ 因此，此处也可看出，作为对于大陆法系传统选法理论之挑战理论，Lagarde于此依旧主张新旧理论之共存。

综合前述，国际私法之多元主义，呈现在选法方法论部分者，为传统选法理论与新兴选法理论之交融。之所以称交融，乃因不管是即刻适用法之出现，或是最重要关连理论，在目前都并非作为完全取代传统选法理论之全新选法理论，而仅是作为例外地、辅助地、并存地适用。因此，如何找出各种不同选法理论间的调和之道，⑦ 为当代国际私法学者所应致力之目标。

---

① 许兆庆：《英国及国协国家侵权行为选法新规范简析》，载许兆庆《国际私法与比较法研究》，2005，第158~177页，参见第162页。

② 许兆庆：《英国及国协国家侵权行为选法新规范简析》，载许兆庆《国际私法与比较法研究》，2005，第167~171页。

③ Paul Lagarde, *Le principe de proximité dans le droit international privé contemporain*, Recueil des cours de l'Académie de Droit International, 1986, tome 196, pp. 25 – 237；亦请参见许耀明《法国国际私法上之邻近原则》，第三届国际私法研习会，国际私法研习会与东海大学法律学系与法律学研究所合办，2007年6月7日（尚未出版）。

④ Paul Lagarde, *Le principe de proximité dans le droit international privé contemporain*, p. 29.

⑤ 此一共存主张，跟Paolo Picone所提出之协调原则（coordination）有异曲同工之妙，参见Paolo Picone, *Les méthodes de coordination entre ordres juridiques en droit international privé*, Recueil des cours de l'Académie de droit international, t. 276, 1999, pp. 9 – 296.

⑥ Paul Lagarde, *Le principe de proximité dans le droit international privé contemporain*, pp. 49 – 65.

⑦ Henri Batiffol, *Le pluralisme des méthodes en droit international privé*, p. 145.

三　国际私法法源之多元主义

除了前述国际私法选法理论上之多元主义外，国际私法多元主义的倾向，亦出现在法源部分。从选法条文之性质言之，国际私法在准据法决定上所应适用之法律，已从原本之"由冲突法则决定准据法"，新增了直接适用一定法律之"实体法则"。此外，从法律制定权力来源观察，除了以国内立法决定一定之冲突法则或实体法则外，有诸多的国际条约也开始规范原本属于一国自己决定的冲突法则部分，而有国际间调和冲突法则之趋势。而欧盟国际私法之出现，更印证了一定区域内各国之冲突法则统一之可能，甚至，还出现实体法则统一之呼声，例如德国 von Bar 教授主导的侵权行为法统一运动。以下，先叙述法则性质本身之转变，次论及法则制定权力来源之转变。

（一）从冲突法则到实体法则

国际私法选法条文之性质，已从单纯的冲突法则，渗进了实体法则。此等演进，一方面是因为冲突法则之抽象性，尤其是双面法则，虽有平衡适用内外国法之优点，但对于法院地一定立法政策之贯彻，显得力不从心。虽然立法模式上，亦有单面法则可资适用。唯如欲从一定立法政策之绝对贯彻言之，实体法则之方式毋宁更为直接。例如，前述之即刻适用法，为典型的实体法则之一。然而，实体法则之演变，已然不限于法院地之一定政策，而逐次扩张到国际条约，也包括了国际商事习惯（*lex mercatoria*）。

1. 实体法则之出现

依 Batiffol 之看法，实体法则可分为一国国内法上之实体法则、国际公约、自生法（droit spontané）等等，而皆体现了国际私法冲突法则中的国际关系考虑。[①]

国内法则部分，最明显的是关于诉讼程序之进行，各国皆有不同的程序规定，但此并不需要以法律冲突之方式解决，而直接适用国内法。需加以说明的是，Batiffol 此处系将"实体"之概念相对于"法律冲突法则"而言，因此会将传统上认为属于程序法性质之诉讼程序规定，也称为实体法则之一。又如，关于契约之支付货币问题，此亦为实质的国际私法问题，但通常

[①]　Henri Batiffol, *Le pluralisme des méthodes en droit international privé*, p. 107 et seq.

以国内法规定处理。例如《台湾民法》第 202 条，"以外国通用货币定给付额者，债务人得按给付时给付地之市价，以中华民国通用货币给付之。但订明应以外国通用货币为给付者，不在此限"，即为适例。

在国际公约部分，许多国际公约也涉及实体问题。例如，关于进出口之相关国际公约，实为涉外事件，但皆有实体之规定。或是关于国际支付工具、支票汇票或汇兑等规定，亦属此类国际实体规定。

再次，关于自生法部分，Batiffol 指的是包括定型化契约、运送条款与一般惯例（usage）等等。此等自生法之出现，蕴含了一定的实务便利考虑，以求适当迅速之处理方式，并与选法理论相互配合而为运作。①

2. 冲突法则与实体法则之并存

实体法则之出现，是否就意味着选法理论或冲突法则必须退让而无适用之余地？

首先，针对国内实体法则，Batiffol 认为，此等国内实体法则之运用，需有其限制，否则各国扩张其国内法适用之结果，将使国际私法理论之努力成为枉然。② 因此，此等实体法则之适用，并非完全就排除掉冲突法则之适用，而系与冲突法则并存。

其次，关于国际公约之实体规定，Batiffol 也认为需要就其范围加以限制，否则国际私法选法理论将全面"国际公法化"而无存在之余地。由于此等国际公约，在各国间达成共识而能签署，实属不易，而且此等国际公约之适用范围、条件等诠释，在缔约国间有时不易达成一致，因此，传统国际私法选法理论，于此仍有适用之处。亦即，在国际公约实体规则与国际私法选法理论间，依旧是属于并存之状态。③

再次，在自生法之实际适用上，可能会有对于惯例究属事实或法律产生争议。此在处理涉外事件之具体诉讼过程上，将发生法官是否需职权适用与举证责任之问题。此外，此等惯例，通常仅发生在契约法领域，而且也未必规范所有契约法事项。④ 因此，Bartiffol 认为此等自生法，依旧与传统选法理论处于并存之地位。⑤

---

① Henri Batiffol, *Le pluralisme des méthodes en droit international privé*, p. 121.
② Henri Batiffol, *Le pluralisme des méthodes en droit international privé*, p. 112.
③ Henri Batiffol, *Le pluralisme des méthodes en droit international privé*, p. 116 et 120.
④ Henri Batiffol, *Le pluralisme des méthodes en droit international privé*, p. 123.
⑤ Henri Batiffol, *Le pluralisme des méthodes en droit international privé*, p. 128.

由上可知，虽然冲突法则有其不足之处，而有实体法则之出现。但实体法则并非完全取代冲突法则，两者系属并存之地位。尤其是，冲突法则中有许多国际交往之考虑，其亦考虑到实质之问题，而非仅仅是法律冲突之问题。例如，1961 年海牙遗嘱条款形式之法律冲突公约（la Convention sur les conflits de lois en matière de forme des dispositions testamentaires）中，规定遗嘱之形式只要符合所列其中一国家之法律即符合形式规定。此等指向一国实体法中对于遗嘱形式之规定，亦属于实体法考虑，而非以冲突法则之形态解决。此外，在法国实务运作上，对于多偶制所衍生的夫妻扶养义务问题，亦采取对于该多偶制婚姻实质有效之考虑为出发，而承认相互之扶养义务，因此在一般冲突法则之外，也显现了各国实体规定与既得权之兼顾。[1] 因此，至少在目前看来，虽有国内实体法则、国际公约或自生法之存在，其对于传统选法理论之影响，仍属例外之性质，而与传统选法理论依旧处于并存之地位。

（二）从国内法到国际公约与欧盟法

传统上，国际私法之法源，从权力制定者之角度观察，通常是国内法源。亦即，在大陆法系，由一国立法机关，制定一定之选法规则，以为涉外民事法律冲突时准据法决定之准绳。在英美法系，则由国内学说或判例，推衍出一套规则，以为选法冲突之适用。当然，目前大陆法系中，也有许多地方也有赖判例补充，而英美法系国家，亦开始出现成文法以为判例法之明确适用（例如英国 1995 年国际私法杂项条款 Private International Law Act Miscellaneous Provisions）。

面对传统以国内法为主要法源之现象，法国著名国际私法学者 Bernard Audit 于 1998 年曾指出，20 世纪下半叶以来，国际私法之发展，深深受到国际公约与欧盟法之影响。[2] 此种法律"国际化"之趋势，不单单只影响了欧洲，也影响了全世界。因此，法国学者 Hélène Gaudemet-Tallon 在其 2005 年海牙国际私法会议讲义《国际私法之多元主义：丰富性与其弱点》[3] 中，将国

---

[1] Henri Batiffol, *Le pluralisme des méthodes en droit international privé*, p. 134.

[2] Congrès de l'Académie internationale de droit comparé, Bristol, 1998, Le droit international privé à la fin du XXᵉ siècle, progrès ou recul? Rapport français, par Bernard Audit, *Rev. int. dr. Comp.*, 1998, p. 421；亦收于 Symoen C. Symeonides, Private international law at the end of the 20th century: progress or regress? pp. 191 – 220。

[3] Hélène Gaudemet-Tallon, *Le pluralisme en droit international privé: richesses et faiblesses (le funambule et l'arc-en-ciel)*, Recueil des Cours de l'Académie de droit international, Tome 312, 2005, p. 47 et seq.

际私法之法源，区分成国际法源、区域法源与国内法源。① 国内法源部分，于本文之论述较无其特殊性而为各国所共享，一般来说包括国内立法、判例、学说与一般法律原则，② 因此本文不多着墨。以下，兹分述国际法源与区域法源，并论述两者间之关系。

1. 国际法源与欧盟国际私法之发展

（1）国际法源

国际法源部分，又可区分成合意与非合意性质之法源。前者例如国际条约，后者例如国际习惯法与一般法律原则、国际商事习惯与国际专家学者之论述。

国际条约可说是 20 世纪以来国际间之普遍现象，其中就国际私法之规范部分，则以 1893 年起海牙国际私法会议所制定的诸多条约为着。③ 此等以合意性为基础之国际条约，又可以分为"冲突法则型"与"实质法则型"两种。④ 冲突法则型国际条约，有关于人之国籍与外国人地位等国际条约者，例如海牙 1930 年《关于国籍决定公约》，或联合国 1951 年《庇护公约》；有关于法律冲突或管辖权冲突者，例如海牙国际私法会议 1965 年《关于收养之管辖、准据法与承认执行公约》，或是 2005 年《海牙合意管辖公约》；⑤ 此外，关于国际仲裁，1958 年《纽约公约》亦对于外国仲裁判断之承认与执行设有要件。实质法则型的国际条约，则有如 1980 年《联合国国际商品买卖公约》，或国际私法统一协会（L'Institut international pour l'unification du droit privé，简称 UNIDROIT）所订立之公约，如 1995 年

---

① 一般来说，当代国际私法学者在论述上，不会刻意区分"区域法源"，而只称国际法源与国内法源，例可参见：柯泽东：《国际私法》，第 36 页以下；马汉宝：《国际私法》，第 37 页以下；刘铁铮、陈荣传：《国际私法论》，第 20 页以下；曾陈明汝：《国际私法原理》，第 27 页以下。此处之所以如此区分，乃因欧盟国际私法之发展，有其特殊之处。但有时法国学者也不刻意区分出欧盟法源，例如 Yvon Loussouarn, Pierre Bourel et Pascal de Vareilles-Sommières, supra note 19, p. 20 et s. ; Pierre Mayer et Vincent Heuzé, supra note 18, p. 17 et seq.

② 详参 Hélène Gaudemet-Tallon, *Le pluralisme en droit international privé：richesses et faiblesses*（*le funambule et l'arc-en-ciel*），p. 65 et seq。

③ 关于海牙国际私法会议之说明，可参见曾陈明汝《海牙国际私法会议探微》，载曾陈明汝《国际私法原理续集——冲突法论》，1996，第 19~25 页。

④ Hélène Gaudemet-Tallon, *Le pluralisme en droit international privé：richesses et faiblesses*（*le funambule et l'arc-en-ciel*），p. 60.

⑤ Convention du 30 juin 2005 sur les accords d'élection de for, 目前仅美国与欧盟签署，墨西哥已为批准。参见 http://www.hcch.net/index_fr.php? act = conventions. text&cid = 98（最后访问日期：2013 年 3 月 1 日）。

UNIDROIT《关于失窃或不法出口之文化资产公约》。此一实质法则型条约之特色在于，规范内容上并非设计一定之冲突法则，而系直接规范实体事项。但由于各国对于条约之诠释可能有差异，或其实体事项之统一在公约中尚未完全建立，因此此等实质法则型国际条约时常遭受许多质疑与批评。① 此外，例如关于世界贸易组织（WTO）之相关条约，以及各国司法互助等合作条约，甚至欧洲人权公约等等，其中与国际私法相关者，皆属于实质法则型的条约。

非合意性质之国际法源，部分与国际公法系属相通。《国际法院规约》（Statut de la Cour internationale de Justice）第 38 条第 1 项，针对国际法之法源，即规定国际习惯（la coutume internationale）与所有国家所共同承认之一般原则以为不成文法源。国际习惯，一般来说系建立在各国对于一定规范之法的确信（opinio juris）与各国之国际实践上。至于一般法律原则，虽内容显得较为空泛，但许多原则皆为国际社会所普遍接受而得于具体个案中逐案落实。例如，与国际公法互通者，有各国主权平等原则，在国际私法上，有不动产依物之所在地法（lex rei sitae）原则以及场所支配行为原则（locus legit actum）等等，皆为没有争议且多半落于各成文立法或判例法之原则上。

此外，非合意性之国际法源，在国际私法上，尚有国际商事习惯与国际私法学说。国际商事习惯，为国际习惯法之特殊分门，非指特定国家之商法典或商事法律，而系指长期的国际商事交往中所逐步形成、具有具体规范性质的贸易惯例与商业规则。② 其中有成文化者，例如 1953 年之《国贸条规》（Incoterms，1990 最新增订）对国际贸易进出口贸易用语为统一之标准解释；亦有仍属抽象之原理原则者，例如契约必需遵守（Pacta sunt servanda）、公允善意原则（bonne foi）、最小损害原则、契约条款有效解释原则（l'effet utile）等等。前述之 UNIDROIT 对于此等国际商事习惯，有许多整理与条约编纂运动。最后，关于国际私法学说与专家编纂运动，此亦属于国际私法上软法（soft law）性质的法源，例如著名的美国法学会（American Law

---

① Hélène Gaudemet-Tallon, *Le pluralisme en droit international privé*：*richesses et faiblesses*（*le funambule et l'arc-en-ciel*），p. 60.

② Hélène Gaudemet-Tallon, *Le pluralisme en droit international privé*：*richesses et faiblesses*（*le funambule et l'arc-en-ciel*），p. 52；柯泽东：《国际私法》，第 264 页；李复甸：《Lex Mercatoria 在仲裁上之适用》，载《法律哲理与制度（国际私法卷）——马汉宝教授八秩华诞祝寿论文集》，2006，第 107～130 页，参见第 117 页。

Institute）所进行的国际私法整编，虽没有强制力，但为美国之国际私法之学说与实务发展，带来莫大之贡献。

综前，可以得见国际私法在目前适用上，所需考虑之国际成文与不成文法源甚多。于任一法律冲突解决之时，在适用法律上宜谨慎搜寻各项国际法源。

（2）欧盟国际私法之发展

国际私法区域法源上，世界各区域均有其例子可兹参考。例如，美洲国家组织（Organisation des Etats américains）间，有所谓美洲国家间国际私法特别会议（la Conférence interaméricaines spécialisées de droit international prive），曾于 1979 年通过《美洲国家间国际私法一般规范公约》（la Convention interaméricaine sur les normes générales de droit international privé）；南锥体国家（Mercosur，包括阿根廷、巴西、巴拉圭与乌拉圭）曾于 1994 年通过《关于契约事项之国际管辖权议定书》（le Protocole sur la compétence internationale en matière contractuelle）；又如非洲国家间亦于 1993 年组成调和非洲商法组织（l'Organisation pour l'harmonisation en Afrique du droit des affaires）。

从 20 世纪中期以来，欧洲委员会（le Conseil de l'Europe）[①]、欧洲共同体（la Communauté européenne）与欧洲联盟（L'Union européenne）在经济整合与进一步之内政与外交、共同安全等政策之协调上，其成就为吾人所有目共睹。而其中欧盟国际私法之发展，不但丰富了国际私法之学理，特别是法源部分，也为各国迈向统一国际私法之目标，做了最好之见证。

在欧洲委员会架构下，也通过了许多多边条约与国际私法。例如，1963 年《关于多国籍之减少与多国籍情形下之强制兵役义务公约》、1980 年《关于儿童监护判决之承认与执行公约》等等。当然，最著名者，应为《欧洲人权公约》（la Convention européenne de sauvegarde des droits de l'homme et des libertés fondamentales，简称 CEDH）。乍看之下，《欧洲人权公约》似乎与国际私法无关，实际上，各项基本权利之保护，尤其是家庭权部分所牵涉的组成家庭自由、婚姻自由、多偶制、休妻问题与亲子关系等等，与国际私

---

① 需注意欧洲委员会与欧盟是不同的组织。欧洲委员会目前有 47 个会员国，范围大于欧盟之 27 成员国，著名之欧洲人权公约与欧洲人权法院即属此委员会架构下所通过与建立。关于欧洲委员会，可参见 http://www.coe.int/DefaultFR.asp（最后访问时间：2013 年 2 月 14 日）。

法身份法部分之法律适用息息相关。欧洲人权法院也在许多判决中，捍卫这些权利，而对于国际私法选法理论有重要之影响。例如，1981 年欧洲人权法院 Dudgeon① 一案，即属同性恋私人生活自由、人权保障之指标。

进一步言之，就欧洲共同体与欧洲联盟之发展来看，所谓"欧盟国际私法"（droit international privé communautaire/européen），② 主要系指欧盟各成员国通过签订国际条约、颁布欧盟规则（Règlement）或指令（Directive）等方式，在一定程度上，统一各国之国际私法而言。以经济整合、建立共同市场为目的之欧盟法，以及扩及其他建立"自由、安全与正义"（《欧盟条约》第 2 条、《欧盟运作条约》第 81 条）之内政合作之欧盟法，关于各成员国间之国际私法问题，共分成三种方式处理：③ 一为《欧盟条约》或《欧盟运作条约》本身明文制定条款，直接适用该条款，而无各国国际私法适用之余地；其次为虽得适用各国国际私法，但由于该等事项与欧盟具有邻近性（proximité），因此依旧适用欧盟衍生立法；末则为《欧盟条约》或《欧盟运作条约》未调和之处，则由各国国际私法或其他国际条约规范。

---

① 45 CEDH（Ser A.）1, 4 EHHR 149, 1981. 从 1955 年起，就不断有同性恋者为成年人间合意之同性恋性行为的刑法除罪化努力而向欧洲人权法院主张第 8 条第 1 项之个人私生活自由。欧洲人权法院虽承认性生活为个人私生活之一部分，但长久以来一直认为，国家对于此等行为之刑法入罪化，有其社会道德与健康保障之正当理由。直到 1981 此一案件，欧洲人权法院才首度改变见解，认为英国对于前述行为之刑法规范，违反《欧洲人权公约》第 8 条第 1 项。此类判决，进一步引发许多关于家庭组成自由的国际私法问题，详参许耀明《家的解构与重构：从法国、德国、比利时与欧盟层次新近法制谈"异性婚姻"外之其他共同生活关系》，《东海法学研究》第 25 期，2006 年 12 月，第 75～120 页。

② 关于欧盟国际私法发展之一般论述，可参见：刘卫翔：《欧洲联盟国际私法》，武汉大学出版社，2001；肖永平：《欧盟统一国际私法研究》，武汉大学出版社，2002。Michael Bogdan, *Concise Introduction to EU Private International Law*, 2006; Peter Stone, *EU private international law : harmonization of laws*, 2006; Alegría Borrás, *Le droit international privé communautaire : réalités, problèmes et perspectives d'avenir*, Recueil des Cours de l'Académie du droit international, tome 317, 2005, pp. 313 – 536; François Viangalli, *La théorie des conflits de lois et le droit communautaire*, 2004; Paul Lagarde, "Développement futurs du droit international privé dans une Europe en voie d'unification : quelques conjectures", *Rabels Zeitschrift für ausländisches und internationales Privatrecht*, Bd. 68, 2004, s. 225 – 243; David Lefranc, "La spécificité des règles de conflit de loin en droit communautaire dérivé（aspect de droit privé）", *Revue critique du droit international privé*, 94（3）, juillet-septembre 2005, pp. 413 – 446; Michael Wilderspin et Xavier Lewis, "Les relations entre le droit communautaire et les règles de conflits de lois des Etats membres", *Revue critique de droit international privé*, 91（1）, janvier-mars 2002, pp. 1 – 37 et *ibid.* 91（2）, avril-juin 2002, pp. 289 – 313.

③ Jürgen Basedow, "Recherches sur la formation de l'ordre public européen dans la jurisprudence", in M. -N. Jobard-Bachellier et P. Mayer（dir.）, *Le droit international privé : esprits et méthodes*（Mélanges en l'honneur de Paul Lagarde）, 2005, p. 56.

首先，为《欧盟条约》或《欧盟运作条约》本身明文制定条款，直接适用该条款，而无各国国际私法适用之余地者，欧盟自 1957 年欧共体建立以来所提倡之四大流通自由（人员、资本、服务、商品），其所规范之各成员国人民间的私法法律关系，都涉及传统国际私法处理之范畴。① 而这些流通自由经由欧洲法院于 *Cassis de Dijon* 一案②建立之"相互承认原则"（le principe de reconnaissance mutuelle）之阐释，不但影响了各成员国传统国际私法，新近更影响了公司法、劳工法等法制。③ 而展望未来，《欧盟运作条约》第三部分第五篇关于"自由、安全与正义空间"（第 67 条以下，尤其是第 81 条之"民事司法合作"④）与第三部分第十五篇"消费者保护"（第 169 条以下），更为日后欧盟国际私法整合领域之扩充，预设了无限可能性，甚至部分已经趋向"统一实体法"。⑤

其次，以国际条约行之者，例如 1980《罗马公约》（《契约准据法公约》）、⑥ 1968《布鲁塞尔公约 I》（《民商事事项管辖权与判决承认执行公约》)⑦ 与《布鲁塞尔公约 II》（《婚姻事项管辖权与判决之承认执行公约》）、⑧《送达公约》（《1997 Convention relative à la signification et à la notification dans les états membres de l'UE des actes judiciaires et extrajudiciaires en matière civile ou commerciale》)、《破产程序公约》（《1995 Convention des Procédures d'insolvabilité》)、⑨《关于相互承认公司与法人团体公约》等等。

最后，以欧盟衍生立法"规则"行之者，则有前述两个《布鲁塞尔公约》转化成之 44/2001 号规则（《布鲁塞尔规则 I》）与 1347/2000 号规则

---

① Michael Wilderspin et Xavier Lewis, "Les relations entre le droit communautaire et les règles de conflits de lois des Etats membres", pp. 13 – 24; Alegría Borrás, *Le droit international privé communautaire: réalités, problèmes et perspectives d'avenir*, p. 338 et seq. et p. 373 et seq.

② CJCE, 20 février 1979, aff. 120/78, Rec. p. 649.

③ Paul Lagarde, "Développement futurs du droit international privé dans une Europe en voie d'unification: quelques conjectures", s. 227.

④ 详见 Alegría Borrás, *Le droit international privé communautaire: réalités, problèmes et perspectives d'avenir*, p. 432 et seq.

⑤ 例如欧盟诸多指令，关于消费者保护、产品责任、保险法与公司法方面等原则性立法，实际上已经朝"统一实体法"之方向迈进。

⑥ 详参 Michael Bogdan, *Concise Introduction to EU Private International Law*, p. 115。

⑦ 详参 Michael Bogdan, *Concise Introduction to EU Private International Law*, p. 83; Jannet A. Pontier and Edwige Burg, EU Principles on Jurisdiction and Recognition and Enforcement of Judgments in Civil and Commercial Matters, 2004。

⑧ 详参 Michael Bogdan, *Concise Introduction to EU Private International Law*, p. 95。

⑨ 详参 Michael Bogdan, *Concise Introduction to EU Private International Law*, p. 169。

（《布鲁塞尔规则 II》，又以 2201/2003 规则修正）、《送达公约》转化成之 1348/2000 号规则①、《破产程序公约》转化而成之 1346/200 号规则，② 以及 864/2007 号《关于非契约债务准据法规则之罗马规则 II》③ 与《关于离婚准据法之罗马规则 III》等。以欧盟衍生立法"指令"行之者，则有例如关于 94/47 号指令《关于不动产分时利用之取得与适用之权利人保护》④、97/7 号指令《关于远距契约消费者权利之保护》⑤、2002/65 号指令《关于远距金融服务之消费者保护》⑥、2005/29 号指令《关于共同市场中企业与消费者间不正商业行为》等等。⑦

　　简言之，欧盟法之发展，影响了欧盟各成员国国际私法处理的各项议题：管辖权冲突问题、法律适用冲突问题与判决之相互承认与执行问题。⑧ 而进一步从传统国际私法法律适用冲突之类型观察，欧盟国际私法，处理了关于欧盟法与成员国法之冲突，各成员国间之法律冲突，以及欧盟法与欧盟外第三国之法律冲突。此等准据法之决定，从适用主体来看，有欧洲法院与欧盟成员国法院，从适用对象来看，有可能是《欧盟条约》或《欧盟运作条约》、欧盟规则或指令，或是欧盟各成员国国内法，甚至欧盟以外之其他国法，因此欧盟国际私法在准据法适用上，变得复杂无比。

---

① Règlement (CE) no 1348/2000 du Conseil du 29 mai 2000 relatif à la signification et à la notification dans les états membres des actes judiciaires et extrajudiciaires en matière civile et commerciale, JO L 160 du 30. 6. 2000, pp. 37 – 52.

② Règlement (CE) no 1346/2000 du Conseil du 29 mai 2000 relatif aux procédures d'insolvabilité, JO L 160 du 30. 6. 2000, pp. 1 – 18.

③ 相关评释，参见 Carine Brière, Réflexions sur les intersections entre la proposition de règlement «Rome II» et les dispositions internationales, *Journal du droit international*, 2005, pp. 677 – 694; Michael Bogdan, *Concise Introduction to EU Private International Law*, p. 147。

④ Directive 94/47/CE du Parlement européen et du Conseil, du 26 octobre 1994, concernant la protection des acquéreurs pour certains aspects des contrats portant sur l'acquisition d'un droit d'utilisation à temps partiel de biens immobiliers, JO L 280 du 29. 10. 1994, pp. 83 – 87.

⑤ Directive 97/7/CE du Parlement européen et du Conseil du 20 mai 1997 concernant la protection des consommateurs en matière de contrats à distance, JO L 144 du 4. 6. 1997, pp. 19 – 27.

⑥ Directive 2002/65/CE du Parlement européen et du Conseil du 23 septembre 2002 concernant la commercialisation à distance de services financiers auprès des consommateurs, JO L 271 du 9. 10. 2002, pp. 16 – 24.

⑦ Directive 2005/29/CE du Parlement européen et du Conseil du 11 mai 2005 relative aux pratiques commerciales déloyales des entreprises vis-à-vis des consommateurs dans le marché intérieur, JO L 149 du 11. 6. 2005, pp. 22 – 39.

⑧ Alegría Borrás, *Le droit international privé communautaire: réalités, problèmes et perspectives d'avenir*, p. 327.

此一欧盟国际私法之发展，与传统国际私法，有方法上与性质上之差异。① 首先在方法上，自 Savigny 起，传统国际私法预设为一种双边主义（bilatéralisme）的内外国法平等适用，然而，欧盟国际私法之发展，因欧盟政策之考虑，却有以单边主义（unilatéralisme）立法之倾向。例如，在消费者保护事项上，关于远距契约（le contrat à distance），97/7 号指令第 12 条第 2 项规定："当契约与一成员国或多数成员国有密切关连时，成员国必须采取各项必要措施，以确保本法所保障之消费者权利，不因契约之准据法为欧盟以外之外国法而受损害。"② 此种欧盟立法目的之考虑，势必影响传统选法结果下外国法之适用，而形成一种"实质公序"，而排除不符合欧盟立法政策之外国法适用。其次，从性质上来看，欧盟国际私法之发展，似乎变成一种欧盟"内部"之法律冲突法则，而非欧盟各成员国间之真正国际私法。虽然各成员国仅释放部分主权于欧盟，而欧盟亦尚未变成一个国家，但在欧盟法之领域中，此等欧盟衍生立法对于准据法之决定，已然"近似"一个联邦国家内部之法律适用问题，而非主权国家间的法律适用问题，因为各成员国对于自己之国内法或外国法适用与否，已经没有绝对的决定权限，而从属于欧盟法。甚至，从此近似联邦国家内部法律冲突之角度观察，传统国际私法基于国籍的"属人主义"，在欧盟国际私法日后发展上，可能会变得没有意义，而只剩下"属地"之考虑。③

综前，国际私法之多元法源，在国际法源、区域法源与国内法源皆存在之情形下，如何精确适用各项法律以解决法律冲突或管辖冲突问题，变成相当艰巨之任务，尤其是对于欧盟国家之法院来说。此多种不同法院之间，其关系为何？应如何加以适用？此为本文最后要讨论之问题。

2. 国际私法多元法源之相互关系：并存与冲突

前述多元之国际法源、区域法源与国内法源，在法律适用上之关系为何？为单纯的并存关系（coexistence）？或是有优先劣后的阶层秩序关系

---

① David Lefranc, "La spécificité des règles de conflit de loin en droit communautaire dérivé (aspect de droit privé)", p. 419 et seq.

② Art. 12: "Les états membres prennent les mesures nécessaires pour que le consommateur ne soit pas privé de la protection accordée par la présente directive du fait du choix du droit d'un pays tiers comme droit applicable au contrat, lorsque le contrat présente un lien étroit avec le territoire d'un ou de plusieurs des états membres."

③ David Lefranc, "La spécificité des règles de conflit de loin en droit communautaire dérivé (aspect de droit privé)", pp. 427 – 443.

（hiérarchique）？Hélène Gaudemet-Tallon 和 Bartiffol 相同，皆采取并存之看法，而认为没有明显的阶层秩序关系。①

详言之，此种并存关系，理论上，系区分各该法源不同的适用范围而为决定。然而，在不同的法源适用范围上有所冲突或重叠，或是文字使用有模糊之处，或法源本身未规定时，其适用有时候依然会出现问题。② 例如：在1980 年《维也纳国际商品买卖公约》中，第 6 条规定当事人得以明示合意排除此一公约之适用，然而，如果当事人仅仅合意"本契约以德国法为准据法"，此是否为一种明示排除？即生疑义。又如，在《布鲁塞尔规则 I》里，并没有论及不便利法庭之问题，如此在适用该规则时，是否可以援引不便利法庭原则？亦生疑义。欧盟法院最近在 Owusu 案③中，则做出判决，认定适用《布鲁塞尔规则 I》时，在涉及其他非欧盟成员国时，不得援引不便利法庭原则。

因此，在适用不同法源之时，较理想之状态应该是各种法源本身就清楚规范了和其他法源如何相互连结（combinaison）之情形。④ 例如，通常为避免国际条约间相互冲突之情形发生，条约制定时时常会加入诸如"本条约之制定，不影响签署国于其他条约下之权利义务"等条款。然而，在欧盟国际私法发展之过程当中，此等理想性之协调，有时候亦难达成。例如，欧盟 2000 年《电子商务指令》，⑤ 第 1 条第 4 项规定"本指令不建立新的国际私法规则与管辖规则"，但第 3 条又规定"服务提供商所在地国有权监督服务提供商是否遵守该国相关规定"，而实质上新增了管辖权与法律适用之规定（即刻适用法）。此两者如何协调？有其疑义。最后，国际公约与国内法源有时候也会有连结之处，例如 1987 年《瑞士国际私法》将许多国际条约之规定，纳入《瑞士国际私法》之适用当中。然而，此有时亦造成相当困扰，例如《瑞士国际私法》第 24 条仅援引 1954《纽

① Hélène Gaudemet-Tallon, *Le pluralisme en droit international privé*：*richesses et faiblesses* (*le funambule et l'arc-en-ciel*)，p. 95 et seq.

② Hélène Gaudemet-Tallon, *Le pluralisme en droit international privé*：*richesses et faiblesses* (*le funambule et l'arc-en-ciel*)，p. 97.

③ CJCE, le premier mars 2005, *Owusu*, C－281/02.

④ Hélène Gaudemet-Tallon, *Le pluralisme en droit international privé*：*richesses et faiblesses* (*le funambule et l'arc-en-ciel*)，p. 101.

⑤ 8 juin 2000, Directive 2000/31/CE du Parlement européen et du Conseil du 8 juin 2000 relative à certains aspects juridiques des services de la société de l'information, et notamment du commerce électronique, dans le marché intérieur.

约公约》之"名词定义"，但如第 85 条，却又援引 1961 年《海牙未成年人保护公约》之"准据法规定"。此等不同程度之援引，有时候亦会产生混淆。

此外，在欧盟国际私法发展过程中，有两个问题亦一直困扰所有欧盟国际私法学者：① 第一，欧盟立法性质的国际私法规则，如何和各国既有的国际私法规则相调和？第二，欧盟立法性质之国际私法规则，如何与其他各成员国与他国签订之国际条约相调和？第一个问题显得比较简单，依欧盟法优先性原则（la primauté du droit communautaire），② 在欧盟已经进行立法之部分，例如《布鲁塞尔规则》I 与 II，或是其他相关指令，欧盟各成员国国内法之国际私法部分退居二线，仅在于欧盟立法未规定之范围内适用。第二个问题比较复杂，就欧盟成员国间先前已经签订之国际公约，例如《布鲁塞尔公约 I》，嗣后如转化成欧盟立法，则当然适用新的欧盟立法（但如对丹麦而言，《布鲁塞尔公约 I》依旧继续适用，《布鲁塞尔规则 I》第 1 条第 3 项明文丹麦排除此一规则）；但如欧盟成员国与其他非欧盟国家所签订之国际条约，与嗣后之欧盟立法发生冲突时，理应适用该国际条约之规定，盖依《欧盟运作条约》第 351 条第 1 项，该条约不影响成员国于签署条约前所签订之国际条约义务。然而，加入欧盟后，各成员国是否仍得继续就欧盟立法事项，与他国签订国际条约？《欧盟条约》并未明言此点，而在海牙 1996《未成年人保护公约》之签署时，就发生了这样的疑义。欧盟理事会认为欧盟各成员国必须留待欧盟理事会做出决定后方得签署此一条约。然而学者对此一决定依旧存疑。③

综前，前述之各种法源并存关系，虽名为并存，实质上亦有部分优先劣后适用问题，因此最后于此，简单处理各种不同法源冲突之问题。在成文法源上，比较单纯，例如国内法与国际条约之冲突，从国际法上条约必须遵守之法理观之，当然优先适用国际条约。《法国 1958 第五共和宪法》第 55 条甚至明文规定"在互惠原则下，条约或协议之效力高于国内法"。而如发生

---

① Hélène Gaudemet-Tallon, *Le pluralisme en droit international privé: richesses et faiblesses (le funambule et l'arc-en-ciel)*, p. 120.

② Hélène Gaudemet-Tallon, *Le pluralisme en droit international privé: richesses et faiblesses (le funambule et l'arc-en-ciel)*, p. 145.

③ Hélène Gaudemet-Tallon, *Le pluralisme en droit international privé: richesses et faiblesses (le funambule et l'arc-en-ciel)*, p. 122.

在国际条约间之相互冲突，则依国际法之处理方式，例如 1980 年《维也纳条约法公约》处理之。

然而在不成文法源部分，问题就比较复杂，例如国际习惯法或国际法之一般原理原则，因为其具体内容难以断定，因此很难断定是否会与国内法冲突，而如真有冲突应以何者优先亦难一概而论。在法国 1997 年 Aquarone 案①中，最高行政法院（le Conseil d'Etat）认为，法国宪法第 55 条就此并未规定，因此，国际习惯法之效力并不优先于国内法。然而，在国际商事习惯上，由于其适用范围明确，因此学者普遍认为，其应优先于国内法而适用。②

四　结论

从前述说明可以得见，国际私法迄今之发展，已非简单地可以用传统的抽象选法冲突一言以蔽之。不仅在选法方法论上开始有即刻适用法或最重要关连理论出现，在法源上也呈现出国内、区域、国际法源等百花齐放的多元发展。因此，面对法律冲突问题，此等新的选法方法，或是新的法源，在使得吾人在处理上需要抽丝剥茧、小心谨慎地厘清各种不同可能方法或法源的选法结果，并运用各种不同方法或法源与传统方法或其他法源间冲突处理法则，以资决定涉外民事法律关系之法律适用问题。原则上，新兴的方法或法源，并未完全取代传统的方法或法源，而系与其并存于整个国际私法场域，因此这里称之为国际私法的多元主义。

然而，各种不同方法或法源间之冲突处理，背后其实蕴含着更深层的议题：国际私法的目的。因此，进一步探求此等多元主义发展的国际私法"目的论"，为理解本文之后，进一步必须处理的问题。在了解这些不同方法与法源背后蕴含之目的后，最后吾人将可以妥善地、全面地进行对于不同选法方法论、法源与目的间之互动关系的全面性思考：国际私法多元主义的"冲突与调和"问题。③

---

① *JCP*, 1997, II, 22945, note Teboul；*JDI*, 1998, p. 93, note Chāmes.

② Hélène Gaudemet-Tallon, *Le pluralisme en droit international privé：richesses et faiblesses（le funambule et l'arc-en-ciel）*, p. 141；柯泽东：《国际私法》，第 246 页。

③ 限于篇幅，前述两任务，将另外进行两篇文章之撰写，暂题为《国际私法之多元主义（Ⅱ）：从国际私法目的论谈起》与《国际私法之多元主义（Ⅲ）：冲突与调和》。

Pluralism in Private International Law: in View of Methodology of Conflicts of Law and Sources

Xu Yaoming

Abstract: This article focuses on the illustration of the pluralistic phenomenon in Private International Law, both in view of methodology of Conflicts of Law and sources. Methodologically, immediate applicable law proposed by French Doctrine and the Most Significant Relationship Theory reacted to the American traditional doctrine, emerged in the 60s of the twentieth century. However, they served as coexisting methods with traditional ones, but did not replace them. As to the sources of law, after World War II, the tremendous multiplication of international sources began, not to mention the regional one derived from the European Private International Law. Nevertheless, these international, regional and national sources coexisted. From all of the above, it is necessary for us the private international lawyers to resolve each problem of conflict of laws, case by case, scrutinizing each possible method, source and result.

Key Words: Private International Law; Methodology of Conflicts of Law; Sources of Law; Immediate Applicable Law; The Most Significant Relationship Theory

使用核武器或以核武器相威胁的合法性[*]

张晏瑲[**]

摘　要：本文分析有关使用核武器或以核武器相威胁的国际条约。由于 1968 年《反核子扩散条约》和 1996 年《全面禁止试爆条约》，缺少明确的执法机制和对不遵守条约的惩罚措施，其实质效力令人质疑。本文论述联合国国际法院就使用核武器，或以核武器相威胁合法性问题的咨询意见，建议国际法院对极端情况下使用核武器自卫的合法性问题必须要有一个明确的解释。本文进一步论述目前国家在核不扩散方面所做的实践努力，特别分析了中国、朝鲜和伊朗的情况。本文指出，中国作为发展中国家的代表，应在核不扩散方面做出更多努力，并指导促进朝鲜、伊朗和其他核武器国家之间就减少、限制核武器问题进行交流沟通。

关键词：国际法院　核武器　合法性

引　言

利用核武器解决问题，历来是国际和平与安全所面临的首要威胁。发展核武器需耗费资金，因此，对于经济复苏和其他需要资金支持的项目来说也是一种威胁。在近来发生全球经济衰退的情况下，上述情形尤为显著。为了应对这种威胁，一系列措施，例如经济制裁、外交会议和国际条约相继实施，用以维护国际社会的和平与安全。[①] 但是，上述措施并无明显效果。对核武

---

　* 本文受到山东大学自主创新基金项目（项目编号：IFW12065）的支持。

** 张晏瑲，中国山东大学法学院教授，硕士生导师。

① Thomas Graham Jr. , "International Law and the Proliferation of Nuclear Weapons", （2000）
George Washington International Law Review 33 , p. 49.

器的法律控制，目前只是以国际法律文书的形式存在，实质效果仍有待检验。[①]

本文探讨关于使用核武器，或以核武器相威胁的两个国际条约，即1968 年《反核子扩散条约》（Nuclear Non-Proliferation Treaty）和 1996 年《全面禁止试爆条约》（Comprehensive Test Ban Treaty）。由于前述两个条约缺乏明确的执法机制和惩罚措施，其实质效力令人质疑。国际法院关于使用核武器，或以核武器相威胁合法性的咨询意见，以及在极端情况下使用核武器自卫的合法性问题的评论亦将在本文中得以检视。文章也将讨论目前一些国家在禁止核武器扩散方面实践的案例，尤其关注中国、朝鲜和伊朗。

一　关于核武器的国际立法

（一）1968 年《反核子扩散条约》

一系列的国际条约对有能力使用核武器的国家和地区予以限制。其中，1968 年《反核子扩散条约》在控制核武器扩散上，被认为是最重要，也是最成功的多边协议。[②] 1968 年 1 月 7 日，该条约由英国、美国、苏联和其他 59 个国家缔结签署，宗旨是防止核扩散，推动核裁军和促进和平利用核能的国际合作。现在，大多数国家参加了这项条约。没有签署这项条约的国家包括印度、巴基斯坦和以色列。而朝鲜已宣布退出。

依据此条约，拥有核武器的国家，不能向无核武器国家提供核武器，或者鼓励其发展核武器。[③] 鉴于所有国家都可以自由发展和平用途的核能，无核武器国家同意将不谋求有关核武器的一系列相关利益。[④] 为了与 1968 年《反核子扩散条约》的内容相符，每个无核武器的缔约国，承诺接受按照国

---

① D. M. Edwards, "International Legal aspects of Safeguards and the Nonproliferation of Nuclear Weapons", (1984) *International and Comparative Law Quarterly* 33, pp. 1 – 21; Ian Brownlie, "Some Legal aspects of the Use of Nuclear Weapons", (1965) *International and Comparative Law Quarterly* 14, pp. 437 – 451.

② Elliott L. Meyrowitz, "What Does Law Have To Do with Nuclear Weapons?", (2000) *MSU—DCL Journal of International Law* 9, p. 305.

③ 1968 年《反核子扩散条约》第 1 条。

④ 1968 年《反核子扩散条约》第 2 条。

际原子能机构规约及该机构的保障制度与该机构谈判缔结的协议中所规定的各项保障措施。① 每个缔约国承诺不将原料或特殊裂变物质，或特别为处理、使用或生产特殊裂变物质而设计或配备的设备或材料，提供给任何无核武器国家，以用于和平的目的，除非这种原料或特殊裂变物质受本条约所要求的各种保障措施的约束。② 所有缔约国承诺促进并有权参加在最大可能范围内为和平利用核能而交换设备、材料和科学技术情报。③

每个缔约国承诺采取适当措施以保证按照本条约，在适当国际观察下并通过适当国际程序，使无核武器的缔约国能在不受歧视的基础上，获得对核爆炸的任何和平应用的潜在利益，对这些缔约国在使用爆炸装置方面的收费应尽可能低廉，并免收研究和发展方面的任何费用。无核武器的缔约国得根据一项或几项特别国际协议，通过各无核武器国家具有充分代表权的适当国际机构，获得这种利益。④ 每个缔约国承诺，就及早停止核军备竞赛和核裁军方面的有效措施，以及就一项在严格和有效国际监督下的全面彻底裁军条约，真诚地进行谈判。⑤ 尽管裁军的要求未被拥有核武器的国家所遵守，它仍然提供了一种条约法上的制度性框架，值得国际法学者关注。

为尊重国家主权，每个缔约国有权退出本条约，如果该国断定与本条约主题有关的非常事件已危及其国家的最高利益。1968 年《反核子扩散条约》和国际原子能机构的保障监督体系是以目前核武器的不扩散换取最终的核武器裁减的重要的机制。⑥ 然而，此条约并未明确规定对于不遵守此协议的惩罚措施，其实质效力因此大打折扣。此外，所有核武器国家皆已延长对无核武器国家不使用核武安全保证的期限，在此情况下，许多人担心 1968 年《反核子扩散条约》将会打消核武器国家减少核武器装备的计划。⑦ 有鉴于《反核子扩散条约》于 1968 年通过之际没有包括安全保证的条款，也就是

---

① 1968 年《反核子扩散条约》第 3 条第 1 款。
② 1968 年《反核子扩散条约》第 3 条第 2 款。
③ 1968 年《反核子扩散条约》第 4 条。
④ 1968 年《反核子扩散条约》第 5 条。
⑤ 1968 年《反核子扩散条约》第 6 条。
⑥ Thomas Graham Jr. , "International Law and the Proliferation of Nuclear Weapons", p. 50.
⑦ Justice C. G. Weeramantry, "Nuclear Weapons and International Law", (2000) *MSU—DCL Journal of International Law* 9, p. 299; Jeanne Kirkpatrick, "Law and Reciprocity", (1984) *American Society of International Law*, Proceedings 78.

所谓"核武国承诺不对无核国使用或威胁使用核武"之争议，联合国安全理事会随即在 1968 年 6 月 19 日通过了由美、苏、英共同提案的第 255 号决议案，确认安理会在无核国遭受核武器侵略或威胁侵略时，有义务采取行动。之后，亦有多次以安理会决议案做出核武国共同向无核国提供积极安全保证的承诺。1995 年 5 月 11 日，在联合国《反核子扩散条约》的审议和延长大会上，179 个缔约国以协商一致的方式决定无限期延长该条约。大会还通过了两个决议：反核子扩散和裁军的原则和目标；加强《条约》审议机制。由此观之，此条约自生效到无限期延长，始终通过多种动态机制来进行修正与补充，从而展现了此条约的动态发展本质。

（二）1996 年《全面禁止试爆条约》

1996 年的《全面禁止试爆条约》目前尚未生效，其目标是全面禁止核武器试验爆炸及其他任何核爆炸，有效促进全面防止核武器扩散及核裁军进程，从而增进国际和平与安全。此条约禁止以下行为：任何核武器试验或任何其他核爆炸，导致、鼓励或以任何方式参与核武器试验或爆炸的行为。[①]每一个缔约国都应采取措施禁止上述任何活动，并与其他缔约国合作履行条约义务。每一缔约国应指定或设立一个国家主管部门作为本国与本组织及与其他缔约国进行联络的中心。[②]

1996 年的《全面禁止试爆条约》还要求建立一个由下列部分组成的核查机制：一个国际监测系统；磋商和澄清；现场视察；以及建立信任措施。各缔约国国家主管部门应建立必要设施参加这些核查措施。[③] 各缔约国还可另行与本组织建立合作安排，以便将不正式属于国际监测系统的本国监测台站所获得的补充数据提供给国际数据中心。[④]

此外，在不妨害任何缔约国请求进行现场视察的权利的前提下，只要有可能，各缔约国应首先尽一切努力，在相互之间，或与本组织，或通过本组织，澄清并解决任何可能对本条约基本义务，或许未得到遵守产生关注的问题。[⑤] 一缔约国若直接收到另一缔约国根据第 4 条第 29 款提出的请求，应

---

① 1996 年《全面禁止试爆条约》第 1 条。
② 1996 年《全面禁止试爆条约》第 3 条。
③ 1996 年《全面禁止试爆条约》第 4 条第 3 款。
④ 1996 年《全面禁止试爆条约》第 4 条第 27 款。
⑤ 1996 年《全面禁止试爆条约》第 4 条第 29 款。

尽快但无论如何至迟应在收到此请求后 48 小时内向提出请求的缔约国做出澄清。提出请求的缔约国和被请求的缔约国可将请求和答复告知执行理事会和总干事。① 一缔约国应有权请求总干事协助澄清任何可能对本条约基本义务或许未得到遵守产生关注的问题。总干事应提供技术秘书处所掌握的与此一关注相关的适当资料。如提出请求的缔约国要求，总干事应将此请求及针对此请求提供的答复数据告知执行理事会。②

一缔约国应有权请求执行理事会要求另一缔约国针对任何可能对本条约基本义务或许未得到遵守产生关注的问题做出澄清。在此情况下，执行理事会应至迟于收到澄清请求后 24 小时通过总干事向被请求的缔约国转达此请求；被请求的缔约国应尽快而且无论如何至迟于收到请求后 48 小时向执行理事会做出澄清；提出请求的缔约国若认为此一澄清不够充分，应有权请求执行理事会要求被请求的缔约国做出进一步澄清。③

由以上对条约内容的简介可以看出，对 1996 年《全面禁止试爆条约》的分析应当借鉴 1968 年《反核子扩散条约》，因为这两个条约在促进核武器不扩散问题上是紧密配合的。参与 "1995 年《反核子扩散条约》审查会议" 的许多国家都敦促 1996 年《全面禁止试爆条约》应尽快实施，以加强 1968 年《反核子扩散条约》的效力。需要注意的一点是，未来的核武器大国有可能是 1996 年《全面禁止试爆条约》的缔约国，却不是 1968 年《反核子扩散条约》的缔约国，因此它们可以实施 1996 年《全面禁止试爆条约》没有涵盖的一些行为，即使这些行为是被 1968 年《反核子扩散条约》所禁止的。此外，两个条约均缺乏强而有力的执行机制，这使得核不扩散机构并不能为促进核不扩散提供一个有效的制度框架。

（三）1968 年《反核子扩散条约》和 1996 年《全面禁止试爆条约》的缺陷

1996 年《全面禁止试爆条约》强调禁止核试验对核不扩散机制正常运行的重要性。因此，该条约与 1968 年《反核子扩散条约》之间的关系非常

---

① 1996 年《全面禁止试爆条约》第 4 条第 30 款。
② 1996 年《全面禁止试爆条约》第 4 条第 31 款。
③ 1996 年《全面禁止试爆条约》第 4 条第 32 款。

紧密。执法基础一向是国际法的一个软肋。然而，人们似乎越来越感受到国际法应当得到遵循。[①] 为了尊重国家主权，每个国家都有权谋求本国利益。因此，很难在一国国家利益上强加任何国际义务，对那些违反像 1968 年《反核子扩散条约》、1996 年《全面禁止试爆条约》等条约的国家予以国际法上的制裁。20 世纪 90 年代伊拉克在防止核武器扩散上的不合作即为是例，自从成为 1968 年《反核子扩散条约》签署国后，伊拉克几乎已经置其所有国际法义务于不顾。[②] 这可以看作是国际法不能有效强制一国遵守其义务的一个例证。

根据不扩散核武器的规定，许多国家质疑为什么它们应该在《联合国宪章》下单方面遵守义务，而有些国家可以随意地规避它们的责任。[③] 为了加强 1968 年《反核子扩散条约》及 1996 年《全面禁止试爆条约》的效力，条约用语必须更加清晰，特别是关于执行机制和违反后果的部分。此外，1968 年《反核子扩散条约》允许缔约国在断定与本条约主题有关的"非常事件"已危及其"国家的最高利益"时，退出本公约，但何谓"非常事件"，何谓"国家的最高利益"，并无具体说明。又如，1996 年《全面禁止试爆条约》规定其委员会有权决定被指控国家所给出的理由是否可以被称为"危害国家利益"的"特殊事件"。[④] 以上所述皆为不确定的法律概念，在实践中国家将拥有无限大的裁量空间，任何事皆可被冠以"非常事件"或"特殊事件"之名，而有可能危害国家利益。因为过大的解释空间将变相限制条约的拘束力。因此，本文认为上述条款应对什么是足以危害国家利益的特殊事件给予明确标准或定义。此外，如果 1996 年《全面禁止试爆条约》委员会认为退出方的理由是不可接受的，它可以裁定该国是否违反了此条约，如果确实违反，则可以给予相应处罚。

---

① Harold H. Koh, "Why do Nations Obey International Law?", (1997) *Yale Law Journal* 106, p. 2599.

② David French, "What was really being Fabricated at the Iraqi Blast Site", CNN Television Broadcast, January 17 1993; Barbara Crossette, "Iraq Still Trying to Concern Arms Programs, Report Says", NY Times, January 27 1999.

③ Robert Bork, "The Limits of International Law", (1990) *National Interest*, p. 3; Erik Castren, "The Illegality of Nuclear Weapons", (1971) *Toledo Law Review* 3, p. 90; Jeanne Kirkpatrick, "Law and Reciprocity", Proceedings 78.

④ 1996 年《全面禁止试爆条约》第 9 条。

二 国际法院对使用核武器或以核武器相威胁
合法性的咨询意见

从 20 世纪 50 年代起,世界卫生组织就开始研究有关核武器的法律问题。在世界仍然处于核威胁以及主要核大国时常威胁使用核武器的情况下,使用核武器是否符合国际法引起国家间争议。1993 年 5 月,世界卫生组织请求国际法院 (International Court of Justice) 就下述问题发表咨询意见:"就对健康和环境产生的影响而言,一国在战争或其他武装冲突中使用核武器是否违反该国的国际法义务,包括世界卫生组织的章程。"[1] 1994 年 12 月 15 日,联合国大会通过决议,请求国际法院就 "国际法是否允许在任何情况下威胁和使用核武器" 的问题发表咨询意见。[2] 1996 年 7 月 8 日,国际法院以世界卫生组织提出的问题与该组织的活动范围无关为由,拒绝对世界卫生组织提出的问题发表咨询意见。但国际法院接受了联合国大会的请求,并提出了咨询意见。国际法院认为,威胁或使用核武器的问题虽然带有政治性,但无论如何都不能否认这个问题的法律性质,因此它有权发表咨询意见。

就该问题所适用的法律方面,国际法院认为首先是《联合国宪章》关于禁止使用威胁或武力的规定和人道主义法的原则和规则,以及有关禁止使用核武器的条约。但适用这些法律时还必须考虑到核武器的特殊性,尤其是它的破坏性,因为它的杀伤力巨大并且可以造成危害几代人的严重后果。国际法院认为,《宪章》中有几个条款涉及威胁或使用武力,如关于一般禁止使用威胁或武力的第 2 条,承认每个国家有权实行单独或集体自卫权的第 51 条,以及授权安理会采取军事措施的第 42 条。这些条款没有提到特定的武器,所以它们适用于任何的武力使用,而不管使用什么武器,《宪章》既没有明确禁止,也没有允许使用任何特定的武器,当然就包括核武器。[3] 根

---

[1] International Court of Justice: Advisory Opinion on the Legality of the Threat or Use of Nuclear Weapons, 35 I. L. M. 809, 1996.

[2] International Court of Justice: Advisory Opinion on the Legality of the Threat or Use of Nuclear Weapons, 35 I. L. M. 809, 1996.

[3] International Court of Justice: Advisory Opinion on the Legality of the Threat or Use of Nuclear Weapons, 35 I. L. M. 809, 1996.

据条约或习惯本身就是非法的武器，不会因为用于《宪章》下的合法目的就成为合法。自卫中无论使用什么武力手段，都必须适用必要性和相称性的习惯国际法规则。因此，相称性原则本身并不排除在自卫的一切情况下使用核武器。但是，根据自卫法则具有相称性的使用武力要成为合法，还必须满足适用于武装冲突中的法律，特别是人道法原则和规则所规定的条件。

国际法院指出："国际习惯法和条约法没有具体的条文允许在一般或特定情况下，尤其是合法自卫情形下使用核武器或其他武器或以核武器或其他武器相威胁。"① 然而，也不存在任何国际法原则或规则使威胁或使用核武器或任何其他武器的合法性取决于特别的授权。国家实践表明，使用某种武器的非法性不是因为没有授权，相反，它是以禁止性条款来明确规定的。在条约法上，在有关禁止使用有毒武器、某种大规模杀伤性武器、生物武器以及专门涉及获得、制造、拥有、部署和试验核武器的条约中都不能找到禁止使用核武器的具体条款。而在习惯国际法中，亦不存在有关禁止使用核武器的法律确信，联合国大会通过的一系列禁止使用核武器的决议也不能证明存在使用核武器是非法的法律确信。国际法院进一步指出，目前尚无法总结出"可以适用在武装冲突的既存国际法原则和人道主义法不能应用于核武器"。② 该结论并不符合人道主义本质的法律原则，此法律原则贯穿于整个武装冲突法并且适用于各种形式的战争及武器。③

即使没有明确的法律禁令，任何情况下也应禁止使用核武器。这种观点来源于某些国家在法庭上的声明，即根据人道主义的基本原则，在习惯国际法中，使用核武器本质上就是违法的。由于核武器的本质与武装冲突法完全不兼容，即使法院也不可以做出在某些条件下使用核武器是合法的裁决。④ 这种观点的精髓是通过对人类利益的最大考量使武装敌对行为受到一系列严格的控制。因此，不区分平民和军事目标，或导致战斗人员不必要伤害的任何作战方法和手段都是被禁止的。然而，国际

---

① International Court of Justice: Advisory Opinion on the Legality of the Threat or Use of Nuclear Weapons, 35 I. L. M. 809, 1996.

② International Court of Justice: Advisory Opinion on the Legality of the Threat or Use of Nuclear Weapons, 35 I. L. M. 809, 1996.

③ International Court of Justice: Advisory Opinion on the Legality of the Threat or Use of Nuclear Weapons, 35 I. L. M. 809, 1996.

④ International Court of Justice: Advisory Opinion on the Legality of the Threat or Use of Nuclear Weapons, 35 I. L. M. 809, 1996.

法院认为没有足够证据使其能够断定，核武器的使用在任何情况下都一定会与武装冲突适用的法律原则相冲突。对于使用武力问题上法律适用的难题和在使用核武器的武装冲突中首先适用哪种法律，国际法院认为现在需要在一个更广阔的背景下研究这个问题。1968 年《反核子扩散条约》第 6 条规定了一项就核裁减进行真诚谈判的义务，国际法院认为此规定具有重要意义。"这条规定已经使该项义务不再是一个简单的需要履行的义务；这里涉及的义务是获得精确结果的义务——通过一个具体的行为方式，即对问题进行真诚谈判的追求来实现。"① 然而，国际法院并未对一个国家在自身生存受到威胁的极端情况下使用核武器自卫是否合法的问题明确解释，因此不能总结国际法院已经明确了在国际法中关于核武器合法性的立场。

保护平民及民用目标、区别对待和人道是现代战争法和国际人道法的基本原则。因此，极端残酷的武器、不分皂白的作战手段和方法是被禁止的。鉴于核武器的毁灭性和破坏性，它也应该属于被禁止的武器。但现行国际法没有明文禁止威胁或使用核武器的条款。就如国际法院的咨询意见所表明的，《联合国宪章》禁止威胁和使用武力原则不意味着在所有情况下都禁止使用核武器。在国家生存的基本权利受到威胁而进行自卫的极端情况下，威胁或使用核武器是不被禁止的。尽管如此，国际人道法和中立法的原则和规则仍然适用。国际法院的咨询意见可能引起不尽相同的反应。但无论如何，该意见是符合现行国际法的现状和现存事实的。由以上论述可以推知，到目前为止国际法院还无法找到禁止使用核武器是习惯国际法的强有力证据，尤其是在联合国五个常任理事国拒绝放弃核武器的前提下，要让其他核武国家放弃核武器实在言之过早。从长远来看，国际法的目的是在其管辖范围内维持稳定的国际秩序，核武器等杀伤性武器的法律地位以及类似问题将会不断出现。因此重要的是结束这种武装对峙状态，而长期彻底的核裁减的承诺似乎是实现这种结果最适当的方法。美国总统奥巴马在竞选期间声称："我会以建立一个没有核武器的世界为目标。为了实现这一目标，我们不会发展核武器。我会致力于禁止在全球生产核裂变材料。洲际弹道导弹战争存在一触即发的危险，我们将会和俄罗斯就此问题进行谈判，并大幅削减我们的核武

---

① International Court of Justice: Advisory Opinion on the Legality of the Threat or Use of Nuclear Weapons, 35 I. L. M. 809, 1996.

器库存。"这是一个全球性思维的转变，核武器不再是国际地位的象征而是一种恐怖手段，这种转变是朝着无核世界前进的宝贵一步。①

三　当前国家实践——中国、朝鲜和伊朗

目前全世界共有八个国家成功试爆核武器，其中五个国家被 1968 年《反核子扩散条约》视为核武国家，根据获得核武器的先后顺序排列，此五个核武国家分别为美国、俄罗斯（苏联）、英国、法国和中国。有三个没有签署 1968 年《反核子扩散条约》的国家曾进行核试爆，它们是印度、巴基斯坦和朝鲜。此外，以色列间接承认拥有核武器，而伊朗也正在发展铀浓缩技术。以上这几个国家中，朝鲜和伊朗被一些西方学者视为"流氓国家"，因它们常不遵守它们所加入的国际条约或不配合联合国基于维护集体安全所组织的调查行动，所以在国际社会的信用度遭人非议。而中国作为朝鲜和伊朗最亲近的盟友，其一举一动皆会影响朝鲜及伊朗的国家实践。因此，有必要一起检视中国、朝鲜及伊朗在威胁或使用核武器方面的实践。

（一）中国

20 世纪 90 年代末之前，中国的核扩散政策没有遵循任何国际公认的标准，而是以一个与规范设置不一致的方式来处理。然而，过去十年中，中国在 1992 年签署了 1968 年《反核子扩散条约》，在 1993 年签署了 1993 年《禁止发展、生产、储存和使用化学武器及销毁化学武器的公约》，并于 1996 年签署了 1996 年《全面禁止试爆条约》。1997 年，中国加入了 1968 年《反核子扩散条约》下的桑戈委员会（Zangger Committee）并致力于协调核出口政策。②

除了国际法律义务，中国也支持就禁止生产用于核武器和其他核爆炸装置的裂变材料进行谈判。1995 年，为响应停止生产用于核武器的裂变材料的中美联合声明，中国宣布将停止出售给伊朗两个核反应堆。美国国会议员在 1996 年批评中国做出了空洞的承诺，尽管克林顿政府坚称"没有证据表

---

① Sue Wareham, "It is Time to Abolish Nuclear Weapons", (2005) *Australian Journal of International Affairs* 59, pp. 439 – 445.

② Ling Zhong, "Nuclear Energy: China's Approach Towards Addressing Global Warming", (1999) *Georgetown International Environmental Law Review* 12, pp. 494 – 515.

明中国正在违反其做出的不向巴基斯坦或伊朗提供非法技术的承诺"。毫无疑问，相比十年前，中国的防扩散的行动明显更接近美国的喜好。①

（二）朝鲜

朝鲜于 1985 年加入 1968 年《反核子扩散条约》，1994 年美国和朝鲜签署了一项"框架协议"以促使朝鲜在此条约下的义务得到全面遵守。朝鲜重申了其 1968 年《反核子扩散条约》的成员地位，并承诺致力于实施国际原子能机构的保障措施协议。然而，在 2003 年 1 月，朝鲜宣布它打算立即退出该条约，并就此通知安全理事会。② 2005 年 9 月的第四轮六方会谈发表的联合声明认为朝鲜已承诺实施"放弃一切核武器及现有核计划"。2006 年 10 月 9 日，朝鲜进行了一场地下核武器试验，这场试验的合法性受到了质疑。如果朝鲜仍是该条约的缔约国，其核试验就违反了条约第 2 条的规定："无核武器条约的缔约国承诺不接受来自任何转让者转让的核武器或其他核爆炸装置或直接或间接控制这种武器或爆炸装置，不制造或以其他方式取得核武器或其他核爆炸装置，不寻求或接受任何核武器或其他核爆炸装置生产援助。"

1968 年《反核子扩散条约》第 10 条第 1 款规定，退出该条约必须提前 3 个月通知。这项规定应理解为提前 3 个月通知的一个承诺，而不是作为一个必须得到满足并实现退出的条件。朝鲜在有效通知 3 个月之后退出条约从法理上析论应是有效的。③ 因此，就法论法，朝鲜已经不是该条约的成员。朝鲜是否应受其在第四轮六方会谈所做承诺的约束？国际法院的结论是，在特定情况下，一国的单方声明可以成为国际法上的义务。④ 然而，这样的声明应满足

---

① Daniel Horner and Paul Leventhal, "The US-China Nuclear Agreement: A Failure of Executive Policymaking and Congressional Oversight", (1987) *Fletcher Forum* 11, p. 105; Ling Zhong, "Nuclear Energy: China's Approach Towards Addressing Global Warming", (1999) *Georgetown International Environmental Law Review* 12, pp. 494 – 515.

② Charles J. Moxley Jr., "The Sword in the Mirror—the Lawfulness of North Korea's Use and Threat of Use of Nuclear Weapons Based on the United States' Legitimization of Nuclear Weapons", (2003) *Fordham International Law Journal* 27, p. 101.

③ Maurice Andem, "NPT—Some Reflections in the light of North Korea's Refusal to Allow International Inspection of its Nuclear Facilities", (1995) *Nordic Journal of International Law* 64, p. 575.

④ George N. Barrie and K Reddy, "The International Court of Justice's Advisory Opinion on the Legality of the Threat or Use of Nuclear Weapons", (1998) *South African Law Journal* 115, p. 457; Paul W. Kahn, "Nuclear Weapons and the Rule of Law", (1999) *International Law and Politics* 31, p. 23.

两个先决条件：该声明在公开场合做出；而且，要有受该声明约束的意图。

首先，朝鲜的声明是在私下谈判中作为联合声明的一部分发布的。其次，朝鲜不一定以这样一种方式表示打算受其声明约束。因此，根据国际法规定，朝鲜的承诺构成法律义务这一点还是值得商榷的。只要这种局势对国际和平与安全构成长期威胁，安理会就有权实施经济制裁。为此，安理会援引《联合国宪章》第七章一致通过的 1718 号决议，要求朝鲜"重返 1968 年《反核子扩散条约》，并决定，朝鲜必须放弃核武器和核计划，以及它的弹道导弹计划和其他任何大规模杀伤性武器"。然而，这些制裁的效力并不明显。

（三）伊朗

伊朗分别于 1968 年和 1996 年签署了 1968 年《反核子扩散条约》和 1996 年《全面禁止试爆条约》。然而，伊朗认为该条约不符合先前核裁减的预期标准。伊朗认为 1996 年《全面禁止试爆条约》不应只作为不扩散文书，也应充分全面地终止核武器的进一步发展。1996 年《全面禁止试爆条约》只禁止试爆，因而在限制特定方面发展核武器的同时却敞开了其他渠道。伊朗认为该条约没有意义，除非明确列出核裁减分阶段计划，而该计划应在确定具体的时间框架下进行。伊朗在 1996 年《全面禁止试爆条约》下就"国家技术手段"做出进一步评论。伊朗声称："根据在日内瓦举行的特设核裁减谈判委员会的审议，我们认为条文起补充作用，并再次声明随着国际监测系统的进一步发展，该条文应当被淘汰。"国家技术手段不应被解释为包括从间谍情报和人力处获得的数据。

伊朗还声明其反对联合国将以色列列入"中东、南亚集团"的做法，也反对以色列签署 1996 年《全面禁止试爆条约》。伊朗表示对此事持强烈保留意见，并作为该地区的反对国使 1996 年《全面禁止试爆条约》理事会的执行难度加大，以此来阻止该条约的实施。缔约国委员会将最终不得不寻找一种方法来解决这一问题。

四　结论

国际法院首先确认人权法的规则不适用于新式武器，因为其新颖性还未被纳入目前的程序。国际法院也赞成任何情况下都应禁止核武器的使用，尽管过去传统上还没有明确禁止。国际法院认为并不能确定核武器的使用在任何情况下都一定会与武装冲突适用的法律原则相冲突。然而，如果缺乏对特殊极端情况下实施自卫的明确阐释，就不能说国际法院在国际法层面上对核武器的合法性问题阐明了立场。

要把国际社会和各国的目标统一起来，还有很多其他的方法。尤其是近来的国际经济衰退意味着各国都无力在核武器上做过多的投资，更不用说使用了。本篇文章主要关注法律的效果，为了使国际条约更加有效，条约用语确立清晰的标准或定义是有必要的。例如，1996 年《全面禁止试爆条约》应该明确表明可以危害一国利益的特殊事件的构成要件。如果退出方的理由被 1996 年《全面禁止试爆条约》委员会认为是不可接受的，委员会可以决定该国是否违反了此条约，如果确实违反，则可以给予相应处罚。

结合目前国家实践，相比十年前，中国的防扩散行动明显越来越接近美国的喜好。从法律层面上，朝鲜并不被视为是 1968 年《反核子扩散条约》的缔约国。朝鲜是否应该重新加入此条约并放弃其核武器、核项目、弹道导弹项目以及其他大规模杀伤性武器仍有待进一步观察。伊朗已经加入了 1968 年《反核子扩散条约》和 1996 年《全面禁止试爆条约》。其关注焦点是一个更偏向区域性的问题，那就是反对联合国将以色列列入"中东、南亚集团"的做法，也反对以色列签署 1996 年《全面禁止试爆条约》，同时也应注意到并没有证据证明伊朗有核武器项目。

总结而言，一个更实质性的障碍是拥有核武器的国家需要转变其认知，那就是核武器不是国际地位的象征而是一种恐怖手段。中国目前逐渐加强与世界各国的交流沟通，此举在北京奥林匹克运动会后尤为明显。为此，中国作为发展中国家的代表，应该在不扩散核武器方面做出更多努力。作为朝鲜和伊朗的盟友，中国应该扮演调停的中介角色，以开启朝鲜、伊朗与其他核武器国家之间的交流沟通。

Legality of the Threat or Use of Nuclear Weapons

Zhang Yanqiang

Abstract：This paper examines international treaties in relation to the threat or use of nuclear weapons, including the 1968 Nuclear Non-Proliferation Treaty and the 1996 Comprehensive Test Ban Treaty. It can be concluded that the effectiveness of the aforesaid international treaties is still in doubt without explicit enforcement mechanisms and penalty for non-compliance. This paper also reviews the International Court of Justice's advisory opinion on the legality of the threat or use of nuclear weapons and comments that a clear explanation on the legality of use of nuclear weapons in extreme circumstances of self-defence is required. Examples from current state practice in relation to nuclear non-proliferation efforts are also provided, with special attention to China, North Korea and Iran. This paper suggests that China as a leader of developing countries should extend its efforts on nuclear non-proliferation and conduct communication between North Korea and Iran and other nuclear weapons states to reduce or prohibit nuclear weapons.

Key Words：International Court of Justice；Nuclear Weapons；Legality

论香港国际私法的晚近发展

张美榕[*]

摘　要：所谓香港国际私法，是指协调不同法域之间法律冲突的法律依据，它主要是由普通法规则和香港成文法例组成，它主要包括三个部分：管辖权、法律适用和民商事司法协助。香港回归之后，在原有法律的基础上，其国际私法获得了新的发展，如在区际司法合作方面取得了一些可喜成果、香港特别行政区政府积极参与了海牙国际私法会议、香港《居籍条例》的生效等。本文对香港国际私法晚近发展进行了总结和归纳，并对香港国际私法的未来趋势提出了一些思考。

关键词：香港国际私法　管辖权　法律适用　民商事司法协助

在解决不同法域之间法律冲突的过程中建立和发展起来的香港国际私法，其重要地位日益为各界所关注和认可。香港回归以来，其国际私法规则在原有法律的基础上获得了一些新发展。

一　香港国际私法中的几个基本问题

香港国际私法的基本问题，涉及香港国际私法的概念、法律渊源、香港国际私法与宪法性法律文件的关系以及香港国际私法学说理论问题等。厘清这些基本问题，有助于更好地认识和理解香港国际私法的主要内容。

　＊　张美榕，法学博士，中国社会科学院国际法研究所博士后研究人员。

（一）香港国际私法的概念

国际私法意义上的法律冲突，是指不同国家或地区之间（或者不同法域之间）的民商事法律冲突。就香港特别行政区而言，国际私法意义上的法律冲突，是指不同法域之间的民商事法律冲突，尤其包括了香港与其他法域之间的民商事法律冲突，香港与中国内地、台湾地区、澳门之间的法律冲突。所谓香港国际私法，是协调不同法域之间法律冲突的法律依据，主要是由英国国际私法中的传统普通法规则①和香港立法机构所制定的一些成文法例组成，它主要包括三个部分：管辖权、法律适用和民商事司法协助。② 香港国际私法的调整对象，是涉外民商事法律关系。香港国际私法意义上的"涉外"，均指含有香港以外的其他法域的因素。因此，具有涉外因素的民商事法律关系，不仅包括国际民商事法律关系，也包括区际民商事法律关系。在香港国际私法的性质问题上，一般认为，香港国际私法是香港本地法律的一部分。

（二）香港国际私法的法律渊源

香港国际私法的渊源，主要包括国际法渊源和本地法渊源。无论是回归之前，还是回归之后，国际条约均是香港国际私法的重要渊源之一。但是，国际条约在香港适用的方式，一般为转化立法方式。就涉及国际私法方面的国际条约而言，目前适用于香港的专门性国际私法条约有 10 个③（其中 9 个来自海牙国际私法会议）。此外，在香港适用的国际条约中，有的条约虽然并不是专门规定国际私法问题的，但是其部分条款涉及国际私法内容。这

---

① 此处所谓传统普通法规则，主要是指 19 世纪和 20 世纪英格兰法院所发展的冲突法中的普通法规则。

② 张美榕：《香港冲突法研究》，博士学位论文，中南财经政法大学，2011，第 15～17 页。

③ 参见《适用于香港特别行政区的公约列表》，香港律政司网站：http://www. legislation. gov. hk/cinterlaw. htm，最后访问日期：2011 年 11 月 6 日。目前适用于香港的专门性国际私法条约共有 10 个：(1)《海牙国际私法会议章程》；(2)《遗嘱处分方式法律冲突公约》；(3)《取消要求外国公文书认证公约》；(4)《关于向国外送达民事或商事司法文书和司法外文书公约》；(5)《关于从国外调取民事或商事证据的公约》；(6)《承认离婚和法定分居公约》；(7)《国际诱拐儿童的民事方面的公约》；(8)《信托法律适用及其承认公约》；(9)《承认及执行外国仲裁裁决的纽约公约》；(10)《关于跨国收养方面儿童保护和合作的公约》。

些条约分散于香港法例之中，① 亦为国际法渊源的重要组成部分。

香港本地法渊源，包括香港本地法例②和普通法③以及中国习惯法。④ 回归之后，香港原有法律基本不变，香港原有法例和普通法规则仍是香港国际私法的主要组成部分，但不得与《香港特别行政区基本法》（以下简称《基本法》）相抵触。香港法院依据香港特别行政区的法律审判案件时，可以参考其他普通法地区的司法判例。⑤

（三） 宪法性法律对香港国际私法的影响

香港国际私法受宪法性法律文件的影响是深远的。回归之前，《义律公告》、《殖民地规例》、《香港敕令》、《九龙敕令》、《新界敕令》、《英皇制诰》以及《皇室训令》⑥ 等成文宪法性法律是港英政府一切权力的渊源。无论是在香港适用的英国法律，还是香港立法机构制定的法律都不得与其相抵触。1991 年，国际人权公约的内容被写入《英皇制诰》。虽然，在此期间并没有出现有关国际私法的违宪审查案件，但是，从法理上说，《英皇制诰》中的人权条款对香港国际私法是具有制约功能的。此外，英国枢密院司法委员会⑦掌握香港法院终审权，以实现英国对香港司法权的控制，这亦影响了

---

① 如依据香港法例第 500 章《航空运输条例》，调整国际运输的《蒙特利尔公约》《华沙公约》《瓜达拉哈拉公约》在香港具有法律效力。

② 以香港在外法域判决承认与执行问题上的本地法例为例，主要包括：1921 年颁布的《判决（强制执行措施）条例》、1960 年颁布的《外地判决（交互强制执行）条例》、1985 年颁布的《外地判决（限制承认及强制执行）条例》，以及 2008 年颁布的《内地判决（交互强制执行）条例》。

③ 1976 年修正的香港《最高法院条例》指出："在一切民事案件中，普通法和衡平法应由高等法院执行，如同其在英国由高等法院和上诉法院执行一样。"此外，香港法院在司法实践中，按照英国普通法原则发展起来了香港本地的普通法。

④ 从 1971 年开始，香港政府进行了一系列法律改革，一批具有历史影响力的新法例陆续出台，中国习惯法中的一些内容也不断为新制定的法例所吸收或改变。例如，1994 年港英政府颁布了《新界土地（豁免）条例》，废止了新界地区对男性法定继承权这一地方习惯的立法保护和承认。又如，根据《新界条例》（第 97 章）第 13 条，法庭可以认可并执行与新界土地有关的中国习俗或传统权益；而在《婚生地位条例》（第 184 章）中，中国法律和习俗也得到承认。

⑤ 《基本法》第 84 条。

⑥ Norman Miners, *The Government and Politics of Hong Kong* （Hong Kong： Oxford University Press， 5th ed.， 1991）； Peter Wesley-Smith， *Constitutional and Administration Law in Hong Kong* （Hong Kong： Longman Asia Press， 1994）； Albert Chen， "From Colony to Special Administrative Region： Hong Kong's Constitutional Journey"， in Raymond Wacks， *The Future of the Law in Hong Kong* （New York： Oxford University Press， 1989）.

⑦ 所谓的枢密院司法委员会，是英国所有殖民地和属地以及所有自治领地的一般上诉法院，是殖民地法院体系中的最高级审判机关，在殖民地司法体制中具有极为重要的作用。

香港国际私法中的管辖权问题。① 回归之后，《基本法》是香港特别行政区的宪法性法律。该法的一些条款对香港国际私法产生了深远的影响。该法赋予香港特别行政区法院对涉外民商事案件享有终审权；② 赋予了香港特别行政区立法会在国际私法事项上的立法权；③ 为涉外民商事关系当事人提供全面的人权保护；④ 为国际私法条约在香港适用提供了重要的法律保障；⑤ 为香港特别行政区进行国际/区际司法协助提供了法律保障。⑥。《基本法》这些规定为香港国际私法的未来发展构架了桥梁和纽带。此外，在需要解释《基本法》时，宜采纳宽松的、目的论的解释方法，⑦ 尽可能使涉外民商事案件当事人也能享有《基本法》所赋予的广泛的身份权和财产权。

二　香港国际私法的晚近发展

香港国际私法，虽经由英国传统国际私法规则发展而来，但又不完全等同于英国国际私法规则。尤其在回归之后，香港国际私法在原有法律的基础上获得新的发展，如内地与香港在区际司法合作方面取得了一些可喜的成果、1998 年始香港特别行政区政府积极参与了海牙国际私法会议（HCCH）、2009 年香港《居籍条例》的生效等。

---

① 如香港法院 1950 年审理的两航公司案。在该案中，1950 年 5 月 10 日，英国政府给香港最高法院发出了一道枢密院令，以在香港启德机场上的飞机的所有权有争执为由，指令其所有权应由法院判决，"并且关于这些飞机的诉讼，即使这案件中的被告为一个外国主权国家，法院仍有权处理"。这一枢密院令自 1950 年 5 月 10 日起正式生效，使得香港法院对这一案件具有管辖权。参见 Hong Kong Law Reports, 34（1950），p. 386（参见 International Law Reports, 1950, Case No. 45），详细案情可参见张美榕《香港冲突法研究》，博士学位论文，中南财经政法大学，2011，第 136～137 页。

② 《基本法》第 82 条规定，香港特别行政区的终审权属于香港特别行政区终审法院。终审法院可以根据需要，邀请其他普通法适用地区的法官参加审判。

③ 《基本法》第 66 条规定，香港特别行政区的立法会是香港特别行政区的立法机关。

④ 《基本法》第 4 条规定，香港特别行政区依法保障香港特别行政区居民和其他人的权利和自由。《基本法》的第三章"居民的基本权利和义务"还对香港居民在香港特别行政区内所能享受的基本权利和义务做了规定，包括居民所享有的个人权利、政治权利以及经济、社会、文化方面的权利。至于基本权利之外的其他权利和自由，尽管《基本法》第三章中没有做出具体的规定，香港特别行政区居民仍可根据特别行政区的法律依法享有。

⑤ 《基本法》第 13 条和第七章（第 150～157 条）是国际私法条约在香港适用的重要法律依据。

⑥ 《基本法》第 95 条、第 96 条。

⑦ Attorney General of the Gambia v. Jobe［1984］AC 689，该案是香港法院在解释宪法性文件中多次援引的判例。该判例主张法院在解释宪法性文件时，采用一种宽松的（generous）、目的论的解释方法，不必拘泥于狭隘的、技术性的考虑；宪法犹如正在生长的树，有一个成长的历程；宪法的解释应有一定的灵活性，以适应转变中的社会环境。参见陈弘毅《法理学的世界》，中国政法大学出版社，2003，第 348 页。

(一) 管辖权

香港涉外民商事诉讼管辖权，是指香港法院对涉外民商事案件或案件中的特定问题进行审判的资格。[①] 一般而言，当原告在香港法院起诉之后，香港法院享有涉外民商事案件的管辖权，通常通过如下三种途径进行确定：(1) 被告自愿服从法院的管辖；(2) 被告在香港境内，被有效送达令状；(3) 被告不在香港境内，但在香港境外被有效送达了令状。[②] 对于涉外民商事管辖权的冲突，香港法院一般通过不方便法院、禁诉令、外法域法院的管辖权条款等的适用予以协调。[③] 香港国际私法在管辖权方面的发展，最显著的两个特征表现为：香港法院在具体适用不方便法院原则时，采纳三阶段分析法；香港法院对待国家及其财产管辖豁免问题的态度，经历了截然不同的三个阶段。

"不方便法院原则"在具体运用中采纳了三个阶段的分析方法，这已经成为香港国际私法理论与实践所具有的显著性特征。香港法院遵循英国法院在 Spiliada 案中确立的规则，在 1987 年 *The Adhiguna Meranti* (*owners of cargo*) *v. The Adhiguna Harapan* (*owners of Ships*) 案中首次全面运用和解释不方便法院机制，并提出了运用不方便法院原则的三阶段分析方法：第一阶段，判断香港法院是否为合适法院，是否存在明显更适合审理该案件的其他外法域法院；第二阶段，如果由外法域法院审理该案件，是否将剥夺原告的任何合法个人利益或司法利益；第三阶段，香港法院以实质正义的最终实现为考量标准，尽可能客观地衡量利弊，确定是否中止香港诉讼。[④] 该案所提出的三阶段分析方法，并没有涵

---

① 张美榕：《香港冲突法研究》，博士学位论文，中南财经政法大学，2011，第 101 页。

② 张美榕：《香港冲突法研究》，博士学位论文，中南财经政法大学，2011，第 116～126 页。

③ 张美榕：《香港冲突法研究》，博士学位论文，中南财经政法大学，2011，第 126～133 页。

④ 通过下述三个阶段的分析，如果香港法院认为存在一个更适合审理此案的有管辖权的外法域法院，则香港法院将中止在香港的诉讼。第一阶段：须证明香港不仅不是本案的自然或者适当法院，而且存在着另一个可行使管辖权的外法域法院，该外法域法院比香港法院显然或者明显更适合审理此案件。第二阶段：如果对第 (1) 点的回答是肯定的，则分析由其他外法域法院审理该案，是将剥夺原告的任何合法个人或者司法利益。对此问题，原告应承担举证责任。第三阶段：如果第 (2) 点的回答是肯定的，法院必须平衡第 (1) 点的优势和第 (2) 点的劣势。由其他外法域法院行使管辖权而造成原告在个人或司法利益上的损害并不必然地对中止香港诉讼的申请造成决定性的后果，因为，尽管存在原告的这些损失，但是由更适合的法院行使此案的管辖权能够实现实质正义，可以更好地维护所有当事人的利益和实现最终的正义，则法院中止香港诉讼。香港法院必须尽可能地客观。参见 *The Adhiguna Meranti* (*owners of cargo*) *v. The Adhiguna Harapan* (*owners of Ships*), HCAJ000319/1982; Graeme Johnson, *The Conflict of Laws in Hong Kong* (Hong Kong: Sweets & Maxwell Asia, 2005), pp. 104 – 105. 关于本案的中文文献，参见张淑钿《内地与香港区际民商事管辖权冲突与协调》，博士学位论文，华东政法大学，2006；张美榕：《香港冲突法研究》，博士学位论文，中南财经政法大学，2011，第 127 页。

盖 *Spiliada* 案关于不方便法院的全部论述，但是 *The Adhiguna Meranti* 案所运用的三阶段分析方法在随后的类似案件中被多次援引和运用。①

国家及其财产管辖豁免问题，近年来引起了不少争议，也成为香港国际私法理论与实践所有的显著性特征。经过考察，香港地区在国家及其财产豁免问题上的法律依据，经历了三个阶段：第一个阶段是 1978 年《英国国家豁免法》延伸适用于香港之前，采取绝对豁免原则。当时的"两航公司案"是绝对豁免的例外。第二阶段是 1978 年《英国国家豁免法》延伸适用于香港之后至 1997 年 6 月 30 日香港回归中国之前，依据的是 1978 年《英国国家豁免法》，采取限制豁免原则。然而，在 1978 年《英国国家豁免法》延伸适用于香港的这一段时间里，香港并没有相关判例。第三阶段是 1997 年 7 月 1 日之后，香港采取绝对豁免原则。回归之后，1978 年《英国国家豁免法》未经香港法律的本地法化，因此不再适用于香港。在 *Democratic Republic of the Congo and Ors v. FG Hemisphere Associates LLC* 案中，国家及其财产豁免问题是争点所在，香港法官围绕香港处理国家豁免问题的依据展开了激烈的讨论。② 2011 年 9 月 8 日，遵循全国人大常委会的释法结果，③ 香港特别行政区终审法院对案件做出最终判决，确认了香港在国家及其财产管辖豁免方面的立场应与中国政府立场相一致，即坚持绝对豁免原则。④

（二）法律适用

所谓国际私法中的法律适用规则，又被称为"冲突规范"（Choice of Law），是指明某一涉外民事法律关系应适用哪一国/法域实体法律的法律规

---

① Graeme Johnson, *The Conflict of Laws in Hong Kong*（Hong Kong：Sweets & Maxwell Asia, 2005），p. 104.

② *FG Hemisphere Associates LLC v. Democratic Republic of the Congo and Ors*，CACV373/2008 & CACV43/2009. 参见 *Democratic Republic of the Congo and Ors v. FG Hemisphere Associates LLC*，FACV5, 6, 7/2010FACV5, 6, 7/2010（June 8, 2011）。该案的基本案情，参见张美榕《香港冲突法研究》，博士学位论文，中南财经政法大学，2011，第 147～153 页。

③ 在这个刚果案中，由香港终审法院提请全国人大常委会解释《基本法》，是第一起由终审法院提请人大常委会释法的案例。全国人大常委会于 2011 年 8 月做出了相应释法。

④ *FG Hemisphere Associates LLC v. Democratic Republic of the Congo and Ors*，CACV373/2008 & CACV43/2009. 也可参见 *Democratic Republic of the Congo and Ors v. FG Hemisphere Associates LLC*，FACV5, 6, 7/2010FACV5, 6, 7/2010（June 8, 2011），该案的基本案情，参见张美榕《香港冲突法研究》，博士学位论文，中南财经政法大学，2011，第 147～153 页。

范。如香港法例第 71 章《管制免责条款条例》第 17 条"选择法律条文"①；第 458 章《不合情理合约条例》第 7 条"选择法律条文"②；等等。每一个冲突规范都包含了一个连接因素（Connecting Factor）。连接因素，是连接一个案件事实情况和准据法之间的桥梁和纽带。③ 在香港法院，通常，连接因素由法院地法（lex fori）决定。④ 在长期国际民事经济交往的实践中，香港国际私法领域形成的常用连接因素主要有：属人连接因素⑤、物之所在地⑥、行为地⑦、当事人合意选择⑧、法院地⑨、最密切联系因素⑩等。香港国际私法在法律适用规则方面的发展，最显著的两个特征主要表现在：香港居籍制度的成文法化和海牙国际私法条约在香港的转化适用。

1. 香港居籍制度的成文法化

旨在综合和改革关于确定个人住所的香港法例第 596 章《居籍条例》自 2009 年 3 月 1 日起生效，关于住所的规则有了成文法依据。⑪ 该条例的主

---

① 香港法例第 71 章《管制免责条款条例》第 17 条"选择法律条文"规定：（1）如合同只是因立约各方的选择才受香港的法律管限（如不做此选择便受香港以外的某个司法管辖区的法律管限），第 7 至 12 条不得用作管限法律的一部分。（2）纵有任何合同条款订明香港以外的某个司法管辖区的法律适用，或看来是这样订明，但只要有以下一种或两种情况，本条例仍有效——（a）法庭或仲裁人认为该条款是完全或主要为了使订明条款的一方可逃避本条例的管制而订明的；或（b）立约时其中一方以消费者身份交易，而他当时惯常在香港居住，而且立约的主要程序，是由他本人或他的代表在香港进行。

② 香港法例第 458 章《不合情理合约条例》第 7 条"选择法律条文"规定：（1）如合同只是因立约各方的选择才受香港的法律管限（如不做此选择便受香港以外的某个司法管辖区的法律管限），第 5 条不得用作管限法律的一部分。（2）即使有任何合同条款订明香港以外的某个司法管辖区的法律适用，或看来是这样订明，但只要有以下一种或两种情况，本条例仍然有效——（a）法庭或仲裁人认为该条款是完全或主要为了使订明条款的一方可逃避本条例的管制而订明的；或（b）立约时其中一方以消费者身份交易，而他当时惯常在香港居住，而且立约的主要程序，是由他本人或他的代表在香港进行。

③ Patrick Chan et al. , *Hong Kong Legal Dictionary*（Hong Kong：LexisNexis Press，2004），p. 199.

④ Patrick Chan et al. , *Hong Kong Legal Dictionary*（Hong Kong：LexisNexis Press，2004），p. 199.

⑤ 属人连接因素，通常是指法律关系当事人（包括自然人和法人）的国籍、住所或居所等。

⑥ 物之所在地，指涉外民事法律关系的标的物所在地。

⑦ 行为地，是指法律行为发生地。它起源于"场所支配行为"这一古老原则。由于法律行为性质的多样性，行为地又可分为：合同缔结地、合同履行地、侵权行为地、婚姻举行地等。

⑧ 即以当事人合意选择法律的"意思自治"作为连结因素。

⑨ 法院地，是指审理涉外民事案件的法院所在地。

⑩ 最密切联系地，是与涉外民事法律关系有最密切联系的所在。

⑪ 张美榕：《香港冲突法研究》，博士学位论文，中南财经政法大学，2011，第 87～91 页。

要特点可以归纳为：第一，将原有的普通法中的一般规定以成文法的形式列明在法例中，保证了新《居籍条例》与原有普通法规则的一致性。第二，适用最密切联系原则，增加了法律适用的灵活性和科学性。例如，未成年人的住所为他当其时与之有最密切联系的国家或地区。① 又如，任何成年人如缺乏产生取得住所所需意图的行为能力，而他当其时与某国家或地区有最密切联系，则他的住所即为该国家或地区。② 此外，该条例第 11 条还对最密切联系地的确定做了明确规定。③

2. 海牙国际私法条约在香港的转化适用

9 个海牙国际私法条约（包括《海牙国际私法会议章程》）在香港适用。依据《基本法》第 8 条和第 153 条的规定，回归之前已在香港适用的 8 个海牙国际私法条约继续适用于香港；回归之后，依据《基本法》第 153 条第 1 款的规定，中央人民政府在征询香港特别行政区政府的意见后，将 1993 年《关于跨国收养方面儿童保护和合作的公约》适用于香港特别行政区。④ 这些海牙国际私法条约在香港的适用，在保障国际民商事关系正常发展和维护当事人合法权益方面起了非常重要的作用。如香港法例第 512 章《拐拐和管养儿童条例》、第 290 章《领养条例》、第 76 章《信托承认条例》等都是由海牙国际私法条约转化而来的。在香港，中央机关（或称中枢机构）权力的行使由专门的特定政府部门行使，例如，由香港特别行政区律政司司长行使该 1980 年《国际诱拐儿童之民事事项公约》的中枢当局的职能；⑤ 依据《领养条例》，社会福利署署长为香港特别行政区的中央机关，处理有关公约收养的事宜。⑥

（三）民商事司法协助

所谓国际民商事司法协助，是指一国法院或其他主管机关，根据另一国法院或其他主管机关或有关当事人的请求，代为或协助实施与诉讼有关的一

---

① 香港法例第 596 章《居籍条例》第 4（1）条。
② 香港法例第 596 章《居籍条例》第 8（1）条。
③ 香港法例第 596 章《居籍条例》第 11 条。
④ 张美榕：《香港冲突法研究》，博士学位论文，中南财经政法大学，2011，第 50～73 页。
⑤ Cap. 512（Child Abduction and Custody Ordinance），s. 5.
⑥ Adoption Ordinance（Cap. 290），参见张美榕《香港冲突法研究》，博士学位论文，中南财经政法大学，2011，第 173～177 页。

定的司法行为。① 从范围及内容来看，广义的国际民商事司法协助包括送达文书、代为询问当事人和证人、调取证据以及承认和执行外国法院判决和外国仲裁裁决等。香港国际私法在民商事司法协助方面，最显著的特征主要表现在：内地与香港两地在司法文书送达、仲裁裁决相互承认与执行、部分商事判决的相互承认与执行等司法协助事项上取得显著成果；台湾地区法院判决或台湾地区仲裁机构做出的仲裁裁决可在香港获得强制执行；英国与英联邦国家的民商事判决在香港回归之后只能通过普通法诉讼制度在香港获得强制执行。

第一，内地与香港在 1997 年之后，已经就"两地间司法文书的相互送达"（1998 年）、"两地间仲裁裁决的相互承认与执行"（2000 年）与"部分的两地法院判决的相互承认与执行"（2006 年）达成了有关《安排》，从而使得相关司法协助事项得以顺利进行。

1998 年 12 月，两地签署了香港回归中国后第一个司法协助安排——《关于内地与香港特别行政区法院相互委托送达民商事司法文书的安排》。1999 年 3 月 30 日，内地最高人民法院以司法解释的形式公布了该安排，香港对其《高等法院规则》做出了相应的修订。

2000 年 1 月，两地签署了《关于内地与香港特别行政区相互执行仲裁裁决的安排》。为了使该安排的条款在香港得以具体落实，香港在香港法例第 341 章《仲裁条例》中增加了《仲裁条例》的 IIIA 部分，该部分对在香港执行内地仲裁裁决进行了详细的规定。②

2006 年 7 月 14 日，两地签署了《关于内地与香港特别行政区法院相互认可和执行当事人协议管辖的民商事案件判决的安排》（以下简称为《安排》）。在内地经最高人民法院司法解释使得《安排》条款得以在内地具体落实，在香港则经《内地判决（交互强制执行）条例》（香港法例第 597 章）而使《安排》条款得以在香港具体落实。经双方协商同意，《安排》自 2008 年 8 月 1 日起生效。香港法例第 597 章《内地判决（交互强制执行）条例》共 6 部分，含 27 个条文和 2 个附件，对内地判决在香港执行的程序和条件等问题进行了详细规定。③ 在现在为止，香港高等法院共收到 5 宗关

---

① 刘仁山主编《国际私法》，中国法制出版社，2007，第 382 页。
② Arbitration Ordinance（Cap. 341），Part IIIA.
③ Mainland Judgments（Reciprocal Enforcement）Ordinance（Cap. 597）.

于就香港判决出具经核证文本的申请，但尚不知当事人是否立即在内地做进一步的执行香港判决的申请。①

第二，台湾地区法院做出的判决或台湾地区仲裁机构做出的仲裁裁决可以在香港获得强制执行。在法律依据上，《香港特别行政区基本法》和《九七后香港涉台问题的七点基本原则与政策》② 是香港处理台湾地区裁判在香港强制执行问题的重要依据。

对于台湾地区民商事判决在香港的强制执行问题：由于台湾地区不属于与香港有双边协议关系的国家或与香港存在互惠关系的英联邦国家和地区，因而不适用香港相关的成文法登记制度，而应适用普通法诉讼制度。在香港做出承认台湾地区法院判决的首例 Chen Li Hung & Anor v. Ting Lei Miao & Ors③ 之后，香港高等法院在民事上诉案件 1999 年第 77 号（CEF New Asia Company Limited v. Wong Kwong Yiu, John）以及民事诉讼 1997 年第 1690 号（Wang Hsiao Yu v. Wu Cho Ching）等案件中又陆续做出了承认与执行台湾地区法院判决的司法实例。

对于在香港执行台湾地区仲裁裁决的问题：在 1997 年香港回归中国之前，台湾地区的仲裁裁决在香港的执行，是由当时的香港高等法院受理，其依据是香港当时有效而现在已被撤销的《香港仲裁条例》（Cap341）第 2H 条④（仲裁裁决的执行）。⑤ 该条例由 1996 年第 75 号第 8 条废除。⑥ 1996 年香港废除《仲裁条例》第 2H 条之后，香港对执行台湾

---

① 参见 2010 年 11 月 17 日，香港律政司高级政府律师欧阳慧儒对内地与香港民商事司法协助现状的阐述和释疑。

② 1995 年 6 月 22 日，在《香港特别行政区基本法》（以下简称为《基本法》）制定通过五年之后，国务院副总理、香港特别行政区筹委会预委会主任钱其琛在香港预委会第五次全体会议上，代表国务院宣布了中央人民政府确定的《九七后香港涉台问题的七点基本原则与政策》。从形式上来说，这些原则与政策是具有法律拘束力的国家政策。从本质上来看，《九七后香港涉台问题的七点基本原则与政策》以继续保持和发展港台两地现有的各种民间交流交往关系为目的，是根据《基本法》"一国两制"的精神制定出来的。其内容与《基本法》的规定是一致的，不仅没有超越《基本法》的内容，而且是《基本法》中关于涉台问题规范的专门强调和集中体现。

③ 详细案情，参见 2000 年 1 月 27 日，FINAL APPEAL NO. 2 OF 1999（civil），（on appeal from CACV No. 178 OF 1997）。参见王建源《香港特区首例认可台湾地区法院破产令判例评析》，《台湾研究集刊》2000 年第 3 期，第 59～66 页。

④ Section 2H of Cap 341 is "enforcement of award"，已由 1996 年第 75 号第 8 条废除。

⑤ Morgan, Robert, "Enforcement of Chinese Arbitral Awards Complete Once More, but with a difference", (2000) 30 *Hong Kong Law Journal* 375, p. 378.

⑥ Ordinance No. 75 of 1996.

地区仲裁裁决问题曾存在一段时间的法律真空。自 *Ng Fung Hong Limited v ABC* 暴露了这一问题之后，香港于 2000 年增加了《仲裁条例》第 2GG 条以填补这一法律真空，[①] 使得台湾地区仲裁裁决在香港执行有了明确的法律依据。依据修订后的 2GG 条，台湾地区仲裁裁决，只要得到香港法院的许可即可强制执行，而不需要重新在香港诉讼。[②] 如（香港）法院或（香港）法官给予该许可，则可按该（台湾地区）裁决、命令或指示而做出（香港）判决。[③]

第三，1997 年之前，英国与英联邦国家的民商事判决可以依据成文法《外地判决（交互强制执行）条例》规定的登记制度而在香港获得执行。而在 1997 年之后，依据香港法例第 1 章《释义及通则条例》第 2A（2）B 条的规定，[④] 英国与英联邦国家的民商事判决不得再通过登记制度在香港获得强制执行，而只能通过普通法诉讼制度在香港获得强制执行。[⑤]

三 香港国际私法发展之展望

在考察和分析香港国际私法晚近发展的基础上，笔者认为，深受普通法影响的香港国际私法已经自成体系，对于其未来发展趋势，本文试提出一些思考。第一，香港国际私法中的"不变"，在合同法律适用、侵权法律适用等普通法规则的适用问题上得到了很好的体现，有利于维护法律的延续性和稳定性；香港国际私法的"变化"，是香港法律适应现实需要而做出的正确决定，亦有利于实现香港的法治发展和繁荣稳定。第二，目前香港国际私法进行法典化的可能性并不大，为了因应实际情况而适当修法或制定某项有关国际私法的香港法例，务实性与分散性仍会是未来香港国际私法成文立法的主要特征。第三，以海牙国际私法会议及其制定的条约为桥梁和纽带，将会给香港带来的影响和司法合作机遇是多层面的，包括国际层面、亚洲区域层面和中国区际层面。第四，香港在区际民商事司法协助方面表现出了积极和

---

① Ordinance No 38 of 2000（HK）.

② Morgan，Robert，"Enforcement of Chinese Arbitral Awards Complete Once More，but with a difference"，(2000) 30 *Hong Kong Law Journal* 375，pp. 376 – 377.

③ 香港法例第 341 章《仲裁条例》2GG 条"仲裁庭的决定的强制执行"第 1 款，由 1996 年第 75 号第 7 条增补。由 1998 年第 25 号第 2 条修订；由 2000 年第 38 号第 2 条修订。

④ Interpretation and General Clauses Ordinance（Cap.1），s. 2A（2）b.

⑤ *Morgan Stanley & Co. International Limited v Pilot Lead Investments Limited*，HCMP 2523/2005.

务实的合作态度。这些已有成果，促进了区际司法协助问题的解决，也为区际司法协助方面的进一步合作奠定了基础，香港应当在区际司法协助事项上与中国各法域开展更广泛和更紧密的合作。

（一）香港国际私法的"不变"与"变"

"一国两制"所要求的保持香港的资本主义制度不变，在很大程度上，或者说最重要的一个衡量标准，就是要保留香港原有的法律基本不变。① 香港国际私法中的"不变"，在合同法律适用、侵权法律适用等普通法规则的适用问题上得到了很好的体现，有利于维护法律的延续性和稳定性；香港国际私法的"变"，均是香港法律适应现实需要而做出的正确决定，亦有利于实现香港的法治发展和繁荣稳定。

1. 香港国际私法中的"不变"

《基本法》第 8 条确立的"原有法律基本不变"的原则，是有助于基本保留香港原有的法律及法律制度的，同时，这也是确保香港独立法域地位的一个重要法律保障。香港国际私法作为香港原有法律的一部分，应坚持这一基本原则，维护法律的延续性和稳定性。

香港国际私法中的"不变"，在合同法律适用、侵权法律适用等普通法规则的适用问题上得到了很好的体现。又如，在处理涉外民商事管辖权问题上，香港法院延用的是英国传统的以"实际控制主义原则"为基础的普通法规则；② 在外法域判决在香港强制执行问题上，仍然是采纳"债务说"；等等。再如，在 2009 年生效的香港法例《居籍条例》中，条例的不少规定均与香港原有相关普通法规则的规定相一致。最后，在内地与香港之间缔结的三个《安排》中，无论是具体规则，还是措词，均虑及《安排》内容应与香港普通法规则或香港原有法例相一致。

2. 香港国际私法中的"变"

《基本法》第 8 条确立了"原有法律基本不变"，与此同时，必须明确的是，"基本不变"并不是要求原有法律"完全不变"。"完全不变"并不一定就有利于维护香港特别行政区的繁荣发展。香港法律，无论是成文法

---

① 《香港特别行政区基本法》第 8 条。《基本法》第 8 条明确规定："香港原有法律，即普通法、衡平法、条例、附属立法和习惯法，除同本法相抵触或经香港特别行政区的立法机关作出修改者外，予以保留。"

② *Namus Asia Co Inc v Standard Chartered Bank* [1988] HKC 377，[1990] 1 HKLR 396.

例，还是普通法规则，都应当与《基本法》相适应，此即为前文所说的"香港法律的适应化"。此外，普通法的精神也不允许香港法律是一成不变的。普通法的可变通性，① 要求香港法律不断地修正或增补以适应新的情况和解决新的问题。

例如，目前，外法域法院离婚判决在香港获得承认之后，离婚判决当事人并不能够在香港法院提出相关财政救助的申请。这一立法空白所导致的问题在 ML v. YJ 一案中显露出来。上诉法庭张泽祐法官在 ML v. YJ 一案的判词 153 段中指出，有关法例应予以修订，"赋权香港法院审理适当的案件，在承认外法域离婚判决之后处理有关附属济助的事宜"。② 这一立法空白显露之后，香港立法会于 2010 年起草了《婚姻法律程序与财产（修订）条例草案》，③ 其旨在赋权香港法院处理其他法域法院发出的离婚判令获香港法院承认之后有关附属济助的事宜。此外，香港特别行政区政府自 1998 年起积极参与了海牙国际私法会议的活动和相关条约的磋商制定，这个变化对香港国际私法的发展是非常有利的。2004 年，香港立法会通过了修改后的《领养条例》。依据第 290 章第 20B 条，附表 3 所列明的《关于跨国收养方面保护儿童及合作公约》条文在香港具有法律的效力。这是香港回归中国之后，第一个经中华人民共和国批准而适用于香港特别行政区的海牙国际私法条约。再如，律政司在 2009 年 7 月 8 日向立法会提交《仲裁条例草案》，旨在联合国国际贸易法委员会《国际商事仲裁示范法》的基础上，订立适用于各类仲裁的单一仲裁制度，统一香港本地及国际仲裁体制，从而取消现行香港《仲裁条例》中香港本地仲裁与国际仲裁之间的分别。④ 又如在香港与内地司法协助事项上已经达成的三个《安排》。显而易见的是，上文所说的香港国际私法的"变化"，均是香港法律适应现实需要而做出的正确决定，是有利于实现香港的法治发展和繁荣稳定的。

---

① 例如，陪审制度是在 12 世纪亨利二世时就确立的，但一直到 19 世纪，遵循先例原则作为 18～19 世纪英国司法机构改革的产物才被确立；又如衡平法中的信托制的产生、侵权行为规则原则的变迁、商法制度的引进、普通法中法治传统的确立、普通法对于国王专制的制约等等具体的制度都是在普通法的历史发展过程中由法官通过具体的判例确立的。

② ML v. YJ（CACV89/2008）。

③ 香港立法会 CB（2）1615/09－10（01）号文件。

④ 香港立法会参考资料摘要，《仲裁条例草案》，LP 19/00/3C Pt. 38，p. 1，参见香港立法会 CB（3）747/08－09 号文件。

（二）香港国际私法的成文法化

1. 国际私法法典化的趋势简况

经济全球化是一个内涵十分广泛的概念，技术全球化、贸易全球化、生产全球化和金融全球化等都可以列入经济全球化的范畴。一般而言，资本、商品、服务、劳动以及信息超越市场和国界进行扩散的现象就被认为是经济全球化。经济全球化成为当今国际经济生活的主旋律，这就客观上要求世界各国，特别是后期的发展中国家，为了顺应这一趋势，必须从本国实际出发，积极参与国际经济竞争和合作。① 可以说，是"经济全球化"这一背景更加地确定了国际私法发展的不可或缺，引导着国际私法趋同化的新走向。经济全球化意味着国际经济交往的增多，基于保障国际经济秩序的考虑，各国纷纷加快了本国的法制建设，积极参与各个层次、各种类型的国际合作，从而推动了国际私法的统一化。经济全球化的浪潮使得世界各国的相互依存日益加深，从而要求每一个国家都对自己的主权进行自主限制，要求各国进行国际合作。这种依存是相互的、双向的、互动的，因而对主权的约束和限制也应以共享为前提，以对等为原则。主权国家之所以自行约束其主权的行使，并不是放弃主权，而是为了在平等参与、相互协商的基础上，共享对日益整合的世界市场的共同管理权，谋求共同解决经济全球化所引发的新问题。

20世纪以来，无论是国际层面的立法与区域层面的立法，还是国内层面的立法或编纂，都出现了国际私法法典化的趋势，这是毋庸置疑的。就海牙国际私法会议主导下的国际条约及其影响而言，随着海牙国际私法会议成员方数量的继续扩大，随着海牙国际私法会议在更多领域制定统一适用的国际私法规范，可以预见，其影响力将会全面提高，国际私法的趋同化将会在更大程度上获得成功。就欧盟国际私法的发展来看，欧盟条例与指令，已经使得其成员国的国际私法规则产生了趋同化（部分规则的统一化）的效果，而且，随着欧盟政治和经济的进一步整合，其在国际私法领域的趋同化功能将日益显著。就各国的国内立法或编纂来看，20世纪80年代以来，一些国家制定的国际私法都采取法典或单行法的模式。目前，中国内地、中国台湾地区、日本、比利时、韩国、意大利、加拿大魁

---

① 李双元、徐国建主编《国际民商新秩序的理论建构——国际私法的重新定位与功能转换》，武汉大学出版社，1998，第63页。

北克、瑞士等国家或地区均进行了新的国际私法立法。各国或地区进行立法时，通常会借鉴当时的先进的国际立法，以顺应国际私法立法的世界潮流。

2. 英国国际私法成文立法的发展对香港没有明显影响

英国国际私法在 20 世纪最明显的变化就是成文立法的不断扩张。[①] 在 2006 年版的 Dicey 的国际私法教材中，英国法规一览表达 44 页。[②] 然而，英国近年来成文立法的发展，很大程度受到了欧盟国际私法协调化发展的影响。可以说，回归之后，英国国际私法成文立法的发展对香港并没有明显影响；而且，在回归之前，英国国际私法成文立法的发展对香港国际私法的影响力也是非常有限的，如在合同法律适用和侵权法律适用问题上。

香港合同国际私法由传统的英国国际私法规则发展而来，但在 1997 年香港回归中国以前，其合同国际私法规则的发展即已逐渐脱离英国国际私法的发展轨迹，英国成文法例 1990 年《合同（法律适用）法令》并没有延伸适用于香港；回归中国之后，英国受欧盟国际私法影响而采纳 2009 年的《罗马规则 I》更不可能对回归后的香港产生影响。香港合同国际私法规则，除了少数成文法例中的某些法律选择条款之外，主要散见于一些判例法中，非常零散、不系统。

香港关于侵权法律适用的规则渊源于传统的英国国际私法规则，但是英国当代对侵权法律适用的成文立法却没有影响香港。英国的这些立法是：英国于 1995 年制定通过了《国际私法（杂项条款）条例》，该条例对侵权行为法律适用规则进行了成文立法，这个条例被《罗马规则 II》所取缔。2009 年 1 月 17 日起，欧盟《罗马规则 II》在英国正式施行。英国这些成文立法对香港国际私法亦没有影响力。

3. 香港国际私法的成文立法及其特点

世界成文法系的国际私法法典化趋势，是否对香港国际私法的发展有所启发和影响？对于这一问题，笔者试从如下几个方面论述。

（1）务实性特征。为了因应实际情况需要而适当地修法或制定某项

---

① Peter North, "Private International Law: Change or Decay?", (2002) 50 *International and Comparative Law Quarterly* 477, p. 477.

② Dicey et al., *The Conflict of Laws* (London: Thomson Sweet & Maxwell, 14th ed., 2006), pp. xxv-lxviii; 参见肖永平《21 世纪英国国际私法前沿述要》，《2010 年中国国际私法学术年会论文集》，第 549 页。

有关国际私法的成文法例，这仍会是未来香港国际私法成文立法方面的一个趋势。例如，为了解决内地与香港之间仲裁裁决承认与执行的相互强制执行问题，两地经磋商缔结了《关于内地与香港特别行政区相互执行仲裁裁决的安排》，香港立法会将之立法为第 341 章《仲裁条例》的ⅢA 部分。又如 2009 年香港法例第 596 章《居籍条例》的制定。再如2010 年香港立法会《婚姻法律程序与财产（修订）条例草案》①旨在赋权香港法院处理在其他法域法院发出的离婚判令获香港法院承认之后有关附属济助的事宜。

（2）分散性特征。香港国际私法在成文法例方面，将继续呈现分散状态。目前香港已有不少关于国际私法方面的成文法例，主要包括：第 4A 章《高等法院规则》第 10 号命令、第 11 号命令、第 12 号命令、第 65 号命令、第 81 号命令，第 6 章《破产条例》，第 8 章《证据条例》，第 10A 章《无争议遗嘱认证规则》，第 30 章《遗嘱条例》，第 57 章《雇佣条例》，第 71 章《管制免责条款条例》，第 76 章《信托承认条例》，第 179 章《婚姻诉讼条例》，第 181 章《婚姻条例》，第 192 章《婚姻法律程序与财产条例》，第290 章《领养条例》，第 434 章《商船（限制船东责任）条例》，第 458 章《不合情理合约条例》，第 462 章《海上货物运输条例》，第 480 章《性别歧视条例》，第 500 章《航空运输条例》，第 512 章《诱拐和管养儿童条例》，第 596 章《居籍条例》，《判决（强制执行措施）条例》，《外地判决（交互强制执行）条例》，《外地判决（限制承认及强制执行）条例》，以及《内地判决（交互强制执行）条例》，等等。

（3）国际私法条约在香港的转化适用，是香港成文法化的一大推动力。海牙国际私法会议的条约的适用，不仅紧密了香港与海牙国际私法会议其他成员国的交流与合作，而且对香港本地法例的制定也起了很大的借鉴和推动作用。如前所述，大部分海牙国际私法条约需要转化为香港本地法例才能在香港适用。以 1993 年海牙《跨国收养方面保护儿童及合作公约》为例。自该海牙公约在香港转化适用为第 290 章《领养条例》②后，香港关于跨境儿童收养的国际私法规定发生了巨大变化，这不仅仅体现在公约收养方面的立法规定，而且还体现在本地领养和非公约的跨境收养方面。由此可见，海牙

---

① 香港立法会 CB（2）1615/09 – 10（01）号文件。

② Adoption Ordinance（Cap. 290）.

《跨国收养方面保护儿童及合作公约》对香港领养制度的完善是多层面和全方位的。

（三）海牙国际私法条约对香港国际私法的影响

海牙国际私法条约在香港的适用，对香港作为国际金融和商务中心地位的维持贡献良多，[①] 且对香港法制完善带来了巨大好处。有鉴于此，我们期待通过海牙国际私法会议及其制定的条约，使香港与其他法域之间架起更多的桥梁。笔者认为，以海牙国际私法会议及其制定的条约为桥梁和纽带，它给香港带来的影响和司法合作机遇是多层面的，可分为国际层面、亚洲区域层面和中国区际层面。

1. 国际合作层面

海牙国际私法条约满足了世界上不同法律体系的需要，这些条约为缔约国加强法律合作提供了有效的途径。随着海牙国际私法会议成员国数量的继续扩大，随着海牙国际私法条约的当事国数量的日益增多，随着海牙国际私法会议在更多领域制定统一适用的国际私法规范，可以预见，其影响力将会全面提高，国际私法的统一化活动将会在更大程度上获得成功，其中一个体现则在于各国国际私法范围的统一或趋同，即不同法系、不同国家的国际私法在海牙国际私法会议主导下的相互融合和趋于统一。回归之后，香港特别行政区依据《基本法》积极参与海牙国际私法会议，可以以 HCCH 为平台与世界各国就相关事项进行磋商，加深彼此了解，这对香港在本身国际私法的发展和司法协助合作方面都是有很大帮助的。

2. 亚洲区域合作层面

在亚洲区域合作层面，海牙国际私法会议每一届亚太区会议的目的为，在亚太地区提高参与者对海牙国际私法会议工作的认识、改善司法合作，以及加强各主管机关的联系。2008 年 9 月，在中央人民政府的支持下，香港律政司与海牙国际私法会议常设办事处合办第三届亚太区会议。[②] 自 2009年起，亚太地区的海牙国际私法会议的成员国即开始对在香港设立海牙国际

---

① Mr Wong Yan Lung, the Secretary for Justice in HKSAR, "Hong Kong is an ideal base for Hague Conference to develop its work" (Thursday, 6 October, 2011), available at www. doj. gov. hk.

② Third Asia Pacific Regional Conference of the Hague Conference on Private International Law: International Co-operation through Hague Conventions in the Asia Pacific, 25 Sep. 2008, Hong Kong.

私法会议的区域性办事处问题进行了正式磋商。① 2011 年 10 月 5 日，香港律政司司长黄仁龙资深大律师表示，香港拥有作为亚太区法律服务中心的优势，是海牙国际私法会议发展其区内工作和扩展影响力的理想基地。② 香港特区政府将协助海牙国际私法会议在香港成立办事处，并提供支援。③ 如果亚太区办事处在香港成功设立，将会对亚太区国家更好地履行海牙国际私法条约提供培训和技术支持发挥重要作用。目前该磋商仍在继续进行中。④

3. 中国区际合作层面

目前，有三个海牙国际私法条约同时适用于香港与内地。回归之前，内地已经批准两个海牙国际私法条约，而这两个条约已经由英国而适用于香港地区；回归之后，内地批准了一个海牙国际私法条约，经询问香港特别行政区的意见后而将该条约延伸适用于香港特别行政区。然而，海牙国际私法条约并不能直接适用于处理香港与内地之间的区际关系，因为条约的规定并不适用于同一国家内不同法域间发生的案件。但是，海牙国际私法条约可以在协调中国区际民商事合作事项上提供非常有益的参考和借鉴。例如在内地与香港达成的相互送达司法文书、相互承认与执行民商事判决的安排事项上，两地间的《安排》在很大程度上分别借鉴了海牙《送达公约》和《排他性法院协议公约》的内容。从中国区际司法合作层面来看，内地、香港特别行政区和澳门特别行政区所共同参加的一些公约可以成为三地开展私法合作的基础或者重要借鉴。随着中国三大法域⑤（内地、香港、澳门）对海牙国际私法会议各项事务的进一

① HCCH, HCCH Annual Report（2009），p. 70，参见 www. hcch. net，最后访问日期：2010 年 11 月 22 日。

② Mr Wong Yan Lung, the Secretary for Justice in HKSAR, "Hong Kong is an ideal base for Hague Conference to develop its work"（Thursday, 6 October, 2011），参见 www. doj. gov. hk。"In Oct. 5. 2011, the Secretary for Justice in HKSAR, Mr Wong Yan Lung said that, Hong Kong is an ideal base for Hague Conference on Private International Law to develop its work and extend its influence in the Asia-Pacific region."

③ Mr Wong Yan Lung, the Secretary for Justice in HKSAR, "Hong Kong is an ideal base for Hague Conference to develop its work"（Thursday, 6 October, 2011），参见 www. doj. gov. hk。"Hong Kong has offered to facilitate the setting up of the Hague Conference's Regional office in Hong Kong and provide support and assistance."

④ HCCH, HCCH Annual Report（2009），p. 70，参见 www. hcch. net，最后访问日期：2010 年 11 月 22 日。

⑤ 海牙国际私法会议是政府间的国际组织，台湾并不是海牙国际私法会议的成员，因此不受海牙国际私法会议制定的公约的约束。

步深入参与，作为协调普通法系和成文法系的桥梁和纽带的海牙国际私法条约，可以为中国区际私法的发展提供有益的借鉴。

（四）区际民商事司法协助进一步的完善与发展

香港在区际民商事司法协助方面表现出了积极和务实的合作态度，尤其与内地在司法文书相互送达、仲裁裁决的相互承认与执行、民商事判决的相互承认与执行方面取得了一些可喜成果，而在相互调取证据方面尚欠缺共识。这些已有成果，促进了区际司法协助问题的解决，也为区际司法协助方面的进一步合作奠定了基础。可以说，已经缔结的《安排》是展示内地与香港在区际司法协助事项上的更广泛和更紧密合作的起点。

首先，鉴于区际民商事司法协助问题，是在一个国家内部不同法域之间进行的司法协助，不涉及敏感的主权问题，不同于不同国家之间的国际司法协助，在进一步完善各项司法协助合作事项时，可以从如下几个方面进行把握：一是在实现区际司法协助方面，合作的途径应当多元化；二是区际司法协助的程序须进一步简化；三是区际司法协助的条件应予适当放宽。例如，2006 年《关于内地与香港特别行政区法院相互认可和执行当事人协议管辖的民商事案件判决的安排》通过规定内地为已向香港法院提出申请承认与执行的内地判决设立一个特别程序，① 并用概括式和列举式相结合的立法体例成功解决了判决终局性这一双方曾经争议最大的问题，这无疑是一个值得吸取的宝贵经验。借鉴这一经验，内地亦可以为需要在香港申请承认内地离婚判决的协议离婚的当事人设立另一个特别程序，即协议离婚当事人可以凭其离婚协议书向内地有管辖权的法院申请通过简易程序获得一个书面的离婚判决，从而使得内地的协议离婚也能在香港法院获得承认。其次，鉴于内地与香港在证据界定、证据种类、法官在调查取证中的作用等具体制度上存在较大差异，② 当务之急是借鉴 1970 年海牙《关于从国外调取民事或商事证据的公约》的有关规定，参照《关于内地与澳门特别行政区法院就民商事案件相互委托送达司法文书和调取证据的安排》中关于调查取证的内容，

---

① 此一特别程序是指，《安排》第 2（2）条规定，当事人向香港特别行政区法院申请认可和执行判决后，内地人民法院对该案件依法再审的，由做出生效判决的上一级人民法院提审。

② 内地与香港在证据规则方面的具体差异，参见董立坤主编《内地与香港地区法律的冲突与协调》，法律出版社，2004，第 503 ~ 505 页。

尽快签署有关调查取证方面的安排，以尽快填补两地间相互调查取证协助的立法空白。

再次，作为一个主权国家内部的不同法域之间的判决或仲裁裁决相互承认与执行制度中的公共秩序条款，其适用理应受到更多限制。在进行相关立法时应当注意如下几点：[①]（1）精确定义。在界定何为"公共秩序"时，建议采用概括式和列举式相结合的立法方式，可以借鉴香港法院在 *H v. H* 案中所总结的有关公共秩序所应考量的六点因素。[②]（2）违反的必须是被请求法院所在地的公共秩序。（3）只有在"明显违反"内地的"社会公共利益"或香港的"公共秩序"时，才可以违反"社会公共利益"或"公共秩序"为由拒绝承认与执行对方法院的判决。（4）采纳"结果说"，只有在承认与执行对方法院判决的结果会导致内地的"社会公共利益"或香港的"公共秩序"的违反时，才可以援用这一条款拒绝承认与执行对方法院的民商事判决。

Recent Development of Private International Law in Hong Kong

Zhang Meirong

Abstract：Hong Kong Private International Law, Which is the legal basis of the harmonization of law conflicts between different legal units in Hong Kong, mainly including three parts—Jurisdiction, Choice of Law, Judicial Assistance in Civil and Commercial Matters, has mainly included common law rules and Hong Kong legislations. Since 1997, when Hong Kong became a Special Administrative Region (SAR) of the People's Republic of China, HK Private International Law has obtained some recent developments based on its original rules, such as the big progress and development of regional judicial assistance cooperation, the positive

---

① 刘仁山、张美榕：《论内地与香港民商事判决相互承认与执行制度及其完善》，《中国国际私法与比较法年刊》（2009）（第12卷），北京大学出版社，2010，第323～324页。

② *H v. H*，（validity of Japanese Divorce），[2007] 1 FLR 1318.

role of HKSAR in the activists of HCCH, Domicile Ordinance taken into effect in 2009. This paper tries to analyze the recent and future development of Hong Kong Private International Law.

Key Words : Private International Law in Hong Kong; Jurisdiction; Choice of Law; Judicial Assistance in Civil and Commercial Matters

韩国补贴与反补贴法律制度研究

程惠炳*

摘 要：韩国早在 20 世纪 60 年代中期就确立了"出口第一"和"贸易立国"的基本国策。这导致韩国的对外贸易依存度非常高，在 2010 年甚至达到 87.9%。如今，韩国是中国第三大贸易伙伴国，中国则是韩国最大的贸易伙伴国。随着国际市场竞争日益激烈，中国越来越多地遭到韩国的反倾销调查。虽然韩国还没有对中国发起反补贴调查的实践，但在国际反补贴措施方兴未艾之际，对韩国的补贴与反补贴立法体系、机构、实体、程序制度进行研究，可为中国政府和企业应对韩国将来的反补贴调查提供参考和借鉴。

关键词：反补贴 贸易委员会 关税法 施行令 施行规则

一 韩国补贴与反补贴制度概况

（一）韩国补贴与反补贴制度的立法体系

根据韩国《关税法》第 57 条，反补贴税是指"总统令规定的国内产业利害关系人或主管部门部长申请征收时，在国外制造、生产或者出口中直接、间接地受到补贴或奖励金（以下简称为补贴）的进口产品，通过调查已确认国内产业实质性损害等事实，为保护该国内产业，可依企划财政部令来指定该产品和出口商或出口国，对该产品追加相当于补贴金额的关

---

* 程惠炳，北京市朝阳区人民法院法官，中国社会科学院国际法研究所法律硕士研究生。

税"。在韩国，根据宪法缔结、公布的条约及普遍得到承认的国际法规具有与国内法同等的效力。① 韩国反补贴制度的国际法渊源为 GATT 1994 第16 条以及 WTO《SCM 协定》。韩国反补贴制度的国内法渊源主要为《关税法》②《关税法施行令》③《关税法施行规则》④《关于不正当贸易行为调查及产业损害救济的法律》⑤《对外贸易法》。⑥ 其中，《关税法》从法律、施行令、施行规则三个位阶对反补贴事项做出了规定。韩国现行的《关税法》规定了征收反补贴税的所有法律要件，《关税法施行令》详尽规定了反补贴制度的适用程序，《关税法施行规则》则是对《关税法》及其《施行令》的解释和补充。以上几部法律法规的修改频率都很高。自 1967 年《关税法》引入反补贴制度后，《关税法》及其《施行令》、《施行规则》等有关反补贴制度的修改有数十次之多。此外，贸易委员会还制定了《贸易委员会关于运营听证会的规定》《关于反倾销税和反补贴税征收申请、调查、裁定运营的细则规定》《为征收反补贴税所必要的调查申请书填写及证明材料提交纲要》等公告位阶的法律文件，为反补贴制度的运行提供了规范和指引。

虽然韩国反补贴措施尚无实践，但其与国际规范相一致的实体法律，以及比照反倾销措施实践改进过的程序，为韩国今后可能的反补贴实践打下了制度基础。

（二）韩国反补贴机构的职能

根据韩国现行反补贴法律，韩国贸易委员会和企划财政部是负责处理反补贴事务的管理机构。

1. 贸易委员会的职能

贸易委员会（Korea Trade Commission，简称 KTC）是韩国知识经济部下的全面负责反补贴调查的贸易救济主管部门。该部门于 1987 年 7 月依据《对外贸易法》第 38 条授权成立。贸易委员会由委员长 1 人、常任委员 1

---

① 韩国《宪法》第 6 条。
② 韩国法律第 11121 号，2011 年 12 月 31 日部分修改，2012 年 7 月 1 日起生效。
③ 韩国总统令第 23602 号，2012 年 2 月 2 日部分修改，2012 年 7 月 1 日起生效。
④ 韩国企划财政部令第 299 号，2012 年 2 月 28 日部分修改，2012 年 10 月 5 日起生效。
⑤ 韩国法律第 10230 号，2010 年 4 月 5 日部分修改，2010 年 7 月 6 日起生效。
⑥ 韩国法律第 10231 号，2010 年 4 月 5 日部分修改，2010 年 10 月 6 日起生效。

人、非常任委员 7 人共 9 名委员组成。委员长和委员由知识经济部（原产业资源部，1998 ~ 2008 年）部长提请总统任命，任期 3 年，可以连任。委员长一般由政府知名人士或社会知名人士担任，现任委员长是玄定泽，任期为 2010. 6. 22 ~ 2013. 6. 21（初任）。委员由知识经济部其他部门的官员、政府其他部门的官员、法律专家、国际贸易专家等担任。① 贸易委员会中负责反补贴调查的具体部门是贸易调查室。该室设立于 1990 年 4 月，最高负责人为室长。调查室的编制为 50 人，直属于知识经济部第二次官，是独立的准司法合议制行政机关。贸易调查室下设 4 个组，分别为贸易救济政策组、产业损害调查组、倾销调查组和不公平贸易调查组，分别负责倾销/补贴事实及倾销/补贴幅度的调查、产业损害事实及其幅度调查、不公平贸易行为调查等工作。

2. 企划财政部的职能

企划财政部（Ministry of Strategy and Finance）是韩国实施反补贴措施的最终决策机构。由财政经济部（1994 年设立）和企划预算处（设立于 1999 年）于 2008 年合并组建而成，关税制度课是企划财政部内具体负责反补贴事务的主要机构。②

企划财政部与反补贴相关的管理职能主要有：第一，根据贸易委员会提交的初步反补贴调查报告，以及采取临时反补贴措施或征收反补贴税的建议，决定是否采取临时反补贴措施或征收反补贴税；第二，向补贴出口商提出实施价格承诺的建议，以及决定是否接受国外出口商提出的价格承诺；第三，接受利害关系人提出的反补贴复审申请，并决定是否对最终反补贴税或价格承诺进行复审。企划财政部的上述决定都将作为最终裁决并付诸实施。

二　韩国反补贴法律实体制度

韩国《关税法》第 57 条规定了征收反补贴税的所有法律要件，即补贴、损害、因果关系，以及保护国内产业的必要性。

---

① 韩国贸易委员会官方网站：http：//www. ktc. go. kr/introduce/ki_ Information_ form. jsp？m = m2，最后访问日期：2012 年 12 月 15 日。

② 韩国企划财政部官方网站：http：//www. mosf. go. kr/info/info02a. jsp，最后访问日期：2012 年 12 月 15 日。

（一）补贴的认定

补贴的存在是采取反补贴措施的必要条件。韩国反补贴法律制度中有关补贴的规定主要包括补贴的定义、补贴的专向性及补贴率的计算等。

《关税法》第 57 条将补贴简明地概括为 "在国外制造、生产或者出口的进口产品直接或间接地接受的补贴或奖金等"。《关税法施行令》第 72 条将补贴解释为 "政府、公共机构等的财政资助给予的具有专向性的优惠。但企划财政部令规定的补贴与奖励除外"。企划财政部令《关税法施行规则》将不可诉补贴定义为："虽具专向性，在国际条约中得以认定的，作为科研、落后地区开发或环境方面的补贴或奖金。"①

韩国《关税法施行令》第 72 条第 2 项规定专向性为："补贴支付给特定企业或产业或特定企业群、产业群的情形，具体判断标准由企划财政部令规定。"《关税法施行规则》第 21 条第 2 项规定了补贴具有专向性的情形包括："第一，补贴只限制授予一部分企业（产业专向性）；第二，补贴只授予有限数量的企业使用（企业专向性）；第三，补贴只限定在特定地区授予使用（地区专向性）；第四，其他国际协定中认定的符合专向性标准的情形。"

补贴金额不仅关系到反补贴税的具体征收金额，而且决定了是否属于微量补贴从而不必采取反补贴措施。韩国有关补贴金额的计算方法规定在《关税法施行规则》中，它列出了补贴的几种常见情形，即控股、贷款、贷款担保、购买财物或提供劳务。补贴金额的计算要符合以下标准：（1）以控股形式提供补贴的，补贴金额以该控股与通常投资间相差的金额计算；（2）以贷款形式提供补贴的，补贴金额根据该贷款利率与市场利率的差额来计算支付金额的差额；（3）以贷款担保的形式提供补贴的，以该贷款支付金额与无担保情形下较可能的借入金额的差额计算；（4）以购买财物或提供劳务的形式提供补贴的，补贴金额以该价格与市场价的差额计算；（5）根据其他国际协定标准而确定的金额。②

（二）损害的确定

在损害调查中，要明确国内产业和同类产品的定义及范围，才能确定申

---

① 韩国《关税法施行规则》第 21 条。
② 韩国《关税法施行规则》第 21 条第 3 项。

请人的资格，以及反补贴调查的范围，从而认定损害存在。

韩国《关税法》第 57 条规定，受补贴进口产品对韩国国内产业造成的损害包括三种类型，即实质性损害、实质性损害威胁，以及对国内产业的发展造成实质性迟延。

《关税法施行令》第 73 条第 2 项规定：反补贴措施意义上的国内产业，是指接受补贴的产品与同类产品的国内产业占全部或国内总生产量的绝大部分的国内产业。但是，国内生产者与进口产品的进口国政府、出口经营者或进口经营者存在特殊关系的情形下所经营的产业，或者其本身就是补贴产品的进口经营者的情况下所经营的产业除外。

韩国《关税法施行规则》第 22 条对同类产品的定义为："与该进口产品在物理特性、质量以及消费者评价等所有方面相同的产品（包括外观有细微差异的产品）。没有这种产品的，以具有与该产品有极其相似的机能、特性与构成要素的产品为同类产品。"

贸易委员会在调查、确定补贴对国内产业造成的实质性损害时，应当考虑以下因素：第一，补贴进口产品的数量；第二，补贴进口产品的价格；第三，补贴金额的幅度；第四，国内产业的产量产能利用率（产量/产能）、库存、销量、市场占有率、价格、利润、生产率、投资收益、现金收支、就业、工资、产业增长、资金周转、投资能力、技术开发；第五，补贴进口产品的数量和价格对国内产业造成的实际或潜在的影响（因果关系）。[1]

贸易委员会在确定补贴对国内产业造成的实质损害威胁时，除考虑实质性损害相关事项外，还应考虑以下因素：第一，该补贴的性质及可能对贸易造成的影响；第二，补贴进口产品数量的增加及显著增加的可能性；第三，使补贴进口产品在韩国出口增加的生产能力实质性增加（须削弱向他国出口的可能性）；第四，补贴进口产品的价格是否引起同类产品的价格下降或抑制价格上涨，及需要增加进口的可能性（被调查产品在韩国市场上的价格竞争力）；第五，补贴进口产品的库存以及同类产品的库存状态。此情形下须证明可明确地预见产品受补贴导致国内产业受损，并且具有紧迫性。

从韩国反倾销实践情况来看，确定实质性损害威胁的存在大多发生在对反倾销案件的复审中，因为一个案件经过原审并采取了一段时间的反倾销措

---

① 韩国《关税法施行令》第 77 条。

施后，实质性损害已经被削弱，但是一旦取消反倾销措施，实质性损害有可能会重新发生，从而构成实质性损害威胁，反倾销复审的目的就在于此。[①]反补贴制度中的确定实质性损害威胁存在也具有相同的特点。

贸易委员会审查受补贴产品是否对国内产业的发展造成实质性迟延时，应审查其是否实质上拖延了商业性生产的开始，比较期待经营成果和实际经营成果，审查补贴是否延滞了国内产业的经营稳定等。具体而言，贸易委员会主要考虑两方面因素：对国内产业发展的影响和实质性迟延。

在反倾销实践中，韩国经常使用实质性迟延标准。[②] 虽然已跃居世界第十位的发达国家之列，但韩国的经济腾飞时间还不久，国内很多产业还处在建立和发展阶段，面临着国外进口产品的激烈竞争。在此情况下，对进口产品采取反倾销措施，大多以阻碍国内产业的建立为国内产业损害依据。[③] 此项标准要求较实质性损害要低，因此成功率较高。预计今后韩国在采取反补贴措施时，也会较多地采用实质性迟延标准以保护国内幼稚产业。

（三）因果关系的确定

韩国《关税法》中并没有关于因果关系的直接表述，而是从事实入手，表述为"补贴事实和由此导致的实质性损害事实"，但其实际含义是一致的。贸易委员会在确定受补贴产品与国内损害是否存在因果关系时，应考虑以下因素：第一，被调查产品的进口量对国内产品销售造成的影响；第二，被调查产品的进口价格对国内产品销售造成的影响；第三，被调查产品进口造成的国内产业进口减少；第四，被调查产品进口以外的因素对国内同类产品销售价格造成的影响。

（四）保护国内产业的必要性

《关税法》和《关税法施行令》并未规定保护国内工业的必要性衡量标准。《反倾销税管理准则》[④] 规定其所考虑的因素包括：第一，是否征收反补贴税对国内产业的损害就会消除；第二，征税对国内价格的影响；第三，征税对本国出口的影响；第四，征税对其他相关的国内产业的影响；第五，

---

① 宋利芳：《韩国反倾销政策法规及其实践》，《东北亚论坛》2010 年第 5 期。
② 戴仲川：《中韩反倾销法若干问题比较研究》，《东南学术》1999 年第 6 期。
③ 沈培新：《论韩国反倾销法实质性损害之认定》，《对外经济贸易大学学报》1998 年第 3 期。
④ 直译为《反倾销税实务指南》。

征税与改用其他工业和贸易政策来保护国内工业的效率比较；第六，是否涉案产品属于工业发展法和技术发展促进法等其他对国内工业发展起支持和促进作用的法律中规定的优惠商品；第七，其他公共利益的考虑。[①] 从上述规定可以看出，韩国反倾销法和反补贴法对于产业利益与国家利益的考虑是相当充分的，这与其出口导向型的经济结构有很大关系。

三 韩国反补贴法律程序制度

（一）申请

韩国《关税法》第 57 条规定，有资格申请发起反补贴调查者，是因补贴受到损害的国内产业的利害关系人或主管该产业的中央政府机关的部长。《施行令》进一步规定，国内产业的利害关系人为"企划财政部令规定的，受到实质损害的国内产业所属的国内生产者，及国内生产者组成的代表其利益的法人、团体与个人"。[②] 利害关系人须在国内同类产业中具有代表性。代表性的标准为，同意提出申请的国内生产者的产量应占国内同类产品生产者中明确表示同意或者反对提起反补贴申请的企业产量的 50% 以上，且同意提出申请的生产者的产量应占国内同类产品生产总量的 25% 以上。申请人向贸易委员会提出的对受补贴产品的征收反补贴税申请可视为向贸易委员会提出征收反补贴税的必要调查申请。贸易委员会应在接收调查申请书之日起的 14 日之内通报企划财政部部长、关税行政机关长官、产品的供给国政府。

（二）决定是否发起调查

1. 审查

贸易委员会受理申请书后决定是否开始进行调查时，首先要审查申请者的资格及其是否具有代表性，审查生产者是否与出口商或进口商具有特殊关系。贸易委员会审查申请人的申请书以确认申请人对其主张是否有充分的证据予以证明，在证据不足时也可以要求其提供补充材料，审查申请书后初步判断从这些材料上能否认定存在补贴和实质损害。贸易委员会在审查申请人

---

① 杨坚：《韩国反倾销法》，《国际经济合作》，南开大学国际经济系，1994 年第 3 期。
② 韩国《关税法施行令》第 73 条第 3 项。

的申请书和证明材料后，简单计算补贴金额、被调查产品的进口量等数据，在补贴从价金额未超过1%，及接受补贴产品的进口量未达到国内进口总量的1%，或认定实质损害很轻微的情形下，不发起调查。

贸易委员会对产业损害的调查期通常为最近3年，对补贴事实的调查期一般为最近1年。如果被调查产品很多，需要选择被调查产品、出口国或出口商的，贸易委员会原则上应使用在可获得的资料基础上统计上有效的抽样法（包括按顺序选择出口国或出口商的数量，或产品数量占进口量比率大的被调查产品、出口国政府或出口商）。①

2. 决定发起调查

贸易委员会在收到补贴产品调查申请后，决定发起关于受补贴产品的进口及实质性损害等事实的调查或不发起调查，自收到调查申请之日起2个月内应将其调查结果及被调查产品、调查期、出口国政府及出口商相关事项向企划财政部部长通报。贸易委员会决定发起调查时，自决定之日起10日内将立案公告、申请书公开文本、调查问卷等发起调查决定的相关事项通知申请调查者、该产品的出口国政府及出口经营者、其他利害关系人，并应在《官报》上刊登。②

3. 驳回调查申请

在决定是否发起调查期间，如调查申请符合以下情形之一，贸易委员会可驳回调查申请：申请人没有《关税法施行令》第73条规定的申请资格；没有提交关于受补贴产品的进口事实与实质损害等事实的充分的证明材料；补贴从价金额未超过1%，及接受补贴产品的进口量未达到国内进口总量的1%，或认定实质损害很轻微；同意提出申请的国内生产者的产量未达到国内同类产品生产者中明确表示同意或者反对提起反补贴申请的企业产量的50%，或同意提出申请的国内生产者的产量合计未达到同类产品的国内总产量的25%；以及发起调查前为消除对国内产业造成的恶劣影响已采取措施等已无必要发起调查的情形。③

（三）初步调查

受补贴产品的进口与实质性损害等事实相关的调查由贸易委员会负责。

---

① 韩国《关税法施行规则》第23条。
② 韩国《关税法施行令》第74条第3项。
③ 韩国《关税法施行令》第74条第2项。

补贴的支付和实质性损害的事实调查事项，由《关税法》第 58 条授权《关税法施行令》具体规定。

贸易委员会应自在《官报》上刊登征收反补贴税相关事项及公告发起调查决定相关事项之日起 3 个月之内，对是否有充分证据推定受补贴产品的进口事实及实质性损害事实间具有因果关系，进行初步调查，并向企划财政部部长提交结果。企划财政部部长自初步调查结果提交之日起 1 个月之内决定是否有必要采取措施及内容相关事项。不过，在认为必要时可在 20 日范围内延长决定期限。①

贸易委员会采取的调查方式有很多种，主要包括问卷调查、听证会、实地核查和利害关系人会议等。

1. 问卷调查

在反补贴调查中，贸易委员会认为必要时，向申请人、被申请人、利害关系人发放格式化的问卷调查表和公文。问卷调查的答辩期限为 1 个月，而国外供应商可享有 40 天以上的答辩期限。利害关系人出示正当事由，要求延长答辩期限时，贸易委员会可在适当期间内予以延长。②

2. 利害关系人会议

在调查期间，利害关系人可随时向调查官书面陈述意见。贸易委员会可与申请人、被申请人、利害关系人召开有关调查的利害关系人会议。在确定补贴率后，召开利害关系人会议，说明计算方法。利害关系人如对计算结果有意见，可以提交书面意见。在利害关系人会议上申请人、被申请人、利害关系人的口述证据应在会议当日起一周内书面提交贸易委员会。③

3. 调查的终结

反补贴调查可因贸易委员会的调查结果或利害关系人的撤销申请而终结。贸易委员会通过初步调查认定补贴从价金额未超过 1% 或受补贴产品的进口量未达到国内进口总量的 1%，或认定实质性损害轻微时，应终结正式调查。④

申请调查者欲撤销申请时应向贸易委员会提交记载其撤销事由的撤销书及相关资料。⑤ 贸易委员会如果在提交初步调查结果前接收撤销书，与企划

---

① 韩国《关税法施行令》第 75 条。
② 韩国《关于反倾销税和反补贴税征收申请、调查、裁定运营的细则规定》第 4 条。
③ 韩国《关于反倾销税和反补贴税征收申请、调查、裁定运营的细则规定》第 8 条。
④ 韩国《关税法施行令》第 75 条第 4 项。
⑤ 韩国《关税法施行规则》第 25 条。

财政部部长及有关行政机关长官协商后，可中止是否发起调查决定或终结调查。如果在提交初步调查结果后收到撤销书，贸易委员会应向企划财政部部长通报。企划财政部部长在收到上述通报时，与贸易委员会及相关行政机关部长协商后可终结调查，如已采取临时措施的该措施可撤销。企划财政部部长撤销临时措施时，应退还因临时措施缴纳的临时反补贴税或解除保函。[①] 企划财政部部长或贸易委员会在初步调查或正式调查期间接到撤销书时，如果认为该撤销的事由不当，至该初步调查或正式调查完毕为止对是否终结调查可保留撤销决定。[②]

（四）初裁

对补贴及产业损害的初步调查裁定从调查发起决定之日起的 3 个月内终结。临时措施是初步调查结束后的措施，调查结束后至少经过 60 天方可实施，其期限为 4 个月以内（可延长 2 个月）。在肯定性裁定产业损害的情况下，贸易委员会向企划财政部提出征收临时反补贴税建议。企划财政部部长在 1 个月内（可延长 20 日）决定是否征收临时反补贴税及其具体内容。[③]

1. 临时措施

根据初步调查结果，贸易委员会认为必要时，向企划财政部部长提出临时措施建议。[④] 在调查终结前，企划财政部部长为保护国内产业，认定有充分的证据能推定被调查进口产品补贴导致国内产业发生实质性损害的事实，或者承诺被撤销或违反的情形，或未提交履行承诺相关的材料，贸易委员会使用最佳可获资料的情形下，确定该产品的出口商和出口国及实施期限，可命令在补贴推定额等额以下征收临时反补贴税，或责令其提供保函。[⑤]

调查结果裁定该产品的补贴进口与实质性损害事实有因果关系后，如接受承诺或追溯征收反补贴税时：反补贴税额高于临时反补贴税额时，不得再征收其差额，反补贴税额低于临时反补贴税额时则要向被征收者返还其差额。返还的差额一般为这一差额的本息。[⑥]

---

① 韩国《关税法施行令》第 76 条。
② 韩国《关税法施行规则》第 25 条。
③ 韩国《关税法施行令》第 75 条第 3 项。
④ 韩国《关税法施行令》第 75 条第 9 项。
⑤ 韩国《关税法施行令》第 80 条。
⑥ 韩国《关税法》第 59 条。

2. 承诺

当贸易委员会已经发起反补贴调查并已做出初裁，或已采取临时反补贴措施时，被调查产品的出口商可提出承诺，贸易委员会可提出价格承诺建议。

《关税法施行令》第 81 条第 2 项规定，可接受的承诺分为：立即修改价格的承诺；自承诺之日起 6 个月内撤销或削减其补贴的承诺；以及自承诺之日起 6 个月内为消除补贴对国内产业的损害效果采取适当措施的承诺。但是，贸易委员会在认定无法确保出口商会履行承诺时可以不接受上述承诺。

《关税法施行规则》第 30 条第 3 项规定，不可接受的承诺情形分为：代表多个出口商提出承诺，不能证明这些出口商间签订有共同价格承诺协议；现有条件下难以对承诺的实施进行核实和监督，或难以调查；以及该出口国的出口商曾有违反价格承诺的情况；等等。

出口商向企划财政部部长提出承诺建议时，其承诺应包括以下事项：出口商将出口价提高到足以消除实质性损害的水平；接受价格承诺前已签订合同项下的产品或已装运的产品的信息；不会以变更形式、外观、名称等或销售低级品等方法，来规避履行承诺义务；不会以通过第三国或第三者来销售等方法实质违反承诺；定期向企划财政部部长报告该产品在出口国国内的销量及销售价格，向韩国出口的数量及出口价格；允许核查相关材料；此外情势变迁时，应企划财政部部长要求，可再次磋商。① 企划财政部部长接受承诺之前可以咨询贸易委员会、相关行政机关首长及利害关系人的意见。根据初步调查结果，贸易委员会认为必要时可向企划财政部部长提出承诺建议。② 从企划财政部部长处得到承诺建议的出口商，应在 1 个月之内通报是否接受承诺。

初步调查后做出肯定性裁决的，该产品的出口国政府或企划财政部部长可提出或建议价格承诺，撤销或削减该产品的补贴；或者该产品的出口商为消除该补贴给国内产业带来的损害效果可提出承诺，经出口国政府同意，愿意将价格调整到消除国内产业损害效果的程度。承诺被接受后，企划财政部部长在没有采取临时措施或没有征收反补贴税的情况下应中止或终结调查。但是，在企划财政部部长认为必要，或出口国政府要求继续进行损害调查时，其调查可继续进行。③ 被调查产品的出口国政府及出口商提出价格承诺

---

① 韩国《关税法施行规则》第 30 条。
② 韩国《关税法施行令》第 75 条第 9 项。
③ 韩国《关税法》第 60 条。

时，以及出口国政府或企划财政部部长想要求继续损害调查时，应在终裁前向贸易委员会书面提交其意愿。[①]

企划财政部部长认为必要时可指定出口国政府或出口商并提出价格承诺建议。企划财政部部长有充分证据推定初步调查结果是补贴与实质性损害有因果关系时，在做出此裁定前不可接受承诺或建议承诺。出口国政府或出口商未依法履行承诺，企划财政部部长可以最佳可获资料实施临时措施等以征收反补贴税为目的的快速措施。企划财政部部长认为必要时继续调查，结果无实质性损害事实，或确认补贴金额微量时，该承诺失效。但是，判断没有实质性损害事实或补贴金额微量的原因是由承诺而起，企划财政部部长可定适当期限继续履行承诺，出口国政府或出口商拒绝履行承诺时以最佳可获资料实施临时措施等以征收反补贴税为目的的快速措施。

（五）正式调查

贸易委员会自提交初步调查结果之次日起发起正式调查。自正式调查发起之日起3个月之内向企划财政部部长提交调查结果。贸易委员会在调查期限内认为有必要延长时，或利害关系人提出正当事由申请延长调查期限时，可延长2个月。[②]

1. 实地核查

贸易委员会决定开始调查后，向有关出口国政府和出口企业通报实地调查意向，要求对方协助，并制订日程表，事先确定实地调查的内容与调查方案。贸易委员会在通知调查目的与范围、调查日程、调查团名单及其他与实地核查有关的事项后，不与调查对象企业进行事先协商，即开始实地核查。但对国外供应商及国外产业进行的实地核查要提前跟被调查人达成协议并通报该国政府，如没有反对意见才能进行。[③] 正式调查后认定没有补贴事实，则中止调查，并向贸易委员会提交书面报告后终结调查。实地核查原则上在初裁做出后实施，但贸易委员会认为必要时，可于初裁之前实施实地核查。[④]

---

① 韩国《关税法施行令》第81条第1项。
② 韩国《关税法施行令》第75条。
③ 马光：《论韩国对中国特定产品的过渡性保障机制》，中国法学网：http://www. iolaw. org. cn/showNews. asp? id＝16053，最后访问日期：2012年12月15日。
④ 韩国《关于反倾销税和反补贴税征收申请、调查、裁定运营的细则规定》第5条。

2. 听证会

企划财政部部长或贸易委员会认为必要或利害关系人提出申请时，可通过为利害关系人召开听证会等方式提供陈述意见及与利害关系人磋商的机会。① 为规范听证会程序，贸易委员会制定了《贸易委员会关于运营听证会的规定》。②

听证会，是指在产业损害调查中，可为贸易委员会委员提供收集信息的机会，且为保障该调查相关的申请人、被申请人、利害关系人的意见陈述及磋商机会的会议。③ 听证会一般于初裁之后终裁之前举行，但贸易委员会认为必要时也可在初裁前举行听证会。④

贸易委员会举行听证会应向企划财政部部长通报其计划及结果。企划财政部部长或贸易委员会准备举行听证会时，应直接通知申请人及利害关系人有关听证会的日期与场所，通过《官报》或韩国贸易协会发行的《日刊贸易》⑤ 等适当方式在听证会召开日的 30 日前予以公告。但在提案紧急或调查日程不可避免时，可在 7 日前通知。

（六）终裁

贸易委员会在正式调查结束后向企划财政部部长提交终裁报告，在肯定性裁定产业损害的情况下，贸易委员会向企划财政部提出征收反补贴税建议。如出口商提出价格修改承诺的建议，企划财政部可在磋商后接受承诺。

1. 反补贴税的征收时期

反补贴税的征收及临时措施适用于措施实施后进口的产品。但是，对产品适用临时措施的，国际公约另有规定的，以及总统令规定的情形下，可对其产品征收反补贴税。⑥

2. 反补贴税率的计算

反补贴税依下列公式在计算出的补贴率范围内除以海关完税价格计征：

---

① 韩国《关税法施行令》第 78 条第 8 项。
② 韩国贸易委员会公告，第 2001 - 1 号，2001 年 6 月 15 日制定。
③ 韩国《贸易委员会关于运营听证会的规定》第 3 条第 1 项。
④ 韩国《关于反倾销税和反补贴税征收申请、调查、裁定运营的细则规定》第 7 条。
⑤ 马林江：《判例解读中韩法律》，法律出版社，2005，第 262 页。
⑥ 韩国《关税法施行令》第 61 条。

补贴率 = （补贴金额/完税价格）×100%（完税价格为 CIF 价格）。计算加权平均反补贴税率时，受补贴的出口商很多时，根据出口商的出口量，设加权值。这种情形下补贴金额未满课税价格的 1% 的出口商可排除在反补贴税率计算对象外。[①]

3. 反补贴税的征收

贸易委员会认为必要时，根据正式调查结果向企划财政部部长提出征收反补贴税的建议。企划财政部部长自收到调查结果之日起 1 个月之内做出是否征收反补贴税决定（认为有征收必要的情形下可延长 20 天）。企划财政部部长应在自《官报》刊登之日起 1 年内做出征收反补贴税措施裁定。不过，认定有特殊事由时，可在自《官报》刊登之日起 18 个月内做出征收反补贴税措施。[②]

反补贴税原则上应按照每一个出口商一个税率的方式征收，或者按照一个出口国一个税率的方式征收。但是，对于那些由于未能按照韩国法律提交相关资料或无正当理由拒绝将资料公开，或因其他理由导致难以对其进行调查或对其材料进行审查的出口商，韩国主管机关也可对其适用单一税率。此外，对于在调查中未能被选为抽查对象的出口商，一般应当按照适用于被选为抽查对象的出口商的税率的加权平均值征收反补贴税。然而，对于那些按照法定要求提交资料但是未被选为抽查对象的出口商而言，也可适用单独税率。

4. 反补贴税的追溯征收

国内产业的利害关系人自收到终裁通知之日起 7 日内，提交的该产品的证据属于以下情形之一的，可申请追溯征收反补贴税：终裁确定存在实质性损害，或终裁确定存在实质损害威胁，但无临时措施，将会导致企划财政部做出实质性损害终裁的情况下，在临时措施适用期间进口的产品；如实质性损害是由于补贴产品在较短时间内大量进口造成的，则为防止此损害再次发生而有必要对进口补贴产品追溯征收反补贴税，该产品过去受进口补贴导致实质性损害的情形，或出口商知道或可能知道该产品的进口与实质性损害有因果关系的情形下，自实施临时措施前 90 天内进口的产品；违反承诺并认定适用临时措施产品的进口与实质性损害事实有因果关系时，实施临时措施

---

① 韩国《关税法施行规则》第 29 条。
② 韩国《关税法施行令》第 75 条。

之日前 90 天内进口的产品（违反承诺前进口的产品除外）；依照其他国际协定，在企划财政部部长规定期限内进口的产品。①

（七）复审

韩国对征收反补贴税及承诺的复审准用反倾销税制度复审程序。②

1. 复审的类型

复审根据申请事由分为情势变迁复审、日落复审和退税复审。③

利害关系人或负责该产业的部门长官提出申请并附上证明材料，企划财政部部长认为必要时，决定是否对征收反补贴税或履行承诺的产品复审：情况发生变动足以认定反补贴税或承诺实施后其措施的内容有必要调整的情形（情势变迁复审）；反补贴税或承诺的终止导致存在国内产业损害威胁的情形（日落复审）；缴纳的反补贴税额大大超过实际补贴金额的情形（退税复审）。④

情势变迁复审分为反补贴税率复审、产业损害复审以及综合复审。反补贴税率复审是指复审反补贴税率或承诺价格降低的水平是否变动，产业损害复审是指复审现有的反补贴税措施下导致国内产业的实质性损害是否还存在，综合复审兼而有之。⑤

日落复审是指反补贴税或承诺的终结导致补贴与国内产业损害持续或存在再次发生威胁时，由申请人提出的复审。⑥ 即使反补贴措施的适用期限终结，在复审期间原反补贴税继续有效。

退税复审是指因缴纳的反补贴税额大大高于实际补贴额时，申请人提出的复审。只有缴纳反补贴税的国内进口商才能提出退税复审申请。⑦

2. 复审的期限

利害关系人的复审申请必须于实施反补贴税或者履行承诺之日起 1 年后，反补贴税或承诺失效前 6 个月内提出。企划财政部部长应在收到复审申请之日起 2 个月内决定是否有必要复审。⑧ 上述时限规定是为了防止利害关

---

① 韩国《关税法施行令》第 82 条。
② 韩国《关于反倾销税和反补贴税征收申请、调查、裁定运营的细则规定》第 27 条。
③ 韩国《关于反倾销税和反补贴税征收申请、调查、裁定运营的细则规定》第 21 条。
④ 韩国《关税法施行令》第 84 条第 1 项。
⑤ 韩国《关于反倾销税和反补贴税征收申请、调查、裁定运营的细则规定》第 22 条。
⑥ 韩国《关于反倾销税和反补贴税征收申请、调查、裁定运营的细则规定》第 23 条。
⑦ 韩国《关于反倾销税和反补贴税征收申请、调查、裁定运营的细则规定》第 26 条。
⑧ 韩国《关税法施行令》第 84 条第 2 项。

系人在反补贴调查期间之中不做任何反应，而在终裁后立刻申请复审程序，对反补贴调查权和国家公权力构成损害。

企划财政部部长在决定是否有必要复审时，相关行政机关长官与贸易委员会可进行协商，决定有必要复审时，贸易委员会应进行调查。此情形下可将调查限定在使复审事由成立的部分。① 贸易委员会应在复审启动之日起6个月内终结调查，向企划财政部部长提交其结果。但是，贸易委员会认为有必要延长调查期限，或利害关系人出示了正当事由要求延长调查期限时，可在4个月的范围内延长其调查期限。②

企划财政部部长认为必要时，应自提交复审调查结果之日起1个月内做出征收反补贴税、变更承诺内容、退税等措施。不过，认为必要时可以在20日的范围内延长其期限。③

3. 复审的内容

贸易委员会对复审申请资格的审查事项包括：申请人有复审申请资格的事实；④ 在复审申请要求期间内申请复审的事实；征收反补贴税或承诺终止后国内产业的损害威胁，或补贴与国内产业损害的情势变迁的相关事项。

在退税期内，贸易委员会比较此时的反补贴税率与现有反补贴措施的水平后，计算出退税额，并不涉及国内产业的实质性损害问题。退税期是退税复审的调查期，原则上根据申请人的要求决定。但是，贸易委员会认为必要时可对退税期进行调整。⑤

企划财政部部长判断复审结果承诺实效性有丧失或丧失威胁的情况下，可要求履行承诺的出口国政府或出口商对承诺做出修正。该出口国政府或出口商拒绝修正承诺的，企划财政部部长根据可获资料实施反补贴税措施。⑥ 关税厅厅长对反补贴措施产品的进口及征收实绩，做出承诺的企业是否遵守其承诺，以及其他反补贴措施的复审必要事项进行调查后，向企划财政部部长报告。⑦

企划财政部部长可对征收中的反补贴税税率或实施中的承诺是否恰当进

① 韩国《关税法施行令》第84条第4项。
② 韩国《关税法施行令》第84条第5项。
③ 韩国《关税法施行令》第84条第6项。
④ 韩国《关税法施行规则》第31条第1项。
⑤ 韩国《关于反倾销税和反补贴税征收申请、调查、裁定运营的细则规定》第25条。
⑥ 韩国《关税法施行令》第84条第8项。
⑦ 韩国《关税法施行令》第84条第9项。

行复审，为此在每年履行日当月对补贴进口产品有关反补贴税或承诺内容（包括依复审改变的内容）的进口价格应进行再次检查。[①]

企划财政部部长认为必要时，可对反补贴税及承诺进行复审。根据复审结果，可采取征收反补贴税、变更承诺内容、退税等必要措施。征收反补贴税或接受承诺的情形，除依企划财政部令另行规定适用期限的情形外，该反补贴税或承诺自施行之日起 5 年后失效。根据补贴的支付与产业损害复审结果变更其内容时，除依企划财政部令另行确定适用时限的情形外，变更后的内容自实施之日起 5 年后失效。[②]

（八）利害关系人的权利与义务

在整个反补贴调查和措施过程中，利害关系人的权利主要表现为对企业内部资料的涉密处理、召开听证会、在各阶段得到贸易委员会的及时通知。义务则表现为对贸易委员会或企划财政部部长提出的资料协助请求给予积极配合。

1. 对保密资料的处理

企划财政部部长或贸易委员会认定提交资料为保密资料时，或者调查申请人、利害关系人提出正当事由申请按保密资料处理时，在提供资料者没有明示同意的情况下不得予以公开。

作为营业秘密处理的保密资料，是属于制造成本，非公开会计资料，交易方的姓名、住址及交易量，保密资料提供者的相关事项，以及其他宜认定为保密资料的资料。公开的话会对其提交者或利害关系人的利益产生侵害威胁。[③]

资料提供者要求按保密资料处理的，企划财政部部长或贸易委员会可要求其提供该资料的非保密部分的概要。若资料提供者不能提供概要，应提供记载其事由的文件。企划财政部部长或贸易委员会如认定按保密资料处理的要求不当，但资料提供者无正当理由拒绝公开资料，或拒绝提供非保密资料的概要时，若无法充分证实该资料的准确性，可不参照该资料。[④] 在提交资料者要求资料作为涉密营业资料处理期间，贸易委员会在决定前视为秘密给予保护。[⑤]

---

① 韩国《关税法施行令》第 84 条第 3 项。
② 韩国《关税法》第 62 条。
③ 韩国《关税法施行规则》第 27 条。
④ 韩国《关税法施行令》第 78 条。
⑤ 韩国《关于反倾销税和反补贴税征收申请、调查、裁定运营的细则规定》第 9 条第 3 项。

2. 对利害关系人的通知、公告

企划财政部部长或贸易委员会在调查过程中，在调查的相关利害关系人书面申请时，应通知其调查的进展情况。

贸易委员会决定发起调查时，自决定之日起 10 日内将发起调查决定的相关事项通知申请调查者、该产品的出口国政府及出口经营者、其他利害关系人，并应在《官报》上刊登。[①]

企划财政部部长在符合下列情形之一时，将通告内容刊登在《官报》上，应以书面形式通知利害关系人：决定做出或不做出临时措施、反补贴税征收措施时；接受承诺后中止调查或终结调查或继续调查时；启动复审或变更复审结果、反补贴税措施内容时；在复审期间延长反补贴税措施效力时。[②]

企划财政部部长或贸易委员会在符合下列情形之一时，应将内容通知利害关系人：驳回调查申请时，或终结调查时；就初步调查结果做出初裁时；就正式调查结果做出终裁时；延长调查期时；延长反补贴税的征收期间时；撤销反补贴税征收申请而中止是否发起调查决定或终结调查时；以及企划财政部部长提出承诺建议时。

四 韩国反补贴制度实践及结论

（一）韩国反补贴及贸易救济实践情况

根据韩国贸易委员会的统计，自 1995 年到 2009 年全球各国针对韩国的反补贴调查共 17 件，处于印度 47 件、中国 37 件后的第三位，占全球的 6.94%。韩国发起的反补贴调查为 0 件（贸易委员会曾接收过反补贴税调查申请书，但申请人后来撤销了申请），[③] 针对韩国的反倾销调查申请共 213 件，其中征收反倾销税的共 114 件。韩国发起的反倾销调查共 108 件，处于全球第十一位，被诉 264 件，处于第二位，在中国 761 件之后。韩国发起保障措施调查共 33 件，最终采取措施共 22 件（1995 年后仅 8 件）。韩国发起

---

① 韩国《关税法施行令》第 74 条。
② 韩国《关税法施行令》第 85 条。
③ 孙基允：《反补贴税调查规定的改善方案研究》，韩国"贸易救济论坛"，2009。

不公平贸易行为调查共 292 件，最终采取措施共 97 件。发起 FTA 贸易损害调查 8 件，最终采取措施 7 件。①

（二）韩国不采取反补贴措施的原因分析

韩国政府对反补贴制度的政策立场可归纳为：因反补贴税措施是进口限制措施，所以不多加使用，但支持强化相关条款，扩大发展中国家合法补贴的范围，减少其与韩国产品的竞争关系，总之是偏于保留、保守的立场。一方面，韩国是发达国家反补贴措施的主要对象，自 1995 年到 2009 年 12 月为止，针对韩国的反补贴调查共 17 起，处于世界第三位，占全球的 6.94%。另一方面，韩国却未曾对他国采取反补贴措施。迄今为止，韩国对其他国家发起反补贴措施的实践还是一片空白。

从韩国经济的特点来看，韩国不采取反补贴措施主要有以下三点原因：第一，韩国的经济有其独有的特征，由于资源和人口数量等限制，韩国对国外市场和资源依赖程度极高，外贸依存度居高不下。经历了近 30 年的经济发展后，韩国内需市场已经饱和，国内的劳动力密集型产业正逐步向中国、印度、巴西等发展中国家转移。因此，对于韩国来说，国外市场远比国内市场重要。第二，韩国进口产品与国内产业冲突较少。韩国国内产业中船舶、汽车、电子等产业在全球范围具有较高的市场占有率和影响力，是主要出口产品。而韩国主要进口产品为半导体等电子零部件、原油、农林水产品、电气电子产品、机器设备、钢铁、石化产品等，多属于韩国缺乏的资源密集型产品，恰好形成互补。第三，财团作用举足轻重。据统计，韩国前十大上市集团公司（三星、LG、现代、SK、浦项制铁、乐天等）掌握着韩国一半以上的 GDP。如果作为国内产业涉诉，必然影响韩国经济的正常发展，得不偿失。在这种情况下，韩国不会轻易祭出反补贴的大旗，而是消极防御。

从韩国反补贴制度本身来看，调查权归贸易委员会、决定权归企划财政部的双轨制设计遭到了很多韩国学者的批判，认为这使反补贴程序变得十分烦琐，而且对贸易委员会的独立和权威构成了挑战。② 更重要的是，企划财政部可以根据出口国的经济实力、与韩国经济往来的密切程度等因素来最终

---

① 韩国贸易委员会网站：http://www.ktc.go.kr/kboard/view.jsp? bm = 15&pg = 1&bd = 999999909，最后访问日期：2012 年 3 月 28 日。

② 李哲焕：《韩国反倾销法的不足与完善》，《浙江工商大学学报》2004 年第 5 期。

做出有利于韩国的贸易政策决定,即使这种做法很可能会违反 WTO 的透明度原则,违背客观经济现实。① 补贴产品的出口国大多是韩国的主要贸易伙伴国,因此韩国没有反补贴措施实践也就不难理解了。

有学者②认为,韩国作为 WTO 体制最大的受惠国之一,对外贸易依存度过高,因此积极主张消除贸易壁垒,而像反补贴措施这样的传统限制贸易的制度,本身由于针对他国政府而不仅是企业,比反倾销更为敏感,所以韩国的立场是尽量不使用。另外,韩国作为中小型国家,在国际舞台上更倾向于用多边体制解决问题,如果单独面对美国、欧盟或中国可能比较吃亏,容易受到政治、外交、经济上的压力。这是韩国不主动适用反补贴措施的主要原因。

有学者认为,日本消极适用其反补贴法律制度的原因,在于以下四点:缺乏国内法律传统根基,只是对国际法的被动适用;在历史上受欧美国家贸易救济手段过多,对反补贴有很强烈的负面印象;政府机构人力不足,数十人的规模不足以应对多场贸易救济措施或 WTO 案件;律师门槛高,并且从政府到企业都没有积极地以反补贴制度来维护其利益。③ 韩国的情况与日本颇为相似。韩国《宪法》第 6 条规定了对国际法的直接适用,因而韩国反补贴法律制度的几次大的修改全都是引进 GATT 或 WTO 下的规定。韩国社会普遍缺乏对贸易救济制度的基本认识,外来的贸易救济制度与韩国水土不服。自 1995 年起,韩国被发起反倾销案件数占全球第二,被发起反补贴案件数占全球第三,韩国对贸易救济手段的印象自然是负面而痛苦的。在多哈回合谈判中,以产品出口为经济导向的国家和地区,如日本、韩国、新加坡和中国香港,与一些发展中国家形成了"反倾销谈判之友"的同盟。韩国在反倾销问题上采取了和发展中国家近似的谈判立场,与欧美国家直接对立。韩国提出强烈反对反倾销措施的滥用,要求程序进一步透明。④ 从中可以看出,韩国对贸易救济手段是持否定态度的,对反补贴措施自然也不会积极适用。另外,韩国贸易委员会仅仅 50 人的编制客观上对其反补贴措施发起能力也是一种挑战。⑤ 韩国司法考试的条件很严苛,主体仅限于研究生院

---

① 金杜娟:《韩国反倾销复审制度研究》,硕士学位论文,复旦大学,2004。

② 马光,浙江大学法学院副教授,韩国首尔大学法学博士后,主要研究领域为世贸组织法、中韩比较法。

③ 何力:《日本的贸易救济制度与中国的对日贸易》,《复旦学报》(社会科学版) 2008 年第 6 期。

④ 俞燕宁:《多哈发展议程中关于反倾销的若干问题》,《法学杂志》2007 年第 2 期。

⑤ 李哲焕:《韩国反倾销法的不足与完善》,《浙江工商大学学报》2004 年第 5 期。

的法学毕业生，且在毕业当月起 5 年内只能考 5 次，每年合格人数不过千人。这客观上限制了韩国精通贸易救济的律师数量。

（三）结论

日本对从韩国进口的 DRAM 实施反补贴措施失利后，开始认识到贸易救济制度的重要性。为达到遏制他国反补贴措施的战略目的，日本已经向积极的贸易救济制度转变。① 对此，韩国学界多年来也在呼吁韩国应转变为积极的反补贴措施发起国。美、欧、日之后的韩国作为中国的主要贸易伙伴国之一，很可能因其他几个大国的反补贴制度方向改变而改变。未雨绸缪，对韩国反补贴制度的研究和借鉴意义正在于此。

South Korea's Subsidy and Countervailing Legal System

Cheng Huibing

Abstract： As early as the mid-1960s, South Korea established a basic national policy of "export is priority" and "trade is foundation". That led to a high degree of dependence on foreign trade of South Korea, reaching a record high of 87.9% in 2010. At present, China is South Korea's largest trading partner while South Korea is China's third largest one. With intensified international competition, more and more anti-dumping investigations against China have been launched by south Korea. Although south Korea has not initiated countervailing investigations against China, as the international countervailing measures are in the ascendant, a research on Korea's Subsidies and Countervailing legal system, institutions, substantive and procedure law may provide some reference for Chinese government and enterprises in their response to south Korea's future countervailing investigations.

Key Words： Countervailing; Korea Trade Commission; Customs Act; Customs Act Decree; Enforcement Decree of Customs Act

---

① 何力：《日本的反补贴法律制度及其实践》，《国际法研究》第三卷，中国人民公安大学出版社，2009，第 80 页。

公司国际刑事责任的演进

宋佳宁[*]

摘　要：第二次世界大战结束之后，国际社会开始将"公司的国际刑事责任"问题提上议事日程。此后的国际刑事司法实践中，不仅纽伦堡审判和东京审判中涉及了法人的国际刑事责任，而且前南斯拉夫国际刑事法庭和卢旺达国际刑事法庭也有不少相关判例。本文拟从公司国际刑事责任的发展沿革出发，通过考察和分析国际刑事法院、前南斯拉夫国际刑事法庭和卢旺达国际刑事法庭确立的具体理论与原则，揭示公司国际刑事责任制度的演进，并试图为企业法人在相关领域所面临的挑战和机遇提出些许思考。

关键词：公司　国际刑法　国际刑事责任　国际刑事司法实践

20 世纪初，随着经济全球化程度的不断加深，商业性公司（特别是跨国公司）对东道国、母国及其他利益相关者在政治上、经济上的影响大幅提升。各国在获得巨大利润的同时，也开始品尝公司肆无忌惮的侵犯人权行为所带来的恶果。[①] 公司责任的问题也随之受到关注。

---

* 宋佳宁，中国社会科学院国际法研究所博士研究生。

① 20 世纪中后期开始，私人公司（特别是跨国公司）侵犯雇员基本人权、破坏当地环境，甚至干预东道国内政等恶行不断见诸报端。其中以私人公司侵犯劳工权利、破坏当地环境等报道尤盛。如发生在 1984 年 12 月印度博帕尔的毒气泄漏事件，被认为是 20 世纪影响最严重的工业安全事故。事发后 2 天就导致 5000 人死亡，最终造成的死亡人数可能超过 2 万人，另外有 6 万人需要接受长期治疗。然而，根据相关人权机构的调查，截至今日，肇事公司"联合碳化公司"（Union Carbide Corporation）仍未向受害者履行赔偿义务。相关背景资料参见 http：//baike. baidu. com/view/3735497. htm? fromId = 412912，最后访问日期：2013 年 3 月 25 日。

在民事责任方面，从 20 世纪 70 年代开始，西方人权组织对某些跨国公司在发展中国家建立"血汗工厂"（sweatshop）的报道引发了欧美国家轰轰烈烈的"消费者运动"。[①] 该运动促使各国政府、学者和社会公众开始思考跨国公司所应面对的环境和劳工等问题。[②] 在刑事责任方面，国际法学界和实务界对公司国际刑事责任的研究也进行得如火如荼。最早的研究可追溯到第二次世界大战后期对以公司为媒介大规模侵犯人权行为提起诉讼的纽伦堡国际军事法庭（International Military Tribunal at Nuremberg）和远东国际军事法庭（International Military Tribunal for the Far East）。[③] 此后，国际刑事法院（International Criminal Court）、前南斯拉夫国际刑事法庭（International Criminal Tribunal for the former Yugoslavia，以下简称"前南刑庭"）和卢旺达国际刑事法庭（International Criminal Tribunal for Rwanda，以下简称"卢旺达刑庭"）都曾在其判决中涉及企业法人的国际刑事责任。[④] 这些司法实践活动不仅推动了相关理论的研究，也为法人责任的最终确立奠定了坚实的基础。在国际刑事立法方面，1997 年之后，涉及企业法人国际刑事责任的国际性文件呈逐年递增趋势。[⑤] 有学者预见，虽然国际刑事法院或特别刑事法庭尚不享有对公司的直接管辖权，但从国际刑事判例和理论研究的发展趋势来看，商业性公司（特别是跨国公司）将在不久的将来与个人承担类似的国际刑事责任。[⑥]

[①] 消费者运动："指在市场经济条件下，消费者为了维护自身利益，自发地或者有组织地以争取社会公正、保护自己合法权益、改善其生活地位等为目的同损害消费者利益行为进行斗争的一种社会运动。消费者运动始于 19 世纪的英国，然后迅速波及西欧和北美。到 20 世纪，已成为消费者运动的世纪。"相关资料参见 http：//baike. baidu. com/view/1070730. htm，最后访问日期：2013 年 2 月 14 日。

[②] 朱锦程：《全球化背景下企业社会责任在中国的发展现状及前瞻》，《中国矿业大学学报》2006 年第 1 期，第 32 页。

[③] Simon Chesterman, "Oil and the International Law: the Geopolitical Significance of Petroleum Corporations; Oil and Water: Regulating the Behavior of Multinational Corporations through Law", (2004) 36 *New York University Journal of International Law and Politics* 307, p. 313.

[④] 国际刑事法院在 *The Nicaragua* 案中确立了"有效控制"原则（the effective control）；前南刑庭在塔迪奇（*Tadic*）案中认为，只要国家在"该军事组织中起到了组织、协调或计划的作用"，公司就应承担"教唆或帮助责任"；欧洲人权法院（European Court of Human Rights）确立了更为宽松的标准，即有效和完全控制原则（effective and overall control）。

[⑤] 〔美〕M. 谢里夫·巴西奥尼：《国际刑法评论》第 1 卷，王秀梅译，中国人民公安大学出版社，2006，第 30 页。

[⑥] Doug Cassel, "Corporate Aiding and Abetting of Human Rights Violations: Confusion in the Courts", (2008) 6 *Northwestern Journal of International Human Rights* 304, pp. 22 – 23.

本文将从公司国际刑事责任的起源出发，探讨不同历史时期以公司为主体的国际刑事责任理论的发展演变，分析商业性公司国际刑事责任制度，并试图对企业法人在相关领域所面临的挑战和机遇提出些许思考。

一　公司国际刑事责任的源起

（一）公司作为国际犯罪主体资格的可能性

早期国际刑法只承认国家是严重侵犯人权行为的责任承担者。① 对于私人公司的国际法地位，传统国际刑法学者秉承"公司不能犯罪原则"（societas delinquere non potest）否认公司属于国际刑法的管辖对象。② 通说认为，这一思路的转换始于第二次世界大战。第二次世界大战之后的纽伦堡审判开始认定"非国家主体"（non-state actors）的"帮助和唆使责任"（aiding and abetting）。③ 在弗里克案④（The United States of America v. Friedrich Flick, et al., or Flick trial）中，法庭就曾认定纳粹党的领导集团、德国秘密警察组织（Gestapo，亦称为"盖世太保"）和保安勤务处（SD）、党卫军（SS）为犯罪组织。⑤ 这一判决将国际刑法的管辖范围扩展至非国家

---

① Steven R. Ratner, "Corporations and Human Rights: a Theory of Legal Responsibility", (2001) 111 *The Yale Law Journal* 443, p. 461.

② Andrew Clapham, "Extending International Criminal Law Beyond the Individual to Corporations and Armed Opposition Groups", (2008) 6 *Journal of International Criminal Justice* 899, p. 900.

③ Earthright International, "The International Law Standard for Corporate Aiding and Abetting Liability", http://www.earthrights.org/sites/default/files/publications/UNSRSG - aiding - and - abetting.pdf, 最后访问日期：2013 年 2 月 5 日。

④ 弗里克案：第二次世界大战之后德国被占领期间，美国军事法院曾针对德国企业家在纳粹时期侵犯人权的暴行进行过三次审判，即所谓的"企业家"案。本案全称为美国诉弗里德里希·弗里克等人案（以下简称"弗里克案"）。弗里克案是第一起企业家案，也是首个法院做出判决的企业家案。被告包括弗里德里希·弗里克和另外 5 名弗里克公司（Flick Kommanditgesellschaft, or Flick KG）高层员工（包括 Otto Steinbrink, Bernhard Weiss, Odilo Burkart, Konrad Kaletsch 和 Hermann Terberger）。6 名被告被指控在第二次世界大战期间雇佣上千名被驱逐的外国劳工（主要来自集中营和战俘营）并强迫他们在弗莱克名下的矿山和工厂中进行高强度、不人道的工作。此外，弗里克和另一位公司主要负责人奥托·斯泰因布林克（Otto Steinbrinck）还因隶属于"希姆莱朋友圈"（"Circle of Friends of Himmler"）被以"参与犯罪组织"的罪名起诉。案件判决结果：3 名被告（Friedrich Flick, Otto Steinbrinck 和 Bernhard Weiss）分别被判处 2 年半到 7 年有期徒刑，另外 3 名被告（Odilo Burkart, Konrad Kaletsch 和 Hermann Terberger）被宣告无罪释放。

⑤ 林欣、李琼英：《国际刑法新论》，中国人民大学出版社，2005，第 31 页。

主体，也为商业性公司的国际刑事责任主体地位认定奠定了实践基础。该判例所确立的原则在此后的法本公司案① （*The United States of America v. Carl Krauch, et al., or I. G. Farben Trial*） 中得到进一步发展。审理法本公司案的美国军事法庭（The U. S. Military Court） 在判决书中明确指出，被告人因其所在公司的行为被认定犯有战争罪。② 学界普遍认定"该法庭将对犯罪组织的认定从政治组织扩大到一般性商业公司"。③ 这也是将"非国家主体"或私人团体、组织确定为国际犯罪主体的最初实践。④

　　除上文中提到的弗里克案外，最能体现当时国际司法实务界对法人国际刑事责任态度的应属"纽伦堡后续审判"⑤ （The Subsequent Nuremberg Trials） 中由美国军事法庭主持审理的另外两起"企业家"案⑥ （the industrialist cases）。在这三起案件中，大型德国企业负责人皆因公司行为被提起公诉（罪名为危害人类罪、战争罪、奴役罪等）。⑦ 在弗里克案中，美国军事法庭认定两被告人有罪的依据是他们"利用自己的影响力和经济实力"参与党卫军的活动并在明知存在奴隶劳动的情况下仍然增加产量，进

---

① 法本公司案：全称为美国诉卡尔·克劳赫等人案。鉴于本案的 24 名被告全部来自法本公司（I. G. Farben），因此又被称为法本公司案。本案所有被告都被指控犯有组织和发动侵略战争罪，阴谋发动侵略战争罪，经济掠夺、强迫劳动和奴役罪。此外，另有 3 名被告（Christian Schneider, Heinrich Bütefisch 和 Erich con der Heyde） 被指控参与纳粹党卫军活动。第二次世界大战期间，法本公司利用其本身的技术和经济优势，一方面，生产和制造大量齐克隆 B 气体（Zylkon B） 以用于杀害集中营中的犹太人；另一方面，该公司还大力发展合成汽油和橡胶，为纳粹德国的军工产业提供充足原材料。案件判决结果：10 名被告被认定对全部指控无罪，13 名被告被认定一项或多项罪名成立并被判处 1 年半到 8 年有期徒刑（由于健康原因，对 Max Brüggemann 的指控于 1947 年 9 月 9 日被撤销）。

② Michael J. Kelly, "Grafting the Command Responsibility Doctrine onto Corporate Criminal Liability for Atrocities", (2010) 24 *Emory International Law Review* 671, pp. 682 – 683.

③ 范红旗：《法人国际犯罪主体问题探究》，《中国刑事法杂志》2006 年第 6 期，第 99 页。

④ 林欣、李琼英：《国际刑法新论》，中国人民大学出版社，2005，第 31 页。

⑤ 纽伦堡审判是指："1945 年 11 月 21 日至 1946 年 10 月 1 日间，由第二次世界大战胜国对欧洲轴心国的军事、政治和经济领袖进行的数十次军事审判。在这场审判中的被告共计 22 名，还包括德国内阁在内的 6 个组织。除了这 22 名被告和 6 个团体外，其余被告均在 1946 年至 1949 年接受美国军事法庭审判，即上文提到的'纽伦堡后续审判'。"相关背景资料参见 http://zh. wikipedia. org/wiki/% E7% BA% BD% E4% BC% A6% E5% A0% A1% E5% AE% A1% E5% 88% A4，最后访问日期：2013 年 3 月 25 日。

⑥ 企业家案，是指第二次世界大战之后由美国军事法庭审理的在战争期间帮助或协助纳粹德国犯下严重触犯国际刑法行为的德国大企业家的案件。共三起案件，即文中提到的：弗里克案、法本公司案和克虏伯案。

⑦ 参见 CCL NO. 10 （Dec. 20, 1945）, reprinted in 1 TRIALS OF WAR CRIMINALS BEFORE THE NUERNBERG MILITARY TRIBUNALS, at xvi （photo. reprint 1998）（1949）.

而构成战争罪的共谋。① 与纽伦堡审判相比，"企业家"案更加大胆、直接地探讨了公司法人的行为性质及实行这些行为的个人所应承担的责任。然而，尽管美国军事法庭在"企业家"案中对公司法人的国际刑事责任和个人国际刑事责任进行了较为深入的分析和探讨，但此类实践活动却并未获得更深层次的发展。美国军事法庭就曾承认"犯罪是个人行为，应避免适用集体刑罚，仅仅因行为人的团体或组织成员身份就对其施加刑事责任的刑事程序会带来极大的不公正"。② 可以看出，在当时将法人直接列为国际犯罪主体的想法还过于超前。总的来说，虽然在部分案件中法官已将公司违反国际人权法的行为作为公司负责人承担国际刑事责任的基础或前提予以论述，③ 但单纯从公司的国际刑事责任角度看，纽伦堡审判时期法院仍秉承以往的司法实践传统，即仅承认个人和国家的国际刑事责任。

纽伦堡审判后的几十年中，国际刑事司法实务界和联合国条约机构亦曾多次尝试厘清相关问题。④ 相较于纽伦堡时期法院针对公司违反国际刑法的行为采取较为"直接"的态度，这些区域性法院更愿适用"间接"手段来实现对所涉公司的管辖。虽然多数案件或个人来文的最终结果⑤并未直接涉

---

① Michael J. Kelly, "Grafting the Command Responsibility Doctrine onto Corporate Criminal Liability for Atrocities", (2010) 24 *Emory International Law Review* 671, p. 682.

② 〔美〕M. 谢里夫·巴西奥尼：《国际刑法导论》，赵秉志、王文华译，法律出版社，2006，第74页。

③ *United States v. Krauch*, 8 CCL NO. 10 TRIALS OF WAR CRIMINALS BEFORE THE NUERNBERG MILITARY TRIBUNALS, note 131, at 1081, 1153 (1952) (U. S. Mil. Trib. VI 1948); Matthew Lippman, "War Crimes Trials of German Industrialists: The 'Other Schindlers'", (1995) 9 *Temple International and Comparative Law Journal* 173.

④ 在欧洲人权机构、美洲人权法院、联合国人权条约机构审议的多起案件（或申诉、个人来文）中都曾承认私主体侵犯人权的行为构成对于国际人权条约的违反。如人权事务委员会（Human Rights Committee）受理的Hopu等诉法国案（*Hopu and Tepoaitu Bessert v. France*），La'nsman等诉芬兰案（*La'nsman et al. v. Finland*）；欧洲人权委员会受理（European Commission of Human Rights）的Young诉英国案（*Young v. United Kingdom*），Costello-Roberts诉英国案（*Costello-Roberts v. United Kingdom*），López Ostra诉西班牙案（*López Ostra v. Spain*）及Guerra诉意大利案（*Guerra v. Italy*）；美洲人权法院（The Inter-American Court of Human Rights）审理的*Awas Tingni*案；非洲人权与民族权委员会处理的社会和经济权利运动中心诉尼日利亚（奥格尼）案［*Social and Economic Rights Action Centre v. Nigeria (Ogoni)*］等。

⑤ 如在Hopu诉法国案中，人权事务委员会认定法国允许其国有公司租用塔希提岛修建豪华酒店的行为并未考虑当地土著居民对于祖先墓地的特有感情，因此侵犯了当地土著居民的家庭权利和隐私权。在La'nsman等诉芬兰案中，委员会却做出与Hopu案完全不同的认定。委员会认为芬兰政府将采石场授权一私人公司使用的行为已经完全考虑当地土著居民的文化权利，因此芬兰政府的做法并不违反《经济、社会、文化权利国际公约》第27条的规定。

及对公司的惩处，但审议机构似乎更乐于通过对相关国家不履行义务行为的抨击而迫使"被告国"采用"国内刑法或行政法"等手段处理涉案公司违反国际法的行为。与此同时，国际刑事法院、前南刑庭和卢旺达刑庭①也都曾在司法实践中通过"帮助和唆使"等"共谋"（conspiracy）行为追究公司负责人的国际刑事责任。在此问题上持更为进步态度的是南非真相和解委员会②（South Africa Truth and Reconciliation Commission）。1999年，该委员会发布了《真相和解委员会南非报告》（Truth and Reconciliation Commission of South Africa Report）。报告的第四卷用将近40页的篇幅详尽描述了南非种族隔离时代私人公司直接、间接支援或促进白人政府强化种族隔离政策的行为。报告中不仅强调"私人公司是南非种族隔离时期经济稳定发展的核心力量"，③还确认了私人公司（特别是跨国公司）对南非政府种族隔离政策的推动作用。④ 此外，南非真相和解委员会还首次在报告中直接承认"商业公司应承担国际刑事责任"且将公司在南非种族隔离政策中的"共谋行为"划分成不同等级。⑤ 这些做法不仅获得学界的普遍支持，推动了公司作为国际犯罪主体理论的深入发展。更为重要的是，该报告采用听证会等形式真实反映了种族隔离时期南非社会各阶层的发展状况，使南非人"看清了自己和自己的国家，并抚平了南非人心中的怨恨，为南非今天的稳定与和解奠定了基础"。⑥

---

① 国际刑事法院在 The Nicaragua 案中确立了"有效控制"原则（the effective control）；前南刑庭在塔迪奇（Tadic）案中认为，只要国家在"该军事组织中起到了组织、协调或计划的作用"，公司就应承担"教唆或帮助责任"。

② 南非真相和解委员会是南非为实现"在弄清过去事实真相的基础上促进全国团结与民族和解"的目标，于1995年11月29日，宣布成立的社会调解组织。该委员会创立的目的为研究和揭露1960年3月到1994年5月间南非国内因种族隔离政策所带来的种种严重侵犯人权的行为。相关背景资料参见 http：//zh. wikipedia. org/wiki/% E5% 8D% 97% E9% 9D% 9E% E7% 9C% 9F% E7% 9B% B8% E4% B8% 8E% E5% 92% 8C% E8% A7% A3% E5% A7% 94% E5% 91% 98% E4% BC% 9A，最后访问日期：2013年3月18日。

③ Sabine Michalowski, "No Complicity Liability for Funding Gross Human Rights Violations?", (2012) 30 Berkeley Journal of International Law 451, p. 455.

④ Truth and Reconciliation Commission, "Truth and Reconciliation Commission of South Africa Report", Volume 4, http：//www. info. gov. za/otherdocs/2003/trc/，最后访问日期：2013年3月15日。

⑤ Earthright International, "The International Law Standard for Corporate Aiding and Abetting Liability", http：//www. earthrights. org/sites/default/files/publications/UNSRSG – aiding – and – abetting. pdf，最后访问日期：2013年2月5日。

⑥ 相关资料参见 http：//zh. wikipedia. org/wiki/% E5% 8D% 97% E9% 9D% 9E% E7% 9C% 9F% E7% 9B% B8% E4% B8% 8E% E5% 92% 8C% E8% A7% A3% E5% A7% 94% E5% 91% 98% E4% BC% 9A，最后访问日期：2013年3月18日。

晚近，部分国际法学者对公司法人应在一定程度上承担国际刑事责任一说持肯定态度。他们认为，国际法早已将国际人权责任加之于除国家外的"非国家主体"（个人、跨国公司、叛乱组织等）之上。① 尤其是在一些国际文件中已经明确规定了私人组织（private actors）应承担的国际责任。② 早在 1949 年，国际法院（International Court of Justice）就曾在对赔偿案③（*Reparations* case）的咨询意见（Advisory Opinion）中认定联合国的国际法主体资格。④ 1986 年美国《外交关系重述》［Restatement（Third）of Foreign Relations］也曾含蓄地承认公司为国际法主体。⑤ 自此，越来越多的学者和研究机构开始认识到公司在国际法中的地位和作用，⑥ 相关国际条约和公约也在此问题上采取更为开明的态度。我国政府也持肯定态度。在《防止及惩治种族灭绝罪公约》（Convention on the Prevention and Punishment of the Crime of Genocide）的筹备阶段，我国与会代表林谋生先生（音译：Mr. Lin Mousheng）曾在"公约勘误会议第四次特别会议"上对一些代表提出的在公约中加入"政治性组织"表示质疑，并首次陈述我国在此问题上的观点，即"如果政治性组织可以作为种族灭绝罪的犯罪主体，没有理由不将其管辖范围扩大到社会、经济性组织"。⑦ 此外，从现实角度出发，由于企业的集体行为所能造成的损害极有可能严重于个人的单独行为，因此，逻辑上来讲，既然个人已被列为国际刑法的管辖对象，没有理由还将公司法人排

① Protocol Additional to the Geneva Conventions of 12 August 1949, and Relating to the Protection of Victims of Non-International Armed Conflicts（Protocol II），*adopted* June 8，1977，1125 U. N. T. S. 609.

② Steven R. Ratner，"Corporations and Human Rights：a Theory of Legal Responsibility"，（2001）111 *The Yale Law Journal* 3，p. 467.

③ 赔偿案：1948 年，一位来自瑞典的联合国调停官员在耶路撒冷执行联合国任务时被杀害。由于当时以色列尚不属于联合国会员国，联合国大会就以"对非会员国的追偿问题和联合国的国际法主体资格等问题"要求国际法院给出咨询意见。国际法院在 1949 年出具的咨询意见（Reparation for Injuries Suffered in the Service of the United Nations，April 11th，1949）中承认了联合国的国际法主体资格。

④ Michael J. Kelly，"Grafting the Command Responsibility Doctrine onto Corporate Criminal Liability for Atrocities"，（2010）24 *Emory International Law Review* 671，p. 687.

⑤ Restatement（Third）of Foreign Relations pt. II，intro. note（1986）. "In the past it was sometimes assumed that individuals and corporations，companies or other juridical persons created by the laws of state，were not persons under（or subjects of）international law."

⑥ Michael J. Kelly，"Grafting the Command Responsibility Doctrine onto Corporate Criminal Liability for Atrocities"，（2010）24 *Emory International Law Review* 671，p. 687.

⑦ Hirad Abtahi and Philippa Webb，*The Genocide Convention：The Travaux Preparatories*（Martinus Nijhoff Publishers，2008），p. 724.

除在外。① 在实践中，一些国家也早已在国内法中承认了"非国家主体"应对其大规模侵犯基本人权的行为承担刑事责任。晚近各国的立法实践表明，不仅传统承认"法人具有刑事责任能力"的英美法系国家在积极创设对相关犯罪的"普遍管辖权"，② 一些深受"社团法人不能犯罪"法律原则影响的大陆法系国家也开始确立法人刑事责任。③

综上，虽然当前主流国际司法实务界在对公司国际刑事责任的追责过程中仍将"国家行为"在犯罪行为中的作用作为主要考量对象，④ 但近些年来，越来越多的学者开始认识到"传统国际法有关犯罪主体主要是自然人的理论显然不能适应经济全球化形势下控制国际犯罪的要求"。⑤ 他们提出"随着国际刑法的发展，个人（个人、公司）在武装冲突法和国际刑法方面似乎也直接承受国际法上的权利和义务"。⑥ 在此基础之上，各种国际条约和公约的出现，以及各国刑事司法实践的发展，都为法人国际刑事责任制度的进一步提升提供了良好的契机。

（二）涉及法人犯罪的国际文件

晚近，学界关于公司企业（特别是跨国公司）是否属于国际法主体这一问题的争议仍在继续。⑦ 然而，就公司是否能够承担国际刑法下国际刑事

---

① Simon Chesterman, "Oil and the International Law: the Geopolitical Significance of Petroleum Corporations; Oil and Water: Regulating the Behavior of Multinational Corporations through Law", (2004) 36 *New York University Journal of International Law and Politics* 307, p. 310.

② 传统英美法系国家，如澳大利亚《刑法典》引入国际刑法中企业"共谋"行为的表述，明确规定了企业应承担国际刑事责任。具体内容参见 Jennifer G. Hill, "Corporate Criminal Liability in Australia: An Evolving Corporate Governance Technique?", (2003) *Journal of Business Law* 1.

③ 晚近，大陆法系国家，如荷兰、挪威、冰岛、法国、芬兰、比利时、斯洛伐克、土耳其等均开始确立法人刑事责任制度；范红旗：《法人国际犯罪主体问题探讨》，《中国刑事法杂志》2006 年第 6 期，第 100～101 页。

④ Steven R. Ratner, "Corporations and Human Rights: a Theory of Legal Responsibility", (2001) 111 *The Yale Law Journal* 443, pp. 470–471.

⑤ 邵沙平：《经济全球化与国际犯罪的法律控制》，武汉大学出版社，2005，第 118 页。

⑥ 朱文奇：《国际刑事法院与中国》，中国人民大学出版社，2009，第 11 页。

⑦ 我国学者对"国际法主体"的定义是："国际法主体是指独立参加国际关系并直接在国际法上享受权利和承担义务，并具有独立进行国际求偿能力者。"传统国际法理论认为"主权国家是唯一的国际人格者"，国家是唯一享有国际法权利和行使国际法义务的国际法主体。然而，随着社会的发展，越来越多的主体开始登上国际舞台，国际法主体的范围也随之不断扩大。目前大部分学者承认，国际法主体不仅包括国家、国际组织，还包括"在一定范围内拥有国际法主体资格的"争取独立民族。而对于公司是否具有国际法主体资格，（转下页注）

责任的看法却逐渐明朗。① 就后一议题的探讨可以追溯到第二次世界大战结束之后。

1945 年的《欧洲国际军事法庭宪章》（Charter of the International Military Tribunal，亦称《国际军事法庭宪章》或《纽伦堡国际军事法庭宪章》）第 9 条、第 10 条和第 11 条中都明确规定了犯罪组织的可诉性。② 纽伦堡国际军

（接上页注⑦）国际法学界仍分歧较大。通过分析相关文献资料可以得出，虽然公司还不能被称为真正意义上的"国际法主体"，但其在国际法特定领域（如国际环境法、国际人权法、国际反腐败等领域）和一些区域性国际协定中的主体地位已被承认并在实践中加以适用，而这种发展趋势也是必然的。相关资料参见：朱晓青：《国际法》，社会科学文献出版社，2005，第 43 页；周鲠生：《国际法》（上），武汉大学出版社，2007，第 49～50 页、第 56 页；梁西：《国际法》（第三版），武汉大学出版社，2012，第 73 页；王铁崖：《国际法》，法律出版社，2007，第 46～56 页；〔美〕汉斯·凯尔森：《国际法原理》，王铁崖译，法律出版社，1995，第 80～81 页；〔英〕M. 阿库斯特：《现代国际法概论》，汪暄、朱奇武等译，中国社会科学出版社，1983，第 80～86 页；余劲松：《跨国公司法律问题专论》，法律出版社，2008，第 301～303 页；汪玮敏：《跨国公司人权责任的规制路径研究》，《合肥工业大学学报》2008 年第 2 期，第 146 页；Steven R. Ratner, "Corporations and Human Rights: a Theory of Legal Responsibility"，（2001）111 *The Yale Law Journal* 443, p. 475；Kamminga, M, S. Zia - Zarifi (eds.), *Liability of Multinational Corporation under International Law* (The Hague: Kluwer Law International, 2000), pp. 259 - 262。

① 学界对"国际刑事责任"的定义是："国际刑事责任，是行为人（自然人、法人、团体或组织）违反国际刑事法律规范规定的禁止性行为而引起的法律后果，以及国际社会的谴责。"一般认为，"对于法人、团体、组织的刑事责任问题，国内刑事法律体系的发展动向显示，刑事责任的承担已经由个人刑事责任向'法人'或'单位'等组织、团体刑事责任延伸。在国际法体系中，国际性审判机构可以通过直接实现的方式追究行为人的国际刑事责任，也可以追究团体或组织应承担的刑事责任。尽管国际刑法、国内刑法、各法系以及各主权国家对刑事责任的见地多有不同，但基本上呈现出同步发展的态势"。相关资料参见：黄风、凌岩、王秀梅：《国际刑法学》，中国人民大学出版社，2007，第 77 页；Ronald C. Slye, "Corporations, Veils, and International Criminal Liability"，（2008）33 *Brooklyn Journal of International Law* 955, p. 957。

② 《欧洲国际军事法庭宪章》第 9 条、第 10 条、第 11 条。第 9 条原文：Article 9: At the trial of any individual member of any group or organization the Tribunal may declare (in connection with any act of which the individual may be convicted) that the group or organization of which the individual was a member was a criminal organization. 第 10 条原文：Article 10: In cases where a group or organization is declared criminal by the Tribunal, the competent national authority of any Signatory shall have the right to bring individual to trial for membership therein before national, military or occupation courts. In any such case the criminal nature of the group or organization is considered proved and shall not be questioned. 第 11 条原文：Article 11: Any person convicted by the Tribunal may be charged before a national, military or occupation court, referred to in Article 10 of this Charter, with a crime other than of membership in a criminal group or organization and such court may, after convicting him, impose upon him punishment independent of and additional to the punishment imposed by the Tribunal for participation in the criminal activities of such group or organization.

事法庭也在其判决书中指出："本法庭宣告有罪的组织成员，可因其具备该组织的成员身份而被定罪，并可因此被判处死刑。"有学者称："这是作为国际刑事司法机构裁判之法律基础和依据的国际法第一次直接规定犯罪集团和组织的团体刑事责任。"① 属于同一时期的《远东国际军事法庭宪章》（Charter of the International Military Tribunal for the Far East）中虽无如上之专条规定，② 但第5条（丙）款中也提到"凡参加上述任何罪行之共同计划或阴谋之领导者、组织者、教唆者与共谋者，对于任何人为实现此种计划而做出之一切行为，均应负责"。③ 同时，远东国际军事法庭在星野直树（Hoshino Nakoi）案④与贺屋兴宣（Kaya Okinori）案⑤中也曾适用以上观点。法庭认为："两人的罪过并不在于其作为政府要员的身份，而与其参与的私人的或商业活动和这些商业活动为战争带来的不可分割的经济支持是分不开的。"⑥ 然而，虽然纽伦堡审判和东京审判都曾宣告公司为"犯罪组织"，但两法庭都排除了对商业法人的管辖权，"仅对这些组织、实体的负责人、领

---

① 张颖军：《打击跨国犯罪国际法律制度的新发展——法人责任》，《甘肃社会科学》2005 年第 6 期，第 137～138 页。

② 张颖军：《从纽伦堡审判到国际刑事法院——国际刑事司法的法人责任研究》，《武汉大学学报》（哲学社会科学版）2008 年第 6 期，第 847 页。

③ 《远东国际军事法庭宪章》第 5 条（丙）款。原文：（丙）违反人道罪指战争发生前或战争进行中对任何和平人口之杀害、灭种、奴役、强迫迁徙，以及其他不人道行为，或基于政治上的或种族上的理由而进行旨在实现或有关本法庭管辖范围内任何罪行之迫害行为，不论这种行为是否违反行为地国家的国内法。凡参与上述任何罪行之共同计划或阴谋之领导者、组织者、教唆者与共谋者，对于任何人为实现此种计划而做出之一切行为，均应负责。

④ 星野直树案：被告星野直树曾任满洲国国务院总务厅长官、内阁书记官长等职。他策划成立了由日本人控制的满洲国中央银行，控制满洲金融命脉，并鼓动日本国内财阀到中国东北投资。1937 年，日本公司垄断和控制了中国东北地区的工业。在星野直树的经济政策下，无数中国企业破产。1948 年，远东国际军事法庭判处其终身监禁。《判决书》认定其罪状之一为"他是'兴亚院'的组织者之一，并且是该院的政治及行政部门的首长。在这种地位上，他促进了开发利用日本在华占领区的动作"。相关资料参见 http：//baike. baidu. com/view/1574675. htm，最后访问日期：2013 年 3 月 25 日。

⑤ 贺屋兴宣案：被告贺屋兴宣于 1941 年至 1944 年间担任日本财政大臣。其"独创"的战时财政经济政策，为日本发动太平洋战争打开了方便之门，提供了可靠的财政支持与物资保障。日本战败后，贺屋兴宣作为第一批被捕的甲级战犯接受远东国际军事法庭的审判。1948 年 11 月，法庭以战争罪判处贺屋兴宣无期徒刑。相关资料参见 http：//baike. baidu. com/view/1574699. htm，最后访问日期：2013 年 3 月 25 日。

⑥ Kyle Rex Jacobson, "Doing Business with the Devil: the Challenges of Prosecuting Corporate Officials Whose Business Transactions Facilitate War Crimes and Crimes Against Humanity", (2005) 56 *The Air Force Law Review* 167, pp. 196 – 197.

导人进行定罪和惩罚"。① 因此，可以看出，当时的学界和实务界对是否承认公司的国际刑事主体资格一说仍然存在较大争议。

最早正式就公司法人应承担国际刑事责任进行规定的国际文件主要发源于区域性国际组织。② 1997 年欧洲联盟（European Union，以下简称"欧盟"）起草的《打击涉及欧共体官员或欧盟成员国官员腐败行为的公约》（The EU Convention On the Fight Against Corruption Involving Officials of the European Communities or Officials of Member States of the European Union，以下简称《公约》）第 6 条③明确规定了企业责任人的刑事责任。《公约》督促所有成员国采取必要措施，使企业负责人或任何在企业内享有决策权或控制权的人，能根据其国内法确定的原则，被宣布对其授权代表企业的人所犯的腐败案件承担刑事责任。从上述规定可以看出，《公约》制定者已经注意到了企业法人可能参与腐败犯罪，但在最终的法律文本中却"只注重于强调具体行为的企业领导者的责任"，④ 而对是否追究其所代表的法人的责任没有明确表述。一年

---

① 张颖军：《从纽伦堡审判到国际刑事法院——国际刑事司法的法人责任研究》，《武汉大学学报》（哲学社会科学版）2008 年第 6 期，第 847 页。

② 范红旗：《国际反腐败公约中的法人犯罪：兼论国际刑法中的法人犯罪及责任模式》，《外交评论》2006 年第 88 期，第 108 页。

③ 欧州委员会（Council of Europe）：On the Fight Against Corruption Involving Officials of the European Communities or Officials of Member States of the European Union。第 6 条原文：Article 6 – Criminal liability of heads of businesses. 6. 1. This Article is almost completely drawn from Article 3 of the Convention on the protection of the European Communities' financial interests. Like that provision, its purpose is to ensure that heads of businesses or other persons exercising legal or effective power within a business are not automatically exempt from all criminal liability where active corruption has been committed by a person under their authority acting on behalf of the business. The Convention leaves Member States considerable freedom to establish the basis for criminal liability of heads of businesses and decision-makers. As well as covering the criminal liability of heads of businesses or decision-makers on the basis of their personal actions（as authors of, associates in, instigators of, or participants in the fraud）, Article 6 allows Member States to consider making heads of businesses and decision-makers criminally liable on other grounds. Within the meaning of Article 6, a Member State may make heads of businesses and decision-makers criminally liable if they have failed to fulfil a duty of supervision or control（culpa in vigilando）. The criminal liability of the head of a business or decision-maker could also attach to negligence or incompetence.
欧洲委员会，简称欧委会，于 1949 年 5 月 5 日在伦敦成立。原为西欧 10 个国家组成的政治性组织，现已扩大到整个欧洲范围，共有 46 个成员国，以及 5 个部长委员会观察员国以及 3 个议会观察员国。旨在保护欧洲人权、议会民主和权利的优先性；在欧洲范围内达成协议以协调各国社会和法律行为；促进实现欧洲文化的统一性。相关资料参见 http://baike. baidu. com/view/91115. htm，最后访问日期：2013 年 3 月 25 日。

④ 刘健、李宁：《国际刑法中的刑事责任主体分析》，《哈尔滨学院学报》2008 年第 2 期，第 57 页。

之后，欧盟理事会①（Council of European Union）公布了《打击在私营部门中腐败行为的联合行动》（Joint Action of 22 December 1998 adopted by the Council on the basis of Article K. 3 of the Treaty on European Union, on corruption in the private sector, 以下简称《联合行动》）。《联合行动》中首次出现对法人的定义（第 1条）以及关于法人责任（第 5 条）的规定。② 此后在反恐怖主义和打击腐败领域，欧盟还订立了大批涉及法人国际刑事责任的公约或纲领。如 1999 年的《反腐败刑法公约》（Criminal Law Convention on Corruption）③、2002 年的《打击

---

① 欧盟理事会（Council of European Union）是一个由来自欧洲联盟成员国各国政府部长所组成的理事会，是欧洲联盟的主要决策机构之一。欧盟理事会的主要任务是协调欧洲共同体各个国家间事务，制定欧洲法律和法规。理事会有一名主席和一名秘书长，实行轮换制，由各成员国轮流出任，每 6 个月轮换一次。理事会轮值主席国外交部长出任主席。理事会秘书长由欧盟各成员国联合选举任命，他同样是共同外交与安全政策高级代表。背景材料参见 http：//baike. baidu. com/view/2723024. htm，最后访问日期：2013 年 3 月 18 日。

② 欧盟理事会（Council of the European Union）：Joint Action of 22 December 1998 adopted by the Council on the basis of Article K. 3 of the Treaty on European Union, on corruption in the private sector, 第 1 条、第 5 条。第 1 条原文：Article 1：For the purposes of this Joint Action：–'person' means any employee or other person when directing or working in any capacity for or on behalf of a natural or legal person operating in the private sector；–'legal person' means any entity having such status under the applicable national law, except for States or other public bodies acting in the exercise of State authority and for public international organisations⋯ 第 5 条原文：Article 5：Liability of legal persons：1. Each Member State shall take the necessary measures to ensure that legal persons can be held liable for active corruption of the type referred to in Article 3 committed for their benefit by any person, acting either individually or as part of an organ of the legal person, who has a leading position within the legal person⋯2. Apart from the cases already provided for in paragraph 1, each Member State shall take the necessary measures to ensure that a legal person can be held liable where the lack of supervision or control by a person referred to in paragraph 1 has made possible the commission of an act of active corruption of the type referred to in Article 3 for the benefit of that legal person by a person under its authority. 3. Liability of a legal person under paragraphs 1 and 2 shall not exclude criminal proceedings against natural persons who are involved as perpetrators, instigators or accessories in the active corruption.

③ 欧洲委员会（Council of Europe）：Criminal Law Convention on Corruption, 第 18 条、第 19 条。第 18 条原文：Article 18 – Corporate liability. 1. Each Party shall adopt such legislative and other measures as may be necessary to ensure that legal persons can be held liable for the criminal offences of active bribery, trading in influence and money laundering established in accordance with this Convention, committed for their benefit by any natural person, acting either individually or as part of an organ of the legal person, who has a leading position within the legal person, based on：⋯2. Apart from the cases already provided for in paragraph 1, each Party shall take the necessary measures to ensure that a legal person can be held liable where the lack of supervision or control by a natural person referred to in paragraph 1 has made possible the commission of the criminal offences mentioned in paragraph 1 for the benefit of that legal person by a natural person under its authority. 3. Liability of a legal person under paragraphs 1 and 2 shall not exclude criminal proceedings against natural persons who are perpetrators, instigators of, or accessories to, the criminal offences （转下页注）

恐怖主义的框架决定》（Council Framework Decision of 13 June 2002 on Combating Terrorism）①、《打击网络犯罪公约》（Convention on Cybercrime）②

（接上页注③）mentioned in paragraph 1. 第 19 条原文：Article 19 – Sanctions and measures. 1. Having regard to the serious nature of the criminal offences established in accordance with this Convention, each Party shall provide, in respect of those criminal offences established in accordance with Articles 2 to 14, effective, proportionate and dissuasive sanctions and measures, including, when committed by natural persons, penalties involving deprivation of liberty which can give rise to extradition. 2. Each Party shall ensure that legal persons held liable in accordance with Article 18, paragraphs 1 and 2, shall be subject to effective, proportionate and dissuasive criminal or non-criminal sanctions, including monetary sanctions. 3. Each Party shall adopt such legislative and other measures as may be necessary to enable it to confiscate or otherwise deprive the instrumentalities and proceeds of criminal offences established in accordance with this Convention, or property the value of which corresponds to such proceeds.

① 欧盟理事会（Council of the European Union）：Council Framework Decision of 13 June 2002 on Combating Terrorism，第 7 条、第 8 条、第 9 条（1）（d）。第 7 条原文：Article 7 – Liability of legal persons. 1. Each Member State shall take the necessary measures to ensure that legal persons can be held liable for any of the offences referred to in Articles 1 to 4 committed for their benefit by any person, acting either individually or as part of an organ of the legal person, who has a leading position within the legal person, based on one of the following：… 2. Apart from the cases provided for in paragraph 1, each Member State shall take the necessary measures to ensure that legal persons can be held liable where the lack of supervision or control by a person referred to in paragraph 1 has made possible the commission of any of the offences referred to in Articles 1 to 4 for the benefit of that legal person by a person under its authority. 3. Liability of legal persons under paragraphs 1 and 2 shall not exclude criminal proceedings against natural persons who are perpetrators, instigators or accessories in any of the offences referred to in Articles 1 to 4. 第 8 条原文：Article 8 – Penalties for legal persons. Each Member State shall take the necessary measures to ensure that a legal person held liable pursuant to Article 7 is punishable by effective, proportionate and dissuasive penalties, which shall include criminal or non-criminal fines and may include other penalties, such as… 第 9 条原文：Article 9 – Jurisdiction and prosecution. 1. Each Member State shall take the necessary measures to establish its jurisdiction over the offences referred to in Articles 1 to 4 where：（d）the offence is committed for the benefit of a legal person established in its territory…

② 欧洲委员会（Council of Europe）：Convention on Cybercrimes，第 12 条、第 13 条第（2）款。第 12 条原文：Article 12 – Corporate liability. 1. Each Party shall adopt such legislative and other measures as may be necessary to ensure that legal persons can be held liable for a criminal offence established in accordance with this Convention, committed for their benefit by any natural person, acting either individually or as part of an organ of the legal person, who has a leading position within it, based on …2. In addition to the cases already provided for in paragraph 1 of this article, each Party shall take the measures necessary to ensure that a legal person can be held liable where the lack of supervision or control by a natural person referred to in paragraph 1 has made possible the commission of a criminal offence established in accordance with this Convention for the benefit of that legal person by a natural person acting under its authority. 3. Subject to the legal principles of the Party, the liability of a legal person may be criminal, civil or administrative. 4. Such liability shall be without prejudice to the criminal liability of the natural persons who have committed the offence. 第 13 条原文：Article 13 – Sanctions and measures. 2. Each Party shall ensure that legal persons held liable in accordance with Article 12 shall be subject to effective, proportionate and dissuasive criminal or non-criminal sanctions or measures, including monetary sanctions.

和 2005 年的《防止恐怖主义公约》（Convention on the Prevention of Terrorism）① 等。

经济合作与发展组织②（Organization for Economic Cooperation and Development，以下简称"OECD"）于 1997 年公布《禁止在国际商业交易中贿赂外国公职人员公约》（OECD Convention on Combating Bribery of Foreign Public Officials in International Business Transactions），其中第 2 条和第 3 条分别提到了法人责任和制裁措施。从文本内容上看，OECD 成员国显然已经注意到法人从事跨国犯罪的可能性，且"首次提出了跨国犯罪中的法人责任。但在如何追究法人刑事责任问题上，缔约国之间还存在争议"。③

基本与欧洲国家就相关问题的探讨处于同一时期，美洲国家组织④（Organization of American States）也开始承认法人国际刑事责任并进而制定相应的国际文件。此类文件主要集中在打击腐败与反洗钱等跨国犯罪领域。1996 年公布的《美洲反腐败公约》⑤（Inter-American Convention Against

---

① 欧洲委员会（Council of Europe）：Convention on the Prevention of Terrorism，第 10 条。第 10 条原文：Article 10 – Liability of legal entities. 1. Each Party shall adopt such measures as may be necessary，in accordance with its legal principles，to establish the liability of legal entities for participation in the offences set forth in Articles 5 to 7 and 9 of this Convention. 2. Subject to the legal principles of the Party，the liability of legal entities may be criminal，civil or administrative. 3. Such liability shall be without prejudice to the criminal liability of the natural persons who have committed the offences.

② 经济合作与发展组织，是由 30 多个市场经济国家组成的政府间国际经济组织，旨在共同应对全球化带来的经济、社会和政府治理等方面的挑战，并把握全球化带来的机遇。成立于 1961 年，目前成员国总数 34 个，总部设在巴黎。背景资料参见 http：//baike. baidu. com/view/198481. htm，最后访问日期：2013 年 3 月 19 日。

③ 张颖军：《打击跨国犯罪国际法律制度的新发展——法人责任》，《甘肃社会科学》2005 年第 6 期，第 137～138 页。

④ 美洲国家组织，由美国和西班牙美洲地区的国家组成的区域性国际组织，前身是美洲共和国国际联盟。成立于 1890 年 4 月，1948 年在波哥大举行的第九次泛美大会上改称现名。目前有 34 个成员国，并先后有 58 个欧美及亚非的国家或地区在该组织派有常驻观察员。宗旨是加强本大陆的和平与安全；保障成员国之间和平解决争端；在成员国遭到侵略时，组织声援行动；谋求解决成员国间的政治、经济、法律问题，促进各国经济、社会、文化的合作；控制常规武器；加速美洲国家一体化进程。背景资料参见 http：//baike. baidu. com/view/81269. htm，最后访问日期：2013 年 3 月 19 日。

⑤ 美洲国家组织（Organization of American States）：Inter-American Convention against Corruption，第 8 条。第 8 条原文：Subject to its Constitution and the fundamental principles of its legal system，each State Party shall prohibit and punish the offering or granting，directly or indirectly，by its nationals，persons having their habitual residence in its territory，and businesses domiciled there，to a government official of another State，of any article of monetary value，or other benefit，such as a gift，favor，promise or advantage，in connection with any economic or commercial transaction in exchange for any act or omission in the performance of that official's public functions.

Corruption）明确要求各缔约国在不违反其宪法和法制基本原则的前提下，禁止并惩罚其国民、在其境内有惯常住所的人或商业机构，在任何经济或商业交易中直接或间接向其他国家的政府官员提供或答应提供财务或其他利益，以换取该政府官员在执行公务中的作为或不作为。《关于麻醉药品和其他严重犯罪的洗钱犯罪示范规则》（Model Regulations on Money Laundering Offenses Related to Drug Trafficking and Other Criminal Offenses）中也有关于自然人参与洗钱、腐败等犯罪的条款同样适用于法人的规定。①

联合国框架下最早涉及管控公司（特别是跨国公司）犯罪行为的国际文件出现在 20 世纪 70 年代中期。在殖民地和半殖民地国家相继独立的大背景下，发展中国家或新独立国家在国际舞台上积极呼吁"建立国际经济新秩序"（the new international economic order）。鉴于这些国家大多曾经饱受发达国家侵略之苦，它们对母国是发达国家的公司在其国内的经济行为十分警惕。因此，在广大发展中国家的大力支持下，这一阶段联合国大会的决议多以加强对跨国公司行为的监管及维护东道国经济主权为主。1974 年联合国大会第六届特别会议通过了第 3201 号和第 3202 号决议就是此类决议的典型。两决议分别肯定了各国对境内外资本和跨国公司的监督和管理权，并就"对跨国公司的活动的管理和控制"指出，国际社会应努力制定、通过和执行一项关于跨国公司的国际行动准则，以防止它们干涉东道国的内政，并防止它们同种族主义和殖民政府进行勾结。② 同年的联大第二十九届会议中，与会国以压倒性多数通过了《各国经济权利和义务宪章》（Charter of Rights and Obligations of National Economies）。其中第 2 条第 2 项③ 和

① 范红旗：《国际反腐败公约中的法人犯罪：兼论国际刑法中的法人犯罪及责任模式》，《外交评论》2006 年第 88 期，第 108～109 页。

② 联合国大会第六届特别会议通过的决议［3200（S_ VI）－3202（S_ VI）］，补编第 1 号（A/9559）。

③ 联合国大会第二十九届会议，《各国经济权利和义务宪章》，3281（XXIX），1974。第 2 条原文：1. 每个国家对其全部财富、自然资源和经济活动享有充分的永久主权，包括拥有权、使用权和处置权在内，并得自由行使此项主权。2. 每个国家有权：（a）按照其法律和规章并依照其国家目标和优先次序，对在其国家管辖范围内的外国投资加以管理和行使权力。任何国家不得被迫对国外投资给予优惠待遇；（b）管理和监督其国家管辖范围内的跨国公司的活动，并采取措施保证这些活动遵守其法律、规章和条例及符合其经济和社会政策。跨国公司不得干涉所在国的内政。每个国家在行使本项内所规定的权利时，应在充分顾到本国主权权利的前提下，与其他国家合作；（c）将外国财产的所有权收归国有、征收或转移，在收归国有、征收或转移时，应由采取此种措施的国家给予适当的赔偿，要考虑到它的有关法律和规章以及该国认为有关的一切情况。因赔偿问题引起的任何争议均应由实行国有化国家的法院依照其国内法加以解决，除非有关各国自由和互相同意根据各国主权平等并依照自由选择方法的原则寻求其他和平解决办法。

《禁止并惩治种族隔离罪行国际公约》 （International Convention on the Suppression and Punishment of the Crime Apartheid）① 第 3 条也都重申了上述精神。可以看出，这一时期的国际文件体现了发展中国家致力于发展本国经济并追求经济独立的强烈愿望，具有较为鲜明的时代烙印。然而，在进入新世纪以来，随着经济全球化的发展，发达国家在经济实力和政治实力方面全面超越发展中国家，再加上发展中国家为发展自身经济对来自发达国家的外来投资的依赖越来越大，国际社会关于保障跨国公司利益的呼声便不断高涨。人们的视线也越来越多地转移到意识形态之外的斗争。这一时期，联合国主要在打击恐怖主义犯罪②、打击跨国有组织犯罪③和反腐败领域④中强化

---

① 联合国大会：《禁止并惩治种族隔离罪行国际公约》（International Convention on the Suppression and Punishment of the Crime Apartheid），第 3 条。第 3 条原文：任何个人、组织或机构的成员或国家代表，不论出于什么动机，如有下列行为，即应负国际罪责，不论是住在行为发生地的国家的领土内或其他国家：（a）触犯、参与、直接煽动或共同策划本公约第 2 条所列举的行为；（b）直接教唆、怂恿或帮同触犯种族隔离的罪行。

② 联合国大会：《制止向恐怖主义提供资助的国际公约》（International Convention for the Suppression of the Financing of Terrorism），第 5 条。标志着在联合国框架下首次规定法人责任。第 5 条原文：1. 每一缔约国应根据其本国法律原则采取必要措施，以致当一个负责管理或控制设在其领土内或根据其法律设立的法律实体的人在以该身份犯下了本公约第 2 条所述罪行时，得以追究该法律实体的责任，这些责任可以是刑事、民事或行政责任。2. 承担这些责任不影响实施罪行的个人的刑事责任。3. 每一缔约国特别应确保对按照上面第 1 款负有责任的法律实体实行有效、相称和劝阻性的刑事、民事或行政制裁。这种制裁可包括罚款。

③ 联合国大会：《联合国打击跨国有组织犯罪公约》（United Nations Convention Against Transnational Organized Crime），第 10 条、第 18 条和第 31 条，是第一个在联合国框架下首次规定腐败犯罪的法人责任的国际公约。第 10 条原文：法人责任。1. 各缔约国均应采取符合其法律原则的必要措施，确定法人参与涉及有组织犯罪集团的严重犯罪和实施根据本公约第 5 条、第 6 条、第 8 条和第 23 条确立的犯罪时应承担的责任。2. 在不违反缔约国法律原则的情况下，法人责任可包括刑事、民事或行政责任。3. 法人责任不应影响实施此种犯罪的自然人的刑事责任。4. 各缔约国均应特别确保使根据本条负有责任的法人受到有效、适度和劝阻性的刑事或非刑事制裁，包括金钱制裁。第 18 条原文：当在某一缔约国境内的某人需作为证人或鉴定人接受另一缔约国司法当局询问，且该人不可能或不愿到请求国出庭，则前一个缔约国可应该另一缔约国的请求，在可能且符合本国法律基本原则的情况下，允许以电视会议方式进行询问，缔约国可商定由请求缔约国司法当局进行询问且询问时应有被请求缔约国司法当局在场。第 31 条原文：（四）防止有组织犯罪集团对法人作不正当利用……

④ 联合国大会：《联合国反腐败公约》（United Nations Convention against Corruption），第 26 条和第 28 条。该公约对法人责任的再次肯定，进而扩大了国际刑事责任主体的范围。第 26 条原文：法人责任。1. 各缔约国均应当采取符合其法律原则的必要措施，确定法人参与根据本公约确立的犯罪应当承担的责任。2. 在不违反缔约国法律原则的情况下，法人责任可以包括刑事责任、民事责任或者行政责任。3. 法人责任不应当影响实施这种犯罪的自然人的刑事责任。4. 各缔约国均应当特别确保使依照本条应当承担责任的法人受到有效、适度而具有警戒性的刑事或者非刑事制裁，包括金钱制裁。第 28 条原文：作为犯罪要素的明知、故意或者目的。根据本公约确立的犯罪所需具备的明知、故意或者目的等要素，可以根据客观实际情况予以推定。

法人的刑事责任，而涉及公司国际法义务（特别是国际刑事责任）的条约却少之又少。国际社会也更加倾向于通过追究当事国的国家责任来"间接"管控公司的不法行为。

综上，大多数观点认为，晚近法人或公司已经"被赋予国际犯罪主体的法律地位"。[①] 同时，各主要国际文件也都"明确要求其缔约国或会员国在各自的法律框架内追究法人的刑事责任"。[②] 法人国际刑事责任的立法和理论建设活动得到了进一步的提升和发展。

二 相关国际刑事司法实践活动

纽伦堡审判之后，学界对私人公司国际法主体地位的讨论从未中断过。其中最为核心的问题有二：其一，公司享有国际法主体地位是否有相关国际文件作为法律依据？其二，如对上述问题的回答是肯定的，这些国际法文献赋予了公司何种国际法权利和要求其承担哪些国际法义务？这些问题在上一部分中已基本上得到解答。本文的第二部分将主要探讨在国际司法实务领域，主要国际刑事审判机构（国际刑事法院、前南刑庭和卢旺达刑庭）对公司国际刑事责任问题的态度和司法实践。

（一）纽伦堡审判与国际刑事法院的态度

涉及企业法人国际刑事责任的司法实践活动，首先要从纽伦堡审判中的个人国际刑事责任谈起。个人的国际刑事责任，是指"个人承担国际刑事责任的实施存在"。[③] 由于目前所有国际刑事审判机构（即：国际刑事法院、前南刑庭和卢旺达刑庭）都未享有对公司的刑事管辖权，因此在处理涉及以公司为媒介严重侵犯人权的案件时，法院只能通过起诉实际施暴的涉案公司员工进而实现对正义的伸张。又鉴于国际刑事司法审判机构本身存在案件积压严重及资金、人力资源等方面的极度不足，法院在审理类似案件时多仅起诉位于"最高端"的公司高管或董事。因此在研

---

① 范红旗：《国际反腐败公约中的法人犯罪——兼论国际刑法中的法人犯罪及责任模式》，《外交评论》2006 年第 2 期，第 109 页。
② 范红旗：《国际反腐败公约中的法人犯罪——兼论国际刑法中的法人犯罪及责任模式》，《外交评论》2006 年第 2 期，第 109~110 页。
③ 黄风、凌岩、王秀梅：《国际刑法学》，中国人民大学出版社，2007，第 93 页。

究公司国际刑事责任制度时，我们通常要探讨个人国际刑事责任中的"指挥官责任或上级责任"（command responsibility or respondent superior）制度。①

第二次世界大战之后，指挥官责任在纽伦堡国际刑事法庭和远东国际军事法庭（亦称为"东京审判"②）对战犯的审判实践中逐渐发展成熟起来。纽伦堡后续审判曾对纳粹德国的大企业家在二战时期帮助或直接参与暴行的行为进行审判，③ 进而开启了"指挥官责任"的先河。1945年，美国军事法庭在菲律宾马尼拉审理山下奉文案④（Tomoyuki Yamashita case）并在此案中确立指挥官责任原则。主审此案的斯通大法官（Chief Justice Stone）在判决书中对"指挥官责任"有如下表述："关键的问题在于是否国际法规定军事指挥官在其管辖范围内对于其下属违反国际法的行为承担相应的领导责任。"⑤ 至此，山下奉文案标志着现代国际法意义上的指挥官责任原则的出现。⑥ 在此基础上，指挥官责任制度建立起来并被适用于纽伦堡审判中对战争犯的审理。需要强调的是，纽伦堡审判并未将指挥官责任的适用对象局限于军事长官。在之后的案件中，指挥官责任的范围还被扩展到商业或政治界领袖。⑦ 同时，美国军事法庭在适用指挥官责任原则时还采取了更为严格的标准。法庭认为，在确认"一军事指挥官的领导责任时，如能确认此指挥

① 黄凤、凌岩、王秀梅：《国际刑法学》，中国人民大学出版社，2007，第382页。"指挥官责任，尤其指挥官因未对下属所犯的罪行采取防止或制止的措施而负责任的情况，在纽伦堡和远东军事法庭宪章的管辖权条款中都未予以明文规定，该理论是在第二次世界大战之后通过对战犯的审判实践迅速发展起来的。"
② 东京审判，指1946年1月19日至1948年11月12日在日本东京对第二次世界大战中日本首要战犯的国际审判。背景资料参见 http：//baike. baidu. com/view/121478. htm，最后访问日期：2013年3月17日。
③ Ronald C. Slye, "Corporations, Veils, and International Criminal Liability", (2008) 33 *Brooklyn Journal of International Law* 955, p. 960.
④ 山下奉文案：1945年10月到12月间，美国军事法庭在马尼拉审理山下奉文将军案。山下将军被指控在1945年2月间对其领导下的日军犯下"马尼拉大屠杀"（Manila Massacre）及多起发生在菲律宾和新加坡的针对平民和战俘的屠杀行为负有指挥官责任。最终，法庭认定山下奉文战争罪成立。山下奉文于1946年2月23日被执行死刑。
⑤ *German Industry Fails to Meet the Terms of the Forced Labor Settlement*, 1 GERMAN L. J. (2000), http：//www. germanlawjournal. com/index. php? pageID = 11&artID = 8，最后访问日期：2013年3月15日。
⑥ Matthew Lippman, "The Evolution and Scope of Command Responsibility", (2000) 13 *Leiden Journal of International Law* 139, p. 142.
⑦ 参见 Int'l Military Tribunal, Trial of the major War Criminals before the International Military Tribunal v. (1947).

官在已经出现大规模的报复行为之时仍未采取任何有效措施去发现和控制此类犯罪行为，则应认定该指挥官对此犯罪行为承担责任，甚至是刑事责任"。① 然而，也许是认为此标准对检察官（prosecutor）的要求过高，山下奉文案之后，纽伦堡军事法庭的法官们在审判中明显降低了这一标准。在此后的案件中，检察官一般只需证明指挥官"实际了解"非法行为的发生即可。

纽伦堡审判在将指挥官责任扩展到商业首脑的同时，还曾创新性地将通过"帮助和唆使"行为破坏和平的共犯行为列入法院的管辖范围。此类行为与公司职工或高管的刑事责任联系更为密切。1950 年，联合国国际法委员会（International Law Commission，以下简称"国际法委员会"）更将共谋行为扩展到战争罪和危害人类罪。② 晚近的《前南斯拉夫国际刑事法院规约》（以下简称《前南刑庭规约》）和《卢旺达国际刑事法庭规约》（以下简称《卢旺达刑庭规约》）也明确规定"任何帮助和唆使参与或计划参与"③ 的行为均构成种族灭绝罪、战争罪或危害人类罪。1996 年由国际法委员会起草并制定的《危害人类和平与安全治罪法草案》（Draft Code of Crime Against the Peace and Security of Mankind）中对上述行为进行了更为深入的阐释。草案指出，一个人"在明知的情况下帮助、唆使或采取其他直接或间接的方式帮助种族灭绝罪、危害人类罪和战争罪（及其他罪行）的实行

---

① Eugenia Levine, "Command Responsibility – The *Mens Rea* Requirement", (2005) *Global Policy Forum*, p. 1.

② Doug Cassel, "Corporate Aiding and Abetting of Human Rights Violations: Confusion in the Courts", (2008) 6 *Northwestern Journal of International Human Rights* 304, p. 307.

③ 《前南刑庭规约》第 7 条。第 7 条原文：个人刑事责任。1. 凡计划、教唆、命令、犯下或协助煽动他人计划、准备或进行本规约第 2 至 5 条所指罪行的人应当为该项犯罪负个人责任。2. 任何被告人的官职，不论是国家元首、政府首脑或政府负责官员，不得免除该被告的刑事责任，也不得减轻刑罚。3. 如果一个部下犯下本规约第 2 至第 5 条所指的任何行为，而他的上级知道或应当知道部下将有这种犯罪行为或者已经犯罪而上级没有采取合理的必要措施予以阻止或处罚犯罪者，则不能免除该上级的刑事责任。4. 被告人按照政府或上级命令而犯罪不得免除他的刑事责任，但是如果国际法庭裁定合乎法理则可以考虑减轻。《卢旺达刑庭规约》第 6 条。第 6 条原文：个人刑事责任。1. 凡计划、教唆、命令、犯下或协助或煽动他人计划、准备或进行本规约第 2 至 4 条所指罪行的人应当为该项犯罪负个人责任。2. 任何被告人的官职，不论是国家元首、政府首脑或政府负责官员，不得免除该被告的刑事责任，也不得减轻刑罚。3. 如果一个部下犯下本规约第 2 至 4 条所指的任何行为，而他的上级知道或应当知道部下将有这种犯罪行为，或者已经犯罪而上级没有采取合理的必要措施予以阻止或处罚犯罪者，则不能免除该上级的刑事责任。4. 被告人按照政府或上级命令而犯罪不得免除他的刑事责任，但是如果卢旺达国际法庭裁定合乎法理则可以考虑减刑。

的，应承担个人刑事责任"。①

《国际刑事法院罗马规约》（Rome Statute of the International Criminal Court，以下简称《罗马规约》）也对"帮助和唆使行为"有相类似的规定。② 然而，虽然国际刑法学界对《罗马规约》抱有极大希望，但《罗马规约》中关于管辖权和犯罪心理要件的规定却使日益明朗的法人国际刑事责任制度蒙上阴影。1998 年 7 月《罗马规约》在国际刑事法院全权代表外交会议中通过并于 2002 年 7 月 1 日开始生效。令人失望的是，《罗马规约》在管辖范围上仍沿袭 50 多年前纽伦堡审判中"国际犯罪是由自然人实施的，并不是抽象实体"的原则，③ 在《罗马规约》第 25 条第 1 款④中规定国际刑事法院的管辖权仅及于自然人，而不包括法人。部分学者因此认定《罗马规约》缔约国的意图是从原则上禁止国际刑事法院对法人行使管辖权。但有学者在研究《罗马规约》筹备过程的文献资料后却得出相反的结论。他们认为，事实上，在《罗马规约》的制定阶段，部分国家代表对国际刑事法院的管辖范围还是持比较开明的态度的。法国代表就曾强烈要求将企业法人（legal persons or juridical persons）加入到国际刑事法院的管辖范围之内。⑤ 从有利于被害人角度出发，他们认为对公司的刑事处罚能够更好地实现对于被害人的赔偿。不过，经过多番激烈讨论，大部分与会国家代表仍主张"授权国际刑事法院对由自然人代表法人所实施的犯罪而对'法人'进行惩罚是不现实的。同时，由于当时法人责任观念还没有被一些主要法系所接受，这个实施不仅违反法治原则，而且还会使（国际刑

---

① Draft Code of Crimes against the Peace and Security of Mankind, ［1996］2 Y. B. Int'l L. Comm'n. , ch. 2, arts. 2（3）（d）, 17, 18, 20, U. N. Doc. A/CN. 4/SER. A/1996/Add. l （Part. 2）, http：//untreaty. un. org/ilc/texts/instruments/english/draft% 20articles/7 _ 4 _ 1996. pdf, 最后访问日期：2013 年 3 月 16 日。

② Rome Statute of the International Criminal Court, United Nations Diplomatic Conference on Plenipotentiaries on the Establishment of an International Criminal Court, *adopted* July 17, 1998, entered into force, July 1, 2002, U. N. Doc. A/CONF. 183/9, 21, art. 25. 3（c）, 37 I. L. M. 999（1998）.

③ Julia Graff, "Corporate War Criminals and the International Criminal Court：Blood and Profits in the Democratic Republic of Congo", （2004）11 *Human Rights Brief* 23, p. 23.

④ 《罗马规约》（Rome Statute of the International Criminal Court）第 25 条第 1 款。原文：本法院根据本规约对自然人具有管辖权。

⑤ Simon Chesterman, "Lawyers, Guns, and Money：The Governance of Business Activities in Conflict Zones", （2011）11 *Chicago Journal of International Law*, p. 321.

事法院的）补充性原则难以执行"。①因此，《罗马规约》的正式文本并未将法人包含在内。

尽管如此，法国代表的意见却并未退出历史舞台。在《罗马规约》通过6个月之后，时任联合国秘书长科菲·安南（Kofi Annan）就在1999年世界经济论坛（The World Economic Forum）上提出"全球契约"（Global Compact）的构想并呼吁全球的企业尊重人权、劳工权利和环境权利。② 同时，虽然国际刑事法院明确排斥对法人刑事责任的管辖，但《罗马规约》第25条第3款③中却允许国际刑事法院审理企业主管及工作人员通过"帮助或唆使行为"而犯下的战争罪行、种族灭绝罪或危害人类罪行，④ 也就是说，一定程度上，《罗马规约》并未完全关闭国际刑事法院审理涉及公司犯罪案件的大门。同时，从司法实践角度出发，与指挥官责任相比，帮助与唆使责任在犯罪"心理要件"（mens rea）上仅要求"知道"或"仅仅知道犯罪团伙有意图犯罪就可定罪"，故在涉及公司犯罪案件时，如适用此原则，则法院对检察官举证责任的要求会大大降低，从而大大提高法院对公司管理人员的惩罚力度。因此，在《罗马规约》通过之前，前南刑庭和卢旺达刑庭在相关案件中适用"知道标准"而非"指挥官责任"几成惯例。

但《罗马规约》正式文本却出人意料地将"帮助或唆使行为"中"心理要件"的认定标准确定为"意图标准"（a purpose test）而非更为广泛适用的"知道标准"（a knowledge test），⑤ 这不禁使学界对其"含糊的用词"

---

① 王世洲主编《现代国际刑法学原理》，中国人民公安大学出版社，2009，第342页。

② Simon Chesterman, "The Turn to Ethics: Disinvestment from Multinational Corporations for Human Rights Violations—The Case of Norway's Sovereign Wealth Fund", (2008) 23 *American University International Law Review* 577, p. 596.

③ 《罗马规约》第25条第3款。原文：有下列情形之一的人，应依照本规约的规定，对一项本法院管辖权内的犯罪负刑事责任，并受到处罚：1. 单独、伙同他人、通过不论是否负刑事责任的另一人，实施这一犯罪；2. 命令、唆使、引诱实施这一犯罪，而该犯罪事实上是既遂或未遂的；3. 为了便利实施这一犯罪，帮助、教唆或以其他方式协助实施或企图实施这一犯罪，包括提供犯罪手段；4. 以任何其他方式支助以共同目的行事的团伙实施或企图实施这一犯罪；5. 就灭绝种族罪而言，直接公然煽动他人灭绝种族；6. 已经以实际步骤着手采取行动，意图实施犯罪，但由于其意志以外的情况，犯罪没有发生。但放弃实施犯罪或防止犯罪完成的人，如果完全和自愿地放弃其犯罪目的，不按犯罪未遂根据本规约受处罚。

④ Michael A. McGregor, "Ending Corporate Impunity: How to Really Curb the Pillaging of Natural Resources", (2009) 42 *Case Western Reserve Journal of International Law* 469, p. 482.

⑤ Michael A. McGregor, "Ending Corporate Impunity: How to Really Curb the Pillaging of Natural Resources", (2009) 42 *Case Western Reserve Journal of International Law* 469, p. 487.

（confused wording）表示出极大的失望。其实，在早先的《罗马规约》制定会议上，《罗马规约》草案中并未明确规定"意图标准"。大会经过多次激烈讨论，才将"目的标准"（intent test）加入最终提交罗马会议（The Rome Conference）讨论的草案第 25 条 c 款。① 然而，之后通过的《罗马规约》正式文本却既未使用"知道标准"也未采用"目的标准"，而是提出了全新的"意图标准"（purpose test）。究其原因，目前尚未找到官方正式声明。但罗马会议的亲历者 Kai Ambos 教授曾对此问题进行如下解释："主要原因在于，与会代表在此问题上争议过大。为避免会期过长，大会最终决定借用美国法学会《模范刑法典》②（Model Penal Code）中的用词，即'意图标准'。"③ 虽然学界普遍对《罗马规约》在这一问题上的选择意见较大，但仔细研究《罗马规约》第 28 条 a 款④关于"犯罪心理"的规定可以得出，原文中"知道，或者由于当时的情况理应知道"的表述确实与《模范刑法典》中的相关文字表述最为相近。与此同时，由于 intent 一词的英文含义和对应的法文翻译极易产生歧义，弃之而选择争议较小的 purpose 也是无可奈何之举。同时，尽管《罗马规约》确立了更高的标准，但在司法实务中，"至少在部分案件中，《罗马规约》关于'意图'标准和'知道'标准的规定对于案件最终的判断并未产生任何实际的差别"。⑤《财经时报》（Financial Times）就在《罗马规约》颁布几天后专门针对其"共犯责任条款"（the accomplice liability provisions）撰文警告"公司法务"（company lawyers），提醒他们"《罗马规约》极有可能为公司的某些行为加诸国际刑事责任"。⑥

---

① M. Cherif Bassiouni, *The Legislative History of the International Criminal Court: an Article-by-Article Evolution of The Statute* 194（2005），[1998 Preparatory Committee Draft art. 23.7（d）].

② 与会者普遍认为，美国《模范刑法典》第 2.06 条第（3）款（a）项中关于"意图帮助犯罪的实施"的措辞与《罗马规约》第 35 条第 3 款（c）项中的规定最为相近。

③ Kai Ambos, "General Principles of Criminal Law in the Rome Statute", （1999）10 *Criminal Law Forum* 1, p. 10.

④ 《罗马规约》第 28 条 a 款。原文：军事指挥官或以军事指挥官身份有效行事的人，如果未对在其有效指挥和控制下的部队，或在其有效管辖和控制下的部队适当行使控制，在下列情况下，应对这些部队实施的本法院管辖权内的犯罪负刑事责任……

⑤ Robert C. Thompson, Anita Ramasastry, and Mark B. Taylor, "Translating Unocal: the Expanding Web of Liability for Business Entities Implicated in International Crimes", （2009）40 *The George Washington International Law Review* 841, p. 862.

⑥ Maurice Nyberg, "At Risk from Complicity with Crime", *Financial Times*, July 28, 1998, p. 15.

（二） 前南斯拉夫国际刑事法庭及卢旺达国际刑事法庭的态度

晚近的前南刑庭和卢旺达刑庭对公司作为国际犯罪主体的研究更为深入。《前南刑庭规约》第 7 条第 3 款①和《卢旺达刑庭规约》第 6 条第 3 款②中虽规定了"指挥官责任"（command responsibility），但并未区分"军事指挥官责任"和"民事领导人责任"。③ 相较而言，《罗马规约》的规定则更为具体。《罗马规约》第 28 条 b 款④规定"指挥官责任"并明确区分了"民事"和"军事"领导人在责任认定方面的区别。除却指挥官责任之外，如上所述，国际司法实务界对与公司国际刑事责任联系更为紧密的公司高管的"帮助和唆使行为"的研究更为充分。前南刑庭和卢旺达刑庭的司法实践活动显然比早期的国际刑事审判更进了一步。

一直以来，学界和实务界对帮助和唆使行为中"犯罪行为"（*actus reus*）的构成要件争议较小。相关经典表述来自弗伦基亚案⑤（*Prosecutor v. Anto Furundzija*）。在弗伦基亚案中，前南刑庭认为："帮助和唆使行为是指

① 《前南刑庭规约》第 7 条。原文：1. 凡计划、教唆、命令、犯下或协助煽动他人计划、准备或进行本规约第 2 至 5 条所指罪行的人应当为该项犯罪负个人责任。2. 任何被告人的官职，不论是国家元首、政府首脑或政府负责官员，不得免除该被告的刑事责任，也不得减轻刑罚。3. 如果一个部下犯下本规约第 2 至 5 条所指的任何行为，而他的上级知道或应当知道部下将有这种犯罪行为或者已经犯罪而上级没有采取合理的必要措施予以阻止或处罚犯罪者，则不能免除该上级的刑事责任。4. 被告人按照政府或上级命令而犯罪不得免除他的刑事责任，但是如果国际法庭裁定合乎法理则可以考虑减轻。

② 《卢旺达刑庭规约》第 6 条。原文：1. 凡计划、教唆、命令、犯下或协助或煽动他人计划、准备或进行本规约第 2 至 4 条所指罪行的人应当为该项犯罪负个人责任。2. 任何被告人的官职，不论是国家元首、政府首脑或政府负责官员，不得免除该被告的刑事责任，也不得减轻刑罚。3. 如果一个部下犯下本规约第 2 至 4 条所指的任何行为，而他的上级知道或应当知道部下将有这种犯罪行为，或者已经犯罪而上级没有采取合理的必要措施予以阻止或处罚犯罪者，则不能免除该上级的刑事责任。4. 被告人按照政府或上级命令而犯罪不得免除他的刑事责任，但是如果卢旺达国际法庭裁定合乎法理则可以考虑减刑。

③ Julia Graff, "Corporate War Criminals and the International Criminal Court: Blood and Profits in the Democratic Republic of Congo", (2004) 11 *Human Rights Brief* 23, p. 25.

④ 《罗马规约》第 28 条 b 款。原文：对于第一款未述及的上下级关系，上级人员如果未对在其有效管辖或控制下的下级人员适当行使控制，在下列情况下，应对这些下级人员实施的本法院管辖权内的犯罪负刑事责任。

⑤ 弗伦基亚案：被告弗伦基亚（Anto Furundzija）是隶属于克罗地亚防御委员会（HVO）的特殊行动小组组长。在一次讯问中，被害者"证人 A"（Witness A）和"证人 B"（Witness B）在被告在场的情况下，被被告下属以武力威胁、殴打和强奸等方式套取口供。法院认定被告属于虐待罪和强奸罪的共犯，并同时认定其帮助和唆使侵犯他人人格罪名成立，已经构成违反国际法或战争法。最终，弗伦基亚被判处 10 年有期徒刑。

提供实际帮助、鼓励或精神支持，且这种支持对于犯罪的准备具有非常重要的作用。"① 此案之后的大多数案件和学术研究中，在对"犯罪行为要件"的分析时均一致采用上述观点，几成通说。因此，目前主要争论焦点集中在对"帮助或教唆行为"的"心理要件"（mens rea）的认定上。

对这一标准的讨论始于纽伦堡审判，前南刑庭和卢旺达刑庭在之后的司法实践中也进行了更为深入的研究。一般认为，就"心理要件"的认定标准主要存在两种观点："知道标准"和"意图标准"。在涉及帮助和唆使行为的心理要件时，纽伦堡军事法庭大多选择适用"知道标准"。在克虏伯案②（The United States of America v. Alfied Krupp, et al., or the Krupp Trial）中，③ 被告克虏伯在"明知"其雇员中存在大量被驱逐出境的集中营囚犯及战俘的情况下，仍强迫他们在极端恶劣的工作环境下劳动。美国军事法庭通过适用"知道标准"判定被告战争罪等罪名成立。其后的特别行动队案④（The United States of America v. Otto Ohlendorf, et al., or the Einsatzgruppen trial）中，美国军事法庭再次适用"知道标准"而非"意图标准"判决全部被告危害人类罪、战争罪和参与犯罪组织罪罪名成立。法院认为，被告

① Doug Cassel, "Corporate Aiding and Abetting of Human Rights Violations: Confusion in the Courts", (2008) 6 *Northwestern Journal of International Human Rights* 304, p. 308.

② 克虏伯案：克虏伯案是最后一起在纽伦堡审理的"企业家案"。第二次世界大战期间，克虏伯集团作为德意志军国主义的柱石，受到国家最高当局的垂青，一直尽心尽力地扮演第三帝国"军械师"的角色。战争开始之后，一方面，该公司全力为德国军队制造大炮、装甲车、坦克、潜艇和各种轻型武器；另一方面，被告克虏伯大量雇用遭流放的犹太人和战俘并强迫其在极端恶劣的条件下进行长时间作业。第二次世界大战结束后，包括阿尔弗雷德·克虏伯（Alfied Krupp）在内的12位克虏伯集团董事被指控犯有危害人类罪、掠夺被占领地区和阴谋反对和平罪。判决结果：仅1名被告（Karl Heinrich Pfirsch）被宣告无罪；其余11名被告被判处3年到12年有期徒刑。法庭还命令主犯克虏伯变卖所有家产以作为对受害者的赔偿。相关资料参见 http://www.baidu.com/link?url=oW1KGJqjJ4zBBpC8y DF8xDhiqDSn1JZjFWsHhEoSNd85PkV8Xil8qsgnRnWrynaE，最后访问日期：2013年3月25日。

③ Eric Engle, "Extraterritorial Corporate Criminal Liability: A Remedy for Human Rights Violations?", (2006) 20 *St. John's Journal of Legal Commentary* 287, p. 292.

④ 特别行动队案：全称为美国诉奥托·奥伦多夫等人案。特别行动队（又称突击队、行刑队）是纳粹德国的由占领区党卫军中的一等兵组成的部队。他们的任务是大规模执行抓捕、屠杀、搜索犹太人、异己分子与地下反抗组织，并把他们送上开往集中营的火车。本案的被告是包括主犯奥伦多夫在内的24名特别行动队队员。在1941年到1943年间，他们谋杀了超过一百万的犹太人和上万游击队员、罗马人、残障人士、苏共党员等。所有被告都被指控犯有危害人类罪、战争罪和参与犯罪组织罪。美国军事法庭最后判处24名被告全部罪名成立。相关资料参见 http://baike.baidu.com/view/1909139.htm，最后访问日期：2013年3月25日。

"明知处决犹太人的行为正在发生，也承认做出行刑的决定'过于草率'。但并无证据证明被告曾经设法阻止或避免过此类行为的发生"。① 英国军事法庭（British Military Tribunal）在齐克隆 B 案（*Zyklon B case*）② 中也明确提出，如果公司员工明确知道其行为会导致犯罪结果的发生，那么他们就应为自己的行为承担相应的法律责任，③ 即在确认帮助和唆使行为时适用"知道标准"。纽伦堡时期唯一适用"意图标准"的是部长案④（*The United States of America v. Ernst von Weizsäcker*, et al. , or the Ministries case）。法院在此案中选择适用"意图标准"而非"知道标准"，⑤ 即要求"共谋者"不仅应知道其帮助或唆使行为会导致主犯犯罪行为的成立，还应主观上希望（意图）主犯犯罪行为的最终实现。认真分析两种标准不难发现，后期出现的"意图标准"明显提高了法院的定罪标准，即检察官在证明"知道标准"的基础上，还需证明被告人具有希望犯罪行为成立的"意图"。对此，学界和实务界的普遍观点是适用"意图标准"将大大增加对公司行为定罪的难度，而大量司法实践也符合这一说法。

目前通说认为，企业高管及工作人员"帮助或唆使"行为的心理要件是"知道标准"。在前南刑庭和卢旺达刑庭的绝大多数判决中也都适用"知道标准"而非"意图标准"，即"仅仅知道本人的帮助行为会导致犯罪结果

---

① Trial of Otto Ohlendorf and Others（Einsatzgruppen），4 TRIALS OF WAR CRIMINALS BEFORE THE NUERNBERG MILITARY TRIBUNALS UNDER CONTROL COUNCIL LAW NO. 10, 572（William S. Hein & Co. , Inc. 1997）（1949）*quoted in Furundzija*, Case No. IT – 95 – 17/1 – T, 218.

② 齐克隆 B 案：Bruno Tesch 是一间提供杀虫毒气（主要为齐克隆 B 气体）工厂的工厂主。第二次世界大战期间，党卫军也是 Tesch 的主要雇主之一。Karl Weinbacher 是该工厂的第二把手。Joachim Drosihn 是工厂的气体处理师。这三人被指控在明知的情况下，将用于杀虫的毒气齐克隆 B 提供给党卫军用于杀害同盟国公民和集中营囚犯，因此犯有战争罪。辩护方宣称被告对于毒气的投放地点并不知情，Drosihn 也辩称对毒气的供应已经超出了其控制范围。案件判决结果：Tesch 和 Weinbacher 被判处死刑，Drosihn 被宣告无罪释放。

③ Kyle Rex Jacobson，"Doing Business with the Devil: the Challenges of Prosecuting Corporate Officials Whose Business Transactions Facilitate War Crimes and Crimes Against Humanity"，（2005）56 *The Air Force Law Review* 167, p. 195.

④ 部长案：因本案的 21 名被告全部为纳粹德国各部门首长或高级工作人员，因此此案又被简称为部长案。本案中的被告因其公职身份或所承担的职务或参与的活动而面临包括危害人类和平与安全罪，计划、预谋和发动侵略战争罪，战争罪等指控。本案审理时间历时 10 个月，是纽伦堡审判中审理时间第二长的案件。最终，两名被告（Otto von Erdmannsdorff 和 Otto Meissner）被宣告无罪，其余 19 名被告被判处 3 年到 25 年有期徒刑。

⑤ Doug Cassel, "Corporate Aiding and Abetting of Human Rights Violations: Confusion in the Courts", （2008）6 *Northwestern Journal of International Human Rights* 304, p. 309.

的发生就能满足帮助和唆使行为的犯罪意图"。① 此外，前南刑庭还指出唆使者和帮助者的心理要件并不需要符合所有主犯的心理要件即可构成犯罪。也就是说，他们的行为可能本身是合法的，仅仅是在涉及帮助主犯的行为时才转变成犯罪行为。这一标准也在 2006 年的《国际法委员会示范草案》（International Law Commission Draft Code）中得到确认。② 相较而言，卢旺达刑庭将"知道标准"进一步细化。卢旺达刑庭提出帮助行为和唆使行为本身是可分的（disjunctive），检察官只需证明被告从事了其中的一种行为就能认定其有罪。③

另外，在对指挥官责任的研究方面，卢旺达刑庭也走在了前列。在穆塞马案④（Prosecutor v. Musema）中，卢旺达刑庭将指挥官责任适用于公司，进而发展了法人国际刑事责任原则。⑤ 在此案中，卢旺达刑庭认为，被告阿尔弗雷德·穆塞马（Alfred Musema）在担任茶厂厂长一职期间，利用其对雇员在"法律上和经济上的控制"（legal and financial control），迫使他们抢劫、杀害和强奸图西族妇女。鉴于穆塞姆在 Gisovu 茶厂具有奖惩员工行为的绝对权力，法院认定被告对其雇员和茶厂享有"实质上"（de facto）和"法律上"（de jure）的绝对领导地位。在全面回顾远东国际军事法庭的广田弘毅（Kōki Hirota）案⑥中涉及的指挥官责任标准后，卢旺达刑庭提出了新的"指挥官责任三标准"，即："一旦法院明确被告处于某一领导地位，要

---

① *Prosecutor v. Furundzija*, IT‐95‐17/1‐T, Judgment (Dec. 10, 1998).

② Michael A. McGregor, "Ending Corporate Impunity: How to Really Curb the Pillaging of Natural Resources", (2009) 42 *Case Western Reserve Journal of International Law* 469, p. 486.

③ Michael A. McGregor, "Ending Corporate Impunity: How to Really Curb the Pillaging of Natural Resources", (2009) 42 *Case Western Reserve Journal of International Law* 469, p. 487.

④ 穆塞马案：1984 年到 1994 年间，被告阿尔弗雷德·穆塞马（Alfred Musema）担任卢旺达基布耶地区 Gisovu 茶厂（Gisovu Tea Factory）厂长。担任厂长期间，穆塞马被指控曾经强奸两名图西族妇女，并曾怂恿、教唆他人抢劫、强奸和杀害多名图西族妇女。1995 年，被告在瑞士被捕。1996 年，卢旺达刑庭以被告在任厂长期间犯下种族灭绝罪和危害人类罪为由对其提起诉讼。2000 年 1 月，卢旺达刑庭最终判定被告罪名成立并判处其终身监禁。

⑤ Kendra Magraw, "Universally Liable? Corporate-Complicity Liability under the Principle of Universal Jurisdiction", (2009) 18 *Minnesota Journal of International Law* 458, p. 478.

⑥ 广田弘毅案：时任日本首相兼外相的广田弘毅是远东国际军事法庭审判中唯一一个被判处死刑的文官。其获罪的三项罪名包括：违反国际法而发动侵略战争、发动对中华民国的无端侵略，以及对下属违反国际法的行为承担漠视责任。多数学者对远东国际刑事法庭对广田弘毅判处刑罚的严厉性提出质疑。就此，法庭提出自己的理由："法庭指出，其定罪量刑的主要依据是广田弘毅在明知已经发生了南京大屠杀这一明显违反国际法的暴行时，应当采取行动但并未采取任何行动结束此类暴行。"相关资料参见 http://zh. wikipedia. org/wiki/% E5% B9% BF% E7% 94% B0% E5% BC% 98% E6% AF% 85，最后访问日期：2013 年 3月 25 日。

进一步明确其指挥官责任应满足以下三个条件：其一，被告的下属应实行了《卢旺达刑庭规约》第 2 条至第 4 条中所规定的行为；其二，被告知道或应当知道下属将要实施这些行为或已经实施了这些行为；其三，被告并未采取必要的和合理的措施去避免此类行为的发生或对其下属的行为予以惩罚。"①这一原则与前南刑庭在阿列科索夫斯基案②（*Prosecutor v. Zlatko Aleksovski*）中确立的指挥官责任标准③不谋而合。此标准的确立具有判例的作用，且对公司国际刑事责任制度的发展产生了相当深远的影响。它不仅将指挥官责任适用于公司，使法人国际刑事责任原则得到进一步发展壮大，还在一定程度上加深了国际刑法对国际人权的保护力度。④

总体来讲，第二次世界大战之后的几十年也是国际刑法理论和实践活动飞速发展的几十年。就公司的国际刑事责任问题而言，虽然晚近学界讨论颇多，但在国际司法实务中仍呈现一大困局：尽管从纽伦堡审判到现今的特别刑庭已形成了不少涉及公司员工、董事违反国际刑法的案例，但至今仍未出现一起以公司的侵权行为为被告的案件。为应对此种矛盾局面，在实践中，各主要国际审判机构大多采取将公司刑事责任"间接"移植到公司负责人

① "Judgement and Sentence", *Prosecutor v. Musema*, Case No ICTR – 96 – 13 – T（27 January, 2000）［Aspegren J（Presiding）（Sweden），Kama J（Senegal）and Pillay J（South Africa）］, p. 892.

② 阿列科索夫斯基案：阿列科索夫斯基于 1993 年 1 月到 5 月间负责塞尔维亚境内克鲁舍瓦茨（Kaonik）一所监狱的安全和保卫工作，职务为监狱长。前南刑庭法官认为，被告在任职期间，组织、帮助和唆使下属对狱中的穆斯林囚犯进行精神上和肉体上的虐待。这种虐待行为已经触犯《前南刑庭规约》第 3 条之规定。审判庭（Trial Chamber）还认为，被告作为监狱的管理者，在明知虐待行为发生的情况下，并未采取任何措施进行补救或惩罚施暴者，因此应承担《前南刑庭规约》第 7 条第 3 款下规定的指挥官刑事责任。此外，被告还被发现曾在监狱外部帮助和唆使其下属将监狱囚犯用作"人体盾牌"（human shields）并强迫其进行重体力劳动。这些行为都触犯了《前南刑庭规约》第 7 条第 1 款关于严重侵犯个人尊严的规定。被告在审判庭中被判处 2 年半有期徒刑。在上诉庭中，上诉庭认为审判庭对本案被告判处的刑罚过轻，鉴于其行为的严重性和后果的极端恶劣性，上诉庭最终判处被告 7 年有期徒刑。

③ 前南刑庭在阿列科索夫斯基案中提出"指挥官责任标准"：要认定指挥官责任需确认以下三要素同时存在。（1）"上级 – 下属"关系明确存在，即实际实行罪行的人应服从被告的领导；（2）上级知道或有理由知道犯罪即将发生或已经发生；（3）上级并未采取任何必要和合理的措施阻止犯罪的发生或惩罚罪行的实施者；International Law Commission, Draft Code of Crimes Against the Peace and Security of Mankind, art 6, as quoted in "Judgement", *Prosecutor v. Aleksovski*, Case No IT – 95 – 14/1 – T（25 June, 1999）.

④ Cecile Aptel and Jamie A. Williamson, "*Prosecutor v. Musema*: A Commentary on the Musema Judgment Rendered by the United Nations International Criminal Tribunal for Rwanda", （2000）1 *Melbourne Journal of International Law*, p. 12.

或实际施暴者身上的方式来确保公司严重侵犯国际人权的行为能够得到最终的惩处。因此，有学者总结得出，即使国际刑事法院及特别刑庭尚未将公司列入管辖范围之内，但根据当前各国司法实践和国际社会的发展可以看出，国际刑法层面对于公司行为的管控已不再是空白。[①]

三　小结

综上所述，虽然涉及公司大规模侵犯人权的案例已不占少数，但由于缺乏对公司国际刑事责任的管辖权，在所有国际刑事司法实践中尚未出现直接以公司作为被告的司法判决。应当看到，越来越多的国际法学者或国际组织已经认识到商业性公司在国际刑法中的重要地位，实践中也已出现在特定领域中明确承认公司国际刑事责任的规定或声明。国际刑事法院首席检控官奥坎波先生（Luis Moreno-Ocampo）曾公开支持公司应承担国际刑事责任，[②]并许诺将其上任之后的主要工作集中在调查经济参与者（economic actors）在刚果共和国武装冲突中所起的作用上。[③] 可以预见，在不久的将来，随着国际法学界对相关理论问题研究的进一步深入，以及国际刑事司法实践的探索进一步加深，公司（特别是跨国公司）将会最终承担起国际刑事责任。

Evolution of Corporate Liability in International Criminal Law

Song Jianing

Abstract：Issues on corporate liability in international criminal law have been

---

① Joanna Kyriakakis, "Corporate Criminal Liability and the ICC Statute: The Comparative Law Challenge", (2009) *Monash University Research Paper No.* 2009/45, p. 348.

② Michael J. Kelly, "Prosecuting Corporations for Genocide under International Law", (2012) 6 *Harvard Law & Policy Review* 339, p. 362.

③ Luis Moreno-Ocampo, Second Assembly of States Parties to the Rome Statute of the International Criminal Court Report of the Prosecutor of the ICC, http://untreaty. un. org/cod/icc/asp/2ndsession/ocampo_ statement_ 8sep (e). pdf, 最后访问日期：2013 年 3 月 25 日。

discussed since World War II. In the emerging practices of international criminal courts, not only did the Nuremburg Trial and the Tokyo Trial involve the said subject, recently, more precedents have been set by ICTY and ICTR. This article will focus on the history of international criminal liability of corporations, followed by discussions of theoretical knowledge and precedents from ICC, ICTY and ICTR, and concluding with new theories and thoughts in international criminal law.

Key Words：Corporations；International Criminal Law；Liability in International Criminal；International Criminal Practices

前沿动态

法的盛宴

——中国参与 WTO 争端解决机制经典案例综述

杨国华[*]

摘　要：本文介绍了 9 个涉及中国的 WTO 案例，对其中的精彩法律分析进行了简要的归纳。本文认为，这些案件展现了法律思维的特征，体现了国际法治的理念，是绝好的法学研究和教学的资料。

关键词：WTO　中国案例　国际法治

2012 年 10 月 18 日，WTO 上诉机构就"中国取向电工钢反补贴和反倾销案"发布报告。这是涉及中国案件的第 21 份报告。[①] 这些报告不仅对中

---

[*]　杨国华，中华人民共和国商务部条法司副司长。

[①]　1. 美国钢铁保障措施案（United States—Definitive Safeguard Measures on Imports of Certain Steel Products, DS252），专家组和上诉机构报告；2. 美国反倾销与反补贴案（United States—Definitive Anti-Dumping and Countervailing Duties on Certain Products from China, DS379），专家组和上诉机构报告；3. 美国禽肉进口措施案（United States—Certain Measures Affecting Imports of Poultry from China, DS392），专家组报告；4. 欧盟紧固件反倾销案（European Communities—Definitive Anti-Dumping Measures on Certain Iron or Steel Fasteners from China, DS397），专家组和上诉机构报告；5. 美国轮胎特保案（United States—Measures Affecting Imports of Certain Passenger Vehicle and Light Truck Tyres from China, DS399），专家组和上诉机构报告；6. 欧盟鞋反倾销案（European Union—Anti-Dumping Measures on Certain Footwear from China, DS405），专家组报告；7. 美国暖水虾反倾销案（United States—Anti-Dumping Measures on Certain Frozen Warmwater Shrimp from China, DS422），专家组报告；8. 中国汽车零部件案（China—Measures Affecting Imports of Automobile Parts, DS339、340、342，起诉方：欧盟、美国、加拿大），专家组和上诉机构报告；9. 中国知识产权案（China—Measures Affecting the Protection and Enforcement of Intellectual Property Rights, DS362，起诉方：美国），专家组报告；10. 中国出版物和音像制品（China—Measures Affecting Trading Rights and Distribution Services for Certain Publications and Audiovisual Entertainment Products, DS363，起诉方：美国），专家组和上诉机构报告；11. 中国原材料　（转下页注）

国与美国和欧盟等其他 WTO 成员之间的贸易争端做出了裁定，而且展现出一系列精彩的法律分析。例如，《反倾销协定》第 3 条第 2 款和《反补贴协定》第 15 条第 2 款究竟给调查机关设定了怎样的义务？电子支付服务（Electronic Payment Service，EPS）是否属于中国所承诺的"金融服务"？《中国加入 WTO 议定书》承诺中的"sound recordings"，为何既包括物理形态（CD - DVD）也包括电子形态（网络音乐）？上诉机构如何解决议定书承诺能否援用 GATT 第 20 条例外的问题？对进口自中国的产品同时采取反倾销和反补贴措施，为何需要考虑"双重救济"问题？《补贴与反补贴措施协定》中的"公共机构"，是指"政府控制"的机构，还是"履行政府职能"的机构？为何美国有关行政部门拨款的法案属于"卫生与植物卫生措施"？中国知识产权法律中的刑事门槛为何没有违反《与贸易有关的知识产权协定》第 61 条的"商业规模"之规定？中国对构成整车特征零部件的税收为何属于"国内费用"，而不是"普通关税"？为何专家组认定欧盟单独税率的规定不符合《反倾销协定》，而上诉机构又是如何"基于不同理由"维持了专家组的裁决？

本文即对这些"经典案例"做一简要介绍。

一　中国取向电工钢反补贴和反倾销案①

本案的一个焦点问题，是《反倾销协定》第 3 条第 2 款和《反补贴协定》第 15 条第 2 款给调查机关设定了怎样的义务。这两个条款文字相同，却分别是针对倾销和补贴做出的规定。

第 3 条第 2 款规定：……With regard to the effect of the dumped imports on prices, the investigating authorities shall consider whether there has been a significant price undercutting by the dumped imports as compared with the price of

---

（接上页注①）出口限制案（China—Measures Related to the Exportation of Various Raw Materials, DS394、395、398，起诉方：美国、欧盟、墨西哥），专家组和上诉机构报告；12. 中国电子支付案（China—Certain Measures Affecting Electronic Payment Services, DS413，起诉方：美国），专家组报告；13. 中国取向电工钢反倾销反补贴案（China—Countervailing and Anti-Dumping Duties on Grain Oriented Flat-rolled Electrical Steel from the United States, DS414，起诉方：美国），专家组和上诉机构报告。

① China—Countervailing and Anti-dumping Duties on Grain Oriented Flat-rolled Electrical Steel from the United States, WT/DS414/AB.

a like product of the importing member, or whether the effect of such imports is otherwise to depress prices to a significant degree or prevent price increases, which otherwise would have occurred, to a significant degree.

本案中，对于"consider"一词的含义，中美双方有很大争议，专家组也做出了自己的解释。上诉机构从"第 3 条和第 15 条关于损害确定的框架""第 2 款的文字""第 2 款的上下文""第 3 条和第 15 条的宗旨"等方面进行了详尽的分析。最后，上诉机构的结论是：……that Articles 3. 2 and 15. 2 require an investigating authority to consider the relationship between subject imports and prices of like domestic products, so as to understand whether subject imports provide explanatory force for the occurrence of significant depression or suppression of domestic prices. 也就是说，调查机关应当考虑进口与国内产品价格之间的关系，以便于理解进口是否解释了国内价格压低或抑制的出现。从这个结论看，调查机关的义务是：仅仅"考虑"（consider）是不够的；这种"考虑"还要有一定效果。换句话说，中国认为调查机关不需要确立进口与价格影响之间的任何关系（do not require the establishment of any link between subject imports and these price effects），是不对的。而专家组认为调查机关需要就二者做出一个"最终决定"（a definitive determination），也是不对的。

关于该款给调查机关设定了怎样的义务，即如何理解"consider"一词，上诉机构创造性地提出了"explanatory force"这个概念，为各国的反倾销和反补贴调查明确了一项新的标准。

二　中国电子支付服务案①

本案中，中美双方争议最大的问题，是电子支付服务（Electronic Payment Service, EPS）是否属于中国所承诺的金融服务 B 项，即银行及其他金融服务 D 中的" all payment and money transmission services"。对此，专家组做出了长篇累牍的论证。

专家组运用条约解释的方法，对（d）进行了全面的分析。在"通常含义"方面，专家组依据词典和行业惯例，分析了"payment""money"

---

① China—Certain Measures Affecting Electronic Payment Services, WT/DS413/AB.

"transmission"等词的含义，以及这些词的组合"payment and money transmission services"的含义，甚至"all"的含义。在"上下文"方面，专家组分析了（d）中"including"后面的内容，即"including credit, charge and debit cards, travellers cheques and bankers drafts"和"including import and export settlement"；分析了减让表中的其他内容，包括如何理解"B. Banking and Other Financial Services"，如何理解市场准入承诺中的下列内容——提供和转让金融信息、金融数据处理以及与其他金融服务提供者有关的软件；就（a）至（k）项所列所有活动进行咨询、中介和其他附属服务，包括资信调查和分析、投资和证券的研究和建议、关于收购的建议及关于公司重组和战略制定的建议，并且特别分析了中国所提出的GATS"关于金融服务的附件"中的相关内容。专家组甚至分析了GATS的结构，对比了其他成员的减让表。最后，专家组还从"宗旨与目的"的角度进行了简要分析。

经过这番"上穷碧落下黄泉"的搜索与"挖地三尺"的分析（长达32页），专家组得出的结论是：（d）包括EPS。也就是说，中国对EPS做出了承诺。

这个分析过程，使我们想起了下面这个案件。

三 中国出版物和音像制品案[①]

本案中，美国称，涉案措施禁止外资企业从事音像制品的电子分销，违反了GATS第17条（国民待遇）。但中方认为，中国减让表中的确承诺了国民待遇，但"音像制品（sound recording）分销服务"指的是物理形态音像制品（例如CD、DVD）的分销服务，不应当包括美国提出的电子形式的音像制品（例如网络音乐服务）。也就是说，对于这种电子形式产品的分销服务，中国没有做出国民待遇的承诺。于是，专家组决定研究一下中国是否对电子形式音像制品分销做出了承诺的问题。这一研究，就整整花费了26页篇幅。

专家组的研究思路，是按照"国际法的习惯解释规则"，即《维也纳条约法公约》第31条和第32条规定的标准，分析"音像制品分销服务"这

---

① China—Measures Affecting Trading Rights and Distribution Services for Certain Publications and Audiovisual Entertainment Products, DS363.

一词的内涵。专家组习惯性地从查字典开始，确定其"通常意义"（ordinary meaning）；从减让表的其他部分、GATS 的实质性规定、GATS 之外的其他协定以及其他成员（马来西亚和新加坡）的减让表，查看该词的"上下文"（context）；结合了 GATS 的"目的及宗旨"（object and purpose）。专家组得出的初步结论是，中国的承诺包括通过互联网等技术进行的非物理形态音像制品的分销服务。随后，专家组又按惯例审查了"解释之补充资料"（supplementary means of interpretation），包括 GATS 谈判时的"准备工作文件"（preparatory work）和中国议定书的"缔约之情况"（circumstances of its conclusion），进一步确认了以上结论。

"中国电子支付服务案"专家组认为，中国的承诺包含了"电子支付服务"（EPS）。而本案专家组认为，中国承诺的"sound recording"包括"非物理形态影像制品"。两个专家组的"不约而同"，似乎让我们感觉到了两份裁决背后的共同理念：承诺应当做扩大解释，而这与 WTO 开放市场的原则是一致的。

解释"sound recording"一词的含义，并非本案唯一重要的法律分析。本案中，关于"中国是否可以直接援用 GATT 第 20 条，以作为其背离加入 WTO 议定书项下的贸易权承诺之抗辩"问题，更为引人瞩目。

专家组认为，中国援引该项，提出了复杂的法律问题（complex legal issues）：第 20 条提到的"本协定"，指的是 GATT，而不是中国加入 WTO 议定书之类的其他协定。因此，就出现了第 20 条是否可以被直接援引，用于涉及议定书贸易权承诺的抗辩的问题。根据美国的提议以及上诉机构先前的一些做法，专家组决定采取一种"回避"的策略。即先假定第 20 条可以援引，然后直接审查（a）项的要求是否得到了满足；如果满足了，则回过头来啃这块硬骨头，而如果没有满足，则没有必要多此一举了。专家组的审查结论是：中国的措施非为保护公共道德所"必需"，因此，关于这个"复杂的法律问题"，专家组没有做出裁决。但上诉机构知难而上，决定断一断这个疑案。

上诉机构首先对议定书第 5 条第 1 款进行了详细解读，认为"管理贸易的权利"，指的是中国将国际商务活动纳入管理的权利，而这个权利不应受到给予贸易权这一义务的损害，但中国必须"以符合《WTO 协定》的方式"管理贸易。"以符合《WTO 协定》的方式"，指的是作为整体的《WTO 协定》，包括作为其附件的 GATT。抽象地说，"管理的权利"，是 WTO 成员政府所固有的权利，并非《WTO 协定》之类的国际条约所赋予的权利。在贸易方面，《WTO 协定》及其附件，只是要求成员遵守相关义务。当管理的是贸易时，则议定书第 5 条第 1 款所说的"符合《WTO 协定》"，就是对中国管理权实施的约束，要求管理措施必须符合 WTO 纪律。

上诉机构进一步分析道：第 5 条第 1 款针对从事贸易者（traders）做出了承诺，即给予所有企业进出口货物的权利，但不得影响中国管理贸易（trade）的权利。上诉机构认为，中国关于贸易权，即涉及贸易者的义务，与所有 WTO 成员承担的管理货物贸易（trade in goods）方面的义务，特别是 GATT 第 11 条和第 3 条是密切交织的。在中国加入 WTO 的文件中，就有成员要求中国对贸易权的限制必须符合这两条的内容。这种联系也反映在第 5 条第 1 款的文字中。从整体看，该款显然是关于货物贸易的，因为该款第三句明确提到了"所有这些货物都必须按照 GATT 第 3 条给予国民待遇"。此外，GATT 和 WTO 的先前判例，也认定过对从事贸易主体的限制与 GATT 的货物贸易方面义务之间的密切关系。即那些并不直接管理货物或货物进口的措施，也被认定为违反了 GATT 义务。总之，限制贸易者权利的措施，是有可能违反 GATT 的货物贸易义务的。上诉机构认为，中国管理货物贸易的权利，必须遵守《WTO 协定》附件 1A，即 GATT 的义务。而中国援引 GATT 条款的抗辩权，不应由于起诉方仅仅挑战第 5 条第 1 款却没有根据 GATT 提出挑战而受到影响。正相反，中国是否可以援引 GATT 第 20 条抗辩，在具体案件中，应决定于不符合贸易权承诺的措施与对货物贸易管理之间的关系。如果这种联系存在，中国就可以援引第 20 条。

上诉机构最后说，专家组审查了中国的贸易权承诺与中国对相关产品内容审查机制之间的关系，发现中国的某些规定，特别是《出版管理条例》第 41 条和第 42 条，其所在的法律文件本身，就设定了内容审查机制，而对于本身没有审查机制的法律文件，专家组也同意中方提出的观点，即这些文件不是孤立的措施，而属于进口商选择制度的结果，是准备进行内容审查的。上诉机构还注意到，在专家组阶段，有很多证据表明，中国是对相关货物进行广泛内容审查的。而对于中国限制贸易权的规定属于中国对相关货物内容审查机制的一部分，美国也没有提出质疑。不仅如此，美国认为，不符合 GATT 第 3 条第 4 款的中国管理相关货物分销的规定，与专家组认定的不符合贸易权承诺中管理这些货物进口的规定，有些就是相同的措施。有鉴于此，上诉机构认定，不符合贸易权承诺的措施，与中国对相关产品贸易的管理，存在着清晰的、客观的联系。因此，中方可以援引 GATT 第 20 条。

中国的被诉措施虽然是关于贸易权承诺的，即只允许某些企业从事相关货物的进出口，但与中国对相关货物的管理，即对涉案货物的内容审查，是密切相关的。换句话说，限制进出口商，是为了对相关货物进行内容审查，而 GATT 恰恰是关于货物贸易的，中国当然有权援引 GATT 第 20 条进行抗辩。上诉机构通过这种"密切联系"，确认了议定书与 GATT 之间的"间接关系"，专家组遗留的"复杂的法律问题"迎刃而解。

但在下面这个案件中，看上去相似的问题，中国就没有那么"幸运"了。

四　中国原材料案[①]

本案一个关键的法律点，是中国的出口税承诺是否可以援引 GATT 第 20 条进行抗辩的问题。

专家组按照《维也纳条约法公约》的条约解释方法，对中国加入 WTO 议定书、报告书和 WTO 协议的相关条款进行了分析。专家组的基本逻辑是：WTO 有众多协议，但并不存在一项适用于所有协议的例外条款（general umbrella exception），而是每个协议都有自己的例外条款；GATT 第 20 条规定了 WTO 成员在若干情况下可以背离义务，但这个例外条款仅适用于 GATT 中的义务；要想第 20 条适用于议定书中的义务，就必须在议定书中做出规定。因此，鉴于议定书中没有这样的规定，专家组认为，出口税承诺不能援引 GATT 第 20 条。

专家组承认："GATT 第 20 条的适用问题，事关加入议定书在《WTO 协定》中的地位，以及 WTO 法律和机制内不同文件之间的关系。""第 11 条第 3 款没有援引 GATT 第 20 条的权利，意味着中国与很多 WTO 成员有所不同；这些成员通过议定书条款或者作为创始成员没有被禁止使用出口税。然而，按照摆在面前的文本，专家组只能推定这是中国和 WTO 成员在加入谈判中的意图。这种情况孤立地看待，可能是不平衡的（imbalanced），但专家组没有找到援引第 20 条的法律依据。"也就是说，条约解释的结果是，中国可能承担了一项"不平衡"的义务，但找不到"权利"的法律依据让

---

① China—Measures Related to the Exportation of Various Raw Materials，WT/DS394、395、398.

这项义务"平衡"起来。

上诉机构负责审理案件的，是与"中国出版物和音像制品案"相同的三个人，[1] 他们使用了相同的《维也纳条约法公约》的"综合方式"（in a holistic manner），却做出了与上一个案件截然不同的裁决，即同意专家组的裁决，认为中国出口税承诺不能援引第 20 条进行抗辩。

我们虽然可以不同意本案专家组和上诉机构的裁决，但我们也看到了中国承诺的文本在条约解释方面的重要性。也就是说，文本中明明缺失的内容，是很难通过事后的条约解释而得到"补救"的。在"中国出版物和音像制品案"中，上诉机构能够做出对中国有利的裁决，也是因为议定书第 5 条第 1 款有一些文字，使得上诉机构能够确认议定书与 GATT 之间的"间接关系"。

请注意，"文本中明明缺失的内容"，在本案的情况下，是指别的条款有而本条款没有的情况。也就是说专家组所说的：要想第 20 条适用于议定书中的义务，就必须在议定书中做出规定。在下面这个案件中，美国认为上诉机构越权了，把 WTO 协定中所没有的内容，解释进了协定。但我们认为，上诉机构的解释是有说服力的。

五 美国反倾销和反补贴案[2]

本案中，中美双方就"双重救济"是否违反 WTO 规则进行了激烈的辩论，专家组做出了支持美方的裁决。上诉机构全面推翻了专家组的裁决。

对于本案的一个关键词"双重救济"，涉及案件的"事实"，各方没有争议。中美双方及专家组和上诉机构一致认为，使用非市场经济方法，对某种产品同时征收反补贴税和反倾销税，有可能出现"双重救济"（double remedy）问题。如果部分倾销幅度来自对出口产品的补贴，则根据非市场经济方法计算出来的反倾销税，便是既补救了倾销又补救了补贴。从这个角度看，如果同时在这种产品上适用反补贴税，该补贴就可能被"抵消"了两次。即一次是通过反倾销税，另一次是通过反补贴税。

---

① "中国出版物和音像制品案"中上诉机构成员：Hillman, Presiding Member；Oshima, Member；Ramírez-Hernández, Member。"原材料案"上诉机构成员：Ramírez-Hernández, Presiding Member；Hillman, Member；Oshima, Member。

② US—Anti-Dumping and Countervailing Duties，DS379.

　　但是专家组认为，双方援用的《反补贴协定》第19条第4款和第19条第3款适用的对象是反补贴税，而不是反倾销税。进口国只要按照反补贴调查程序认定了补贴的存在，并且按照补贴数额征收，就没有违反《补贴与反补贴措施协定》，而没有必要考虑该项补贴是否已经被别的措施抵消的问题。也就是说，反补贴是反补贴，反倾销是反倾销。在反补贴的时候考虑反倾销的问题，于法无据。

　　上诉机构敏锐地抓住了问题的关键，对第19条第3款进行了详尽的解释。上诉机构认为，该款"适当数额"（appropriate amount）中的"适当"一词，是一个相对概念，是相对于补贴所造成的损害而言的。如果损害不复存在，那么，就不能说反补贴税的数额是适当的。也就是说，如果不考虑针对相同产品、抵消相同补贴的反倾销税，反补贴税数额的适当性便无法确定。反补贴税代表了全部补贴数额，而反倾销税至少在一定程度上是根据相同的补贴计算的，并且同时征收以消除对国内产业的相同损害。在这种情况下，反补贴税的数额就不可能是"适当的"。按照非市场经济方法计算出来的倾销幅度，有可能包括了一些属于补贴的组成部分。上诉机构认定：双重救济，即同时征收反补贴税和按照非市场经济方法计算出来的反倾销税，两次抵消相同的补贴，不符合第19条第3款。

　　通过这样的分析，上诉机构在反补贴和反倾销之间建立起了"桥梁"，使得两个事项联系起来。我们感到，上诉机构认为，对同一补贴两次抵消的情况是不合常理的，应当予以禁止。这背后反映了上诉机构的价值观和使命感，即这种情况不符合多边贸易体制的宗旨，而如果上诉机构对此不予纠正，在WTO体制内就几乎没有其他机会了。

　　本案中，上诉机构还纠正了专家组对于"公共机构"的解释。

　　《补贴与反补贴措施协定》第1条所指的补贴，是"政府或任何公共机构（public body）提供的财政资助"。本案中，涉及反补贴调查的公司，从国有公司购买了热轧钢、橡胶和石化产品等作为原材料，并且从国有商业银行获得了贷款。负责反补贴调查的美国商务部认为，国有企业和国有商业银行属于"公共机构"。专家组查找了字典含义，分析了既往案例，还解释了该协定的宗旨和目的，认为"公共机构"应理解为由政府控制的实体。对于国有公司，政府所有权就是表明政府控制的一个高度相关、潜在决定性的证据。专家组举例说，在通常的经济活动中，有公司"控制性权益"这一概念。在一个公司中，控制性权益是指拥有51%的投票权。也就是说，所谓"控制"公司，就是指具有多数所有权。这一概念也适用于政府所有的公司。因此，政府的多数所有权是表明政府控制以及判断一个实体是否为公共机构的清晰、高度明示的证据。而在本案中，有关公司恰恰是由政府拥有多数所有权的。这样，专家组认定，这些公司属于"公共机构"。对于国有商业银行，事实表明，政府拥有大多数股份，并且对其经营实行重要干预。根据上述"政府控制论"，专家组认为，这些银行也属于"公共机构"。

上诉机构经过分析认为，"公共机构"与"政府"有某种共性。协定所指的公共机构必须是拥有、行使或被授予政府权力的实体。当然，政府与政府不尽相同，公共机构与公共机构也不完全一样。专家组和调查机关在判断某项行为是否属于公共机构的行为时，应当审查该实体的核心特点及其与政府的关系。除非在法律文件中有明确授权，实体与政府之间仅仅有形式上的联系是不够的。例如，政府是某一实体的主要股东，并不能表明政府对该实体的行为有实质性的控制，更不用说表明政府授予该实体以政府权力了。但是，如果证据表明政府实施多种控制，并且此种控制权被实质性地实施，则也许可以推定该实体正在行使政府权力。上诉机构说，专家组虽然认为政府所有权是高度相关的，但没有进一步澄清"控制"一词的含义。专家组所依据的是公司里的"控制利益"这一日常财务概念。从以上分析看，政府控制实体，其本身不足以证明实体属于公共机构。因此，上诉机构认为专家组对"公共机构"的解释缺乏适当的法律依据，从而推翻了专家组的这一认定。

上诉机构这一裁决的重要意义是，"政府控制"和"国有"等等，都不是确定"公共机构"的标准。确定一个实体是否为"公共机构"，应当看其是否"拥有、行使或被授予政府权力"，从而防止了将"公共机构"扩大化的现象。可以看出，上诉机构对"公共机构"的解释，是更为严谨的。

六　美国禽肉案[①]

2009 年美国《农业，农村发展，食品与药品管理，以及相关机构拨款法案》第 727 节规定："本法案所列任何资金，不得用于建立或实施允许中国禽肉产品进口到美国之规则。"这条孤零零的规定，是专门针对中国的，而法案对其他国家并没有类似规定。这条规定，限制了美国农业部及其下属

---

① United States—Certain Measures Affecting Imports of Poultry from China，DS392.

的食品安全检疫局使用资金，从事与进口中国禽肉相关的工作，进而影响了中国鸡肉等禽肉产品输美。这是明显的歧视性规定。

本案中，中方的第一个主张，当然是说第 727 节不符合关贸总协定（GATT）第 1 条第 1 款所要求的"最惠国待遇"。而美方的第一反应，必定是说第 727 节是"为保护人类、动物或植物的生命或健康所必需的措施"，即援引 GATT 第 20 条（一般例外）之（b）项进行抗辩。然而，美方如此抗辩，却进入了一个环环相扣的怪圈：既然是"为保护人类、动物或植物的生命或健康所必需的措施"，那么就很可能属于 WTO《实施卫生与植物卫生措施协定》（SPS 协定）所界定的"卫生与植物卫生措施"（SPS 措施）。而采取 SPS 措施，是必须具备一定条件的。例如要进行"风险评估"，要有"科学证据"。第 727 节作为拨款法案中的一项规定，在其制定过程中，从来没有提到过要符合 SPS 协定中的这些条件。这样，第 727 节就是不符合 SPS 协定的。到了这一步，美国就已经输了官司。不仅如此，鉴于 SPS 协定的宗旨与 GATT 第 20 条（b）项的相似性，不符合前者的措施，很可能也就无法援引后者进行抗辩。专家组明察秋毫，显然已经注意到了此案环环相扣的情节中，症结就在于这两个"很可能"，于是决定就此下手"解扣"。

专家组指出，SPS 协定附件 A（1）对 SPS 措施的概念做出了明确界定，其中包括："……（b）保护成员领土内的人类或动物的生命或健康免受食品、饮料或饲料中的添加剂、污染物、毒素或致病有机体所产生的风险。卫生与植物卫生措施包括所有相关法律、法令、法规、要求和程序，特别包括：最终产品标准；工序和生产方法；检验、检查、认证和批准程序；检疫处理，包括与动物或植物运输有关的或与在运输过程中为维持动植物生存所需物质有关的要求；有关统计方法、抽样程序和风险评估方法的规定；以及与粮食安全直接有关的包装和标签要求。"专家组从先例中发现，要判断某项措施是否为 SPS 措施，需要考虑该措施的目的、法律形式及其性质等因素。

专家组认为，从表面上看，第 727 节仅仅是一项行政部门的拨款措施，文字上并没有涉及 SPS 协定附件 A（1）所指之目的。然而，美国自己曾经宣称，该措施的政策目标，是为了防止来自中国的禽肉产品所产生的对人类和动物生命健康的危险。美国还宣称，这一政策目标也体现于该法案的立法历史中。专家组发现，在国会通过的解释第 727 节宗旨的"联合解释声明"中有这样的字句：对来自中国的有毒食品存在严重关切，因此，本法案之规定，就是为了禁止食品安全检疫局使用资金以制定规则进口中国禽肉产品。

专家组还发现，第 727 节的提案人、众议员 Rosa DeLauro 也曾明确表示，该节之目的，就是为了解决来自中国的禽肉产品所造成的健康风险。因此，专家组认定，第 727 节之目的，是为了防止来自中国的有毒禽肉产品对人类和动物生命健康带来危险，符合 SPS 协定附件 A（1）所述之目的。此外，第 727 节是法律，这一点毋庸置疑，因此，也满足了"法律形式及其性质"之考量。这样，专家组就得出结论：第 727 节属于 SPS 措施。

专家组还进一步说，第 727 节是一项涉及行政部门活动的金钱拨款措施，而不是直接管理卫生和植物卫生问题的措施，似乎可以认为它不是一项SPS 措施。事实上，影响某个具体行政部门活动的金钱拨款措施，也不属于普通意义上的 SPS 措施。然而，第 727 节作为一项拨款措施，却是国会控制负责实施 SPS 事项的行政部门的一种方式。因此，该措施属于拨款法案本身，并没有排除其属于 SPS 措施。

将一项拨款法案界定为"卫生和植物卫生措施"，使我们不得不佩服专家组的高超本领。

在下面一个案件中，笔者将专家组的本领比喻成"四两拨千斤"！

七　中国知识产权案[①]

本案涉及一个"刑事门槛"问题。

中国刑法及其司法解释规定，"非法经营数额在五万元以上或者违法所得数额在三万元以上"，"复制品数量合计在五百张以上"，才应给予刑事处罚。这些数额显然属于"刑事门槛"。那么，这是否违反了 TRIPS 第 61 条的"各成员应规定至少将适用于具有商业规模（commercial scale）的蓄意假冒商标或盗版案件的刑事程序和处罚"？专家组紧紧抓住"scale"一词，审查了权威的 New Shorter Oxford English Dictionary，发现这个词的普通含义，是"相对大小或范围，程度，比例"，因此是一个相对概念，而"商业规模"就是指商业活动的大小或范围。具体到本案，"商业规模"的假冒或盗版，是指某一产品在特定市场的大小或范围，因此随着产品和市场的不同而有所差异。美国所指责的"五万元"、"三万元"和"五百张"都是一些绝对的数字。单单从这些数字，无法断定是否达到了"商业规模"，因此，美

---

① China—Measures Affecting the Protection and Enforcement of Intellectual Property Rights, DS362.

国没有能够提供足够证据，证明刑事门槛不符合 TRIPS。

明确"商业规模"是一个相对概念，这的确是专家组的创举。而"scale"一词定乾坤，则不能不令人佩服专家组"四两拨千斤"的高超本领。

专家组的高超本领，还体现在下面这个案件中：向海关交的费用，可以归为"国内费用"。

八　中国汽车零部件案①

根据涉案的中国措施所规定的具体标准，如果中国汽车生产中使用的进口汽车零部件具备"整车特征"，则需对这些进口零部件征收 25% 的关税，而高于适用于汽车零部件的平均关税率 10%。起诉方认为，以上措施违反了 GATT 第 3 条所规定的国民待遇原则。

专家组的理解是：这种费用实际上属于 GATT 第 3 条第 2 款所指的"国内费用"（internal charges），而不是 GATT 第 2 条第 1 款（b）项所指的"普通关税"（ordinary customs duties）。由于对国内产品不征收这笔费用，因此，专门针对进口产品的费用就违反了国民待遇原则。

明明是向海关上缴的费用，怎么会属于"国内费用"呢？

专家组是从解释"国内费用"和"普通关税"这两个词的内涵入手的。专家组首先解释"国内费用"一词，研究了该词的通常含义、第 2 条第 2 款"进口到境内"一词提供的直接语境以及第 3 条附注提供的语境。专家组还参考了 GATT 和 WTO 法律体系，认为它们可以对其解释提供支持。对于"普通关税"一词，专家组研究了该词的通常含义、第 2 条第 1 款（b）项第一句话中"在进口时刻"一词提供的直接语境，以及第 2 条第 1 款（b）项第二句话中论及"其他税收或费用"时"对进口或有关进口"这一词组提供的语境。专家组认为：第 2 条第 1 款（b）项第一句话中"在进口时刻"一词的通常含义，如果在其语境中并根据 GATT 之目的和意图考虑，应当包含不可忽视的严格和准确的时间要素。这意味着缴纳普通关税之义务是在商品进入另一成员国境内之时与该商品相联系的……正是在商品进入另一成员国境内之时，并且也只有在这一时刻，才产生缴纳上述普通关税之义务……而且进口国在当时或随后实施、评估或复评、征收或收缴普通关税的

---

① China—Measures Affecting Imports of Automobile Parts，WT/DS339、340、342.

行为，也正是基于商品在这一时刻的状况。与普通关税相反，缴纳国内费用之义务并不因商品进口而在其进入另一成员国境内之时刻而产生，而是因为国内因素（例如由于商品在国内二次销售或在国内使用）而产生。商品一旦进口到另一成员国境内，缴纳国内费用之义务就产生了。进口来的商品的状况看起来是对此国内收费估价的有关依据，但进口来的商品的状况并不一定与其在进口时刻的状况一致。然后，专家组把其对"普通关税"和"国内费用"的理解总结如下：如果支付费用的义务不是基于产品在进口时而征收，它就不能是第 2 条第 1 款（b）项第一句话所规定的"普通关税"，相反，它是指第 3 条第 2 款规定的"国内费用"，即根据国内因素计征的费用。

明确了这些费用属于"国内费用"，接下来，专家组开始审查涉案措施，认为涉案费用的某些特征，具有重大法律意义。专家组强调，在国内计征费用的义务发生在汽车零部件被组装成机动车辆后。专家组还极其重视这样的事实：该费用是对汽车制造商征收，而不是对一般进口商征收；以及这样对具体的进口零部件收费的依据，是当其他进口零部件或国产零部件与那些进口零部件一起被用来组装汽车模型时才征收，而不是根据具体的零部件在进口时进行征收。此外，专家组认为下面的事实至关重要：同时在同一集装箱或船只内装载的相同的进口零部件，根据用它们所组装的车型是否符合措施中规定的标准，而对其征收费用的比率有所差异。根据涉案措施的这些特点，专家组的结论是，对汽车制造商征收的费用属于"国内费用"。

具备整车特征的汽车零部件向海关缴纳的费用，要根据进口后组装成整车这一事实来决定，并且要履行一系列程序。专家组将这种费用界定为"国内费用"，而非"普通关税"，是否违反国民待遇的问题就迎刃而解了：进口产品交了这笔费用，而国内产品没有交，就是违反国民待遇的。这一界定，应当说是专家组在此案中的最大"创造"。

九 欧共体紧固件反倾销案①

欧盟反倾销基本法［Council Regulation（EC）No. 384/96］规定，对于涉及"非市场经济"（non-market economy）的反倾销调查，生产商要首先进行市场经济测试（market economy test），以便欧委会决定是否考虑将这些

---

① EC—Anti-Dumping Measures on Fasteners，DS397.

生产商的国内价格作为确定正常价值的基础。如果生产商通过了这一测试，正常价值就依据其国内价格，并且用于和正常价值进行比较的出口价格也以其出口价格为依据。此时，该生产商的待遇，就与来自市场经济国家的生产商完全相同了。2009 年 1 月 26 日，欧盟宣布对来自中国的紧固件（iron and steel fasteners）征收反倾销税。在调查过程中，欧委会就采用了上述方法。

本案专家组认为，《反倾销协定》第 6 条第 10 款明确要求调查机关对涉案的生产商给予单独待遇，即对每个已知的生产商计算出一个单独的倾销幅度，但在生产商数量太大，计算单独倾销幅度不可行时，调查机关也可以采取抽样方法，选择部分生产商或产品进行计算。专家组经过详细分析后认为，给予单独待遇是一项原则，而抽样是唯一例外。专家组还指出，第 9 条第 2 款也有类似规定。鉴于欧盟反倾销基本法对来自非市场经济国家的生产商适用全国统一的税率，除非生产商能够证明其独立于国家，专家组认定，这种做法违反了《反倾销协定》义务。

上诉机构以"不同理由"维持了专家组的裁决。

在上诉中，上诉机构也认定欧盟的做法违反了《反倾销协定》第 6 条第 10 款，却是基于对该款的不同理解。

专家组认为，从第 6 条第 10 款看，"给予单独待遇是一项原则，而抽样是唯一例外"。上诉机构指出，专家组的这一认定提出了两个解释性问题：一是关于确定单独倾销幅度，第一句的"shall"和"as a rule"表明了一项强制性规则，还是仅仅表明了一种偏好；二是第二句所允许的抽样，是否为第一句所设定规则的唯一例外。

上诉机构认为，助动词"shall"在法律文本中通常用于表示强制性规则，而"as a rule"的含义则是"usually"，"more often than not"。"shall"和"as a rule"结合起来，所表达的不仅仅是偏好。如果该款的起草者意在避免设立确定单独倾销幅度的义务，则可能会使用"it is desirable"或"in principle"，而不是"shall"。上诉机构继续说，尽管"shall"一词设定了强制性规则，但这一义务却受到了"as a rule"的限定，而这一限定必然是有含义的。上诉机构认为，这个词表明此项义务并非绝对，预示了例外的可能性。如果没有这个词，确定单独倾销幅度的义务就无法与《反倾销协定》中背离这一规则的其他规定保持协调了。

第二句明确提到了抽样是这一规则的例外。然而，抽样却不是这一规则的唯一例外。例如，第 10 款第 2 项就允许在生产商数量巨大且单独审查会给调查机关带来过分负担从而影响调查及时完成的情况下，不确定单独倾销幅度。第 9 条第 5 款也允许在新出口商不能证明其与受到征税的出口商或生产商没有关联的情况下，确定单独倾销幅度。

上诉机构认为，使用"shall, as a rule"，第 6 条第 10 款的起草者就非常谨慎地没有设定一项与协定其他规定（不仅仅是抽样）相抵触的义务，没有要求调查机关在所有情况下都确定单独倾销幅度。但上诉机构强调说，这些例外必须是 WTO 有关协定中所规定的，这样才能避免对第 6 条第 10 款要求确定单独倾销幅度的义务的规避。"as a rule" 预示了例外，但这个词并不是给成员提供了随意创造例外的可能性，从而影响了第 6 条第 10 款的义务性特征。对每个已知的出口商或生产商确定单独倾销幅度的义务，仍然是一项总体规则。

上诉机构总结说，根据上面的理解，WTO 有关协定中没有规定允许对来自非市场经济国家的进口背离确定单独倾销幅度的义务，因此欧盟的做法违反了《反倾销协定》第 6 条第 10 款。

专家组与上诉机构"殊途同归"，是颇为有趣的。

十　结束语

如此众多的精彩法律分析，是一场法的盛宴。法的精神，法的信念，法的技巧，得到了充分的展现。

在这些分析中，我们看到了 WTO 协议和承诺运用过程中所体现的坚定的理念、独特的创造和严密的论证。坚定的理念，是坚守自由贸易的宗旨，要求所有限制贸易的行为必须符合严格的条件，并且以规则为基础，澄清成员的权利和义务。独特的创造，是在纷繁复杂的事实和众说纷纭的观点中，抓住重点，独辟蹊径，找到裁决案件的思路。严密的论证，是将"法律"适用于事实的过程，在准确理解"法律"的前提下，充分解释其适用于本案事实的原因，从而得出令人口服心服的结论。

这些分析的重大特色，是对"法律条文为何适用于本案事实"有详尽的论述。为了确定一个协议条款的含义，专家组和上诉机构往往会从词典中查找其"通常含义"，从该条款的前后左右甚至其他协议对照"上下文"，从该条款所在协议的前言和整体明确"宗旨和目的"。在此过程中，常常会参照大量的先例。这些先例为条款的理解提供了多样的思路。在初步确定了条款的含义后，专家组和上诉机构还会参考"补充资料"，例如协议谈判时的文件，以印证其理解的准确性。然后，他们会拿着"条款的含义"这个"放大镜"，仔细查看案件的事实，一点点确定两者是否相符。经过这样的法律论证、法律推理，读者会对"法律"及其"法律"适用于事实的过程，有一个清晰的了解。阅读和研究这样的案例，能够培养法律解释的能力，更能够锻炼法律适用的本领。

法律思维是一种能力，是在纷繁复杂的社会现象中敏锐地抓住本质的能力。法律思维更体现了一种理念，是借用法律分析的方法展现法律背后的法治（以及公平和正义）的理念。法律思维的内涵，包括法律理解、事实归纳及法律适用。法律理解，是使用适当的方法，给法律一个合理的解释。事实归纳，是从纷繁复杂的事实中，发现关键的问题。法律适用，则是将法律适用于事实的过程，对"为什么这个法律适用于这个事实"进行充分论证。法律理解、事实归纳及法律适用，是法律思维的一个完整过程，体现在书面上，就是法律解释清晰、事实归纳准确及法律论证充分的法院判决书。在这些中国案例中，我们就看到了这样的法律思维过程。

当然，我们如此评价 WTO 裁决中的法律分析，并非表明这些法律分析是"唯一正确"的方法和答案，也并非表明我们完全同意这些法律分析的结论。事实上，法律的思维，应当是质疑思辨的，而不是盲从盲信的。但是这些法律分析，为我们的法律教学和研究，提供了重要的思路和参照，并且在有些情况下，为我们能够提出更加高明的法律分析奠定了基础。

A Study on Typical Chinese WTO Cases

Yang Guohua

Abstract：This paper introduces nine Chinese WTO cases and briefly summarizes the excellent legal reasoning of these cases. The paper argues that these cases have illustrated the characteristics of legal thinking and embodied the idea of International Rule of Law, thus are excellent materials for legal studies and education.

Key Words：WTO；Chinese Cases；International Rule of Law

政治风险的变化与我国对外投资政治风险保险制度的完善[*]

政治风险的变化与我国对外投资政治风险保险制度的完善[*]

蔡从燕[**]

摘　要：政治风险保险制度是鼓励与促进对外投资的一项重要措施。晚近，对外投资面临的政治风险发生了较 20 世纪 60、70 年代有着明显不同的新变化。这些新变化对政治风险保险制度构成了挑战，提出了新的要求。我国现行对外投资政治风险保险制度存在不足，应当根据政治风险的新变化以及中国对外投资政治风险的特殊性，借鉴政治风险保险制度的新发展加以完善。

关键词：政治风险　保险　对外投资

政治风险是国际投资面临的传统问题，20 世纪 60、70 年代国际经济新秩序运动是政治风险的"高发期"。然而，近十年来，政治风险呈现出许多复杂的变化。作为应对政治风险的重要方法，政治风险保险面临新的挑战。2009 年起，作为唯一承保政治风险的多边机构，世界银行下属的"多边投资担保机构"（MIGA）开始调查国际投资中的政治风险及其保险问题，[①] 表明这一问题的重要性上升到一个新的高度。2009 年的调查表明，政治风险是在新兴市场从事投资的三个最重要的制约因素之一；[②] 同时，最担心政治风险问题的也是来自包括中国在内的新兴经济体的投资者。[③]

---

[*] 本文系曾华群教授与余劲松教授主持的国家社科基金重大项目"促进与保护我国海外投资的法律体制研究"（批准号：09&DZ032）的研究成果之一。

[**] 蔡从燕，厦门大学法学院教授，法学博士。

① MIGA, *World Investment and Political Risks* 2009.

② MIGA, *World Investment and Political Risks* 2009, p. 7.

③ MIGA, *World Investment and Political Risks* 2009, p. 38.

对外投资是我国"走出去"战略的基本组成部分，对于促进对外贸易、缓解贸易保护主义、强化国际分工参与，以及实施整体外交战略都具有重要意义。根据国家商务部、国家统计局及国家外汇管理局以及联合国贸易与发展会议（UNCTAD）的统计，2010 年，中国对外直接投资达到 688 亿美元，首次超过日本，我国已经成为世界第五大投资来源地国，对外投资分布近170 个国家和地区。[1] 并且，根据国际投资界的看法，未来中国的对外投资很可能进入一个加速增长期，中国有望在不久的将来成为世界最重要的资本输出国之一。有效防范与解决政治风险不仅直接涉及我国特定企业的权益，而且关系到我国宏观目标的实现，还会影响到东道国的利益。与现有资本输出大国的对外投资相比，我国对外投资面临的政治风险既具有共同性，也具有特殊性。一系列重大投资案件表明，政治风险已经对我国的对外投资构成日益严重的威胁，我国有必要根据新的"世情"与"国情"完善对外投资的政策性政治风险保险制度。

一 从政治风险角度看我国对外投资的特点

从诱发政治风险的角度看，我国对外投资具有如下四个特点：

第一，从投资的主体看，国有企业在对外投资中仍然发挥相当大的作用。根据 2010 年的统计数据，从事对外投资的国有企业在全部对外投资企业数量中的比例仅占 10% 左右，[2] 但仅中央企业和单位的对外投资就占全部对外投资流量的 70%。[3] 虽然我国的国有企业都是按照现代企业制度开展经营活动的，但它们的投资活动在一些国家往往被认为是在贯彻中国政府的意志，从而容易诱发政治风险。目前，西方学术界以及某些国家的政府机构甚至开始讨论中国政府赋予对外投资企业财政补贴或金融支持措施的性质，以及在投资争端中是否区别对待国有企业问题。[4]

第二，从投资的领域看，自然资源是我国对外投资的重点领域。为确保

---

① 《2010 年中国对外直接投资统计公报》，第 2、3 页。
② 《2010 年中国对外直接投资统计公报》，第 29 页。
③ 《2010 年中国对外直接投资统计公报》，第 12 页。
④ 参见 e. g., Gary Hufbauer, Thomas Moll and Luca Rubini, *Investment Subsidies for Cross-Border M & A: Trends and Policy Implications*, United States Council Foundation Occasional Paper No. 2, April 2008。

我国经济长期平稳发展的需要，根据公平互利原则，通过对外投资获取稳定的自然资源是我国的基本战略。然而，自从 20 世纪 60 年代国际经济新秩序运动以来，自然资源领域始终是最容易诱发政治风险的领域。随着东道国对自然资源战略性认识的提高，以及国际资源价格的变动，近年来东道国要求与外国投资者重新谈判生效合同的情形屡见不鲜。根据 MIGA 的调查，自然资源领域是当前以及未来最容易诱发政治风险的领域。[①]

第三，从投资的区域看，发展中国家仍然是我国对外投资的主要地区。作为对外投资的后发国家，中国企业整体上还不具备在发达国家从事投资的竞争力，而只能在发展中国家从事投资。根据 2010 年的统计，我国在发达国家的投资存量仅占全部存量的不足 10%。[②] 近年来，一些发展中国家，尤其中东、非洲国家政治局势持续动荡，对中国企业造成严重影响。当然，根据 MIGA 的调查，这也是作为对外投资后发国家的"金砖国家"其他成员国巴西、印度及俄罗斯共同面临的问题。[③]

第四，从投资的行为看，我国对外投资企业全面履行社会责任的意识与能力存在不足。社会责任涉及公司是否遵守有关人权、环境、劳工、反贿赂等方面的国内或国际性法律或行为规范。晚近在社会责任方面出现的一个重要趋势是，社会责任问题往往会衍化为政治问题，从而诱发政治风险。由于我国企业的国际化进程还处于起步阶段，企业在东道国履行社会责任的意识与能力均存在不足。

二 近十年来国际投资政治风险的变化及其对政治风险保险的影响

（一）国际投资政治风险的四大变化

第一，政治风险的形态发生了重要变化。政治风险大体上包括汇兑与转移、征收、政治暴力以及政府违约四大类。虽然这些形态在 20 世纪 60、70 年代都出现过，但目前出现了重要变化，从而使政治风险的防范、识别与救

---

① MIGA, *World Investment and Political Risks* 2009, p. 31.

② 《2010 年中国对外直接投资统计公报》，第 16 页。

③ MIGA, *World Investment and Political Risks* 2009, p. 30.

济显得更加复杂、困难。首先，在各国外汇制度趋于自由化的背景下，近年来，汇兑与转移限制的风险整体上很少出现，已经不再成为外国投资面临的重要风险。其次，以往东道国普遍采取的直接征收，即一次性直接、明确地剥夺投资者财产的所有权，近年来鲜有出现。相反，东道国转向间接征收，即采取虽然没有剥夺投资者的财产所有权，但就其效果而言使得投资者根本上丧失投资价值或投资收益的一系列措施。再次，作为政治暴力传统表现形式的战争已经不是重要的政治风险，但内乱，尤其是很难预测的恐怖活动的风险明显上涨，成为近年来外国投资者面临的最重要风险之一。最后，政府违约在各类政治风险中的地位急剧上升，政府违约的情形主要发生在第一产业，尤其自然资源领域内的投资。[①]

第二，政治风险越来越多地牵涉东道国作为主权国家固有的"规制权"（right to regulate）。由于金融危机等原因，近年来东道国日益注重行使"规制权"。根据法律观念以及一些国家的法律实践，政府对于因行使"规制权"给私人财产造成的损害不承担赔偿责任，[②] 但迄今为止在"规制权"的含义与行使方面均缺乏明确的国际法规则。其结果是，增加了防范、识别与处理政治风险的难度，而一些国家也可能假借行使"规制权"之名行不当损害外国投资者权益之实，比如实施间接征收。

第三，政治风险发生机制出现"去国家化"或"社会化"趋势。传统上，外国投资者面临的政治风险，根本原因是由于东道国政府采取消极甚至敌视外国投资的国家政策，因而政治风险根本上是一种系统性风险。然而，晚近政治风险发生机制出现了一种可以被称为"去国家化"或者"社会化"的趋势，即虽然东道国采取鼓励外国投资的政策或者与投资来源国之间有着良好的双边政府间关系，因而不存在系统性的政治风险，但在特定投资所在的区域、社区或社群却可能发生政治风险，从而对外国投资者构成切实的威胁。政治风险发生机制出现这一新趋势的原因是，东道国特定区域、社区或社群对于特定外国投资的理解与政府之间出现了分化。前者越来越关心外国投资能否给其自身带来切实的收益或者是否对其造成损害（比如环境恶化），而不太关心从一般的意义上说能否有利于东道国。这使得外国投资者

---

① MIGA, *World Investment and Political Risks* 2009, p. 30.

② 参见 e. g., Helen Mountfield, "Regulatory Expropriations in Europe：The Approach of The European Court of Human Rights", *New York University Environmental Law Journal*, Vol. 11 (2002)。

不仅要关注东道国的宏观政策，也要关注投资所在地区域、社区或社群的微观态度。

第四，政治风险被赋予投资保护主义的功能。长期以来，西方国家为打开发展中国家的市场大力鼓吹投资自由化。在发展中国家长期以来基本不具备对外投资能力的情况下，投资自由化不会给发达国家带来压力。晚近，发展中国家对外投资能力日益提高，其中，"金砖国家"的对外投资能力更是引人关注。虽然目前发展中国家的对外投资总体上还是发生在发展中国家之间，即"南南投资"，但流向发达国家的规模与比例逐步提高，这一现象开始引起发达国家某些国内势力的担忧。在不愿意放弃作为投资自由化鼓吹者的情况下，西方国家出现了一种利用政治风险实施投资保护主义的趋势，其主要形式之一就是国家安全审查制度。

近年来，美国、加拿大、澳大利亚、德国、日本等发达国家纷纷新订或修改国家安全审查制度，对外国投资，尤其来自新兴经济体的投资，以涉及国家安全为由加强审查。由于国家安全审查涉及所谓的"高级政治"问题，相关国际争端解决机构在审理由于国家安全审查引发的国际争端时，一般采取尊重国内当局的认定结果，因而以国家安全审查为名行投资保护主义之实的做法被判定违反国际法的风险较低。特别是，从2005年中石油收购尤尼科公司案（中石油在国家安全审查程序过程中宣布放弃收购计划）以及2009年中铝收购力拓案（中铝在澳大利亚国内舆论散布收购威胁澳国家安全后宣布放弃购买计划）看，一些西方国家似乎正在发展出一种滥用国家安全审查制度的模式：以国家安全审查为基本制度支撑，相关社会舆论、国家安全审查机构以外的政府机构或人士发表对特定外国投资的消极言论，迫使外国投资者放弃启动或继续进行国家安全审查程序，进而放弃投资计划，而东道国也因其国家安全审查机构并未做出最终法律认定而不用担心会承担法律风险。[①]

（二）政治风险保险面临的两大挑战

第一，外国投资者自身防范、识别及处理政治风险的能力受到更大的挑

[①] 笔者对该问题的讨论，参见 Congyan Cai, "Regulation of Non-Traditional Investment Risks and Modern Investment Treaty Regime in the Era of Late Globalization", *Manchester Journal of International Economic Law*, Vol. 7, Issue 3 (2010), pp. 11 – 15。

战，从而增加对政治风险保险的需求。根据 MIGA 的调查，25% ~30% 的被调查企业认为自身缺乏评估政治风险的能力，或者缺乏实施缓解政治风险的能力。[1] 尽管这一比例已经不低，但仍然没有比较全面的现实情况。这是因为 MIGA 调查的样本企业中，全球年度收入超过 50 亿美元的大型跨国公司占全部调查企业的比例超过 60%，超过 100 亿美元的大型跨国公司仍约占 40%。[2] 一般来说，大型跨国公司拥有比较丰富的识别与处理政治风险的资源与经验。但对于中小投资者来说，其应对政治风险的能力要低得多。

在自身应对政治风险能力不足的情况下，外国投资者越来越多地寻求利用政治风险保险。根据 MIGA 的调查，近年来国际投资政治风险保险的需求增长 15% ~20%。[3]

第二，政治风险保险机构的承保风险在增大。较之一般的商业保险，政治风险保险要复杂得多。传统的政治风险保险是美国、日本、德国、英国等传统资本输出大国建立的官方保险机构提供的，1988 年各国根据《华盛顿公约》成立了 MIGA。20 世纪 70 年代后期，英国的 Lloyd、美国的 AIG 等少数商业保险企业逐步参与并且迄今为止垄断着商业性政治风险保险市场。然而，政治风险发生的上述变化极大地增加了政治风险保险机构的经营风险。20 世纪 90 年代以来，外国投资者在东欧、拉美、东南亚、中东、北非等地区发生的一系列经济危机与政治危机中遭受损失，进而使政治风险保险机构蒙受重大损失，一些商业性政治风险保险机构被迫退出政治风险保险市场。[4]

（三）当前政策性政治风险保险制度出现的两大动向

面对变化着的政治风险，各方都在寻求对策。从投资者的角度看，投资者采取了分阶段实施投资计划、建立合资公司等措施。从政策性政治风险保险制度的角度看，目前有两个大的动向值得关注：

第一，日益重视政治风险保险制度在防范政治风险方面的功能，注重防患于未然。

从目前来看，虽然各国政策性与商业性政治风险保险机构都意识到政治

---

[1]　MIGA, *World Investment and Political Risks* 2009, p. 34.

[2]　MIGA, *World Investment and Political Risks* 2009, p. 66.

[3]　MIGA, *World Investment and Political Risks* 2009, p. 36.

[4]　MIGA, *World Investment and Political Risks* 2009, pp. 47 - 50.

风险发生的变化对于政治风险保险构成了重大挑战，但在保险产品的核心环节，尤其是风险精算方面并未制定有效的对策。在此情况下，政治风险保险机构，尤其是政策性政治风险保险机构出现了一个动向，即通过协助投资者追求投资与投资所在地社群（不仅仅是投资所在地国）之间的和谐双赢，尽可能减少产生政治风险的根源，从而防患于未然。比如，美国负责承保海外投资政治风险的政策性机构，即"海外私人投资公司"（OPIC），在决定是否承保时越来越关注美国投资者在海外遵守环境、劳工、人权，以及融入当地社区，使当地社区获得投资收益的情况，并且拒绝了多起被怀疑认为破坏投资地环境的投保申请。①

第二，日益重视政策性保险机构与商业性保险机构的"公私合作"。

虽然商业性保险机构在晚近的一些政治风险案例中遭受重大损失，但它们普遍意识到，随着国际投资中政治风险的日益复杂化，政治风险保险的市场前景广阔，因而并不倾向于放弃这一市场。② 在根据一般商业保险规则设计适合于政治风险的产品存在较大难度的情况下，有效的再保险市场是商业性保险机构继续参与政治风险保险市场的关键。

从政策性保险机构的角度看，虽然来自政府的强大资金支持使其不用担心可能面临巨额的索赔请求，但它可能引发公共政策方面的争论。原因在于，政策性政治风险保险机构是政府使用公共预算设立的，并且其经营是以公共预算为支撑，但无论如何其直接的受益者是私人投资者。20 世纪 90 年代中期，美国国会为此发生过激烈的争论，OPIC 几乎因此关门。③ 这表明，政策性保险机构垄断政治风险保险也是存在不足的。

在此情况下，晚近一种"公私合作"思路在政治风险保险实践中逐步受到重视，其基本做法是，政策性保险机构充当商业性保险机构的再保险人。这种做法，既可以激发商业性保险机构的积极性，发挥其在市场敏感性、经营灵活性以及人力资源方面的优势，也可以发挥官方保险机构在获取某些政治风险信息方面的优势，以及作为"最后保险人"的优势。④

---

① 参见 *Renewing OPIC and Reviewing Its Role in Support of Key U. S. Objectives*, Hearing before the Committee on International Relations, House of Representatives, One Hundred Eighth Congress, First Session, June 10, 2003。

② MIGA, *World Investment and Political Risks* 2009, pp. 54 – 55.

③ 参见 Pablo M. Zylberglait, "OPIC'S Investment Insurance: The Platypus of Governmental Programs and Its Jurisprudence", *Law & Policy in International Business*, Vol. 25（1993 – 1994）。

④ MIGA, *World Investment and Political Risks* 2009, pp. 48 – 49.

三　我国对外投资政治风险保险制度的完善

近年来，发生在从美国、澳大利亚等发达国家到印度、利比巴、缅甸、厄瓜多尔等发展中国家的一系列案件表明，政治风险日益广泛地影响着我国对外投资。根据 2009 年 MIGA 的调查，政治风险被中国受调查企业认为是第二大制约投资的因素，59% 的中国受调查企业认为没有利用政治风险缓解机制的原因，是缺乏适合的方法与产品，而 79% 的受调查企业表明它们考虑利用政治风险保险来缓解政治风险。[1]　这表明，我国对外投资企业对于政治风险保险制度有着很高的期待。

（一）　我国现行对外投资政治风险保险制度的三点不足

根据国发〔2001〕9 号通知，[2]　国务院决定组建中国出口信用保险公司（简称"中国信保公司"）。当年 12 月，中国信保公司成立。以 2005 年为界，之前中国信保公司基本没有开展政治风险保险业务，之后发展迅速，至 2008 年时业务量增长 10 倍。当年中国信保公司支持的中国对外投资规模达到 53 亿美元。[3]

在笔者看来，我国现行政治风险保险制度存在三点不足：

第一，对政策性政治风险保险制度的公共政策功能认识不足。从发达国家政策性政治风险保险制度的实践看，一国利用公共预算为本国投资者可能遭受的政治风险提供保险，主要原因并不是因为投资者可能无法承受政治风险造成的损失，而是因为国家试图通过该制度实施特定的外交政策目标。以美国为例，OPIC 实际上是美国对外援助体系的组成部分，由此 OPIC 的适格投保人限于本国投资者，仅向投向发展中国家的投资发放保险，并且强调投资对所在地的贡献，其目的是推动美国企业向发展中国家，尤其政治风险大的发展中国家进行投资，提高美国在这些国家的国家形象，从而不仅维护投保投资者的利益，并且维护美国整体的国家利益。

我国尚未充分认识到政策性政治风险保险制度的公共政策功能。据国发

---

①　MIGA, *World Investment and Political Risks* 2009, Annex 4.

②　《国务院关于组建中国出口信用保险公司的通知》，国发〔2001〕9 号，2001 年 5 月 29 日。

③　MIGA, *World Investment and Political Risks* 2009, p. 59.

〔2001〕9 号通知以及财政部拟定的《中国出口信用保险公司组建方案》及中国信保公司《公司章程》的规定，中国信保公司的"主要任务是依据国家外交、外贸、产业、财政、金融等政策，通过政策性出口信用保险手段，支持货物、技术和服务等出口，特别是高科技、附加值大的机电产品等资本性货物出口，积极开拓海外市场，为企业提供收汇风险保障，促进国民经济的健康发展"。该规定甚至没有专门提及政治风险保险。虽然该规定提及"根据国家外交、外贸、产业、财政、金融等政策"，但其明确规定中国信保公司的目的是"支持货物、技术和服务等出口，特别是高科技、附加值大的机电产品等资本性货物出口，积极开拓海外市场，为企业提供收汇风险保障，促进国民经济的健康发展"，并未规定明确的公共政策目标。

第二，在重视为大企业、大项目服务的同时尚未对中小企业给予足够的重视，而后者应对政治风险的能力恰恰是最弱的。迄今为止，中国信保公司联合相关部委或机构发布了多个涉及政治风险保险的文件，比如 2004 年联合国家发改委发布的《关于对国家鼓励的境外投资重点项目给予信贷支持政策的通知》（简称"2004 年通知"）、2005 年联合国家发改委发布的《关于建立境外投资重点项目风险保障机制有关问题的通知》（简称"2005 年通知"）以及 2006 年联合国家开发银行发布的《关于加大对境外投资重点项目金融保险支持力度有关问题的通知》（简称"2006 年通知"），其基本原则是重视为国家鼓励的大企业、大项目提供政治风险保障机制，包括更便利地给予承保、给予更优惠的费率。这一选择总体上符合我国的对外经济战略，因而是恰当的。但是，这并不意味着不需要对应对政治风险能力最弱的中小企业给予足够的重视。事实上，中国信保公司已经制定了"中小企业出口信用 E 计划"，[①] 但该计划只适用于出口贸易，为出口企业降低收汇风险，但不适用于对外投资。与此不同，近年来，OPIC 日益重视为中小企业服务，并且专门设立了相关机构。

第三，片面强调为那些能够为我国带来重要收益的企业或项目提供优惠政治风险保险，忽视通过政治风险保险促进我国企业履行社会责任，从而尽可能地降低政治风险的发生。比如，根据"2006 年通知"，中国信保公司对于以下项目给予优惠费率支持：（1）油气、重要矿产资源、原材料、林业等能

---

① 中国信保公司："中小企业出口信用 E 计划"，见 http://sd. sinosure. com. cn/eplan/wstbcp/zxqyxybxejh/index. jsp？ channelno=3_016，最后访问日期：2012 年 12 月 30 日。

弥补国内短缺资源的资源开发项目；（2）以资源做还款担保的基础设施项目和境外生产性项目；（3）能加快开拓和有效利用国际市场、增强国际竞争力的境外资源收购、兼并和工程承包项目；（4）关系到政府间双边或多边经济合作的项目；（5）国资委监管的中央直属企业集团、地方大型企业集团和其在境外设立的项目公司等具有资金、技术、管理、品牌优势的实力企业。"2005 年通知"中也有类似的规定。但是，这些文件都没有提及将中国企业履行社会责任作为给予优惠的条件，更没有提及作为承保的必要条件。

实际上，我国越来越重视我国投资者在东道国履行社会责任，实现投资者与东道国，尤其投资所在地的和谐双赢。比如 2011 年 12 月 11 日，胡锦涛在《中国加入世界贸易组织十周年高层论坛》上指出，中国将"引导企业有序开展境外投资合作，重视开展有利于不发达国家改善民生和增强自主发展能力的合作，承担社会责任，造福当地人民"。又如，外交部等部门于 2012 年 4 月 9 日联合发布的《中国境外企业文化建设若干意见》规定，境外企业要认真履行社会责任，造福当地社会和人民，树立中国企业负责任的形象。积极参与当地公益事业，为当地社会排忧解难。做好环境保护，注重资源节约，将企业生产经营活动对环境的污染和损害降到最低程度。

（二）全面认识我国对外投资政治风险保险制度的重要功能

第一，从市场主体的角度看，政策性政治风险保险制度一方面可以为我国对外投资企业可能遭受的损失提供赔偿，为企业提供外部救济；另一方面，恰当的政治风险保险制度可以推动我国对外投资者完善公司治理，在东道国扮演"良好经济公民"，从而通过自身的努力尽可能地减少政治风险，或者在发生政治风险时尽可能地减少损失。

第二，从公共政策的角度看，政策性政治风险保险可以推动我国整体外交政策的实施。从"2004 年通知"、"2005 年通知"以及"2006 年通知"看，我国注意到了政策性政治风险保险制度对于我国实现某些经济公共政策，尤其能源安全的重要性。然而，这一制度还具有更广泛、更具基础性的公共政策功能，即通过中国投资者的经营活动，树立与维护我国在和平崛起过程中的良好国家形象，维护国家整体利益。由于一系列的原因，中国的和平崛起不仅引发发达国家，甚至引发一些发展中国家的疑虑，因而增信释疑成为当前以及未来相当长一段时间内的一项重要的外交工作。政策性政治风险保险制度可以有助于增信释疑。之所以如此，是因为这一制度可以推动我国投资者开展负责任的投资，为东道国，尤其发展中东道国持续性地带去资金与管理经验，创造税收与就业，参与投资所在地的发展，从而在树立与维护我国良好国家形象方面发挥一般性的外交访问、文化交流、援助贷款等所不具有的特殊优势。

（三）完善我国对外投资政治风险保险制度的三点建议

根据我国对外投资的特殊性、政治风险发生的变化与政治风险保险制度出现的新发展，以及我国对外投资政策性政治风险保险制度的现状，兹提出以下建议：

第一，鉴于中国信保公司是国务院授权财政部组建的，建议国务院再次授权财政部借鉴国际经验，根据我国国情，从实施国家整体外交的战略高度，针对我国对外投资政策性政治风险保险制度制定专门的发展规划，对政策性对外投资政治风险保险制度的功能、模式与机制等问题做出全面的规划，以适应我国在不久的将来成为世界主要资本输出国的新形势。

第二，建议国家发改委、国家进出口银行、财政部以及中国信保公司修改政治风险保险优惠措施条件乃至承保条件，改变纯粹以追求我国利益为导向的现行做法，重视我国投资者对投资所在地的贡献，从而一方面协助中国投资者与投资所在地更好地和谐共赢，尽可能减少发生政治风险，另一方面促进实现政策性政治风险保险应有的公共政策功能。

第三，建议中国信保公司借鉴现行"中小企业出口信用 E 计划"的实施，加强对从事对外投资的中小投资者的服务。

Changes in Political Risks and the Improvement on the Political Risks Insurance Regime for China's Outward Investment

Cai Congyan

Abstract：Political risks insurance is an important measure to encourage and promote outward investment. In recent years, political risks have exhibited some new dimensions, which are significantly different from those in the 1960s and 1970s. These dimensions are posing challenges to the effectiveness of the political risks insurance regime, requiring new innovations. There are some deficiencies in China's current political risks insurance regime for outward investment. Therefore, it is necessary for China to improve its regime in light of such new dimensions of political risks, the particularity of political risks that Chinese outward investment face, and the new development of political risks insurance.

Key Words: Political Risks; Insurance; Outward Investment

电子支付案中 GATS 减让表的条约解释：评析与比较

张乃根[*]

摘　要： 电子支付案是 WTO 历史上两起专门涉及 GATS 减让表本身的条约解释案件之一。本文通过评析该案的条约解释，并比较其他涉及 GATS 减让表条约解释的争端解决案件，揭示包括中国涉案在内的 GATS 减让表条约解释的复杂性、与其他 WTO 争端解决条约解释相比较的相同性与特殊性。本文基于比较国内外学界对 GATS 减让表条约解释的不同看法，对电子支付案专家组的条约解释提出了反思性的批评，并建议中国向 WTO 决策机构提议行使立法解释权，以寻求解决 GATS 减让表条约解释这一具有体制性意义的问题。

关键词： 电子支付　GATS　减让表　条约解释比较

服务贸易法、货物贸易法与贸易相关知识产权法是世界贸易组织（WTO）法的三大支柱。[①]中国加入 WTO 之后，随着服务贸易市场的逐步

---

[*] 张乃根，法学博士，复旦大学特聘教授、法学院国际法研究中心主任，WTO 争端解决指示名单专家。

[①] 有关服务贸易法与中国相关问题的研究，参见汪尧田、李力主编《国际服务贸易总论》，上海交通大学出版社，1997；陈已昕：《国际服务贸易法》，复旦大学出版社，1997；张圣翠、赵维加：《国际服务贸易法与中国》，上海三联书店，2000；孙南申：《中国对外服务贸易法律制度研究》，法律出版社，2000；陶凯元：《国际服务贸易法律的多边化与中国对外服务贸易法制》，法律出版社，2000；顾经仪、侯放：《WTO 法律规则与中国服务贸易》，上海财经大学出版社，2000；石静霞：《WTO 服务贸易法专论》，法律出版社，2006；等等。

开放，① 与美国等 WTO 成员的贸易争端日益增多。② "美国诉中国影响电子支付服务的某些措施案"③（"电子支付案"）就是其中突出的一例。在 WTO 争端解决机构（DSB）已通过的 6 起涉及《服务贸易总协定》（GATS）的案件裁决报告中，专门涉及 GATS 的案件除电子支付案，先前只有 2 起，即"美国诉墨西哥影响电信服务措施案"④（"电信案"）和"安提瓜诉美国影响跨境提供赌博和博彩服务措施案"⑤（"博彩案"）。博彩案是第一起对 GATS 减让表本身进行条约解释的案件，对于 GATS 减让表的解释具有指导意义，⑥ 值得比较研究。"美国诉中国影响贸易权与某些出版物和视听娱乐产品的分销服务案"⑦（"文化产品案"）部分涉及对 GATS 减让表本身的解释，与本文分析密切相关。⑧

　　本文围绕电子支付案中有关 GATS 减让表的条约解释问题，首先着重评析本案专家组报告的有关条约解释，然后依次比较电信案、博彩案和文化产品案的相关条约解释，探讨电子支付案中 GATS 减让表的条约解释是否存在有别于其他案件的特殊情况，并结合 WTO 争端解决的条约解释的一般实践，比较考察 GATS 减让表的条约解释，得出若干结论，最后从反思的角度比较国内外学者对 GATS 减让表条约解释的研究，尤其是通过同时期国际法院与 WTO 争端解决的条约解释略比，提出自己的初步看法。

---

① 中国服务进出口总额 2002 年为 855 亿美元，2011 年增长为 4190.9 亿美元，跃居世界第四位。见《中国历年服务贸易进出口情况》（1982～2010）和报道"2011 年中国服务进出口总额首破四千亿美元"。中国服务贸易指南网：http：//tradeinservices. mofcom. gov. cn/c/news_ 1316. shtml（2013 年 1 月 30 日访问）。关于中国加入 WTO 的服务贸易减让表研究，参见 Additya Mattoo，"China's Accession to the WTO：the Services Dimension"，*Journal of International Economic Law*，Vol. 6，No. 2（2006），pp. 299－340。

② 迄今共有 23 起涉及 GATS 的争端解决案。参见 Find disputes cases，WTO 网站：http：//www. wto. org/english /tratop_ e/dispu_ e/dispu_ agreements_ index_ e. htm？id = A8 # selected_ agreement（2013 年 1 月 30 日访问）。

③ China—Certain Measures Affecting Electronic Payment Services，WT/DS413/R.

④ Mexico—Measures Affecting Telecommunications Services，WT/DS204/R.

⑤ United States—Measures Affecting the Cross-Border Supply of Gambling and Betting Services，WT/DS285 /AB/R.

⑥ 参见 Federico Ortino，"Treaty Interpretation and the WTO Appellate Body Report in US-Gambling：A Critique"，*Journal of International Economic Law*，Vol. 9，No. 1（2006），pp. 117－148。

⑦ China—Measures Affecting Trading Rights and Distribution Services for Certain Publications and Audiovisual Entertainment Products，WT/DS363/AB/R.

⑧ 关于对 GATS 服务贸易减让表的条约解释，参见王衡《WTO 服务贸易减让表之条约解释问题研究——以"中美出版物和视听产品案"为例》，《法商研究》2010 年第 4 期；此外，也可参见韩立余《WTO 减让表解释原则探析》，《法商研究》2006 年第 3 期。

一　电子支付案中 GATS 减让表的条约解释之评析

（一）GATS 减让表的解释规则

GATS 是乌拉圭回合达成的新协定。与《关税与贸易总协定》（GATT）的关税减让表一样，[①] 根据 GATS 第 20 条第 3 款，经过谈判达成的每一成员的"具体承诺减让表应附在本协定之后，并应成为本协定的组成部分"，[②] 具有条约的约束力，均将依据最惠国待遇适用于 WTO 各成员。关税减让表包括关税序列号（HS）、产品描述（Description）和约束税率（Bound rate），所引起的争端通常是对系争关税分类的解释。WTO 上诉机构在"欧共体—某些计算机设备的海关分类案"中指出，认定成员的关税减让表中的减让应根据《维也纳条约法公约》（VCLT）第 31 条和第 32 条的规定解释。[③] GATS 减让表包括部门（Sector or sub-sector）、提供方式（Mode of supply）、市场准入限制（Limitations on market access）、国民待遇限制（Limitations on national treatment）和附加承诺（Additional commitments）五方面内容，文字表述的内容多于关税减让表，所引起的争端主要是对所涉部门含义的解释。同样，上诉机构在赌博案中明确：GATS 减让表的意义"必须根据《维也纳条约法公约》第 31 条，并在适当范围内根据该公约第 32 条编纂的诸规则，予以确定"。[④] 可见，如同关税减让表的解释，GATS 减让表的解释也适用《关于争端解决规则与程序的谅解》（DSU）第 3 条第 2 款所指的条约解释的国际惯例，即，VCLT 第 31 条和第 32 条编纂的条约解释规则。

（二）本案条约解释的关键

本案的条约解释关键在于专家组通过全面适用条约解释的规则，解释了

[①] 《关税与贸易总协定》第 2 条第 7 款规定："本协定所附减让表特此成为本协定第一部分的组成部分。"因此，关税减让表具有条约约束力。

[②] 《世界贸易组织乌拉圭回合多边贸易谈判结果法律文本》（中英文对照），法律出版社，2000，第 301 页。

[③] 参见 European Community—Customs Classification of Certain Computer Equipment, WT/DS62/AB/R, paras. 84 – 87。

[④] 参见 United States—Measures Affecting the Cross-Border Supply of Gambling and Betting Services, WT/DS285/AB/R, para. 160。

中国 GATS 减让表第 7. B (d) 节关于"银行和其他金融服务"项下"所有支付和汇划服务，包括信用卡，收费和借计卡，旅行支票、银行支票和银行汇票（包括进出口结算）"的含义，① 认定支付卡的电子支付系统（EPS）属于该第 7. B (d) 节所承诺的"所有支付和汇划服务"。尽管专家组驳回了美国的观点，即中国减让表包括了承诺第 7. B (d) 节所允许外国 EPS 供应商在中国提供跨境（模式 1）的市场进入。然而，专家组认定中国减让表包括允许外国 EPS 供应商通过在中国的商业存在（模式 3）而提供这种服务的承诺，只要供应商能够满足与本地人民币业务有关的一定资质要求。此外，专家组还认定中国减让表包括了对跨境（模式 1）提供 EPS 的国民待遇承诺，以及根据模式 3 的国民待遇，这种模式也受制于本地人民币业务相关资质要求。

比较 WTO 争端解决机构近年来审结的案件，包括中国涉案中的条约解释，② 本案专家组对中国 GATS 减让表第 7. B (d) 节的条约解释，属于适用 VCLT 第 31 条解释惯例的典型案件之一。

专家组将条约解释作为本案的两个"基本问题"（general issues）之一。③ 根据《关于争端解决规则与程序的谅解》（DSU）第 3 条第 2 款，专家组强调应"依照国际公法解释惯例"澄清本案所适用的协定，包括中国

---

① 第 7. B (d) 节的官方英文本如下：

Modes of supply：(1) Cross-board supply (2) Consumption abroad (3) Commercial presence (4) Presence of natural persons

Sector or sub-sector	Limitations on market access	Limitations on national treatment	Additional commitments
7. Financial Services	…	…	…
B. Banking and Other Financial Services (excluding insurance and securities)			
d. All payment and money transmission services, including credit, charge and debit cards, travellers cheques and bankers drafts（including import and export settlement）；			

参见 WT/ACC/CHN/49/Add. 2 (1 October 2001)。

② 参见张乃根《中国涉案 WTO 争端解决的条约解释及其比较》，《世界贸易组织动态与研究》2012 年第 3 期。

③ 参见 China—Certain Measures Affective Electronic Payment Services, (WT/DS413/R), paras. 7.8 – 7.10；另一基本问题是"举证责任"（burden of proof）, paras. 7.5 – 7.7。

GATS 减让表第 7. B（d）节。① VCLT 第 31 条、第 32 条所编纂的诸规则就是此类"惯例"。②

在对本案系争的"服务"这一术语进行辨析（这不属于条约解释）之后，专家组认为"系争的服务包括两种情况：由单一服务供应商作为单一服务而提供的这些服务之情况；由不同服务供应商提供的美国所说'系统'中的不同要素之情况"。③ 尽管这一辨析是本案条约解释的前提，而且专家组明显倾向于接受美国的诉称，但是，由于这本身不属于条约解释，因此本文存而不论。

（三）本案条约解释的步骤

本案专家组对中国 GATS 减让表第 7. B（d）节"服务"的条约解释，首先针对双方争议的实质，即该服务究竟是属于美国诉称的，与"信用卡、收费和借计卡"有关而提供的电子支付服务，还是中国辩称的，这不包括 GATS 关于金融服务的附件第 5 条（a）款（xiv）项"金融资产的结算和清算服务，包括证券、衍生产品和其他可转让票据"，指出：为了认定中国究竟是否具体承诺了美国诉称的服务市场开放，"有必要解释中国减让表及 GATS 相关规定"。④

然后，作为解释的首要问题，专家组认为应从中国 GATS 减让表第 7. B（d）节，而非 GATS 关于金融服务的附件第 5 条（a）款（xiv）项着手进行相关的条约解释。

接着，作为本案条约解释的重点，专家组适用 VCLT 第 31 条的解释惯例，分别从第 7. B（d）节的"通常意义"、"上下文"和"目的及宗旨"展开解释，并认为必要时将运用 VCLT 第 32 条的"解释之补充资料"。

1. 关于第 7. B（d）节的"通常意义"

专家组逐一解释了"支付"（payment）、"汇"（money）、"划"

---

① 根据 GATS 第 20 条第 3 款，WTO 各成员"具体承诺减让表应附在本协定之后，并应成为本协定的组成部分"。WTO 争端解决上诉机构在赌博案中重申："确定 GATS 减让表承诺的含义，如同解释其他任何条约文本，涉及确定所有成员的共同意愿。我们认为美国的 GATS 减让表必须根据《维也纳条约法公约》第 31 条，并在适当范围内根据该公约第 32 条编纂的诸规则，予以确定。"参见 WT/DS285/AB/R, para. 160。

② 参见 WT/DS413/R, para. 7.8。

③ WT/DS413/R, para. 7.62.

④ WT/DS413/R, para. 7.66.

（transmission）、"所有"（all）和"服务"（services）。如此细致、具体和全面地解释系争条约规定的每一个用语，在包括中国涉案的 WTO 争端解决的历史上，并不多见。在解释这些条约用语时，尤其是"支付"、"汇"和"划"时，专家组首先依据《牛津简明英语词典》等权威英语词典，① 然后结合专业术语词典，进行释义，认为："这些术语结合使用时，指的是以一般可接受的方法，从一个人或一处向另一人或另一处的转移。"② 专家组还采用美国诉称的"行业资料"（industry sources），进一步澄清第 7. B（d）节的"通常意义"。尽管中国对专家组这一没有任何先例的做法表示异议，并认为，"我们看不出任何理由为何专家组在查询任何术语的通常含义时总是限于常规的词典"，③ 但专家组仍"我行我素"。显然，该案专家组在解释第 7. B（d）节的"通常意义"时，千方百计地进行有利于美国诉称的解释，乃至大胆地创造先例。虽然中国对此表示强烈不满，却因未上诉而使得这一做法得以成立。

2. 关于第 7. B（d）节的"上下文"

专家组认为至少包括第 7. B（d）节的其他规定、第 7. B 节的标题、该节承诺的市场准入和国民待遇等、GATS 的结构、GATS 的金融服务附件和其他 WTO 成员的 GATS 减让表。这种宽泛的"上下文"为专家组的解释提供了足够的自由裁量余地。专家组这一"上下文"解释的关键在于排除中国关于本案系争服务仅仅属于 GATS 关于金融服务的附件第 5 条（a）款（xiv）项下"结算和清算服务"的辩称。专家组认为，虽然第 7. B（d）节的其他规定——括号中的"包括进出口结算"涉及的信用证交易可能属于第 7. B（d）节的服务，但是，第 7. B（d）节没有明列信用证，因此，该节括号的"结算"（settlement）至少不限于信用证，而包括信用卡等与电子支付有关的手段。从第 7. B 节的标题"银行和其他金融业务"来看，该节项下的服务除了银行业务，还有邮政局、金融公司、外汇机构等的金融业务，因而也可包括与银行有关的信用卡等电子支付的清算、结算业务。事实上，EPS 供应商与银行有着紧密的历史关系。至于附件第 5 条（a）款（xiv）项的解释，专家组不仅从"通常意义"，而且结合该条款的目的及宗旨，指出该项

---

① 关于 WTO 争端解决的条约解释所依据的词典，参见孙益武《论 WTO 条约解释中的通常意义与词典释义》，《世界贸易组织动态与研究》2012 年第 5 期。

② WT/DS413/R，para. 7. 85.

③ WT/DS413/R，para. 7. 89.

下的服务是非穷尽的列举，"金融资产的结算和清算服务"是"银行和其他金融服务（保险除外）"的一种，而且限于（xiv）项的金融资产都是"可转让的"（negotiable），具有产权及可获金融收益的特征。因此，这些金融资产的结算、清算服务不同于第 7. B（d）节的信用卡等与电子支付有关的 EPS 供应商的结算、清算服务。总之，"我们对 GATS 金融服务附件的上下文分析与我们对中国减让表第 7. B（d）节的认定并行不悖，即该减让表包括实质上为进行和完成支付卡交易而提供的服务"。①专家组关于 GATS 的结构和其他 WTO 成员的 GATS 减让表的"上下文"解释，进一步支持其上述结论，不赘。

3. 关于第 7. B（d）节的"目的及宗旨"

专家组强调 GATS 的序言明确各成员的服务贸易减让表应准确、清晰，以便其他成员容易理解；逐步自由化的原则本身并不用于解释具体的减让表。"我们对中国 GATS 减让表第 7. B（d）节的承诺范围解释与透明的宗旨一致，因为这将单一节下的分类结合起来形成了一个新的特殊服务、统一的服务。该统一的服务本身如此提供和被消费，进而通过将 EPS 的分类与这些服务的商业实际结合。我们的解释加强了 GATS 承诺的可预见性、保障性和清晰性。基于这些理由，我们的解释也与 GATS 序言的渐进自由化的宗旨一致。"②

根据上述对中国 GATS 减让表第 7. B（d）节的"通常意义"、"上下文"与"目的及宗旨"三方面看起来"环环相扣"的条约解释，专家组对美国的诉称表示完全支持，即该节包括本案系争的服务。至于中国辩称适用 VCLT 第 32 条有关条约解释之补充资料的规则，专家组认为，上述解释没有留下任何歧义，因此没有必要专门根据解释之补充资料的规则进行任何进一步的解释。

二 GATS 减让表的条约解释之比较

（一）与电信案的条约解释比较

该案是 WTO 争端解决的"专门关于服务贸易的第一个案例"。③ 涉及许

---

① WT/DS413/R, para. 7. 170.

② WT/DS413/R, para. 7. 198.

③ 石静霞、陈卫东：《WTO 国际服务贸易成案研究》（1996～2005），北京大学出版社，2005，第 113 页。该案没有被上诉。

多关于 GATS 及墨西哥电信服务承诺的条约解释。其中，专家组对有关系争服务的电信《参考文件》（the Reference Paper）第 2 节的解释，对于认定墨西哥是否确保其电信服务商对美国电信服务商收取的互连费合理及以成本导向，至关重要。这也是美国的首要诉称。

如同电子支付案，该案的条约解释始于专家组对系争服务的辨析。然后，专家组解释墨西哥电信服务减让表第 2. C 节"电信服务"的含义。虽然，专家组没有像在电子支付案中那样，严格地按照"通常意义"、"上下文"和"目的及宗旨"三个步骤逐一解释，但是，其解释也大致遵循 VCLT 第 31 条的条约解释惯例。譬如，关于《参考文件》第 2 节中的"互连"（interconnection）一词的解释，专家组先后从"通常意义"（从通用词典的词义入手）、"上下文"（第 2 节本身上下文、其他上下文因素）、"目的及宗旨"三方面解释。①专家组还进一步适用 VCLT 第 32 条补充解释规则，对 GATS 起草时的《谅解书》（Understanding）等准备性文件做了解释，得出结论："墨西哥《参考文件》第 2 节适用于跨境供应商的互连。"②

与电信案相比，电子支付案的条约解释步骤没有因中国涉案而显示出特别的不同，只是专家组显得更加小心翼翼，按部就班，条约解释的三个步骤，似乎"滴水不漏"。

（二）与博彩案的条约解释比较

与电信案的焦点是对涉及墨西哥电信服务承诺的《参考文件》之解释有所不同，博彩案是对美国 GATS 减让表的具体承诺本身进行条约解释。在这个意义上，该案是第一个有关 GATS 减让表的条约解释案。该案专家组对美国 GATS 减让表第 10. D 节"其他娱乐服务（体育运动除外）"的承诺所做的条约解释是否符合 VCLT 第 31 条的问题是该案上诉的首要问题，③堪称此案"重中之重"。④

美国认为专家组对第 10. D 节"其他娱乐服务（体育运动除外）"中的

---

① 参见 Mexico—Measures Affecting Telecommunications Services（WT/DS204/R），paras. 7. 102 – 7. 121。

② WT/DS204/R，para. 7. 143.

③ 参见 WT/DS285/AB，V. Interpretation of the Specific Commitments Made by the United States in its GATS Schedule。

④ 石静霞、陈卫东：《WTO 国际服务贸易成案研究》（1996～2005），北京大学出版社，2005，第 39 页。

"体育运动"（sporting）的解释，即该词不应包括"赌博"（gambling and betting）的含义，不符合条约解释惯例所要求的"通常意义"。美国还认为专家组将谈判减让表的"准备工作"之《文件 W/120》和《1993 年减让表指南》错误地提升为解释第 10. D 节的"上下文"。上诉机构认为，对第 10. D 节的解释关键在于美国的有关承诺是否包括"赌博"，尽管该减让表上没有出现这一用语。

上诉机构在复审专家组对"体育运动"的条约解释时，指出："为了确定通常意义，专家组可从待解释术语的词典定义入手。但是，仅靠词典并不一定能解决复杂的解释问题，因为词典之特定目的为罗列词语的所有意义，包括常用的或罕见的、一般的或特殊的。"① 这就是说，除了词典，其他有助于确定条约用语的"通常意义"的工具也可采用。上诉机构纠正了专家组仅依靠各种词典（包括英文、法文和西班牙文词典）的这种"过于机械的做法"，② 而且，美国的 GATS 减让表仅以英文本为准。上诉机构认为，单从"体育运动"的用语本身可能的意义来看，包括该案双方主张的通常意义，专家组应解释究竟何者应属于美国 GATS 减让表用语的意义。上诉机构认为，即便专家组在解释"体育运动"时过于依赖词典意义的做法有误，但是，专家组结合第 10. D 节"其他娱乐服务"的解释，得出初步结论，即无法仅从通常意义来确定该承诺中的"体育运动"之条约含义，然后转向"上下文"的解释。这样做并无不当。可见，条约解释的第一步，即"通常意义"可能得以初步确定，也可能不确定。无论如何，都应在"上下文"中继续加以进一步确定或予以确定。

专家组援引的《文件 W/120》和《1993 年减让表指南》是否属于 VCLT 第 31 条第 2 款所称"就解释条约而言"的"上下文"呢？上诉机构通过分析这两份文件的由来及其作用，认为专家组未提出"直接支持"其肯定性结论的"任何证据"。③

在继续复审专家组援引的其他诸如美国 GATS 减让表的"整体"（as a whole）、GATS 本身的结构、其他成员的 GATS 减让表此类"上下文"之后，上诉机构认为仍然无法解释清楚美国的 GATS 减让表是否包括赌博服务的特定

---

① WT/DS285/AB/R，paras. 164.

② WT/DS285/AB/R，paras. 166.

③ WT/DS285/AB/R，paras. 177.

承诺。接着，上诉机构又从 GATS 的"目标及宗旨"角度试图解释这一特定承诺，以澄清美国应承担的相关条约义务，未果。最后，上诉机构再依 VCLT 第 31 条第 3 款"应与上下文一并考虑"，考察了《2001 年减让表指南》《美国能源服务归类》等"嗣后实践"，得出"与专家组相反的"结论：适用 VCLT 第 31 条的解释惯例之后，第 10. D 节"其他娱乐服务（体育除外）"仍"意义不明"，因此应适用 VCLT 第 32 条，做进一步的条约解释。①

上诉机构在援引《文件 W/120》和《1993 年减让表指南》作为《维也纳条约法公约》第 32 条的"解释之补充资料"时指出，否定该案专家组将这两份文件作为 VCLT 第 31 条解释惯例中的"上下文"这一结论，不等于支持美国否认这两份文件作为"解释之补充资料"的主张。②上诉机构通过对作为"解释之补充资料"的这两份文件的详细解释，得出了与专家组"异曲同工"的结论：美国减让表中"其他娱乐服务（体育运动除外）"实体范围必须解释为包括"赌博服务"。③

如上所述，电子支付案没有适用 VCLT 第 32 条。相比之下，博彩案的上诉报告不仅对 VCLT 第 31 条第 2 款和第 3 款的"上下文"做了比专家组报告更加详尽的条约解释，而且适用了 VCLT 第 32 条"解释之补充资料"，至少在适用 VCLT 第 32 条这一点上，博彩案的条约解释更为全面。该案上诉机构认为可以采用包括词典等各种有助于确定条约用语的"通常意义"的工具。这正是电子支付案专家组在解释"通常意义"时不限于常规词典而追加采用"行业资料"的依据。由此可见，相比博彩案这一更加全面的 GATS 减让表的条约解释案，电子支付案的有关条约解释没有因中国涉案而有所特别不同。

（三）与文化产品案的条约解释比较

文化产品案是第一个部分涉及对中国 GATS 减让表的条约解释案。该案系争的中国 GATS 减让表第 2. D 节"视听服务"项下"录音制品的分销服务"是否"扩展到以无形方式，尤其是通过电子手段的录音制品分销"。该案专家组先后适用 VCLT 第 31 条、第 32 条，从"录音制品的分销服务"的

① WT/DS285/AB/R, paras. 195.
② WT/DS285/AB/R, paras. 197.
③ WT/DS285/AB/R, paras. 212.

通常意义、上下文和目的及宗旨三方面加以解释，并采用解释之补充资料进一步予以确认。上诉机构维持了专家组的条约解释及其结论。针对中国提出专家组未采用"整体性方式"（holistic approach）来解释"录音制品的分销服务"这一上诉理由，上诉机构重申："根据 VCLT 第 31 条惯例的解释最终是一种整体性的做法，而不应是机械地分割为僵硬的组成部分。"① 上诉机构并不认为专家组未采用这一方式。基于这一维持立场，上诉机构针对中国提出专家组未根据 2001 年中国入世时所做有关承诺的情况，而以本案争端发生时的情况来解释"录音制品的分销服务"的含义，着重指出："我们已经考虑过 GATS 在 1995 年生效时，其第 28（b）条就兼顾到了分销服务是可以无形的。这可以支持将'分销'的含义解释为适用于有形的和无形的产品，并且，这对于在 2001 年和在本专家组解释中国 GATS 减让表的'录音制品的分销服务'准入时，是同等的。"② 上诉机构强调，包括中国 GATS 减让表在内的条约义务是由缔约方在缔约时确定的。其一，"更一般地而言，我们认为中国 GATS 减让表使用的术语（'录音制品'和'分销'）是充分一般性的，以致在适用时可能会随时间而变化。在这方面，我们注意到 GATS 减让表与 GATS 本身以及所有 WTO 协定构成对 WTO 成员在非限定时期内持续有效的义务之多边条约，不论其为创始成员，还是 1995 年后加入的成员"。③ 其二，"我们进一步注意到，如果对 GATS 具体承诺的术语解释基于这一观念，即这些术语的含义只能是做出该承诺之时含义，这意味着非常近似或相同措辞的承诺可能有不同的含义、内容与范围，完全取决于其通过之日或某成员加入该条约之日。这种解释将削弱 GATS 具体承诺的可预见性、安全性和清晰性，而这种承诺是通过连续的多轮谈判达成的，并且必须按照国际公法解释惯例加以解释"。④

与电子支付案相比，文化产品案对中国 GATS 减让表的条约解释除了经过上诉复审这一不同之处，还有两个显著特点：第一，该案专家组在适用 VCLT 第 31 条解释惯例，得出"录音制品的分销服务"包括"通过电子手段的录音制品分销"这一结论之后，还进一步适用 VCLT 第 32 条解释之补

---

① China—Measures Affecting Trading Rights and Distribution Services for Certain Publications and Audiovisual Entertainment Products, WT/DS363/AB/R, para. 348.

② WT/DS363/AB/R, para. 395.

③ WT/DS363/AB/R, para. 396.

④ WT/DS363/AB/R, para. 397.

充资料加以确认，而在电子支付案中则认为一旦适用 VCLT 第 31 条，澄清了系争 GATS 减让表的含义，就没有必要再适用 VCLT 第 32 条。第二，上诉机构在该案中强调适用 VCLT 第 31 条解释惯例的过程是一个"整体性做法"（integrated operation），并认可了该案专家组的这一做法，而电子支付案专家组过于机械的"三部曲"（通常意义、上下文、目的及宗旨）的做法，因没有上诉复审而只得"听之任之"。

（四）WTO 争端解决实践中的 GATS 减让表条约解释：若干结论

GATS 减让表的条约解释是 WTO 争端解决中条约解释实践的一部分。如从电信案算起，最早涉及 GATS 减让表的条约解释的专家组报告已是 2004 年 6 月，而之前近十年 WTO 争端解决已有 80 多起案件审结报告涉及条约解释。[①]从对 WTO 争端解决条约解释实践的一般考察，可以得出结论：WTO 争端解决中适用 VCLT 所编纂的条约解释规则之基本路径是以条约文本为基础，充分结合相关的上下文以及条约目的及宗旨，加以善意解释，并在条约解释非常复杂时特别注意整合、贯通条约解释的各个方面，避免机械地适用 VCLT 第 31 条的解释惯例；如无必要，不做各种补充（VCLT 第 32 条）或不同文本（VCLT 第 33 条）的解释；亦可不援引 VCLT，径直解释；条约解释不能增加或减少文本中的用语，最终达到澄清适用协定的含义，既不增加也不减少有关权利与义务这一目的。上述比较研究充分表明，GATS 减让表的条约解释也不例外。

电子支付案是中国涉案 WTO 争端解决中含有条约解释的晚近审结案件之一。[②]通过比较中国涉案争端解决的条约解释（包括 2 起 GATS 减让表的争端案件）与同时期 WTO 其他争端解决（没有 GATS 减让表的争端案件）

---

① 参见张乃根《论 WTO 争端解决的条约解释》，《时代法学》2005 年第 6 期；张东平：《WTO 司法解释论》，厦门大学出版社，2005；陈欣：《WTO 争端解决中的法律解释》，北京大学出版社，2010。

② 从中国单独涉案含有条约解释的 WTO 争端解决案件算起，根据专家组或上诉报告通过时间排序，先后已有美国诉中国汽车零部件案（WT/DS 339，340，342/R，AB/R）、美国诉中国知识产权案（WT/DS362/R）、美国诉中国文化产品案（WT/DS363/R，AB/R）、中国诉美国双反案（WT/DS379/R，AB/R）、中国诉欧盟紧固件反倾销案（WT/DS397/R，AB/R）、中国诉美国轮胎特保案（WT/DS399/R，AB/R）、美国等诉中国原材料出口限制案（WT/DS398/R，AB/R）、中国诉欧盟皮鞋反倾销案（WT/DS405/R）、中国诉美国虾品反倾销案（WT/DS422/R）、美国诉中国电子支付案（WT/DS413/R）、美国诉中国电工钢双反案（WT/DS414/R，AB/R）等 11 起案件。其中包括电子支付案在内的后 4 起案件专家组或上诉报告是 2012 年通过的。

的条约解释，也不难发现：几乎没有哪个案件报告像一些中国涉案那样碰到十分复杂的条约解释问题，为了避免中国涉案的较多条约解释各部分被机械化，上诉机构强调"整体性方法"的重要性，即将 VCLT 第 31 条解释惯例的各要素有机地结合起来，融会贯通。因此，也许可以说，如果中国涉案具有特殊性，那么这是指条约解释比较而言更加复杂。[①]

通过上述电子支付案与先前的电信案、博彩案、文化产品案等涉及 GATS 减让表的条约解释案件的比较，可以清楚地看到，包括中国涉案在内的 GATS 减让表的条约解释均十分复杂，至少具有如下相同点和区别：

第一，GATS 减让表作为 GATS 不可缺少的组成部分，其解释与其他条约解释一样，应适用 VCLT 第 31 条解释惯例和必要时适用第 32 条解释之补充资料。

第二，GATS 减让表不同于通常的条约，其结构不是句式条款，而是 WTO 各成员对其服务贸易市场开放的具体承诺，包含许多看似非常简单，却很难确定其具体意义的一般性用语（如博彩案中的"体育运动"，文化产品案中的"录音制品"和"分销"）或专门术语（如电信案中的"互连"，电子支付案中的"支付"、"汇"和"划"等）。如何解释、澄清其确切含义，难度很大。

第三，GATS 减让表的条约解释无一例外地适用 VCLT 第 31 条，并从"通常意义"、"上下文"和"目的及宗旨"三方面逐一解释。与电信案和博彩案相比较，电子支付案的"三步曲"更为详尽。然而，比较文化产品案的上诉机构报告，电子支付案专家组报告只字未提条约解释的"整体性方式"。该专家组对有关中国 GATS 减让表的条约解释步骤不仅过于机械，而且断言其解释未留有任何歧义，因此不同于电信案、博彩案和文化产品案，也未适用 VCLT 第 32 条。

三 GATS 减让表的条约解释之反思

（一）国内外学者对 GATS 减让表条约解释的不同看法：比较与评价

对于电信案，国外有学者认为："作为一个技术性问题，墨西哥电信案

---

① 参见张乃根《中国涉案 WTO 争端解决的条约解释及其比较》，《世界贸易组织动态与研究》2012 年第 3 期。

的裁决结果取决于对相关的各国谈判结果、GATS 及其电信服务附件和《参考文件》的含义解释。"①根据 GATS 第 29 条，《关于电信服务的附件》"为该协定的组成部分"。GATS 第 19 条规定，在该协定生效之日起 5 年开始通过双边、诸边或多边谈判的，WTO 成员可选择具体的服务部门承诺开放及其范围，经谈判形成各自具体的 GATS 减让表。在乌拉圭回合"一揽子协议"正式签署之时，就有国外学者预言，与货物贸易的争端解决不同，"GATS 的争端解决比较少地依赖于基本原则或概念。相反，各国减让表的解释将成为专家组程序的主要部分"。② 墨西哥是 1997 年签署 GATS 电信服务附件及《参考文件》的 69 个 WTO 成员之一。该《参考文件》本身不具有条约约束力，但是，与各成员的 GATS 减让表结合起来具有约束力。因此，电信案专家组将之作为条约性文件加以解释，形成了该案的显著特点之一。

值得注意的是，电信案专家组不仅通过对《参考文件》第 2 节中的"互连"的条约解释，得出"墨西哥《参考文件》第 2 节适用于跨境供应商的互连"的结论，③ 而且解释了《参考文件》第 1 节的所谓"反托拉斯条款"（the antitrust clause），认定墨西哥未能维持适当措施以防止限制竞争行为，因而违反了其《参考文件》第 1 节。④国内有学者认为，这"使《参考文件》具有了'国际'竞争法的特色"。⑤但是，"该专家组报告从其公布起就受到了尖锐的批评"，其中包括未对"反托拉斯条款"做出更加有利于美国等发达国家电信运营商进入墨西哥电信市场的条约解释。"该案有没有撬开通向在 WTO 或其他地方建立普遍性竞争体制的大门呢？不。没有。"这种看法在国外学界有一定的代表性。⑥与此相似，电子支付案专家组裁决驳回了美国关于涉案措施使中国银联成为唯一服务提供者的指控，认定涉案措

① Eleanor M. Fox, "The WTO's First Antitrust Case—Mexican Telecom: A sleeping Victory for Trade and Competition", *Journal of International Economic Law*, Vol. 9, No. 2 (2006), p. 272.

② Dernard Horkman, "the General Agreement on Trade in Service", (paper for OECD Workshop, April 25 – 26, 1994), from John H. Jackson, etc., Legal Problems of International Economic Relations, 5th ed., Thomson, 2008, p. 948.

③ WT/DS204/R, para. 7. 143.

④ WT/DS204/R, paras. 7. 265 – 7. 266.

⑤ 石静霞、陈卫东：《WTO 国际服务贸易成案研究》（1996~2005），北京大学出版社，2005，第 147 页。

⑥ 参见 Eleanor M. Fox, "The WTO's First Antitrust Case—Mexican Telecom: A sleeping Victory for Trade and Competition"。

施没有禁止外国服务提供商进入中国市场，也就是说，中国银联未构成垄断地位。①相比这两起案件的专家组对 GATS 减让表的服务贸易市场开放承诺本身的较宽泛解释，对涉及垄断问题的解释则显得谨慎多了，原因在于 GATS 第 9 条允许每一成员对其具体承诺所涵盖的服务提供垄断权，只要符合最惠国待遇，并以与具体承诺下的义务相一致的方式行事。

对于博彩案，国外有学者认为："虽然上诉机构似乎努力从严格的文本方法中解放出来，但是，却还不能将整体的方法融入条约解释。"②其理由是：其一，上诉机构适用条约解释规则的方法，尤其是在评价不同的文本要素和审查"目的及宗旨"时，依然显得过分地形式化和机械化。"解释一项实际上具有单方性质的文件（如该案系争的美国 GATS 减让表）不同于解释一项多边性质的文件（如 GATS 条款）。"③而且，与货物贸易的关税减让谈判通常以一定的公式为基础不同，乌拉圭回合中的 GATS 谈判以各成员自己选择的市场开放部门为基础。这一理由强调的是 GATS 减让表虽作为 GATS 的一部分而具有条约性质，但毕竟具有特殊性，因此应采取至少有所不同于关税减让表的条约解释方法，不拘泥于文本，而更侧重于"目的及宗旨"。其二，虽然上诉机构推翻专家组将《文件 W/120》和《1993 年减让表指南》作为 VCLT 第 31 条第 2 款的"上下文"这一结论，而将之作为 VCLT 第 32 条的"解释之补充资料"，但是，结论相同。这"说明了不同寻常地忽略了在'不明或难解的术语'情况下援引 VCLT 第 32 条补充解释方法时的某些政策考虑"。④ 同样，"条约解释的整体性方式要求审查所有相关要素而不是依次审查，才对系争术语的通常意义做出结论"。⑤这提出了一个问题：究竟什么是"整体性方式"？

或许是为了回应对博彩案的这一批评，上诉机构在文化产品案中指出："（条约）解释过程旨在缩小待解释的条约用语之可能含义的范围，而不是

---

① 中国对此表示欢迎。参见商务部条约法律司负责人对电子支付案裁决发表的谈话。商务部网站：http://www.mofcom.gov.cn/article/ae/ag/201208/20120808315833.shtml。

② Federico Ortino, "Treaty Interpretation and the WTO Appellate Body Report in US-Gambling: A Critique", *Journal of International Economic Law*, Vol. 9, No. 1 (2006), p. 117.

③ Federico Ortino, "Treaty Interpretation and the WTO Appellate Body Report in US-Gambling: A Critique", p. 124.

④ Federico Ortino, "Treaty Interpretation and the WTO Appellate Body Report in US-Gambling: A Critique", p. 129.

⑤ Federico Ortino, "Treaty Interpretation and the WTO Appellate Body Report in US-Gambling: A Critique", p. 131.

延伸出多种含义，或肯定条约义务的含糊与排斥性。更多的是要求条约解释者结合上下文和目的宗旨，以阐明用语或术语的相关含义。这一逻辑过程提供了适当的解释分析之框架，并牢记条约解释是一个整体运作，其中必须将解释的诸规则与原则作为整体操作中相互联系、互为加强的组成部分，加以理解和适用。"① 尽管该案的条约解释结果总体上对中国不利，但是，上诉机构对条约解释的"整体性方法"之阐述对于 WTO 争端解决还是具有一定积极意义的。令人费解的是，国内有学者在评论文化产品案的条约解释时却忽略了这一点。②

（二）对电子支付案中条约解释的反思

事实上，电子支付案的专家组似乎也全然忽略了上诉机构所强调的条约解释"整体性方法"。如上所述，该案专家组对中国 GATS 减让表第 7. B（d）节的"通常意义"、"上下文"与"目的及宗旨"三方面看起来"环环相扣"的条约解释，可谓"滴水不漏"。可是，通贯该案专家组的条约解释，不难发现，它看起来严格遵循条约解释的惯例及上诉机构的有关指导意见，实质上过于机械地将 VCLT 第 31 条解释惯例的三方面割裂开来，缺乏"整体性做法"。甚至专家组对上诉机构在先前的文化产品案中明确强调的这一做法，也置若罔闻。好像这根本没有什么指导意义，不值一提。

条约解释是否需要采用整体性方式或做法？或者说，这是否属于条约解释不可或缺的做法？③ 无论今后上诉机构对此可能会有什么说法，电子支付案确实表明：经过近 17 年来的 WTO 争端解决实践，如何运用 VCLT 第 31 条解释惯例，依然是值得深入探讨和反思的问题。

---

① WT/DS363/AB/R，para. 399.

② 参见王衡《WTO 服务贸易减让表之条约解释问题研究——以"中美出版物和视听产品案"为例》，《法商研究》2010 年第 4 期。该文批评"DSB 一味地采用当下解释，极可能影响 WTO 成员的公共政策考量与未来的服务贸易谈判"。然而，该文却一点也没有提及上诉机构在该案中所强调的条约解释"整体性方式"。包括该文和国内其他学者所理解的上诉机构所谓"当下解释"或"时际解释"，实际上是一种误解。参阅张乃根《中国涉案 WTO 争端解决的条约解释及其比较》，《世界贸易组织动态与研究》2012 年第 3 期。

③ WTO 争端解决机构于 2012 年 11 月 16 日通过的上诉复审报告——China—Countervailing and Anti-Dumping Duties on Grain Oriented Flat-rolled Electronic Steel from the United States（WT/DS414/AB/R）是截至本文完成时的最近一个上诉报告，也涉及对涉案的《反倾销协定》第 3. 2 和《反补贴协定》第 15. 2 条的条约解释，上诉机构适用了 VCLT 第 31 条解释惯例，但未提及"整体性方式"。

毋庸置疑，VCLT 第 31 条、第 32 条编纂了国际公法上的条约解释惯例。国际法院在 1994 年"领土争端案"中，根据《国际法院规约》第 38 条第 1 款，第一次明确认为 VCLT 第 31 条援引为"可适用的国际习惯法"。①随后，DSB 在其通过的最初两起上诉报告中，先后明确 VCLT 第 31 条"条约解释的基本规则已经取得相当于习惯或基本国际法的地位"，② 第 32 条"起到解释之补充资料的作用，也具有同样地位"。③ 此后至今，WTO 争端解决实践一直恪守这些条约解释惯例的做法。但是，包括上述国内外学者在内，对 WTO 争端解决的专家组或上诉机构往往过于机械地适用这些惯例的做法，也提出了许多批评。国外有学者认为，VCLT"关于条约解释的适用及其充分性，仍然还有一些重新思考的空间"。④ 笔者认为，就本文研究的重点而言，至少有两个有关 GATS 减让表的条约解释问题值得反思。

1. GATS 减让表条约解释的特殊性问题

自 GATT 问世后，关税减让表就是该协定的组成部分。但是，在 WTO 成立之前，涉及关税减让表的争端集中于"相同产品"的认定。譬如，"加拿大诉日本关于云杉松规格木材进口案"⑤ 和"巴西诉西班牙关于未烘咖啡的关税待遇案"。⑥ 当时的专家组并没有对系争关税减让表进行条约解释，而是参照《协调制度》（HS）的税则分类，根据双方举证，分析进口国的关税减让表对系争进口产品的分类是否超过正常的分类目的，是否构成滥用进口国制定本国关税细则的权利，设置歧视性的关税壁垒。如上所述，WTO 成立后，上诉机构在涉及 GATT 减让表的争端案中均明确表示同样适用 VCLT 的条约解释惯例。然而，在这些案件中，无论专家组，还是上诉机构的条约解释，不无令人困惑之处。⑦

相比 GATT，GATS 更是一个全新的协定。虽然，根据 GATS 的明文规

---

① Territorial Dispute (Libyan Arab Jamahiriya v. Chad), ICJ Reports 1994, p. 19, para. 41.

② United States—Standards for Reformulated and Conventional Gasoline (WT/DS2, 4/AB/R)。对该案的分析，参见张乃根编著《美国—精炼与常规汽油标准案》，上海人民出版社，2004，第 233～234 页。

③ Japan—Taxes on Alcoholic Beverages (WT/DS8/AB/R). D. Treaty Interpretation. 这也是 WTO 争端解决报告第一次专节标题是"条约解释"。

④ 〔美〕约翰·H. 杰克逊：《国家主权与 WTO：变化中的国际法基础》，赵云龙等译，中国社会科学出版社，2009，第 215 页。

⑤ Canada/Japan: Tariff on imports of spruce, pine, fir (SPF) dimension lumber (BISD 36S/167).

⑥ Spain—Tariff treatment of unroasted coffee (SISD 28S/102).

⑦ 参见韩立余《WTO 减让表解释原则探析》，《法商研究》2006 年第 3 期。

定，各成员在乌拉圭回合谈判中承诺开放，或者 WTO 成立后的新成员在加入谈判中承诺开放的 GATS 减让表均构成该协定的组成部分，但是，GATS 减让表包含大量诸如"体育运动"、"录音制品"、"分销"和"支付"此类"通用性"（generic）术语。这些术语不仅通常是某成员承诺时自己提出的，而且也没有条约通常以句子表达的文字形式。难怪在博彩案中，上诉机构在解释"体育运动"这一术语时，穷尽了 VCLT 第 31 条第 1 款的解释惯例和第 2 款的所有上下文之解释规则，最后依然"不知所云"，不得不适用 VCLT 第 32 条的解释之补充资料，总算澄清了减让表的承诺范围。不过，美国至今未实际执行该案裁决。①电子支付案专家组适用 VCLT 第 31 条的解释惯例，认为已完全澄清了中国 GATS 减让表第 7. B（d）节的含义，但是，中国对此表示保留，只是未上诉而已。②

　　GATS 减让表条约解释具有特殊性，而且，上述有关案件的条约解释存在不少瑕疵，是一个不争的事实，值得反思。笔者认为，应回到 WTO 争端解决中条约解释援引 VCLT 第 31 条和第 32 条的唯一依据，即 DSU 第 3 条第 2 款这一起点上来思考这个问题。该条款规定："WTO 争端解决体制在为多边贸易体制提供可靠性和可预测性方面是一个重要因素。各成员认识到该体制适于保护各成员在适用协定项下的权利和义务，及依照国际公法的解释惯例澄清这些协定的现有规定。DSB 的建议和裁决不能增加或减少适用协定所规定的权利和义务。"③上诉机构在最初援引这一条款时，主要参照了国际法院在"领土争端案"中对 VCLT 第 31 条的法律地位定性，认为"国际公法的解释惯例"就是 VCLT 所编纂的条约解释诸规则，并且针对的首先是 GATT，然后是 GATS 和《与贸易有关的知识产权协定》（TRIPS）等协定本身的条约解释。自"领土争端案"之后，国际法院涉及条约解释的案件无论是否明确援引 VCLT 的条约解释惯例，均解释涉案的双边或多边条约的某

---

① 2007 年 5 月 22 日，WTO 争端解决机构通过博彩案原审专家组报告，裁定美国未执行；同年 12 月 21 日经仲裁，安提瓜对美国实施的贸易报复为每年 2100 万美元，直至美国完全执行裁决。2013 年 1 月 28 日，WTO 争端解决机构正式授权安提瓜对美国实施的贸易报复（中止对美国的减让及知识产权保护义务）。参见 WTO 网站：http://www.wto.org/english/news_e/news13_e/dsb_28jan13_e.htm（2013 年 1 月 30 日访问）。

② 中国对该案有关服务归类的裁决持保留意见，认为应在今后的案件中进一步澄清这一体制性问题。参见商务部条约法律司负责人对电子支付案裁决发表的谈话。

③ 参见《世界贸易组织乌拉圭回合多边贸易谈判结果法律文本》，但是，该中文本"解释国际公法的惯例"应该为"国际公法的解释惯例"（customary rules of interpretation of public international law）。

一条款含义。①在 2005 年 4 月 20 日 DSB 通过第一个有关 GATS 减让表本身的条约解释案——博彩案之前，WTO 争端解决中的条约解释实践不仅早已确认了 VCLT 第 31 条和第 32 条的解释惯例地位，并形成了适用 VCLT 所编纂的条约解释规则之基本路径，而且在解释 GATT 减让表的争端解决中也有了适用 VCLT 解释惯例的先例，因此，将 VCLT 解释惯例适用于 GATS 减让表似乎是"天经地义"的事。笔者认为，这样做实际上忽略了 GATS 减让表的特殊性。

博彩案、文化产品案和电子支付案引起值得深思的一个共同问题是：WTO 争端解决体制在多边贸易体制中如何提供可靠性和可预测性，DSB 的建议和裁决如何不能增加或减少适用协定所规定的权利和义务。条约解释是手段，而非目的。最终目的是既不增加也不减少适用协定（包括减让表）所规定的权利和义务。在这三个案件之后，不仅美国、中国政府作为当事方对专家组或上诉机构的条约解释持保留意见，认为这种司法性解释增加了 GATS 减让表项下的义务，而且学界也对此颇有异议。当 GATS 减让表的条约解释究竟是否具有特殊性这一问题在专家组或上诉机构看来不必小题大做时，条约解释之最终目的也被淡化了。这些案件的条约解释过于机械化、形式化，看似无懈可击的解释过程实际上对单方面选择性做出承诺的一方所含实质意图缺乏足够的尊重。

笔者认为，基于 GATS 减让表的特殊性，很有必要建议 WTO 部长级会

① 譬如，2012 年 7 月 20 日 Questions Related to the Obligation to Prosecution or Extradite（Belgium v. Senegal）对《反酷刑公约》第 6 条第 2 款等条款的解释（未明确援引 VCLT 第 31 条、第 32 条，但援引了同样作为习惯国际法的第 28 条"条约不溯及既往"）；2012 年 2 月 3 日 Jurisdictional Immunities of the State（Germany v. Italy：Greece intervening）对《和平解决争端欧洲公约》第 11 条等条款的解释（未明确援引 VCLT 第 31 条、第 32 条）；2010 年 4 月 20 日 Case Concerning Pulp Mills on the River Uruguay（Argentina v. Uruguay）对《阿根廷与乌拉圭 1961 年边界条约》第 1 条至第 4 条以及其他双边协定条款的解释（未明确援引 VCLT 第 31 条、第 32 条）；2009 年 7 月 13 日 Dispute Regarding Navigational and Related Rights（Cost Rica v. Nicaragua）对《1858 年限制条约》第 6 条等条款的解释（明确援引 VCLT 第 31 条、第 32 条）；2008 年 6 月 4 日 Certain Questions of Mutual Assistance in Criminal Matters（Djibouti v. France）对《法国与吉布提友好合作条约》第 1 条与《法国与吉布提刑事协助协定》第 1 条等条款的解释（明确援引 VCLT 第 31 条，还援引了同样作为习惯国际法的第 27 条"国内法与条约之遵守"）；2002 年 12 月 17 日 Sovereignty over Pulau Ligitan and Pulau Sipadan（Indonesia/Malaysia）对 1891 年英荷条约第 4 条的解释（明确援引 VCLT 第 31 条、第 32 条）；2004 年 3 月 31 日 Avena and Other Mexican Nationals（Mexico v. United States of America）对《维也纳领事关系公约》第 36 条第 1 款（b）项的解释（明确援引 VCLT 第 31 条、第 32 条）；1999 年 12 月 13 日 Kasikili/Sedudu Island（Botswana/Namibia）对 1890 年英法条约第 3 条第 2 款的解释（明确援引 VCLT 第 31 条）。

议和总理事会根据《建立 WTO 协定》第 9 条第 2 款做出立法性解释，确立一定的特殊规则，至少可以参照 1947 GATT，制定有关 GATS 减让表的一般性注释和补充规定，从而指导专家组和上诉机构的条约解释，避免过于机械和趋于广义的解释。

2. 条约解释的"整体性方式"问题

从在 2010 年 1 月 19 日 DSB 通过的上诉机构关于文化产品案的报告针对中国批评专家组未采用条约解释的"整体性方式"而对之加以阐述以来，近三年内 DSB 通过了 8 个上诉机构报告，其中 5 个中国涉案，占了大多数。①从这些中国涉案报告对于"整体性方式"的采用情况来看，似乎上诉机构尚未将之作为条约解释中不可或缺的做法，专家组运用这一做法的条约解释也不一定得到上诉机构的肯定。

譬如，中国诉美国双反案专家组报告在"条约解释诸规则"项下罗列了 VCLT 有关条约解释的所有规则，并且，在对 SCM 协定第 1.1（a）（1）条的"公共机构"（public body）解释时也强调："根据 VCLT 第 31 条的解释过程是一个整体，也就是说，条约术语的通常含义只能在其上下文中及依条约目的和宗旨加以确定，仅仅是词典含义并不必然能解决复杂的解释问题。"②然而，专家组适用"整体性方式"的解释规则，却得出了一个非常宽泛的结论，即"任何公共机构"是指"任何政府控制的实体"。③专家组的解释成为中国上诉的焦点（上诉的四个问题之首，其他三个也是条约解释问题）。

又譬如，中国诉美国轮胎特保案专家组在其裁定的一般问题之四"条约解释"项下罗列了 VCLT 有关条约解释的全部条款，并表示："我们将在本案适用这些原则。"④可是，整个裁定部分并未对任何所涉条约做"整体性"或全面的解释，而是针对中美双方的解释，提出其"评价"（evaluation）。

① 截至 2013 年 1 月 20 日，DSB 通过的 5 个中国涉案上诉报告是：中国诉美国双反案（2011 年 3 月 25 日）；中国诉欧盟紧固件反倾销案（2011 年 7 月 28 日）；中国诉美国轮胎特保案（2011 年 10 月 5 日）；美国等诉中国原材料出口限制案（2012 年 2 月 22 日）；美国诉中国电工钢双反案（2012 年 11 月 16 日）。其余 3 个分别是：2012 年 3 月 23 日 United States—Measures Affecting Trade in Large Civil Aircraft（WT/DS353/AB/R）；2012 年 4 月 24 日 United States—Measures Affecting the Production and Sale of Clove Cigarettes（WT/DS406/AB/R）；2012 年 6 月 13 日 United States—Measures Concerning the Importation, Marketing and Sale of Tuna and Tuna Products（WT/DS381/AB/R）。

② WT/DS379/R，para. 8.56.

③ WT/DS379/R，para. 8.83.

④ WT/DS399/R，para. 7.24.

中国不同意专家组有关条约解释的结论，将之作为上诉的首要问题（其他两个分别是"因果关系"和"客观评估"问题）。上诉机构就此展开了篇幅较长的条约解释，并维持了专家组的相同解释，也未进一步考虑涉案条约解释的更多上下文，乃至条约的目的和宗旨，对其加以"整体性"的条约解释。

再譬如，美国等诉中国原材料出口限制案涉及大量条约解释问题，包括《中国入世协定书》第11.3条，GATT第8.1（a）条、第10.3（a）条、第11.1条、第11.2（a）条、第11.3条、第20（b）条、第20（g）条。其中，《中国入世协定书》第11.3条的解释最为关键。专家组解释，第11.3条"根本没有明确提示GATT第20条，或一般地提及GATT规定。而且，第11.3条也没有像（议定书）第5.1条一般地提及'在不损害中国以符合WTO协定的方式管理贸易'的导言性款项。如上诉机构在'中国出版物与音像制品案'中解释的，该导言性款项是指通过纳入方式，可援引GATT第20条作为违反《中国入世议定书》第5.1条的抗辩"。① 按照专家组的严格解释，除了第11.3条规定的附件6或GATT第8条，其他包括GATT第20条或《中国入世工作组报告》第170段等相关条款均不得用于抗辩。中国将此作为主要的上诉问题。上诉机构首先明确：根据《中国入世议定书》第1.2条，该议定书是WTO协定的组成部分，应适用条约解释惯例澄清该议定书第11.3条。但是，上诉机构认为，第11.3条的文本严格限定了两种"除外"。其一是议定书附件6具体规定的84种产品以及在此范围"出现例外情况"可与相关WTO成员事先磋商；其二是GATT第8条"进出口规费和手续"（关税除外）。上诉机构强调："根据DSU第3.2条，以整体性方式适用VCLT编纂的国际公法解释惯例分析中国是否可以援引GATT第20条将抵触《中国入世议定书》第11.3条的出口关税论证为正当的问题。我们认为对《中国入世议定书》第11.3条的适当解释并不能支持中国援引GATT第20条项下例外的主张。"② 中国在该案这一关键问题上的诉求，全部被上诉机构驳回。

如此看来，上诉机构还没有形成有关"整体性方式"的较详细论述，上文所归纳的WTO争端解决中适用VCLT所编纂的条约解释规则之基本路

---

① WT/DS398/R, para. 7.124.

② WT/DS398/AB/R, para. 307.

径依然主导着上诉机构对于包括 GATS 减让表在内的所有涉案 WTO 条约的解释实践。笔者认为，仅依靠上诉机构，不能解决类似电子支付案此类具有特殊性的 GATS 减让表的条约解释问题。中国可以提议应由 WTO 部长会议或总理事会行使立法性解释权限寻求解决这一具有体制性意义的问题。这就是本文反思的初步看法。

Treaty Interpretation of GATS Schedule in the Case of Electronic Payment: Analysis and Comparison

Zhang Naigen

Abstract: The case of electronic payment is one of the only two special cases related to the interpretation of GATS schedules in WTO history so far. This article wants to analyze the issues of treaty interpretation in this case and to compare other cases related to GATS schedules in order to understand the complexities of treaty interpretation as such, the similarities and differences in comparison with other cases. Based on further comparison with different perspectives in China and abroad regarding treaty interpretation of GATS schedules, this article criticizes the panel's interpretation of treaty with some reflections, and suggests that China would submit a proposal to WTO decision-making bodies to adopt interpretative notes in respect of interpretation of GATS schedules for dispute settlement, which has institutional significance for WTO.

Key Words : Electronic payment; GATS; Schedule; Treaty interpretation Comparison

世界贸易组织 TBT 最新案件裁决解析

那 力 杨红瑞[*]

摘 要：2012 年 WTO 上诉机构对涉及 TBT 协定的三个案件的裁决表明，区别技术法规和标准的关键因素是强制性，强制使用就是技术法规，自愿使用就是技术标准，二者适用不同的法律规则，承担不同的法律义务。影响市场准入和包含强制执行条件的，都可能构成技术法规。第 2.1 条的核心是禁止歧视性产品标签，实行国民待遇。第 2.2 条的核心是禁止限制贸易的产品标签，必需性是其关键测试。第 2.4 条讨论国际标准作为技术法规的基础问题。

关键词：TBT 技术法规 产品标签 WTO 裁决

一直以来与 WTO 贸易技术壁垒协议（TBT）有关的案件不多，人们的关注也相对较少，例如，与动植物卫生检疫协定（SPS）相比，孰重（被重视）孰轻（不被重视，被忽视），显而易见。然而，2012 年 WTO 争端解决机制的上诉机构对涉及 TBT 协定的三个案件的裁决及其报告，犹如三石激起千层浪，引发了学术界对这一新领域的研究兴趣。

这三个案件中，被告都是美国，都涉及美国对技术壁垒问题的管理措施。美国丁香烟案（US—Clove Cigarettes）是对丁香味香烟的禁止。[①] 墨西哥诉美国金枪鱼 II 案（US—Tuna II）[②] 是关于"海豚安全"的金枪鱼标签

---

* 那力，吉林大学法学院教授，博士生导师，法学博士；杨红瑞，吉林大学法学院国际法专业硕士研究生。

① Panel Report, United States—Measures Affecting the Production and Sale of Clove Cigarettes, WT/DS406/R, 2011 年 9 月 2 日。

② Panel Report, United States—Measures Concerning the Importation, Marketing and Sale of Tuna and Tuna Products, WT/DS381/R, 2011 年 9 月 15 日。

的管理问题。美国肉品原产地标签案（US—COOL）是关于肉品的原产地标签规则问题。①

尽管美国有一些主张抗辩成功，但是，在每一个案件中，专家组都认为美国至少违反了 TBT 的一项核心规定。美国对这三个案件的专家组裁决都提出了上诉，但是，在所有三个案件中重要的争议点上美国都告败诉。这三个案件意义重大，从中可以看到若干个重要法律问题。我们看到在 WTO 的司法中，专家组与上诉机构，特别是后者，是如何理解、如何判定属于 WTO 各成员方的主权权力的管理权与防止歧视性的技术规章对贸易造成不必要障碍的义务之间的关系，应该强调，这种关系不是一成不变，而是与时俱进，不断发展的。三案的裁决分析了 TBT 第 2.1 条与第 2.2 条各自的含义及适用条件。报告还提出了原产地标签的意义问题。本文对专家组和上诉机构裁决三案解决的关键问题进行阐释与分析。

一　案情述要

（一）美国丁香烟案（US—Clove Cigarettes）

为了减少国内青少年吸烟人口，美国 2009 年立法禁止国内销售添加香料的香烟（flavoured cigarette），比如草莓、葡萄、橘子、丁香、肉桂、菠萝、香草、椰子、甘草、可可、巧克力、樱桃、咖啡等口味的香烟，但薄荷口味的香烟和烟草不在禁止之列。② 2011 年印度尼西亚向 WTO 争端解决机构提出申诉，指控美国立法不当。印度尼西亚认为，这一法案未禁止主要在美国国内生产且同属于香料香烟的薄荷烟，却禁止印度尼西亚生产的丁香烟在美国销售，对印度尼西亚进口的丁香烟有歧视性的效果。

专家组报告于 2011 年 9 月 2 日通过。报告裁决美国立法违反了 TBT 协定第 2.1 条，因为措施给予了国内薄荷烟比同类进口丁香烟更为优惠的待遇。③ 美国就这一裁决提出上诉，但没能获胜。专家组还发现，美国的措施符合 TBT 协定第 2.2 条，④ 该条禁止技术法规"对贸易的限制超过为实现合法目标所

① Panel Report, United States—Certain Country of Origin Labelling (COOL) Requirements, WT/DS384/R, WT/DS386/R, 2011 年 11 月 18 日。

② Family Smoking Prevention and Tobacco Control Act, section 907 (a) (1) (A)。

③ Panel Report, US—Clove Cigarettes, 第 7.293 段。

④ Panel Report, US—Clove Cigarettes, 第 7.428、7.432 段。

必需的限度，同时考虑合法目标未能实现可能造成的风险"。2012 年 4 月 24 日，上诉机构报告获得通过。

（二）美国金枪鱼 II 案（US—Tuna II）

金枪鱼及其加工制品是相当重要的经济产品。由于金枪鱼具有与海豚一起洄游的习性，所以渔民经常以海豚作为寻找金枪鱼的指标，使用漂网或围网进行捕捞，也因此在捕捞金枪鱼时，经常同时捕获海豚，间接造成海豚伤亡。这种捕捞金枪鱼的方法被叫作"攻击海豚法"。据统计，在东太平洋热带海域（ETP），1959 年至 1976 年的海豚死亡数量超过 500 万只。

为保护海豚，美国从 20 世纪 90 年代开始，对金枪鱼制品采用"自愿性"的"海豚安全"（dolphin safe）标签。为获取此标签，捕鱼船不能使用漂网作业，在 ETP 海域不能使用围网作业。美国将此标签作为保护海豚的唯一标示，禁止使用其他任何保护海豚或海洋哺乳类动物的标签。

国际层面，"美洲热带金枪鱼委员会（IATTC）"也开展了保护海豚的努力，1999 年制定实施了《国际海豚保育计划协议（AIDCP）》，有效降低了海豚的死亡率。目前 ETP 海域海豚年死亡数量已经降至 1200 只左右。根据这项协议，如果缔约国捕捞金枪鱼的方法符合相关规定，可以标有此协议的海豚安全标签。墨西哥和美国均为此协议的缔约国，但墨西哥的标签与美国的不同，于是矛盾产生了。墨西哥的金枪鱼具有 AIDCP 的海豚安全标签，但在美国境内不能使用。

由于墨西哥允许使用围网捕捞金枪鱼，所以墨西哥的金枪鱼产品无法被标示为海豚安全，从而影响了墨西哥金枪鱼产品在美国的销售。墨西哥认为，美国的立法规定不符合国际标准，且对墨西哥金枪鱼产品造成歧视性待遇，因此向 WTO 请求成立争端解决小组。专家组报告于 2011 年 9 月 15 日通过。报告裁决美国没有违反 TBT 第 2.1 条给予墨西哥金枪鱼产品低于美国国内产品的待遇，但它对贸易的限制超过了必要限度，因而违反了 TBT 第 2.2 条。美国和墨西哥均提出上诉。经过审理，2012 年 6 月 13 日获得通过的上诉机构报告推翻了专家组关于第 2.1 条和第 2.2 条的裁决。

（三）美国肉品原产地标签案（US—COOL）

进口牲畜原产地标签（"COOL"）措施案是 WTO 中一系列与 TBT 协定

有关的案件中最新的一个。上诉机构关于此案的报告于 2012 年 7 月 13 日获得通过。在这一争端中,加拿大和墨西哥挑战美国 COOL 措施的合法性。①COOL 是 Country of Origin Labelling 的英文缩写。该措施是美国从 2002 年开始制定和完善的关于原产地标签的立法,其主要的针对对象是牛肉、猪肉、羊肉、鱼肉等肉类产品。

北美的肉类生产和加工产业链一体化特征比较明显。牛和猪从生产到加工一般经历幼崽、饲养、催肥和屠宰四个主要环节。加拿大的牛和猪一般在经历了前三个环节后,出口至美国供屠宰;而由于缺少草原,所以墨西哥的牛和猪,在幼崽阶段过后即出口至美国生长催肥并屠宰。美国先后在 2008 年和 2009 年修订了 COOL 措施,将肉类的原产地标签分为以下种类:

A 类标签——"美国原产",出生、饲养和屠宰都发生在美国的动物的肉产品。

B 类标签——"混合原产,即美国和 X 国的产品",出生、饲养和屠宰并不都在美国。这可能包括在加拿大出生,在美国饲养和屠宰的牲畜。该标签也可用于不同类别的肉类在同一生产日混装的情况,比如在同一生产日混装的 A & B, A & C, B & C, A, B & C。

C 类标签——"混合原产,即美国和 X 国的产品",产品进口到美国立即屠宰的肉品。该标签也可用于不同类别的肉类在同一生产日混装的情况,比如在同一生产日混装的 A & B, A & C, B & C, A, B & C。

D 类标签——"X 国原产",即百分之百国外进口的肉类产品。

这个措施表面上看起来很简单,但实际操作改写了整个产业链的游戏规则。它建立起一整套的肉类追踪体系:牛崽和猪崽出生的第一天起就要开始贴标签,整个产业链的所有环节面临着相似的局面。肉从哪来,销哪去,混装了就要换标签。饲养、运输、屠宰、储藏、批发、零售,所有贸易环节都有一套严密的原产地追踪和统计体系。随着生产和贸易环节的增加及规模的扩大,信息跟踪和统计的工作量和复杂程度都在增加。

产业链逐渐出现了分割(segregation)现象:要么只生产美国自产自销的牛肉,要么只生产从某特定原产地进口加工的牛肉。据加拿大和墨西哥统

---

① 受到挑战的美国法包括 1946 Agricultural Marketing Act(其修正案 2002 Farm Bill, 2008 Farm Bill), the Agricultural Marketing Service Interim Rule, and Final Rule 2009。

计，由于 COOL 措施导致的新增成本平摊到每头牲畜上高达 40～60 美元。于是，加拿大的牛肉被挤出了美国市场，而美国的畜牧生产者是最大的受益者。

专家组裁决认为，COOL 措施给予进口牲畜的待遇低于国内同类牲畜的待遇，因而违反了 TBT 第 2.2 条；同时，COOL 措施未满足美国为消费者提供肉品原产地信息的合法目标，违反了 TBT 第 2.1 条。2011 年 11 月 18 日专家组报告通过后，美国、加拿大和墨西哥分别对裁决的不同方面提出上诉。上诉机构维持了专家组关于 COOL 措施违反 TBT 第 2.1 条的裁决，但采取的理由有所变化；上诉机构推翻了专家组做出的该措施违反 TBT 第 2.2 条的裁决。

从案情与裁决可见，专家组和上诉机构的裁决主要都是围绕着 TBT 协定的规定做出的，尤以第 2.1 条和第 2.2 条最为重要。下面的讨论主要围绕这两条规定进行，深入分析案件的有关问题。

二 TBT 第 2.1 条与第 2.2 条的关系和适用前提

（一）第 2.1 条与第 2.2 条的关系：各自独立

TBT 协定第 2 条的标题是"中央政府机构制定、采用和实施的技术法规"，它规定了 WTO 成员方在技术法规方面的义务，包括构成技术法规的对产品的标签要求。

第 2.1 条：各成员应保证在技术法规方面，给予源自任何成员领土进口的产品不低于其给予本国同类产品或来自任何其他国家同类产品的待遇。

第 2.2 条：各成员应保证技术法规的制定、采用或实施在目的或效果上均不对国际贸易造成不必要的障碍。为此目的，技术法规对贸易的限制不得超过为实现合法目标所必需的限度，同时考虑合法目标未能实现可能造成的风险。此类合法目标特别包括：国家安全要求；防止欺诈行为；保护人类健康或安全、保护动物或植物的生命或健康及保护环境。在评估此类风险时，应考虑的相关因素特别包括：可获得的科学和技术信息、有关的加工技术或产品的预期最终用途。

TBT 协定第 2.1 条和第 2.2 条各自包含独立的义务，必须对每条进行独立的阐释、分析。

在美国丁香烟案中,专家组表示:"涉案措施不符合第 2.1 条的裁决,并不能据此判定该措施是否符合第 2.2 条。"① 专家组拒绝了印度尼西亚关于措施不符合第 2.2 条的主张,这一裁决未被上诉。

上诉机构在 US—COOL 案中,也提到了第 2.1 条与第 2.2 条之间的这种关系问题,但是未能就第 2.2 条把这一分析进行下去,引向深入。

在美国金枪鱼案 II(墨西哥)中,上诉机构裁决涉案措施不符合第 2.1 条,但驳回了措施不符合第 2.2 条的主张。这意味着对产品标签的要求,成员方必须确保同时符合第 2.1 条和第 2.2 条。

(二) 适用前提:涉案措施是否是"技术法规"

TBT 协定第 2.1 条和第 2.2 条适用于"技术法规"。因此,首先需要确定,WTO 成员方给消费者提供信息的产品标签,是否落入 TBT 协定下技术法规的范围。

一项措施是否作为"技术法规"或是"标准",衡量的标准是 TBT 协定附件 1.1 和附件 1.2 中的定义。TBT 附件 1.2 规定"技术法规被视为强制性文件,标准被视为自愿性文件"。TBT 协定附件 1.1 将技术法规定义为:规定强制执行的产品特性或其相关工艺和生产方法,包括适用的管理规定,还可包括专门适用于产品、工艺或生产方法的专门术语、符号、包装、标志或标签要求。

在欧共体石棉案中,上诉机构识别出了这里的三个关键标准:第一,涉案措施适用于可识别的产品或一类产品;第二,涉案措施必须给这些产品规定了某种特性;第三,涉案措施必须是强制性的,在这个意义上以一种积极或消极的形式来订明产品特性。②

美国丁香烟案中,禁止丁香烟的 2009 年立法,指的是 2009 年 6 月 22 日签署的第 907 部分。专家组需要根据上述三个标准来审查禁令是否技术法规。专家组认为,第 907 部分明确地界定了禁令覆盖的产品,即香烟及其任何组成部分,因而符合第一个标准;③ 关于第二个标准,专家组注意

---

① 见 Panel Report, US—Clove Cigarettes, 第 7.332 段。
② Appellate Body Report, EC—Asbestos, pp. 66 – 70.
③ Panel Report, US—Clove Cigarettes, 第 7.27 ~ 7.28 段。

到，通过规定"禁止销售包括……的香烟"，禁令以一种消极的方式规定了产品特性；① 专家组认为，禁令的强制性是显而易见的，从禁令所使用的语言来看，它使用了"不得"的字样，并规定"这一禁令将被强制执行"，因此也满足第三个标准。②

从 TBT 附件 1.1 和附件 1.2 可以看出，区别技术法规和标准的关键因素是强制性。强制使用某种标签，就是技术法规；自愿使用某种标签，就是技术标准。法规和标准适用不同的法律规则，承担不同的法律义务。

在美国金枪鱼 II 案中，美国的海豚安全标签是自愿申请的，但禁止使用其他标签，该如何判断其性质？专家组成员在这个问题上意见不一，多数派认为这是技术法规，因为强制性既可体现为积极形式，也可以是消极形式。美国的禁止性规定是针对海豚安全标签的否定性约束义务，金枪鱼生产者不可以使用任何替代性标签，所以是强制性的。专家组的少数意见则认为，多数派的观点混淆了措施本身的特征和措施的执行条件，禁止使用其他替代性标签，是美国海豚安全标签的执行条件，其强制与否，与措施本身的特征无关。

美国对专家组关于措施的强制性质的裁决提出上诉。上诉机构同意专家组的意见，认为美国的措施是强制性的，因此是"技术法规"，因为它是美国法律和法规的组成部分，并规定了想获得"海豚安全"的标签必须满足的法律上的强制执行条件。这一结论模糊了 TBT 协定中自愿性的"标准"和强制性的"技术法规"之间的区别。这表明，影响市场准入和包含法律规定强制执行条件的任何法律或法规，都可能构成技术法规。

在美国原产地标签案中，专家组推断出，美国的一系列措施，施加国家原产地标签要求肉类制品要符合特别法律管理手段（COOL 措施），满足所有这些标准，因此，属于 TBT 附件 1.1 所定义的"技术法规"。值得注意的是，美国在其上诉通知中并没有表明其挑战专家组这部分裁决的意图。

关于第一个标准，专家组发现，在 TBT 协定附件 1.1 含义内，适用 COOL 措施的可识别的产品或一类产品，是：（1）牛肉和猪肉，无论是肌肉还是磨碎的形式；（2）牲畜（即牛和猪），这是被 COOL 措施明确的产出牛

---

① Panel Report, US—Clove Cigarettes, 第 7.32 段。
② Panel Report, US—Clove Cigarettes, 第 7.39 ~ 7.40 段。

肉和猪肉的投入物产品。

对于第二个标准,专家组发现,"原产地标签的本质是 COOL 措施,而且 COOL 措施规定的义务、包括的信息需求与基本功能密切相关"。其得出的结论与之前专家组的裁决是一致的:产品标签上表明原产地的详细要求确实是符合技术法规定义的标签要求。

最后,专家组确定,涉案的 COOL 措施满足第三个标准,因为:(1) 这项措施是"由在美国法律中具有法律拘束力的法律文书规定的";(2)"原产地标签的核心要求使用了'应该'一词",并且"COOL 措施在规定'任何从事向零售商供应被覆盖商品营业的人'应该向零售商提供原产地信息"时也使用了"应该"这个词;(3) COOL 的措施有一个"执行"机制予以支持,根据该机制,违反上述义务的零售商或由任何为零售商提供措施所覆盖商品的人,可能会受到农业部的罚款处罚;[1](4)"COOL 法规指的是原产地标签要求的核心,即'强制性原产地要求'",并且"2009 年的最终规则(AMS)在其标题中包含'强制'这个词,而一贯是指'强制性 COOL 措施'的实质"。[2]

COOL 措施对美国农业产业化的影响已经引起了激烈的辩论。辩论的一方,肉类包装商、加工商和零售商认为,北美牲畜交易市场的一体化性质使得对牲畜的溯本求源非常昂贵,而且,由于进口肉类必须满足与美国肉类相同的美国卫生和安全标准,所以在美国,加拿大和墨西哥的牛肉之间不存在健康差异。COOL 措施的支持者,如美国的母牛和小牛生产商,争辩说,在加拿大疯牛病("BSE")的发病率,意味着消费者有知道其所购买的肉品来源的健康权益,并愿意为获得此信息支付一定的费用。

三 条分缕析:TBT 第 2.1 条,第 2.2 条,第 2.4 条

(一) 第 2.1 条:禁止歧视性的产品标签

在确定一个产品标签要求是否符合 TBT 第 2.1 条时,专家组首先需要确定相关的进口产品是"本国同类产品"(第 2.1 条的国民待遇)或"来自

---

[1] Panel Report, US—COOL, 第 7.159 段。

[2] Panel Report, US—COOL, 第 7.161 ~ 7.162 段。

任何其他国家的同类产品"（第 2.1 条的最惠国方面）的相同产品；其次，一旦本国产品和进口产品属"同类"已经确定，就要进一步分析涉案的技术法规，以确定它是否给予了进口产品比本国同类产品以"较低待遇"，并考虑到未能实现措施合法目标造成的风险。申诉方承担证明责任。① 下文就三个案件的两个方面进行分析。

1. 确定"同类产品"

在美国丁香烟案中，上诉机构大量引用了以前判例中涉及 1994 年关税与贸易总协定（GATT 1994）第 3.4 条国民待遇的义务。

上诉机构承认这两个协议之间的差异，包括 TBT 协定中没有类似于 GATT 第 20 条的一般例外条款。②

然而，上诉机构得出的结论是："TBT 协定序言中所寻求的追求贸易自由化和成员方管理权之间的平衡，与 GATT 第 3 条国民待遇和第 20 条一般例外条款之间的平衡，原则上并没有什么不同。"③

在此背景下，上诉机构驳回了专家组在评估 TBT 第 2.1 条的同类性时依靠管理目的的做法，因为上诉机构早已拒绝 GATT 1994 背景下所谓的"目的和效果"标准。④

上诉机构认为，只有在这些问题影响到了产品的"物理特性"或"消费者偏好"或"对产品之间的竞争关系"⑤ 时，才影响到判定产品是否同类。

在上诉机构的裁决中，确定了影响是否同类产品的四个因素，即产品的物理性质、最终用途、消费者的口味与习惯，以及关税编号。⑥

虽然上诉机构强调了产品之间的竞争关系，但它做出的薄荷烟和丁香烟是同类产品的裁决没有在很大程度上依靠对产品的实际市场的分析。

同类产品问题的两个传统标准是"最终用途"和"消费者偏好"。上诉

① Appellate Body Report, US—COOL, p. 272；Appellate Body Report, US—Tuna II（Mexico），p. 216.

② Appellate Body Report, US—Clove Cigarettes, pp. 101 – 180.

③ Appellate Body Report, US—Clove Cigarettes, p. 109, pp. 96 – 174.

④ Appellate Body Report, European Communities—Regime for the Importation, Sale and Distribution of Bananas, pp. 216 – 241, WT/DS27/AB/R（Sep. 9, 1997）.

⑤ Appellate Body Report, European Communities—Regime for the Importation, Sale and Distribution of Bananas, pp. 117 – 119, WT/DS27/AB/R（Sep. 9, 1997）.

⑥ 见 Appellate Body Report, US—Clove Cigarettes, p. 104。

机构不同意专家组"香烟的最终用途就是'被烟熏'"的意见，而接受了美国提出的更具体的最终用途，即"满足对尼古丁上瘾"和"创造一个愉快的经验"。

对与消费者偏好相关的问题，上诉机构认为专家组错误地排除了对成年吸烟者的分析，并且对双方提供的关于美国烟草使用问题的调查证据只给予了"草率对待"。①

然而，为得出涉案产品同类的结论，上诉机构依赖了专家组的事实发现，"从年轻和有潜力年轻烟民的角度，丁香烟和薄荷烟对于开始吸烟的目的来说是同类的"。

2. 确定"较低待遇"

在美国金枪鱼 II 案中，上诉机构认定专家组根据第 2.1 条支持美国措施时使用了"不正确的方法"。较低待遇的确定主要看政府的行为。

具体而言，上诉机构考虑：

（1）美国的措施是否改变了美国市场的竞争条件，与美国或其他成员的金枪鱼产品相比损害了墨西哥的金枪鱼产品；

（2）不利影响是否"体现了对墨西哥金枪鱼产品的歧视"。

上诉机构发现，专家组错误地认为基于捕鱼方法而不是原产地的区别管理是符合第 2.1 条的。上诉机构认为，这种区别仍然可能修改竞争条件。

这种将第 2.1 条解释为包括事实上的歧视，与 GATT 1994 第 3.4 条以及上诉机构在美国丁香烟案中的裁决是一致的。上诉机构的结论是，美国并没有成功证明措施是"不偏不倚"的，也没有证明"美国措施对墨西哥金枪鱼产品的不利影响，完全来源于合法的区别管理"，即在 ETP 通过攻击海豚捕获的金枪鱼和在 ETP 之外通过不同的捕鱼方法捕获的金枪鱼之间的区别。

因此，上诉机构推翻了专家组根据第 2.1 条对美国做出的裁决，上诉机构认为标签方案对墨西哥金枪鱼产品提供了较低待遇，违反了第 2.1 条。

（二）第 2.2 条：禁止限制贸易的产品标签

上诉机构在美国金枪鱼 II（墨西哥）案和美国肉品原产地标签案中，说到在解释和适用 TBT 第 2.2 条时，采用的术语和概念与 GATT 第 20 条的

---

① 见 Appellate Body Report, US—Clove Cigarettes, pp. 139 – 145, p. 150, p. 153, p. 155。

规定类似。上诉机构解释说，在评估一个具体的技术法规是否在第 2.2 条的范围内，是否对国际贸易构成不必要的障碍，即技术法规是否"超过为实现合法目标所必需的限度"时，必须考虑：

第一，"技术法规对贸易的限制程度"；

第二，"技术法规对实现合法目标的贡献程度"，① 比如"技术法规的设计、结构和操作以及其实施"；②

第三，"未能实现可能造成的风险"，③ 即"风险的性质和各成员通过措施所追求的目标未能实现造成的严重后果"。④

在大多数案件中，分析还要包含对替代措施的比较。具体来说，"申诉方也可以设法找到一个对贸易限制较小的合理可行的替代措施，同时对相关目标的贡献是同等的"。"与合理可行的替代措施进行比较，可以用来确定被挑战的措施对贸易的限制是否超过了必要限度"。⑤ 这种比较"应该根据风险的性质和各成员通过措施所追求的目标未能实现造成的严重后果"来做出。⑥

在美国金枪鱼 II（墨西哥）案中，专家组认定，美国要求金枪鱼产品取得"海豚安全"标签的目标是保护海豚，并为消费者提供信息。上诉机构认为美国的措施符合第 2.2 条，推翻了专家组做出的不符合的裁决，因为专家组分析墨西哥提出的替代措施的方法不对。替代措施是将美国的措施与国际海豚养护计划协议（"AIDCP"）的要求结合起来。上诉机构解释说，"AIDCP 规则的地理范围限于 ETP 内"，使得对于在 ETP 之外捕鱼，替代措施对美国的目标将不会有贡献。至于在 ETP 内捕鱼，替代措施将会让通过攻击海豚而捕获的金枪鱼有机会获得"海豚安全"标签，然而这种捕捞金枪鱼的方法排除了根据被挑战的美国措施获得标签的资格。因此，墨西哥提出的替代措施将比涉案措施在较小程度上有助于实现为消费者提供信息的目

---

① Appellate Body Report, US—Tuna II (Mexico), p. 315, p. 317, 参见 Appellate Body Report, China—Publications and Audiovisual Products, p. 252。

② Appellate Body Report, US—COOL, p. 373.

③ Appellate Body Report, US—Tuna II (Mexico), p. 318.

④ Appellate Body Report, US—COOL, p. 471.

⑤ Appellate Body Report, US—Tuna II (Mexico), p. 323, 又见 Appellate Body Report, US—COOL, p. 379.

⑥ Appellate Body Report, US—Tuna II (Mexico), p. 321, 又见 Appellate Body Report, US—Gambling, p. 307 关于 GATS Article XIV (a) 的讨论。

标和保护海豚的目标。因为，总体而言，它可以让更多被捕获的金枪鱼在对海豚产生不利影响的情况下，被贴上"海豚安全"的标签。因此，上诉机构不同意专家组的裁定，即替代措施将和现有的美国"海豚安全"的标签规定在实现美国目标这一问题上起到"相同程度"的作用。[①]

这一推理强调上诉机构对于替代措施这一问题的处理方式。仅仅通过提出被诉方可能会选择的一个假设的措施，申诉方是不能成功确立被诉方违反了 TBT 协定第 2.2 条的。应该仔细审查申诉方的说法，确认替代措施是合理可行的，并且与被挑战的措施相比对贸易限制较小，同时还会详细评估替代措施对被诉方目标的贡献程度，并考虑这些目标未能实现可能造成的风险。

在美国丁香烟案中，专家组发现美国禁止特定口味的香烟的做法符合第 2.2 条，因为减少青少年吸烟是一个合法的目标。特别是，印度尼西亚未能提出能够对实现目标做出同等贡献的、对贸易限制较小的合理可行的替代措施。

专家组做出的符合第 2.2 条的裁决遭到了美国的附条件上诉，但是由于印度尼西亚没有就第 2.2 条的裁决提出上诉，专家组的裁决得以确立。

在美国肉品原产地标签案中，上诉机构推翻了专家组做出的美国的原产地标记措施违反了第 2.2 条的裁决，因为专家组"证明标签的确有助于实现为消费者提供原产地信息的目标，而专家组忽略了这一点"。[②]

然而，上诉机构无法根据第 2.2 条完成分析。专家组缺乏对事实的调查结果，即缺乏涉案措施对目标贡献的精确计量，以及对贸易限制较小的替代措施的可行性。

综上所述，在最近的 TBT 争端中被审查的所有三个措施最终被裁定为对进口产品构成歧视，因此违反了 TBT 第 2.1 条，而上诉机构对三案都没有做出不符合 TBT 第 2.2 条的裁决。

在一般意义上，人们可能会得出这样的结论，上诉机构可能采取严格的方法对第 2.1 条中包括产品标签在内的技术法规是否构成事实上或法律上的歧视进行审查；再根据第 2.2 条，判定为实现合法政策目标的必需性问题，以此给予各成员方在政策上更多的回旋余地。

---

①　Appellate Body Report, US—Tuna II (Mexico), p.330.

②　Appellate Body Report, US—COOL, p.468.

从这三个案件的结果看，这两条规定各有其内容，各自施加了独立的义务，必须单独评估，虽然它们提出了一些共同的问题。

（三）第 2.4 条：相关的国际标准问题

在美国金枪鱼 II 案中，还涉及 TBT 协定的第 2.4 条。根据第 2.4 条，各成员应使用相关的国际标准，作为"其技术法规的基础，除非这些国际标准对达到其追求的合法目标无效或不适当"。

美国和墨西哥都签订了 1999 年《国际海豚保育计划协议（AIDCP）》。该协议规定了一个不太严谨的标签制度，要求标明海豚的死亡和受伤情况。专家组裁决认为，AIDCP 是一个可以采用国际标准的"公认的国际机构"，美国对此提出上诉。

专家组遵从了 ISO（国际标准化组织）和 IEC 指南中"国际标准"的定义。上诉机构的结论是，这种做法符合 TBT 附件 1 的介绍性条款，但是如果未能与定义达到完全一致，那就要优先考虑 TBT 协定中的定义。因此，由于 TBT 附件 1 规定的标准是由"机构"而不是"组织"批准，TBT 协定下的法律问题变为 AIDCP 制度是否由"国际标准化机构"批准。此外，这样的机构必须"在标准化活动"方面被"认可"，其成员资格必须对"至少所有成员中的相关机构开放"。[①] 上诉机构找到了一个 TBT 委员会的决定[②]来解释"开放"和"公认的标准化活动"，该委员会认定其构成了《维也纳条约法公约》第 31.3 条（a）项所规定的"嗣后协定"。[③] 这一举措为 WTO 有关委员会的决定在未来 WTO 裁决的诉讼中具有法律效力树立了一个先例。

依据 TBT 委员会的决定，上诉机构发现，AIDCP 并不是开放的，因为它的几个成员的成员资格都是以被邀请参加为条件的。因此，专家组错误地将 AIDCP 的性质定为国际标准化组织，并得出 AIDCP 制度是 TBT 第 2.4 条下的"相关的国际标准"的错误结论。最后，上诉机构推翻了专家组做出的美国措施违反 TBT 第 2.4 条的裁决。

---

① TBT Agreement, Annex 1.4; US—Tuna II AB Report, p. 359.

② TBT Committee Decision on Principles for the Development of International Standards, Guides and Recommendations with Relation to Articles 2, 5 and Annex 3 to the TBT Agreement, G/TBT/1/Rev. 10 (Jan. 1, 1995)（2011 年 6 月 9 日修订）。

③ US—Tuna II AB Report, p. 372.

Analysis of the Awards to the Three Cases in 2012 Relating to the TBT by the AB of WTO/DSB

Na Li   Yang Hongrui

Abstract: The awards to the three Cases relating to the TBT by the AB of WTO/DSB in 2012 indicate that, Compulsory compliance is the key to distinguishing between technological standards and regulation, voluntary for former and compulsory use for latter. The two are governed by different rules and obligations. Having impacts to market access and conditions for implementation all constitute technological regulation. The Art 2.1 prohibits discriminatory labels by carrying out national treatment. Art 2.2 prohibits constraining trade labels, necessity is the test. Art 2.4 is about relevant international standards as a basis for technological regulation.

Key Words: TBT; Technological Regulation; Trade Labels; Awards of WTO

论 WTO "欧盟—紧固件案" 裁决与执行对反倾销非市场经济规则的突破

傅东辉[*]

摘　要：多年来，中国应对国际反倾销始终受非市场经济地位困扰。2011 年 WTO 上诉机构在中国诉欧盟紧固件案中，首次裁定欧盟滥用替代价，改变了人们根深蒂固的传统观念，打破了对非市场经济国家反倾销中替代价制度不可挑战的神话。中方在 ADA 第 2.4 条价格公平比较条款中的程序性险胜，为中方在 2012 年欧盟该案败诉执行中赢得了 ADA 第 2.4 条的实体性胜诉，迫使欧盟下调税率 23%，其意义不亚于中国获得市场经济地位，标志着中国在反倾销非市场经济规则适用上的重大突破。

关键词：反倾销　替代价　非市场经济规则　市场经济地位　价格公平比较

多年来，中国在应对国际反倾销方面始终受到非市场经济地位的困扰。中国入世，虽然未能在反倾销方面获得与其他世贸成员平等的市场经济地位，却成功向前迈进了一步。那就是要求那些不承认中国市场经济地位的国家，必须在国内法上颁布市场经济地位的相关标准，以保障中国申请和获得市场经济地位的权利。此外，各国也必须承担对市场经济地位申请进行审查和裁定的义务。但是，颇为遗憾的是，中国在入世中获得的这项权利，却长期被欧美国家践踏，而我们则一直缺乏勇气，没有能够依据《入世议定书》及 WTO 反倾销规则，挑战欧美国家在审查市场经济地位义务方面存在的种

---

* 傅东辉，锦天城（北京）律师事务所主任，全国律协国际委副主任，清华大学、华东政法大学研究生导师。

种问题。因此，虽然中国的市场经济地位相关问题已经成为 WTO 文件内容的一部分，但是，对于欧美国家在中国市场经济地位审查方面滥用规则，我们却非常犹豫将其直接诉诸 WTO 争端机制。中国在心理上仍然认为市场经济地位是不可挑战的。

然而，在诉美国系列双反征税案（DS379，2008 年 9 月）和诉欧盟紧固件反倾销案（DS397，2009 年 7 月）中，中国几乎是在同一时期向美国和欧盟在反倾销中对非市场经济规则的适用提出了挑战。而中国在对美双反调查中取得的双重救济胜诉，在一定程度上抑制了美国对非市场经济国家反补贴的滥用；在对欧盟紧固件案中取得分别裁决的胜诉，在一定程度上抑制了欧盟对中国企业在分别裁决上的歧视性做法。

本文重点讨论的，是欧盟紧固件案中没有太受人们重视的，关于《反倾销协议》（以下简称"ADA"）第 2.4 条价格公平比较条款对非市场经济国家适用的突破。事实上，中国在欧盟紧固件案中所取得的 ADA 第 6.10、第 9.2 和第 9.4 条分别税率的胜诉，更多的是获得了名义上的胜利。对于处于非市场经济地位的中国企业来说，该案的上述裁决并没有使它们的处境得到根本改善。但是，中国在该案 ADA 第 2.4 条价格公平对比条款的胜诉，却具有十分重大的意义。该意义不亚于中国获得了市场经济地位。

对于非市场经济国家反倾销适用非市场经济规则，其致命点在于替代国的正常价值认定。替代价格认定中信息的不透明和裁决的任意性，导致对非市场经济国家倾销认定的任意性和不利性。如果欧美国家在适用替代价时受到 ADA 关于倾销价格认定一般规则的严格约束并具完全透明度，那么，适用替代价并非一定对中国不利。但是，要让非市场经济规则的适用严格受到反倾销多边规则的约束，必须通过斗争和较量——必须在 WTO 争端中压倒对方。在这个意义上，中国在欧盟紧固件案中关于 ADA 第 2.4 条价格公平对比的胜诉，是迫使欧盟国家公正性适用替代价格所取得的突破性开端。然而，也许正因为还只是在非市场经济规则适用方面撕开一道裂缝的开端，这个收获尚未在国内引起广泛重视。同时，也正因为这只是一条不太显眼的裂缝，尚不足以转变多年来人们头脑中根深蒂固的传统观念，即替代价制度不可挑战，因此，还需要我们进一步扩大突破口。而欧盟在对紧固件案败诉执行过程中，则竭尽全力意在重新弥合第 2.4 条的违规裂缝。

基于对欧盟维持原措施的执行意图的预测，中方①在欧盟紧固件案败诉执行中做了充分准备，收集了大量证据材料，依靠 WTO 争端解决的监督机制，对欧盟执行 ADA 第 2.4 条价格公平比较条款的违法性提出异议，迫使欧委会在 1 个多月内召开了 4 次听证会，对于执行案的裁定草案做出 5 次修改和披露，并不得不连续 2 次降低倾销幅度，最终下调平均税率 23%。虽然在该案中，中国企业没有达到撤销反倾销税的最终目的，却对欧盟滥用替代价格的违规行为扩大了突破口，有效阻止了欧委会弥合违规裂缝的企图，为中国诉诸 DSU 第 21.5 条执行监督程序，最终撤销反倾销税创造了条件。

WTO 对欧盟紧固件案的裁定和执行证明，即使仍然处于非市场经济地位，中国仍然可以成功挑战欧美国家对非市场经济规则的滥用。换言之，在针对中国产品展开的反倾销调查中，虽然非市场经济规则的适用对中国极为不利，但该规则受反倾销多边规则的规制本身，使得任何对规则的滥用仍然是可以挑战，并且是可以战则胜之的。挑战成功的关键，是必须清醒认识中国入世相关承诺的具体义务，以及正确区别对华反倾销的合法例外和违法滥用。而通过 WTO 争端机制的监督，则是确保对华反倾销例外条款得到合法遵守的合理手段。为此，笔者认为，有必要将个案经验上升为普遍认识，彻底改变中国在应对欧美反倾销中的被动局面。

一 中国入世关于反倾销的承诺及非市场经济规则

(一) 中国入世关于反倾销的承诺

《中国入世议定书》第 15 条 (a) 款规定："在根据 GATT 1994 年第 6 条和'反倾销协定'确定价格可比性时，该 WTO 进口成员应依据下列规则，使用被调查产业的中国价格或成本，或者使用不依据与中国国内价格或成本进行严格比较的方法：1）如受调查的生产者能够明确证明，生产该同类产品的产业在制造、生产和销售该产品方面具备市场经济条件，则该 WTO 进口成员在确定价格可比性时，应使用受调查产业的中国价格或成本；2）如受调查的生产者不能明确证明生产该同类产品的产业在制造、生产和

---

① 中方律师专程赴参照国印度调查，获得了印度汽车紧固件参照企业的第一手价格和成本证据材料。

销售该产品方面具备市场经济条件，则该 WTO 进口成员可使用不依据与中国国内价格或成本进行严格比较的方法。"

第 15 条（d）款规定："一旦中国根据该 WTO 进口成员的国内法证实是一个市场经济体，则（a）项的规定即应终止，但截至加入之日，该 WTO 进口成员的国内法中须包含有关市场经济的标准。无论如何，（a）项（2）目的规定应在加入之日后 15 年终止。此外，如中国根据该 WTO 进口成员的国内法证实一特定产业或部门具备市场经济条件，则（a）项中的非市场经济条款不得再对该产业或部门适用。"

根据议定书的上述规定，如受调查的生产者不能明确证明生产该同类产品的产业在制造、生产和销售该产品方面具备市场经济条件，则该 WTO 进口成员可使用不依据与中国国内价格或成本进行严格比较的方法。换句话说，如果中国某产业或某企业在反倾销调查中没有被认可具有市场经济地位，则该产业或企业产品的正常价值或成本可以不被采用，调查机关可以转而采用替代国的替代价或替代成本。这是中国在反倾销方面做出的承诺。但是，议定书并没有因此否定 ADA 的其他基本规则对中国的适用。在这方面，中国并没有做出额外承诺。

（二）对中国反倾销的合法例外和违法滥用

然而，无论学界，还是实务界，对中国关于反倾销承诺的合法例外及违法滥用的区别仍存在一种误解，认为只要中国企业头上的非市场经济地位帽子不摘掉，WTO 反倾销规则就不对中国企业适用。这也是中国过去在应对国际反倾销上消极利用 WTO 争端机制的理论根源。但事实上，在多边反倾销规则中，非市场经济规则只涉及其中正常价值认定这一部分，因此，WTO 反倾销的多数规则仍然完全适用于对中国产品的反倾销调查。只要正确区分对华产品反倾销中的合法例外，即替代价格的合法选择和适用，与违法滥用多边规则的情况，并凭借 WTO 争端机制制止违法滥用，就可以变被动为主动，切实保护中国企业的国际贸易基本权利。区分反倾销规则的合法例外与违法滥用可以从四个方面着手：（1）对华反倾销的一般规则是否背离 WTO 规则？（2）对华反倾销中对正常价值和倾销的认定是否背离 WTO 规则？（3）对华反倾销在程序公正性和透明度上是否违反多边规则？（4）在实施非市场经济政策上，是否存在双重标准和歧视性？

（三）欧盟紧固件案 WTO 裁决对非市场经济规则的突破

在欧盟紧固件案中，WTO 上诉机构裁定，欧盟对中国紧固件产品征收最终反倾销税，在以下 6 个方面违反了反倾销多边规则：（1）欧盟调查违反 ADA 第 6.10 条和第 9.2 条的分别税率条款规定；（2）欧盟调查违反 ADA 第 6.4 条案情材料知情权、第 6.2 条充分辩护权和第 2.4 条价格公平比较条款的规定；（3）欧盟调查违反 ADA 第 4.1 条欧盟产业定义的规定；（4）欧盟调查违反 ADA 第 6.5 条保密条款和第 6.5.1 条非保密概要条款的规定；（5）欧盟调查违反 ADA 第 3.1 条损害调查基本原则和第 3.2 条倾销进口条款的规定；（6）欧盟调查违反第 3.1 条损害调查基本原则和第 3.5 条因果关系条款的规定。

在欧盟上述 6 项违规之中，前 2 项是对反倾销例外规则，即非市场经济规则的违反（其中也包含了反倾销的一般程序规则）。这是本案中方取得的较为重大的胜诉。后 4 项是对反倾销一般规则的违反。在这方面，中方的胜诉实体意义较小，也难以达到彻底取消违规征税的目的。

具体而言，在关于前 2 项非市场经济规则的裁决中，上诉机构支持了中国关于第 6.2 条、第 9.2 条和第 9.4 条，以及第 2.4 条的申诉。其中，中国在第 6.2 条、第 9.2 条和第 9.4 条方面的胜诉，其象征性意义大于实际意义，对中国企业帮助不大。相反，中国关于第 2.4 条价格公平比较方面的胜诉，则具有实质性意义。这个目前还仅仅是一个突破口的裁决，有可能帮助中国企业达到取消违规征税目的，从而有可能改变中国目前在反倾销中极其不利的地位。

ADA 第 2.4 条规定："对出口价格和正常价值应进行公平比较。此比较应在相同贸易水平上进行。通常在出厂前的水平上进行，且应尽可能针对在相同时间进行的销售，应根据每一案件的具体情况，适当考虑影响价格可比性的差异，包括在销售条件和条款、税收、贸易水平、数量、物理特征方面的差异，以及其他能够证明价格可比性的差异……主管机关应向所涉各方指明为保证进行公平比较所必需的信息，并不得对这些当时方强加不合理的举证责任。"

WTO 上诉机构在欧盟紧固件案裁定报告第 624 段 C 款 iv 项对中国第 2.4 条诉由做出了以下有利于中国的裁定："专家组在适用反倾销协议第 2.4 条时没有基于本案相关事实及第 6.4 条做出的认定考虑第 2.4 条最后一句话，为此做出相反认定,由于欧盟没有及时披露产品规格信息,违反了反倾销协议第2.4条,即没有向当事方指明为确保公平比较哪些信息是必需的。"

从上述裁定可以看出,中国在价格公平比较条款方面险胜,且主要是程序性方面的胜诉。但是,该裁定毕竟是对滥用替代价格非市场经济规则的一次否定,标志着中国在关于替代价格认定的非市场经济规则方面获得的第一次胜利,对中国企业如何应对滥用反倾销规则具有重大的理论和实践意义。

二 中欧双方关于 ADA 第 2.4 条价格公平比较条款的主要争议

长期以来,欧美国家用歧视性反倾销封杀中国对外贸易所采用的主要手段,就是滥用所谓参照国参照价格替代中国正常价值,与中国企业出口价格进行对比,计算出高额倾销幅度,以此作为征税基础封杀中国出口产品。在欧盟紧固件案中,中国第一次将欧盟替代价格规则的滥用交付国际裁判。

此案中,中欧双方关于 ADA 第 2.4 条价格公平比较的主要争议,不仅涉及第 2.4 条的实体和程序规定,还涉及第 6.2 条、第 6.5 条、第 6.4 条和第 6.9 条的相关程序规定。中方在专家组阶段没有赢得第 2.4 条的胜诉,但在上诉阶段反败为胜。程序方面,中方在专家组阶段赢得了第 6.2 条和第 6.4 条的胜诉,并最终得到了上诉机构的确认。

(一) 关于价格公平比较的程序性争议

在专家组阶段,中方主张,在程序上,欧委会没有向中国生产商及时披露倾销认定的相关信息,包括确定正常价值所使用的产品类型、正常价值认定、正常价值和出口价格公平比较的信息等。专家组认为,欧委会没有及时披露确定正常价值所使用的产品类型信息,没有及时为中国出口商提供机会,违反了第 6.4 条的规定,并因此使中国出口商失去了为其利益辩护的充分机会,无法举证提出必要的价格调整,违反了第 6.2 条的规定。但是,关于正常价值认定信息方面,专家组没有接受中方主张。专家组认为,第 6.2 条和第 6.4 条没有给调查机关规定确定的披露义务;在价格比较方面,专家组认为,第 6.2 条和第 6.4 条没有要求调查机关对其所提供的信息给予解释,因此没有违反相关规定。在第 6.9 条关于终裁依据的基本事实披露方面,专家组认为,磋商请求未含此项法律条款,不属于专家组审查范围。

美国对此提起上诉。上诉机构认定，产品类型是欧委会进行价格比较时使用的信息，构成了第6.4条下与中方案件陈述相关的信息。欧委会未及时提供机会给中国生产商，违反了该条义务。此项违规又造成中国出口商无法为其利益辩护，进而违反了第6.2条的规定。基于此，上诉机构维持了专家组的相关裁定。

（二）关于价格公平比较的实体性争议

在专家组阶段，中国针对第2.4条价格公平比较提出的两项诉由均被专家组驳回：一是欧委会未能考虑产品控制编码所反映的产品全部特性；二是欧委会没有做必要的价格调整。

关于产品控制编码，专家组认为，没有任何证据证明产品控制编码所包含的每一个要素，在总体上或在本案中一定反映了影响被调查产品价格可比性的差异。基于此，专家组拒绝了中方的诉由。

关于对产品价格差异的调整，专家组认为，由于印度生产商没有依据产品控制编码提供相关信息，欧委会最终按照材料强度和标准分类，并在排除了特殊紧固件后按产品类别进行了价格比较。专家组认定，没有任何中国生产商在第2.4条的含义范围内提出其他任何影响价格可比性的因素。也没有任何证据表明，欧委会忽视了任何影响价格可比性的因素。基于此，专家组拒绝了中国的诉由。

对此，中国针对欧委会违反第2.4条价格公平比较条款提起上诉。上诉机构推翻了专家组的相关认定。上诉机构注意到，调查问卷按照产品控制编码收集产品信息的事实，使出口商有理由不提出价格差异调整要求。在这种情况下，直到终裁披露评论规定的时限结束之前，欧委会才通知中国出口商因印度生产商拒绝按产品控制编码提供产品规格信息，从而只能代之以产品类型进行价格比较。然而，第2.4条最后一句则要求"主管机关应向所涉各方指明为保证公平比较所必需的信息"。据此，上诉机构裁定欧盟违反第2.4条相关规定。上诉机构的这一裁定，是对肆意折磨了中国出口贸易30多年的替代价格给予的首次审判。

（三）上诉机构关于第2.4条价格比较条款裁定的双重性

在欧盟紧固件案中，中国首次取得了对替代价格滥用的胜诉。该案裁决所形成的有效突破口，对中国企业具有深远的现实意义，标志着中国在应对国际反倾销及运用非市场经济规则上从完全的被动开始走向主动。然而，必须清醒地认识到，WTO 上诉机构并非非市场经济国家的保护伞，也不会因此在非市场经济规则上完全保持中立。事实上，欧盟紧固件案中上诉机构的相关裁定清楚表明了事情的两重性。

反倾销调查中的非市场经济规则主要是指 ADA 第 2.4 条价格公平比较的例外条款，即采用市场经济第三国相同产品的替代价格或替代性成本构成价格与中国的出口价格进行对比，以认定是否存在倾销，并由此计算出倾销幅度。然而，由于例外条款缺乏具体的规定，参照国相同产品的替代价格或替代性成本构成价格又具有保密性，在这种情况下，能否像在正常案件中要求调查机关公正公平和不偏不倚地做出裁定，是对上诉机构的重大考验。从欧盟紧固件案专家组和上诉机构的裁定看，它们对调查机关的公正性要求，远不如欧洲法院的相关判决。例如，在关于中国猪鬃油漆刷案判决中，欧洲法院就对欧委会所认定的参照国斯里兰卡的异常高价表示怀疑。反观欧盟紧固件案，专家组和上诉机构对于欧委会所裁定的参照国印度的异常高价未予质疑，反映了专家组和上诉机构在裁定非市场经济规则适用上的保守性。

关于非市场经济规则在价格对比上的适用，专家组和上诉机构都重程序规则而轻实体规则。在专家组和上诉机构裁定中方胜诉的 3 条法律依据中，第 6.2 条和第 6.4 条都是程序规则，即使是在第 2.4 条的实体规则方面，中方实际是赢在了第 2.4 条最后一句话的程序要求上，即 "主管机关应向所涉各方指明为保证公平比较所必需的信息"。正是欧委会对这些程序规定的违反，遭到了专家组和上诉机构的严格审查并给予了否定，而欧委会完全以保密方式处理的实体部分，却基本上没有受到任何监督。

在价格对比条款的关键实体部分——产品规格比较方面，中方实际上遭遇了惨败，因为该裁决中，中方的败诉点远大于胜诉点，占了五分之四。其中，上诉机构对中方在价格比较条款败诉的裁定包括：中国诉欧盟没有把用于出口价和正常价值比对的 "产品种类" 通知当事方，上诉机构认为专家组对此没有回应不违反争端谅解第 11 条；认可欧盟不对 PCN 的每一项构成做出调整；认定 PCN 的每一项构成不一定必然反映影响价格的差异；以及认可欧盟没有对质量差异要求进行调整。

毫无疑问，WTO 上诉机构在欧盟紧固件案中的裁定说明，中国要在非市场经济规则适用上成功维权，仍任重而道远。但是，这毕竟是一个重要的突破口，需要我们抓住时机，扩大成果。

三 欧盟败诉执行不能走过场，历史性缺口不能再被封上

（一）欧盟在紧固件案执行中走过场的企图

虽然 WTO 上诉机构在欧盟紧固件案中的相关裁决为公正适用非市场经济规则撕开了一条裂缝，但是，该裁定的总体保守性，为欧盟利用执行走过场留下了充分的空间。如果中方在其执行中不采取任何行动，将有可能使这一个刚凿开的历史性缺口被重新封上。事实的情况正是如此。欧盟与中方达成了长达 15 个月的执行协议，其唯一的目的，就是拖延时限，试图利用上诉机构对非市场经济实体规则裁定的保守性，简单走过场了事。2012 年 5 月 30 日，欧盟花了约 10 个月的准备时间后，根据欧盟理事会 1515/2001 号法规，开始履行上诉机构对其违反第 2.4 条所做裁定的执行。然而，中方 10 个月等待的结果，却只是欧委会完全按原审调查裁定做了原样披露，在产品规格方面拒绝给予任何新的信息。欧委会的如意算盘是，既然上诉机构裁定的只是欧盟违反了第 2.4 条最后一句话的要求，即"主管机关应向所涉各方指明为保证公平比较所必需的信息"，而欧委会只是到了终裁披露抗辩时限终止前一天才披露了产品类型的信息，那么，只要在败诉执行中按原样重新披露并给予中方企业抗辩的机会，就能在形式上纠正对第 2.4 条最后一句话的违反，以达到继续维持原审反倾销税的目的。这无疑是企图把对非市场经济规则的历史性缺口重新封上。

然而，虽然上诉机构对欧盟不利裁定仅限于程序性违反，而在实体违规上为欧盟抹去了所有污垢，但欧盟上述自欺欺人的做法恰恰暴露了问题的实质，那就是在程序违规的背后，隐藏着对非市场经济规则的滥用。换言之，非市场经济规则本身是中立的。如果说替代价规则在本质上对中国不利，那是因为它给滥用留下了太多的机会。当替代价格适用已经从单边规则转为多边规则，则替代价格本身的中立性就有可能重新得到认可。欧委会在欧盟紧固件案中对中国滥用规则而得出的荒谬结论也就有可能得到彰显。在这种情况下，虽然上诉机构在欧盟紧固件案中对第 2.4 条只对中方做出了有限的胜诉裁定，但中方完全可以借此缺口扩大对非市场经济规则的监督力度，制止欧盟在败诉执行中走过场。

（二）欧盟以对第 2.4 条的程序性违法掩盖对第 2.4 条的实体性违法

欧盟紧固件案对于第 2.4 条的违反虽然限于程序性规则，但在程序性违规的背后，却隐藏着欧盟长期以来对非市场经济规则的滥用。举例说明，印度的经济发展程度远远落后于中国，印度紧固件市场又是个开放性市场并拥有众多企业，印度国内价格应该具有很大竞争性。但是，欧盟根据"调查"裁定，印度"普通紧固件"竟然比中国普通紧固件价格高出 78.1%，甚至比欧盟生产的紧固件价格还高。如果这是事实，那么，面对中国紧固件出口的巨大竞争力，印度紧固件怎么可能生存？因此，唯一的解释，就是欧盟对参照价的裁定是滥用规则的结果。而欧盟凭借替代价格得出的这种荒谬结论，早在 20 年前就在中国猪鬃油漆刷案中遭到欧洲法院的否定。

那么，欧委会在欧盟紧固件案中对中国紧固件的高额倾销认定又是如何滥用规则的呢？实际情况是，欧盟借助反倾销中的保密信息规则，掩盖印度相同产品的真实规格。如此，就有可能将印度汽车高端紧固件与中国普通紧固件进行比较得出高额倾销幅度。不可否认的是，在印度众多紧固件企业中，欧盟选择了一家印度汽车紧固件企业作为替代企业，将其产品与中国普通紧固件价格进行比对。这正是问题的关键所在。因为这家印度普嘉公司，是欧盟申诉方主要企业冯泰那公司的客户，唯欧盟申诉方是从。在这种背景下，印度普嘉公司拒绝向欧委会提供产品控制编码，欧委会又拒绝披露印度普嘉公司的产品型号或产品大类组别，因此，对参照国产品控制编码暗箱操纵的条件就完全具备了，而高额倾销幅度的"认定"也就不足为奇了。在这种情况下，中方应对的关键，是如何利用 WTO 争端监督机制，有效揭露欧盟违法滥用非市场经济规则和不正当抬高替代价格的行为。为此，中方为欧盟紧固件案的执行做了周密准备，专门派人赴印度调查，收集证据材料，利用中方在上诉阶段关于第 2.4 条的险胜，主动举证印度产品与中国产品的差异，让欧委会始料不及，尴尬被动，原想演戏走个过场，结果被重新推上被告席，迫使欧委会从 5 月 30 日至 7 月 19 日 1 个多月内连开 4 次听证会，为第 2.4 条产品价格公平比较的重新裁定前后做出 5 次重大修改，最终不得不将原反倾销税下调 23%。虽然没有达到取消反倾销税的目的，但中方所采取的行动，迫使欧委会下调 23% 的税率，是一个意义重大的胜利。因为通过对欧盟紧固件案的执行程序，中方将上诉机构关于欧盟程序性违反第 2.4 条的裁定作为钥匙，打开了证实欧盟实体性违反第 2.4 条的门锁。换言之，上诉机构的裁定回避了欧盟是否实体性违反第2.4条的这个问题，却在执行程序中被中方予以证实。这就是说，虽然税率调整只有23%，却证明欧盟在程序性违法背后，真正隐藏着实体性违法的行为，而这正是中方力图通过执行案，扩大对非市场经济规则的突破，以求达到公正实施非市场经济规则的目标。

（三）欧盟对第2.4条的实体性违法及铁证

为了证实欧委会对第2.4条的实体性违反，中方常熟标准件厂与宁波金鼎紧固件有限公司①参与了欧盟紧固件案的执行程序。一方面，针对欧委会对参照国参照价信息披露不足的问题，中方代理律师向欧委会提出了以下几个重要问题：（1）印度普嘉公司是否填报了按产品控制编码（PCN）区分的销售和成本数据；（2）印度普嘉公司的产品有哪些型号，这些型号的具体特征是什么；（3）印度普嘉公司的汽车紧固件产品是否纳入了正常价值计算；（4）欧委会如何区分印度普嘉公司的标准紧固件和异形紧固件；（5）欧委会如何确认印度普嘉公司紧固件与中国被抽样企业对欧盟出口紧固件在表面处理上是一样的；（6）欧委会如何确认产品大类和产品尺寸不影响价格对比。另一方面，中方律师专门从印度收集了关于普嘉公司的一系列证据材料，并在这些材料的基础上查明了印度普嘉公司成本和价格偏高的部分原因：普嘉公司的材料耗用比中国生产商高一倍；普嘉公司的用电量比中国生产商高一倍；普嘉公司的劳动生产率不到中国生产商的五分之一；普嘉公司的利润率很高。

值得一提的是，在欧盟紧固件案中，专家组曾裁定中方没有提供任何能够证明影响中印紧固件价格差异因素的证明。关于中印产品的差异，上诉机构虽然否定了专家组的结论，却也认定中方没有提供任何证据。事实上，在实际调查中，中方没有提供证据是因为欧委会擅自改变游戏规则，采用大类对比，且很晚才通知中国企业，剥夺了中国企业提出价格差异因素和调整的权利。而欧委会的这种行为，正与ADA第2.4条的规定相违背，因此遭到

---

① 常熟标准件厂与宁波金鼎紧固件有限公司都是欧盟原紧固件案调查中被抽样的龙头企业，虽然这两家企业都获得了分别税率，但由于欧委会没有公正地进行价格对比，它们被不合理地征收了高额反倾销税。欧盟在WTO争端败诉后，却丝毫没有在错误的反倾销税率上做任何修正，继续维持原案高额反倾销税，迫使这两家企业下定决心在欧盟紧固件执行案中继续维护自己的合法权益。

了上诉机构的否定。

为此，在执行案中，中方律师出示了上述造成中印产品价格差异的证据，要求欧委会进行认定，并据此提出价格调整的要求。中方在执行程序中出示的这些无可辩驳的产品差异证据性材料令欧委会始料不及。如果欧委会完全不接受中方证据，则无法满足 WTO 相关执行程序的要求，但如果全部接受中方证据，则可能导致中国产品反倾销税率被降为零。在这种情况下，欧委会不得不选择：（1）部分接受尺寸和直径大小差异因素对于价格的影响并做出部分价格调整；（2）部分接受紧固件种类差异因素对于价格的影响并做出部分价格调整；（3）部分接受紧固件不同表面处理因素的价格影响并做出部分价格调整。

正是欧委会在执行案中对价格对比这 3 个方面的调整，导致中国被调查产品反倾销税率下调了 23%。更为重要的是，中方此举，彻底消除了欧委会用走过场的方式敷衍原案 "不及时" 披露产品类别信息的缺陷，消除了把非市场经济规则的缺口重新堵上的可能性。同时，对中国被调查产品税率的向下调整，意味着欧委会被迫承认原案在实体上也违反了第 2.4 条的规定，使得该案成为滥用非市场经济规则的一个实体违法先例，一个历史性的先例，一个有可能为中国提前摆脱替代价格桎梏的先例。

四 欧盟紧固件案执行留下的漏洞

欧盟已经于 2012 年 10 月 10 日颁布了紧固件执行案的裁定，平均反倾销税下降 23.4%。但是，欧盟对中国紧固件进口仍然维持了 54.1% 的高额反倾销税，致使中国紧固件产品仍因欧盟违法滥用规则而无法正常向欧盟出口。分析此案在第 2.4 条价格公平比较上留下的巨大法律漏洞，大致涉及以下三个方面，为我国实际争取彻底撤销现行反倾销税准备了客观条件。

（一）紧固件案执行揭示出欧委会在原审的不正当调查行为

在紧固件案执行复审的后期，面对我方突然提供的关于影响产品价格差异因素的大量证据材料，欧委会始料不及，仓促应付，在一个多月内被迫召开 4 次听证会，并对执行裁决做出 5 次修改和披露，其行为漏洞百出。

例如，关于中印产品价格比较是否排除了汽车紧固件，欧委会声称特殊紧固件是按客户名单分类，从客户名单上可以知道哪些是汽车紧固件，因此，确认做了排除。然而，随着我方抗辩深入，刨根问底，欧委会忽然改口，申明并无客户名单，且普通件可能含车用部分。该申明被欧委会独立听证官记录在案。然而，到了最后，欧委会再次改口申明特殊紧固件是按客户图纸生产，可以分出汽车紧固件客户，因此，汽车紧固件没有包含在中印紧固件价格比较之中。对于影响价格差异如此重要的因素，高度专业化的欧盟调查官员出尔反尔，暴露了违反诚信的调查行为。

关于表面处理，即涂层问题，欧委会原审记录中没有保存任何信息，可见其实际上并没有对表面处理差异给予任何价格调整。面对我方关于印度产品涂层的证据，欧委会不得不承认印度产品都经过涂层，但在缺乏任何证据的情况下，承认了 A 类涂层，而否认了成本较高的 B 类涂层。从上述调查机关的出尔反尔可以充分看出欧委会的不当调查行为。

（二）欧委会拒绝调整价格差异的无理性

紧固件尺寸大小对价格差异有很大影响，欧委会却拒绝按产品规格和尺寸大小分类，而是毫无必要地另搞一套，把许许多多不同规格重新分成三大类，即大、中、小三组，以此规避数量和成本测试。欧盟在重新分类的基础上，按照大类对部分价格做出调整，却没有按照产品实际尺寸大小一对一给予对比或调整。此外，中方代理律师向欧委会举证说明印度产品要经过各种涂层工艺，但欧委会在毫无证据的情况下，否认印度普嘉公司拥有紧固件成本较高的涂层工序。欧委会声称根据产品种类形状对价格差异影响做了调整，但是没有做任何披露。关于印度普嘉企业耗电成倍高于我国产品，欧委会没有接受任何价格调整。关于印度生产率低于我国 6 ~ 7 倍，欧委会也没有接受任何价格调整。印度原材料耗用远高于中国产品生产，欧委会没有接受任何价格调整。完全无视模具差异对价格的影响。中国对欧出口产品中大约有40%没有匹配对应的印度产品规格，因此这些交易的出口价格在价格对比中被违法做了"归零"处理，哄抬了中国紧固件的倾销幅度。最后，欧委会拒绝对印度产品的盘条进口关税差异给予调整，却没有给予任何合理的解释。

（三）欧盟错误解释规则，"只调价格不调成本"

ADA 第 2.4 条规定应对出口价格和正常价值进行公平比较，对于影响价格可比性的各种差异，应给予适当调整。但是，欧委会为了继续对中国紧固件维持高额反倾销税，在不得不对影响价格差异的一部分因素做出价格调整以外，拒绝了中方关于对另一部分因素做出价格调整的请求。对此，欧委会寻找了一个完全错误的理由：对于非市场经济体国家产品的价格对比，其成本差异不能接受。这是欧委会对价格对比条款完全错误的解释。我方的诉求是对于影响价格的成本要素差异做价格调整，而非对成本本身进行调整。

事实上，欧委会自己对影响价格差异的成本因素也做了调整，如文件管理成本、涂层费。在这种情况下，欧委会没有理由拒绝中国企业要求对其成本因素造成与印度价格差异给予调整的要求。笔者认为，欧委会上述只调价格不调成本的理由，若提交 WTO 第 21.5 条项下的争端解决执行监督程序专家组，将必败无疑。

五　把替代国的紧箍咒赐还给西方

WTO《反倾销协定》虽然没有关于替代价及其适用的具体规则，但是，从上诉机构在欧盟紧固件案中的裁定可以看到，WTO 反倾销的一般规则对于替代价仍然适用。同时，WTO 争端裁决作为可遵循的先例，对替代价格与出口价格的对比也是适用的。因此，替代价格的认定和比较，其合法性问题并非无章可循，而中国企业也并非无法可依。正如欧盟紧固件案，WTO 上诉机构在第 2.4 条价格对比上裁定欧盟程序性违法，中方则在该案执行过程中进一步确定欧盟实体性违法。如果能够更多地把"冤假错案"提交 WTO 争端解决机制，则对于非市场经济规则必将形成一系列具体案件和先例，以此通过 WTO 多边规则对非市场经济规则的实施进行监督。

中国应当把非市场经济的紧箍咒赐还给对方。由于非市场经济规则相对具有较大的不确定性，容易招致调查机关的违反滥用，从而使我们能够根据 ADA 第 17.6 条对调查机关公正和客观审查的要求来监督调查机关遵守规则并履行义务的情况。例如，上诉机构在美国热轧钢案中裁定，[①] 第 2.4 条公平比较的责任在调查机关，采用替代价应当增加调查机关的义务。再如，阿根廷—地面瓷砖案专家组认为，[②] 根据第 2.4 条价格公平比较，调查机关应

---

① 上诉机构报告，日本诉美国—热轧钢案（WT/DS184/AB/R），2001 年 7 月 24 日公布，第 177～180 段。

② 专家组报告，欧盟诉阿根廷—地面瓷砖案（WT/DS189/R），2001 年 9 月 28 日公布，第 6.113～6.117 段。

该客观和不偏移地评估事实。

本执行案中，欧委会不收集反倾销调查起码的完整产品编码，不按 PCN 或具体尺寸进行对比，无充分理由将产品分成大类进行对比，诸多行为完全背离第 2.4 条进行价格对比的要求。此外，执行案中，欧委会继续对参照企业和应诉企业的不同合作态度采取双重标准，以参照企业的不合作，加重对全力合作的应诉企业进行惩罚，违反一视同仁原则，不客观并持有偏见，成为我方诉诸第 21.5 条对执行监督程序的正当理由。

六　诉诸 DSU 第 21.5 条对欧盟执行做出裁定的必要性

欧盟紧固件 WTO 争端案的裁定对非市场经济规则的解释和适用有了突破。但裁定中程序方面的突破大于实体，实体方面的突破只是开了一条缝隙。在欧盟败诉后的 WTO 争端裁定执行程序中，中方通过举证和抗辩，成功迫使欧委会默认在非市场经济规则实体上违反了相关规则，从而接受我方部分请求，把反倾销税下调了 23%。此举使中方在第 2.4 条价格公平比较实体规则上扩大了对非市场经济规则适用进行监督的突破口。但是，欧盟紧固件执行案毕竟没有能够彻底取消不公正的反倾销税。此外，作为全球第二大贸易体，中国有必要更多地利用 WTO 争端解决机制保护自身利益，将欧盟紧固件执行案诉诸 DSU 第 21.5 条，以争取彻底取消反倾销税，为中国受害良久的紧固件行业恢复合法出口权利，也为公正适用非市场经济规则树立一个良好先例。

A Breakthrough of Non-market Economy Rules for Anti-dumping by Implementing WTO AB Ruling in EU-Fasteners

Fu Donghui

Abstract：For many years, China was hampered by its non-market economy status in dealing with international anti-dumping actions. In 2011, WTO Appellate

Body determined in the EU-fasteners case that the EU had abused analogue price, the result of which has changed ingrained traditional idea that it would never be challenged for application of analogue price to non-market economy countries in anti-dumping proceedings. Although China won by a very narrow margin a procedural point for fair price comparison according to Art. 2.4 of ADA, this allows China to defeat the EU for its abusing substantive rules of Art. 2.4 of ADA in the implementation of WTO AB ruling with a significant decrease of AD duty by 23% in 2012. The importance of the success in EU-fastener case is likely a success of obtaining Market Economy Status: it is a successful breakthrough for China in fair application of non-market economy rules.

Key Words : Anti-dumping; Analogue price; Non-market economy rules; Market economy status; Fair price comparison

中美出版物与音像制品案执行评述

孙　振[*]

摘　要：2012 年 2 月 18 日，中美双方就解决中美出版物和音像制品案涉及电影相关问题的谅解备忘录达成协议。至此，该案历时两年多的争端解决裁决执行基本完成。该案涉及多项中国对文化产品的管制措施，其执行状况对我国文化产品的管理体制产生了巨大影响。此外，本案在执行中历经多个阶段，并采用多种方法，是我国履行 WTO 争端解决裁决方面的典型案例，对我国今后履行 WTO 争端解决裁决具有借鉴意义。本文从被裁定违法的法律、法规切入，通过分析 DSB 通过报告中每个法规被裁定违法的理由和中国对法规进行修改或撤销的具体情况，论述中国如何执行本案裁决，并判断中国是否已完成本案的执行。

关键词：中美出版物和音像制品案　贸易权　分销服务　WTO 争端解决裁决执行

一　概述①

2001～2006 年，中国国务院、商务部、文化部、新闻出版总署、国家广播电影电视总局等机构出台一系列法规，对出版物、音像制品、供电影院放映的电影等文化产品进行规范。美国认为，这些法规对某些产品进口、发行和销售的规定，违反了 GATT 和 GATS 的相关条款，以及中国的入世承

---

*　孙振，北京市高朋律师事务所律师。

①　参考 WTO 官方网站对该案进行的简介，http://www.wto.org/english/tratop_e/dispu_e/cases_e/ds363_e.htm，最后访问日期：2013 年 2 月 13 日。

诺，遂将此争端提交 DSB。① 2009 年 8 月 12 日公布的专家组报告认为，中国的某些措施违反了中国入世承诺中关于贸易权的承诺，或 GATT 1994 第 3 条规定的国民待遇义务，或 GATS 规定下的市场待遇承诺或国民待遇承诺，因而建议 DSB 要求中国修改相应措施以符合 WTO 的相关协定。2009 年 12 月 21 日公布的上诉机构报告②维持了专家组做出的大部分结论，但推翻了专家组关于"《出版管理条例》第 42 条可被认定为保护公共道德的必要"的结论。此外，上诉机构虽确认中国有权援引 GATT 第 20（a）条为其违反贸易权承诺抗辩，但未肯定中国采取这些措施的必要性。2010 年 1 月 19 日，DSB 通过本案专家组和上诉机构报告。自此，案件进入执行阶段。

2010 年 2 月 18 日，中国在 DSB 会议上通报了执行该案建议和裁决的意向。通报中，中国表示，该案涉及文化产品的许多重要法规，从而要求一个合理期限来执行裁决。经中国和美国合意，合理期限为自 DSB 通过裁决之日起 14 个月，即 2011 年 3 月 19 日执行合理期限届满。

在 2011 年 3 月 25 日召开的 DSB 会议上，中国称已经为执行 DSB 裁决做出了巨大努力，并已完成对大部分措施的修改。但是，由于该争端的复杂性和敏感性，中国希望 WTO 成员方能够理解其在执行中遇到的困难，并期望在相关方的相互合作和共同努力下适当地解决现有问题。然而，美国却对中国在执行裁决方面缺少明显进展表示担忧，并与中国就如何进行执行争议的争端解决以及授权中止减让的程序进行磋商。2011 年 4 月 13 日，美国和中国将它们签订的《关于 DSU 第 21 条和 22 条下的程序协定》③ 通知 DSB。

截至目前，为履行此案裁决，中国的相关机构已经完成了对涉案措施中《出版管理条例》《音像制品管理条例》《出版物市场管理规定》《订户订购进口出版物管理办法》《音像制品进口管理办法》《外商投资产业指导目录》《文化部关于实施〈互联网文化管理暂行规定〉有关问题的通知》的修订。

---

① 美国于 2007 年 4 月 10 日要求同中国就出版物及娱乐音像制品（AVHE）贸易权和分销服务的措施进行磋商。随后，欧盟加入磋商。由于各方磋商未达成解决方案，2007 年 10 月 10 日，美国向 DSB 请求设立专家组。2007 年 11 月 27 日，DSB 例会成立该案专家组。2008 年 3 月 27 日，WTO 总干事指定三名专家组成员审理此案。

② 2009 年 9 月 22 日，中国通知 DSB 其决定针对专家组报告中的某些法律问题及专家组的某些法律解释提起上诉。2009 年 10 月 5 日，美国也通知 DSB 其决定针对专家组报告中的某些法律问题及专家组的某些法律解释提起上诉。2009 年 12 月 21 日，上诉机构报告公布。

③ Agreed Procedures under Articles 21 and 22 of the Dispute Settlement Understanding, China—Measures Affecting Trading Rights and Distribution Services for Certain Publications and Audiovisual Entertainment Products, WT/DS363/18, 19 April 2011.

但是，仍有部分违法措施未予以修改和撤销，尤其是涉及电影的相关法规。不过，经过对此的密集磋商，中美双方已经于 2012 年 2 月 18 日达成解决办法。至此，本案争端解决裁决的执行已经基本完成。

本案中，多项中国对文化产品的管制措施被裁定违反 WTO 协定。案件的执行涉及对我国文化产品管理体制的修改，因而在具体实施时遭遇很大困难。但是，我国最终通过修改措施、废除措施以及磋商达成协议的方法基本完成了本案的执行。因此，该案的执行状况对今后我国应对 WTO 争端解决裁决的执行具有借鉴意义，且对我国的文化产品管理体制具有较大的影响，值得进行深入研究。

二 中国案件执行现状

（一）案件的裁决概述①

本案共经历了专家组审议和上诉审议两个阶段，形成专家组和上诉机构两个报告。其中，上诉机构报告对专家组报告的某些结论进行了修改。由于 DSB 已经通过了上诉机构报告和未经上诉机构报告修改的专家组报告，所以，本案中具有约束力的裁定，是上诉机构在报告中所做的裁决和建议，以及未经上诉机构报告修改的专家组报告裁决和建议。两个裁决均围绕涉案措施是否违反中国在《中国加入议定书》和《中国加入工作组报告书》中关于贸易权的承诺，是否违反 GATS 第 16 条和第 17 条规定的市场准入承诺和国民待遇义务，以及是否违反 GATT 1994 第 3 条规定的国民待遇义务进行。根据 DSB 通过的上诉机构报告及未经上诉机构报告修改的专家组报告，诸多中国实施的措施违反了 WTO 相关协定。②

---

① Report of the Panel, China — Measures Affecting Trading Rights and Distribution Services for Certain Publications and Audiovisual Entertainment Products, WT/DS363/R, 12 August 2009; Report of the Appellate Body, China — Measures Affecting Trading Rights and Distribution Services for Certain Publications and Audiovisual Entertainment Products, WT/DS363/AB/R, 21 December 2009. Adopted on 19 January 2010.

② 违反 WTO 协定的措施有：《外商投资产业指导目录》限制外商投资产业目录第 6.3 条，禁止外商投资产业目录第 10.2 条、第 10.3 条、第 10.7 条；《关于文化领域引进外资的若干意见》第 1 条、第 4 条；《出版管理条例》第 41 条、第 42 条；《订户订购进口出版物管理办法》第 3 条、第 4 条；《出版物市场管理规定》第 16 条；《外商投资图书、报纸、期刊分销企业管理办法》第 2 条、第 7.4 条、第 7.5 条；《电子出版物管理规定》第 62 条；《电影管理条例》第 30 条；《电影企业经营资格准入暂行规定》第 16 条；《文化部关于实施〈互联网文化管理暂行规定〉有关问题的通知》第 2 条；《文化部关于网络音乐发展和管理的若干意见》第 8 条；《音像制品管理条例》第 5 条、第 27 条；《音像制品进口管理办法》第 7 条、第 8 条；《中外合作音像制品分销企业管理办法》第 8.4 条、第 21 条。

（二）案件执行情况分析

1. 《出版管理条例》的修改

上诉机构和专家组报告均裁定《出版管理条例》（2001年）第41条①和第42条②违反了中国的贸易权承诺。与本案有关的贸易权承诺，规定于《中国加入议定书》第5.1条、第5.2条和《中国加入工作组报告书》第83（d）段、第84（a）段和第84（b）段。③专家组认为，该条例第41条规定，"未经批准，任何单位和个人不得从事出版物进口业务"，第42条设立了出版物进口经营单位的条件，其中要求申请人必须是国有独资企业。根据上述两条规定，除了国有独资企业外的所有企业，包括外资企业，均不能进口出版物。此外，第42条所设的"有与出版物进口业务相适应的组织机构和符合国家规定的资格条件的专业人员"与"符合国家关于出版物进口经营单位总量、结构、布局的安排"这两个要求，并非为了财政、海关的目的而设。因此，《出版管理条例》第41条、第42条违反了《中国加入议定书》第5.1条，以及《中国加入工作组报告书》第83（d）

---

① 《出版管理条例》（2001年）第41条 出版物进口业务，由依照本条例设立的出版物进口经营单位经营；其中经营报纸、期刊进口业务的，须由国务院出版行政部门指定。
未经批准，任何单位和个人不得从事出版物进口业务；未经指定，任何单位和个人不得从事报纸、期刊进口业务。

② 《出版管理条例》（2001年）第42条 设立出版物进口经营单位，应当具备下列条件：
......
（二）是国有独资企业并有符合国务院出版行政部门认定的主办单位及其主管机关；
......
（四）有与出版物进口业务相适应的组织机构和符合国家规定的资格条件的专业人员；
审批设立出版物进口经营单位，除依照前款所列条件外，还应当符合国家关于出版物进口经营单位总量、结构、布局的规划。

③ 按照《中国加入议定书》第5.1条的规定，在不损害中国以与符合WTO协定的方式管理贸易的权利的情况下，中国应赋予所有在中国的企业以从事所有货物贸易的权利，附件2A的货物除外。第5.2条规定，中国应在贸易权方面给予所有外国个人和企业不低于给予在中国的企业的待遇。《中国加入工作组报告书》第83（d）段重复了《中国加入议定书》第5.1条的承诺，规定中国在加入WTO后三年内，给予所有在华企业货物贸易权，包括外商投资企业。第84（a）段规定，中国在加入WTO后三年内取消贸易权的审批制。届时，所有中国企业及外国企业和个人有权在中国全部关税领土内进口所有货物（议定书附件2A所列产品除外）。第84（b）段规定，中国给予外国企业和个人贸易权将以非歧视和非任意的方式给予。本案中所有关于某措施是否违反贸易权承诺的裁决，都是根据以上法条进行的，下面分析《出版管理条例》中的涉案条款是否违反该承诺。

段、第 84（a）段的规定。① 但是，专家组在其后分析关于中国基于 GATT
第 20（a）条提出的抗辩时，认定第 42 条中国家规划要求为保护公共道德
所必须。② 此项判定被上诉机构推翻，所以最终的裁决认定，此要求违反了
贸易权承诺。③ 另外，专家组在审阅第 41 条后认为，中国没有按照非任意
的方式给予在华外商投资企业进口报纸或期刊的贸易权，而由主管部门行使
裁量权指定进口经营单位，违反了《中国加入工作组报告书》第 84（b）
段非任意的规定。④

综上，《出版管理条例》第 41 条中经营报纸、期刊进口业务的单位
须由国务院出版行政部门指定的规定，第 42 条中的国有独资企业要求、
组织机构和专业人员要求、国家规划要求的规定，违反了 WTO 相关协
定。

案件裁决之后，2011 年 3 月 16 日国务院第一百四十七次常务会议通过
了《国务院关于修改〈出版管理条例〉的决定》，并于 3 月 19 日公布且施
行。该决定修改了涉案条款《出版管理条例》第 41 条和第 42 条。⑤

笔者认为，与《出版管理条例》（2001 年）相比，新修改的《出版管
理条例》第 41 条删除了"经营报纸、期刊进口业务的单位，须经国务院出

---

① Report of the Panel, China—Measures Affecting Trading Rights and Distribution Services for Certain
Publications and Audiovisual Entertainment Products, WT/DS363/R, 12 August 2009, adopted on
19 January 2010, para. 7. 401, para. 7. 411.

② Report of the Panel, China—Measures Affecting Trading Rights and Distribution Services for Certain
Publications and Audiovisual Entertainment Products, WT/DS363/R, 12 August 2009, adopted on
19 January 2010. para. 7. 836.

③ Report of the Appellate Body, China—Measures Affecting Trading Rights and Distribution Services
for Certain Publications and Audiovisual Entertainment Products, WT/DS363/AB/R, 21 December
2009, adopted on 19 January 2010. para. 299.

④ Report of the Panel, China—Measures Affecting Trading Rights and Distribution Services for Certain
Publications and Audiovisual Entertainment Products, WT/DS363/R, 12 August 2009, adopted on
19 January 2010. para. 7. 437.

⑤ 《出版管理条例》（2011 年）第 41 条："出版物进口业务，由依照本条例设立的出版物进口
经营单位经营；其他单位和个人不得从事出版物进口业务。"
第 42 条："设立出版物进口经营单位，应当具备下列条件：
（一）有出版物进口经营单位的名称、章程；
（二）有符合国务院出版行政主管部门认定的主办单位及其主管机关；
（三）有确定的业务范围；
（四）具有进口出版物内容审查能力；
（五）有与出版物进口业务相适应的资金；
（六）有固定的经营场所；
（七）法律、行政法规和国家规定的其他条件。"

版行政部门指定"的条款，即撤销了 DSB 裁决中被裁定违法的措施，杜绝了主管部门在指定进口报刊的经营单位时任意使用裁量权，从而符合《中国加入工作组报告书》第 84（b）段中"非任意"的规定。针对第 42 条中被裁定不符合中国贸易权承诺的三个条款，新法规取消了关于经营出版物必须是国有独资企业的规定，给予所有满足此条设立条件的在中国的企业以进口出版物的权利。此外，新法规将"有与出版物进口业务相适应的组织机构和符合国家规定的资格条件的专业人员"条件，改为"具有进口出版物内容审查能力"，且删除了国家规划要求条款。此项修改，使得第 42 条为出版物进口经营单位设立的条件均系海关、财政或正常商业管理的目的。根据《中国加入议定书》第 5.1 条的规定可以推断，中国具有以符合WTO 协定的方式管理贸易的权利，因此，基于海关、财政或正常商业管理的目的而设立出版物进口经营单位的条件，符合中国入世时所做的贸易权承诺。

2. 《音像制品管理条例》的修改

上诉机构报告裁定，《音像制品管理条例》（2001 年）① 第 5 条②和第27 条③违反了《中国加入工作组报告书》第 84（b）段规定的"非任意"的贸易权承诺义务。具体来说，专家组认为，根据第 27 条，国务院文化部可以行使裁量权指定音像制品成品进口经营单位，不符合《中国加入工作组报告书》第 84（b）段规定的非任意承诺。④ 此外，对于中国提出第 5 条规范的是音像产品的内容而非音像制品载体的抗辩，上诉机构认为，即使第5 条管理的是音像制品的内容，其仍会影响音像制品载体货物的进口，因而应适用中国的贸易权承诺。又由于第 5 条规定的许可制度中未包含许可程序和标准，主管部门在决定时可以行使裁量权，从而构成了对"非任意"承

---

① 此处指 2001 年 12 月 12 日国务院第五十次常务会议通过的《音像制品管理条例》。

② 《音像制品管理条例》（2001 年）第 5 条："国家对出版、制作、复制、进口、批发、零售、出租音像制品，实行许可制度；未经许可，任何单位和个人不得从事音像制品的出版、制作、复制、进口、批发、零售、出租等活动。
依照本条例发放的许可证和批准文件，不得出租、出借、出售或者以其他任何形式转让。"

③ 《音像制品管理条例》（2001 年）第 27 条："音像制品成品进口业务由国务院文化行政部门指定音像制品成品进口经营单位经营；未经指定，任何单位或者个人不得经营音像制品成品进口业务。"

④ Report of the Panel, China—Measures Affecting Trading Rights and Distribution Services for Certain Publications and Audiovisual Entertainment Products, WT/DS363/R, 12 August 2009, adopted on 19 January 2010, para. 7.631, para. 7.633.

诺的违反。①

综上，《音像制品管理条例》第 5 条中许可制度的规定和第 27 条中由国务院文化部指定音像制品成品进口经营单位的规定，均不符合《中国加入工作组报告书》第 84（b）段的义务。

2011 年 3 月 16 日，《国务院关于修改〈音像制品管理条例〉的决定》在国务院第一百四十七次常务会议上通过，并于 3 月 19 日公布且施行。该决定对涉案条款《音像制品管理条例》第 27 条予以修改。②

笔者认为，与《音像制品管理条例》（2001 年）相比，新法规取消了国务院文化行政部门对音像制品成品进口经营单位的指定，而改成由国务院出版行政主管部门审批，从而防止了国务院文化行政部门在这个过程中的任意性，因而符合《中国加入工作组报告书》第 84（b）段的"非任意"承诺。但是新法规未对裁决违法的措施第 5 条中关于进口音像制品实行许可制度的部分进行修改，也没有增加相应的许可程序和标准，从而不能够防止主管部门在做出许可决定时任意行使裁量权，因此，该条规定仍然构成对贸易权承诺的违反，不符合 DSB 通过的裁决。

3.《音像制品进口管理办法》的修改

上诉机构报告裁定，《音像制品进口管理办法》（2002 年）③ 第 7 条④和第 8 条⑤违反了《中国加入工作组报告书》第 84（b）段，其原因与《音像制品管理条例》（2001 年）第 5 条和第 27 条违反《中国加入工作组报告书》第 84（b）段的原因相同。⑥

2011 年 3 月 17 日，新的《音像制品进口管理办法》在新闻出版总署第一次署务会议和海关总署通过，于 2011 年 4 月 6 日公布并施行。2002 年 6

---

① Report of the Appellate Body, China—Measures Affecting Trading Rights and Distribution Services for Certain Publications and Audiovisual Entertainment Products, WT/DS363/AB/R, 21 December 2009, adopted on 19 January 2010, para. 203, para. 204.

② 《音像制品管理条例》（2011 年）第 27 条："音像制品成品进口业务由国务院出版行政主管部门批准的音像制品成品进口经营单位经营；未经批准，任何单位或者个人不得经营音像制品成品进口业务。"

③ 此处为 2002 年 4 月 17 日颁布的《音像制品进口管理办法》。

④ 《音像制品进口管理办法》（2002 年）第 7 条："国家对音像制品进口实行许可制度。"

⑤ 《音像制品进口管理办法》（2002 年）第 8 条："音像制品成品进口业务由文化部指定的音像制品经营单位经营；未经文化部指定，任何单位或者个人不得从事音像制品成品进口业务。"

⑥ Report of the Appellate Body, China—Measures Affecting Trading Rights and Distribution Services for Certain Publications and Audiovisual Entertainment Products, WT/DS363/AB/R, 21 December 2009, adopted on 19 January 2010, para. 203, para. 204.

月 1 日文化部、海关总署发文宣布之前的《音像制品进口管理办法》同步废止。新法规对涉案条款第 7 条和第 8 条予以了修改。① 笔者认为，与《音像制品管理条例》相对应，新法规取消了国务院文化部对音像制品成品进口经营单位的指定权，改为由新闻出版总署批准，从而符合《中国加入工作组报告书》第 84（b）段中规定的"非任意"承诺。但是，新法规中对进口音像制品实行许可制度仍没有做出修改，因而仍然不符合案件裁决。

4.《订户订购进口出版物管理办法》的修改

专家组及上诉机构报告裁定，《订户订购进口出版物管理办法》第 4 条②和《出版管理规定》第 42 条违反了 GATS 第 17 条，《订户订购进口出版物管理办法》第 3 条③和第 4 条违反了 GATT 1994 第 3.4 条。具体而言，专家组根据 GATS 第 17.1 条④规定，认定关于 GATS 第 17 条项下的诉求，需要从四个方面进行分析：一是争议措施是否列入减让表的部门；二是减让表中是否有关于国民待遇的限制和条件；三是涉案措施是否影响相关服务的提供；四是与国内同类服务提供者相比，外国服务提供者是否被适用了不利的区别待遇。⑤

---

① 《音像制品进口管理办法》（2011 年）第 7 条："国家对设立音像制品成品进口单位实行许可制度。"

第 8 条："音像制品成品进口业务由新闻出版总署批准的音像制品成品进口单位经营；未经批准，任何单位或者个人不得从事音像制品成品进口业务。"

② 《订户订购进口出版物管理办法》（2004 年）第 4 条："订户订购进口出版物由出版物进口经营单位经营。其中，订户订购进口报纸、期刊的业务，须由新闻出版总署指定的出版物进口经营单位经营；订户订购限定发行范围的进口图书、电子出版物的业务，须由新闻出版总署指定的出版物进口经营单位按照批准的业务范围经营。

未经新闻出版总署批准，任何单位和个人不得从事订户订购进口报纸、期刊和限定发行范围的进口图书、电子出版物的经营活动。

出版物进口经营单位委托非出版物进口经营单位代理征订或者代理配送进口出版物，须事先报新闻出版总署同意。"

③ 《订户订购进口出版物管理办法》（2004 年）第 3 条："国家对进口出版物的发行实行分类管理，对进口报纸、期刊和限定发行范围的进口图书、电子出版物等实行订户订购、分类供应的发行方式；非限定发行范围的进口图书、电子出版物实行市场销售的发行方式。

进口报纸、期刊分为限定发行范围的和非限定发行范围的两类。

限定发行范围的进口报纸、期刊、图书、电子出版物的种类由新闻出版总署确定。"

④ GATS 第 17.1 条："对于列入其承诺表的部门，在遵照其中所列条件和资格的前提下，每一成员在影响服务提供的措施方面给予任何其他成员的服务和服务提供者的待遇，不得低于其给予本国相同服务和服务提供者的待遇。"

⑤ Report of the Panel, China—Measures Affecting Trading Rights and Distribution Services for Certain Publications and Audiovisual Entertainment Products, WT/DS363/R, 12 August 2009, adopted on 19 January 2010, para 7.944.

专家组根据《维也纳条约法公约》第 31 条分析了《订户订购进口出版物管理办法》中"订购"的含义，确定其属于批发服务的范畴，从而落入《服务贸易减让表》部门 4. B 批发服务承诺范围内。其次，中国未在货物的批发贸易服务的国民待遇上对批发商发行出版物的种类设置任何限制条件。此外，专家组考察了《订户订购进口出版物管理办法》第 4 条和《出版管理条例》第 42 条，认定此两条规定结合起来后，将从事进口报刊、限定发行范围的图书和电子出版物订购的经营者限定于国有独资企业。外资企业和中国企业均是同类服务的提供者，而以上规定，剥夺了外国服务提供者与国内服务提供者在提供订购进口出版物服务上竞争的机会。该种待遇改变竞争条件，使得国内服务提供者处于有利地位。因此，《订户订购进口出版物管理办法》第 4 条和《出版管理条例》第 42 条结合起来，违反了中国在 GATS 第 17 条下做出的国民待遇承诺。[①]

专家组在认定《订户订购进口出版物管理办法》第 3 条和第 4 条是否违反 GATT 1994 第 3.4 条时，从以下三个条件进行判断：第一，涉案进口产品与本国产品属于同类产品；第二，涉案措施属于影响涉案产品在国内销售、供应、购买、运输、分配或使用的法律、规章与细则；第三，对进口产品给予的待遇低于本国产品的待遇。[②] 专家组得出结论：此两条给予进口报纸、期刊与国内报纸、期刊的分销待遇不同。国内报刊实行市场销售的发行方式，而进口报刊实行订户订购、分类供应的发行方式。专家组认为两者属于同类产品，且仅采用了原产地标准来区分两者，因此违反 GATT 第 3.4 条。[③] 但是，就该规定区分国内图书和限定发行范围的进口图书所采用的标准不仅仅是原产地标准，两者不属于同类产品，所以不违反 GATT 第 3.4 条。[④]

①　Report of the Panel, China—Measures Affecting Trading Rights and Distribution Services for Certain Publications and Audiovisual Entertainment Products, WT/DS363/R, 12 August 2009, adopted on 19 January 2010, paras. 7.958 – 7.981.

②　Report of the Panel, China—Measures Affecting Trading Rights and Distribution Services for Certain Publications and Audiovisual Entertainment Products, WT/DS363/R, 12 August 2009, adopted on 19 January 2010, paras. 7.1441 – 7.1443.

③　Report of the Panel, China—Measures Affecting Trading Rights and Distribution Services for Certain Publications and Audiovisual Entertainment Products, WT/DS363/R, 12 August 2009, adopted on 19 January 2010, para. 7.1491, para. 7.1513, para. 7.1522, para. 7.1539.

④　Report of the Panel, China—Measures Affecting Trading Rights and Distribution Services for Certain Publications and Audiovisual Entertainment Products, WT/DS363/R, 12 August 2009, adopted on 19 January 2010, para. 7.1498.

综上,《订户订购进口出版物管理办法》第 3 条和第 4 条中对进口报刊的发行方式的规定,第 4 条结合《出版管理条例》第 42 条将从事订购进口出版物的单位限于国有独资企业的规定,违反了相关 WTO 协定。

2011 年 3 月 17 日,新闻出版总署第一次署务会议通过《订户订购进口出版物管理办法》,并于 3 月 25 日公布且施行。新法规对原法规的第 3 条和第 4 条予以修改。①

笔者认为,与原法规相比,新法规将进口的报刊分成限定发行范围和非限定发行范围两类,然后根据类别进行分别管理。其对非限定范围的报刊实行自愿订户订购和市场销售相结合的发行方式,而对限定范围的进口报刊实行订户订购、分类供应的发行方式。新法规对进口报刊发行方式的管理手段与对进口图书发行方式的管理手段类似。根据专家组报告对进口图书的分析可以看出,原法规对限定范围的进口图书和国内图书规定不同的发行方式,并非仅仅基于原产地标准,还包括其他标准,因而符合 GATT 1994 第 3.4 条的国民待遇承诺。基于同样的理由,新法规中对限定发行范围的进口报刊与国内报刊规定不同的发行方式,不仅基于原产地标准,还有其他标准,因此限定发行范围的进口报刊与国内报刊不构成同类产品,不满足认定某措施违反 GATT 第 3.4 条的条件。而非限定范围的进口报刊与国内报刊的发行方式相同,不会对进口报刊在市场上的竞争机会产生负面影响。所以,修改后的法规符合 GATT 第 3.4 条中规定的国民待遇承诺。

此外,新法规仅要求订户订购限定发行范围的进口报刊的单位是新闻出版总署指定的出版物进口经营单位,而不要求经营订户订购非限定发行范围

---

① 《订户订购进口出版物管理办法》(2011 年)第 3 条:"进口出版物分为限定发行范围的和非限定发行范围的两类,国家对其发行实行分类管理。

　　进口限定发行范围的报纸、期刊、图书、电子出版物等实行订户订购、分类供应的发行方式;非限定发行范围的进口报纸、期刊实行自愿订户订购和市场销售相结合的发行方式;非限定发行范围的进口图书、电子出版物等实行市场销售的发行方式。

　　限定发行范围的进口报纸、期刊、图书、电子出版物的种类由新闻出版总署确定。"

　　第 4 条:"订户订购进口出版物由出版物进口经营单位经营。其中,订户订购限定发行范围的进口报纸、期刊、图书、电子出版物的业务,须由新闻出版总署指定的出版物进口经营单位经营。

　　未经新闻出版总署批准,任何单位和个人不得从事订户订购进口出版物的经营活动。

　　出版物进口经营单位委托非出版物进口经营单位代理征订或者代理配送进口出版物,须事先报新闻出版总署同意。"

的进口报刊的单位是由新闻出版总署指定的出版物进口经营单位。又因为新法规施行前，新修改的《出版管理条例》已经开始施行，不再将出版物进口单位限于国有独资企业。所以，根据新法规与《出版管理条例》（2011年）第42条，经营订户订购限定范围的进口报刊、图书和电子出版物的单位不再限于国有独资企业，这就保障了外商投资企业从事进口报刊、图书和电子出版物订购的权利。因此，新法规与《出版管理条例》第42条结合起来，均符合GATS第17条规定的国民待遇原则。

5.《出版物市场管理规定》的修改

专家组和上诉机构报告裁定，《出版物市场管理规定》第16条①结合《外商投资图书、报纸、期刊分销企业管理办法》第2条，②违反了GATT 1994第3.4条和GATS第17条。《中外合作音像制品分销企业管理办法》第8.4条③违反了GATS第16条，第8.5条④违反了GATS第17条，第21条⑤违反了中国的贸易权承诺，《外商投资图书、报纸、期刊分销企业管理办法》第7.4条、第7.5条⑥违反了GATS第17条。

具体而言，由于《外商投资图书、报纸、期刊分销企业管理办法》第2条结合《出版物市场管理规定》第16条，使得外资企业只能发行国产图书和报刊，不得从事进口图书和报刊的市场销售，从而给予外商投资企业不利的区别待遇，因此违反了中国在GATS第17条下做出的国民待遇

---

① 《出版物市场管理规定》第16条："设立从事图书、报纸、期刊分销业务的中外合资经营企业、中外合作经营企业和外资企业，按照新闻出版总署和对外经济贸易合作部制定的《外商投资图书、报纸、期刊分销企业管理办法》办理。"

② 《外商投资图书、报纸、期刊分销企业管理办法》第2条："本办法所称图书、报纸、期刊是指经国务院出版行政部门批准的出版单位出版的图书、报纸、期刊。"

③ 《中外合作音像制品分销企业管理办法》第8条："中外合作音像制品分销企业应当符合以下条件：
……
（四）中国合作者在合作企业中所拥有的权益不得低于51%；……"

④ 《中外合作音像制品分销企业管理办法》第8条："中外合作音像制品分销企业应当符合以下条件：
……
（五）合作期限不超过15年。"

⑤ 《中外合作音像制品分销企业管理办法》第21条："合作音像制品分销企业不得从事音像制品进口业务。"

⑥ 《外商投资图书、报纸、期刊分销企业管理办法》第7条："设立外商投资图书、报纸、期刊批发企业应当具备下列条件：
……
（四）注册资金不少于3000万元人民币；（五）合作期限不超过15年。"

承诺。① 其次，专家组认为，以上两条款结合起来，使得外商投资企业无法从事进口电子出版物的批发，而对全中资企业没有限制。因此，以上条款给予外商投资企业的待遇，低于给予全中资企业的待遇，不符合中国在 GATS 第 17 条下做出的国民待遇承诺。② 再次，专家组认定进口图书、报刊与国产图书、报刊属于同类产品，以上两条款结合，使得外商投资图书、报刊分销企业只能分销国产图书、报刊，不能分销进口图书、报刊。同时，该条款仅基于原产地标准区分国内图书、报刊和进口图书、报刊。因此，此两条规定结合起来对进口图书、报刊施以不利的待遇，违反了 GATT 第 3.4 条规定。③

专家组认为，《外商投资图书、报纸、期刊分销企业管理办法》第 7.4 条为从事出版物批发的外资企业设置了人民币 3000 万元的注册资本最低限额，比从事出版物批发全资国内企业的人民币 200 万元的注册资本最低限额④高很多。这就意味着，从事出版物批发的外资企业进入市场的成本较高，从而减损了其与国内服务提供者在提供出版物批发服务上的竞争机会。因此，该法规的第 7.4 条违反中国在 GATS 第 17 条下做出的国民待遇承诺。⑤ 另外，该法规的第 7.5 条为从事出版物批发的外资企业设置了 30 年经营期限，期限届满时，由主管机关决定其是否继续经营。但是，从事出版物批发全资国内企业则不受此限。专家组认为，30 年经营期限的限制以及继续经营的条件，改变了国外服务者与国内服务提供者在提供出版物批发服务上的竞争机会，使其受到较为不利的待遇。因此，该条款也不符合 GATS 第 17 条。⑥

---

① Report of the Panel, China—Measures Affecting Trading Rights and Distribution Services for Certain Publications and Audiovisual Entertainment Products, WT/DS363/R, 12 August 2009, adopted on 19 January 2010, para. 7.1429.

② Report of the Panel, China—Measures Affecting Trading Rights and Distribution Services for Certain Publications and Audiovisual Entertainment Products, WT/DS363/R, 12 August 2009, adopted on 19 January 2010, para. 7.1432.

③ Report of the Panel, China—Measures Affecting Trading Rights and Distribution Services for Certain Publications and Audiovisual Entertainment Products, WT/DS363/R, 12 August 2009, adopted on 19 January 2010, para. 7.1506, para. 7.1514, para. 7.1523, para. 7.1545.

④ 根据《出版物市场管理规定》（2004 年）第 8.4 条，设立出版物批发企业或者其他单位从事出版物批发业务，需满足注册资本不少于 200 万元的条件。

⑤ Report of the Panel, China—Measures Affecting Trading Rights and Distribution Services for Certain Publications and Audiovisual Entertainment Products, WT/DS363/R, 12 August 2009, adopted on 19 January 2010, paras. 7.1103 – 7.1120.

⑥ Report of the Panel, China—Measures Affecting Trading Rights and Distribution Services for Certain Publications and Audiovisual Entertainment Products, WT/DS363/R, 12 August 2009, adopted on 19 January 2010, paras. 7.1121 – 7.1141.

专家组认为，《中外合作音像制品分销企业管理办法》第 21 条禁止中外合作音像制品分销企业从事音像制品进口业务，从而违反了中国的贸易权承诺。① 为了判断《中外合作音像制品分销企业管理办法》第 8.4 条是否违反中国在 GATS 第 16 条下的市场准入承诺，专家组首先确定中国没有在《服务贸易减让表》部门 2. D 项下 "录像的分销服务，包括娱乐软件及（CPC 83202）和录音制品分销服务" 栏项下的承诺中对从事涉案服务的合作经营企业中外资投资水平有任何限制。此后，专家组认定《中外合作音像制品分销企业管理办法》第 8.4 条规定了从事以实物形式分销 AVHE 产品的合作经营企业中的外资参与不得高于 49%，构成 GATS 第 16.2（f）条意义上的 "外资参与的限制"。所以，以上争议措施不符合中国在 GATS 第 16 条下的市场准入承诺。② 此外，该法规第 8.5 条对从事合作音像制品分销的中外合作经营企业有经营期限的限制，但对全中资的经营期限没有限制，从而对外商投资企业施以不利的区别待遇，因此违反了 GATS 第 17 条。③

综上，《外商投资图书、报纸、期刊分销企业管理办法》第 2 条对外资企业不得发行进口图书和报刊，不得批发进口电子出版物，不能分销进口图书、报刊的规定，《外商投资图书、报纸、期刊分销企业管理办法》第 7 条中对从事出版物批发的外资企业的注册资本最低限额、经营期限的规定，《中外合作音像制品分销企业管理办法》第 8 条中对中外合作音像制品分销企业的外资参与限制和经营期限的规定，第 21 条中关于禁止中外合作音像制品分销企业从事音像制品进口的规定，违反了相关的 WTO 协定，应当予以修改或撤销。

2011 年 3 月 17 日，新闻出版总署第一次署务会议通过《出版物市场管理规定》，并于 3 月 25 日公布且施行。笔者认为，根据新规定的第

---

① Report of the Panel, China—Measures Affecting Trading Rights and Distribution Services for Certain Publications and Audiovisual Entertainment Products, WT/DS363/R, 12 August 2009, adopted on 19 January 2010, para. 7. 703.

② Report of the Panel, China—Measures Affecting Trading Rights and Distribution Services for Certain Publications and Audiovisual Entertainment Products, WT/DS363/R, 12 August 2009, adopted on 19 January 2010, para. 7. 1376.

③ Report of the Panel, China—Measures Affecting Trading Rights and Distribution Services for Certain Publications and Audiovisual Entertainment Products, WT/DS363/R, 12 August 2009, adopted on 19 January 2010, para. 7. 1425.

16 条,① 设立从事出版物发行活动的外商投资企业和从事音像制品发行活动的中外合作经营企业,应具备的条件及新闻出版行政部门的审批程序按照本规定第 6 条至第 15 条的有关规定执行,而并非根据《外商投资图书、报纸、期刊分销企业管理办法》办理。由此可见,从事出版物发行活动的外商投资企业和从事音像制品发行活动的中外合作经营企业的设立条件,与从事相同活动的全中资企业的设立条件相同。新规定给予从事出版物或音像制品发行活动的外商投资企业和全中资企业同等的待遇,因而符合 GATS 第 17 条的国民待遇承诺。此外,新法规不再禁止外商投资企业从事进口图书、报刊的发行和分销,以及进口电子出版物的批发,即新法规不再区分进口的和国内的图书、报刊和电子出版物而给予其不同待遇,因此符合 GATT 第 3.4 条关于国民待遇的规定。又根据新规定的第 45 条,② 自新规定施行之日起,《外商投资图书、报纸、期刊分销企业管理办法》、《出版物市场管理规定》和《中外合作音像制品分销企业管理办法》及有关补充规定同时废止。所以,原法规中被裁定违法的条款已经被撤销或修改,从而符合 WTO 协定。

6. 《外商投资产业指导目录》的修订

专家组和上诉机构报告裁定,《外商投资产业指导目录》(2007 年)"禁止外商投资产业目录"第 10.2 条③和第 10.3 条,④ 与《指导外商投资方

---

① 《出版物市场管理规定》(2011 年)第 16 条:"国家允许设立从事图书、报纸、期刊、电子出版物发行活动的中外合资经营企业、中外合作经营企业和外资企业,允许设立从事音像制品发行活动的中外合作经营企业;……设立外商投资出版物总发行、批发、零售、连锁经营企业应具备的条件及新闻出版行政部门的审批程序按照本规定第六条至第十五条的有关规定执行;申请人获得新闻出版行政部门批准文件后,还须按照有关法律、法规向商务主管部门提出申请,办理外商投资审批手续,并于获得批准后 90 天内持批准文件和《外商投资企业批准证书》到原批准的新闻出版行政部门领取《出版物经营许可证》。申请人持《出版物经营许可证》和《外商投资企业批准证书》向所在地工商行政管理部门依法领取营业执照。"

② 《出版物市场管理规定》(2011 年)第 45 条:"本规定自公布之日起施行,此前新闻出版总署和有关部门颁布的《出版物市场管理规定》、《音像制品批发、零售、出租管理办法》、《外商投资图书、报纸、期刊分销企业管理办法》和《中外合作音像制品分销企业管理办法》及有关补充规定同时废止,本规定施行前与本规定不一致的其他规定不再执行。"

③ 《外商投资产业指导目录》(2007 年)"禁止外商投资产业目录"第 10.2 条:"图书、报纸、期刊的出版、总发行和进口业务。"

④ 《外商投资产业指导目录》(2007 年)"禁止外商投资产业目录"第 10.3 条:"音像制品和电子出版物的出版、制作和进口业务。"

向规定》第 3 条①和第 4 条②结合在一起，违反了中国的贸易权承诺；"禁止外商投资产业目录"第 10.2 条与《指导外商投资方向规定》第 3 条和第 4 条结合在一起，违反了 GATS 第 17 条；"禁止外商投资产业目录"第 10.7 条③与《指导外商投资方向规定》第 3 条和第 4 条结合在一起，违反了 GATS 第 17 条；"限制外商投资产业目录"第 6.3 条④与《指导外商投资方向规定》第 8 条结合在一起，违反了 GATS 第 16.2（f）条。

具体来说，专家组认为，《外商投资产业指导目录》（以下简称《指导目录》）必须与《指导外商投资方向规定》结合起来才具有法律效力。《指导目录》中，"禁止外商投资产业目录"第 10.2 条和第 10.3 条禁止外商（指外资企业、外国企业和外国个人）进口图书、报刊、音像制品和电子出版物。此两条与《指导外商投资方向规定》第 3 条和第 4 条结合起来形成的法律效力，使得中国的外资企业无权进口涉案出版物。因此，《指导目录》和《指导外商投资方向规定》中的被诉条款，违反了《中国加入议定书》第 5.1 条，以及《中国加入工作组报告书》第 83（d）段、第 84（a）段的规定。⑤此外，专家组对美国的诉请援引司法经济原则，确认被诉规定构成了对外资企业的歧视，因而违反了《中国加入议定书》第 5.2 条以及《中国加入工作组报告书》第 84（b）段。⑥

为了分析美国就中国禁止外资企业从事图书、报刊总发行的措施提出的

---

① 第 3 条："《外商投资产业指导目录》和《中西部地区外商投资优势产业目录》由国家发展计划委员会、国家经济贸易委员会、对外贸易经济合作部会同国务院有关部门制订，经国务院批准后公布；根据实际情况，需要对《外商投资产业指导目录》和《中西部地区外商投资优势产业目录》进行部分调整时，由国家经济贸易委员会、国家发展计划委员会、对外贸易经济合作部会同国务院有关部门适时修订并公布。

《外商投资产业指导目录》和《中西部地区外商投资优势产业目录》是指导审批外商投资项目和外商投资企业适用有关政策的依据。"

② 第 4 条："外商投资项目分为鼓励、允许、限制和禁止四类。鼓励类、限制类和禁止类的外商投资项目，列入《外商投资产业指导目录》。不属于鼓励类、限制类和禁止类的外商投资项目，为允许类外商投资项目。允许类外商投资项目不列入《外商投资产业指导目录》。"

③ 《外商投资产业指导目录》（2007 年）"禁止外商投资产业目录"第 10.7 条："新闻网站、网络视听节目服务、互联网上网服务营业场所、互联网文化经营。"

④ 《外商投资产业指导目录》（2007 年）"限制外商投资产业目录"第 6.3 条："音像制品（除电影外）的分销（限于合作、中方控股）。"

⑤ Report of the Panel, China—Measures Affecting Trading Rights and Distribution Services for Certain Publications and Audiovisual Entertainment Products, WT/DS363/R, 12 August 2009, adopted on 19 January 2010, paras. 7.351 – 7.352.

⑥ Report of the Panel, China—Measures Affecting Trading Rights and Distribution Services for Certain Publications and Audiovisual Entertainment Products, WT/DS363/R, 12 August 2009, adopted on 19 January 2010, para. 7.357.

诉请，专家组分析了中国《服务贸易减让表》附件 2 和新闻出版总署的一系列文件，确定出版物的总发行属于批发服务范畴，应当符合中国在批发服务贸易上的承诺。①《指导目录》中"禁止外商投资产业目录"第 10.2 条与《指导外商投资方向规定》第 3、4 条结合，使得外资企业无权从事出版物的总发行业务，因而剥夺了外资服务提供者与全中资服务提供者在提供出版物总发行的服务上竞争的机会。② 所以，上述条款结合起来违反中国在 GATS 第 17 条下做出的国民待遇承诺。③

为确定中国禁止外资企业从事互联网文化经营是否违反中国在 GATS 第 17 条下做出的国民待遇承诺，专家组对争议措施是否影响这些服务的提供、中国对录音分销服务的国民待遇承诺程度、这些措施对其他成员方的服务提供者的待遇是否低于其对同种国内服务提供者的待遇进行分析，最后得出结论：《指导目录》中"禁止外商投资产业目录"第 10.7 条与《指导外商投资方向规定》第 3、4 条结合，禁止外商投资企业从事网络文化活动，包括以电子形式分销录音，因而违反了 GAST 第 17 条。④

为了确定中国将经营音像制品（除电影外）分销业务的外商投资企业限于中方控股的中外合作经营企业是否违反中国在 GATS 第 16 条下的市场准入承诺，专家组分析了《服务贸易减让表》部门 2. D 项下"录像的分销服务，包括娱乐软件（CPC 83202）和录音制品分销服务"栏所规定的市场准入限制，确定中国没有在此项承诺中对从事涉案服务的合作经营企业中外资投资水平有任何限制。⑤ 其次，专家组认为《指导目录》中"限制外商投

---

① Report of the Panel, China—Measures Affecting Trading Rights and Distribution Services for Certain Publications and Audiovisual Entertainment Products, WT/DS363/R, 12 August 2009, adopted on 19 January 2010, paras. 7. 1004 – 7. 1027.

② Report of the Panel, China—Measures Affecting Trading Rights and Distribution Services for Certain Publications and Audiovisual Entertainment Products, WT/DS363/R, 12 August 2009, adopted on 19 January 2010, para. 7. 1047.

③ Report of the Panel, China—Measures Affecting Trading Rights and Distribution Services for Certain Publications and Audiovisual Entertainment Products, WT/DS363/R, 12 August 2009, adopted on 19 January 2010, para. 7. 1048.

④ Report of the Panel, China—Measures Affecting Trading Rights and Distribution Services for Certain Publications and Audiovisual Entertainment Products, WT/DS363/R, 12 August 2009, adopted on 19 January 2010, paras. 7. 1309 – 7. 1310.

⑤ Report of the Panel, China—Measures Affecting Trading Rights and Distribution Services for Certain Publications and Audiovisual Entertainment Products, WT/DS363/R, 12 August 2009, adopted on 19 January 2010, paras. 7. 1355 – 7. 1360.

资产业目录"第 6.3 条与《指导外商投资方向规定》第 8 条结合，限制了从事以实物形式分销 AVHE 产品的合作经营企业中的外资参与，构成 GATS 第 16.2（f）条意义上的"外资参与的限制"。所以，以上争议措施不符合中国在 GATS 第 16 条下的市场准入承诺。①

综上，《指导目录》中禁止外商投资图书、报刊、音像制品和电子出版物的进口业务，禁止外商投资图书、报纸、期刊的总发行业务，将外商投资音像制品（除电影外）分销业务的中外合作经营企业限于中方控股的措施，违反了相关 WTO 协定，应当予以修改或撤销。

2011 年 4 月 1 日，由国家发展改革委会同商务部等部门形成的《外商投资产业指导目录（2007 年修订）》修订征求意见稿向社会公开征求意见。2011 年 12 月 24 日，国家发展和改革委员会与商务部共同发布了《外商投资产业指导目录（2011 年修订）》，对原有的《指导目录》进行了修改。②

笔者认为，新《指导目录》"禁止外商投资产业目录"第 10.2 条和第 10.3 条删除了图书、报纸、期刊的总发行和进口业务以及音像制品和电子出版物的进口业务，这就意味着：中国将进口图书、报刊、音像制品和电子出版物的进口权给予外商投资企业，外商投资企业享有进口涉案产品的权利，从而符合中国的贸易权承诺。其次，外商投资企业获得经营图书、报刊总发行的权利，其在从事图书、报刊的分销服务方面与全中资企业受到的待遇相同，符合 GATS 第 17 条规定。再次，"限制外商投资产业目录"第 6.3 条取消了要求从事音像制品（除电影外）分销业务的中外合作经营企业为中方控股的限制，即不再限制此类企业的外资参与，因而符合 GATS 第 16.2（f）条的市场准入承诺。

7. 《文化部关于实施〈互联网文化管理暂行规定〉有关问题的通知》的修订

上诉机构和专家组报告裁定，《文化部关于实施〈互联网文化管理暂

---

① Report of the Panel, China—Measures Affecting Trading Rights and Distribution Services for Certain Publications and Audiovisual Entertainment Products, WT/DS363/R, 12 August 2009, adopted on 19 January 2010, para. 7.1388.

② 《外商投资产业指导目录》（2011 年）"限制外商投资产业目录"第 6.3 条："音像制品（除电影外）的分销（限于合作）。"

《外商投资产业指导目录》（2011 年）"禁止外商投资产业目录"第 10.2 条："图书、报纸、期刊的出版业务。"

第 10.3 条："音像制品和电子出版物的出版、制作业务。"

第 10.7 条："新闻网站、网络视听节目服务、互联网上网服务营业场所、互联网文化经营（音乐除外）。"

行规定〉有关问题的通知》（2003 年）第 2 条①、《文化部关于网络音乐
发展和管理的若干意见》第 8 条②违反了 GATS 第 17 条规定的国民待遇承
诺。

　　具体而言，为解决中美关于录音制品分销是否包括电子分销的争议，专
家组在考察"录音制品"和"分销服务"的通常含义、上下文、GATS 的目
的与宗旨及其他一些材料后，确认中国《服务贸易减让表》部门 2.D"视
听服务"项下"录音制品分销服务"条目应扩展到通过非实物形式（包括
电子手段）的分销。③ 中国对专家组的此项裁定提出上诉。上诉机构根据
《维也纳条约法公约》第 31、32 条，分析了"录音制品"和"分销服
务"的通常含义、作为上下文的中国及其他成员方的《服务贸易减让表》
和 GATS 中的相关条文、GATS 的目的和宗旨，并最终维持了专家组的以
上裁定。④ 由于《文化部关于实施〈互联网文化管理暂行规定〉有关问题的
通知》第 2 条、《文化部关于网络音乐发展和管理的若干意见》第 8 条均禁
止外商投资企业从事互联网文化活动，包括通过互联网进行录音制品的电子
化分销，⑤ 却未禁止全中资企业从事同种服务，从而给予外商投资企业不
利的差别待遇。所以，上述条款都违反了 GATS 第 17 条下的国民待遇义
务。⑥

　　2011 年 3 月 21 日，文化部发布了《文化部关于实施新修订〈互联网文

① 《文化部关于实施〈互联网文化管理暂行规定〉有关问题的通知》（2003 年）"二、……各
地暂不受理外商投资互联网信息服务提供者申请从事互联网文化活动。"
② 《文化部关于网络音乐发展和管理的若干意见》"（八）……禁止设立外商投资的网络文化
经营单位。"
③ Report of the Panel, China—Measures Affecting Trading Rights and Distribution Services for Certain
Publications and Audiovisual Entertainment Products, WT/DS363/R, 12 August 2009, adopted on
19 January 2010, para. 7.1265
④ Report of the Appellate Body, China—Measures Affecting Trading Rights and Distribution Services
for Certain Publications and Audiovisual Entertainment Products, WT/DS363/AB/R, 21 December
2009, adopted on 19 January 2010, para. 412.
⑤ 《互联网文化管理暂行规定》（2003 年）第 3 条："本规定所称互联网文化活动是指提供互
联网文化产品及其服务的活动，主要包括：
（一）互联网文化产品的制作、复制、进口、批发、零售、出租、播放等活动；……"
⑥ Report of the Panel, China—Measures Affecting Trading Rights and Distribution Services for Certain
Publications and Audiovisual Entertainment Products, WT/DS363/R, 12 August 2009, adopted on 19
January 2010, para. 413; Report of the Appellate Body, China—Measures Affecting Trading Rights
and Distribution Services for Certain Publications and Audiovisual Entertainment Products, WT/
DS363/ AB/R, 21 December 2009, adopted on 19 January 2010, paras. 7.1306 – 7.1307.

化管理暂行规定〉的通知》。该通知废除了《文化部关于实施〈互联网文化管理暂行规定〉有关问题的通知》。① 对于原通知中"各地暂不受理外商投资互联网信息服务提供者申请从事互联网文化活动"的规定，新通知第 6 条予以修改，将音乐作为例外。② 这意味着，外商投资互联网信息服务提供者可以从事音乐的网络化分销。此外，该通知第 14 条规定："《文化部关于网络音乐发展与管理的若干意见》与本通知不一致的，依照本通知执行。"《文化部关于网络音乐发展和管理的若干意见》第 8 条中"禁止设立外商投资的网络文化经营单位"与新通知第 6 条中的规定不同，应当按照新通知第 6 条执行，即允许外商投资企业从事互联网音乐文化活动，包括音乐的网络分销。但是，笔者认为，音乐虽属于录音制品，却不能包含所有的录音制品，例如录制的相声作品。根据新通知的规定，外商仍然不能经营除音乐外的录音制品的电子化分销，从而给予经营除音乐外的录音制品的电子化分销的企业不利的差别待遇。因此，此措施的修改未能完全符合 DSB 通过的裁决。

8. 《电子出版物管理规定》的修订

上诉机构和专家组报告裁定，《电子出版物管理规定》（1997 年）第 62 条③违反了 GATS 第 17 条规定的国民待遇承诺。具体而言，按照第 62 条的规定，外商投资企业不得从事电子出版物的批发和总批发。该措施剥夺了外商投资服务提供者与全中资服务提供者在提供电子出版物总批发和批发的服务上竞争的机会，从而给予外商投资企业不利的差别待遇。所以，该条款违反中国在 GATS 第 17 条下做出的国民待遇承诺。④

---

① 《文化部关于实施新修订〈互联网文化管理暂行规定〉的通知》，"（十四）《文化部关于实施〈互联网文化管理暂行规定〉有关问题的通知》（文市发〔2003〕27 号）予以废止。《文化部关于网络音乐发展与管理的若干意见》（文市发〔2006〕32 号）与本通知不一致的，依照本通知执行"。

② 《文化部关于实施新修订〈互联网文化管理暂行规定〉的通知》，"（六）香港、澳门服务提供者与内地合作方申请设立内地控股或占主导权益的合资、合作互联网文化经营单位，应当由内地合作方所在地省级文化行政部门审批。各地暂不受理外商投资互联网信息服务提供者申请从事互联网文化活动（音乐除外）"。

③ 《电子出版物管理规定》（1997）第 62 条："……符合电子出版外商独资、中外合资、中外合作企业不得从事电子出版物总批发、批发业务。"

④ Report of the Panel, China—Measures Affecting Trading Rights and Distribution Services for Certain Publications and Audiovisual Entertainment Products, WT/DS363/R, 12 August 2009, adopted on 19 January 2010, paras. 7.1070 – 7.1074.

但是，在专家组报告通过之前，1997 年《电子出版物管理规定》已经因《电子出版物出版管理规定》的实施而废止。[①] 而《电子出版物出版管理规定》中并没有禁止外商投资企业从事电子出版物的批发和总批发的规定，即其给予外国服务提供者和国内服务提供者以同等待遇，符合 DSB 通过的本案裁决。

9. 涉及影院电影相关措施的履行

上诉机构报告裁定，《电影管理条例》第 30 条[②]和《电影企业经营资格准入暂行规定》第 16 条[③]违反了中国的贸易权承诺。具体而言，专家组认定，第 30 条的规定最终都会影响到电影胶片这种货物的进口，因此应当符合中国的贸易权承诺。[④] 而该条限制了除广播电影电视总局指定企业外的其他企业进口影院电影的权利。即没有给予所有在中国的企业，包括外商投资企业，进口电影胶片的权利，从而不符合《中国加入议定书》第5.1 条以及《中国加入工作组报告书》第 83（d）段、第 84（a）段的规定，进而违反了《中国加入议定书》第 1.2 条的规定。[⑤] 同时，专家组认为，第 30 条规定的"指定"，即由国家广电总局决定，而非自动给予。这就意味着，中国并未以非任意的方式给予电影进口单位进口电影的权利，从而违反了《中国加入工作组报告书》第 84（b）段。[⑥] 基于同样的理由，专家组认定，《电影企业经营资格准入暂行规定》第 16 条违反了中

---

① 《电子出版物出版管理规定》经 2007 年 12 月 26 日新闻出版总署第二次署务会议通过，于 2008 年 2 月 21 日公布，自 2008 年 4 月 15 日起施行。其第 63 条规定："本规定自 2008 年 4 月 15 日起施行，新闻出版署 1997 年 12 月 30 日颁布的《电子出版物管理规定》同时废止，此前新闻出版行政部门对电子出版物制作、出版、进口活动的其他规定，凡与本规定不一致的，以本规定为准。"

② 《电影管理条例》第 30 条："电影进口业务由国务院广播电影电视行政部门指定电影进口经营单位经营；未经指定，任何单位或者个人不得经营电影进口业务。"

③ 《电影企业经营资格准入暂行规定》第 16 条："电影进口经营业务由广电总局批准的电影进口经营企业专营。进口影片全国发行业务由广电总局批准的具有进口影片全国发行权的发行公司发行。"

④ Report of the Panel, China—Measures Affecting Trading Rights and Distribution Services for Certain Publications and Audiovisual Entertainment Products, WT/DS363/R, 12 August 2009, adopted on 19 January 2010, para. 7.560.

⑤ Report of the Panel, China—Measures Affecting Trading Rights and Distribution Services for Certain Publications and Audiovisual Entertainment Products, WT/DS363/R, 12 August 2009, adopted on 19 January 2010, para. 7.576.

⑥ Report of the Panel, China—Measures Affecting Trading Rights and Distribution Services for Certain Publications and Audiovisual Entertainment Products, WT/DS363/R, 12 August 2009, adopted on 19 January 2010, para. 7.569, para. 7.571.

国的贸易权承诺。① 中国就以上被裁定违法条款所管理的，是否货物的进口提出上诉。上诉机构在考察"电影"的含义后认为，只要电影内容被物理形式的材料所承载，以上条款就不可避免地影响到作为电影内容物理载体的进口，应当适用中国入世时做出的贸易权承诺。② 基于以上分析，中国在履行裁决时应当使以上条款符合 DSB 的裁决，即开放影院电影的贸易权。

本案在影院电影的执行方面遇到了前所未有的困难。自本案合理期限届满起，美国在每次的 DSB 会议上，均对中国缺少就执行与影院电影有关措施的 DSB 建议表示担忧。同时，中美双方一直就该问题进行磋商，以期达成替代性解决方案。2012 年 2 月 18 日，关于影院电影措施的执行取得突破性进展。根据新华网北京 2012 年 2 月 18 日电，2012 年 2 月 18 日，中美双方就解决 WTO 电影相关问题的谅解备忘录达成协议。③ 美国贸易代表办公室网站也发布了相同的新闻。④ 中国还在 2012 年 3 月 23 日举行的 DSB 会议上通报了这一进展。

2012 年 5 月 9 日，中美双方将双方就影院电影的执行所达成的谅解备忘录的主要内容通知 DSB。根据 WTO 就此公布的文件，该谅解备忘录的主要内容如下：中国自 2012 年起将在每年 20 部海外分账电影的配额之外增加 14 部分账电影的名额，但必须是特种电影，例如 3D 电影或者是 IMAX 电影；对于进口分账片，中国同意将电影制片方的票房分账比例提高到 25%，且中方承担所有的税费；对于除分账片外的进口电影，若双方并非都是私营

① Report of the Panel, China—Measures Affecting Trading Rights and Distribution Services for Certain Publications and Audiovisual Entertainment Products, WT/DS363/R, 12 August 2009, adopted on 19 January 2010, para. 7. 594, paras. 7. 598 – 7. 600.

② Report of the Appellate Body, China—Measures Affecting Trading Rights and Distribution Services for Certain Publications and Audiovisual Entertainment Products, WT/DS363/AB/R, 21 December 2009, adopted on 19 January 2010, paras. 199 – 200.

③ 《中美双方就解决 WTO 电影相关问题的谅解备忘录达成协议》，新华网：http：//news. xinhuanet. com/world/2012 – 02/18/c_ 111540058. htm，最后访问日期：2013 年 2 月 19 日。

④ 美国贸易代表办公室 2 月 18 日发布的新闻如下：Washington, D. C. —The United States and China issued the following joint statement this evening regarding an agreement announced today on World Trade Organization (WTO) film-related issues. "China and the United States today reached agreement on the terms of a Memorandum of Understanding resolving the WTO film-related issues. Both sides applaud the efforts made to resolve their differences with respect to these important issues." 网址：http：//www. ustr. gov/about – us/press – office/press – releases/2012/february/joint – statement – regarding – us – china – agreement – film.

企业，中国同意双方的合同应该基于商业条款，符合在和中国市场相当的国家内通行的条款；中国同意所有的中国企业均有资格申请并获得分销进口电影的许可，同时，任何法律、法规、政府规章均不得阻止任何有资质的中国企业申请并获得分销进口电影的权利。中国还同意其将促进对进口电影分销的改革，并积极鼓励更多的中国企业，包括私营企业，获得分销进口电影的许可，参与进口电影的分销；中国同意其将以非任意且非歧视的方法进行电影分销商许可，进口电影分销合同将反映标准行业实践，其他中国政府政策及实践不得违反此谅解备忘录的条款；5 年后，中美双方将对于此谅解备忘录的关键性条款进行磋商，并讨论中国就 DS363 案中 DSB 对电影方面的建议和裁决的执行。①

虽然中美双方已经就本案 DSB 建议和裁决中所涉影院电影方面的措施的执行达成了临时协议，暂时解决了中美关于本案裁决执行的争端。但是，笔者认为，此临时协议并不能替代争端解决裁决的完全履行，从临时协议的内容上可以看出，美国没有放弃要求中国按照 DSB 通过的 DS363 案专家组和上诉机构裁决的权利，这意味着，美国仍有可能根据 DSU 第 21.5 条提起执行争议复审程序，甚至根据 DSU 第 22 条请求 DSB 授权报复。

三　结语

在 2012 年 5 月 24 日召开的 DSB 会议上，中国表示其已经采取必要步骤完成中美关于出版物和音像制品案中 DSB 通过的裁决，且自此以后不再向 DSB 报告本案的执行情况。但是，美国表示尽管中美双方就该案电影方面的执行达成谅解备忘录是案件执行的一个重大进展，然而这并不意味着是对该案中电影方面问题的彻底解决。另外，中国对除电影外的其他方面措施的执行仍未完成。美国将根据 DSU 第 21.6 条，就中国是否向 DSB 报告本案执行情况的问题继续磋商。② 从美国的态度中可以看出，美国对中国就本案的履行仍然持观望态度，本案的彻底解决仍需要中国彻底履行 DSB 通过的裁决，或中美两国最终达成的解决方案。

---

① Joint Communication from China and the United States, China—Measures Affecting Trading Rights and Distribution Services for Certain Publications and Audiovisual Entertainment Products, WT/DS363/19, 11 May, 2012.

② Minutes of Dispute Settlement Body (DSB) meetings held in the Centre William Rappard on 24 May 2012, WT/DSB/M/316, 20 July, 2012.

The Review of the Case "China—Certain Publications and Audiovisual Entertainment Products"

Sun Zhen

Abstract: On 22 February 2012, China signed a Memorandum of Understanding with the United States regarding measures concerning films of the case "China—Measures Affecting Trading Rights and Distribution Services for Certain Publications and Audiovisual Entertainment Products". From then, China approximately completed the implementation process of the case, which continued for over two years. The implementation has a great influence on China's regulatory regime of culture products, because the case involved many regulatory measures on culture products by Chinese government. Besides, China went through several steps in the implementation process and adopted several methods to complete the implementation, thus making the case typical for the implementation of WTO dispute settlement rulings, which can be used for reference to the implementation of other WTO cases. Therefore, the author uses the measures as the breakthrough point. By analyzing the reasoning in the adopted reports and the situation of the measures made by China during the implementation period, this paper expounds how China implements this dispute settlement ruling, and estimates whether China completely fulfills the implementation.

Key Words: Case "China—Certain Publications and Audiovisual Entertainment Products" (DS363); trading rights; distribution services; the WTO dispute settlement rulings implementation

"十面霾伏"下的有中国特色碳税之路的法律思考

何晶晶[*]

摘　要： 为了推进中国绿色经济的发展，作为推动低碳法律体系建立的重要一步，中国政府已经开始酝酿碳税立法。这一点对于改变中国长期以来侧重行政管制而疏于运用市场刺激机制的环境保护局面无疑是可喜的进步。然而面对国际上的诸多争论、许多国家实施碳税法的经验教训，中国的碳税立法和实施又该何去何从？中国该建立怎样的碳税法，才能既符合中国国情，又与国际接轨？本文将带着这样的问题，积极探讨中国碳税法之路的挑战和应对方案。

关键词： 碳税法　碳税立法　低碳发展　绿色增长

一　引言

2013年1月的一场持续多天的覆盖全国大多数省市的雾霾，再次向中国敲响了环境忧患的警钟，警醒国人中国的大气污染和碳排放问题已经到了非常严重的程度，加大力度推进碳减排已经刻不容缓。这次空气污染事件的主要元凶是煤炭污染（其主要来源是电厂、工业燃煤锅炉等）、工业废气和汽车尾气。触目惊心的"十面霾伏"，已经让我们无法再逃避现实存在的深重的生态忧患，建设一个低碳的绿色中国已经不能再是一个停留在书面的口号，而是需要实实在在的行动使政府的低碳减排政策硬起来，通过行政和市场手段将落后产能尽快淘汰出局，积极推动中国经济模式转向低碳化发展。

---

* 何晶晶，中国社会科学院国际法研究所博士后研究人员。

面对这场严峻的环境危机，面对老百姓的深切疑问"我们是否走得出十面霾伏？"值得庆幸的是我国政府已经"在路上"。在全球气候变暖，低碳转型已经成为历史必然的大背景下，世界各国政府正在采取一系列措施来降低碳排放。作为一个有国际责任感的大国，本着对中华民族和全人类长远发展高度负责的精神，中国已经向全世界郑重承诺到2020年要实现单位国内生产总值碳排放量比2005年下降40%至45%的目标。中国共产党第十八次全国代表大会更是首次把生态文明放在突出地位，将生态文明建设提到与经济建设、政治建设、文化建设、社会建设并列的位置，倡导"五位一体"的布局，这显示了中国应对气候变化的决心和毅力。然而要实现这样的减排目标，把我们国家真正建设成为低碳的"美丽中国"，我们还任重道远，需要在政治、经济、法律等社会各方面进行系统和大刀阔斧的变革。从法律角度来说，中国需要进一步完善现有的环境保护法，积极推进符合中国国情的低碳减排法律体系的建立。

为了推进中国绿色经济的发展，作为推动低碳法律体系建立的重要一步，中国政府已经开始酝酿碳税立法。这一点对于改变中国长期以来侧重行政管制而疏于运用市场刺激机制的环境保护局面无疑是可喜的进步。[①]然而面对国际上的诸多争论、许多国家实施碳税法的经验教训，中国的碳税立法和实施又该何去何从？正如中国首部气候变化应对法的立法组主要负责人常纪文教授指出的，在必要时征收碳税已经成为社会各界的共识，但如何科学、合理、公平地征收碳税却是一个难题。[②]中国该建立怎样的碳税法，才能既符合中国国情，又与国际接轨？本文将带着这样的问题，积极探讨中国碳税法之路的挑战和应对方案。

二　碳税法优缺点的理论分析

（一）碳税法的理论渊源

简而言之，碳税（carbon tax）是以减少二氧化碳（CO_2）排放为目的，

---

① 李传轩：《应对气候变化的碳税立法框架研究》，《法学杂志》2010年第6期。
② 参见 http://news.china.com.cn/law/2012-03/19/content_24930054.htm，最后访问日期：2013年2月18日。

针对二氧化碳排放征收的一种应对气候变化税，是环境保护税的一种。在具体实施上，碳税通常对化石燃料（如煤炭、天然气、汽油和柴油等）按照其碳含量或碳排放量征收。[①]碳税的一个重要理论根源是福利经济学中的外部性问题，即一个经济主体从事某项经济活动而给他人带来收益或损失的情形：当成本大于收益，利益外泄却又得不到应有的效益补偿时，就出现正的外部性问题；而当成本小于收益，受损者却得不到损失赔偿时，就出现负的外部性问题。[②]在温室气体的排放上，由于私人碳排放者的成本小于社会成本，就产生了负外部性的问题。

英国经济学家庇古所提出的"庇古税"（Pigovian Taxes），就是通过征税等政策手段来消除负外部性的问题。具体来说，"庇古税"是政府根据污染所带来的危害，对排污者以收税的形式把污染的成本加到价格中去，以弥补私人成本和社会成本之间的差距。[③]庇古税理论是要将环境外部成本内在化，使政府通过征税提高环境污染和二氧化碳排放的成本，通过市场机制来引导企业和消费者从事低碳减排的绿色经济活动。具体来说，从生产环节来看，由于整个生态环境是自由财富，在对企业的环境污染和碳排放不征税的情况下，企业就不用承担由于生产所引起的环境污染和气候变化的社会成本，使得企业容易在追求经济利益最大化的过程中无视对环境可能造成的污染；从消费环节看，如果一种消费品在消费过程中对环境和大气产生了消极作用，而产品的价格没有体现这样的环境成本，消费者就不用为使用过程中的这种副作用承担相应的代价，就不利于低碳消费品在市场上的推广。[④]

在各国的碳减排实践中，通常采取两种途径来控制温室气体排放：一种是通过行政强制手段，自上而下将任务层层分解的命令控制型的直接管制手段；另一种是利用市场化手段，通过采用经济激励与约束机制，诱导市场主体自下而上地自主进行碳减排的市场驱动型经济刺激机制。[⑤]我国目前采取的多是第一种通过行政强制手段来减少碳排放，这一手段强调行政力量的干预，力图通过各类行政强制标准和行政处罚手段等来减排，但是这一方法有

---

① 财政部财政科学研究所课题组：《中国开征碳税问题研究》，中国可持续能源项目，2009年9月。

② 马海涛、白彦锋：《我国征收碳税的政策效应与税制设计》，《环境与税收》2010年第9期。

③ 苏明等：《我国开征碳税问题研究》，《经济研究参考》2009年第72期。

④ 苏明等：《我国开征碳税问题研究》，《经济研究参考》2009年第72期。

⑤ 李传轩：《应对气候变化的碳税立法框架研究》，《法学杂志》2010年第6期。

一个明显的弊端，就是容易发生政府失灵的问题，存在着手段僵硬、低效等缺陷，这也是我国近年来减排投入不少但是效果不理想的一个重要原因。经济学家普遍认为，应对气候变化，基于市场的激励型工具要比传统意义上的命令强制型手段更为有效。碳税就属于激励型的市场刺激机制，①通过市场价格机制来引导经济活动向低碳经济的方向转变，与行政手段相比，具有间接性、灵活性和自愿性的特点。

（二）碳税制度的优势

碳税的优势是毋庸置疑的，具体可以将碳税法的优点概括为以下几点：

第一，碳税法的实施能有效地促进企业提高能源使用效率，通过提高生产效率研发新技术来适应绿色经济增长的要求，同时还能促进绿色低碳产品在市场上的推广。简而言之，开征碳税能有效促进中国的经济发展模式的转变，推动中国经济的可持续发展。

第二，因为不用另设碳税税制机构，可以依托于现有的税收机构，碳税法的实施较为容易，行政制度上的阻碍相对小。

第三，由于碳税征收遵循"污染者付费"原则，相对公正地解决了环境外部成本该由谁承担的问题，所以较容易实现透明、公平和公正。②

第四，碳税的实施还可能带来"双重红利"（double dividend）效应，即在维持国家税收总体收入不变的情况下开征碳税，并相应减少企业所得税、个人所得税和投资税等，这样不仅碳税能有效促进碳减排，实现一重红利，还可以通过碳税收入来减少现存税制对资本和劳动生产的扭曲，从而实现刺激投资、拉动就业、促进绿色经济增长的第二重红利。③

（三）碳税法实施的弊端

尽管碳税有诸多好处，但是也存在着明显的不足，这就是为什么无论是在理论界还是在业界，对于碳税的争议仍很多，许多国家仍然处于观望状态，不敢贸然实行。我国只有在做好充足准备的基础上，在合适的时机实施碳税法，才能最大限度地利用其优点而避免其弊端。碳税的弊端可以概括为

---

① 另一个有效的碳减排市场刺激机制是排放权交易机制（Emission Trading Scheme）。
② 谈尧：《中国实行碳税政策的利弊分析》，《财政监督》2009 年第 12 期。
③ 薛钢：《关于碳税设计中的次优选择研究》，《中国人口、资源与环境》2009 年第 12 期。

以下几点：

第一，碳税可能会给国家和社会带来较大的经济负担，影响产业的国际竞争力，尤其给出口带来压力。特别是当政府不能通过采取相关税收优惠和补偿措施来减弱碳税政策对企业的国际竞争力的负面影响时，以及企业不能在较短的时间内通过采用低碳新技术来提高企业竞争力时，碳税法的实施就容易遭到抵制。碳税政策还可能引起化石能源价格上涨，诱发通货膨胀，滞缓经济增长。

第二，开征碳税可能对居民生活带来不利影响。开征碳税可能会影响经济发展，引起物价上涨，特别是能源（包括交通）价格上涨，增加民众的生活成本。尤其是低收入人群对碳税征收可能带来的生活成本增加额外敏感，开征碳税可能会降低他们的生活水准。

第三，碳税制度存在着开设容易、管理难的问题，这对政府相关机构根据市场反应来及时调整税率的能力是个很大的挑战。[1]

第四，从国际上来看，由于《京都议定书》规定的各国所承担的碳减排义务的差别以及各国进行温室气体减排的力度和决心的差异，容易使各国在是否实施碳税法和采用多高的碳税税率上存在差别，这种碳税制度的差异（加上其他碳减排手段的不同），可能会导致碳泄露（carbon leakage），[2] 这就需要国家间进行碳税的协调。[3]

三　碳税法在全球的实践考察

近年来，一些国家先后实施碳税法，作为其政府积极应对气候变化的重要市场刺激手段。在这一章节，笔者将分析全球具有代表性的国家实施碳税法的经验和教训，以期通过横向比较，对中国的碳税法立法和实施提供有益的借鉴。

（一）实践考察之一：欧洲碳税法实施情况

北欧等国是全世界最早实施碳税法的国家，欧洲其他国家也逐步地开始

---

① 谈尧：《中国实行碳税政策的利弊分析》，《财政监督》2009 年第 12 期。

② 碳泄露（carbon leakage）是指为了逃避或减少所付的碳税，碳排放由碳排放成本高的国家即实施碳税法或碳税税率高的国家，转移到碳排放成本低的国家即不实施碳税法或碳税税率相对较低的国家。

③ 苏明等：《再说碳税》，《环境经济》2011 年第 4 期。

开征碳税，欧盟一直在试图建立一个包括所有欧盟成员国在内的统一碳税，加上欧洲已经建立了涵盖整个欧盟的碳排放权交易机制（Emission Trading Scheme），欧洲无疑在利用市场刺激手段来实行碳减排方面走在了世界的前列。

1. 芬兰

芬兰在1990年起征收碳税，征收的范围是矿物燃料，是根据含碳量来征收碳税，在碳税征收上采取税率由低到高、逐渐增加的原则。这样的做法有利于碳税法的顺利实施。芬兰碳税收入直接进入一般预算。芬兰的碳税实施取得了良好的成效。

2. 丹麦

丹麦从1992年开始对家庭和企业同时征收碳税，征收范围涵盖汽油、天然气和化石燃料以外的所有二氧化碳排放，计税基础是燃料燃烧时的二氧化碳量，税收收入的一部分被用于企业的节能项目补贴，企业还享受税收返还等优惠政策。丹麦的碳税收入全部循环回到工业。丹麦的碳税法推动了丹麦能源结构的调整，使得可再生能源和清洁能源的比重逐步增加，二氧化碳排放量不断下降。

3. 挪威

挪威从1991年开始征收碳税，征收范围包括汽油、矿物油、天然气、煤和焦炭等，对航空、海上运输等部门给予税收豁免，同时对造纸业等部门征收规定标准一半的税率。研究显示挪威的碳税法取得了明显的碳减排效果。

4. 瑞士

瑞士于2008年起开征碳税，瑞士碳税制的一个值得推崇的特点在于其推行政府强制征税与企业自愿减排相结合的政策。这给企业更多的选项来实现减排，更有利于调动企业碳减排的积极性和能动性。瑞士的碳税收入按征收比例返还给企业和居民。瑞士的碳税政策加上其他减排手段的有效利用，大大降低了瑞士国内的碳排放量，使得瑞士能够顺利实现《京都议定书》所规定的减排目标。

5. 英国

英国从2001年开始征收气候变化税（climate change levy），其征收对象为使用能源的商业、工业、农业、政府部门等，居民和慈善机构不在征税范围中，其税收收入循环回到工业中，用于提高能源利用效率和研发低碳技术。[①]尽管英国的碳税法积极促进了英国的碳减排,然而有许多反对的声音在担心英国的碳税会使英国的能源价格大幅上涨,增加民众的生活成本,给社会带来经济负担,降低企业的国际竞争力。

6. 荷兰

荷兰从 1996 年开始征收碳税,征收的能源种类包括液化石油气、汽油、燃料油、天然气和电力。碳税的税基是能源税和碳税,税款被用于政府治理环境的公共支出,碳税的纳税人为燃料的生产商和出口商。[②]荷兰的碳税取得了良好的效果,从开征碳税以来,荷兰的碳排放稳步下降。

7. 法国

法国是欧洲少数的没有开征碳税的发达国家,2009 年法国也曾酝酿要开征碳税,却因未能得到足够的支持而无法推行。民意调查显示 70% 的民众反对征收碳税,企业的反对声也很大。究其原因主要是碳税方案设计不合理,尽管法案规定征收碳税后民众将享有个人所得税和社会福利税方面的减免,然而由于碳税涉及日常生活的各方面,最后的累计效果仍然是物价大幅上涨,最终是社会上的一般居民而不是那些碳排放企业在负担碳税政策带来的负面影响。法国的碳税法案"胎死腹中"的教训,无疑警醒我国在推行碳税政策的时候要以公民的福利为着眼点,不能损害民众的利益,特别是应避免出现企业把碳税税负向老百姓身上转嫁的情况,这样才能使碳税法得到社会的支持和积极响应。[③]

(二) 实践考察之二:美国、澳大利亚和加拿大的碳税法实施情况

相对于欧洲大部分国家(及加拿大)碳税法的顺利实施,在美国和澳大利亚,碳税法的实施,都引起了很大的争议。澳大利亚在经过长时间的艰难斗争后终于开始实施碳税法,然而碳税法一经公布就引来很多的反对甚至示威游行抗议,而美国至今没能在全国范围开征碳税。这些国家在碳税问题上所遇到的社会阻力和加拿大不列颠哥伦比亚省的成功经验,无疑提醒我们,只有在充分准备和合理设计的基础上开征碳税,中国的碳税法才能既实

---

① 参见 http://www.decc.gov.uk/en/content/cms/emissions/ccas/cc_levy/cc_levy.aspx,最后访问日期:2013 年 2 月 18 日。

② 财政部财政科学研究所课题组:《中国开征碳税问题研究》,中国可持续能源项目,2009 年 9 月。

③ 晏琴:《法国碳税"胎死腹中"之鉴》,《经济研究参考》2010 年第 48 期。

现碳减排的目的，又能赢得社会的支持。

1. 美国

美国目前还没有开征全国范围的碳税，但是学术界与业界对于这一问题的关注和争论却一直没断。从趋势上来看，美国最终要在全国范围实施碳税法，然而由于阻力很大，碳税法的实施还不会在短期内实现。美国现已有科罗拉多州（Colorado）的玻尔得市（Boulder）从 2007 年开始实行碳税法，对电力使用征税，其中对电力来源为可再生能源的电力使用实行减税，碳税收入由市政府环保部门用于碳减排投资。①加利福尼亚州的港湾地区空气质量管理区（包括旧金山海湾地区的九个郡县），于 2008 年开始对企业征收碳税。

2. 澳大利亚

从 2012 年起，澳大利亚经过多年艰苦的政治角力之后，终于开始实施备受争议的碳税法案《清洁能源法》。这一法案强制大约 300 家对环境有严重污染的企业，为排放每吨温室气体支付 24 美元的税款，这也是全球的最贵碳税。在该碳税法得到环境保护主义人士大力支持的同时，反对派却称之为"有毒的税法"，批评它将牺牲许多工作岗位，还会提高老百姓的生活费用。澳大利亚各地出现大规模的针对碳税法的示威抗议，包括矿产、能源等在内的行业，都将受到新法案的影响。由于澳大利亚的矿业是碳排放大户，在碳税法实施时，所受的冲击可能最大。根据澳大利亚的碳税法，矿业并不属于规定的"碳排放密集及贸易竞争型行业"，所以不会获得碳税免费许可。一些分析人士担忧，在全球经济增长疲软的大背景下，澳大利亚的碳税法案会导致矿业投资出现降温，对依赖矿业的澳大利亚经济产生巨大冲击。

3. 加拿大

加拿大还没有全国统一的碳税，但是已经有两个地方省开始征收碳税。最早开征碳税的是加拿大魁北克省，从 2007 年开始，魁北克省对石油、天然气和煤征收碳税，约有 50 个能源公司被征税，尽管碳税税率很低，却使得魁北克省成为北美首先实施碳税法的地方。②加拿大魁北克省的纳税对象是中间商，即能源和石油公司，而不是消费者。

---

① 英文原文：http://en. wikipedia. org/wiki/Carbon_ tax，最后访问日期：2013 年 2 月 18 日。

② 英文原文：http://www. carbontax. org/progress/where-carbon-is-taxed/，最后访问日期：2013 年 2 月 18 日。

从 2008 年起，加拿大的不列颠哥伦比亚省实施碳税法，征收范围包括汽油、柴油、天然气、煤、石油以及家庭供暖用的燃料等所有化石燃料，不同燃料所征收的碳税不同。省政府没有通过碳税来增加收入，而是通过减税的方式，将碳税的收入还给该省民众，[①] 具体来说，碳税税收将以削减所得税的形式回馈给个人和公司。新税收并未削弱不列颠哥伦比亚省的经济，该省的失业率也略低于全国平均水平，而其经济增长却略高于全国。由于碳税的起征点不高，而且也提前阐明了税率上涨计划，各企业有充足的时间，制订计划，减少碳使用量。所以该省的碳税法不但有效地促进了碳减排，没有对其经济产生不良影响，还得到了很高的民众支持率。这无疑为其他国家和地区的碳税推行树立了好的榜样。

（三） 实践考察之三：亚洲碳税法实施情况

亚洲的大部分国家还没有实行碳税，但是一些国家如韩国、中国等，都已经酝酿开征碳税。亚洲国家中目前只有日本和印度颁布了碳税法。

从 2012 年起，日本开征碳税，碳税征收对象是使用化石燃料的单位，范围既包括工厂企业，如煤炭、石油、天然气的消费大户，采用化石能源发电的企业等，又包括家庭和办公场所，其碳税收入的一半用于投资低碳技术。

作为世界第三大二氧化碳排放国，印度从 2010 年起征收碳税，对本地生产的以及进口的煤炭征收碳税，税率为 MYM1.07 每吨（煤）。印度的减排行动无疑为世界上其他碳排放大国做出了表率。[②]

四　国际碳税法经验对中国碳税立法的启示

同样是实施碳税法，为什么有的国家实施得很顺利，既取得了减排的良效，又没有对经济发展造成负面影响，如北欧国家和加拿大的不列颠哥伦比

---

① 参见 http：//www. most. gov. cn/gnwkjdt/200803/t20080307_ 59642. htm，最后访问日期：2013 年 2 月 18 日。

② 英国卫报（The Guardian）新闻："Carbon tax and emissions trading: how countries compare"（碳税和碳排放权交易：国家间的比较），2011 年 7 月 10 日。http://www. guardian. co. uk/environment/2011/jul/10/carbon - tax - emissions - trading - international，最后访问日期：2013 年 2 月 18 日。

亚省，而另一些国家的碳税法案从一开始就举步维艰（如澳大利亚），甚至由于争议太大、民众的反对太强而无法得以实施（如法国）。这一现象，值得中国深思。中国是否能承受碳税之重？正如王岩等学者所指出的，①碳税尽管在理论上可行，但是在实践中却面临着两难的选择，走出碳税制度在实践中的两难困境，从法律角度来说，其关键就是要通过科学的立法和合理的实施来尽量发挥其优势而同时避免其负面影响。正是基于这样的出发点，在总结其他国家碳税法实施经验教训的基础上，在以下章节，笔者将从立法目的、碳税法的设计、碳税法的实施等方面，积极探讨中国如何走出一条有中国特色的碳税法之路。

（一）碳税法的立法目的

碳税法的立法目的是要通过碳税这个市场刺激机制，来推动中国的碳减排，提高能源利用效率，推动现有的能源结构由以煤炭为主向以清洁能源和可再生能源为主的能源结构转变，促进绿色低碳技术研发，推动我国的低碳产业结构调整，推进低碳城市化进程，变中国过去以能源密集型产品为主的出口结构为以高技术高附加值产品为主的出口局面，从根本上提高中国的国际竞争力，推动中国经济向低碳化发展。同时通过主动开征碳税，有效遏制发达国家对我国可能采取的贸易保护主义制裁如碳关税，帮助树立我国"负责任的大国"的形象，在应对气候变化的国际谈判中赢得主动。从根本上说，碳税作为中国应对气候变化的一个重要的市场手段，与其他政策手段相结合，目标是要使我国在实现碳减排的同时，发展可持续的绿色经济，实现绿色增长（Green Growth）。

（二）碳税法的立法原则

基于中国仍然是发展中国家的国情，并借鉴外国碳税法的经验教训，笔者认为，中国的碳税法立法应遵循以下几个原则：

1. 兼顾约束和激励作用的原则

碳税法的立法要兼顾约束和激励两方面的作用：一方面通过碳税法来限制企业和个人的化石能源的消耗，转变我国能源消耗结构不合理的局面；另一方面通过碳税的市场刺激作用鼓励企业使用清洁能源，研发低碳新技术，

---

① 王岩、张建超：《国外碳税研究文献综述》，《广东社会科学》2011 年第 1 期。

提高能源使用效率，以推动绿色经济的发展。[①]

2. 碳减排与经济发展相辅相成的原则

在碳税法的立法和实施中，要始终考虑到我国作为发展中国家的国情，要把减排与发展统一起来，把应对气候变化与其他政策目标协调起来。具体来说，一方面我国的经济发展不能以牺牲生态环境为代价，我们需要保证碳税能起到对企业和消费者较强的刺激力度，促进改变当前以化石能源消耗为主的能源结构，增加清洁能源的使用，以达到碳减排的目的；另一方面，我们也要充分考虑到企业和消费者的承受能力，不能因为碳税税率过高而影响到企业的竞争力，并且通过采取相关的优惠政策来降低碳税征收对经济发展的负面影响。[②]

目前，国际上提出的绿色增长概念，就体现了发展与环境保护的统一。绿色增长理念倡导经济发展与环境保护的和谐发展，使这两个貌似对立的方面实现内在统一并相互促进，这也是我国的碳税之路所要追求的原则。

3. 坚持有中国特色并与国际接轨的原则

我国目前在经济发展水平、政府管理能力和科技水平等方面还与发达国家存在较大差距。所以，我国在碳税法的立法和实施过程中，既要坚持洋为中用，积极学习西方国家的经验教训，同时要始终立足于本国国情，不盲目照抄别国的做法，而是要走出一条符合我国发展的有中国特色的碳税之路。

4. "使用者承担"的法律责任规则

碳税法应该充分贯彻"谁使用、谁承担"的环境法律责任原则。在确定碳税法的征收对象时，要依据谁是中国二氧化碳的主要排放者，来确定纳税主体，避免出现普通老百姓为企业的碳排放"埋单"的情况。

5. 循序渐进的原则

由于碳税可能带来的社会负担和对企业竞争力的不良影响，我国在碳税设计上要遵循逐步深入的原则，让社会有一个缓冲的准备适应期。具体来说，在碳税税率的设计上应该遵循由低到高的逐步推进的原则，从较低的税率征起，逐步根据市场情况提高税率。在碳税的实施上，也可以由点入面逐步深入，先在一些地区进行试点，在积累了一定的经验后再在全国

---

① 财政部财政科学研究所课题组：《中国开征碳税问题研究》，中国可持续能源项目，2009 年 9 月。

② 苏明等：《我国开征碳税问题研究》，《经济研究参考》2009 年第 72 期。

范围内实施。

6. 兼顾效益与公平的原则

在碳税实施中，除了对受到碳税冲击的企业推行碳税优惠和补偿政策，来减轻碳税对企业国际竞争力的负面影响，国家还应关注碳税开征可能带来的居民的生活成本加大的问题（如物价上涨），特别是关注低收入人群的福利保障问题。研究显示，由于低收入人群用于燃料的费用占其收入的比重远高于高收入人群，这使得他们受到征税的负面影响更明显。[①]这就需要国家采取相应的福利保障政策来消除碳税对民众特别是低收入者的生活影响，避免出现民众而非碳排放企业为碳排放"埋单"的情况，以赢得社会对碳税开征的广泛支持。

7. 次优税收原则

碳税法的设计应该遵循次优税收原则。次优税收是相对于最优税收而言的，最优税收是指依据税收中性原则和税收公平原则征税，不对社会产生税收超额负担和不造成任何经济扭曲。由于最优税收需要非常严格的条件，所以最优税收在现实生活中是不存在的。次优税收指的是在满足政府一定收入规模的前提下，使税收所引起的效率损失或超额负担尽可能小的税制安排，次优税收作为最优税收的替代，成为各国税制改革的指导原则。[②]我国在碳税立法设计时，也要遵循次优税收原则，不能只是按效率来设计碳税政策，而是要把碳税作为中国税制改革的一部分来看，充分考虑到碳税与其他税种间的协调与整合，用碳税替代那些扭曲性税收，使得碳税在实现其减排效用的同时，又体现对公民福利的尊重，实现碳税的多重"红利"。

8. 碳税征收的中性原则

在碳税的征收中应该遵循税收的中性原则（revenue neutral），即将所征收的碳税收入全部用于应对气候变化的环保投资，而不用于一般性的公共开支，以保证碳税收入的专用性，并增强碳税法的碳减排效率。加拿大大不列颠哥伦比亚省的碳税实施的一个重要的成功经验就是有效地运用了税收中性原则，在开征碳税的同时积极推动其税制改革。大不列颠哥伦比亚省政府一直遵照税收中性的原则，即不增加任何实际的税收，事实上省政府返还给纳

---

① 夏璐：《浅议"后哥本哈根时代"中国碳税之路——以国际碳税税制比较为视角》，《长沙民政职业技术学院学报》2010 年第 1 期。

② 薛刚：《关于碳税设计中的次优选择研究》，《中国人口、资源与环境》2010 年第 12 期。

税人的钱（以税收减免的形式）比通过碳税得到的税收收入还要多，与加拿大其他省份相比，大不列颠哥伦比亚省的个人和企业所得税税率都是加拿大最低的。①大不列颠哥伦比亚省成功实现了开征碳税后经济未受到负面影响、社会的整体税负减轻、碳排放得到有效抑制的"多赢"局面，这非常值得中国学习借鉴。

9. 公开透明原则

我国的环境法面临的一个普遍问题就是信息不够公开，公众监督不够，监管机制差。这就要求我们在碳税法的立法设计上强调信息的公开透明，和加强公众的参与与监督。英国在这方面就给了我们一些有益的启示。2012 年 6 月英国通过法案，规定从 2013 年 4 月起所有的伦敦证券交易市场的上市企业要公布其年碳排放量（以二氧化碳计算）。这使得英国成为世界上第一个通过法律强制要求上市企业公开碳排放信息的国家，这一举措有利于政府的碳税执法和公众的监督，对企业的自主减排起到了鞭策作用，也引导投资者关注企业的低碳减排能力（green credentials）。②我国也应效仿英国的做法，要求企业公布碳排放信息，以便加强公众对碳税征收的监督。

10. 自愿与强制性减排相结合的原则

在法律责任的设定上，碳税法既要体现规范性和强制性，又要体现灵活性，从而使碳税法能够更加有效地实施。正如常纪文教授指出的，在碳税征收上，瑞士的做法值得我们借鉴："在瑞士，鼓励企业进行自愿减排，达到自愿减排目标的企业免征二氧化碳税。企业可自主选择自愿减排还是缴纳二氧化碳税。那些能源消耗低而雇员众多的企业愿意选择缴纳二氧化碳税，而那些能源密集而员工较少的企业宁愿实施自愿减排措施。自愿减排达到预期目标要求则可以免除二氧化碳税，如果未实现减排目标，则对超

---

① 英文原文："The BC government has kept its promise to make the tax shift 'revenue neutral', meaning no net increase in taxes. In fact, to date it has returned far more in tax cuts (by over MYM300 million) than it has received in carbon tax revenue-resulting in a net benefit for taxpayers. BC's personal and corporate income tax rates are now the lowest in Canada, due to the carbon tax shift." http://business. financialpost. com/2012/07/05/4 - key - reasons - why - bcs - carbon - tax - is - working/? _ _ lsa = 375b - 8ab3, 最后访问日期：2013 年 2 月 18 日。

② 英文新闻原文见 http://www. environmentallawforum. co. uk/index. php? /News/ mandatory - greenhouse - gas - reporting - for - ftse - companies. html，最后访问日期：2013 年 2 月 18 日。

出减排目标的每吨二氧化碳罚款 100 瑞士法郎，并要求其在下一个减排期内实现减排目标。"①我国也可以根据实际情况，在碳税法中引入自愿减排机制的选项供企业选择，以增加碳税法的灵活性。

11. 地区差异原则

由于中国的地区经济发展不平衡，存在着东部沿海地区经济和科技发展水平较高，而中西部地区经济发展和科技发展都比较落后的地区差异。同时又存在着传统的化石能源如煤炭以及能源生产密集型企业多集中在中西部的情况，这就造成严重的碳排放企业多集中在中西部，而东部企业的能源利用效率较高的情形。所以要实现较好的碳减排效果，就不能搞一刀切，具体在征收碳税上，要充分考虑到地区的差异性，在碳税税率方面可以允许适当的地区差异，而且在碳税的征收时机上也可以采取东部地区先试行然后向中西部地区推广的逐步推进式，这使得中西部地区企业比东部地区企业有更长的缓冲期来适应碳税要求，研发新技术，提高能源利用效率。当然在这一过程中，也要注意不要使地区间的碳税政策差异过大，或是采取"不同地区不同税率"的政策时间过长，以免产生地区间的"碳泄露"，即东部一些企业为了逃避碳税而迁移到中西部地区。

（三）碳税法的要素设计

1. 碳税的纳税环节

如何合理地选择碳税的征收环节是中国的碳税立法首先面临的难题。由于在生产、经营和消费阶段都可以产生因使用含碳能源而排放的二氧化碳气体，所以从理论上来讲这三个环节都可以作为碳税的纳税环节。但是在碳纳税环节的选择上需要充分考虑碳减排的成效和征收的便利性等因素。形象一些来说，课税的征收环节可以分为：上游征税，即纳税人是含碳能源的开采和加工企业，虽然这些企业数量相对少，但分布较分散，所以征税相对不方便；下游征税由于直接面向含碳能源的消费者，所以碳税的价格杠杆作用最明显，但是由于终端消费者众多，分布太广，所以很难进行碳税征收；一种折中的办法是，在批发和零售环节征税，即中游征税。②

① 常纪文、龚岫、赵嘉辰：《中外法律专家民间环保组织热议气候变化立法》，《中国法学网》，http://www.iolaw.org.cn/showArticle.asp?id=3178，最后访问日期：2013年2月19日。
② 李传轩：《应对气候变化的碳税立法框架研究》，《法学杂志》2010年第6期。

根据中国的国情，一些学者认为中国的碳税征收环节，应采取折中的方法，按照中性税赋的原则，[①]从销售环节征收碳税，即"中游"征税。另外一些法学专家则认为我国应当根据不同的含碳能源产品的特点，[②]选择不同的纳税环节：针对一次性能源产品，如原油、煤炭和天然气，可以考虑在上游的生产环节征税；而对于二次能源产品如成品油、煤油和液化气等，则可以在中游销售环节征税；下游的消费环节，则不予以考虑。不少欧洲国家如瑞典对下游征税，还有一些国家如北欧国家和日本则是上游、下游都征税。[③]还有一部分学者如 Metcalf（2009）则推崇上游征税，[④]理由是上游的能源生产商数量大大少于下游的能源消费者，所以征税的行政成本较低。笔者认为中国碳排放的主要源头是煤炭、石油、天然气等化石能源的开采、加工和利用，所以可以采取上游征税，从源头控制二氧化碳的排放，而且上游的企业较少，进行征税比较容易。

2. 碳税的征收对象

除了征税的环节，具体的征收对象的选择也要充分体现国情。碳排放主要是由于含碳的化石能源的消耗所产生的，所以征收对象的范围主要包括煤炭、石油和天然气。一些学者认为，由于煤、石油和天然气提供单位能量生成的碳排放不相同，所以针对不同的化石能源应该实行不同的碳税税率，其中煤的碳税税率应该最高，接下来是石油，最低的是天然气，以此来适应其相应的碳密度。[⑤]笔者认为虽然煤炭提供单位能量所产生的碳排放最高，但是考虑到我国现有的以煤炭为主的能源结构，所以不应一下子对煤炭使用征收过高的碳税税率，以免造成大幅的能源价格上涨，对经济产生消极影响。所以本文建议现阶段对所有的化石能源征收统一的碳税，纳税对象包括煤炭、石油和天然气。

3. 碳税的征税方式

从理论上来讲，碳税的征收方式可以分为从价计征和从量计征。由于碳

① 持这种观点的学者包括中国首部气候变化应对法的立法组主要负责人常纪文教授，参见 http://news.china.com.cn/law/2012 - 03/19/content_ 24930054. htm，最后访问日期：2013 年 2 月 18 日。

② 持此种观点的法学专家包括李传轩，参见李传轩：《应对气候变化的碳税立法框架研究》，《法学杂志》2010 年第 6 期。

③ 王淳：《国外碳税政策体系及基本经验》，《宏观经济管理》2010 年第 11 期。

④ Gilbert E. Metcalf, " Cost Containment in Climate Change Policy: Alternative Approaches to Mitigation Price Volatility", (2009) *University of Virginia Tax Law Review*.

⑤ 王岩、张建超：《国外碳税研究文献综述》，《广东社会科学》2011 年第 1 期。

税征收的主要目的是要减少碳排放，所以目前国际上都是采取从量计征，即根据二氧化碳的排放量的多少来征税。[1]但是由于实践中对碳排放量的监测和计算十分不便，操作成本较高，所以国际上大部分国家按照碳含量征税，即用化石燃料的含碳量和消耗的燃料总量来计算二氧化碳的排放量，只有少数国家如波兰和捷克直接对碳排放量征税。[2]我国也应采用国际上的通用做法，采取从量计征，根据碳含量的多少收税。

4. 碳税的税率设置

由于碳税税率的高低决定了税负的轻重，并且直接影响到碳税对温室气体减排的效果，如何合理地设置碳税税率，使之既考虑到本国纳税主体的税负承受能力又能发挥有效的促减排作用，无疑成为碳税立法中一个非常敏感和关键的问题。一个被理论界和业界推崇的方法是，在碳税征收的初始阶段，先采用较低的税率，以便给纳税主体一个缓冲的时期，在碳税制度发展到较为成熟的阶段，再根据本国国情对税率进行相应的调整，瑞典和德国等国便是采取这样的循序渐进的碳税制度来实现碳税法的顺利实施的。[3]考虑到中国本来就存在着税负过重的问题以及我国作为发展中国家的国情，我国的碳税税率应该考虑采取国际上普遍采用的税率值中的下限值。笔者认为财政部的《中国开征碳税问题研究》报告中建议的每吨二氧化碳征收 10 元（10 元/吨）的税率是合理的。当然税率应该是动态的，在碳税实施一段时间后，根据市场情况和碳减排的效果，可以进行相应的税率调整。

（四）碳税法的实施

1. 碳税法的国际视角

我国碳税法的设计和实施应该在碳税国际协调的框架下进行，考虑如何应对发达国家通过碳关税对发展中国家可能实行的经济遏制如绿色贸易壁垒，[4]从而事先完善我国的碳税设计，而非被动地事后适应，使我国的碳税既体现中国国情又与国际接轨。

---

① 财政部财政科学研究所课题组：《基于国际协调视角的我国碳税制度构建》，《税务研究》2011 年第 308 期。

② 苏明等：《碳税的国际经验与借鉴》，《经济研究参考》2009 年第 72 期。

③ 李传轩：《应对气候变化的碳税立法框架研究》，《法学杂志》2010 年第 6 期。

④ 2012 年初的欧盟航空碳关税事件就是一个很好的例证。

另一方面，考虑到应对气候变化需要联合全球的力量进行，任何一个国家都不能独善其身，所以在有必要时开展国际合作联合应用碳税，采用国际协调下的碳税税率，以避免碳泄露等问题的出现，并提高碳税在降低全球碳排放方面的有效性。国际上的一些专家已经开始积极探讨，全球实施统一碳税的可能性，将其作为国际协同减排行动的一个重要组成部分，也有利于实现《京都议定书》的减排目标。然而由于没有一个全球政府的存在，所以要协调各个国家的不同利益，实现全世界的统一碳税，在实践上操作难度非常大。

2. 碳税与碳排放权交易机制的协调与转化

作为国际上采用最多的两大有效的市场调节手段来促进碳减排，碳税与碳排放权交易存在着内在的统一性和互补性。在合适的时机，国家可以同时采取两种机制，来发挥其各自的优势，如欧盟或是像一些国家如澳大利亚一样，在初期实行碳税制，然后逐步过渡到实施碳排放权交易。

3. 加强信息公开和社会监督制度

中国的现行环保法规普遍存在着执行不力的问题，其中一个重要原因就是信息不公开，社会监督不够，公众参与不够。这次的阴霾天气污染事件中一个可喜的进步就是，政府公开大气污染指数，全民关注大气污染问题，政府动员公众自觉地参与到应急减排的过程中，这样的做法在碳税法的立法设计和实施上都应坚持和加强。具体来说，中国可以向英国学习，在碳税法的立法中明确要求所有上市企业公布其年二氧化碳排放量，以便于信息公开和社会监督；另一方面碳税的征收、监管部门也要向社会公开碳税征收的相关信息和碳税收入的用途，把碳税的实施情况和成效置于公众的监督之下，让公众知道碳税"从哪儿来，用到哪儿去"，才有可能真正推进减排，赢得社会的大力支持。

4. 加强部门间的横向配合和中央与地方的纵向协调

碳税要想顺利有效地实施，一方面需要加强政府多个部门间的横向配合，应避免出现碳税实施就是税收部门和环保部门的专门责任的情形。因为碳减排是一个综合性的系统工程，单靠几个部门的努力是无法取得减排成效的，需要各个部门的配合协助。另一方面，还需要加强中央与地方间的纵向协调配合，实施碳税法后，如果碳税款被直接收归中央财政部门，地方政府的财政积极性和减排积极性必然会受到一定的打击，所以要加强中央财政和地方财政的纵向协调，合理安排国税和地税的分配。正如亚洲开发银行张庆丰所建议的，①财政改革应该与碳税这样的经济激励措施一并推出，这将使碳税的税收收入和节省款项循环到省级以下政府，鼓励它们进一步加大低碳减排和绿色经济方面的投资。

5. 提高公众减排意识，建设环境友好型社会文化

碳税法顺利有效的实施，不但需要政府职能部门的尽心执法，还需要培育出环境友好型社会文化，②加强教育和宣传，提高公众的碳减排意识、知识和能力，提倡整个社会形成适度消费和绿色消费的环保消费观。国外的研究已经表明这种软文化的作用是巨大的，只有真正建立起一个促进低碳增长的社会体系框架（a low carbon development enabling framework），中国的碳减排才能真正取得长足的进步，而要建立这样一个全面系统的促进低碳增长的体系，除了政府采取有效的行政管制和市场刺激手段外，还需要提高全社会包括企业和消费者的碳减排知识和能力（即国际上倡导的 capacity building）。

五 结语

当带着些许耻辱意味的"北京咳"正在不幸成为我们伟大首都的一个新标签的时候，当曾经名著里读到的伦敦"雾都"的情景正在二百年后的中国诸多城市重现的时候，当世界环保组织评出的世界 10 大污染城市中我国独占 7 席的新闻见诸报端的时候，我们除了感叹、哀伤，更重要的是要直面事实，深刻反思我们曾经的"重发展、轻环保"的发展路线的目光短浅和代价沉重，用我们的决心和坚定的减排行动还祖国一个久违的蓝天。英国著名的《经济学人》（The Economist）杂志曾经这样深刻地分析过，西方发达国家用上百年的历史告诉我们，"先发展再清洁"的路是走不通的，正在兴起的发展中国家应该走绿色增长的道路，让发展与环境这两大主题相辅相成，相得益彰。在这样的时候，积极推进碳税法的颁布实施，促进中国提高能源利用效率，改变当前以煤炭为主的不合理的能源消费结构，无疑是适时的。正如亚洲开发银行刚刚发布的《迈向环境可持续的未来——中华人民

---

① 参见 http://news.hexun.com/2013-01-15/150166844.html，最后访问日期：2013 年 2 月 18 日。

② 常纪文：《我国环境友好型社会文化的法制建设问题》，《中国地质大学学报》2006 年第 3 期。

共和国国家环境分析》报告所建议的,①尽管近年来中国各级政府加大了环境监管和污染控制力度,但通过结构调整改善空气质量的作用是有限的,中国应该更重视建设包括市场化政策措施在内的节能减排激励体系,特别是敦促中国政府改革资源定价机制,并引入绿色税收制度,对二氧化碳排放征税。

可是就像前文所讨论的,碳税法的实施会面临诸多挑战,如果没有经过合理的立法设计、充分的政策准备、有力的社会动员及碳税知识的宣传和普及,没有采取有效的辅助优惠政策来缓解企业国际竞争力下降的问题,关注民众特别是低收入人群的福利保障,碳税法的实施将会遇到企业和社会的抵制。这就需要我们坚持兼顾减排和发展的绿色增长理念,坚持效率与公平相结合的原则,坚持碳税税收的次优税收原则和税收中性原则,在信息公开、公众参与监督的基础上,充分考虑到我们仍然是发展中国家的国情,以循序渐进的方式逐步推进碳税的开征。在这个过程中,中国还应与国际上其他国家开展合作,推进全球的碳税协调,从而走出一条"十面霾伏"下的有中国特色的碳税之路。

On China's Path towards Carbon Tax Legislation: A Legal Perspective

He Jingjing

Abstract: As an important legal step towards decarbonizing China's economy, the Chinese government is planning to introduce its first carbon tax law. This marks a praiseworthy move given by China's current over-dependence on administrative means instead of market mechanisms to protect the environment. However, the failure and success stories that have been witnessed by many countries regarding carbon tax law implementation have awakened us to the very fact that despite its great benefits, it is a great challenge to design an effective carbon

---

① 参见 http://news. hexun. com/2013 - 01 - 15/150166844. html, 最后访问日期: 2013 年 2 月 18 日。

tax law. Against this background, this paper aims to explore how to design and implement China's carbon tax law in a scientific and effective manner, which not only reflects China's domestic characteristics but also follows international standards and practice.

Key Words: Carbon Tax Law; Carbon Tax Legislation; Low Carbon Development; Green Growth

中国法院审理涉外（涉港澳台）民商案件情况[*]

沈　涓[**]

摘　要：课题组对五个集中了我国较多涉外（涉港澳台）民商案件的法院进行了调研，了解到各法院的司法实践中存在共同的问题和困难，如：域外送达和取证的不顺畅导致案件审理耗时长、效率低；外域法查证困难导致外域法无法适用；港澳台法律的无法适用或极少适用则更多是因为政治原因，以致难以在法律上突破；司法互助渠道不畅使国内四法域之间判决和裁决的承认和执行成效不大；等等。对此，调研报告试图提出多项解决方法，包括：简化送达和承认判决的程序，如在省级法院建立第二级联系和合作渠道，利用广东省高级人民法院与香港法院、福建省高级人民法院与台湾法院之间的特殊联系，达成短距离司法互助通道，而不必绕经最高人民法院完成司法互助；扩大送达和查证外域法的渠道，如利用互联网的发达和便捷，确认通过互联网进行送达和查证外域法的途径；建立专家库，为当事人和法院查证外域法提供便利来源以及确认外域法真伪；等等。

关键词：中国法院　涉外（涉港澳台）　民商案件

引　言

“中国法院审理涉外（涉港澳台）民商案件情况”是中国社会科学院国

---

* 此调研报告为本人承担的中国社会科学院国情调研重点项目“中国法院审理涉外（涉港澳台）民商案件情况”结项报告书。
** 沈涓，中国社会科学院国际法研究所研究员。

情调研重点项目。课题组选取了国内涉外（涉港澳台）民商案件相对较多的五个法院进行了调研，获得大量第一手材料。课题组对这些材料进行整理，找出法院审理涉外（涉港澳台）民商案件过程中最重要的若干问题，做出分析和评述，真实呈现了涉外司法实践的现状，提出了法律适用中的障碍以及审判过程中存在的问题，并试图提供解决方法。

课题调研对象为：宁波海事法院、广东省高级人民法院、深圳市中级人民法院、厦门市中级人民法院、福建省高级人民法院。

一 案件数量和类型

总体上看，在调研的各法院受理的案件中，涉外的案件少于涉港澳台的案件。从报告中呈现的各法院审理"四涉"（涉外和涉港澳台）案件情况看，广东省高级人民法院和深圳市中级人民法院审理的涉港案件较多，福建省高级人民法院和厦门市中级人民法院审理的涉台案件较多，宁波海事法院主要审理涉外（涉港澳台）海事和海商案件。

（一）深圳市中级人民法院

1. 案件数量

2006 年：共 1387 件，其中涉外 149 件，涉港 1194 件，涉澳 5 件，涉台 39 件。

2007 年：共 1237 件，其中涉外 187 件，涉港 1000 件，涉澳 6 件，涉台 44 件。

2008 年：共 1599 件，其中涉外 249 件，涉港 1264 件，涉澳 5 件，涉台 81 件。

2009 年：共 1912 件，其中涉外 178 件，涉港 1491 件，涉澳 5 件，涉台 238 件。

2010 年上半年：共 755 件，其中涉外 50 件，涉港 633 件，涉澳 3 件，涉台 69 件。

涉外案件主体涉及韩国、日本、美国、孟加拉国、荷兰、维尔京群岛、澳大利亚、捷克、新加坡、萨摩亚、比利时、印尼等国家。

2. 案件类型

2006 年：债权保全 1 件；买卖合同 584 件；保证合同 8 件；融资租赁合

同 2 件；加工承揽合同 44 件；不当得利 71；股权转让 8 件。

2007 年：债权保全 1 件；买卖合同 695 件；保证合同 10 件；融资租赁合同 61 件；加工承揽合同 21 件；不当得利 11；股权转让 56 件；股权确认 1 件；损害股东或公司利益 1 件。

2008 年：债权保全 3 件；买卖合同 862 件；保证合同 7 件；融资租赁合同 60 件；加工承揽合同 32 件；不当得利 6；股权转让 17 件；股东出资 1 件；股东知情权 1 件。

2009 年：债权转让 1 件；买卖合同 549 件；保证合同 5 件；融资租赁合同 40 件；加工承揽合同 22 件；不当得利 9 件；股权转让 10 件；股权确认 3 件；股东出资 3 件；损害股东或公司利益 6 件。

2010 年上半年：债权转让 1 件；买卖合同 122 件；保证合同 6 件；融资租赁合同 2 件；加工承揽合同 19 件；不当得利 14 件；股权转让 4 件。

（二）福建省高级人民法院

1. 案件数量

2002 年：共审结 2919 件，其中涉外 877 件，涉港 730 件，涉澳 51 件，涉台 1261 件。

2003 年：共审结 3097 件，其中涉外 1271 件，涉港 490 件，涉澳 59 件，涉台 1277 件。

2004 年：共审结 3746 件，其中涉外 1383 件，涉港 566 件，涉澳 35 件，涉台 1762 件。

2005 年：共审结 3565 件，其中涉外 1142 件，涉港 553 件，涉澳 40 件，涉台 1830 件。

2006 年：共审结 3566 件，其中涉外 1138 件，涉港 537 件，涉澳 33 件，涉台 1858 件。

2007 年：共审结 4537 件，其中涉外 1631 件，涉港 698 件，涉澳 38 件，涉台 2170 件。

2008 年：共审结 4831 件，其中涉外 1566 件，涉港 750 件，涉澳 36 件，涉台 2479 件。

2009 年：共审结 5159 件，其中涉外 1767 件，涉港 872 件，涉澳 45 件，涉台 2475 件。

2010 年 1～11 月：共审结 4462 件，其中涉外 1432 件，涉港 1139 件，

涉澳 69 件，涉台 1822 件。

2. 案件类型

2002 年：婚姻家庭、继承 2067 件；合同纠纷 623 件；权属、侵权及其他 121 件。

2003 年：婚姻家庭、继承 2459 件；合同纠纷 403 件；权属、侵权及其他 133 件。

2004 年：婚姻家庭、继承 2852 件；合同纠纷 658 件；权属、侵权及其他 195 件。

2005 年：婚姻家庭、继承 2639 件；合同纠纷 699 件；权属、侵权及其他 191 件。

2006 年：婚姻家庭、继承 2648 件；合同纠纷 569 件；权属、侵权及其他 277 件。

2007 年：婚姻家庭、继承 3393 件；合同纠纷 587 件；权属、侵权及其他 249 件。

2008 年：婚姻家庭、继承 2717 件；合同纠纷 659 件；权属、侵权及其他 270 件。

2009 年：婚姻家庭、继承 2793 件；合同纠纷 976 件；权属、侵权及其他 278 件。

2010 年 1～11 月：婚姻家庭、继承 3393 件；合同纠纷 681 件；权属、侵权及其他 251 件。

（三）厦门市中级人民法院

1. 案件数量

2002 年：共 138 件，其中涉外 42 件，涉港澳 59 件，涉台 37 件。

2003 年：共 109 件，其中涉外 40 件，涉港澳 37 件，涉台 32 件。

2004 年：共 108 件，其中涉外 23 件，涉港澳 42 件，涉台 43 件。

2005 年：共 98 件，其中涉外 27 件，涉港澳 35 件，涉台 36 件。

2006 年上半年：共 68 件，其中涉外 23 件，涉港澳 21 件，涉台 24 件。

2007 年：共 107 件。

2008 年：共 184 件。

2009 年：共 179 件。

2010 年：共 147 件。

涉外案件主体涉及韩国、日本、越南、菲律宾、马来西亚、印尼、新加坡、泰国、印度、斯里兰卡、阿联酋、美国、加拿大、巴哈马、玻利维亚、南非、英国、法国、西班牙、瑞士、德国、丹麦、芬兰、匈牙利、波兰、捷克、意大利、罗马尼亚、土耳其等国家。

厦门市中级人民法院受理的涉外和涉港澳台案件主要集中在厦门、漳州和龙岩三地，其中以厦门为最多。2002 年至 2006 年上半年共收审涉外涉港澳台案件 521 件，扣除 2002 年 9 月前泉州地区案件 31 件，在其余 490 件案件中，厦门 425 件，占 86.73%，漳州 46 件，占 9.39%，龙岩 19 件，占 3.88%。

2. 案件类型

2006 年上半年新收"四涉"案件 68 件，其中借款合同案 23 件，占 33.82%；公司经营或股东权案 15 件，买卖合同案 15 件，其他案件 15 件，各占 22.06%。

（四）宁波海事法院

1. 案件数量

2001 年：涉外和涉港 64 件。

2002 年：涉外和涉港 44 件。

2003 年：涉外和涉港 15 件。

2004 年：涉外和涉港 19 件。

2005 年：涉外和涉港 53 件。

2006 年：涉外 90 件，涉港澳台 50 件。

2007 年：涉外 145 件，涉港澳台 104 件。

2008 年：涉外 140 件，涉港澳台 72 件。

2. 案件类型

2006 年：船舶碰撞 5 件；货运合同 75 件；货运代理 1 件；海上保险 1 件。

2007 年：船舶碰撞 22 件；人身伤害 27 件；货运合同 89 件；货运代理 11 件；船舶建造 3 件；海员劳务 1 件。

2008 年：船舶碰撞 11 件；人身伤害 15 件；货运合同 54 件；货运代理 4 件；船舶建造修理 4 件；海上保险 1 件。

二 送达

（一）广东省高级人民法院

对于涉外案件的审理周期，法律没有规定，主要取决于送达时间。目前存在的最大困难是送达效率低。最普遍的送达方式是公告。邮寄大多时候不能有效送达，而且时间太长。委托送达时间也太长。通过双方协议送达，程序过于烦琐。

广东省与香港和澳门之间有一些相关协议，但与香港之间实施效果并不好，与澳门之间实施效果较好。向香港送达主要是通过公司委托送达的方式，香港向内地的送达主要是通过律师完成。与香港之间协议实施不佳的原因主要是双方诉讼制度不同。双方互相要求协助的案件比例严重不对等，也是香港方面协助不积极的重要原因。因此目前与香港之间的送达仍然存在困难。

与台湾方面的送达也不乐观。虽然 2009 年海基会与海协会共同签订了《海峡两岸共同打击犯罪及司法互助协议》，其中包括民事领域送达文书等方面的互助，但由于最高人民法院没有制定实施细则，还是难以送达顺畅。目前，广东省周边八省也都通过广东省高院向台湾送达。2009 年广东省高院向台湾送达的案件共 432 件，仅成功送达 182 件；广东高院委托台湾代为取证 8 件，成功 3 件；台湾委托内地取证 18 件，成功 3 件。

（二）深圳市中级人民法院

主要采用邮寄送达。其次，也通过民间服务中心送达，请求省高院送达。总体上，送达时间长、效率低，很多还需再次，甚至多次送达。

（三）福建省高级人民法院

司法互助的不顺畅是两岸审判的一大障碍，虽然两岸已签订《海峡两岸共同打击犯罪及司法互助协议》，但适用这一协议初期，台湾比较有热情，而大陆比较冷淡。对实施这一协议，大陆缺乏明确、详细的规定，很难操作。台湾已有大规模司法互助的要求，先易后难，从送达逐渐到取证等。但在大陆法院，协助或委托送达和调查取证都需逐级上报至最高法院，时间长，效率低，程序烦琐，常常导致超过案件审理期限。在福建高院委托台湾送达取证的 2768 件案件中，仅有 1 件采用了两岸司法互助协议的途径送达，其余还是采用了邮寄送达方式。法院希望能开通二级窗口，不再通过最高法院下达和完成送达。

福建省受理的涉台案件占全国涉台案件的 39%，其中以婚姻案件为最多。为实施《海峡两岸共同打击犯罪及司法互助协议》，福建省高院专门成立了"台湾地区司法事务办公室"，工作内容包括组织和协调各法院办理与台湾地区司法互助事务，其中包括送达事务。自 2009 年《海峡两岸共同打击犯罪及司法互助协议》签订至 2011 年 4 月底，福建法院已收到最高法院交付的台湾地区司法文书 3678 件，占最高法院收到台湾地区司法文书的37.9%，在成立"台湾地区司法事务办公室"后，送达效率得到提高，已送达 2677 件。

（四）厦门市中级人民法院

在厦门市中级人民法院，涉外案件有 1/3 采用公告方式送达，但公告送达的方式在台湾很可能不被承认，而且在诸如《人民日报》上进行公告费用较高，所以实际上也常常在省级以上对外发行的刊物上刊登公告。福建省高院成立了"台湾地区司法事务办公室"之后，向台湾的送达都通过高院与台湾方面协调，基本上没有问题。

厦门中院审理的涉外案件申诉率低。大部分案件文书以公告方式送达，90% 的外国当事人都不到庭，提起上诉少。

（五）宁波海事法院

送达问题是影响存案量的最主要因素，审理一项涉外民事案件的时间长短一般取决于送达时间的快慢。例如使用外交送达方式时，一般送达时间要 2 年。如此，送达回执回来后，开庭时间已过。而法院在考核中要求送达时间是 3 个月，因此超过此时间就要作为考核不合格对待。所以，各法院均表示，送达是致使案件审理延滞的最主要原因，应该尽快解决，采取有效措施，尽量缩短送达时间。

法官认为，对于送达方式，应放宽限制，相信能传达到即可，而不论送达的是当事人的子公司或代办机构。因为送达的目的就是让当事人知情，那么只要有证据证明当事人知情即可。

一个案件中若存在担保人，由于担保人与被担保人之间存在利害关系，因此也可将法律文书送达给担保人，并由其转送达给被担保人。

有时通过外交途径送达时，外国相关机构答复很简单。以韩国公司破产案的送达为例，当时韩国回复很简单，就是"NO，NO"或"已搬迁"，根本起不到送达效果，针对此种情况，建议采用对等原则。

针对邮寄送达，应将电子邮件也列为邮寄的方式。问题是，需事先搞清楚邮寄送达在各国的效力，即哪些国家不反对邮寄送达。

通过第三国转送的，一定要留2年以上时间。

送达时间过长的原因，还在于当事人律师拖延时间，因为对于涉外案件，律师以小时收费，那么时间越长代表案件越复杂，律师费相应会越高。由此经常会产生同一案件需要送达两三次的情况。

应该建立送达查询途径及跟踪机制。例如：有一个宁波海事法院审理的案件，2008年12月向越南胡志明市送达的，但2009年10月时问最高院，他们也不知道送达到了哪个阶段。如此，基层法院既不知送达结果如何，又不愿采用公告送达。

原因有二：其一，如果公告送达，即需要6个月时间，如此审理期限又被延长；其二，在外国发公告的费用一般是8000～10000元人民币，如果原告败诉，这笔费用就要法院支出。根据国务院规定，法院不能代收代支费用，如此，法院需事先承担公告费，这样就增加了法院的负担。建议授权法院预收公告送达费用。

特殊情况：如果定于10月1日开庭，可送达用时10个月，12月1日当事人才收到传票，此时怎么办，是很难解决的问题。

目前宁波海事法院受理的涉外案件，有效送达的只有30%，还有70%的案件需要公告送达。

目前有关送达的立法，条文不明确。例如将送达的法律文书翻译成官方语言。但是，对何为官方语言却没有明确规定。

对于送达的事前保障，可要求其在工商登记时，增加一项"送达地址"。

据统计，在2006年1月至2009年7月之间，宁波中院海事庭公告送达7件（1.03%），外交送达24件（3.52%）；海商庭公告送达62件（5.23%），外交送达15件（1.27%）；温州庭公告送达11件（5.12%），外交送达2件（0.93%）；舟山庭公告送达10件（1.12%），外交送达0件；台州庭公告送达19件（3.48%），外交送达0件。

三　外域法（外国法和港澳台法）查证

（一）广东省高级人民法院

在查证外域法（外国法和港澳台法）方面，法官"回家去"的倾向很明显，外域法无法查明时就适用内域法。

查明外域法时，什么情况下可认为无法查明，法律没有明确规定，缺乏判断和确认的标准。如果一方当事人提出外域法内容，另一方当事人不予质证，应该如何对待？此时是否可采用该外域法内容？或是否应该视为没有查明外域法内容？在判断外域法内容的真伪时，对于翻译成中文的外域法内容无法查证其确定性，因此很容易被否定。大量基层法院审理涉外涉港澳台案件时更不具备查证外域法的条件。

香港和澳门的法律公布率高，查证较容易，因为与内地同属华人区域，对港澳法律的理解也较容易，因此，查证香港和澳门的法律没有太大困难。台湾法律可以适用，但不能违反大陆公共秩序。

查证外国法时，可以由官方指定的法律服务公司提供外国法内容，由当事人自己联系这些法律服务公司，这样获知的外国法内容一般可采信。目前专家意见还未见采信。有时，外国一方当事人的律师提供了外国法，另一方当事人没有提出异议，此时可采信，但还要另外提供相关部门的证明。

当事人自己选择外域法时肯定由当事人自己查证外域法内容；由冲突规则指定适用外域法时也可让当事人查证。但当事人提供外域法时，其真实性往往存疑，因为当事人可能多从有利于自己的角度提供外域法。在双方当事人对外域法内容意见不一致时，法院必须通过法律服务公司等机构再查证。在审理涉港涉澳案件时，内地法院多通过"中国法律服务公司"查证港澳法。香港太平绅士或大律师等提供香港法时，如果另一方当事人没有提出异议，就可采信。此外，内地与港澳法院之间也可相互协助为对方提供本法域的法律。

（二）深圳市中级人民法院

外域法的查明主要是依据最高人民法院1988年对《民法通则》的实施

所做的司法解释中规定的五种途径进行，但最终都落在内域法的适用上。

法官通过自由裁量，认定外域法无法查明，就适用内域法，但适用内域法不一定能够获得好结果。例如：在原告为内地人、被告为香港人的案子中，原告在深圳中院提起代位求偿之诉，被告在台湾的保险公司投保，双方约定适用英国法；原告是否有代位求偿的资格，应适用英国法。当事人应该提供英国法相关内容。如果当事人不能提供英国法的相关内容，法院可以外国法无法查明为由，最终适用中国法。在此案中，适用中国法对内地当事人有利，因此，当事人表示不能提供英国法的内容，最终适用了中国法。这样的结果实际上是鼓励了当事人故意不提供外国法的内容。因此，法院也并非在所有情况下都赞同无法查证外国法时都应该适用中国法，那样会造成当事人消极对待外国法的查证、提供。法院有时更愿意适用外域法，如上述案例的情况，实在是因为难以查证外域法，又必须审结案件，才不得不适用内域法，以避免驳回当事人诉讼的结果。

完全让法官承担查证外域法的责任对法官要求太高，是将法官作为全能者看待，其实法官不可能对那么多外域法都了解，不可能提供或查证所有外域法。但当事人提供外域法也不具优势，因为双方当事人对外域法的内容常常有不一致的认定，最后还是须由法官确认外域法的真伪。对此，最好能有专业人士提供外域法内容，或对当事人提供的外域法的内容的真伪做出权威认定。

在查明外域法时，如果需查明的外域法属于大陆法系法域的法律，查明相对容易，因为这些法域多有成文法典。但深圳中院审理的涉外或涉港案件多需要适用英美法系法律，包括香港法。如果需查明的外域法属英美法系法域的法律，查明则有困难，特别是对英美判例法的查证更是困难。为此，深圳中院还专门派出法官赴香港大学学习普通法，遇到双方当事人对香港法举证不一致时，法官可以自己去查证香港法内容。香港律政司属于政府机构，在提供香港法方面有一定的权威性，但出具香港法证明的人也只是以律师身份，其意见不易采信。

现在，一般是由双方当事人提出"选择法律意见书"，通过律师向法院提供。但双方当事人由于利益立场不同，常常提出对自己有利的法律内容，因此双方当事人所提供的外域法内容有时不一致，法院要求当事人对此做出解释时，双方仍然回避对自己不利的法律内容，最终只能是无法查明该外域法内容的结果。另一方面，有时候当事人的律师实际上希望适用中国法，但他们会建议当事人选择外域法，目的是利用查明外域法的困难拖延审案时间或搅乱案情，法院对此比较反感。

在很多时候，案件适用外域法还是内域法，对当事人利益没有明显影响，当事人不太在意。律师也愿意适用内域法，因为他们对内域法最熟悉，他们会动员当事人在无法查明外域法时同意适用内域法。法院在无法查明外域法时也会动员说服当事人改变心意，同意适用内域法，以便尽快结案，在此情况下，当事人通常只能同意适用内域法。

从法院的角度论，对外域法的查明已经变成对证据的判断，很难体现外域法查明的实际价值。法院的主要精力和时间都花费在确定外域法内容是否可信上。如有相关权威机构或权威人士可以提供对外域法真伪的证明意见，法院就不必为此耗费太多精力和时间，可很快进入适用法律的实质过程。所以，在法院方面，最终适用内域法，主要是因为难以查证外域法的存在和真伪，并非出于地方保护和国家主权的考虑。

因此，对于外国法（外域法）的查证，法院方面认为应该在立法层面解决以下几个问题：无法查证外国法时是否一定要适用中国法；在外国法无法查证时是否可以驳回当事人提起的诉讼；当事人通过消极不提供应该适用的外国法的方法来回避对自己不利的该外国法的适用，从而使对自己有利的中国法最终得以适用，是否可以认可当事人的这种行为；是否可以采信专家证言。

（三）福建省高级人民法院

双方当事人选择外国法的，要承担举证责任，双方举证不一致时，委托专家进行认定，包括对当事人对外国法的翻译和理解是否正确可信，如果多个专家的认定意见不一致，则放弃适用该外国法，而适用中国法。

在专家认定方面，法院建议：应该建立一个专家认定机构，这些专家不能仅仅是在国内学习和研究的专家，应该有比较长期在国外学习的经历，对外国的法律和语言都很熟悉，对外国法有很好的翻译和理解的能力。专家可帮助当事人和法院提供外国法，或对当事人和法院查知的外国法真伪进行认定。专家如果与外国的相关机构有联系，能够通过外国机构获知外国法内容及其真伪，就更好。在审理涉外案件中，经常存在双方当事人对外国法举证不一致的情况，因此，专家认定对案件的审理具有非常重要的帮助。专家还应经常更新对外国法的了解，有时外国法发生了修改和变更，专家却不知道。

对法院而言，查知外国法并不困难，困难的主要是对外国法真伪的认定和对内容的解释。对有些英美法系国家的判例法内容的查证和解释就非常困难。各级法院不愿适用外国法，原因就是查知、证明外国法存在困难，最终只好适用中国法，这是外国法很少被适用的最主要原因。双方当事人提供的外国法内容一致时，通常可适用。如果被告有异议，或双方提供的外国法的翻译内容不一致，法院必须再次查证外国法，可采用上网查询的方法，或重新翻译外国法。根据网上查询结果，当双方当事人提供的外国法内容不一致时，法院可以知道哪一方提供的内容有误，并指出错误。如果对外国法重新翻译，必须再对翻译内容进行真伪判断，确定无误后可适用。如果最终仍无法确定外国法的内容，法院一般会说服双方当事人对案件适用中国法。最高法院的司法解释中确定的查明外国法的途径多不可用，根据这些途径查证外国法，对外国法的真伪没有确定的把握。

对台湾地区法律作为事实查证基本上没有问题。因为语言文字相同，对台湾法的查知、获得和理解都没有困难。有时也采用台湾程序法，按照台湾地区法律审查。

（四）厦门市中级人民法院

实践中当事人选择法院的情况多，选择法律的情况少，故实际上适用外国法的时候不多。一般要求当事人提供需适用的外国法的内容，然后法院进行鉴别。但对外国法的真伪进行鉴别比较困难。也希望有专家帮助查证外国法。

对台湾法的查证没有太大困难。当事人提供台湾法内容，还需进行公证。法院提出的问题是：对于采用最高法院的司法解释所确定的五种查明外域法的途径之外的方法查证外域法有没有效力。例如，有一个涉及台湾的婚姻案件，当事人无法提供台湾相关法律的内容，审理案件的法官自己在网上的相关数据库中查知台湾法的相关内容，并引用该台湾法内容作为理由审理案件。但一方当事人在二审中提出异议，认为一审时法官查证台湾法的方法不合规定，二审法院将案件发回重审。对这样查证外域法的方法应该如何看待，值得考虑。如果法官明明可以很方便地从互联网上查知外域法的内容，为什么不能作为查证外域法的一种方式？

（五）宁波海事法院

2005 年最高人民法院印发的《第二次全国涉外商事海事审判工作会议纪要》要求：以当事人举证为主。即便找到了合适的外国法，因法官理解力不同，也不能保证能正确适用该外国法。

涉外海事审判中，一般不适用外国法。适用外国法，将导致查明外国法的困难；而且当事人律师多数是中国人，熟悉的是中国法律，也会极力避免适用外国法，因此多数案件最终适用了中国法。外国法无法查明的，适用中国法。理由：中国法是法院地法，但文书记录的理由为无法查明外国法。此时当事人一般无异议。这一方法实践中较多采用，属于常规方法。所以，实际上不适用外国法的原因主要是外国法查明方面的困难。不适用外国法的理由也绝大多数为外国法无法查明，而基本上不用公共秩序保留制度排除外国法的适用。

法院建议查明外国法的费用由当事人负担；建议由最高人民法院与学术机构（如中国社会科学院法学所和国际法研究所等机构）编纂外国法，由最高人民法院对此进行确认为权威依据，以此作为适用外国法的根据。

提供外国法的部门，要有权威性，要具有可信度。

法院也需要了解外国法院适用中国法的情况，如果外国法院排除中国法的适用，我们在审理涉及该国的案件时应该怎么做？建议根据对等原则，若外国法院排除适用中国法，那么我国也应该采取同样措施排除该国法的适用。

四 最密切联系原则的运用

（一）广东省高级人民法院

判断法律与案件之间的联系是否密切，主要由法官裁量，这是法律规定留给法官进行裁量的空间，但判断的结果多为案件与中国法具有最密切的联系。

在连结点的考量方面，如果有三四个或更多连结点集中于一地，可将此地视为与案件有最密切联系之地；如果只有一两个连结点集中在一地，则不一定认为此地与案件联系最密切。关于最密切联系原则的例外，即如果法官认为冲突规范制定的法律之外的另一法律与案件联系更密切，则可不适用冲突规范指定的法律，而适用法官认为与案件联系更密切的法律，在实践中还没有出现过。这一例外应该在什么情况下运用，还缺乏更具体的规定。

（二）深圳市中级人民法院

最密切联系原则常常成为确定适用中国法的一个理由，只要考虑最密切联系的因素，得出的结论肯定是案件与中国及中国法联系最为密切。其实有些案件与中国并没有密切联系，但为了避免查证外国法的麻烦，为了方便，最终也适用了中国法。因此，运用最密切联系原则的结果几乎无一例外地是适用中国法。

（三）厦门市中级人民法院

在涉台婚姻关系案件中，通常以最密切联系原则为理由，得出适用大陆法的结论。在合同领域，判断最密切联系的考虑因素主要是：合同签订地、合同履行地、一方当事人主营业所所在地、登记注册地、国籍等。

（四）宁波海事法院

当事人无法举证他们所选择的法律内容时，法院会适用最密切联系原则确定法律适用。法官倾向于适用法官熟悉的法律被法院认为也应该作为最密切联系原则的考虑因素之一，但是该原因一般不会写入判决书。

五　当事人意思自治原则的运用

（一）广东省高级人民法院

当事人双方对法律适用没有异议便视为同意；二审中法官会询问当事人是否对法律适用有一致意见，如无异议可视为双方同意。如果外国一方当事人来中国法院应诉，引用的法律可被视为选择的法律。

（二）福建省高级人民法院

当事人选择法律主要是在合同关系中。

（三）厦门市中级人民法院

在合同关系中，如果是格式合同，当事人一般会选择合同准据法，其他合同关系中当事人通常都不做法律选择。但在诉讼期间，当事人有时会合意选择中国法。法官在诉讼期间也会询问双方当事人是否选择法律，但如果开庭时被告不到场，则双方无法达成合意，法官只能询问原告一方是否选择法律。

（四）宁波海事法院

关于询问当事人选择适用何国法律，这点在审判中肯定是必经程序，如果当事人选择适用外国法，则要求当事人进行举证，如果当事人不主张适用外国法，则适用中国法。但如果当事人选择了外国法，由于不好举证，还是很难适用所选择的外国法。这时，双方当事人再商议，律师会主张适用中国法，当事人多会默认律师意见。但是法官在审判过程中都会多问一句，以确认当事人愿意适用中国法。因此，即使在当事人选择外国法的情况下，由于外国法查明的困难，一般最终都未能适用外国法，此时当事人通常只能同意适用中国法。

据统计，在宁波海事法院审理的涉外商事和涉外海事案件中，适用法律情况如下：

2004 年：当事人选择法律 18 件，援引冲突规范确定准据法 1 件，依据最密切联系原则确定准据法 1 件，最终适用中国法 21 件，适用外国法、国际公约和国际惯例 0 件。

2005 年：当事人选择法律 24 件，援引冲突规范确定准据法 1 件，依据最密切联系原则确定准据法 3 件，最终适用中国法 31 件，适用外国法、国际公约和国际惯例 0 件。

2006 年：当事人选择法律 17 件，援引冲突规范确定准据法 0 件，依据最密切联系原则确定准据法 5 件，最终适用中国法 23 件，适用外国法 2 件，适用国际公约和国际惯例 0 件。

2007 年：当事人选择法律 37 件，援引冲突规范确定准据法 2 件，依据最密切联系原则确定准据法 4 件，最终适用中国法 55 件，适用外国法、国际公约和国际惯例 0 件。

2008 年上半年：当事人选择法律 4 件，援引冲突规范确定准据法 0 件，依据最密切联系原则确定准据法 0 件，最终适用中国法 4 件，适用外国法、国际公约和国际惯例 0 件。

六 管辖权依据

（一）广东省高级人民法院

对于提单中的仲裁条款早先一般不接受，故不认为当事人约定了交付仲裁，原因是提单中仲裁条款属于格式条款，对国内当事人不利，也不利于对托运人的保护。而且，在提单流转后，最后的提单持有人与对方当事人没有约定仲裁的合意，故不能认可提单中仲裁条款的效力，对这样的案件法院还是可以实行管辖的。但 2004 年厦门海事法院审理了法国达菲轮船案，在此案中法院承认了提单中仲裁条款的效力。自此，对提单中仲裁条款效力的认定开始放宽。在提单未经流转情况下，不认可其中仲裁条款的效力是没有道理的。即使提单流转后双方当事人已无约定仲裁的合意，但如果提单最后持有人对提单中的仲裁条款无异议，法院也可认定仲裁条款的效力，对这类案件不实行管辖。

在协议选择法院管辖时，当事人一般不会选择与案件或当事人毫无关联的国家法院管辖案件。

关于不方便管辖，实践中在审理涉港案件时有过以不方便管辖为理由放弃对案件实行管辖的例子。确定是否不方便管辖时，主要是依据 2005 年最高人民法院的"第二次全国涉外商事海事审判工作会议纪要"中所规定的那七项不方便管辖的条件来判断。

（二）深圳市中级人民法院

实践中有以不方便管辖为由放弃管辖的例子，但很少。有的案件不完全符合 2005 年最高法院司法解释中运用不方便管辖原则的条件，但因为对案件不想管辖或不能管辖，也采用不方便管辖原则放弃管辖权。所以，有时不是因为有不方便管辖的情况存在才推出不方便管辖的结果，而是先确定不管辖案件，再去寻找不方便管辖的理由。

（三）福建省高级人民法院

提单中仲裁条款具有独立性，不能与合同同时转让。对于仲裁条款能否并入提单，不能一概而论。如设立具体并入条款，可以并入。仲裁条款对第三方是否有约束力，要个案处理。在考虑仲裁条款效力方面的趋势是尽量促成其有效，让纠纷更多通过仲裁解决。国家现在大力提倡以非诉方法解决纠纷，民事案件重调解，商事案件重仲裁，所以，在实践中一般尽量认可仲裁条款的效力。

（四）厦门市中级人民法院

管辖权的积极冲突很普遍，消极冲突也有。曾在一个案件中主张不方便管辖，但被上级法院驳回，所以没有最终运用不方便管辖原则放弃管辖的例子。

管辖一般是根据被告所在地确定，即如果被告所在地在我国，我国相关法院可以实行管辖。也可根据其他连结点确定管辖，如借贷地。当事人也可约定选择原告所在地法院管辖。当事人约定选择了管辖法院，被选择法院一般会依当事人的选择实行管辖，通常不会否定当事人选择的效力。当事人约定选择诉讼法院或选择仲裁的，要确定协议效力，以此确定管辖权。有时当事人双方没有约定管辖，但原告在厦门中院起诉，被告也就来出庭应诉了，这种情况可以视为被告对管辖无异议，法院可以据此实行管辖。

（五）宁波海事法院

我国《民事诉讼法》第244条规定："涉外合同或者涉外财产权益纠纷的当事人，可以用书面协议选择与争议有实际联系的地点的法院管辖。"但现在有突破"实际联系"要求的趋势，即有不要求当事人必须选择与争议有实际联系的地方的法院管辖的趋势。

例如有一个案件，国际组织告韩国的某企业，后选择到作为中立国的中国法院起诉，那么该案件的受理效果是：其一，该国际组织信任中国法律制度；其二，可绕开被告国，实现较为公正的效果。

但另一方面，如果当事人选择与案件无关联的法院，该法院很可能对案件不方便实行管辖。宁波海事法院也有运用不方便管辖原则放弃管辖的案例。原告和被告均为美国公司，原告委托被告将一批货物从中国宁波运到美国，被告接受货物后签发了提单，后原告凭提单提货时被告不予交付货物，原告向宁波海事法院起诉，要求被告交货或赔偿货款。被告提出管辖权异议，希望法院采用不方便管辖原则放弃管辖。宁波海事法院审理认为：根据我国《民事诉讼法》第241条规定，涉案货物在宁波港装运，宁波海事法院具有管辖权，但宁波海事法院是不方便法院，理由是：（1）双方均为美国公司，不涉及中国利益；（2）双方没有约定选择宁波海事法院管辖，且争议不属于我国法院专属管辖；（3）争议的主要事实不在我国境内发生，在取证、法律适用、判决的承认和执行等方面宁波海事法院均非常不方便；（4）案件事实发生在美国，美国法院对案件有管辖权，且方便行使。最后，宁波海事法院做出不方便管辖的裁定。原告不服，向浙江省高院提起上诉，浙江高院认为宁波海事法院的裁定并无不当，驳回上诉，维持原判。［一审：宁波海事法院（2008）甬海法商初字第275号民事裁定（2009年2月10日）。二审：浙江省高级人民法院（2009）浙辖终字第81号（2009年5月5日）。］

这个案例表明，无论是原告起诉还是双方选择，如果起诉或选择的法院与案件没有实质联系，法院行使管辖会遭遇查明案件事实的极大困难，还会极大浪费法院的诉讼资源。因此，对于这类案件法院应该以"不方便管辖"为由拒绝管辖。可见，在确定管辖时仍应坚持以客观联系因素作为管辖的依据，不是对涉外案件管辖越多越好，而应注重提高中国法院在世界的威望和公信力。

七　公共秩序保留的运用

（一）广东省高级人民法院

在适用台湾地区法律的规定时要考虑是否会违反大陆公共秩序的情况。另外，在承认和执行外国判决方面，有运用公共秩序保留制度拒绝外国判决的例子，但很少。在法律适用方面基本上不用公共秩序保留，也没有接受反转和转致的例子。

（二）深圳市中级人民法院

在合同案件中，多由于当事人的选择而有适用外国法的问题，但拒绝外国法的适用通常是因为必须适用中国有关强制性规定，没有采用公共秩序保留制度排除外国法适用的例子。在拒绝外国或外法域判决或撤销仲裁裁决方面也有当事人主张采用公共秩序保留，但最终都以违反我国强制性规定或法律规避为理由，而未以违反我国公共秩序为理由。

很少确定适用外国法，也是很少或没有机会采用公共秩序保留制度的原因。同样因为很少确定适用外国法，实践中也没有接受反转或转致的可能和必要。

（三）福建省高级人民法院

公共秩序保留多用于拒绝承认和执行外国判决方面，主要问题在于如何把握运用这项制度的尺度。通常严格掌握运用这项制度的标准，不倾向多用。在决定运用这项制度拒绝适用外国法或拒绝承认外国判决时，都要上报最高法院，须得到最高法院批准。反致和转致的问题基本没有。法律规避情况多发生在担保案件中。

（四）厦门市中级人民法院

在拒绝承认外国判决和仲裁裁决方面有运用公共秩序保留制度的例子，但在法律适用方面还没有运用公共秩序保留排除外国法适用的例子。对运用公共秩序保留制度控制较严，很谨慎，不会轻易采用。如果准备采用这项制度拒绝外国法适用或拒绝外国判决，须层层上报至最高法院，获得批准。

在涉台案件中，有因为规避大陆外商投资的规定而否定规避结果的效力的例子。

（五）宁波海事法院

何时采用公共秩序保留，属于法官自由裁量的范围。当事人认为保护国内利益最便利的就是这条。实际未曾启用这项制度，只是起到威慑和防范作用，很少适用于经济案件。

在运用公共秩序保留制度时存在几方面问题：

第一，有时在个案中虽然维护了当事人利益，却牺牲了国家形象。

第二，评判违反公共秩序的基准到底是哪些，缺乏具体条文规定；如果仲裁裁决的内容对中国法产生不正当评价，是否也能作为违反公共秩序的理由？

第三，对违反公共秩序程度的判定标准，是否应以引起行业或区域危机、经济下滑为标准？

第四，如果仲裁裁决的理由违反我国法律或与我国法律相矛盾，而导致判决明显不合理，这到底是实体干预还是违反了公共秩序？

八 外国法（港澳台法）的适用

（一）广东省高级人民法院

外国法和港澳台法律都有适用。但外国法很多时候因为查证方面的困难而最终不能适用。港澳法律查证问题不大，能适用。根据最高法院2010年"关于审理涉台民商事案件法律适用问题的规定"，台湾法律也可适用，但不能违反大陆的公共秩序。

（二）深圳市中级人民法院

外国法因为查证困难很少适用。由于审理涉港案件最多，法院通过派人赴香港大学研习普通法和香港法等方法，加强对香港法的了解，减少适用香港法的困难。

（三）福建省高级人民法院

适用外国法的情况整体上不多，主要是在合同领域因为双方当事人约定选择外国法作为准据法而产生外国法的适用问题，但多因外国法查证的困难而最终无法适用。

福建省高院审理的"四涉"案件中最多的是涉台案件，占大陆受理涉台案件总数的39%。以前对大陆法院是否可以适用台湾法一直缺乏明确规定。国务院台湾事务办公室想要突破对台湾法律的适用，但全国人大比较保守。在审理涉台案件时，判决书中不能有"按照台湾法律"一类的表述，曾有判决书中出现此类表述，被最高法院发回重写。由于缺乏相关具体规定，审理涉台案件在送达、调查取证、法律适用和判决承认几方面存在实际操作的困难。对台湾法的承认或适用多通过承认台湾法院的判决来实现，还没有直接适用台湾法的例子。法院认为有适用台湾法的必要，只需在法律上确定适用的依据。

法院一般从已认可的台湾法院判决中寻找台湾法的依据。最高法院希望福建高院能在适用台湾法方面有所突破，先行尝试直接适用台湾法。很多涉台案件都是关于对台湾当事人身份关系的认定，需要适用台湾相关法律。但因为不能直接适用台湾法，实践中只能将台湾法作为事实证据进行认定，以此方法来处理对台湾当事人身份关系的确认。对台湾法在理解和认识上没有衔接困难。通常通过两岸公证人协会来解决事实认定问题。

针对涉台案件审理问题，福建省设立了社会科学规划重要项目，以"福建省涉台民商事案件审判若干重要法律问题及其解决对策研究"为题进行专项研究。

2010 年最高法院发布了"关于审理涉台民商事案件法律适用问题的规定"，明确规定大陆法院可以适用台湾地区民事法律，这一司法解释使大陆法院适用台湾法有了法律依据。

关于调整涉及外国的民商关系的涉外法律适用法能否推用于涉港澳台案件，最高法院也同样希望福建省高院在此方面有突破，尝试将涉外法律适用法用于涉港澳台案件的审理，但全国人大不主张审理涉港澳台案件时参考涉外法律适用法。对涉港澳台案件没有详细全面的法律适用法，又不能推用涉外法律适用法，就使得法院在审理涉港澳台案件时非常困难，常常处于无法可依的状况，很多案件无法处理。

（四）厦门市中级人民法院

审理的"四涉"中涉台案件占多数。实践中有需要适用台湾法的时候，但由于缺乏明确的法律规定，实际上没有适用过台湾法。法院曾审理一件涉台案，需适用台湾有关婚姻法，法官查明该台湾婚姻法的规定后，在审理案件过程中和判决书中引用了该台湾婚姻法的规定，最后被上级法院发回重审，理由是适用台湾法没有法律依据。所以，在审理涉台案件时，一般不在判决书中体现对台湾法的适用，但在审理过程中实际上会考虑和依据台湾法的规定，可以视为将台湾法作为事实认定和对待。在涉台案件中，需要适用台湾法的大多是台湾婚姻法。由于没有法律规定可以适用台湾法，所以，一般会采用最密切联系原则，确定适用大陆法。如果对适用台湾法有了原则规定，对以后审理涉台案件会有很多便利和发展。

外国法的适用很少，即使当事人最初选择了外国法，但由于外国法查证的困难，很多当事人最后都放弃了适用外国法。

（五）宁波海事法院

前述宁波海事法院 2004～2008 年适用法律情况统计表明，法院在审理案件中极少适用外国法，绝大多数案件适用了中国法，主要是因为外国法查证方面的困难。

九 国际公约和国际惯例的适用

（一）深圳市中级人民法院

国际公约和国际惯例适用很少。在涉及信用证的案件中适用过《跟单信用证统一惯例》；在外国仲裁裁决的承认和执行方面适用过《关于承认和执行外国仲裁裁决的公约》（《纽约公约》）；在送达方面适用过《海牙关于向国外送达民事或商事司法文书和司法外文书公约》；在合同案件中适用过《联合国国际货物销售合同公约》。

当事人一般只选择外国法，通常不选择国际公约或国际惯例，国际公约和国际惯例的适用主要是由法官确定。

（二）厦门市中级人民法院

涉外贸易案件有适用相关国际惯例的情况，包括买卖、加工、借贷（信用卡纠纷、民间放贷）、投资（股东间争议）等案件。

（三）宁波海事法院

关于国际公约的适用，一般都是适用转化的国内法，直接适用公约的很少。

油污损害国际公约规定损害赔偿标准较高，存在漏洞，各海事法院在审判中针对沿海船舶问题的判决各有不同。

上述最高法院的"纪要"规定，一般赔偿限额包括油污损害。对此，中国现有的几大石油公司均提起抗议，要求货主（外国）分担。

十 外国（港澳台）判决和仲裁裁决的承认和执行

（一）广东省高级人民法院

对外国法院判决的承认，如果我国与该外国有司法协助协定，可以接受当事人要求承认判决的申请。实践中有过拒绝承认外国判决的例子，主要是因为违反我国公共秩序。如果与做出判决的外国之间没有司法协助协定，则不会受理当事人要求承认判决的申请。承认外国仲裁裁决的数量要多于承认外国判决的数量，这些外国判决主要涉及婚姻。

最高法院分别与香港和澳门签订了有关送达、取证、判决和仲裁裁决的承认和执行的六个协议，即六个"安排"，广东高院即根据这六个"安排"处理对港澳判决和裁决的承认执行问题。从实际效果看，与澳门之间协作的情况比较好，与香港之间协作的情况不太好。所以，对香港判决现在仍然采取重审重判的方法来承认和执行。在案件重审中，内地法院可采用香港判决中已认定的事实，由于香港先前做出的判决已经对当事人产生了影响，所以，内地法院会尽量做出与香港判决一致的判决。在最高法院与香港签订了关于相互认可和执行判决的协议之后，对香港判决的认可和执行有所突破，有些案件不再需要通过重审重判来解决。但这个协议的适用范围比较狭窄，仅限于当事人协议选择管辖权的案件，其他案件不在这个协议的调整范围，这使得很多香港判决还必须通过重审重判程序才能在内地得到认可和执行。

（二）深圳市中级人民法院

内地与香港之间的司法协助比中国与外国之间的司法协助有更多障碍。虽然最高法院与香港签订了有关两地相互认可和执行判决的"安排"，但"安排"适用的范围太狭窄。香港回归后还没有一项香港有关离婚的判决获得直接认可，都是通过重审重判来间接认可。

对于香港判决的认可，法院感到困扰很大，很多香港法院做出的离婚判决无法得到认可。能否将离婚判决的认可作为突破口，使香港法院关于离婚的判决能够顺畅地被承认？因为离婚判决与当事人切身利益密切相关，对当事人生活影响很大，当事人都非常希望判决能够获得认可，如果与香港之间相互认可离婚判决不顺畅或不可能，将对当事人十分不利。例如，两个香港人在深圳起诉离婚，除非香港法院不受理此案，深圳法院才可受理。在有些离婚案件中，当事人要在深圳法院分割财产，但深圳法院做出财产分割判决要以香港的离婚判决为前提，而香港离婚判决在内地不被认可。在另一些情况下，当事人离婚时住所在香港，当事人不能在内地起诉离婚，必须去香港起诉，在香港获得判决后，在内地无法再审，因为内地对此离婚案无管辖权。

另一方面，香港也常常拒绝认可内地法院的判决，因为香港不承认内地的二审终审制，对内地法院做出的离婚判决不认为是终局判决，因此拒绝承认内地法院的判决。

香港回归之前，内地与香港之间的关系形同国际关系，判决的相互承认与国家之间判决的相互承认相似，反而少有困难。但香港回归后，一国之内两个法域之间的冲突变得激烈，不同法系、不同制度的差异导致相互承认判决的困难。这种状况已给两地当事人利益带来很大影响。因此，法院认为在婚姻案件的判决相互认可方面应该有突破，可以作为判决相互认可的先行。香港律政司每年到深圳中院开模拟法庭，政府态度积极，合作意向明显，只需要法律上的突破。最高法院与香港之间签订的关于相互认可和执行判决的"安排"对此有一定的突破，有些观念或理解通过"安排"可以达成一致，例如，对"具有执行力的终审判决"两地之间的"安排"做出了统一解释，消除了认识上的障碍，减小了相互认可的困难。

（三）福建省高级人民法院

有承认台湾仲裁裁决的例子。也有承认台湾法院判决的例子，大多数涉及婚姻家庭关系，占80%，其中以离婚案件最多；承认的台湾商事判决较少，多涉及投资方面。

有承认外国法院判决的例子，其中有以违反我国公共秩序为理由拒绝承认外国判决的例子，但一般很少运用这项制度，条件和程序很严格。如以公共秩序保留的理由拒绝外国判决的承认，必须上报最高法院批准。

（四）厦门市中级人民法院

在过去几年中，厦门中院承认外国法院判决8件，涉及多种关系，有较好效果。也曾承认英国行业仲裁裁决。仅2006年上半年，厦门中院即承认外国民事判决和仲裁裁决3件、申请撤销仲裁裁决2件。

厦门中院尚无须台湾承认判决的案件。在承认台湾法院判决方面基本上没有障碍。过去几年厦门中院受理了第一起承认台湾地区仲裁裁决案，涉及劳动争议。一人同时与台湾和厦门两公司有劳动关系，台湾对其间纠纷做出裁决，认为不属劳动争议，而是商事争议。厦门中院认可了台湾仲裁裁决。厦门中院还在近几年受理第一起承认台湾刑事附带民事调解笔录案。

台湾法院有承认大陆法院判决的例子，但台湾所承认的判决没有执行力，如果当事人提出执行异议，台湾法院便对案件重新审理。大陆法院承认台湾法院判决时即同时赋予被认可的判决执行力，且对台湾法院判决认可条件较宽松，在此方面，大陆对台湾实行超国民待遇。但台湾对大陆法院判决的审查比台湾法院判决更严。

厦门中院也有承认香港判决的例子，更多的是承认香港仲裁裁决的案子，多为行业仲裁。

厦门中院如果确定承认外国或港澳台法院判决和仲裁裁决，需向福建省高院报备；如果决定不承认外国或港澳台判决和裁决，则须层层上报至最高法院。在承认外国或港澳台判决和裁决方面有适用公共秩序保留制度的例子，但适用标准很严格，很少采用这项制度，而且，如果想要采用公共秩序保留制度拒绝外国或港澳台判决和裁决，必须上报至最高法院批准。

（五）宁波海事法院

宁波海事法院已承认执行一件香港的仲裁裁决。

十一　涉外（涉港澳台）案件审结方式

（一）深圳市中级人民法院

深圳中院近几年以调解方式结案的比率是：

2006 年：涉外商事 18.87%；涉港商事 29.87%；涉澳商事 0%；涉台商事 27.2%；总计 28.2%。

2007 年：涉外商事 23%；涉港商事 37.22%；涉澳商事 14.17%；涉台商事 21.59%；总计 35.31%。

2008 年：涉外商事 21.33%；涉港商事 36.21%；涉澳商事 0%；涉台商事 9.8%；总计 32.88%。

2009 年：涉外商事 27%；涉港商事 51%；涉澳商事 50%；涉台商事 78%；总计 51%。

2010 年：涉外商事 6.4%；涉港商事 43.4%；涉澳商事 66.7%；涉台商事 20%；总计 41.9%。

（二）厦门市中级人民法院

厦门中院在审理涉外（涉港澳台）案件中，2000 年收案 36 件，审结 36 件，其中判决 29 件，调解 2 件，其他 5 件；2001 年收案 48 件，审结 48 件，其中判决 33 件，调解 1 件，其他 14 件；2002 年上半年收案 72 件，审结 41 件，其中判决 19 件，调解 3 件，其他 19 件。2002 年 3 月至 2006 年 6 月，厦门中院新收涉外（涉港澳台）案件 521 件，审结 447 件，其中判决 206 件，占 46.08%；调解 69 件，占 15.44%；撤诉 150 件，占 33.56%；其他 22 件，占 4.92%。可以看出，从 2000 年到 2006 年，以调撤方式结案的比率有很大提高。

近 10 年期间，厦门中院平均 40% 的涉外（涉港澳台）案件都经调解后撤诉，调撤率较高，既节约了审理时间和人力物力，又依法维护了当事人的合法利益，大大提高了工作效率，受到了当事人的肯定。在较新类型的案件中，股东间争议调解比较难，调撤率不高。

（三）宁波海事法院

宁波海事法院近几年涉外（涉港澳台）商事和海事案件审结方式情况如下：

2004 年：调撤 29 件，判决 6 件，其中中方胜诉 2 件，外方胜诉 3 件，其他 1 件。

2005 年：调撤 42 件，判决 10 件，其中中方胜诉 6 件，外方胜诉 3 件，其他 1 件。

2006 年：调撤 52 件，判决 17 件，其中中方胜诉 14 件，外方胜诉 2 件，其他 1 件。

2007 年：调撤 67 件，判决 22 件，其中中方胜诉 21 件，外方胜诉 1 件。

2008 年上半年：调撤 7 件，判决 1 件，其中外方胜诉 1 件。

从上述情况看，宁波海事法院的调撤率呈逐年上升趋势。

十二　仲裁及仲裁法的修改

宁波海事法院

对外国仲裁裁决，宁波海事法院一般只做程序审，涉及公共秩序时再做相关审查（争议点）。

英国仲裁法是实质审，还可以上诉。那么英国的情况是怎样的？英国同样是《纽约公约》的缔约国，他们是怎样衔接公约与国内法的？我们应予以借鉴。

最高法院应清理一下现有的批复文件，形成总括性指导。

关于涉外仲裁审查，现在中国的仲裁案件中，仲裁员与当事人都存在利害关系，极大损害了仲裁员的公信力。那么是否应建立仲裁回避制度，以及建立管理仲裁员资格及行为的制度，以形成一定的确保公正的制约机制。

法院至少还有二审纠错程序，而仲裁却缺乏此步骤，应完善相应纠错机制。

举例：中国人到英国仲裁，被告是马耳他人。中国当事人就选取了一个中国人作为仲裁员（独任仲裁），认为中国人总会向着中国人的，结果却是中方败了。由此可见，在一些国家，仲裁员有很高的公信力，对比之下，应该反思一下中国的仲裁制度。

十三　国际私法理论和立法的作用

深圳市中级人民法院

将国际私法作为一门学科学习时觉得国际私法有用，但在审理涉外（涉港澳台）案件的实践中不适用。国际私法学主张平等看待和选择适用内域法和外域法，但实践中适用外域法太麻烦，存在查证的困难。而且，在实际案件中并非只有适用外域法才会获得有利于当事人的效果。在审判实践中，适用内域法或外域法的合理性并不常被考虑，如何使结果对当事人有利以及如何能够尽快结案常常是考虑的重点。

在各法院专门审理涉外（涉港澳台）案件的民四庭中，法官普遍认为国际私法的立法规定的适用不是很顺畅，可能是因为没有将国际私法法规作为立法或法律适用工具对待，多作为学习和研究的对象。涉港案件审理中法律适用的突破对深圳中院而言太难，立法缺乏具体详细的规定使得立法的作用降低。如在一件涉港案中，香港公司诉被告对本公司权利造成间接损害，但针对这种案情，在内地现有立法中找不到对确定管辖和法律适用有用的规定，法院只能简单处理案件，在一审中适用侵权行为地法，在二审中驳回当事人上诉。

在实践中，法院无法找到立法依据时，也会从理论上寻找依据，但很多国际私法研究成果仅停留于理论层面，缺乏实用性，理论与实践脱节，对司法实践没有操作技术上的指导性，无法找到有助于案件审理的依据。

外域法查证的困难使得对外域法的查证变为对证据的判断，体现不出国际私法理论主张的平等适用外域法的价值。国际私法理论有时认为法院绝大多数时候只适用内域法是基于情感、地方保护、国家主权等方面的考虑，但实际上主要是因为外域法难以查证才不得不适用内域法。

十四　问题和对策

通过对国内相关五个法院的调研，我们了解了审理涉外和涉港澳台民商案件中存在的许多问题和障碍，这些问题和障碍都需要从理论上和立法上加以解决。针对其中部分问题，研究报告试图提出解决或改善的对策。

（一）法规制定和实施的重要性

在改革开放 30 多年间，中国的国际私法立法和区际私法立法始终不完善，一直处于零散、粗简、缺乏系统性和一致性的状态，致使中国法院在审理涉外（涉港澳台）民商案件时常常无法可依，困难重重，效率不高，效果不好。因此，国际私法和区际私法的立法完善十分重要。

2010 年 10 月，中国制定了较为系统全面的《涉外民事关系法律适用法》，并已于 2011 年 4 月开始实施。虽然这部新的法规还不够完善，存在一些有待改进之处，已为学界和实务部门所认识，但比较此前的中国国际私法立法，新的立法已有很大发展，能够在很大程度上使法院审理涉外案件时有法可依。但如调研后所知，中国法院审理的涉外法域民商案件中大部分是涉港澳台案件，而中国目前还没有较完善的调整区际法律冲突的区际冲突法立法，而新的调整涉外民商关系的法律适用法还不宜完全类推适用于调整区际民商关系，所以，至今在中国法院所审理的涉外法域民商案件中占大部分的涉港澳台民商案件仍然处于无法可依状态。因此，在制定《涉外民事关系法律适用法》后，制定调整区际民事关系的《涉港澳台民事关系法律适用法》成为当务之急。

（二）送达途径和效率的改善

从各法院了解到的情况表明，送达时间决定案件审理的时限。目前，几个法院都共同存在的问题是，向外国或港澳台送达的途径都不是很顺畅，送达成功率较低，延滞了审案时间，也导致了很多外国当事人不能出庭。

对此，有几方面对策：

1. 扩大送达渠道

送达的目的是使案件相关当事人能够获知案件审理情况和接收到相关文书，只要能够达到这一目的的方法都应该被允许作为送达途径。

为此，可以考虑几种扩大送达渠道的方法：

（1）通过子公司或代办机构送达

当向当事人所在的总公司送达不便时，如果可以向其位于境内的子公司或代办机构送达，即可以通过该子公司或代办机构向总公司或母公司进行送达，因为子公司与母公司之间存在密切的无障碍的联系，可使送达成功，并能节省时间。

（2）通过当事人送达

有时案件双方当事人之间有密切联系，可以通过一方当事人向另一方当事人进行送达。

（3）通过电子邮箱送达

在互联网发达的现代，电子信箱已普遍使用，成为人与人之间联系的重要的便捷渠道，因此，可以通过电子信箱向当事人进行送达，这应该成为非常快速和便利的送达方式。

2. 建立第二级联系渠道

根据最高法院的多个司法解释，内地法院向港澳台送达均需通过最高法院进行，这样法院送达便需层层上传，程序烦琐，耗时较长，延滞了案件审理时限。针对这种情况，应该通过建立第二级联系渠道来加以改善。在此方面，可以借鉴福建高院的经验，在省高级法院设立相应的对港、对澳、对台司法事务办公室，承担省内各法院对港澳台送达的组织、协调事宜，不必上传至最高法院，可节省时间和人力物力。

3. 建立对送达状况的查询、跟踪体系

目前很多送达法院都无法在送达期间及时了解送达的状况，不知已经送达到什么地方、什么阶段，对送达踪迹完全失去掌握。对此，应该建立送达查询和跟踪机制，能使法院及时了解掌握送达情况，以便根据送达情况做相应安排，如是否需要再次送达或采取另一途径送达，预知案件审理将可能延滞多长时间等等。

4. 限制律师对送达的阻碍

有时送达时间长是由于律师的故意阻碍或拖延，以获取更多律师费。对此，应该建立对律师拖延送达时间的行为的限制和制裁措施。

（三）健全和完善外域法查明制度

从调研的五个法院情况看，外域法（外国法和港澳台法）的查证对审理涉外（涉港澳台）民商案件、合理适用外国法和港澳台法至关重要。国际私法理论和立法不能只强调和要求法院平等对待和适用内域法和外域法，而无视外域法查证的困难。对法院而言，适用外域法的必要性和重要性已经很明确，而且在审理涉外（涉港澳台）民商案件中，有时适用外域法是法院更希望的。绝大多数时候适用内域法主要不是因为不愿意或没有必要适用外域法，而是因为无法查证外域法。如果不能在理论和立法上解决外域法查证困难，适用外域法就只是空谈。

因此，从理论上和立法上改善查证外域法的困难状况是必须重点对待的问题。对此，可以有几方面对策：

1. 提高理论研究的针对性

国际私法学界的研究应该更多针对查证外域法的途径、方式和效果，提出有效建议，而不是仅仅限于不断主张适用外域法的重要性。

2. 提高立法规则的操作性

国际私法的立法也应该注重制定切实可行的查证外域法的途径和操作细则，针对查证中的实际障碍采用有效方法克服。

3. 建立专家库

可采纳调研各法院共同希望的方法，建立提供外域法的权威专家库，赋予专家提供的外域法真实性，作为法院获知外域法的便利渠道。

4. 扩大查证途径

为提高查证的效率，应该扩大查证途径，例如，现代互联网的发达已使法律资料的查知收集非常便利，越来越多的数据库已提供了更多的文献资料，由相关权威机构和官方网站提供的数据库具有很高的可信度，应该赋予从这些数据库查知的外域法相应的真实性，并将从互联网上的权威数据库查证外域法确认为法定查证外域法的途径。

5. 加强区际合作

应该加强区际查证法律方面的合作，打通法域间查证法律的障碍。合作层面可以多样化，如官方指定机构、民间指定机构、工作上联系较多的法院之间、律师团体、专家团体等等之间的合作都可以成为提供和查证法律的渠道。

6. 加强对外域法的了解和熟悉

可借鉴深圳市中级人民法院的经验，各法院可派人到其他法域去学习和了解该法域的法律内容，提高对其他法域法律的了解程度和真伪判断力。

Report on Settling Civil and Commercial Cases Related to Foreign Countries and to Hong Kong, Taiwan and Macao in Chinese Courts

Shen Juan

Abstract：The research group investigated five courts in Guangzhou, Shenzhen, Fuzhou, Xiamen and Ningbo. From these courts, the group collected first-hand data about how they settled civil and commercial cases related to foreign countries and to Hong Kong, Taiwan and Macao. After analyzing the data, the group figured out the main puzzle and obstacle these courts were facing, and then offered some solutions in the report.

Key Words：Chinese Courts；Foreign Countries；Civil and Commercial Cases

创新工程专栏

美国金融消费者保护机制的新发展：
以消费者金融保护局为中心

廖　凡[*]

摘　要： 消费者金融保护局的成立是金融危机之后美国金融消费者保护机制的一大发展。保护局具有独立的法律地位，体现在人事、财政和管理等诸多方面。保护局的总体目标是通过实施联邦消费者金融法，确保所有消费者均可在公平、透明和竞争性的市场上获得消费者金融产品和服务，为此其享有包括制定和实施相关规则在内的广泛监管权力。作为一家全新的联邦监管机构，保护局的监管理念和方法既有对传统监管经验的继承，又有自己的发展和创新。消费者金融保护局的组织和运作模式反映了金融消费者保护方面的国际新趋势，值得认真研究和适当借鉴。

关键词： 金融消费者　消费者金融保护局　联邦消费者金融法　消费者金融产品或服务

一　问题的提出

全球金融危机暴露出美国金融消费者保护机制和规则的内在缺陷。为了对消费者金融服务和投资市场进行强有力的一致监管，保护消费者免受不公平、欺诈性和滥用性金融行为之害，美国2010年《多德－弗兰克华尔街改革与消费者保护法》（以下简称《多弗法》）[①]第10章专门规定设立"消费

　＊　廖凡，中国社会科学院国际法研究所副研究员，法学博士。

　①　Dodd-Frank Wall Street Reform and Consumer Protection Act, http://www. sec. gov/about/laws/wallstreetreform－cpa. pdf，最后访问日期：2013年1月31日。

者金融保护局"（Consumer Financial Protection Bureau，以下简称"保护局"），负责根据联邦消费者金融法对兜售和提供消费者金融产品或服务的行为进行监管。① 2011 年 7 月 21 日，原本分散于七家不同联邦机构②的与消费者金融保护相关的职权和职责统一移交给保护局，后者正式开始运作。

　　需要说明的是，美国的消费者金融保护传统上从属于银行业监管。正如有论者描述的那样，"被称为消费者金融保护的规章旨在防止借款人在获得消费者信贷产品时过度承担风险"，其意图是"抑制不公平、滥用性或掠夺性的借贷行为"。③这一相对狭义的理解源自美国根深蒂固的分业监管体制、发达成熟且自成系统的投资者保护制度，以及联邦层面的保险法和相应监管执法机构的缺位。在此情况下，美国的消费者金融保护制度主要表现为与银行业务有关的法律和规章。《多弗法》的相关条款表明，所谓"消费者金融产品或服务"基本上都属于银行业务，而"联邦消费者金融法"也基本上是与银行业务有关的法律法规。换言之，基于《多弗法》的规定，"金融消费者"基本上是"银行业消费者"的同义词。④

　　但这并不妨碍保护局在消费者金融保护方面拥有前所未有的广泛职权。首先，保护局有权对特定非银行金融机构提供消费者金融产品和服务

---

① 根据《多弗法》，所谓"消费者金融产品或服务"是指向消费者兜售或提供的，主要供其出于个人、家庭或家用目的而使用的以下产品或服务：（1）提供信贷和偿付贷款；（2）提供或居间安排在功能上相当于租购融资的动产或不动产租赁；（3）提供房地产结算服务；（4）吸收存款、转移或交换资金，或者以其他方式保管消费者所使用的资金或任何金融工具；（5）出售、提供或发行储值或支付工具；（6）提供支票兑现、托收或担保服务；（7）向消费者提供支付或其他财务数据处理产品；（8）提供财务咨询服务，但不包括由受证券交易委员会监管的主体提供的与证券有关的服务；（9）收集、分析、维护或提供消费记录信息或其他账户信息；（10）追究与任何消费者金融产品或服务有关的欠债［参见《多弗法》第 1002（5）、（15）条］。所谓"联邦消费者金融法"则是指：（1）《多弗法》第 10 章（可单独称为《2010 年消费者金融保护法》）；（2）《多弗法》第 1002（12）条所列举的 10 余部法律，即所谓"列明的消费者法律"（enumerated consumer laws）；（3）根据《多弗法》第 10 章第 6 节和第 8 节，执法权从美联储、货币监理署、储贷协会监理署和联邦存款保险公司等机构转移给 CFPB 的那些法律；（4）CFPB 根据上述法律制定和发布的任何规则和命令［参见《多弗法》第 1002（14）条］。
② 这七家机构分别是美联储、货币监理署、储贷协会监理署、联邦存款保险公司、全国信用社管理委员会、联邦贸易委员会以及住房和城市发展部。
③ Daniel Lamb，"A Specter is Haunting the Financial Industry—The Specter of the Global Financial Crisis: A Comment on the Imminent Expansion of Consumer Financial Protection in the United States, United Kingdom, and the European Union"，（2011）31 *Journal of the National Association of Administrative Law Judiciary* 213，pp. 216 – 217.
④ 关于这一问题的讨论，详见廖凡《金融消费者的概念和范围：一个比较法的视角》，《环球法律评论》2012 年第 4 期。

的行为实施监管，而这一领域的联邦监管此前处于空白状态。特别是，保护局有权对提供和经营按揭贷款、私人教育贷款和发薪日贷款（payday loan）的机构，提供其他金融产品和服务的"大型机构"以及被认定对消费者构成风险的其他机构进行检查并要求其提交报告，并可在必要时采取强制执行行动实施联邦消费者金融法。其次，《多弗法》规定保护局局长作为联邦存款保险公司董事会、联邦金融机构检查理事会以及金融稳定监督理事会①的成员，以实现消费者保护与金融安全和稳定之间的良性互动。最后，保护局有权制定与联邦消费者金融法有关的规则，并可以对银行和非银行机构强制执行这些法律和规则。此外，保护局还被授权强制执行联邦贸易委员会（Federal Trade Commission，FTC）制定的若干规则，包括与上门销售冷静期和远程销售有关的规则。②有鉴于此，有论者甚至以"过于广泛"（overly broad）、"不受约束"（unconstrained）来形容保护局的职权。③

作为一个全新的联邦监管机构，保护局的各项工作尚在摸索和磨合之中，尽管如此，其执法力量已经初露锋芒。2012 年 7 月，保护局开出其成立以来的第一张罚单：对第一资本银行（Capital One Bank）的欺诈性信用卡营销行为处以 2100 万美元罚款。④鉴于金融消费者保护正日益成为我国理论界和实务界的热议话题，"一行三会"均已建立各自的消费者保护机构，⑤

---

① 金融稳定监督理事会（Financial Stability Oversight Council）是根据《多弗法》成立的监管联席机构，由联邦主要金融监管机构的负责人组成，共 10 人，包括财政部部长（担任委员会主席）、美联储主席、货币监理署署长、消费者金融保护局局长、证券交易委员会主席、联邦存款保险公司董事长、商品期货交易委员会主席、联邦住房金融局局长、全国信用社管理委员会主席，以及 1 名由总统征得参议院同意后任命的有保险专业知识的独立成员。进一步的讨论可见廖凡《国际货币金融体制改革的法律问题》，社会科学文献出版社，2012，第 229～233 页。

② Leonard J. Kennedy *et al.*, "The Consumer Financial Protection Bureau: Financial Regulation for the Twentieth-first Century", (2012) 97 *Cornell Law Review* 1141, p. 1147.

③ Diane Katz, "The CFPB in Action: Consumer Bureau Harms Those It Claims to Protect", http://www. heritage. org/research/reports/2013/01/the – cfpb – in – action – consumer – bureau – harms – those – it – claims – to – protect，最后访问日期：2013 年 1 月 31 日。

④ Martha C. White, "CFPB Shows Its Teeth: Capital One Fined MYM210 Million for Deceptive Marketing", http://business. time. com/2012/07/19/cfpb – orders – capital – one – to – return – 140 – million – to – customers/，最后访问日期：2013 年 1 月 31 日。

⑤ 分别是中国人民银行"金融消费权益保护局"（2012 年）、银监会"银行业消费者权益保护局"（2012 年）、保监会"保险消费者权益保护局"（2011 年）和证监会"投资者保护局"（2011 年）。

并在积探索如何安排和履行相关职责，本文拟对保护局的监管目标、职责、权限和方法进行介绍和分析，以期对我国的相关实践有所裨益。

二 消费者金融保护局的目标、职责和权限

（一）法律地位

根据《多弗法》，保护局设于美国联邦储备体系内，但享有独立法律地位，属于《美国法典》（U.S. Code）第 5 编第 105 条所定义的联邦"政府机构"（executive agency）。保护局的独立性体现在人事、财政和管理等多个方面。保护局局长由总统任命，副局长则由局长任命；美联储不得任命、指示或撤换保护局的任何官员或雇员，不得对保护局的任何处理事项或流程（包括检查和执法行动）进行干预，也不得将保护局或其任何功能或职责同美联储或联邦储备银行的任何分支机构或办公室合并。保护局的任何规则或命令均不必经美联储批准或审查，后者也不得拖延或阻止保护局发布任何规则或命令。相反，美联储可以委托保护局对美联储管辖范围内的主体遵守联邦消费者金融法的情况进行检查。①美联储应当按期（每年或每季度）将保护局局长确定的、为履行保护局职责而合理需要的经费数目拨付给保护局，并在某个联邦储备银行建立和维护单独的"消费者金融保护局基金"来存放上述款项；"消费者金融保护局基金"由保护局局长控制，用于支付保护局包括员工薪酬在内的各种开支。②

（二）目标和职责

保护局的总体目标是通过实施并在适当时候强制执行联邦消费者金融法，确保所有消费者均可在公平、透明和竞争性的市场上获得消费者金融产品和服务。为此，保护局的监管目标是在消费者金融产品和服务方面确保：（1）消费者及时获得可理解的信息，以便做出负责任的金融交易决定；（2）保护消费者不受不公平、欺诈性或滥用性行为或做法之害，且不受歧视；（3）定期查找和处理过时、不必要或者过于繁重的法规，以减轻不适当的监管负担；（4）对于作为存款机构的主体一致适用联邦消费者金融法，

---

① 《多弗法》第 1011（c）（1）～（3）条。
② 《多弗法》第 1017 条。

以促进公平竞争；（5）消费者金融产品和服务市场透明、高效地运行，以促进产品和服务的可获取性及创新。为了上述目标，保护局主要履行如下监管职责：（1）实施金融教育项目；（2）收集、调查和答复消费者申诉；（3）收集、研究、监测和发布与消费者金融产品和服务市场运行有关的信息，以识别对消费者及市场适当运行所构成的风险；（4）监管相关主体遵守联邦消费者金融法，并采取适当执法行动处理违法行为；（5）发布规则、命令和指引来实施联邦消费者金融法。[①]

（三）规则制定权及其限制

为实施联邦消费者金融法，保护局享有制定规则并发布命令和指引的一般性权力。在制定规则时，保护局应当考虑该规则对于消费者和金融机构的潜在收益和成本，包括其可能导致的消费者获取消费者金融产品或服务的减少。在提议规则之前和征求意见过程中，保护局应当同相关审慎监管机构及其他联邦机构就该规则同后者所负责的审慎、市场或系统目标之间的一致性进行磋商。如果有审慎监管机构在磋商过程中对于保护局拟议的规则提出书面反对意见，那么保护局在发布规则时应当提及反对意见及其关于反对意见的决定的依据。[②]更具实质意义的是，应其任一成员机构申请，金融稳定监督理事会可以对保护局正式发布的法规进行审查；如果认定该法规或其中某个条款将对美国银行系统的安全和稳健或者美国金融系统的稳定构成风险，那么金稳会可以撤销该法规或条款。[③]

（四）对银行和非银行金融机构的监管权

为了评估对联邦消费者金融法的遵守情况，获得关于受这些法律调整的活动及相关合规制度和程序的信息，以及查知和评估对消费者及消费者金融产品和服务市场所构成的相关风险，保护局有权对非银行金融机构进行监管，包括要求其定期提交报告及定期对其进行检查。受此监管的非银行机构的范围由保护局通过规则确定，在发布规则之前保护局应当同 FTC 磋商。对于总资产在 100 亿美元以上的大型银行、储贷协会和信用社，保护局也可以实施类

---

① 《多弗法》第 1021 条。
② 《多弗法》第 1022（b）（1）～（2）条。
③ 《多弗法》第 1023（a）条。

似监管。而对于总资产在 100 亿美元及以下的银行、储贷协会和信用社，保护局一般只能要求其提交报告，其检查权仅限于派出检查人员抽样参与审慎监管机构所进行的检查，以评估被检查机构对联邦消费者金融法的遵守情况。①

三 消费者金融保护局的监管理念和方法

（一）以市场为基础

保护局相信市场和竞争的基础性力量，但意识到信贷市场极易出现市场失灵并带来严重的经济和金融后果，因此致力于通过适当的监管干预维持金融市场的健康有效运行。如上所述，《多弗法》为保护局设定的监管目标之一是"确保消费者金融产品和服务市场透明、高效地运行，以促进产品和服务的可获取性及创新"，为此保护局从三个方面开展工作：首先，要让市场妥善运行，消费者金融产品和服务必须透明，因此保护局的核心工作之一是增强消费者在做出消费决定之前对相关产品进行比较并理解其中的成本和风险的能力。这方面的具体措施主要包括强化信息披露要求、进行消费者教育以及实施金融扫盲项目（financial literacy programs）。其次，金融市场上的各类主体应当在平等条件下竞争。此前由于监管的分散性，不同类型的金融机构受到程度不一的联邦监管，尽管其提供的消费者金融产品和服务大同小异。有鉴于此，根据《多弗法》的授权，保护局通过对包括非银行金融机构在内的不同类型的金融服务提供者实施一体监管，使其得以在价格、质量和服务方面进行公平竞争。最后，消费者金融服务市场上的相关主体必须受到正确的激励。金融危机之前，由于抵押贷款发起人能够轻易将高风险贷款转手，因此罕有动力约束自己只贷给有能力偿还的借款人。《多弗法》致力于纠正此种错误激励，并在这方面对保护局委以重任。例如，《多弗法》规定贷款人在发放住房按揭贷款时必须"基于记录在案的可证实的信息"确定消费者是否"具有偿还贷款的合理能力"，②而保护局负责执行这一法律规定，包括制定必要的实施细则。③

---

① 《多弗法》第 1024～1026 条。
② 《多弗法》第 1411（a）（2）条。
③ Leonard J. Kennedy et al.，"The Consumer Financial Protection Bureau：Financial Regulation for the Twentieth-first Century"，pp. 1153－1154.

（二） 重视数据和实证分析

以市场为基础意味着充分了解市场从而能够对其进行有效监管。为此，保护局在监管工作中重视事实、数据和实证分析。事实上，保护局的机构设置本身就旨在使研究和市场分析成为其工作重心。作为保护局六大部门之一的"研究、市场和监管部"不仅有负责拟定监管规则的律师，还有一个研究团队和数个市场团队，每个团队均由来自不同背景的专业人员组成，有能力收集和分析保护局开展相关工作所需的数据。按照保护局总法律顾问莱昂纳多·肯尼迪（Leonard J. Kennedy）的说法，将研究、市场和监管团队置于同一部门有助于使保护局的政策和规则制定过程广泛反映专业研究人员、经济学家和实务界的观点。[①]

保护局业已发布的数份实证研究成果凸显出其对以事实和证据为基础的监管方法的坚持。例如，2011 年 7 月保护局发布了题为《消费者与贷款人购买的信用评分结果之间所存差异的影响》的报告，[②]对信用评分的获取和使用以及向贷款人和消费者提供的评分结果之间的差异会对消费者造成何种潜在损害进行了检视。基于这一初步研究，保护局目前正在实施一个大型数据收集和分析项目，对提供给贷款人和消费者的信用评分之间的差异的性质、范围和幅度进行分析，以便深入了解这些差异是否以及在多大程度上会损及消费者。除了收集和分析与市场以及消费者面临的潜在问题有关的数据之外，保护局还对现有监管规则的影响进行事后的实证评估，以避免相关法律法规给消费者带来事与愿违的不利后果。这些对消费者金融市场进行的以事实为基础的分析和研究有助于保护局制定出更具成本效益、好处更多的规则。

（三） 利用技术创新增进公众参与

保护局意识到，单凭实证研究并不足以确保监管的有效性，从消费者、倡导者和监管对象等处多方面获取意见同样重要。有鉴于此，保护局致力于增进

---

① Leonard J. Kennedy *et al.*, "The Consumer Financial Protection Bureau: Financial Regulation for the Twentieth-first Century", p. 1155.

② CFPB, "The Impact of Differences between Consumer-and Creditor-Purchased Credit Scores: Report to Congress", July 19, 2011, http://files. consumerfinance. gov/f/2011/07/Report_ 20110719_ CreditScores. pdf，最后访问日期：2013 年 1 月 31 日。

公众参与，特别是利用创新性技术来使得公众参与更为方便易行。早在其正式开始运作之前数月，保护局就公布了其官方网址（www. consumerfinance. gov），同时开展了"欢迎提建议"（Open for Suggestions）活动，通过包括推特、电子邮件和 YouTube 视频在内的多种渠道寻求和获取公众意见。[①]在此过程中保护局收到数百份建议，并通过 YouTube 视频对其中许多建议进行了回应。保护局还在推特、脸谱、YouTube 等社交网站上注册了用户，与公众直接交流。这些渠道能够为保护局持续提供来自公众方面的关于消费者金融保护方面所存在的问题以及如何处理这些问题的建议的信息，便于保护局制定相关政策及确定工作优先顺序。

（四）借鉴其他机构的成功经验

作为一个新成立的监管机构，保护局已经并在继续借鉴和吸收其他联邦机构的成功经验和最佳实践。例如，在起草关于公众来文、保护局档案和信息公开以及消费者金融领域违法行为调查和裁决的政策和规则时，保护局都使用了其他机构已经证明行之有效的规则作为模型。同样地，在确定薪酬水平以及构建退休制度和采购制度时，保护局也都以其他机构的最佳实践作为参考。[②] 下文将以保护局的行政裁决程序为例，具体说明其如何借鉴其他监管机构的成功经验。

除此之外，保护局还与州总检察长和银行监管机构保持密切联系，及时获取关于各州具体情况以及如何加强执法等方面的信息和意见。保护局还不时会见来自消费者团体和金融机构的代表，听取他们关于最佳监管实践及保护局其他相关工作的看法。[③]

四　消费者金融保护局对其他联邦监管机构成功经验的借鉴：以行政裁决程序为例

《多弗法》赋予保护局通过司法程序或行政裁决程序强制执行联邦消费

---

① CFPB, "Building the CFPB: A Progress Report", July 18, 2011, pp. 17 – 18, http://files. consumerfinance. gov/f/2011/07/Report_ BuildingTheCfpb1. pdf, 最后访问日期：2013 年 1 月 31 日。

② Leonard J. Kennedy et al. , "The Consumer Financial Protection Bureau: Financial Regulation for the Twentieth-first Century", p. 1160.

③ CFPB, "Building the CFPB: A Progress Report", pp. 29 – 30.

者金融法的广泛职权，①但未对保护局的行政裁决程序做出详细规定，而是要求保护局自行制定相关规则，建立行政裁决程序。②根据这一要求，保护局在正式开始运作后不久便于 2011 年 7 月 28 日发布了临时性最终规则（interim final rule），并在征求公众意见的基础上于 2011 年 12 月发布了最终规则《行政裁决程序实践规则》（以下简称《裁决规则》）。《裁决规则》于 2012 年 6 月 29 日正式生效。③

在起草《裁决规则》时，保护局充分考虑了联邦银行监管机构、FTC 和证券交易委员会（Securities and Exchange Commission，SEC）的规则和程序，并参考了美国行政会议制定的《行政裁决示范规则》（Model Adjudication Rules）。保护局希望通过制定《裁决规则》建立一个既能快速解决争议又能保证答辩人获得公平听证的裁决程序，为此研究了 FTC 和 SEC 的行政裁决历史并借鉴了它们的成功经验。研究表明，过去 20 年来 FTC 和 SEC 均对其相关规则进行了修订，以使裁决程序更为高效。具言之，1990 年，SEC 专门组成一个工作组来审查其行政裁决规则和程序，目的是找出导致程序拖延的因素并提出改进建议。在工作组建议的基础上，SEC 于 1995 年修改了相关规则。与此相似，FTC 在 2008 年对其规则进行了修订，以改进其久经批评的"过于拖沓"的裁决程序，修订后的规则致力于"在对公正程序和高质量决策的需求、对快速高效解决问题的向往以及给委员会和当事人带来的潜在成本之间求得恰当的平衡"。④对这段历史的研究使保护局得以更好地了解不同程序的优势和劣势所在。

在制定《裁决规则》的过程中，保护局充分借鉴了上述机构的最佳实践。例如，保护局在证据开示程序中采纳了 SEC 的主动披露方法，要求执法办公室披露其在调查阶段从非保护局雇员处获得的文件，使任一当事方均可加以检查和复制。⑤此举旨在确保答辩人在裁决程序的早期阶段就能充分了解相关指控的事实基础，从而能够有效率地决定如何进行辩护以及是否寻求和解。这一方法还减少了对传统证据开示程序的需求，有助于更加快速高

① 《多弗法》第 1052 ~ 1054 条。

② 《多弗法》第 1053（e）条。

③ Rules of Practice for Adjudication Proceedings, https：//www. federalregister. gov/articles/2012/06/29/2012 – 14061/rules – of – practice – for – adjudication – proceedings，最后访问日期：2013 年 1 月 31 日。

④ Rules of Practice for Adjudication Proceedings, "Summary of the Final Rule".

⑤ Rules of Practice for Adjudication Proceedings, Sec. 1081. 206（a）.

效地解决争议，节省保护局和答辩人的资源。与此同时，《裁决规则》也为主动披露要求规定了一些例外情形。①这些例外规定也主要是基于 SEC 的类似规则，目的是平衡"答辩人的需求、提交文件者的权利以及监管机构在保持执法有效性方面的合法利益"。②

《裁决规则》还借鉴了 SEC 和 FTC 规则中的一些期限方面的规定，以促进争议快速解决。例如，同 SEC 的规则一样，《裁决规则》要求听证官在不迟于指控通知送达之日起 30 日内做出建议性决定（recommended decision）。③为了进一步促进争议快速解决，《裁决规则》还借鉴了 FTC 的相关规则，要求听证官在听证后答辩简报（post-hearing responsive briefs）的最后提交期限之后 90 日内做出建议性决定。④换言之，上述两个期限要求同时适用。此外，保护局还效法 SEC，要求听证官在裁决程序开始后尽快主持召开审前会议，确定适当的时间进度表，并要求当事方在会议前进行会面，讨论其争议请求的性质和依据、快速和解或者解决争议的可能性，以及可以或者应当在审前会议上处理的其他事项。⑤SEC 在 1995 年修改其相关规则时，强制要求大多数情况下均须举行审前会议，"因为这样一个会议能够消除不必要的拖延，使得案件准备和问题陈述更加清晰，提高裁决的质量"。⑥保护局之所以要求在裁决程序开始后尽快举行审前会议，目的也正在于此。概而言之，通过学习和借鉴其他联邦监管机构过往的有益经验，保护局希望《裁决规则》和据此实施的行政裁决程序能够兼顾效率和公平。

五　结论

消费者金融保护局的成立和开始运作是金融危机之后美国联邦层面金融消费者保护机制的一大发展。尽管由于美国传统分业监管格局的顽强延续，

① 这些例外主要涉及保密事项以及其他法律有禁止性规定的情形。详见 Rules of Practice for Adjudication Proceedings, Sec. 1081. 206 (b).
② Leonard J. Kennedy et al. , "The Consumer Financial Protection Bureau: Financial Regulation for the Twentieth-first Century", p. 1173.
③ Rules of Practice for Adjudication Proceedings, Sec. 1081. 400 (a).
④ Rules of Practice for Adjudication Proceedings, Sec. 1081. 400 (a).
⑤ Rules of Practice for Adjudication Proceedings, Sec. 1081. 203 (a) – (b).
⑥ Leonard J. Kennedy et al. , "The Consumer Financial Protection Bureau: Financial Regulation for the Twentieth-first Century", p. 1174.

保护局的工作范围主要限于银行业领域，但这并不妨碍其在消费者金融保护方面拥有前所未有的广泛职权。保护局享有独立的法律地位，这种独立性受到人事、财政和管理制度方面的诸多保证。保护局的总体目标是通过实施并在适当时候强制执行联邦消费者金融法，确保所有消费者均可在公平、透明和竞争性的市场上获得消费者金融产品和服务，为此，保护局享有制定规则并发布命令和指引的一般性权力，并可以对符合条件的银行和非银行金融机构广泛实施监管。作为一家全新的联邦监管机构，保护局的监管理念和方法既有对传统监管经验的继承，又有自己的发展和创新。这一点在其《行政裁决程序实践规则》中清晰可见。消费者金融保护局的组织和运作模式在一定程度上反映了金融消费者保护方面的国际新趋势，值得认真研究和适当借鉴。

New Development in the Financial Consumer Protection Mechanism in the US: with a Focus on the Consumer Financial Protection Bureau

Liao Fan

Abstract: The establishment of the Consumer Financial Protection Bureau (CFPB) is a remarkable development in the US federal financial consumer protection mechanism after the global financial crisis. As a federal agency, CFPB enjoys highly independence in terms of personnel, finance and administration. The overall purpose of CFPB is to implement and enforce federal consumer financial law to ensure that all consumers have access to markets for consumer financial products and services and that those markets are fair, transparent, and competitive. For this purpose, CFPB are vested with broad regulatory powers including promulgating and enforcing regulatory rules. As a nascent agency, CFPB has borrowed from the past experiences of other federal regulatory agencies in formulating its regulatory approaches, but has also made its own development and innovation, as can be seen from its Rules of Practice for Adjudication Proceedings. In summary, the organization and operation of CFPB reflect new international trends in the protection of financial consumers, and merit further research and learning.

Key Words: Financial Consumer; Consumer Financial Protection Bureau; CFPB; Federal Consumer Financial Law; Consumer Financial Product or Service

论"喜马拉雅"条款的沿革及理论基础

——兼评《鹿特丹规则》下的海运履约方制度

张文广 *

摘　要："喜马拉雅"条款的目的是解决承运人与其雇佣人、代理人的责任分担问题。《维斯比规则》将"喜马拉雅"条款的效力法定化，但没有解决独立合同人的法律地位问题。各国司法实践中，"喜马拉雅"条款的效力不尽相同。海运履约方制度是"喜马拉雅"的新发展，对港口经营人来说有利有弊。作为世界第一大港口国，我国应当慎重对待海运履约方制度。

关键词："喜马拉雅"条款　实际承运人　海运履约方　鹿特丹规则

一　"喜马拉雅"条款的历史演变

（一）"喜马拉雅"条款的由来

在 1955 年发生的 "Adler v. Dickson" 一案中，英国 P&O 公司的客轮"喜马拉雅"号在一次停靠码头时，没有固定好旋梯，致使乘客 Adler 夫人摔伤。Alder 夫人原本想向 P&O 公司索赔，但发现船票上印有承运人免责条款，对于此种情况承运人有可能不承担赔偿责任。于是，她转而向负责固定该旋梯的水手长 Dickson 提起了侵权索赔。在判决中，上诉法院宣称："在旅客运输和货物运输中，法律允许承运人不仅可以为其自身约定，也可以为其履行辅助人约定，且此约定明示或默示均可。但在本案中，法院认为客票上并未以明示或默示的方式使受雇人或代理人收益。因此 Dickson 先生不得

---

* 张文广，清华大学法学院博士后研究人员，中国社会科学院国际法研究所助理研究员。

援引免责条款。"① 此后，在另一起案例中，英国法院判决在卸货时导致货损的装卸公司不能援引《海牙规则》赋予承运人的赔偿责任限制。在上述两个案件判决后，"承运人纷纷在提单上加上了一条'喜马拉雅'条款，订明承运人的受雇人、代理人以及独立合同人也可以享有合同以及法律赋予承运人的各项抗辩理由和责任限制"。② 这就是"喜马拉雅"条款的由来。

（二）"喜马拉雅"条款的发展进程

就"喜马拉雅"条款的发展而言，"大致经历了如下几个阶段：（1）'喜马拉雅'条款以提单条款的形式出现，仅适用于承运人的受雇人和代理人，不适用于独立合同人。（2）'喜马拉雅'条款作为合同条款，在适用范围上除适用于承运人的受雇人和代理人外，还适用于独立合同人，即装卸公司或港口经营人。（3）《汉堡规则》使'喜马拉雅'条款发生了重要变化。《汉堡规则》第 7 条第 2 款规定，'如果此种诉讼是对承运人的受雇人或代理人提起，而且该受雇人或代理人证明他是在其受雇的范围内行事，他便有权援用承运人依照本公约有权提出的抗辩和责任限制。'该款规定与《维斯比规则》第 3 条第 2 款规定唯一不同的是，《汉堡规则》取消了括号内的'排除独立合同人适用'的内容。此外，《汉堡规则》还引入了'实际承运人'的概念。《汉堡规则》将《维斯比规则》括号内的内容取消，是因为独立合同人已经成为实际承运人，这是'喜马拉雅'条款的变形和发展。"③

二 "喜马拉雅"条款的法理基础

根据传统的法学理论，承运人的受雇人或代理人既不是运输合同的当事人，也不是提单记载的承运人，因此没有主张提单条款利益的权利。但是，"'喜马拉雅'条款将多式联运合同下承担了运输义务的参与人纳入到运输法体系之下，统一了多式联运下海运履约各方的责任限制，避免了不必要的

---

① 威廉·泰利：《重审喜马拉雅条款》，杨树明主编《国际经济法学刊》第 9 卷，郭东译，北京大学出版社，2004，第 259 页。

② 司玉琢：《海商法》，中国人民大学出版社，2008，第 116～117 页。

③ 司玉琢：《论喜马拉雅条款的沿革及理论基础——兼论 UNCITRAL〈运输法公约下的海上履约方〉》，《大连海事大学学报》（社会科学版）2004 年第 2 期，第 2～4 页。

诉累，促进了港口、航运业的发展，符合海运法律制度效率优先兼顾公平的价值取向。因此，出于商业利益、公共政策和社会利益的考虑，各国均选择了突破法律现有障碍承认其有效性的做法。"①

（一）代理理论

在"Midland Silicones Ltd v. Scrutton"一案②中，丹宁（Denning）勋爵曾经提出了疏忽侵权的理论，认为"尽管疏忽是一种独立侵权行为，但若一个人已经自愿承担这一风险，他便不得抱怨损害，这是一项已经被承认的侵权法原则"。不过，这种解释没有被其他法官接受。同案中，雷德（Reid）勋爵运用代理理论解决了合同相对性的难题。他在英国上议院的判决中指出，"喜马拉雅"条款的有效必须满足4个条件："我可以看到代理理论成功的可能性，如果（第一）提单清楚地表明有意使码头装卸工人受其中责任限制条款的保护；（第二）提单清楚地表明承运人除了为自身利益订立这些免责条款之外，也以码头装卸工人代理人的身份约定这些条款应当适用于码头装卸工人；（第三）承运人的这些行为有码头装卸工人的授权，或者在事后得到了码头装卸工人的追认；（第四）码头装卸工人支付对价的困难均得到解决，而且为了对收货人产生效力，有必要表明适用的是《1855年提单法》。"③

雷德勋爵代理理论的主要问题在于认定码头装卸工人向托运人支付了"对价"。在"The Eurymedon"案④中，枢密院认为，"为了托运人利益而履行这些劳务构成了托运人同意上诉人（码头装卸工人）享有提单中的免责和责任限制利益的对价"。⑤Wilberforce勋爵为其判决所建立的理论根据如下："在他们看来，将提单中所包含的免除和限制责任的利益给予上诉人就是赋予商业文件的意图以效力，根据现存的原则这是可以被赋予的，他们找不出任何理由来歪曲法律或事实以将这些意图归于无效。不容忽视的是，否定'喜马拉雅'条款效力的后果将会是对人们为避开免责条款而向受雇人、

---

① 闻银铃：《论提单中"喜马拉雅条款"的效力》，《河北法学》2008年第4期，第149页。
② [1962] 2 Lloyd's Rep. 365.
③ 杨良宜：《提单及其他付运单证》（修订版），中国政法大学出版社，2007，第180～181页。
④ [1974] 1 Lloyd's Rep. 534.
⑤ 威廉·泰利：《重审喜马拉雅条款》，杨树明主编《国际经济法学刊》（第9卷），郭东译，北京大学出版社，2004，第264页。

代理人和独立合同人提起诉讼的一种鼓励，这些免责条款（它们几乎始终不变并且通常具有强制性）是托运人针对承运人而接受的，它们的存在以及假定的功效都反映在了运费价目上。对他们来说，这种后果没有任何吸引力。"①

上述分析被英联邦国家法院广泛接受。在"The Mahkutai"案②中，Goff 勋爵认为，"对（'喜马拉雅'条款）这种原则的商业需求仍是毋庸置疑的，且不仅仅是在有关码头装卸工人的案件中；这是枢密院在'The Eurymedon'一案中迈出的勇敢的一步，之后又在'The New York Star'案中得到了发展，并已经受到广泛的欢迎"；"只要这一原则继续被理解为是建立在这样一个强制性合同的基础上，该合同是货物所有人和码头装卸工人通过船舶所有人的代理而缔结的；那么就不可避免的，货物所有人将会继续援引合同中的技术性事项和代理法来请求强制执行不为相关提单合同中的免责和限制所禁止的侵权救济，以此来对抗码头装卸工人和其他人"。③

实际上，这一理论基础是错误的。因为：（1）就托运人而言，这些文件只是一种附合合同；（2）码头装卸工人从未成为文件的当事人；（3）除了一般意义上的约定外，码头装卸公司在文件中并没有被确定。"实践中，收货人极少在船舷处收取货物，而通常是待存储一段时间之后在码头或邻近码头的地方收取货物。因此当事人应该预料到，承运人如果不是亲自存储货物，也会雇佣其他人来这样做。一种公平的、商业化的且实际的解决方法应当是使码头装卸工人和码头运营人对他们的行为负责，但允许他们援引《海牙规则》和《维斯比规则》中的免责条款。只有在免责条款明显违反了公约规定的情况下，第三人所受的保护才将被剥夺，即使这时仍有'喜马拉雅'条款。"④

（二）第三人利益合同理论

大陆法系承认第三人利益合同，但必须满足以下 4 个条件：（1）必须存在一个有效的基础合同；（2）合同订立人在为第三人利益而履行义务方

---

① 威廉·泰利：《重审喜马拉雅条款》，杨树明主编《国际经济法学刊》（第 9 卷），郭东译，北京大学出版社，2004，第 265 页。

② [1996] 2 Lloyd's Rep. 1.

③ 威廉·泰利：《重审喜马拉雅条款》，杨树明主编《国际经济法学刊》（第 9 卷），郭东译，北京大学出版社，2004，第 265 页。

④ 威廉·泰利：《重审喜马拉雅条款》，杨树明主编《国际经济法学刊》（第 9 卷），郭东译，北京大学出版社，2004，第 265 ~ 267 页。

面必须具有金钱上的或其他的正当利益；（3）当合同订立人必须向第三人履行其义务时，从合同中受益的第三人必须存在而且可以确定；（4）该第三方受益人必须接受这一合同，并且接受的通知必须送达合同订立人或允诺人。根据这些标准判断，"喜马拉雅"条款并不符合大陆法的第三人利益合同理论，理由如下："（1）'喜马拉雅'条款不能给予利益，而只能授予一种消极的权利，即不能被判定负有责任的权利以及不能被起诉的权利。（2）'喜马拉雅'条款至少有两个条件不能满足为他方设定利益的协议要件，一是'喜马拉雅'条款中提及的第三人，既没有被确定也是不可能确定的；二是第三人也没有表示他的认可。为他方设定利益的协议仅仅是一般原则的例外，法律上应该严格限制。如果'喜马拉雅'条款被视为有效的为第三人设定利益的条款，法院必须对其做限制性解释，即该条款必须根据每一特定的人，明确每一具体的权利。"①

（三）托管理论

"英美法下，运输被视为托管的一种，托管法比合同法还古老。运输合同没有规定时，可以适用托管法的理论。"② 托管理论的运用，实际上回避了合同相对性问题。依据托管理论，甚至不需要通过订立"喜马拉雅"条款，第三人就可以主张提单中规定的承运人享有免责或责任限制的权利。在"The Mahkutai"案③中，枢密院在解释"喜马拉雅"条款时，对托管理论的运用进行了严格的限制，认为在提单载有"喜马拉雅"条款的情况下，不应将托管作为规避合同相对性的方法。"喜马拉雅"条款是提单运输下授予第三人利益的优先途径，解释"喜马拉雅"条款的理论基础应该是代理理论或第三人利益合同理论。

（四）法定理论

由于"喜马拉雅"条款是以合同条款的形式规定了合同当事人以外的其他人的权利义务，有违各国一般都承认的"合同只约束合同当事人双方"这一合同法的基本原则。因此，对该条款的效力如何，存在着不同观点。针

---

① William Tetley, The Himalaya Clause Revisited, (2003) 9 JIML 40 – 64.
② 郭瑜：《海商法的精神——中国的实践与理论》，北京大学出版社，2005，第187页。
③ [1996] 2 Lloyd's Rep. 18.

对这种情况，《维斯比规则》以法律规定的形式基本肯定了"喜马拉雅"条款的效力。① 其议定书第 3 条第 2 款规定，"如果这种诉讼是对承运人的雇佣人员或代理人（而该雇佣人员或代理人不是独立的缔约人）提出的，则该雇佣人员或代理人适用按照本公约承运人所可援引的各项答辩和责任限制"。"在《维斯比规则》引入'喜马拉雅'条款后，各国也纷纷在其海上货物运输法中引入该条款。《汉堡规则》规定的实际承运人概念，实际上是'喜马拉雅条款'的进一步延伸。至此，'喜马拉雅'条款已不再是一个合同条款，其所基于的理论也不再是代理理论、为第三人设定利益理论，或者托管理论，而是基于法定理论。不论是承运人的受雇人、代理人，还是独立合同人或实际承运人，他们的权利、义务都是法定的。"② 法定理论正在为推进国际海上货物运输法律的统一发挥着积极的作用。

三 各国（地区）司法对"喜马拉雅"条款效力的认定

（一）英国

1999 年，英国通过了《合同法（第三人权利）》。这部法律的全称为《规定第三人强制履行合同条款的法律》（An Act to make provision for the enforcement of contractual terms by third parties）。该法规定了第三人可以"凭自身的权利"强制履行合同的条款，只要合同明确规定他可以这样做（第 1 条第 1 款第 a 项）。如果合同仅仅声称授予第三人利益，这种强制履行也存在着可能性，即使该第三人并未被指定姓名，而仅是作为某一集团的一员（第 1 条第 1 款第 b 项和第 1 条第 3 款）；或作为一个符合特定描述的人被指定；除非按照合同正常的解释，各方当事人无意使合同条款可以被第三人强制履行（第 1 条第 2 款）。甚至是在合同订立时尚不存在的第三人也可以强制履行为他们的利益所规定的权利。"消极权利"（如免责和责任限制权利）也可以依照这部法律使第三人受益（第 1 条第 6 款）。根据第 6 条第 5 款第 a 项的规定，第三人可以援引第 1 条以"使自己享有这种合同

---

① 吴焕宁：《国际海上运输三公约释义》，商务印书馆，2007，第 78 页。
② 司玉琢：《论喜马拉雅条款的沿革及理论基础——兼论 UNCITRAL〈运输法公约下的海上履约方〉》，《大连海事大学学报》（社会科学版），2004 年第 2 期，第 10 页。

中的免责或责任限制"。实际上，这一规定，使"喜马拉雅"条款在英国具有了成文法基础。① 可见，"《合同法（第三人权利）》突破了合同相对性原则，彻底扫除了英国提单第三人援引'喜马拉雅'条款的法律障碍。法律规定成了提单中'喜马拉雅'条款有效的依据。"②

（二）美国

在美国，早期的法院判决对提单中的免责条款做广义的解释，许多判例都承认了"喜马拉雅"条款的效力。但是，1959 年，在"Herd & Co. v. Krawill Machinery Corp."案中，美国最高法院认为："装卸公司既不是运输合同的当事人，运输合同也没有约定装卸公司是受益人，因而不能享有提单规定的责任限制权利。最高法院进一步指出，该案是一个（第三人利益）合同问题。第三人享有免责或责任限制的前提必须是合同中订立了'喜马拉雅'条款，且该条款必须具备两个条件：（1）使第三人受益的合同意图应严格解释并仅适用于意向中的受益人；（2）合同意图应以'明确的语言'表述。此案标志着美国法院对待'喜马拉雅'条款态度的转变，即承认其有效性，但对该条款的解释趋于严格。"③

准确地说，"喜马拉雅"条款在美国具有效力，但某些条件必须得到遵守：（1）合同当事人与任何声称享有该合同中条款利益的人之间必须存有合同关系，主张"喜马拉雅"条款利益的人必须正在履行该条款实际所在合同的一部分义务。（2）"喜马拉雅"条款必须非常明确地规定何人正在受到保护。法院将不会以任何方式对提单进行解释从而准许未被提及的第三人受益。目前的普遍原则是，当事人可以在被适当描述的情况下受益，甚至当条款中没有明确指明时，只要他们至少属于一个容易识别的受益人集团。因此，码头装卸工人和码头营运人，通常被裁定可以受此条款的保护。（3）"喜马拉雅"条款应当明确所授予的是何种利益。在实践中，普遍的利益概念依然被准许使用。通过"喜马拉雅"条款给予第三人的利益包括：一年诉讼时效、单位责任限制以及法院选择条款，但仍必须给予托运人或收货人

---

① 威廉·泰利：《重审喜马拉雅条款》，杨树明主编《国际经济法学刊》第 9 卷，郭东译，北京大学出版社，2004，第 270 ~ 272 页。
② 闻银铃：《论提单中"喜马拉雅条款"的效力》，《河北法学》2008 年第 4 期，第 150 页。
③ 威廉·泰利：《重审喜马拉雅条款》，杨树明主编《国际经济法学刊》第 9 卷，郭东译，北京大学出版社，2004，第 270 ~ 272 页。

公平的机会去订立限额更高的合同。（4）"喜马拉雅"条款不能免除欺诈或侵占所应承担的责任，而且必须进行严格解释以仅仅保护意向中的受益人。[①]

2004 年，在"Norfolk Southern Railway v. James N. Kirby Pty, Ltd"案[②]中，"美国最高法院更是把'喜马拉雅'条款的效力及于参与履行合同的内陆铁路承运人。这一判决表明了美国最高法院在这一问题上最新的态度，即对'喜马拉雅'条款进行宽松的解释，与任何其他合同一样解释，而没有特别规则，对第三人直接受雇于承运人、第三人的海事服务性质都不要求。这反映了美国法院更加尊重当事人在合同中的约定，以及对合同相对性的态度的放宽"。[③]

（三）加拿大

加拿大法律深受英国法律的影响，在"喜马拉雅"条款的解释上采取的也是"代理理论"。在"Buenos Aires Maru"案[④]中，加拿大最高法院确认了"喜马拉雅"条款的效力，在法律上为第三人（码头装卸工人和码头营运人）援引提单中装船前及卸船后的免责提供了正当理由。最高法院认为："提单不仅是运输合同的证据以及承运人作为该合同下的承运人所承担的义务的证据，而且是托管条款和承运人作为受托人所承担的义务的证据，该托管产生于货物的接收直到装船，产生于卸船并直到交付。因而提单在《维斯比规则》管辖期间的前后都产生了效力。当承运人以受托人身份行事时，受雇于承运人的码头装卸工人和码头营运人就以分受托人的身份行事，因此便可以援引提单赋予作为受托人的承运人的免责。"

在"Fraser River & Dredge Ltd. v. Can-Dive Serfices Ltd."案[⑤]中，加拿大最高法院明确指出："在今后的加拿大普通法中，只要以下的两项考察被通过，第三人将被允许从其他当事人的合同中受益：（1）合同当事人必须有意将利益扩展至试图依赖合同条款的第三人，并且（2）试图依赖合同条

---

① 威廉·泰利：《重审喜马拉雅条款》，杨树明主编《国际经济法学刊》第 9 卷，郭东译，北京大学出版社，2004，第 278～282 页。

② 2004 AMC 2745.

③ 崔起凡：《喜马拉雅条款效力的扩张——评美国 2004 年 Kirby 案》，《华南理工大学学报》（社会科学版）2009 年第 6 期。

④ 1986 AMC 2589.

⑤ [1999] 3 S. C. R. 108.

款的第三人所为之行为须是在合同通常范围内所正期待的行为或是特别的规定，这些可以参照当事人的意图来确定。"这种对合同相对性的"原则性例外"避免了代理理论在司法适用中所必须涉及的一些复杂问题，包括授权、认可以及对价，从而为提单中"喜马拉雅"条款的确认提供了更简单的机制。[1]

（四）大陆法系国家

大陆法系国家对合同相对性并不像英美法系国家那么严格，允许为第三人利益订立合同。有些国家将"喜马拉雅"条款所要保护的利益以制定法的形式明确下来，结束了"喜马拉雅"条款效力之争。[2]

在 1966 年 6 月 18 日公布实施的《关于租船合同和海运合同的法国法》中，法国对装卸人的责任限制做了专门的规定，即装卸人的责任限制权利是法定权利而不再是合同权利。其第 52 条规定码头装卸工人只向为他的服务而订约的人承担责任，第 53 条确定了装卸公司赔偿责任的基础，及装卸公司赔偿责任数额不应该超过承运人的责任限额，除非托运人已经向其声明了货物的价值。第 54 条规定除非搬运装卸承包人已经被告知货物的价值，其责任在任何情况下不得超过第 28 条和第 43 条所规定的金额。[3]

（五）中国

我国台湾地区 2001 年 1 月 26 日修正的《海商法》也对港口经营人的责任限制做了专门规定，其第 76 条第 1 款规定："本节有关运送人因货物灭失、毁损或迟到对托运人或其他第三人所得主张之抗辩及责任限制之规定，对运送人之代理人或受雇人亦得主张之。但经证明货物之灭失、毁损或迟到，系因代理人或受雇人故意或重大过失所致者，不在此限。"第 2 款规定："前项之规定，对从事商港区域内之装卸、搬运、保管、看守、储存、理货、稳固、垫舱者，亦适用之。"此条规定扩大了"喜马拉雅"条款的适用范围，明确规定装船前及卸载后的陆上阶段及港口区域内的履行辅助人也

---

[1] 威廉·泰利：《重审喜马拉雅条款》，杨树明主编《国际经济法学刊》第 9 卷，郭东译，北京大学出版社，2004，第 272~275 页。

[2] 闻银铃：《论提单中"喜马拉雅条款"的效力》，《河北法学》2008 年第 4 期，第 150 页。

[3] 叶红军：《港口法解析》，人民交通出版社，2003，第 304 页。

可享受承运人的责任限制及其他抗辩，且不论其为承运人的代理人、受雇人还是独立合同人，均可主张。①

我国《海商法》第 58 条第 2 款规定："前款诉讼是对承运人的受雇人或者代理人提起的，经承运人的受雇人或代理人证明，其行为是在受雇或者受委托的范围之内的，适用前款规定。"一般认为，本款的规定是"喜马拉雅"条款的法定化，目的为解决承运人与承运人的雇佣人、代理人的责任分担问题。②

本条规定并未明确"承运人的受雇人或者代理人"一词是否包括独立合同人。这就产生一个问题，即"喜马拉雅"条款的界限在哪里？超出法律规定的"喜马拉雅"条款的内容是否有效？

目前，我国司法实践中，海事法院与高级人民法院在这一问题上出现了分歧。③ 例如，在 2004 年审理的"福建顶益食品有限公司诉广州集装箱码头有限公司"一案④中，广州海事法院认定广州集装箱码头有限公司作为承运人中远集装箱运输有限公司的受雇人，根据我国《海商法》第 58 条第 2款和第 59 条第 2 款之规定，享有与承运人中远集装箱运输有限公司同样的责任限制权利。在二审中，广东省高级人民法院认为广州集装箱码头有限公司不是承运人的受雇人或代理人，无权享受责任限制权利，应适用民法和合同法的规定，赔偿福建顶益公司的实际损失。对于广州集装箱码头有限公司以提单背面的"喜马拉雅"条款中分立契约人身份要求责任限制的请求，广东省高级人民法院并没有认可，而是根据我国《合同法》第 40 条的规定，将此条款认定为无效条款。⑤

在"中国沈阳矿山机械（集团）进出口公司诉韩国现代商船有限公司、大连保税区万通物流总公司海上货物运输合同货损纠纷"案⑥中，一审、二审法院都认为，万通物流总公司是承运人的受雇人，不是实际承运人。理由是："万通物流的义务中将集装箱从码头移至堆场，是为实现存放集装箱的目的，是履行场地推存协议的组成部分，其性质同卸货工人将集装箱

---

① 闻银铃：《论提单中"喜马拉雅条款"的效力》，《河北法学》2008 年第 4 期，第 150 页。
② 司玉琢主编《海商法》，中国人民大学出版社，2008，第 116 页。尹东年、郭瑜：《海上货物运输法》，人民法院出版社，2000，第 130 页。
③ 司玉琢：《海商法专论》，中国人民大学出版社，2007，第 241 ~ 242 页。
④ (2004) 广海法初字第 111 号民事判决书。
⑤ (2005) 粤高法民四终字第 122 号判决书。
⑥ 关正义：《海事审判实务研究》，大连海事大学出版社，2006，第 328 ~ 330 页。

从船上卸到码头上的行为并无本质的区别。韩国现代与万通物流签订的场地堆存协议虽与海上运输有关，但独立于海上运输合同之外，万通物流所从事的并非是《海商法》所界定的货物运输，不能依《海商法》的规定将其定义为实际承运人。万通物流受雇于韩国现代，是韩国现代的受雇人。"①

笔者认为，这种认识并不妥当。理由是：我国《海商法》第41条规定："海上货物运输合同，是指承运人收取运费，负责将托运人托运的货物经海路由一港运至另一港的合同。"即两港之间的运输，均属于运输合同涵盖的范围。装货港装运货物及卸货港卸载货物，都是在港区内作业，应属于海运合同涵盖的范围。《海商法》第42条第2款规定："'实际承运人'是指接受承运人的委托，从事货物运输或者部分运输的人，包括接受转委托从事此项运输的其他人。"可见，实际承运人从事的只要求是"运输"，而没有限定为"海上运输"。根据第41条"海运合同"的定义和第42条"实际承运人"的定义，港口经营人港区内的作业应属于海上货物运输合同定义下涵盖的运输，港口经营人也因此应当被认定为实际承运人。根据《海商法》第61条的规定，港口经营人可以援引承运人的免责事由和责任限制。

四 "喜马拉雅"条款的新发展——海运履约方制度的确立

尽管世界上大多数国家都承认"喜马拉雅"条款的有效性，但是，对于"喜马拉雅"条款能否包括独立合同人，各国仍存在着争议。

美国1999年《海上货物运输法（草案）》通过引入"履约承运人"解决了这一难题。其第2条规定："'履约承运人'是指履行、承诺履行或组织履行运输合同项下契约承运人的任何义务的人。该人直接或间接地应契约承运人的要求或受其监督或受其控制而行为这一范围，不论该人是否为运输合同的一方，或是否被列明于该运输合同中，或是否负有该项运输合同项下的法定义务。但是，履约承运人不包括：（1）托运人或收货人雇佣的人；（2）托运人或收货人雇佣的人的受雇人、工作人员、代理人、承包商或分包商。'货物运输'包括承运人接收货物时起至承运人将货物交付给有权接

---

① 关正义：《海事审判实务研究》，大连海事大学出版社，2006，第328~330页。

受货物之人时为止的期间。"其第 5 条规定："在以下期间内，履约承运人须承担义务和责任，并有权享有权利和免责：（1）从其接收或接管运输合同项下的货物时起至其不再控制该货物时止的期间；和（2）其参与运输合同计划的行为的任何其他时间。"① 根据 1999 年《海上货物运输法（草案）》"履约承运人"的规定，"'喜马拉雅'条款的受益人基本上是海上多式联运提单下运输服务的提供者，可以作为'履约承运人或海运履约方'享有运输法责任限制的权利，且这是法定的免责权利"。②

2008 年 12 月 11 日，联合国大会通过了《鹿特丹规则》。《鹿特丹规则》的起草思路显然是受了美国 1999 年《海上货物运输法（草案）》的影响。《鹿特丹规则》第 1 条第 7 款规定："'海运履约方'是指凡在货物到达船舶装货港至货物离开卸货港期间履行或承诺履行承运人任何义务的履约方。内陆承运人仅在履行或承诺履行其完全在港区范围内的服务时方为海运履约方。"据此，"海运履约方一般包括海运承运人（包括中间承运人）、支线海运承运人、港区作业装卸公司和海运港站经营人等"。③ 海运履约方可以分为两类：一类是经营服务场所固定的港区作业装卸公司和海运港站经营人等；另一类是从事实际运输的海运承运人、支线海运承运人等。"海运履约方"不仅包括实际履行了运输或部分运输的人，还包括承诺履行运输的人。也就是说，《鹿特丹规则》下，装货港与卸货港之间，所有实际参与运输或承诺参与运输的人就其履行或承诺履行的运输，享有同承运人相同的义务与责任，并可援引承运人的抗辩和责任限制。

可见，如果"履约承运人"或"海运履约方"制度得以确立，"喜马拉雅条款"将成为不必要的条款。④ 这实际上也反映了国际海上货物运输法的发展趋势，即将所有参与运输的人都纳入法律的强制性规范之中，从而增强法律的效力和稳定性。

港站经营人很可能成为"海运履约方"而受《鹿特丹规则》的约束。在《〈鹿特丹规则〉对港口经营人影响的评估报告》⑤ 中，课题组认为，

---

① 韩立新、王秀芬编译《各国（地区）海商法汇编》，大连海事大学出版社，2003，第 387 页。
② 闻银铃：《论提单中"喜马拉雅条款"的效力》，《河北法学》2008 年第 4 期，第 150 页。
③ 《〈鹿特丹规则〉研究及中远的应对措施》（内部报告），2012，第 44～45 页。
④ 闻银铃：《论提单中"喜马拉雅条款"的效力》，《河北法学》2008 年第 4 期，第 150 页。
⑤ 参见 http://www.yancheng.gov.cn/ycsgkglj/ywgl/gwgl/201203/t20120326_183639.html。

《鹿特丹规则》的生效实施对我国港口经营人的积极影响有：（1）公约明确了港口经营人在装港至卸港期间接受承运人委托履行或承诺履行承运人核心义务时作为海运履约方的法律地位。（2）公约赋予了港口经营人作为海运履约方时将享有限制赔偿责任的权利。（3）公约同时赋予了港口经营人可以享有承运人的其他抗辩权。（4）公约的实施将降低港口的责任保险费用。（5）公约的实施将使港口经营人避免货方异地行诉的情况。《鹿特丹规则》的生效实施对我国港口经营人的消极影响：（1）如果货损是由于港口经营人和承运人各自的过错共同造成的，则港口经营人就必须和承运人承担连带赔偿责任，这与我国目前的法律规定是不同的，这在一定程度上加重了港口经营人的责任。（2）港口经营人即使无责也可能遭到货方的索赔和起诉，因而港口经营人将可能面临更多的诉讼或仲裁案件，这将大大增加港口经营人的应诉和维权成本。（3）加重了港口经营人的举证责任，加大了港口经营人的举证成本。课题组对我国是否加入公约的结论性意见：我国加入公约，对我国的港口经营人而言，总体上利大于弊。

北京大学法学院郭瑜教授则认为，由于"海运履约方"制度，中国将成为无端丧失自主权的港口国家。其理由如下：第一，港口承担义务，未得到权利。由于《鹿特丹规则》规定的限额较高，港口经营人绝大多数情况下都很难利用这一权利享受到实际的利益。"海运履约方"机制下，货主取得了一个稳定的诉权，这很可能使港口面临大量货损索赔。第二，港口丧失发展责任体制的机会。《鹿特丹规则》只适用于承运人委托港站经营人从事与货物运输有关的服务的情形，而不适用于货方直接委托的情形。这样，港站经营人的责任将因合同对象不同而不同。《鹿特丹规则》不仅要强加给港站经营人一套未必公平的责任，而且将使其责任体系变得支离破碎。第三，中国受影响尤甚。《鹿特丹规则》是第一次在海运公约中将港口纳入调整范围，对港口国的影响可能至为深远。目前已经签署《鹿特丹规则》的国家，基本不代表港口利益。许多重要的港口国家，如德国、新加坡、日本、韩国等，都对参加《鹿特丹规则》表示了迟疑的态度。这种情况无疑值得中国慎重考虑。①

---

① 郭瑜：《中国不应加入〈鹿特丹规则〉的若干理由》，陈安主编《国际经济法学刊》（第18卷第4期），北京大学出版社，2012，第62～63页。

其实，除了郭瑜教授的上述担忧外，"海运履约方"制度仍有诸多失衡和不确定性：其一，《鹿特丹规则》下运输合同主体（承运人与托运人）未增加，而责任主体，特别是非合同责任主体大为扩展，且均为运输或物流方，初步显现出新制度的合同主体格局与责任格局的失衡，更利于保护货方利益和权利救济，更不利于运输方（非合同运输主体）。长远看，该制度并不益于构建新的、更为协调的运输格局。其二，"海运履约方"的法定设计更多采用比照运输合同主体责任的基本规定确定了非合同主体的责任基础，但并未明确界定它们在运输合同中的法律地位，但由此带来的问题、矛盾及与实务的冲突等并不比其"超越和突破"少。其三，《鹿特丹规则》虽赋予了"海运履约方"与海上承运人一样的权利、免责和抗辩等，但在索赔个案和实务中，"海运履约方"与海上承运人所从事的具体运输业务不尽相同，面临的经营环境和风险也有很大差异，其无法完全、真实享有与海上承运人一样的权利、免责和抗辩等，与其扩展的责任主体和增加的责任、风险相比较，更显其不平衡性。其四，《鹿特丹规则》下货方可享有更多、选择性诉讼索赔的权利，承运人、"海运履约方"也将面临更高的索赔几率，且它们之间因运输合同、责任主体等交叉关系而引起的追偿索赔也不会直接减少，或比现有的法律制度格局有所减少。① 作为全球第一大港口国，中国应当慎重对待"海运履约方"制度。

The Evolution and Theoretical Basis of the Himalaya Clause

Zhang Wenguang

Abstract： The function of Himalaya Clause is to channel the liability issues among carrier, its employees and agents. The Visby Rules give this clause the force of law. However, the legal status of the independent contractor is not resolved. In

---

① 《〈鹿特丹规则〉研究及中远的应对措施》（内部报告），2012 年 6 月，第 44 ~ 45 页。

practice, different jurisdictions treat this clause differently. The maritime performing party regime is the new development of the Himalaya Clause. It has both advantages and disadvantages to the port operators. As the world's biggest port country, China should take a cautious attitude to the maritime performing party regime.

Key Words: The Himalaya Clause; Actual Carrier; Maritime Performing Party; The Rotterdam Rules

国际组织劳务争端解决机制新论

李 赞[*]

摘 要： 劳务争端解决机制是国际组织保障人权的重要制度安排。行政法庭是国际组织解决这类争端的主要场所。国际组织在解决劳务争端方面出现了新的实践趋势，理论上也有了新的动向。主要表现在以下三个方面：行政法庭将管辖权扩大至非正式职员、国际或国内法院对行政法庭所做裁决进行审查、国内法院在一定条件下对劳务争端案件行使管辖权。基于国际组织劳务争端解决机制在实践和理论上的新发展，对上述问题进行梳理和阐述，有利于这种机制的进一步完善。

关键词： 国际组织 行政法庭 劳务争端

许多国际组织均建立行政法庭以解决组织与职员、专家及其他人员之间的劳务争端。这些行政法庭中，最重要的当数联合国行政法庭（UNAT）、国际劳工组织行政法庭（ILOAT）和世界银行行政法庭（WBAT）。[①] 欧洲法院（ECJ）[②] 和1988年以来的初审法院（Court of First Instance）[③] 也作为行政法庭处理欧共体的雇员争端。当没有建立自己的行政法庭时，国际组织可

---

[*] 李赞，法学博士，中国社会科学院国际法研究所助理研究员。

[①] 关于国际组织行政法庭的论述，可参见（1）Chittharanjan F. Amerasinghe, *Jurisdiction of Specific International Tribunals* (Martinus Nijhoff Publishers, 2009), pp. 299 – 337. （2）邓烈：《国际组织行政法庭》，武汉大学出版社，2002。

[②] 根据《欧共体条约》第179条，欧洲法院在职员规则（Staff Regulations）或雇用条件（Conditions of Employment）所规定的条件及其限制下，对共同体与其公务人员之间的争端有管辖权。

[③] 根据《欧共体条约》第168（a）条的授权，初审法院附属于欧洲法院。其管辖权主要针对员工与竞争案件。

能交由其他组织的行政法庭裁决本组织的有关争端。① 也有些国际组织建立了具有行政法庭性质的申诉委员会。② 国际组织行政法庭是国际组织在内部

---

① 《国际劳工组织行政法庭规约》第 2（5）条规定：其他国际组织管理机关依据其组织章程或内部行政规则，并向国际劳工组织总干事声明接受本法庭的管辖及程序规则，如果有违反这类组织所规定的职员任命条件和《职员规章》条款的情况，不管这种违反是实质性的还是形式上的，本行政法庭有权聆讯因此而提起的申诉。早在 2000 年 5 月，就已有 37 个国际组织承认国际劳工组织行政法庭的管辖权。（参见 UN Doc. A/55/57, *Report on the Administration of Justice at the United Nations presented by the Joint Inspection Unit in March* 2000, Annex III.）这些接受国际劳工组织行政法庭管辖的国际组织包括联合国教科文组织（UNESCO）、国际电信联盟（ITU）、世界气象组织（WMO）、联合国粮农组织（FAO）、欧洲核能研究组织（CERN）、国际原子能机构（IAEA）、世界知识产权组织（WIPO）、欧洲航空安全组织（Euro-control）、万国邮政联盟（UPU）、欧洲专利组织（EPO）、欧洲南方天文台（ESO）、铜出口国政府间委员会（CIPEC）、欧洲自由贸易协会（EFTA）、国际古生物协会（IAP，1972 年前为国际古生物学联合会，IPU）、欧洲分子生物组织（EMBL）、世界贸易组织（WTO）、非洲发展事务训练和研究中心（CAFRAD）、国际铁路运输政府间组织（OTIF）、出版物序列登记国际中心（CIEPS）、联合国工业发展组织（UNIDO）、国际刑警组织（Interpol）、国际农业发展基金（IFAD）、世界卫生组织（WHO）、泛美卫生组织（PAHO）等等。而表示接受联合国行政法庭管辖的国际组织数目则相对较少，主要有国际民航组织（ICAO）、国际海事组织（IMO）等，还有联合国联合职员养老金基金（UN Joint Pension Fund）。区域性国际组织的行政法庭也可对其他区域性国际组织的有关争端行使管辖权。比如，《美洲国家组织（OAS）行政法庭规约》第 2（4）条规定，美洲国家组织项下的美洲国家专门组织（Inter-American Specialized Organization of the OAS）以及其他有兴趣的美洲政府间组织，可以与秘书长缔结协定，在一定的条件下接受美洲国家组织行政法庭的管辖，并分担法庭的费用。按照这一条款，泛美儿童协会（ICI）、泛美妇女委员会（ICW）、泛美历史地理协会（PAIGH）、泛美农业合作委员会（IICA）等区域性国际组织，都被纳入美洲国家组织行政法庭的管辖范围。但作为美洲国家组织项下的泛美卫生组织（PAHO）没有选择美洲国家组织的行政法庭，而是与世界卫生组织一道选择接受国际劳工组织行政法庭的管辖。（参见邓烈《国际组织行政法庭》，武汉大学出版社，2002，第 32 页。）

② 比如：（1）西欧联盟（WEU）设立联合申诉委员会，根据其规约的规定，该联合申诉委员会的结构、管辖权范围、程序规则以及裁决的拘束力等都与通常的国际组织行政法庭无异。所不同的只是委员会对案件的审理以秘密方式进行，仅允许当事方、当事方代表或辅佐人、职员协会代表参加，全部过程不对外公开。（2）政府间欧洲移民委员会（ICEM）在 1962 年 11 月决定设立申诉委员会并通过了《申诉委员会规约》和《程序规则》，与上述西欧联盟的做法相似。（3）北大西洋公约组织（NATO）设立申诉委员会。根据该组织 1965 年 10 月通过的《北大西洋公约组织文职官员规章》附件 4《北大西洋公约组织申诉委员会规约》的规定，文职官员在向委员会申诉之前，必须先向北约机构负责官员（the Head of the NATO Body）提出投诉，接受投诉后应设立投诉委员会进行裁决。投诉人对裁决结果不满，或者负责官员在 30 日内未对投诉做出答复，则投诉人可诉诸申诉委员会。申诉委员会将公开审理案件，并做出有拘束力的裁决。该委员会被认为具有真正行政法庭的性质。（4）欧洲理事会（Council of Europe）在 1965 年设立申诉委员会。（5）欧洲空间机构（ESA）设立申诉委员会。详细情况可参见邓烈《国际组织行政法庭》，武汉大学出版社，2002，第 30～31 页。

法律秩序中责任的体现。[①]

行政法庭是国际组织解决劳务争端的主要的和合适的途径，国内外学者对此已多有论述。但近些年来，国际组织解决劳务争端的实践和理论又有了新的发展，值得注意的方面有行政法庭管辖权的扩大、对行政法庭所做裁决的审查、联合国争端法庭和上诉法庭的成立、国内法院在国际组织劳务争端解决中的作用等。本文试图对国际组织劳务争端解决方面的新的实践情况进行理论总结，以期完善和探求解决此类争端的更为有效和便捷的途径。随着越来越多的国际组织在中国境内设立总部、地区总部、分支机构或办公室，大量国际组织职员，包括当地雇员，在境内为国际组织工作，而且，中国籍公民在国际组织内担任公职的情况也越来越多。因此，探讨国际组织劳务争端的解决问题，也具有现实的必要性和迫切性。

一　国际组织行政法庭职能的扩大

一般来讲，只有国际组织的正式员工才可以诉诸行政法庭。[②] 因而有学者抱怨这往往忽视了正式员工的继承人、不成功的求职者和长期处于体制外的工人等也需要诉诸行政法庭的权利。[③]有时候，如果行政法庭不扩大管辖权，那么，有关人员就得不到救济。在 Liaci v. EPO 案[④]中，Liaci 作为欧洲专利办公室职位的申请人对该办公室做出拒绝雇用的决定提出质疑。但国际劳工组织行政法庭宣称自己无权聆讯此案，因为原告尚未与该办公室建立正式的雇佣关系。如此一来，欧洲专利办公室所享有的豁免就使得原告没有可

---

① 饶戈平主编《全球化进程中的国际组织》，北京大学出版社，2005，第 106 页。

② 参见（1）D. W. Bowett, *The Law of International Institutions*, 4th ed.（Stevens & Sons, 1982），p. 321. 讨论国际行政法庭的限制性管辖权。临时员工一般都不属于国际行政法庭管辖的范围，而是依靠仲裁解决有关雇用争端。（2）Karel Wellens, *Remedies against International Organizations*（Cambridge University Press, 2002），p. 84. 拥有员工地位是在国际行政法庭获得出庭资格的基本条件。（3）也有专家认为，向国际组织求职的失败者提起的诉讼也不具有私法性质。Anthony J. Miller, "The Privileges and Immunities of the United Nations," *International Organizations Law Review*, Vol. 6（Martinus Nijhoff Publishers, 2009），p. 108.

③ 参见（1）August Reinisch and Ulf Andreas Weber, In the Shadow of the Waite and Kennedy: the Jurisdictional Immunity of International Organizations, the Individual's Right of Access to the Courts and Administrative Tribunals as Alternative Means of Dispute Settlement, *International Organizations Law Review*, 2004, p. 106；（2）Karel Wellens, *Remedies against International Organizations*（Cambridge University Press, 2002），p. 202。

④ *Liaci v. EPO*, Administrative Tribunal, 12 July 2000, Judgment No. 1964, para. 4.

供选择的申诉机制。在 Qin v. ILO 案①中，妨碍原告诉诸国际劳工组织行政法庭的结果更为明显。这大约是绝无仅有的一个与中国有所关联的此类案件。在该案中，一位去世的国际劳工组织职员的丈夫（中国籍）不能获得延长在瑞士的居留资格。该丈夫提出，其亡妻在国际劳工组织任职期间由于遭到骚扰而导致其死亡。但其申诉未获处理。在诸如此类的案件中，经济条件差的申诉人往往在国际劳工组织行政法庭前主张其法律权利时无法获得足够的保障，而在国内司法体系中尚有司法援助以保障穷人获得司法救济的权利。当然，在该案中，中国与瑞士之间地理上的距离和语言的障碍也为向法庭提出申诉造成了特别的困难。② 可见，国际组织行政法庭由于受到管辖权范围的限制，可能致使很多申诉人处于求告无门的境地。

因此，国际组织行政法庭有时会将其管辖权扩及非职员争端。比如，《国际劳工组织行政法庭规约》第 2（4）条规定：如果合同以国际劳工组织为一方，且规定本法庭可对其执行方面的争端进行管辖，那么本法庭有权审理由其而产生的任何争端。根据《欧共体条约》第 181 条，欧共体的行政法庭欧洲法院有权根据共同体缔结或代表共同体缔结的合同所规定的任何仲裁条款做出裁决，而不问该合同所适用的为私法抑或公法。这是有关国际组织法律文件明确规定其行政法庭将管辖权扩及非职员争端的情况。世界银行行政法庭在实践中也会将管辖权扩展至兼职和临时员工。③ 但在实践中，私人第三方针对国际组织向行政法庭提起申诉的案例极少。④ 私人申诉方避免

① *Qin v. ILO*（Nos. 1, 2），ILO Administrative Tribunal, 9 July 1998, Judgment No. 1752.

② August Reinisch and Ulf Andreas Weber, "In the Shadow of the Waite and Kennedy: the Jurisdictional Immunity of International Organizations, the Individual's Right of Access to the Courts and Administrative Tribunals as Alternative Means of Dispute Settlement," *International Organizations Law Review*, 2004, p. 107.

③ 参见（1）C. F. Amerasinghe, "The World Bank Administrative Tribunal", *International & Comparative Law Quarterly*, Vol. 31, 1982, p. 748, p. 756。解释世界银行行政法庭对于那些由临时职员提交的申诉亦有管辖权。（2）Theodor Meron & Betty Elder, "The New Administrative Tribunal of the World Bank", *New York University Journal of International Law & Politics*, Vol. 14, 1981, p. 19. 解释世界银行行政法庭对于由兼职和临时职员提交的申诉也有权管辖。

④ 比如：（1）私人与国际组织之间的争端尚未有提交国际劳工组织行政法庭解决的先例。参见 Blaise Knapp, "International Labour Organization Administrative Tribunal," in Bernhardt Rudolf ed., *Encyclopedia of Public International Law*, 2nd ed., Vol. II, 1995, p. 1157。（2）国际劳工组织行政法庭曾作为一个仲裁庭就一位为世界卫生组织提供医疗服务的医生与世界卫生组织之间的争端做出裁决。参见案例 *Rebeck v. World Health Organization*, Arbitration Award of the ILO Administrative Tribunal, Judgment No. 77, 1 December 1964.（3）欧洲法院作为仲裁庭解决私人与共同体之间的争端的案例也极为少见。参见案例 *Pellegrini & CS v. Commission and Flexon Italia Spa*, Arbitral Award of the ECJ, Case 23/76, 7 December 1976。

诉诸国际组织行政法庭，大约是由于他们对其程序不熟悉和质疑这种内部法庭（in-house tribunal）的公正性。①

对于那些针对国际组织无法提出申诉的职员，为了避免造成否定司法，国际组织行政法庭往往对其管辖权做非常宽泛的解释。这事实上也是行政法庭扩大管辖权的一种方式。

像联合国行政法庭一样，国际劳工组织行政法庭也宣布其有权聆讯那些根据有关员工规章并不属于严格意义上的正式员工的人员所提出的申诉。在 Chadsey v. Universal Postal Union 案②中，国际劳工组织行政法庭认为，虽然国际组织职员规章作为一个整体仅适用于明确规定的那些职员，但事实上，职员规章的一些规定不过是公务员法中普遍原则的成文化形式。这些原则必须被认为是适用于与国际组织有关联的任何职员的，而不仅仅指纯粹的临时工。因此，在合同中不应该忽略这一点。当这样的职员与其雇主有任何争端时，他们有权获得上诉程序的保障。③ 很明显，在该案中，法庭将与国际组织不具有正式雇佣关系的人员也视同职员。在 Teixera v. Secretary-General of the United Nations 案④中，联合国行政法庭明确附和上述主张。在该案中，对于组织与一位非职员的争端，联合国没有马上同意提交仲裁，而是在延误了三年后方才同意。考虑到在《联合国特权与豁免公约》第 8 条第 29 节中规定联合国有义务提供适当的争端解决方式，行政法庭裁定联合国由于延误而给申诉人造成损害。⑤

在 Irani v. Secretary-General of the United Nations 案⑥中，联合国行政法庭就已将管辖权扩展至非职员争端。法庭认为，除非在此之前法庭已经对该案具有管辖权，否则，为了申诉人的利益而享有的某些上诉程序的保障（在 Chadsey v. Universal Postal Union 案中所要求的）便不复存在，申诉人与组织之间签订的合同第 5 条（规定建立合适的机制以聆讯和裁决争端）便

---

① Charles H. Brower, II, "International Immunities: Some Dissident Views on the Role of Municipal Courts," *Virginia Journal of International Law*, Vol. 41, 2000, p. 78.

② ILO Administrative Tribunal, 15 October 1968, Judgment No. 122.

③ *United Nations Juridical Yearbook*, 1968, p. 176.

④ UN Administrative Tribunal, 14 October 1977, Judgment No. 230.

⑤ 案情还可参见 August Reinisch, *International Organizations before National Courts*（Cambridge University Press, 2000）, p. 272。

⑥ UN Administrative Tribunal, 6 October 1971, Judgment No. 150.

不能得到尊重。[①]

在 Zafari v. UNRWA 案[②]和 Salaymeh v. UNRWA 案[③]中，联合国行政法庭均将管辖权扩展至联合国近东巴勒斯坦难民救济与工作机构（UNRWA）的当地雇员。通常情况下，只有特别公断人小组（Special Panel of Adjudicators）而非联合国行政法庭有权处理此类申诉。该特别小组的管辖权极为有限，基本只限定于审查解雇的合法性。在 Zafari v. UNRWA 案中，申诉人对其以提前自愿退休的名义被解雇不服，而在 Salaymeh v. UNRWA 案中，申诉人认为对其向组织养老基金缴纳的费用的计算有误。在这两个案件中，联合国行政法庭均认为特别公断人小组无权管辖。根据法庭的观点，申诉人 Zafari 被剥夺了针对联合国近东巴勒斯坦难民救济和工作机构干事长（Commissioner-General of UNRWA）的裁决提出任何申诉的权利，确实构成否定司法。[④] 根据国际法院在 Effect of Awards of Compensation Made by the United Nations Administrative Tribunal 案[⑤]和 Judgments of the Administrative Tribunal of the International Labour Organization upon Complaints Made Against the United Nations Educational, Scientific and Cultural Organization 案[⑥]中的推理，即根据国家主权理论，对裁决国家之间争端的法庭管辖权条款做限制性解释的理由，不能适用于处理国际组织职员针对组织提起诉讼的法庭。因此，联合国行政法庭决定填补既存的职员规章所留下的法律真空。该行政法庭认为，当职员规章（Staff Regulations and Staff Rules）没有建立任何司法程序时，那么，正如在前述案件中所提到的，本法庭有权管辖。[⑦] 在 Salaymeh v. UNRWA 案中，法庭照用前述 Zafari v. UNRWA 案的推理认为，适用于申诉人的联合国近东巴勒斯坦难民救济与工作机构职员规章没有对司法管辖程序做出任何规定，这正是本法庭能力的来源。[⑧]

---

① *United Nations Juridical Yearbook*, 1971, p. 164.

② UN Administrative Tribunal, 10 November 1990, Judgment No. 461.

③ UN Administrative Tribunal, 17 November 1990, Judgment No. 469.

④ UN Administrative Tribunal, 10 November 1990, Judgment No. 461, para. VII.

⑤ Effect of Awards of Compensation Made by the United Nations Administrative Tribunal, *ICJ Reports*, 1954, p. 47.

⑥ Judgments of the Administrative Tribunal of the International Labour Organization upon Complaints Made Against the United Nations Educational, Scientific and Cultural Organization, 23 October 1956, Advisory Opinion, 1956, *ICJ Reports*, p. 77.

⑦ *Zafari v. UNRWA*, UN Administrative Tribunal, 10 November 1990, Judgment No. 461, para. X.

⑧ *Salaymeh v. UNRWA*, UN Administrative Tribunal, 17 November 1990, Judgment No. 469, para. III.

正如世界银行行长给执行董事们的一份备忘录中所说的，在任何行使行政权力的地方，都需要有一个机制为争端中的受害方提供公正的聆讯和合适的程序，这是许多国内法律体系所接受的和世界人权宣言所要求的原则。[①]国际组织行政法庭扩大管辖权正是对此做出的最佳注脚。

二 对国际组织行政法庭裁决的审查

另一个相关的问题是行政法庭的裁决能否以及在多大程度上可以由国际法院或国内法院进行审查。联合调查小组（Joint Inspection Unit）在 1986 年的一份报告中指出，两审制司法诉讼制度是民主的法律制度的基本原则，在大部分国家都已确立。联合国职员自然也需要这样一个制度。[②] 正如有学者所设想的，设立初审和上诉审这样具有上下审级划分的国际司法组织系统，这样就使得一个案件需要经过初审和终审两审，败诉的当事一方有上诉的机会，司法更有保障。而且，经过两次审理和判决宣告，案情法理更加昭彰，能为更多的人注意和研究，有利于促进国际法的发展和传播。[③] 在国际组织行政法庭这样的国际组织内部、政治敏感度较低的领域和一体化程度较高的欧洲联盟系统内，设立某种具有审级意义的司法系统，是可能的，也具有一定的实践基础。

《国际劳工组织行政法庭规约》第 12 条规定，如果国际劳工局管理机关或职员基金行政委员会对法庭确认其管辖权的决定存在异议，或者认为法庭裁决因程序上的基本缺陷而受到损害，可由国际劳工局管理机关就裁决的有效性问题向国际法院请求咨询意见，并且，法院的意见是有拘束力的。该规约的附件第 12（1）条又规定，根据本规约第 2（5）条的规定做出过申明的国际组织执行委员会，如果对法庭确认其管辖权的决定存在异议，或者认为法庭裁决因程序上的基本缺陷而受到损害，可由该执行委员会就裁决的有效性问题向国际法院请求咨询意见。

---

① 参见（1）*Memorandum to the Executive Directors from the President of the World Bank*, 14 January 1980, Doc. R 80–8, p. 1；（2）C. F. Amerasinghe, *The Law of International Civil Service*, Vol. I, 2nd ed.（Clarendon Press, 1994）, p. 41。

② Karel Wellens, *Remedies against International Organizations*（Cambridge University Press）, 2002, p. 205.

③ 陈治世：《国际法院》，台湾商务印书馆，1983，第 39～40 页。

《联合国行政法庭规约》在开始时并没有规定可以向国际法院请求咨询意见的条款。1952 年联合国行政法庭就联合国秘书处的 11 名职员被秘书长解雇一案，判决联合国行政当局赔付 18 万美元，由此引起对该法庭法律性质的争议。为此，联合国大会向国际法院请求咨询意见。这就是 Effect of Awards of Compensation Made by the United Nations Administrative Tribunal 案。①1954 年 7 月 13 日国际法院提出咨询意见后，联合国认为有必要且有可能在行政法庭和国际法院两个司法机构之间建立某种固定联系。为此，联合国大会于 1955 年 11 月 8 日通过 957（Ⅹ）号决议，对《联合国行政法庭规约》做出修正，增加了第 11 条。该条第 1 款规定，如果一会员国、联合国秘书长或与行政法庭相关的个人（如其已故世则包括继承其权利的人），基于以下理由——法庭超越其管辖权或职权、法庭未行使其管辖权、法庭在与《联合国宪章》条款相关的法律问题上有错误、犯有基本程序上的错误而导致不公正——而对法庭的判决提出异议时，可在判决之日起 30 日内，向本条第 4 款所设立的委员会提出书面请求，要求委员会就此向国际法院请求咨询意见。第 3 款又规定，如果在本条所规定的期限内没有依据本条第 1 款而提出请求，或委员会决定不向国际法院请求咨询意见，那么，法庭的裁决将是终局的。在已向国际法院请求咨询意见的情况下，秘书长应落实国际法院的意见，或请求法庭特别开庭以便确认其原有裁决或做出与国际法院意见相一致的新裁决。如果没有特别开庭的请求，法庭可在其下一次开庭时确认其原有裁决或使裁决与国际法院的意见相一致。

国际法院在 1973 年 7 月 12 日的咨询意见中第一次根据《联合国行政法庭规约》第 11 条所规定的程序审查了联合国行政法庭的第 158 号裁决。在咨询意见中，法院考察了自身行为的性质，认为自己无权审查联合国行政法庭或国际劳工组织行政法庭的案件或以自己的裁决代替行政法庭的裁决，其权力仅限于对有权请求咨询意见的主体所提的问题发表意见。根据《国际法院规约》第 65 条，法院提供咨询意见的权力具有选择性，如果所提问题的性质不符合法院的特点，法院可以拒绝。而在此案中，国际法院并未拒绝提供咨询意见。这表明国际法院认为《联合国行政法庭规约》第 11 条所规定的程序与国际法院的特点没有根本性抵触，对于行政法庭的裁决来说，国

---

① Effect of Awards of Compensation Made by the United Nations Administrative Tribunal, *ICJ Reports*, 1954.

际法院并不反对其所提供的咨询意见在事实上成为职员案件的上诉裁决，具有拘束各方的效果。①

从上述国际劳工组织行政法庭与联合国行政法庭的相关法律文件和司法实践可以看出，有关条款的实质目的，是试图把行政法庭裁决的司法复核程序与国际法院的咨询程序结合起来，改造成一个有限的上诉程序，建立一种事实上的审级关系。② 也只有在有关法律文件做出明确规定的情况下，才可以由国际法院对行政法庭的裁决做出审查。实际上，国际法院对上述行政法庭的审查只是一种审查管辖权（review jurisdiction），并非是一种上诉管辖权（appeal jurisdiction）。③

1996 年 1 月 29 日联合国大会通过 50/54 号决议，决定终止由国际法院对联合国行政法庭裁决进行审查的上诉审查程序。④ 有学者认为，由国际法院对行政法庭的裁决进行审查，并不能更好地保护组织职员，反而能强化联合国行政法庭的地位。⑤ 而且，国际法院并不见得真正具有足够的国际行政法专业知识以解决那些在技术上十分复杂的职员案件。⑥ 有关方面对改革联合国行政法庭提出了一些建议和意见。比如，在 1995 年，秘书长建议由一个合适的初审管辖机构取代既存的联合上诉理事会（Joint Appeals Board），而联合国行政法庭成为一个上诉法庭。联合国法务顾问曾认为，应该设立一个由三人组成的机构，其中两人分别来自联合国行政法庭和国际劳工组织行政法庭，由中立的第三人担任主席，以处理职员个人的上诉。⑦

在 2007 年 4 月 30 日，联合国大会通过第 61/261 号决议，决定成立一

---

① 参见（1）Chittharanjan F. Amerasinghe, *Jurisdiction of Specific International Tribunals*（Martinus Nijhoff Publishers, 2009），pp. 247 - 248;（2）邓烈：《国际组织行政法庭》，武汉大学出版社，2002，第 150 页。

② 邓烈：《国际组织行政法庭》，武汉大学出版社，2002，第 149～150 页。

③ Chittharanjan F. Amerasinghe, *Jurisdiction of Specific International Tribunals*（Martinus Nijhoff Publishers, 2009），p. 246.

④ P. Sands & P. Klein, *Bowett's Law of International Institutions*, 5th ed.（Sweet & Maxwell, 2001），p. 427.

⑤ Karel Wellens, *Remedies against International Organizations*（Cambridge University Press, 2002），p. 86.

⑥ P. Szasz, "Adjudicating IGO Staff Challenges to Legislative Decisions", in G. Hafner et al. ed., *Liber Amicorum Professor Ignaz Seidl-Hohenveldern in Honour of his 80th Birthday*（Kluwer Law International, 1998），p. 720.

⑦ Karel Wellens, *Remedies against International Organizations*（Cambridge University Press, 2002），p. 205.

个正式的司法管理体系，该体系由两个层级组成。由联合国争端法庭（United Nations Dispute Tribunal）进行初审，由联合国上诉法庭（United Nations Appeals Tribunal）进行上诉审，并且可以做出有拘束力的裁决和提供适当的救济。联合国争端法庭将取代既存的咨询机构，如联合上诉委员会（Joint Appeals Board）、联合纠风委员会（Joint Disciplinary Committee）和其他合适机构。强调新成立的争端法庭和上诉法庭的工作效率等。[①] 对于联合国争端法庭和上诉法庭在实践中处理有关职员争端的作用和运作情况，确实值得拭目以待。[②]

再来看欧洲联盟的情况。在 1988 年以前，欧洲共同体与职员之间的争端全部由欧洲法院一次审理终结。1988 年 10 月 24 日欧共体理事会根据《欧洲单一法令》的授权设立了一个初审法院。根据该单一法令第 168（a）条和理事会第 88/591 号决议的规定，欧共体范围内的职员案件全部移交给初审法院管辖，对于初审法院一审判决中的法律问题，当事人可向欧洲法院上诉，由欧洲法院做出终局裁决。1993 年 11 月生效的《马斯特里赫特条约》设立欧洲中央银行和欧洲货币局，这两个机构的职员案件也由初审法院管辖。后来，随着欧洲一体化进程的加快，交由初审法院审理的职员案件数量日益攀升，初审法院出现不堪重负的局面。为此，2001 年签署的《尼斯条约》对初审法院的审判体制进行调整，允许初审法院采取分庭制度，设立特别案件分庭（specialized chambers）审理职员案件。[③] 在 2004 年，欧盟理事会决定建立欧盟公务员法庭（European Union Service Tribunal）。根据新的规则，允许向初审法院提出上诉。[④]

从豁免的角度而言，国内法院是否可以审查国际组织行政法庭做出的裁

---

① General Assembly Resolution 61/261, Administration of Justice at the United Nations, 30 April 2007, paras. 19 – 21.

② 关于国际法院对联合国和国际劳工组织行政法庭裁决的审查问题，还可参见（1）Chittharanjan F. Amerasinghe, *Jurisdiction of Specific International Tribunals*（Martinus Nijhoff Publishers），2009, pp. 245 – 254；（2）Kaiyan Homi Kaikobad, *The International Court of Justice and Judicial Review: A Study of the Court's Powers with Respect to Judgments of the ILO and UN Administrative Tribunals*（Kluwer Law International, 2000）。

③ 邓烈：《国际组织行政法庭》，武汉大学出版社，2002，第 29～30 页，第 150～153 页。

④ Council Decision of 2 November 2004, 2004/752/EC, Euratom, 9 November 2004, *Official Journal* L 333/7. 亦可参见 August Reinisch, "The Immunity of International Organizations and the Jurisdiction of their Administrative Tribunals", *Chinese Journal of International Law*, Vol. 7, No. 2, 2008, p. 303, footnote 95。

决更令人瞩目。很明显，没有直接的法律管辖途径可以让国内法院审查国际行政法庭的裁决。不过，还是可能有一些间接的管辖形式。①

英国法院曾经试图对一个准司法机构做出的裁决进行间接的审查。在 Zoernsch v. Waldock et McNulty 案②中，申诉人对欧洲人权委员会的裁决提出质疑，认为委员会的一位成员存在疏忽。英国法院基于被告组织享有职能性豁免而驳回起诉。而在 Lenzing AG's European Patent 案③中，申诉人则试图挑战国际组织的裁决。在该案中，申诉人要求英国法院审查由欧洲专利办公室（European Patent Office）做出的废止申诉人所拥有的欧洲专利的裁决的合法性。英国法院以对此类终局裁决缺乏管辖权为由驳回起诉。在相关案件中，德国宪法法院也裁定无权审查欧洲专利办公室的裁决，因为它们并未构成行使德国主权权力。德国宪法法院也拒绝聆讯 Lenzing AG's European Patent 案。④ 比利时法院⑤和法国法院⑥在有关案件中均认为，国内法院无权审查国际组织的裁决。

同样，国内法院一般都承认自己无权审查国际组织行政法庭做出的裁决。在法国的 Popineau v. Office Européen des Brevets 案⑦中，欧洲专利办公室的一位前职员试图对国际劳工组织行政法庭确认其解雇的裁决⑧提出上诉。法国法院认为，国际公约或国内立法或国内规章均未授予其做出那种裁决的能力。故将原告的上诉驳回。

---

① August Reinisch, "The Immunity of International Organizations and the Jurisdiction of their Administrative Tribunals", *Chinese Journal of International Law*, Vol. 7, No. 2, 2008, p. 303.

② Court of Appeals, 24 March 1964, 3 *International Legal Materials* 1964, p. 425.

③ Lenzing AG's European Patent, Queen's Bench Division (Crown Office List), 20 December 1996, (1997) *Reports of Patent, Design and Trademark Cases*, p. 245.

④ August Reinisch, "The Immunity of International Organizations and the Jurisdiction of their Administrative Tribunals", *Chinese Journal of International Law*, Vol. 7, No. 2, 2008, p. 304.

⑤ Dalfino v. Governing Council of European Schools and European School of Brussels, Belgique, Conseil d'Etat, 17 November 1982, 108 *International Law Reports*, p. 638, p. 641.

⑥ Chambre Syndicale des Transports Aeriens, France, Conseil d'Etat, 22 July 1994, 111 *International Law Reports*, p. 500, p. 502. 在该案中，原告对欧洲航空安全组织（Euro-control）收取航线费（route charges）提起诉讼。法国行政法院认为自己无权对一个国际机构制定的单位费率（the unit rates of charges）的法律合理性问题做出裁决。

⑦ *Popineau v. Office Européen des Brevets*, Conseil d'Etat, Sections du Contentieux, 7 eme soUS—section, 15 February 1995, No. 161.784. 转引自 August Reinisch, "The Immunity of International Organizations and the Jurisdiction of their Administrative Tribunals", *Chinese Journal of International Law*, Vol. 7, No. 2, 2008, p. 304。

⑧ In re POPINEAU (Nos. 6, 7 and 8), ILO Administrative Tribunal, 13 July 1994, Judgment No. 1363.

从上述案例可以看出，国内法院不能直接对国际组织做出的裁决进行管辖，包括上诉或宣布无效的程序。不过，从最近的一些有关人权法的案例，比如欧洲人权法院的案例中似乎可以看到一个趋势，即国内法院不仅对是否提供行政法庭救济程序，而且对行政法庭提供的法律保护是否足够的问题可以进行审查。长此以往，那么，将日益需要对国际行政法庭所提供的保护的实际水平进行审查。如果申诉人认为他们在行政法庭所受到的程序性待遇低于国际标准，并且对国内法院进行游说，那么，国内法院在行使其管辖权方面可能变得更为积极。① 这已为下文将要论及的比利时 Seidler v. Weatern European Union 案②所证明。

三 国内法院对劳务争端行使管辖权的情况

从理论上讲，国内法院在三种情况下可能对国际组织劳务争端行使管辖权，即国际组织放弃豁免、国际组织无救济机制或无有效而充分的救济机制和不属于国际组织职员的其他服务提供人员的争端。那么，对于第一种情况，在与国际组织有关的职员争端中，国际组织一般不会放弃豁免，而主张组织内部的行政法庭对此类争端享有排他管辖权。若在特殊情况下国际组织放弃豁免，国内法院因而行使管辖权则顺理成章。本文将主要论述后两种情况。

国内法院经常需要处理对为国际组织提供个人服务而产生的争端进行裁决的问题。国内法院裁决此类问题时必然涉及国际组织豁免。国内法院往往以缺乏审判权为由拒绝审理。对于国际组织内部事务，国内法院缺乏管辖权可能是一个最合适的裁决理由。如果国际组织能够提供任择性争端解决机制，并且有公正的程序保障，那么国内法院对于与雇用有关的争端无权管辖则不会产生任何严重的问题。这既不会构成对人权的侵犯，也能够满足国际组织的利益，即建立一个统一的内部雇用法规，而不受各国内法院各自解释的影

---

① August Reinisch, "The Immunity of International Organizations and the Jurisdiction of their Administrative Tribunals", *Chinese Journal of International Law*, Vol. 7, No. 2, 2008, p. 305.

② *Seidler v. Weatern European Union*, Brussels Labour Court of Appeals (4th chamber), 17 September 2003. 转引自 August Reinisch, "The Immunity of International Organizations and the Jurisdiction of their Administrative Tribunals", *Chinese Journal of International Law*, Vol. 7, No. 2, 2008, p. 299。

响。如果不能提供任择性救济机制，那么个人诉讼权的利益应该优先于国际组织不受诉讼干扰的利益。不能以保障国际组织的独立与履行职能为由，要求国内法院放弃审判权。允许国内法院对雇用争端行使管辖权，并不必然意味着，国际组织不得不忍受国内法院的裁决对其雇佣关系的不当干涉。[①]

当国际组织不能提供行政法庭时，那么，申诉人将被剥夺法庭审理其申诉的权利，从而国内法院拒绝承认国际组织的豁免而主张管辖权。在 UNESCO v. Boulois 案[②]中，法国上诉法院拒绝联合国教科文组织直接援引欧洲人权公约所做的豁免辩护。法院认为，授予国际组织豁免将不可避免地阻碍申诉人将案件诉诸法院。这将有违公共政策，构成否定司法，并违反《欧洲人权公约》第 6（1）条的规定。[③] 在一个比较新的案例，即 Banque africaine de development v. M. A. Degboe 案[④]中，非洲开发银行[⑤]的前职员由于不能诉诸组织行政法庭[⑥]而在法国法院提起诉讼。法院认为，原告不能诉诸司法途径已经构成对司法的否定。被告组织不享有诉讼豁免。非洲开发银行是一个主要由非洲国家组成的区域性国际组织，总部设在象牙海岸（科特迪瓦）的阿比让（Abidjan, Côte d'Ivoire）。法国是一个所谓的非区域成员国。由于该银行并非欧洲成员，法院因而并未根据《欧洲人权公约》第 6（1）条，而是运用禁止否认司法的公共秩序理论裁决案件。[⑦]

意大利法院在 Drago v. International Plant Genetic Resources Institute 案[⑧]

---

① August Reinisch, *International Organizations before National Courts* (Cambridge University Press, 2000), pp. 383 – 384.

② *UNESCO v. Boulois*, Tribunal de grande instance de Paris (ord. Réf.), 20 October 1997, Rev. Arb. (1997) 575; Cour d'Appel Paris (14e Ch. A), 19 June 1998.

③ 此案并不关涉直接起诉联合国教科文组织的问题，而是在国际组织与申诉人之间根据私法规则签订的合同中，有关仲裁条款指定仲裁员的申诉。参见 XXIV a *Yearbook Commercial Arbitration* (1999), p. 294。转引自 August Reinisch, "The Immunity of International Organizations and the Jurisdiction of their Administrative Tribunals", *Chinese Journal of International Law*, Vol. 7, No. 2, 2008, p. 297。

④ Banque africaine de development v. M. A. Degboe, Cour de Cassation, Chamber sociale, 25 janvier 2005, 04 – 41012, 132 *Journal du droit international* (2005), p. 1142.

⑤ Agreement Establishing the African Development Bank, 7 May 1982, 1276 UNTS 3.

⑥ 该组织的行政法庭在其被解雇后方才建立。

⑦ 案情还可参见 August Reinisch, "The Immunity of International Organizations and the Jurisdiction of their Administrative Tribunals", *Chinese Journal of International Law*, Vol. 7, No. 2, 2008, p. 298。

⑧ *Alberto Drago v. International Plant Genetic Resources Institute (IPGRI)*, Court of Cassation, all civil sections, 19 February 2007, No. 3718, ILDC 827 (IT 2007).

中，也做出了类似判决。被告组织的前职员以被不公正解雇为由而向意大利法院提起诉讼。罗马初审法院和上诉法院均以组织享有诉讼豁免而驳回起诉。但是最高法院做出了完全相反的裁决。最高法院认为，根据与意大利签订的总部协定，授予被告组织管辖豁免有违意大利宪法第 24 条关于个人享有通过适当程序保障私人权利的基本规定。因为根据总部协定，国际组织有义务为雇用争端的解决提供独立和公正的司法救济，但国际组织没有履行该义务。事实上，国际植物基因资源研究院（International Plant Genetic Resources Institute）确实接受了国际劳工组织行政法庭的管辖。但接受劳工组织行政法庭的管辖在上述争端发生之后，因此该行政法庭无管辖权。在此情况下，实际上原告没有争端解决机制可供选择。①

上述案例表明，若国际组织不能提供任择性争端解决机制，那么国内法院将有权对相关案件行使管辖。事实上，如果国际组织不能提供充分和有效的争端解决机制，不能满足人权保护的要求，国内法院同样也可以主张管辖权。

比利时法院在此方面的法理发展引人注目。在 1982 年比利时法院就国际组织提供有效的司法救济做出裁决时还可以不考虑人权理由，但 2003 年上诉法院则以人权为由而不考虑以条约为基础的国际组织豁免。在 Seidler v. Western European Union 案②中，法院发现，解决西欧联盟内雇用争端的内部程序并不能必然保障获得公正的司法救济。以国际组织享有诉讼豁免为由限制诉诸国内法院的做法有违《欧洲人权公约》第 6（1）条的规定。该案的独特之处在于，国内法院主张自己的管辖权而否认国际组织在雇用事项上的豁免，不是以没有提供任择性救济为由，而是认为，国际组织所提供的任择性救济没有符合欧洲人权法院在 Beer and Regan ③和 Waite and Kennedy④ 两案中对《欧洲人权公约》第 6（1）条的解释。在上述两个案件

---

① 案情还可参见 August Reinisch，"The Immunity of International Organizations and the Jurisdiction of their Administrative Tribunals"，*Chinese Journal of International Law*，Vol. 7，No. 2，2008，p. 298。

② *Seidler v. Western European Union*，Brussels Labour Court of Appeal（4th Chamber），17 September 2003，Journal des Tribunaux（2004），617，ILDC 53（BE 2003）.

③ *Beer and Regan v. Germany*，Application No. 28934/95，European Court of Human Rights，18 February 1999，ECHR 6.

④ *Waite and Kennedy v. Germany*，Application No. 26083/94，European Court of Human Rights，18 February，1999，ECHR 13.

中，欧洲人权法院认为国际组织享有豁免不仅取决于提供任择性争端解决机制，而且强调认为，至关重要的是，申诉人能否利用所提供的任择性途径去有效保护其公约下的权利。比利时法院在调查西欧联盟内解决雇用争端的内部上诉程序是否能够保障原告享有公正审判的权利时，发现了几处不足：没有对西欧联盟上诉委员会所做裁决的执行问题做出规定；公开听证和裁决的出版并未获得保障；委员会的成员由政府间的西欧联盟理事会任命，任期仅短短 2 年，这使其成员与该组织本身的关系过度紧密；对该委员会的特定成员不能提出撤换。于是，法院得出结论认为，西欧联盟人员的地位并没有使其在获取合适的司法诉讼程序方面享有充分保障，并且以西欧联盟享有管辖豁免为由而对诉诸国内法院予以限制的做法违背《欧洲人权公约》第 6（1）条的规定。① 可见，比利时法院的案例清楚表明，国内法院不仅审查是否提供任择性争端解决机制，而且越来越重视审查这种机制的充分性。

虽然可能不像比利时法院在上述判例中做出堪称激进的裁决一样，但其他国家的国内法院有时也同样重视任择性救济途径的充分性。德国法院在此方面的推理颇有启发意义。在 Hetzel v. EUROCONTROL 案②中，德国宪法法院不仅肯定，对于欧洲航空飞行安全组织与其职员间的雇用争端，德国法院无管辖权，而且认为，该组织在德国法院享有豁免并没有违反德国宪法中法治原则的最低要求，因为国际劳工组织行政法庭的排他管辖权已经提供了充分的任择性救济。德国宪法法院认为，国际劳工组织行政法庭的地位和程序原则符合基本程序公正的国际最低标准，这个最低标准来源于法治下发达的法律秩序和国际法院的程序法。③ 而在较新的其他一些案件中，德国宪法法院对行政法庭坚持了类似的标准。在 B. et al v. EPO 案④中，宪法法院再次确认，国际劳工组织行政法庭程序是独立的内部上诉程序。该法庭根据法律原则和规则而授予的合法管辖权和正确的法律程序而做出裁决。根据《国际劳工组织行政法庭规约》的规定，法官有义务保持独立性，并不得心存

---

① 案情可参见 August Reinisch，"The Immunity of International Organizations and the Jurisdiction of their Administrative Tribunals"，*Chinese Journal of International Law*，Vol. 7, No. 2, 2008, pp. 299 – 300。

② *Hetzel v. EUROCONTROL*，Federal Constitutional Court，Second Chamber，10 November 1981.

③ 案情可参见 August Reinisch，"The Immunity of International Organizations and the Jurisdiction of their Administrative Tribunals"，*Chinese Journal of International Law*，Vol. 7, No. 2, 2008, pp. 300 – 301。

④ *B. et al v. EPO*，Federal Constitutional Court，Second Chamber，3 July，2006.

偏见。因此，联邦宪法法院裁定，国际劳工组织行政法庭的地位和程序原则符合基本程序公正的最低国际标准和德国基本法的最低法治要求。①

值得指出的是，德国宪法法院总是在抽象的意义上评估行政法庭所提供的任择性法律保护的充分性。而且，法院要求申诉人提供证据，以证明国际组织所提供的法律保护标准不够充分。在 D. v. Decision of the EPO Disciplinary Board 案②中，一位德国专利律师没有通过欧洲专利办公室的考试，向该组织纠风委员会（EPO Disciplinary Board）提出申诉亦未获成功，因而又向德国宪法法院提起诉讼。法院拒绝了该诉讼。法院认为，该申诉人没有提出证据证明，欧洲专利办公室律师资格考试的结论普遍地和明显地没有达到德国基本法所要求的法律保护标准。该申诉人所声称的该纠风委员会在考试申请和参与规则方面所犯的错误，尚未足够严重到要考虑怀疑是否已经达到了损害由德国基本法所保障的基本权利水平的程度。③

在意大利的 Pistelli v. European University Institute 案④中，法院认为，争端解决机构是真正的司法机构。国际司法机构备有一份花名册，从该花名册中挑选委员会成员能够满足职员与组织之间争端解决的独立和公正要求。该机构被认为等同于欧洲共同体法院。⑤

不过，由国内法院来评估任择性争端解决机制是否充分的问题，可能也存在弊端。对于行政法庭或其他任择性争端解决机制为职员所提供的任择性法律保护是否充分的问题，国内法院能否正确地做出评估，在个案中可能存在疑惑。国内法院可能有时能够对任择性法律保护的质量做出客观评价，有时候则可能过分热心地怀疑任择性争端解决机制是否充分。⑥

---

① 案情可参见 August Reinisch，"The Immunity of International Organizations and the Jurisdiction of their Administrative Tribunals"，*Chinese Journal of International Law*，Vol. 7，No. 2，2008，p. 301。

② *D. v. Decision of the EPO Disciplinary Board*，Federal Constitutional Court，Second Chamber，28 November 2005.

③ 案情可参见 August Reinisch，"The Immunity of International Organizations and the Jurisdiction of their Administrative Tribunals"，*Chinese Journal of International Law*，Vol. 7，No. 2，2008，p. 302。

④ *Pistelli v. European University Institute*，Italian Court of Cassation，all civil section，28 October 2005.

⑤ 案情可参见 August Reinisch，"The Immunity of International Organizations and the Jurisdiction of their Administrative Tribunals"，*Chinese Journal of International Law*，Vol. 7，No. 2，2008，p. 302。

⑥ August Reinisch，"The Immunity of International Organizations and the Jurisdiction of their Administrative Tribunals"，*Chinese Journal of International Law*，Vol. 7，No. 2，2008，p. 302。

虽然国际组织行政法庭有将管辖权扩大至组织非正式职员的趋势，但毕竟尚未成为普遍实践。因此，对于那些为国际组织提供私人服务，但又与组织不具有正式雇佣关系的人员，当与国际组织产生争端时，国内法院应该对此类争端行使管辖权。在此情况下，提供服务的此类人员不属于组织职员的范畴，行政法庭通常不处理此类争端，但是诸如仲裁等其他任择性争端解决机制也可能并不存在。因此，从保护人权的角度考虑，国内法院发挥一定的作用是必要的。而且，此类合同通常是根据国内法，即服务提供地国法或组织总部所在地国法而缔结的，因此，对于根据法院地国法缔结的劳动合同，由国内法院做出裁决是十分合适的。而且，国内法院也可以通过适用国际私法规则而对外国劳动合同做出裁决。此种情况下，国内法院对所适用的法律做出错误解释的可能性其实是很低的。

如果国内法院发现国际组织支付给那些提供专业服务或其他个人服务的人员的报酬低于实际所应该支付的报酬，或者在解雇职员的情况下，国际组织支付的赔偿金低于所应该支付的数额，这并不会对国际组织的职能造成严重威胁。国际组织非正式职员提供服务的合同条款方面的申诉直接属于私法性质的合同争端，不得以国际组织独立履行职能为由认为此类争端不具有可裁决性。相反，此类争端属于申诉人的民事权利和义务的一部分，国内法院有充分的理由对此类案件做出裁决。①

四 结语

根据前述对行政法庭等任择性争端解决机制实践的评析，可以得出结论认为，行政法庭基本能满足适当的程序保障、法治等原则的要求。② 有些行政法庭明确依据国际人权文件的规定做出裁决，虽然这些法庭只是附属于国际组织的机构，通常不受这些文件的拘束。这些法庭认为，有关国际人权文

---

① August Reinisch, *International Organizations before National Courts* (Cambridge University Press, 2000), pp. 384 – 385.

② 参见（1）国际法院认为，国际劳工组织行政法庭的有关程序规则并未损害各方平等原则。Judgments of the Administrative Tribunal of the International Labour Organization upon Complaints Made Against the United Nations Educational, Scientific and Cultural Organization, 23 October 1956, Advisory Opinion, (1956) *ICJ Reports* 77, p. 85.（2）行政法庭总体上坚持了法治原则。C. F. Amerasinghe, *The Law of International Civil Service*, Vol. I, 2nd ed., Clarendon Press, 1994, p. 68.

件包含了应该受到尊重的一般法律原则。① 正如欧洲法院所认为的，尽管欧洲共同体不是欧洲人权公约的当事方，但欧洲共同体机构需要尊重该公约的规定，因为欧洲人权公约的规定反映了一般法律原则。② 因此，有学者认为，国际组织通过行政法庭对自己的事务做出裁决的危险和存在偏见或否认司法的风险③，在实践中似乎都是没有根据的。④ 而由国内法院对此类案件行使管辖权，则只能在极为有限的范围内和严格的条件下才是可以被接受的。

当然，通过行政法庭对有关劳务争端进行裁决并非是完美的选择。⑤ 联合国建立争端法庭和上诉法庭的两审终审的司法体系以取代行政法庭，就说明了在实践中还需要不断探索解决劳务争端的更为有效的途径。

On the Employment Disputes Settlement Regime
of International Organizations

Li Zan

Abstract：Employment disputes settlement regime is the important institutional arrangement for international organizations （IOs） to protect human rights. Administrative tribunals are the main arena to settle these disputes. In the practice

---

① 世界银行行长在 1981 年的一份关于世界银行行政法庭的报告中指出，作为规范雇用条件的法律的银行内部法包含了一般法律原则。欧洲理事会上诉委员会 （Council of Europe Appeals Board） 认为，欧洲人权公约和其他国际文件中包含的禁止歧视原则是适用于雇用争端的一般法律原则。参见 August Reinisch, *International Organizations before National Courts* （Cambridge University Press, 2000）, pp. 274 – 275, footnote 117。

② August Reinisch, *International Organizations before National Courts* （Cambridge University Press, 2000）, p. 275.

③ Kathleen Cully, "Notes：Jurisdictional Immunities of Intergovernmental Organizations", *The Yale Law Journal*, Vol. 91, 1982, p. 1182.

④ C. F. Amerasinghe, *The Law of International Civil Service*, Vol. I, 2nd ed. （Clarendon Press, 1994）, p. 68.

⑤ 有人对国际组织行政法庭提出批评，认为行政法庭所做的裁决不公开出版、法官缺乏独立性、审理程序中缺乏口头申辩程序等。但均一一遭到有关学者的有力反驳。参见 Charles H. Brower, II, International Immunities：Some Dissident Views on the Role of Municipal Courts, *Virginia Journal of International Law*, Vol. 41, No. 1, 2000, pp. 83 – 91。

concerned, IOs need try to handle the three questions well below. They are (i) the expansion of jurisdiction of administrative tribunals to non-formal employees, (ii) the review by international or domestic courts of the decisions by administrative tribunals and (iii) the jurisdiction of domestic courts over employment disputes in given conditions. Discussion of those questions on the basis of new development of IOs employment disputes settlement in theory and practice is necessary for improving this regime.

Key Words : International Organizations; Administrative Tribunals; Employment Disputes

欧盟《合并控制条例》中的控制权问题

黄 晋*

摘 要：明确经营者集中的控制权变化有着重要的意义，它不仅有利于合并申报当事人明确申报义务，同时方便反垄断执法机构对交易进行审查。欧盟《合并控制条例》中所涉及的控制是指对一家或者多家企业行使决定性影响的可能性，包括以股票或者资产、合同、专利使用权转让和特许权协议、经济联系等方法实施的单独或者共同的控制。我国现行《反垄断法》第 20 条也提出了取得控制权和施加决定性影响两种认定经营者集中的方法。有鉴于此，探究欧盟《合并控制条例》中的控制权制度对发展和完善我国《反垄断法》中的控制权和决定性影响制度有着重要的理论和实践意义。

关键词：合并控制 欧盟竞争法 控制权 经营者集中

经营者集中规制的复杂性迫切要求反垄断执法机构建立一套完整、实用的经营者集中申报规制制度。在该制度框架内，明确经营者集中的控制权变化有着重要的意义，它不仅有利于合并申报当事人明确申报义务，同时方便反垄断执法机构对交易进行审查。我国《反垄断法》第 20 条第 3 款明确指出："经营者集中是指下列情形：（一）经营者合并；（二）经营者通过取得股权或者资产的方式取得对其他经营者的控制权；（三）经营者通过合同等方式取得对其他经营者的控制权或者能够对其他经营者施加决定性影响。"虽然第 20 条出现了控制权和决定性影响，然而，条款没有对此进行过多解释。鉴于我国《反垄断法》在制定过程中移植和借鉴了欧盟竞争法律制度，因此，研究欧盟《合并控制条例》关于控制权的制度有着重要的理论和实

---

* 黄晋，法学博士，中国社会科学院国际法研究所助理研究员。

践意义。本文从控制的概念、方法、对象、单独控制、共同控制以及控制权的改变着手，深入分析欧盟竞争法律中的控制权制度，希望对欧盟《合并控制条例》中的控制权制度进行类型化划分和论证，最终提出符合我国反垄断审查实际情况和未来发展要求的有益做法。

一 控制的概念

一般而言，控制在不同的学科中有着不同的含义。在语言学中，控制是指掌握住对象不使任意活动或超出范围，或使其按控制者的意愿活动；在经济学中，控制是指有权决定一家企业的财务和经营政策，并能据以从该企业的经营活动中获取利益；在垄断法学领域，控制从狭义上讲，主要是指经营者在经营决策中居于支配地位的权力。

在《合并控制条例》中，控制是指"对一家企业行使决定性影响的可能性"。[①] 欧盟初审法院认可了欧盟委员会根据《合并控制条例》对取得控制具有管辖权。[②]《合并控制条例》将"控制"解释成通过以下方式对一家或者一家以上的其他企业行使"决定性影响"的可能性，包括取得企业的所有权，或者取得其全部或者部分资产的使用权，或者通过权利或合同对一家企业的机构的组成、表决或决定施加决定性影响。[③] 按照这一表述，行使控制的纯粹可能性就是充分的，没有必要说明经营者事实上行使了控制。[④] 然而，虽然取得控制的权利，但经营者不能行使这些权利时，控制则无法取得。[⑤] 欧盟委

[①] Art. 3（2），Merger Regulation.

[②] Aer Lingus Group plc v. Commission（"Aer Lingus"），Case T‑411/07 R，not yet reported，para. 100（法院证实，即使取得非控股股东的股份会引起竞争担忧，根据《合并控制条例》，欧共体委员会也无权调查或者反对这些股权）。

[③] Art. 3（2），Merger Regulation.

[④] Consolidated Jurisdictional Notice，para. 13. 参见 e. g.，Cementbouw Handel & Industrie BV v. Commission（"Cementbouw"），Case T‑282/02，2006 E. C. R. II‑319，para. 58（"尽管决定性影响……不一定需要行使，然而控制的存在……要求行使该影响的可能是有效的"）。

[⑤] 参见 e. g.，France Telecom/Orange，Case COMP/M. 2016，Commission decision of August 11，2000，para. 6，作为将 Orange 剥离给法国电信的一部分，Mannesmann（为 Vodafone Airtouch 所收购）取得了法国电信10%的股本。通过表决权信托协议，Mannesmann 将其在法国电信的所有权和所有相关投票权以及权益都转移给了投票权受托人。其结果是，这些股权没有授权 Vodafone Airtouch/Mannesmann 对法国电信集团施加任何影响或者接触到后者的机密信息。因此，Mannesmann 取得对法国电信的控制或者决定性影响并没有出现。

员会对决定性影响做了宽泛解释，包括管理另一家企业的积极权利和对另一家企业的商业政策有否决权。

然而，需要注意的是，《合并控制条例》中的控制概念不同于审慎原则、税收、航空运输或者媒体等欧盟法其他领域形成的控制概念。欧盟法其他领域对"控制"的解释在分析欧盟《合并控制条例》中的控制时不一定具有决定性作用。[①]《合并控制条例》中的控制也不同于包括成员国竞争法在内的成员国国内法规定。[②] 因此，欧盟内部"不同执法机构无法避免各自依据其权力做出的不同法律或者事实评估，特别是当根据不同的法律基础行动时"。[③]

二 控制的方法

在欧盟，欧盟委员会完善了可能取得控制的不同类型交易的一般性原则：（1）股票或者资产。控制最为普遍地是来自对股份或者资产的取得，在某些情况下，这种取得股份或者资产与股东协议一起组成控制。[④]（2）合同。如果争议的协议引起对一家企业管理和资源的控制水平提高，控制也可以通过合同取得。为达到市场结构的变化，该类协议必须授予"非常长期"的控制（授予合同权利的当事人没有早期终止的可能性）。如果，资产的所有者和控制管理层的企业对战略性商业决定都享有否决权，这些合同也可能引起共同控制的情况。（3）专利使用权转让和特许权协议。欧盟委员会偶尔会考虑专利使用权转让协议包含的权利是否本身足以取得控制。然而，任何这类决定将体现《合并控制条例》适用范围的某种延伸，这将引起适用《欧盟功能条约》第 101 条的问题——在传统上通常是依据《欧盟功能条约》第 101 条对大范围的专利使用权转让和特许权协议进行分析的。《综合管辖权通告》指出，由于特许权协议没有给予特许权所有人对特许经营人

---

① Consolidated Jurisdictional Notice, para. 23.

② Consolidated Jurisdictional Notice, para. 22. 参见 Cementbouw Handel & Industrie BV v. Commission（"Cementbouw"），Case T－282/02, 2006 E. C. R. II－319, paras. 70, 73, 74, and 79；and Opinion of Advocate General Kokott in Cementbouw Handel & Industrie BV v. Commission of the European Communities（"Cementbouw ECJ"），Case C－202/06 P, not yet reported, para. 81。

③ Haniel/Cementbouw/JV（CVK），supra, para. 31.

④ Consolidated Jurisdictional Notice, para. 17.

的管理和资源的控制权，因此通常来说它本身不能构成集中。① 一般而言，特许经营人本身经常会利用企业资源，即使资产的重要组成部分可能属于特许权所有人。然而，包含在特许权协议中的权利分配伴随特许经营人取得资产，足以对特许经营企业取得控制，因此，一项须申报的集中就会出现。② 由于纯粹的财务协议如出售后回租交易没有实现对管理和资源控制的改变，因此，它们通常没有构成集中。③（4）经济联系。欧盟《合并控制条例》规定，控制也可以通过"任何其他方式"取得，④ 包括通过"纯粹的经济联系"。⑤《综合管辖权通告》对此进行了解释，并指出，在特殊情况下，"经济依赖的情况"可能引起事实控制，例如，供应商或者消费者提供的非常重要的长期供给协议或者信贷，与结构联系一起，会授予决定性影响。需要注意的是，只有经济联系而缺乏其他结构性联系并不足以取得控制。（5）控制的"消极"取得。即使取得控制不是当事人所声明的意图，然而取得控制依旧可以发生，并通过第三方当事人的行为消极地被引起。例如，控制的改变是由于另一股东继承或者退出企业的结果。

---

① Consolidated Jurisdictional Notice, para. 19. 参见 e. g., Carrefour/Hyparlo, Case COMP/M. 4096, Commission decision of May 4, 2006, paras. 11 and 15, 欧共体委员会发现，根据家乐福特许权运营的 Hyparlo 超市依靠家乐福为其提供供给、广告或者促销活动。因此，从 2000 年特许加盟开始，Hyparlo 应视为家乐福集团的一部分。然而，欧共体委员会还是认为，家乐福在 2006 年取得 Hyparlo 大部分股份前，没有获得对 Hyparlo 的单独控制。欧共体委员会在合并的实体评估中充分考虑了特许权协议。

② 参见 e. g., Blokker/Toys "R" Us（II），Case IV/M. 890, Commission decision of June 26, 1997 (1998 O. J. L316/1), paras. 12 – 15（欧共体委员会做出决定，取得租赁物、固定设备和存货、人员和商标，与特许权协议中包含的权利分配一起，授权对 Toys "R" Us 的荷兰业务行使控制，并因此引起了相关企业结构发生永久改变。欧共体委员会拒绝这样的观点，即 Toys "R" Us 保留了对其荷兰业务的控制，尽管它将这些业务授予 Blokker，且 Toys "R" Us 与 Blokker 达成的相关合同因此应依据《欧盟功能条约》第 101 条而不是《合并控制条例》进行分析。欧共体委员会发现，Toys "R" Us 通过转让权利和资产放弃了长期以来对其荷兰业务的影响，从而给予 Blokker 对这些业务的有效控制）。同时参见 Bosch/Rexroth, Case COMP/M. 2060, Commission decision of December 4, 2000（2004 O. J. L43/1），paras. 9 – 17，博世被认为取得了对 Rexroth 的单独控制。博世和 Rexroth 达成租赁和控制协议（"Beherrschungsverrag"），由此博世取得了对 Rexroth 的管理控制。协议规定，博世有权行使日常管理，并以其名义完成业务，并有权使用所有相关业务资产。博世可以向 Rexroth 管理层发布指令。作为回报，博世将向 Rexroth 支付一次性固定金额，并独立进行业务拓展。

③ Consolidated Jurisdictional Notice, para. 19.

④ Merger Regulation, Article 3 (1) (b).

⑤ Consolidated Jurisdictional Notice, para. 20.

三 控制的对象

根据欧盟竞争法律的规定，控制的对象可以是一家或者一家以上的企业，构成法律实体的企业部分，或者这些实体的所有或者某些资产。

在资产情况下，只要被收购资产包含收入能够归于有着市场存在的企业，取得控制就应考虑进行申报。因此，当一项交易涉及企业转让时，取得一家公司的客户也符合申报要求。同样，如果无形资产如商标、专利或者版权等构成了市场营业额，限于这些无形资产的交易可能需要申报。

当一家企业将某些业务外包给另一家企业时，例如提供服务（经常是IT服务）或者制造产品，某些特殊问题就会产生。外包合同共同的特征是外包服务供应商提供了以前企业内部实施的服务，其可以采取数种形式。根据这些情况，欧盟委员会适用了不同的处理方法：（1）服务供应商通过典型的外包合同履行企业以前在企业内部实施的行为，但是没有存在资产或者员工转让的，一般不引起一项集中。（2）当资产或者员工转让伴随或者出现在外包协议中时，如果资产构成一家企业的整体或者部分，并且因此允许外包服务供应商在转让后立刻或者在较短期间内向第三方当事人以及外包消费者提供服务的话，一项集中就会出现。（3）当被转让资产不允许服务提供者强化向第三方当事人提供服务等市场存在时，交易更像是一个服务合同，没有构成一项集中。

四 控制的永久改变

控制的临时变化不属于欧盟《合并控制条例》的调整范围，只有一项交易引起一家企业的控制权永久发生改变，从而引起市场结构长期变化时，一项须申报的集中才会出现。控制永久发生改变的要求不排除主要协议仅有有限期限，但可以进行更新的情况。如果经营者之间存在一个明确截止日期的协议——该截止日期期限足够长从而能够引起相关企业控制发生永久改变，在此情况下，一项须申报的集中也将会出现。

交易是否引起控制的永久改变的争议在涉及"连续交易"时会出现，也就是说当涉及一个或者一个以上的交易时，其中第一项交易在性质上仅是短时间的话。这里可以做如下区别：（1）当数家企业完全为获得另一家公司为目的，以协议为基础，在完成该交易后立即根据既存计划一起分割被收购资产，欧盟委员会的意见是，第一项交易通常不构成一项集中，且它会因此审查各个最终收购人对被收购资产所获得的控制，倘若随后的解散是由不同购买人达成的具有法律约束力的协议所约定的；并且，第二步骤（也就是，分割所取得的资产）将会在第一次收购后的较短时间内发生（不超过 1 年）。如果两个条件都满足的话，欧盟委员会认为，既然被收购资产没有以长期不可分的方式持有，而是有必要在一定时间内完成对被收购资产的立即分割，那么这里"总体上不存在收购人与目标公司间经济力量的有效集中"，第一项收购也就不能引起长期的结构变化。① 这些原则适用于第一项收购由一家企业完成的情况和初始收购由参与交易第二阶段的企业共同进行的那些情况。当企业获得共同控制，但有意图通过出售共同被控制的实体而放弃它时，除非当事人达成具有约束力的协议，约定只在较短期间内行使控制，否则欧盟委员会通常不会放弃管辖权。（2）当数家企业完全为获得另一家公司而聚在一起，但在首次收购后不能确定第二步骤会在较短期间内继续进行，欧盟委员会将第一次交易看作是一项涉及整个目标企业的单独集中。这种情况可能会出现，或者由于第一次交易完全独立于第二次进行的可能，② 或者是需要在较长的过渡期分解目标企业时。③（3）当数家企业同意在初始阶段获得共同控制时，在其中一个股东根据具有法律约束力的协议取得单独控制终止时，欧盟委员会可能将整个交易视同构成一项对单独控制的取得，倘若初始阶段非常简短，排除了对共同控制的长期行使。《综合管辖权通告》承认，欧盟委员会在过去发现初始期长达 3 年，但表明这种期间似乎太长，以至于无法排除共同控制对市场结构的影响，并表明任何过渡期间通常应不超过 1 年，欧盟委员会的理由是使得共同控制期间对市场结构具有明显影响变得不可能。④（4）当一家企业根据协议暂交给临时购买者，经常是一家银行，规定未来将该企业出售给一家最终收购人，欧盟委员会的意见是临时购买人通常代表一个经常承担大部分经济风险的最终购买人取得股

---

① Consolidated Jurisdictional Notice, para. 32.

② Consolidated Jurisdictional Notice, para. 33. 参见 e. g., UPM-Kymmene/Haindl, Case COMP/M. 2498, Commission decision of November 21, 2001, and NorskeSkog/Parenco/Walsum, Case COMP/M. 2499, Commission decision of November 21, 2001, paras. 7 – 8。

③ Consolidated Jurisdictional Notice, para. 33. 参见 e. g., Carlsberg/Holsten, Case COMP/M. 3372, Commission decision of March 16, 2004, para. 5。

④ Consolidated Jurisdictional Notice, para. 34.

份。在此情况下，欧盟委员会有理由认为，既然第一个购买人与最终购买人直接相关，那么第一个交易仅为了促进第二个交易。因此，在2007年采用《综合管辖权通告》后，欧盟委员会将审查最终购买人取得的控制，正如当事人达成协议中所规定的那样，并且将考虑交易临时购买人取得控制作为一项包含最终购买人最终取得控制的单个集中的第一步。《合并控制条例》的这种解释有效地终结了合并当事人实施运送安排（portage arrangements）的可能性，该安排涉及将一家企业临时转让给一个临时购买人，通常是一家银行。运送安排有可能使一家企业的卖方在考虑欧盟委员会不可能同意给予交易中止期间豁免的情况时（包括由于拟议交易将引起竞争担忧），接受立即和明确的购买支付，而无须等待欧盟委员会的许可。在采用《综合管辖权通告》前，欧盟委员会至少在一个场合根据《合并控制条例》对未决的一项交易审查接受了运送安排。① 鉴于《综合管辖权通告》所采取的立场，这类安排已不再可行。

五　单独控制

在一家企业单独对另一家企业行使决定性影响时，就产生了单独的控制。单独控制可以依法或者依事实取得。首先，在一家企业取得另一家企业的多数表决权时，单独控制可以依法取得。欧盟委员会将这种情况描述为"积极的单独控制"。第二，当一家企业拥有另一家企业少于50%的股本，不能决定后者的战略决定但能够单独阻碍采用该类决定时，单独控制依然可以得到行使。委员会将这种情况解释为"消极的单独控制"。此外，需要注意的是，单独控制可以通过资产所有权、合同或者其他方式行使。

（一）法定的单独控制

法定的单独控制在三种情况下出现：当一家企业拥有一家企业多数表决权时；小股东拥有优先股，使其能够决定另一家企业的战略性商业行为时；以及一家企业能够行使否决性单独控制权时。

① 参见 e.g., Lagardere/Natexis/VUP, Case COMP/M. 2978, Commission decision of January 7, 2004, paras. 6 - 7。Lagardere 与 Natexis 达成运送安排，在 Lagardere/VUP 经欧共体委员会审查期间，Natexis 取得并临时持有 Vivendi Universal 公布的资产。该交易在 Lagardere 剥离了部分资产后最终获得欧共体委员会的批准。

1. 多数表决权股

控制通常是指收购一个企业的多数表决权股。《综合管辖权通告》规定："当一家企业取得另一家企业的多数表决权时，单独控制一般会依法取得。"

这里需要注意的是，收购股份的水平通常不在考虑范围之内。此外，在缺乏下列有关因素情况下，如果不涉及多数表决权股，那么即使交易涉及收购大多数发行的股本，收购也不能称之为控制。例如，当公司法要求行使战略决定必须具有绝大多数表决权股时，仅取得简单多数表决权股并不足以取得单独控制。在此情况下，取得简单多数表决权股能够导致否定或者共同控制。

2. 特定表决权股

当特定权利附属于少数股权从而允许所有人管理另外一家公司时，单独控制有可能出现。[①] 例如，在 SBG/Rentenanstalt 案中，Rentenanstalt 取得了 UBS Vie 50% 的权益，SBG 持有余下的股权。尽管 SBG 在 UBS Vie 股东大会上仍有 50% 的否决权，然而，欧盟委员会认为，既然 Rentenanstalt 取得了任命董事会五名成员中三名成员的权利，从而决定了公司的商业战略，那么这并不能保留共同控制，而应是单独控制。

权利可能是附着特定权利的优先股，从而使其能够决定目标公司的战略性商业行为，例如任命监事会或者管理机构半数以上成员的权力。如果公司的结构要求或者允许股东管理公司的活动，并决定其商业政策，那么这种结构可能给予小股东单独控制权。[②] 当股东协议允许小股东对公司的管理决定行使决定性影响时，欧盟委员会会做出类似的决定。例如，在 Nabisco/United Biscuits 案中，Nabisco 与三家金融机构共同设立的一家合营企业取得了 United Biscuits 的所有权。欧盟委员会做出决定，Nabisco 将对 United Biscuits 行使单独控制权，这是因为"只有它能够对任命高级管理层和采用商业计划和预算的决定有否决权"。[③]只要这类协议授予的权利允许它们的

---

① Consolidated Jurisdictional Notice, para. 57. 参见 e. g., SBG/Rentenanstalt, Case IV/M. 650, Commission decision of December 20, 1995, paras. 7 - 8. 同时参见 Jefferson Smurfit/Stone Containers, Case IV/M. 1208, Commission decision of July 8, 1998, paras. 7 - 11。

② Consolidated Jurisdictional Notice, para. 57.

③ 参见 e. g., Nabisco/United Biscuits, Case COMP/M. 1920, Commission decision of May 5, 2000, para. 5。

所有者就商业政策的战略性和其他问题做出决定，决定性影响就能够得以行使。

3. 否定性的单独控制

小股东对战略性决定具有否决权，从而使其能够对另一家企业行使决定性影响。① 《综合管辖权通告》间接表明，这可能会在两种情况下出现：当一个股东持有 50% 的权益且剩余股份由其他数个股东所持有时，或者在对于战略性决定要求具有绝对多数表决权，由此对股东授予否决权，而不论他们是否为多数或者小股东时。例如，在 CCIE/GTE 案中，② 欧盟委员会做出决定，当持有平衡表决权的一家独立银行公司授予其权力，并承诺不去阻碍完成交易，且 19% 的股东对重要决定有否决权时，19% 的股东行使否定性的单独控制。在 Cinven Ltd/Angel Street Holdings Ltd 案中，③ 欧盟委员会指出，虽然 Cinven 拥有目标公司 52% 的已发行股本，然而，由于它只有董事会四席中的两席（其他两席为其他股东所有），因此它不能对该公司董事会施加其意愿，但是由于 Cinven 能够"凭借对一定范围的战略决定行使单独否决权"，包括所有重要的财务承诺以及批准预算和商业安排，因此它被认为能够行使否定性的单独控制。另外，Cinven 也是唯一有此否决权的股东，且能通过阻碍关键性决定，对目标行使决定性影响单独造成僵局的情况。

此外，旨在保护小股东投资价值而给予小股东持有人的权利本身并不授予决定性影响。例如，在英国电信/MCI 案中，④ 欧盟委员会认为，尽管英国电信取得了 MCI 的 20% 的股权，且有权任命 MCI 董事会中十五个席位的三个席位，然而，既然提供给英国电信的权利类似于普通股东的保护性权利，那么这种权利不足以"构成对 MCI 竞争行为和商业策略的否决权"。

（二）事实性的单独控制

鉴于小股东持股水平和其他因素，包括剩余股份的分散性质以及其他股

---

① Consolidated Jurisdictional Notice, para. 58.

② 参见 e. g. , CCIE/GTE, Case IV/M. 258, Commission decision of September 25, 1992。

③ Cinven Ltd/Angel Street Holdings Ltd, Case COMP/M. 2777, Commission decision of May 8, 2002, para. 8.

④ 参见 e. g. , British Telecom/MCI, Case IV/M. 353, Commission decision of September 13, 1993, paras. 15 - 17; Sidmar/Klockner（Ⅱ）, Case IV/M. 537, Commission decision of January 9, 1995, para. 7（小股东只有对特殊业务获得拥有否决权）。

东过去参加股东大会的情况，小股东在股东会议上存在高度可能性获得多数决定票时，小股东可能被认为依事实行使单独控制权。^① 欧盟委员会的推论是，在此情况下，更为少数的股东会一起在股东会议上。

确定事实性单独控制是否存在于特定情况下通常基于来自以前年度股东会议的证据，以及基于在交易后可能出现股东出席会议的可预知变化。^② 在做出此项评估时，欧盟委员会进行了个案分析，^③ 考虑了其他股东的地位（确定他们是否可能支持或者动摇较大的小股东的地位）、剩余股份的分散性以及其他重要股东是否与较大的小股东有结构、经济或者家庭联系或者在目标公司有着战略性或者纯粹的财务利益。基于某个较大的小股东的股权、过去在股东会议上的投票方式以及其他股东的地位，某个较大的小股东可能会在股东会议上有着稳定的多数投票权，或者能够依赖于其他股东的股份从而取得多数，那么该较大的小股东通常被接受为具有事实性的单独控制。例如，在 Skanska/Scancem 案中，^④ 欧盟委员会根据以往股东大会的投票表决权的记录做出决定，Skanska 持有 Scancem 41% 的股权构成了单独控制，这是由于在前些年持有该种程度的股份代表了 52% 的决定票。委员会拒绝了 Skanska 的主张，即其他股东为保护他们的投资在参与未来股东大会上有着明显兴趣。在 PreUS—sag/Babcock Borsig 案中，^⑤ 鉴于在过去三年内参与 Babock Borsig 公司股东大会的股东从没有超过 48.9%，欧盟委员会认为，

---

① Consolidated Jurisdictional Notice, para. 59.

② Consolidated Jurisdictional Notice, para. 59.

③ 参见 e. g., Arjomari-Prioux SA/Wiggins Teape Appleton, Case COMP/M. 25, Commission decision of December 10, 1990, para. 4（欧共体委员会做出决定，当剩余股份分散在众多的股东手中，没有任何人持有股份超过 4% 时，取得 39% 的股权已构成事实上的单独控制）；Solvay-Laporte/Interox, Case IV/M. 197, Commission decision of April 30, 1992, paras. 9 – 13（欧共体委员会做出决定，持有 24.9% 的股权不能构成控制，即使这已经是最大的单独持股，且股票所有人据此有权在十人董事会中任命两名董事，这是由于它在近来的股东年度大会上只有 30% 的决定权，且没有任何特殊权利）；Elkem/Sapa, Case COMP/M. 2404, Commission decision of June 26, 2001, paras. 3 – 7（欧共体委员会做出决定，Alcoa 在 Elkem 持有 35% 的股权不能对 Elkem 行使单独控制，这是由于在最近的股东大会上，它没有取得决定 Elkem 商业战略的多数票。此外，Elkem 的第二大股东 Orkla（33%）从其他股东处取得代理权，且拥有 Elkem 股份 39% 的表决权。相反，Elkem 在同一决定中被发现，它依据其获得的 32% 股权，在 Sapa 最近只有 56% 的股份行使投票的四次股东大会上取得了事实上的控制，从而获得了对 Sapa 控制）。

④ 参见 e. g., Skanska/Scancem, Case IV. 1157, Commission decision of November 11, 1998（1999 O. J. L183/1），paras. 14 – 20。

⑤ PreUS—sag/Babcock Borsig, Case IVM. 1594, Commission decision of August 17, 1999.

持有 Babcock Borsig 公司超过 33% 的股份足以构成控制。在 BNP Paribas/
BNL 案中，① BNP Paribas 公司意图得到 BNL 公司 48% 左右的股份，欧盟委
员会审查了在交易前的过去三年内出席 BNL 股东大会的情况，发现约有
76.68% 的股东出席了 BNL 的股东大会，因此做出决定，持有 48% 左右的股
份构成控制。

最后需要注意的是，当较大的小股东不能明确预测在年度股东会议上占
有多数的决定票，但仍然能够预期行使控制，特别是在一个预计能够对目标
公司行使行业领导力的竞争者取得了少数股权，且没有其他重要股东时，事
实上的单独控制也会出现。② 以雷诺收购尼桑案为例。雷诺收购了尼桑的少
数股份，没有对重大事项行使否决权。然而，欧盟委员会发现雷诺事实上已
经获得了控制，雷诺收购了尼桑汽车 36.8% 的股份，成为最大股东和唯一
的工业股股东。这是因为，根据日本法，重大事项需要 2/3 大多数同意，因
此雷诺是唯一拥有否决权的股东。雷诺有权任命股东代表委员会三十七名成
员中的三名成员，包括首席运营官；股东代表委员会成员有权监管尼桑的运
营，保证尼桑和雷诺的一致，实施控制管理层的制度，对尼桑的每日经营和
商业行为施加影响；十二名成员组成的全球联盟委员会，雷诺和尼桑每家企
业可以任命五名成员，该委员会负责战略性事务，产生了一个全球性组织，
解释全球战略。尽管雷诺没有在年度股东会议上成为大多数，但是，尼桑内
的其他股东会支持雷诺，因此雷诺事实上控制了尼桑。③

（三）期权

欧盟初审法院认为，在没有确定获得股份的期权将被行使时，期权本身
不足以取得控制。④ 因此，除非根据具有法律约束性的协议，期权能够预期
在近来得以行使，否则购买或者转化股份的期权本身不能取得控制。例如，
在 Kali & Salz/Solvay/JV 案中，欧盟委员会指出，当……不能确定在暂定期
间后是否行使不可撤销的卖出与买入期权时，它们没有构成一项具有法律约

---

① BNP Paribas/BNL, Case COMP/M. 4155, Commission decision of March 28, 2006, para. 5.

② Consolidated Jurisdictional Notice, para. 59.

③ 参见 e. g. , Renault/Nissan, Case IV/M. 1519, Commission decision of May 12, 1999, paras. 6 –
14.

④ Air France v. Commission（ "TAT"）, Case T – 2/93, 1994 E. C. R. II – 323, paras. 67 – 72,
confirming British Airways/TAT, Case IV/M. 259, Commission decision of November 27, 1992,
para. 5.

束力的协议。根据欧盟委员会以前决定的实践，这些期权的存在没有对合营企业的稳定性质提出疑问。[①]

因此，欧盟委员会不能明确确定期权将被行使时，它仅对事实上行使期权的交易行使管辖权。相应地，当一项须申报交易不论期权是否在事实上会行使都将会发生时，欧盟委员会会对交易行使管辖权。例如，在 In Shell/DEA 案中，[②] 壳牌石油和 DEA 公司成立一家合营企业，各自拥有 50% 的股权，共同进行管理，允许各方实施共同控制。然而，在最初三年间，DEA 有权决定是否将其股票卖给壳牌。如果实施期权，壳牌将获得单独控制，如果不实施，DEA 应将部分股票卖给壳牌，以满足后者的单独控制。此外，壳牌给予 DEA 二次期权在三年期满出售剩余股票。事实上，在任何一种情况下，壳牌都会在交易完成后三年内获得单独控制。DEA 的否决权仅限于保护其金钱上的利益。因此，欧盟委员会认定，壳牌在三年期满将取得单独控制权。

欧盟委员会在确定指定交易是否涉及取得控制时会考虑的因素也包含存在期权的情况。例如，在 Arla/Ingman Foods 案中，[③] 欧盟委员会发现持有 30% 的股权已经构成单独控制，这是由于收购剩余 70% 股份的无条件购买期权的存在。

在某些特殊情况下，期权与其他因素可能会共同作用引起事实性单独控制或者事实性共同控制的结果。例如，在 Ford/Hertz 案中，[④] 欧盟委员会断定，福特没有依靠其 49% 的股权和有权任命赫兹九名董事会成员中的四名成员的权利对赫兹行使法定单独控制权；取而代之的是，福特在"大约几个小时内"就可以行使无条件转换股票的期权，并在转换股份后不费任何代价就能够被授予事实性的单独控制，这从而使得福特能够任命两名新的董事控制董事会。

欧盟委员会在对一项集中进行实体评估时也考虑了期权的问题。例如，

---

① 参见 e. g. , Kali & Salz/Solvay/JV, Case COMP/M. 2176, Commission decision of January 10, 2002, para. 8。同时参见 Autologic/TNT/Wallenius/Wilhelmsen/CAT JV, Case COMP/M. 2722, Commission decision of February 25, 2002, paras. 7 – 9。

② 参见 Shell/DEA, Case COMP/M. 2389, Commission decision of December 20, 2001 (2003 O. J. L15/35), paras. 7 – 11。

③ 参见 e. g. , Arla/Ingman Foods, Case COMP/M. 4323, Commission decision of January 15, 2007, para. 8。

④ 参见 e. g. , Ford/Hertz, Case IV/M. 397, Commission decision of March 7, 1994, paras. 5 – 7。

在 E. ON/MOL 案中，^① 欧盟委员会做出决定，尽管期权的存在在委员会的竞争评估部分中得到了考虑，然而卖出期权的存在本身不能取得控制。

六 共同控制

欧盟《合并控制条例》指出，共同控制会出现在两家或者两家以上企业有可能对另一家企业行使决定性影响时。^② 决定性影响在这里的意义是阻碍确定某家企业战略性商业行为的能力。^③ 单独控制通常涉及有权决定某家公司的战略性决定（积极控制）。与单独控制不同，共同控制经常表现为"僵局"的情况，这来自各母公司有否决战略性决定的可能性，即消极控制。在此情况下，母公司必须相互合作，就合营企业的商业政策达成共同理解。^④ 此外，与单独控制一样，共同控制可以依法定或者依事实而成立。^⑤

需要注意的是，欧盟委员会认为，股权的规模对行使共同控制没有决定性作用。

（一）拥有同样的表决权股

共同控制最明显的形式是两家独立企业在一家合营企业中拥有相等的投票权，或者有权任命合营企业决策机构同等数量的成员。在这种情况下，共同控制不需要母公司之间的正式协议。然而，当存在正式协议时，协议必须与母公司间的平等原则相一致。例如，规定各母公司有权在管理层拥有相同的代表，且要求双方母公司的同意。

（二）对战略性决定的否决权

当两家母公司行使的投票权或者在决策机构的代表不平等时，共同控制也可能出现。例如，小股东具有额外的权利，且这种权利超越了通常考虑保

---

① 参见 e. g. , E. ON/MOL, Case COMP/M. 3696, Commission decision of December 21, 2005 (2006 O. J. L253/20), paras. 9 – 11, 480, 762 et seq. 。

② Consolidated Jurisdictional Notice, para. 62.

③ Consolidated Jurisdictional Notice, para. 62.

④ 参见 Cementbouw Handel & Industrie BV v. Commission（"Cementbouw"）, Case T – 282/02, 2006 E. C. R. II – 319, paras. 42, 52, and 67（为了保证合营企业的战略决定不受阻碍，股东应当持续合作）。

⑤ Consolidated Jurisdictional Notice, para. 63.

护其股权价值的必要性，且给他们提供了有效否决涉及"合营企业战略性商业行为"有重要意义决定的权利时，共同控制就会出现。例如，在Conagra/Idea 案中，欧盟委员会指出，20% 的少数股权足以构成共同控制，这是由于给予持有人的权利超越了小股东那些典型的权利，并且能够对年度预算和商业计划、重要投资、新产品上市和雇佣高级管理人员施加决定性影响。[1]

这种否决权会在合营企业相关法律中得以阐明或者在其母公司间的协议中给予授权。[2] 该否决权可能以不同方式进行，包括通过在股东会议上要求以法定人数做出决定或者母公司在董事会上有代表出席。[3] 战略性决定也可能需要受到代表小股东机构批准和为此类决定需要构成法定人数部分的约束。

取得共同控制不要求收购人对一家企业的日常运营行使决定性影响。然而，否决权必须涉及合营企业商业政策的战略性决定。[4] 因此，阻止合营企业出售或者解散的否决权本身不能构成共同控制。[5] 同样，小股东保护权在缺乏对战略事务的行使否决权时不足以构成控制。小股东保护权即使在与重要的少数股份结合在一起时，也不足以构成控制。

授予共同控制的否决权通常包括预算决定、商业计划、主要投资以及（或者）高层管理人员的任命。[6] 该类否决权的重要因素是它们对相关企业的战略商业行为授予决定性影响。为了取得共同控制，对某个小股东而言，没有必要拥有上述提到的所有权利。只要拥有已有或者甚至一项这种权利就可以存在共同控制。是否这是证据将取决于否决权的准确内容以及在合营企业特定业务背景下这种权利的重要性。然而，没有必要证明决定性影响事实上将要行使。行使此种影响的可能性，以及因此，仅仅存在否决权就是足够的。

在出现两个或者两个以上公司对下列决定存在否决权的情况时，共同控制的结果就是可能的：（1）涉及任命和解雇高级管理层以及批准预算和年

---

① 参见 e. g. , Conagra/Idea, Case COMP/M. 10, Commission decision of May 30, 1991, paras. 3 – 15。

② Consolidated Jurisdictional Notice, para. 65.

③ Consolidated Jurisdictional Notice, para. 65.

④ Consolidated Jurisdictional Notice, para. 66.

⑤ 参见 e. g. , Eridania/ISI, Case IV/M. 62, Commission decision of July 30, 1991, para. 5。

⑥ Consolidated Jurisdictional Notice, para. 67.

度商业计划的否决权被考虑是"非常重要"的。欧盟委员会的理由"有权共同决定高级管理层的结果,例如董事会成员,经常会授予所有人对一家企业的商业政策行使决定性影响"。① 同样,由于公司的预算通常决定了合营企业行为如投资等框架,因此,否决预算权一般也会授予共同控制。(2)当公司的商业计划"提供了公司目标的细节以及为达到这些目标所采取的方法"时,那么即使缺乏其他否决权,否决公司商业计划的权利也足以授予共同控制。然而,如果一项商业计划仅包含"涉及公司商业目标的一般性声明",那么存在一项否决权仅仅是共同控制一般性评估内的一个因素,本身并不能取得控制。(3)对投资的否决权可能会取得控制,这取决于受母公司批准约束的投资水平,以及这些投资构成合营企业所参与市场的一项"基本特征"的程度。② 当要求母公司批准的投资水平"极高"时,对此投资的否决权没有超过保护小股东投资者的利益,因此不足以对一家合营企业的商业政策取得控制。③ 在公司投资政策没有对其市场行为起到重要作用的市场内,对投资决定的否决权通常没有取得控制。(4)与特殊决定有关的许多其他的否决权在特定市场情况下可能是重要的。例如,在技术是合营企业获得的"重要特征"时,合营企业使用技术的决定就变得非常重要。又如在产品存在差异和存在重要创新的市场内,对新生产线的否决权在确立共同控制时可能就是一项重要的因素。

当存在多个否决权时,评估它们各自重要性以及确定它们是否一起构成共同控制,总体上是根据对这些权利的评估。此外,需要注意的是,否决权如果不包含对战略性商业政策、任命高级管理层或者预算或者商业计划的否决,一般不应视为构成共同控制。④

(三) 共同行使表决权

在没有特别否决权情况时,两个或两个以上小股东在共同持有多数表决

---

① Consolidated Jurisdictional Notice, para. 69. 参见 e. g., Mederic/URRPIMMEC/CRI/Munich RE, Case IV/M. 949, Commission decision of July 2, 1997, para. 7; Recoletos/Unedisa, Case IV/M. 1401, Commission decision of February 1, 1999, para. 13; and CVC/WMO-Wavin, Case IV/M. 1437, Commission decision of February 26, 1999, para. 8。

② Consolidated Jurisdictional Notice, para. 71.

③ Consolidated Jurisdictional Notice, para. 71. 参见 e. g., Bell CableMedia/Cable & Wireless/Videotron, Case IV/M. 853, Commission decision of December 11, 1996, para. 2; TUI Group/GTT Holding, Case COMP/M. 1898, Commission decision of May 31, 2000, para. 6; and Flughafen Berlin II, Case COMP/M. 2262, Commission decision of February 5, 2001, para. 10。

④ Consolidated Jurisdictional Notice, para. 73.

权并一致行动时可以实施共同控制。这可以来自具有法律约束力的协议，或者根据事实成立。

1. 协议共同行使表决权

确保共同行使表决权的法律方法是以两家或者两家以上小股东将其权利转让给（被共同控制的）持股公司的方式，或者通过它们着手以相同方式达成协议（也就是联营协议）。

2. 事实性共同控制

在极为例外的情况下，两个或者两个以上小股东分享"坚定的共同利益"，以至它们在合营企业内行使其权利受到相互抑制时，共同控制会依事实出现：（1）两个或者两个以上的小股东分享来自"母公司间高程度的相互依赖"，从而产生共同利益，最终达成合营企业的战略性决定时，事实性的共同控制可能就会出现。当各个母公司对合营企业的重要运营做出贡献（如特定技术、专有知识或者供应协议），这特别就是如此。在某些情况下，由于各母公司可能有效地阻止合营企业的战略决定，它们将需要进行相互合作，从而成功地管理该合营企业。[①]（2）合营企业的决策程序适合母公司行使共同控制，即使缺乏明确授予否决权的协议或者合营企业内小股东之间的其他联系，事实性的共同控制也会出现。（3）当存在大股东对小股东的"高度依赖性"时，事实性的共同控制可能会出现。当一家合营企业在经济上和财务上依赖小股东，或者虽然当大股东充当了"纯粹的金融投资者"，但是只有小股东拥有合营企业运营的必要专有知识，以及对合营企业的运营起到重要作用时，尤其如此。在此情况下，大股东不能坚持其立场，而小股东能够阻止战略性决定，以至于两母公司有必要永久合作，这反过来引起事实性控制情况的出现。（4）至于股权收购，如果股权是通过协同行为取得的，特别是在小股东间建立联系时，那么它们之间就存在共同利益的"高度可能性"。然而，通过协同行为的收购本身并不足以建立事实性的共同控制。（5）参与一家合营企业的母公司数量越多，出现事实性共同控制就越小。同样，缺乏坚定的共同利益，小股东改变联系的可能性通常将排除共同控制的假设。当在决策程序中没有稳定的多数，且在任何指定机会下多数就包含有小股东的多种联合时，不存在小股东（或者某些股东）共同控制企

---

① 参见 e. g. , IBM Italia/Business Solutions/JV, Case COMP/M. 2478, Commission decision of June 29, 2001, paras. 10 – 13。

业的假设。

Hutchison/RCPM/ECT 是一个重要案例，它涉及构建一家合营企业欧洲综合终端 B. V. （"ECT"）。Hutchison 和 RMPM 为 RCPM 的母公司，它们各自拥有 ECT 35% 的股权，ECT 余下的 30% 股份由荷兰银行（28%）和员工信托（2%）所拥有。[①] 在确定 ECT 将受到共同控制时，欧盟委员会查明，Hutchison 和 RMPM 都有着很强的共同利益，互相不投反对票，这是因为：当事人通过它们对先前交易的共同参与建立了共同的理解；荷兰银行同意持股 ECT，仅为了帮助两个重要的实际和潜在客户，且其作用限于项目的融资人，并期望它能尽快大量地减少其股权；股权的结构和表决规则适合 Hutchison 和 RMPM 对 ECT 的共同控制；Hutchison 和 RMPM 对于它们各自的投资成功有着很高的相互依赖；以及 Hutchison 和 RMPM 都向荷兰银行保证维持它们在 ECT 的股份。

（四）关于共同控制的其他考虑事项

《综合管辖权通告》确定了涉及共同控制概念的两种其他考虑事项，即，在母公司起到的作用不平等时可能出现的问题和一家单独具有决定票数的母公司的相关性。

1. 母公司作用的不平等

如果合营企业的母公司根据表决权或者决策机构任命权或者战略问题否决权保留了在合营企业争夺权力的可能性，那么，合营企业的一家母公司对合营企业业务具有"特定知识和经验"的可能会与共同控制的结果不一致。[②] 因此，只要母公司有着可能行使共同控制的可能性，那么一家或者一家以上母公司在合营企业日常管理中只起适度或者不存在任何作用的情况不是形成共同控制的障碍。

2. 决定票

通常来说，只有一家母公司在合营企业中具有决定票，共同控制是不可

[①] Case COMP/JV. 55, Commission decision of July 3, 2001（2003 O. J. L223/1），paras. 14 – 21. Upheld on appeal in Cementbouw Handel & Industrie BV v. Commission（"Cementbouw"），Case T – 282/02, 2006 E. C. R. II – 319.

[②] 例如参见，British Airways/TAT, Case IV/M. 259, Commission decision of November 27, 1992, paras. 12 – 13, 尽管当事人间存在着不成比例的经济权力，然而在上诉中，法院肯定了欧共体委员会关于共同控制的判断，其理由是 TAT 保留了形式上的权利。

能出现的，只可能出现单独控制的结果。然而，需要注意的是，这里有四种不同的情况：

首先，决定票受到限制，只能在一系列仲裁或者调解尝试或者行使决定权会引起"暗含严重财务压力"的卖出期权后行使，例如，在 Wacker/Air Products 案中，欧盟委员会做出决定，即使关于合营企业战略性商业政策的决定由一家企业负责，仍然存在共同控制，这是因为它的决定票只能在发生超过90日期限的三阶段仲裁程序后才可以得到行使。① 其次，决定票只能在"有限的领域"行使。第三，行使决定票会引起触发卖出期权，这反过来将显示存在严重财务负担，例如，在 Pirelli/Edizione/Olivetti/Telecom Italia 案中，Pirelli 和 Edizione 被认为通过一家新设合营公司 Newco 对 Olivetti/Telecom Italia 进行共同控制。Edizione 在 Newco 中持有 20% 的股权，且在其董事会具有相应的代表，但对其预算和年度商业计划没有明确的否决权。然而，Edizione 被认为对 Newco 公司存在共同控制权，且 Olivetti/Telecom Italia 与 Pirelli 一起持有 Newco 公司 80% 的股份。欧盟委员会的判断是基于下列因素：董事会做出关于重大投资或者剥离的决定要求 Edizione 的支持，决议需要特别股东大会做出；假如 Edizione 不同意 Newco 董事会或者股东大会的任何决议，Edizione 将选择向 Pirelli 溢价出售其所持股权（由于 Edizione 持有 Newco 股权的总价值超过 Pirelli 全球总营业额的 14%，因此欧盟委员会不认为该情况会发生）；Edizione 对 Pirelli 向第三方当事人出售其 20% 的股份有否决权；并且 Edizione 能够通过否决 Newco 董事会关于在 Olivetti 一般和特别股东大会上行使 Newco 投票权的决定对 Olivetti 的管理施加决定性影响。② 最后，母公司的相互依赖使决定票的行使成为不可能。

此外，在合营企业主要（或者唯一）活动领域行使决定票时，共同控制也是可以达到的。例如，在 SFR/Tele 2 France 案中，欧盟委员会指出，虽然 SFR 单独从事该业务领域，沃达丰的权利限于移动电话行业，但是沃达丰仍有可能行使共同控制。③

① 参见 e. g. , Wacker/Air Products, Case IV/M. 1097, Commission decision of August 4, 1998。

② 参见 e. g. , Pirelli/Edizione/Olivetti/Telecom Italia, Case COMP/M. 2574, Commission decision of September 20, 2001, paras. 12 – 26。

③ 参见 e. g. , SFR/Tele 2 France, Case COMP/M. 4504, Commission decision of July 18, 2007, paras. 10 – 11。

七　控制性质的改变

《合并控制条例》指出，倘若控制性质的变化影响了企业的权力以及其控制结构的组成，那么它也能引起须申报集中的出现。这里包括九个方面的主要情况：

（一）从共同向单独控制的改变

根据《合并控制条例》，股东数量的减少引起共同向单独控制的改变从一开始就被考虑需要进行申报，且大量的此类交易事实上也进行了申报。欧盟委员会的理由是单独行使的决定性影响实际上不同于共同行使的决定性影响，在后一种情况下，共同控制股东不得不考虑参与其他当事人的潜在不同利益。

关于此类交易的实体评估，欧盟委员会坚持，从共同向单独控制的转变能够引起市场结构内值得怀疑的变化，特别是当从事收购的公司具有市场支配地位时。然而，更为通常的是，从共同向单独控制的改变没有引起任何担忧，特别是在没有证据表明取得单独控制本身将引起市场竞争条件出现任何可识别的改变时。在取得单独控制的公司有效地对目标公司行使"决定性影响"，并且在合营企业存续期间起到支配作用时，[1] 单独控制的取得不可能对目标公司的行为实现任何改变，引起任何新的竞争担忧，或者有任何严重的市场影响。

（二）从事实性的单独控制向法定单独控制的改变

根据欧盟《合并控制条例》，从事实性的单独控制向法定单独控制的改变无须申报，这是因为这些没有达到改变既存性质和决定性影响的程度。例如，在福特和赫兹案中，欧盟委员会指出，由于交易没有显示出福特对赫兹业务活动施加决定性影响的性质和程度发生变化，那么，既然福特在过去对赫兹已经行使了事实上的单独控制，福特对赫兹依权利取得的控制无须申报。[2]

---

[1]　CVRD/Caemi, Case COMP/M. 3161, Commission decision of July 18, 2003, paras. 34 – 38.

[2]　参见 e. g., Ford/Hertz, Case IV/M. 397, Commission decision of March 7, 1994, paras. 5 – 7。

（三）从消极性单独控制向积极单独控制的改变

直到 2005 年，根据《合并控制条例》，从消极性单独控制（也就是，通过否定战略事务行使单独控制的可能性）向积极的单独控制的改变（也就是，通过施加战略性决定行使单独控制的可能性）都没有被考虑需要进行申报。在 2005 年，《综合管辖权通告草案》间接表明，该类交易应当进行申报，理由是本身决定战略性决定的可能性与否定战略决定的纯粹可能性相比有着不同的性质。[①] 然而，欧盟委员会没有在《综合管辖权通告》最终版中继续追寻此立场，这表明即使出现了消极性单独控制向积极单独控制的改变，这里的控制性质也不会发生变化，即变化既没有影响消极性的控制股东的动机，也没有影响控制结构的性质。

（四）从单独向共同控制的改变

根据《合并控制条例》，鉴于此类交易实现了控制性质的变化，那么从单独向共同控制的移动应考虑是须申报的。[②]《综合管辖权通告》提出了两个理由。首先，此类交易"对进入被控制企业的股东而言是对控制的一项新的获得"。第二，此种交易果断地改变了既存股东行使控制的性质，这在未来必须考虑新控制股东的利益，而不是单独确定被控制企业的战略行为。

（五）新共同控制股东的进入

行使共同控制权的新股东的进入——或者除了现有控制股东外或者替代了他们之中的某一个——是须申报的。[③]

《综合管辖权通告》提出了两个欧盟委员会对此类交易主张管辖权的理由。首先，与从单独向共同控制的变化一样，这类交易涉及新股东对控制的

[①] Draft Consolidated Jurisdictional Notice, para. 81.

[②] Consolidated Jurisdictional Notice, para. 86. 参见 e. g. , Nordic Capital/Molnlycke Clinical/Kolmi, Case IV/M. 1075, Commission decision of January 20, 1998, para. 6; Drum Holdings/Natwest Equity/CVC European Equity, Case IV/M. 1206, Commission decision of June 19, 1998, para. 9; Bertelsmann/Kooperativa Forbundet (KF) /BOL Nordic, Case COMP/JV. 45, Commission decision of May 12, 2000, paras. 9 – 13; and Danapak/Teich/JV, Case IV/M. 2840, Commission decision of August 30, 2002, para. 8。

[③] Consolidated Jurisdictional Notice, paras. 85, 87. 参见 e. g. , ENI/EDP/GDP, Case COMP/M. 3440, Commission decision of December 9, 2004 (2005 O. J. L302/69), paras. 9 – 11。

新取得。第二，这种交易必然影响了控制股东的身份，这反过来对被控制企业存在暗示。欧盟委员会提出了充分的理由，在一个新控制股东加入先前共同被控制的企业的情况时（或者增加了控制股东的数量或者替代了以前的一些），既然共同控制的性质没有在数个股东行使阻止权的纯粹数学性增加额内用尽它本身，但为共同控制股东的构成所决定，那么一项申报的集中就产生了。各个有阻止权的控制股东必须考虑其他人的利益，并且所有这些股东必须合作，从而确定该公司的战略行为。

在某些情况下，当新股东的进入有改变小股东间联系可能的结果时，一个新股东的进入可能引起共同控制不能依法律或者依事实确立。①

（六）合营企业内既存股东数量的减少

欧盟《合并控制条例》指出，除非存在剩余股东地位的性质变化，否则行使共同控制的股东数量的减少无须申报。一般而言，控制股东数量的减少可能给剩余股东额外的否决权、额外的董事会成员或者在决策程序中更多的砝码，这由此会引起集中需要申报。② 此外，共同控股股东数量的减少伴随剩余母公司在合营企业权利范围的扩大也须申报。③

（七）合营企业范围的变化

既存合营企业范围的改变或者扩大在下列四种情况下必须进行申报：一是，当一家现有的合营企业从另一家企业的母公司那里取得该企业的全部或者部分，被单独考虑为一项集中。二是，当一家全能型合营企业的母公司向该合营企业转让重要的额外资产、合同、专有知识或者其他权利以及那些资产和权利构成进入不是原合营企业目标的其他产品或者地理市场内的合营企业活动的某种延伸的基础或者"核心"时。如果一家合营企业的范围扩大时没有额外的资产、合同、专有知识，或者权利被转让，那么集中将被认为没有出现。三是，当一家根据《合并控制条例》无须申报的既存合营企业

---

① Consolidated Jurisdictional Notice, para. 88. 参见 e. g., Erics-son/Nokia/Psion/Motorola（Symbian II），Case IV/JV. 12, Commission decision of December 22, 1998, paras. 8–18.

② 参见 e. g., Vodafone/BT/Airtel, Case COMP/M. 1863, Commission decision of December 18, 2000, paras. 5–11。

③ 参见 e. g., Bertelsmann/Kirch/Premiere, Case IV/M. 993, Commission decision of May 27, 1998（1999 O. J. L53/1），para. 12。

的公司治理条款以某种方式进行了修正，从而引起交易根据《合并控制条例》需要进行申报的（如，通过改变对合营企业的控制性质或者特性）。四是，当一家既存合营企业的范围以某种方式进行扩大或者改变，从而使其纳入《合并控制条例》时（例如，通过给合营企业提供"全能"的性质）。

此外，《综合管辖权通告》明确了下列情况，即：一家现有合营企业组织结构的变化，从而允许其实现全功能标准；过去仅向合营企业母公司供给的既存合营企业的范围变化，使得可以从事市场竞争；对一家现有合营企业的必要投入的贡献，由此允许其在市场中参与竞争。

（八）内部重构

一般而言，公司集团内控制的内部重构或者重组并不符合《合并控制条例》意义内的集中。该类交易包括控制改变和重组交易没有伴之而来的股权增加，例如双上市公司合并成为一个单独的法律实体或者子公司的合并。然而，采取内部重组涉及取得一家独立实体或者一家企业的控制性质存在一些其他变化以至于该交易不再纯粹是内部交易时，该交易可能是须申报的。①

（九）公共企业

当从事收购和被收购企业为相同国家（或者相同公共机构或者市政当局）所拥有时，一种例外情况就会出现。在此情况下，作为内部重组的交易性质将取决于两家企业以前是否为相同经济体的一部分。②

当企业以前是有着独立决定权的不同经济体，该交易应视为构成一项集中，不是一项内部重组。然而，当不同的经济体在交易后还继续具有独立的决定权时，该交易将被看作是一项内部重组，即使构成不同经济体的该企业的股份由一个单独的实体所持有，例如纯粹的持股公司。

当某个国家作为公共机构而不是一个股东单独依照其能力对一家企业行使其特权时，这种行使在某种程度上将不构成《合并控制条例》意义内的控制，这里不存在某种目标或者影响使国家对该企业的活动施加决定性影响。

---

① 参见 e. g. , Deutsche Post/Securicor, Case IV/M. 1347, Commission decision of February 23, 1999, para. 6; and AstraZeneca/Novartis, Case IV/M. 1806, Commission decision of July 26, 2000 (2004 O. J. L110/1), paras. 5 – 7。

② 参见 e. g. , Neste/IVO, Case IV/M. 931, Commission decision of June 2, 1998, paras. 7 – 8。

八 结语

在欧盟竞争法律制度中，控制与决定性影响密不可分。控制是指对一家企业行使决定性影响的可能性。施加决定性影响是指管理另一家企业的积极权利和对另一家企业的商业政策有否决权。控制可以为一家企业单独实施，或者两家或两家以上企业共同进行。此外，一旦控制性质发生变化影响到企业的权力以及其控制结构的组成，经营者集中也会出现。这些情况包括从共同向单独控制的改变、从消极性单独控制向积极单独控制的改变、从单独控制向共同控制的改变、行使共同控制权的新股东的进入、引起合营企业剩余股东地位性质发生变化的既存股东数量的减少、某些合营企业范围的变化、通过内部重组取得一家独立实体或者使得一家企业的控制性质发生变化、两家以前为具有独立决定权的公共企业之间的交易等。

欧盟《合并控制条例》中的控制权制度对塑造我国《反垄断法》第 20 条的控制权和决定性影响有着重要的理论和实践意义。

与欧盟竞争法中的控制权制度相比，我国企业法律中的控制与决定性影响也是密不可分的。我国企业法律制度中的控制通常也被解释为对经营者有实际权力或影响力，制定或者指导经营者决策或深涉经营者重大业务。我国《公司法》第 217 条规定："控股股东，是指其出资额占有限责任公司资本总额 50% 以上或者其持有的股份占股份有限公司股本总额 50% 以上的股东；出资额或者持有股份的比例虽然不足 50%，但依其出资额或者持有的股份所享有的表决权已足以对股东会、股东大会的决议产生重大影响的股东。实际控制人，是指虽不是公司的股东，但通过投资关系、协议或者其他安排，能够实际支配公司行为的人。"此外，《上市公司收购管理办法》第 84 条也规定："收购公司具备下列情况之一均被视为拥有上市公司控制权：投资者为上市公司持股 50% 以上的控股股东；投资者可以实际支配上市公司股份表决权超过 30%；投资者通过实际支配上市公司股份表决权能够决定公司董事会半数以上成员选任；投资者依其可实际支配的上市公司股份表决权足以对公司股东大会的决议产生重大影响；中国证监会认定的其他情形。"从以上规定可以看出，这里的控制权是指对其他经营者行使这种决定性影响可能性的权能，换句话说，是指经营者对另一经营者的决策发挥主导性影响力的法律地位或者资格。

此外，在控制权内涵方面，与欧盟竞争法律实践一样，我国企业法律制度中也明确了控制的方式。控制不仅有法定控制，也存在事实控制；不仅有单独控制，也存在共同控制；控制方式既可以是直接的，也可以是间接的；控制不仅包括股份取得，还包括合同取得等。

我国在经营者反垄断审查时可以借鉴欧盟《合并控制条例》中有关控制权的制度。在发展《合并控制条例》中的控制权制度时，欧盟既考虑到了经济一体化的要求，同时又考虑到了竞争法与其他法律制度的特殊性。因此，欧盟竞争法中的控制权制度不同于包括成员国竞争法在内的成员国国内法规定，也不同于审慎原则、税收、航空运输或者媒体等欧盟法其他领域形成的控制。欧盟竞争法中的控制权制度所具有的这一特点并不影响我国对该制度的借鉴。我国反垄断部门应当在发展经营者集中反垄断审查制度时借鉴欧盟的执法经验，并且这与我国长期发展的企业法律制度和执法实践并不违背。

Control Issues in the EU Merger Control System

Huang Jin

Abstract：Clarification of changes of control relating to concentrations of undertakings is of great importance for helping the merger parties perform their notification duties and the antitrust regulators review a transaction. Control refers to the possibility of exercising decisive influence over an undertaking. It covers sole control and joint control resulting from the acquisition of shares or assets, contracts, licensing and franchising agreements and economic relationships, etc. Article 20 of Chinese Antimonopoly law contains somewhat ambiguous language concerning right of control and decisive influence. Since Chinese Antimonopoly Law largely follows the model of EU and German competition law, the depth analysis of control issues in the EU merger control system can develop effective merger control system in China.

Key Words：Merger Control; EU Competition Law; Control; Concentrations of Undertakings

研究生论坛

从"中国—电子支付案"看 GATS 歧视性数量限制问题

杨　琴*

摘　要：《服务贸易总协定》框架下市场准入和国民待遇的范围长期以来存在争议，其中，争议的焦点之一，为歧视性数量限制问题。"中美电子支付案"专家组裁决，GATS 第 16.2 条所述措施包括歧视性数量限制，据此，可以适用 GATS 第 20.2 条，解决歧视性数量限制问题。这对中国和其他 WTO 成员解决今后的相似案件，具有指导意义。

关键词：GATS　歧视性数量限制　市场准入　国民待遇　中国—电子支付案

《服务贸易总协定》（以下简称 GATS）框架下的歧视性数量限制问题，是具有歧视性的数量限制的法律适用问题。有学者在研究 GATS 框架下市场准入和国民待遇之间的关系时提出："GATS 纪律的调整范围包括数量措施［GATS 第 16 条的调整对象，第 16.2（e）条除外］和歧视性措施（GATS 第 17 条的调整对象）。但是，歧视性数量限制，特别是那些影响商业存在建立的措施，受哪条约束？"[①] 长期以来，这个问题没有定论，直至"中国—电子支付案"专家组明确对该问题做出裁决。本文结合"中国—电子支付案"，分四部分讨论 GATS 框架下的歧视性数量限制问题。第一部分在明确歧视性数量限制定义的基础上，讨论歧视性数量限制问题产生的原因。

---

　*　杨琴，中国社会科学院国际法研究所法律硕士研究生。
　①　Aaditya Mattoo, National Treatment in the GATS: Corner-stone or Pandora's Box? (1997), p. 10. http://www. wto. org/english/res_ e/reser_ e/tisd9602_ e. htm，最后访问日期：2013 年 1 月 21 日。

第二部分介绍"中国—电子支付案"中的歧视性数量限制问题。第三部分分析专家组裁决。第四部分为本文结论。

一 GATS 框架下歧视性数量限制问题的定义及其产生的原因

（一）GATS 框架下歧视性数量限制的定义

无论是 GATS 条文，还是迄今为止的相关学术研究，都没有对 GATS 框架下的歧视性数量限制做出定义。笔者认为，GATS 框架下的歧视性数量限制，是指可能同时受 GATS 市场准入义务和国民待遇义务相关条款约束的、具有歧视性的数量限制措施。这样的歧视性数量限制有两个特点。

第一，该种措施属于数量限制措施，主要受 GATS 市场准入相关纪律约束。在此意义上，数量限制可以从两方面进行界定。一方面，GATS 第 16.2 条明确规定了成员在承诺表中做出承诺即可实施的 4 种数量限制，即对服务提供者的数量限制、服务贸易总额限制、服务总量限制和服务提供者雇佣的自然人数量限制。[①] 另一方面，WTO 服务贸易理事会于 2001 年 3 月 23 日修订的《服务贸易协定项下具体承诺指南：解释》[②]（以下简称《2001 承诺表指南》）分别举例说明了第 16.2 条规定的数量限制。其中，服务提供者数量限制的示例为：经过经济需求测试的新建餐馆许可，每年确定的外国执业医师配额，政府或私人对职业介绍中介服务的垄断和服务提供者的国籍。服务贸易总额限制的示例为：将外国银行分支机构的资产限制在本国银行总资产的 x% 。服务总量限制的示例为：外国电影播放时长限制。服务提供者雇佣的自然人数量限制示例为：外国工人不得超过工人总数的 x% 或外国工人的工资不得超过总工资的 xy% 。[③] 因此，如果一项管制服务贸易的措施属于 GATS 第 16.2 条（a）～（d）项规定的措施或与《2001 承诺表指南》列举的 4 种数量限制相同，则构成数量限制。

第二，该种措施属于歧视性措施。由于国民待遇条款主要调整歧视性措

---

① 依据 GATS 第 16.2（a）～16.（d）条，服务提供者的数量限制形式可以是配额、垄断、排他的服务提供者或经济需求测试要求。服务贸易总额限制、服务总量限制、服务提供者雇佣的自然人数量限制形式可以是配额或经济需求测试要求。

② Guidelines for the scheduling of specific commitments under the General Agreement on Trade in Services: explanatory note, S/L/92, adopted by the Council for Trade in Services on 23 March 2001, para. 12（a）-（d）.

③ Ibid. para. 12.

施，因此，该种措施可能受国民待遇相关纪律的约束。关于歧视性，可以通过非歧视原则在 GATS 文本中的表现进行界定。一般认为，GATS 第 2 条最惠国待遇条款和第 17 条国民待遇条款，是有关非歧视原则的规定。在 GATS 框架下，虽然这两条规定的适用范围不同，但是，它们都有一段相同的表述："每一成员给予其他成员服务和服务提供者的待遇不得低于……相同服务和服务提供者。"由此可知，该相同表述，是非歧视性原则在 GATS 文本规定中的表现。据此，确定一项措施是否具有歧视性，至少可以从两个方面进行审查。一是该服务是否争议服务的相同服务。二是成员是否给予了其他成员服务和服务提供者"不低于"的待遇。如果通过审查，能够证明一项措施违反了上述两个要求，则该措施具有歧视性。

综上，如果一项服务贸易管制措施，既具有歧视性，又属于数量限制，则为本文讨论的歧视性数量限制。

（二）歧视性数量限制问题产生的原因

《关税与贸易总协定》（以下简称 GATT）框架下不存在歧视性数量限制问题。GATT 普遍禁止数量限制并且禁止歧视性待遇，因此，歧视性数量限制在 GATT 下必然违法。1984 年专家组在"加拿大—外商投资复审法案实施细则"专家组报告中指出，[①] GATT 第 11 条适用于影响产品准入的措施，第 3 条适用于影响进口产品在国内竞争地位的措施。因此，如果一项歧视性数量限制主要影响产品的准入，则应受第 11 条约束。如果其主要影响进口产品在国内的竞争地位，则应受第 3 条约束。这就不会产生歧视性数量限制的法律适用问题。但是，在 GATS 框架下，歧视性数量限制的法律适用问题并不能如此轻易解决，其原因在于：GATS 第 16.2 条和第 17.1 条的适用范围存在重合部分，可能发生同一种措施同时受这两个条款约束的情况。

GATS 第 16.2 条是市场准入条款中主要与数量限制有关的规定。[②] 该条规定：在做出市场准入承诺的部门，任何成员不得在其部分区域或其全境维持或采取除非在其承诺表中列明的措施，包括：（a）……（f）6 种限制。[③]

---

① Canada—Administration of the Foreign Investment Review Act, adopted 7 February 1984, BISD/30S/140, para. 5.14.
② 除 GATS 第 16.2 条（e）项和（f）项外，其他都是数量限制。
③ 即（a）对服务提供者的数量限制；（b）服务贸易总额限制；（c）服务总量限制；（d）服务提供者雇佣的自然人数量限制；（e）服务提供者的法律形式限制；（f）外资参与程度限制。

GATS 第 17.1 条是国民待遇条款中有关歧视性措施的规定。该条规定：成员在遵守其承诺表中所列部门规定的所有条件的情况下，就所有影响服务提供的措施而言，给予其他成员服务和服务提供者的待遇，不得低于其给予其本国相同服务和服务提供者的待遇。[1]

由第 16.2 条可知，GATS 仅禁止成员实施其未做出承诺的 6 种限制。由此产生了一个问题：具有歧视性的数量限制是否属于这 6 种限制之一？换句话说，歧视性数量限制是否属于 GATS 第 16.2 条调整的数量限制？GATS 本身并未对此做出明确规定。但是，因为 GATS 第 16.2（f）项关于外资参与程度的限制可以视为一种歧视性数量限制，[2] 且第 16.2 条所规定的其他 5 种限制并未明确将歧视性数量限制排除出去，据此可知，GATS 第 16.2 条可能适用于歧视性数量限制。因此，如果能够肯定，GATS 第 16.2 条规定的措施包括歧视性数量限制，那么，只要成员在其承诺表中列明歧视性数量限制，其就可以合法实施该种限制。如果成员未在承诺表中列明该种限制，则其不得维持此种限制，否则违法。

由第 17.1 条可知，一项措施，只要具有歧视性，并且影响服务的提供，就应受该条约束。那么，歧视性数量限制是否属于该条调整的措施？GATS 本身并未做出明确规定。但从第 17.1 条的表述来看，因歧视性数量限制具有歧视性，并且属于"所有影响服务提供的措施"之一，因此应受第 17.1 条约束。在这种情况下，如果成员想合法实施歧视性数量限制，其必须在承诺表中列明该种限制，否则其实施歧视性数量限制的行为将被认定为违法。

综上，GATS 第 16.2 条和 GATS 第 17.1 条可能同时适用于歧视性数量限制，因此产生歧视性数量限制问题，并产生不同法律后果。

二 "中国—电子支付案"中的歧视性数量限制问题

"中国—电子支付案"是实践中首个涉及歧视性数量限制的案例。本部分介绍案件基本案情，陈述本案争议承诺并介绍当事方对歧视性数量限制的看法。

---

[1] General Agreement on Trade in Services, Article 17. 1, http：//www. wto. org/english/docs_ e/legal_ e/26 - gats. pdf，最后访问日期：2013 年 1 月 26 日。

[2] 第 16.2（f）项规定：以限制外国股权最高百分比或限制单个或总体外国投资总额的方式限制外国资本的参与。

(一) 中美主张

本案的争议焦点，在于中国对支付卡电子支付服务实施的限制措施，是否违反 WTO 相关规则。

美国主张，中国在 GATS 服务贸易承诺表 7B（d）部门下，[①] 对电子支付服务做出了承诺，允许外国电子支付服务提供者以 "跨境交付"（以下简称 "模式1"）方式和 "商业存在"（以下简称 "模式3"）方式提供电子支付服务，并且给予完全的国民待遇。但是，中国在若干法律文件中要求：（1）发卡机构应在中国发行的支付卡上标有 "银联" 标识（以下简称 "发卡机构要求"）；[②]（2）中国的所有自动柜员机（ATM）和销售点终端（POS）应能够受理标有 "银联" 标识的银行卡（以下简称 "终端设备要求"）；[③]（3）收单机构应在其布放在商户的销售点终端上加贴 "银联" 标识，并且能够受

---

① 该部门承诺内容为："所有支付和汇划服务，包括信用卡、赊账卡、借记卡、旅行支票、银行汇票（包括进出口结算）。"

② 涉及法规为：

(1)《中国人民银行关于印发〈2001 年银行卡联网联合工作实施意见〉的通知》（有效），银发〔2001〕37 号第 1.2（ⅰ）条，第 2 条和第 3 条。

(2)《中国人民银行关于统一启用 "银联" 标识及其全息防伪标志的通知》（有效），银发〔2001〕57 号第 1 条至第 6 条。

(3)《中国人民银行关于进一步做好银行卡联网通用工作的通知》（有效），银发〔2003〕129 号第 3.2（ⅱ）条。

(4)《中国人民银行关于边境地区受理和使用人民币银行卡有关问题的通知》（有效），银发〔2004〕219 号第 3 条。

(5)《中国人民银行关于印发〈银行卡联网联合业务规范〉的通知》（有效），银发〔2001〕76 号第 1 章，第 4 条。

(6)《银行卡业务管理办法》（有效），银发〔1999〕17 号第 5 条，第 7 条至第 10 条，第 64 条。

③ 涉及法规为：

(1)《银行卡业务管理办法》（有效），银发〔1999〕17 号第 64 条。

(2)《中国人民银行关于印发〈2001 年银行卡联网联合工作实施意见〉的通知》（有效），银发〔2001〕37 号第 1.2（ⅰ）条，第 2.1（ⅱ）条和第 2.1（ⅲ）条。

(3)《中国人民银行关于统一启用 "银联" 标识及其全息防伪标志的通知》（有效），银发〔2001〕57 号第 3 条，第 5 条和第 6 条。

(4)《中国人民银行关于规范和促进银行卡受理市场发展的指导意见》（有效），银发〔2005〕153 号第 2.2 条。

(5)《中国人民银行办公厅关于贯彻落实〈中国人民银行、中国银行业监督管理委员会、公安部、国家工商总局关于加强银行卡安全管理、预防和打击银行卡犯罪的通知〉的意见》（有效），银办发〔2009〕149 号第 2（5）（ⅲ）条。

(6)《中国人民银行关于印发〈银行卡联网联合业务规范〉的通知》（有效），银发〔2001〕76 号第 2 章第 1.2 条。

理所有标有"银联"标识的支付卡（以下简称"收单机构要求"）；①
（4）因在香港或澳门使用内地发行的银行卡发生的交易，和因在内地使用
香港或澳门发行的银行卡发生的交易，只能由中国银联进行清算和结算
（以下简称"香港或澳门要求"）；②（5）中国银联为中国境内所有人民币支
付卡交易服务的唯一提供者（以下简称"唯一提供者要求"）并禁止使用非
银联卡从事跨行或跨地区交易（以下简称"跨地区或跨行禁止"）。③ 美国

---

① 涉及法规为：

(1)《中国人民银行关于规范和促进银行卡受理市场发展的指导意见》（有效），银发
〔2005〕153 号第 2.2 条。

(2)《中国人民银行办公厅关于贯彻落实〈中国人民银行、中国银行业监督管理委员会、
公安部、国家工商总局关于加强银行卡安全管理、预防和打击银行卡犯罪的通知〉的意
见》（有效），银办发〔2009〕149 号第 2 (5) (ⅲ) 条。

(3)《中国人民银行关于印发〈2001 年银行卡联网联合工作实施意见〉的通知》（有效），
银发〔2001〕37 号第 1.2 (ⅰ) 条。

(4)《中国人民银行关于印发〈银行卡联网联合业务规范〉的通知》（有效），银发
〔2001〕76 号通知第 2 段和第 3 段，第 1 章第 2.1 条和第 5.2.1 条。

② 涉及法规为：

(1)《中国人民银行为在香港办理个人人民币存款、兑换、银行卡和汇款业务的有关银行
提供清算安排的公告》（有效），中国人民银行公告〔2003〕16 号第 6 条。

(2)《中国人民银行决定为在澳门办理个人人民币存款、兑换、银行卡和汇款业务的有关
银行提供清算安排的公告》（有效），中国人民银行公告〔2004〕8 号第 6 条。

(3)《中国人民银行关于边境地区受理和使用人民币银行卡有关问题的通知》（有效），银
发〔2004〕219 号第 3 条。

(4)《中国人民银行关于内地银行与香港、澳门银行办理个人人民币业务有关问题的通知》
（有效），银发〔2004〕254 号第 3 条，第 4 条和第 17 条。

③ 涉及法规为：

(1)《中国人民银行关于印发〈2001 年银行卡联网联合工作实施意见〉的通知》（有效），
银发〔2001〕37 号第 1.2 (ⅰ) 条，第 2.1 (ⅰ) – (ⅲ)，第 2.2 (ⅰ) 条和第 3.1 条。

(2)《中国人民银行关于统一启用"银联"标识及其全息防伪标志的通知》（有效），银发
〔2001〕57 号第 1 条，第 2 条，第 3 条，第 5 条和第 6 条。

(3)《中国人民银行为在香港办理个人人民币存款、兑换、银行卡和汇款业务的有关银行
提供清算安排的公告》（有效），中国人民银行公告〔2003〕16 号第 6 条。

(4)《中国人民银行决定为在澳门办理个人人民币存款、兑换、银行卡和汇款业务的有关
银行提供清算安排的公告》（有效），中国人民银行公告〔2004〕8 号第 6 条。

(5)《关于边境地区受理和使用人民币银行卡有关问题的通知》（有效），中国人民银行银
发〔2004〕219 号第 3 条。

(6)《中国人民银行关于内地银行与香港、澳门银行办理个人人民币业务有关问题的通知》
（有效），银发〔2004〕254 号第 3 条，第 4 条和第 17 条。

(7)《中国人民银行、发展改革委、公安部、财政部、信息产业部、商务部、税务总局、
银监会、外汇局关于促进银行卡产业发展的若干意见》（有效），银发〔2005〕103 号第 2
部分第 5.1 条和第 3 部分。

(8)《中国人民银行关于规范和促进银行卡受理市场发展的指导意见》（有效），（转下页注）

声称，这些措施损害了其在 GATS 项下的利益，违反了中国在 GATS 第 16 条和第 17 条项下的义务。

中国则主张，美国没有证明，中国在 7B（d）部门模式 1 和模式 3 项下，对电子支付服务做出了市场准入承诺和国民待遇承诺。就市场准入而言，中国主张，其在模式 1 下没有对电子支付服务做出承诺，其在模式 3 下只对外国金融机构（Foreign Financial Institutions）做出了承诺，而"外国金融机构"不包括电子支付服务提供者。就国民待遇而言，中国主张，其在模式 1 下没有做出国民待遇承诺，其在模式 3 下只对金融机构做出了承诺。

（二）争议承诺

要查明中国是否违反了 GATS 项下的义务，首先需要确定中国是否做出了相关承诺。而判断中国是否做出了相关承诺的依据，是其服务贸易承诺表。

1. 服务贸易承诺表结构

纵向来看，服务贸易承诺表的结构分为两大部分，包括水平承诺（horizontal commitments）和部门承诺（sector-specific commitments）。水平承诺，适用于承诺表所列所有服务部门。部门承诺，适用于成员做出承诺的具体服务部门。在列入承诺表的服务部门下，成员分别对跨境交付（简称

（接上页注③）银发〔2005〕153 号 第 1.2 条，第 1.3 条，第 2.2 条，第 4 条，第 5 条和第 6 条。

（9）《中国人民银行办公厅关于贯彻落实〈中国人民银行、中国银行业监督管理委员会、公安部、国家工商总局关于加强银行卡安全管理、预防和打击银行卡犯罪的通知〉的意见》（有效），银办发〔2009〕149 号 第 2（5）（ⅲ）条。

（10）《国家外汇管理局关于规范银行外币卡管理的通知》（有效），汇发〔2010〕53 号 第 5.2 条和第 7.3 条。

（11）《中国银监会关于外商独资银行、中外合资银行开办银行卡业务有关问题的通知》（有效），银监发〔2007〕49 号 第 4 条。

（12）《中国人民银行关于进一步做好银行卡联网通用工作的通知》（有效），银发〔2003〕129 号 第 3.2 条和第 3.4 条。

（13）《中国人民银行关于印发〈银行卡联网联合业务规范〉的通知》（有效），银发〔2001〕76 号 通知第 5 段，业务规范附件（Business Practice Appendix）第 1 章第 1.1 条，第 2.1 条，第 4 条和第 10 章。

（14）《银行卡业务管理办法》（有效），银发〔1999〕17 号第 64 条。

（15）《中国人民银行、中国银行业监督管理委员会、公安部、国家工商总局关于加强银行卡安全管理预防和打击银行卡犯罪的通知》（有效），银发〔2009〕142 号 第 2.3 条，第 4 条，第 5 条和第 6 条。

"模式 1"），境外消费（简称"模式 2"），商业存在（简称"模式 3"）和自然人存在（简称"模式 4"）4 种服务提供方式做出承诺。需要注意的是，即使成员在部门承诺中做出了完全承诺，其仍受水平承诺中所列限制的约束。

横向来看，服务贸易承诺表分为四栏。第一栏是部门或分部门①（一般按该部门的 CPC② 代码进行划分）。在本栏中，成员列出同意开放的部门或分部门。第二栏是市场准入限制。在本栏中，成员列出市场准入方面的限制，此后，成员仅可以维持列入的限制措施，未列入本栏的措施不得违反 GATS 第 16 条市场准入条款的规定。第三栏是国民待遇限制。成员在本栏中列入国民待遇方面的限制，未列入本栏的措施不得违反 GATS 第 17 条国民待遇条款的规定。第四栏用来列明 GATS 第 18 条规定的附加承诺。这些承诺不受 GATS 第 16 条和第 17 条约束，但与服务贸易有关，包括资格和许可标准方面的措施。需要说明的是，市场准入限制栏的承诺和国民待遇限制栏的承诺，由成员分别做出，二者互不影响。成员完全可以对某个服务部门的某种服务提供方式，做出完全的国民待遇承诺，而不做任何市场准入承诺。

服务贸易承诺表中，成员在市场准入限制栏和国民待遇限制栏内，用"不受约束"或"没有限制"以及其他措施做出限制。依据《2001 承诺表指南》，"不受约束"的含义，是不开放有关服务部门或不给予有关服务部门的外国服务或外国服务提供者国民待遇。"没有限制"的含义，是无条件开放相关服务部门或给予有关服务部门的外国服务或外国服务提供者完全的国民待遇。③

由承诺表的结构可以看出，成员在承诺表中，可以对其愿意承诺的服务部门分别做出市场准入承诺和国民待遇承诺，并且可以维持某些限制，只要其在承诺表中列明这些限制。这极大保障了成员的承诺自由，但也使承诺表的解释问题复杂化，本案就是一例。

---

① 服务部门一般按照联合国核心产品分类临时目录（CPC）进行承诺，也有国家按照 WTO 秘书处服务贸易项目清单（MTN. GNS/w/120 文件）中的服务分类进行承诺。

② 联合国《核心产品分类》，不同代码代表不同服务部门。

③ Guidelines for the scheduling of specific commitments under the General Agreement on Trade in Services: explanatory note, S/L/92, adopted by the Council for Trade in Services on 23 March 2001, paras. 42 – 46.

2. 争议的承诺

本案中，发生争议的承诺，为中国在服务贸易承诺表 7B（d）部门模式 1 "跨境交付"下所做的承诺。争议的中国承诺表如表 1 所示：

表 1　争议的中国承诺表

服务提供模式:(1)跨境交付;(2)境外消费;(3)商业存在;(4)自然人存在			
部门或分部门	市场准入限制	国民待遇限制	附加承诺
Ⅰ. 水平承诺	略	略	
Ⅱ. 具体承诺			
7. 金融服务			
B. 银行和其他金融服务（保险和证券除外）(d)所有支付和汇划服务	(1) 不受约束，以下服务除外…… (2) 没有限制 (3) A. 地理范围…… 　　B. 客户…… 　　C. 许可……此外，没有限制 (4) 不受约束，水平承诺中列入的限制除外	(1) 没有限制 (2) 没有限制 (3) 除本地货币业务的地理限制和客户限制外(市场准入栏中所列的限制)，外国金融机构可以……此外，没有限制。 (4) 不受约束，水平承诺列入的限制除外。	

注：节选自中国服务贸易承诺表。

从表 1 可知，中国在"所有支付和汇划服务"部门，分别对跨境交付、境外消费、商业存在和自然人存在 4 种服务提供方式，做出了市场准入承诺和国民待遇承诺。其中，中国在模式 1 跨境交付下就市场准入和国民待遇做出了不同的承诺。[①] 如何理解这种不一致，各当事方持不同观点，成为本案的争议焦点之一。

美国主张，中国在（d）部门下，对模式 1 做出了国民待遇承诺，而涉案措施，使"中国银联"成为中国境内唯一的电子支付服务提供者，阻碍了其他 WTO 成员的电子支付服务提供者进入中国市场，属于"影响服务提供的措施"，并给予了这些服务提供者较低待遇，因此，违反了中国在 GATS 第 17 条项下的义务。

中国主张，美国的解释方法违背了 GATS 第 20.2 条，也违反了条约解

---

① 通过对市场准入承诺进行审查，本案专家组认定，中国在模式 1 下未对"所有支付和汇划服务"做出市场准入承诺，故此处不讨论例外部分。

释的有效性原则。GATS 第 16 条约束第 16.2（a）~（f）条所描述的所有措施，包括可能具有歧视性的措施。因此，GATS 第 16 条和 GATS 第 17 条在适用范围上是相互排斥的。第 17 条不能适用于与市场准入有关的措施。"如果接受美国的解释，则在中国为市场准入留有余地的情况下，消除国民待遇的违法性是不可能的。"① "这将完全背离中国选择不对模式 1 做出市场准入承诺的政治考量。"②

美国主张："中国没有在模式 1 下做出市场准入承诺，并不会影响其在模式 1 下所做的国民待遇承诺范围，GATS 第 16.2 条并不扩大适用到歧视性数量限制。"③ 美国进一步主张："GATS 第 20.2 条并没有使 GATS 第 16 条和 GATS 第 17 条在适用范围上相互排斥。"④

本案第三方欧盟认为："从逻辑上看，在市场准入限制一栏列入'不受约束'，意味着成员保留了实施第 16.2 条所规定的任何限制的权利。"⑤ 第三方日本、澳大利亚和厄瓜多尔认为："中国在市场准入限制栏模式 1 下做出的'不受约束'承诺，允许其维持歧视性数量限制。"⑥ 但第三方危地马拉认为："在市场准入限制栏中列入'不受约束'，意味着中国必须遵守其在第 17 条项下的国民待遇承诺。"⑦

经过审查，专家组指出："中国在模式 1 下未做出市场准入承诺，因此无须承担 GATS 第 16.2 条规定的市场准入义务。⑧ 而第 16.2 条主要适用于具有数量限制性质的 6 种措施，并不适用于所有影响服务提供的措施。由此产生了一个问题，即第 16.2 条所规定的措施，和中国未做出市场准入承诺

---

① Panel Report, China—Certain Measures Affecting Electronic Payment Services, adopted 16 July 2012, WT/DS413/R, para. 7.646.
② Panel Report, China—Certain Measures Affecting Electronic Payment Services, adopted 16 July 2012, WT/DS413/R, para. 7.646.
③ Panel Report, China—Certain Measures Affecting Electronic Payment Services, adopted 16 July 2012, WT/DS413/R, para. 7.647.
④ Panel Report, China—Certain Measures Affecting Electronic Payment Services, adopted 16 July 2012, WT/DS413/R, para. 7.647.
⑤ Panel Report, China—Certain Measures Affecting Electronic Payment Services, adopted 16 July 2012, WT/DS413/R, para. 7.648.
⑥ Panel Report, China—Certain Measures Affecting Electronic Payment Services, adopted 16 July 2012, WT/DS413/R, para. 7.648.
⑦ Panel Report, China—Certain Measures Affecting Electronic Payment Services, adopted 16 July 2012, WT/DS413/R, para. 7.648.
⑧ Panel Report, China—Certain Measures Affecting Electronic Payment Services, adopted 16 July 2012, WT/DS413/R, para. 7.538.

的措施，是否扩大到 GATS 第 17 条意义上的歧视性数量限制。"① 此即本案中的歧视性数量限制问题。

三　专家组裁决及分析

由上文可知，本案涉及歧视性数量限制的争议为：第一，GATS 第 16.2 条调整的措施是否包括歧视性数量限制。第二，服务贸易承诺表中，同一服务提供模式下，市场准入承诺为"不受约束"而国民待遇承诺为"没有限制"，应如何理解。针对上述争议，专家组分别分析了 GATS 第 16.2 条的适用范围和第 20.2 条对本案的适用性，并对本案涉案措施的合法性，② 做出最终裁决。

（一）有关 GATS 第 16.2 条的裁决及分析

专家组依据 GATS 第 16.2 条和 GATS 第 20.2 条，并参照《2001 承诺表指南》，裁决 GATS 第 16.2 条调整的措施包括歧视性数量限制，其裁决理由如下。

首先，GATS 第 16.2 条规定，除非在承诺表中做出了限制，否则任何成员不得在其领土范围内采取该条规定的 6 种限制市场准入的措施。其中，(f) 项规定"以限制外国股权最高百分比或限制单个或总体外国投资总额的方式限制外国资本的参与"，③ 明显具有歧视性。（e）项规定，限制或要求提供承诺服务的服务提供者通过特定的法律实体形式或合资企业形式提供服务。④ 从该规定可以看出，这种限制也内在地具有歧视性，因为合资企业形式涉及外国服务提供者，与合资企业形式有关的限制很可能对外国服务提供者造成歧视。（a）～（d）项并没有明确表明这 4 项数量限制是否包括歧视性的数量限制。但是，从（a）～（d）项的措辞来看，这 4 项数量限制也没有明确将歧视性数量限制排除在外。⑤ 因此，可以认为 GATS 第 16.2 条

---

① Panel Report, China—Certain Measures Affecting Electronic Payment Services, adopted 16 July 2012, WT/DS413/R, para. 7.652.

② 此处涉及的裁决，仅与歧视性数量限制有关。

③ General Agreement on Trade in Services, Article 16.2 (f), http://www.wto.org/english/docs_ e/legal_ e/26-gats. pdf，最后访问日期：2013 年 1 月 23 日。

④ Ibid, Article 16.2 (e).

⑤ Panel Report, China—Certain Measures Affecting Electronic Payment Services, adopted 16 July 2012, WT/DS413/R, para. 7.654.

调整的措施包括歧视性数量限制。

其次，该裁决可以得到上下文的支持。GATS 第 20.2 条规定，既违反第 16 条又违反第 17 条的措施，应当列入与第 16 条限制有关的栏目中。在这种情况下，视为对第 17 条规定了条件或限制。① 专家组认为，第 20.2 条适用的前提，是存在"同时违反第 16 条和第 17 条的措施"。因此，是既属于第 16.2 条的调整范围，又具有歧视性的措施，是第 20.2 条适用的前提。② 因为第 20.2 条并没有规定其仅适用于第 16.2 条规定的间接或直接具有歧视性的（e）项和（f）项，专家组认为，第 20.2 条进一步表明，第 16.2 条调整的各项措施都可以具有歧视性。

最后，该裁决也可以得到《2001 承诺表指南》的支持。《2001 承诺表指南》第 18 段指出："成员可以维持既违反 GATS 第 16 条又违反第 17 条的措施。第 20.2 条规定，这种措施应当列入与市场准入有关的栏目中。因此，虽然国民待遇限制栏中可能不存在任何限制，但市场准入限制栏中可能存在违反国民待遇的歧视性措施……"从该段有关歧视性数量限制的论述可以推断出，因为市场准入限制栏内的措施应受 GATS 第 16.2 条约束，所以列入了市场准入限制栏内的歧视性数量限制，也应受 GATS 第 16.2 条约束。据此，专家组认为，这段论述反映出，第 16.2 条调整的措施包括歧视性措施。③

条约解释方面，为解决歧视性数量限制问题，专家组遵循《维也纳条约法公约》第 31 条和第 32 条，对 16.2 条进行解释。

《维也纳条约法公约》第 31 条和第 32 条是《争端解决谅解》第 3.2 条规定的"国际公法关于解释的习惯规则"。④ 第 31 条规定，条约应依其用语按其上下文并参照条约的目的及宗旨所具有的通常意义，善意地加以解释。第 32 条规定，为证实依据第 31 条解释产生的意义或在依据第 31 条不能阐明约文含义或产生明显荒唐或不合理解释结果的情况下，可以进行补充解释。

---

① General Agreement on Trade in Services, Article 20.2.
② Panel Report, China—Certain Measures Affecting Electronic Payment Services, adopted 16 July 2012, WT/DS413/R, para. 7.654.
③ Panel Report, China—Certain Measures Affecting Electronic Payment Services, adopted 16 July 2012, WT/DS413/R, para. 7.654.
④ Appellate Body Reports, US—Gasoline, AB – 1996 – 1, adopted 29 April 1996, WT/DS2/AB/R, I, 3 at pp. 15 – 16.

遵从《维也纳条约法公约》的相关规定，专家组首先对第 16.2 条本身进行了解释，得出第 16.2 条调整的措施包括歧视性数量限制的结论。其次，专家组将第 20.2 条作为第 16.2 条的上下文进行解释，得出相同的结论。最后，专家组分析认为，《2001 承诺表指南》支持其结论。

（二）有关 GATS 第 20.2 条的裁决及分析

裁决 GATS 第 16.2 条所述措施包括歧视性数量限制后，专家组认为，一方面，中国对所有影响服务提供的措施，可能包括未做出市场准入承诺的措施，做出了完全的国民待遇承诺，另一方面，中国未做出市场准入承诺的措施，可能包括国民待遇承诺范围内的歧视性措施。据此，专家组不能通过清楚划分第 16 条和第 17 条的适用范围，解决本案争议。但是，专家组注意到，本案的主要问题，并不在于 GATS 第 16 条和第 17 条的适用范围模糊，而在于同一服务提供模式下，市场准入承诺为"不受约束"而国民待遇承诺为"没有限制"，适用于同时违反中国市场准入义务和国民待遇义务的措施时，适用范围不够清晰。因此，专家组转而依据 GATS 第 20.2 条，解决这一更具体的问题。①

专家组裁定，在市场准入承诺为"不受约束"，国民待遇承诺为"没有限制"的情况下，GATS 第 20.2 条适用于歧视性数量限制，其理由如下。

首先，专家组分析了 GATS 第 20.2 条的适用条件，指出适用 GATS 第 20.2 条需要具备两个条件。第一，存在同时违反市场准入条款和国民待遇条款的措施。一般而言，要维持这种措施，需要成员分别在市场准入承诺和国民待遇承诺中列出限制。但是，GATS 第 20.2 条提出了一种更简便的方法：成员只需将这种措施列入市场准入限制栏内，则视其也为国民待遇做出了相同限制。② 第二，在市场准入限制栏中做出的限制应是一种"措施"，该"措施"既包括违反 GATS 第 16 条的方面，也包括违反 GATS 第 17 条的方面。

关于"措施"，中美双方意见各异。美国认为，市场准入承诺中的"不受约束"并非一种措施，因此不能依据第 20.2 条，确定国民待遇也受到相

---

① Panel Report, China—Certain Measures Affecting Electronic Payment Services, adopted 16 July 2012, WT/DS413/R, para. 7.655 and 7.656.

② Panel Report, China—Certain Measures Affecting Electronic Payment Services, adopted 16 July 2012, WT/DS413/R, para. 7.658.

同限制。中国认为，"不受约束"是现在以及将来违反 GATS 第 16.2 条所规定所有措施的简略表达。① 专家组在对中美双方关于"措施"的争议进行审查时，认为从第 20.2 条的文本，不能推断出该条禁止成员将第 16.2 条规定的措施全部排除在该条适用范围之外，并且认为，将"不受约束"的效果，区别于在市场准入限制栏内，分别列入第 16.2 条规定的各项措施所产生的效果，是种重形式轻实质的表现。因此，专家组认定，市场准入限制栏中的"不受约束"应当视为"措施"。这些措施是第 16.2 条规定不得维持或采取、除非在承诺表中做出承诺的所有措施。② 基于上述分析，专家组裁决，第 20.2 条适用于市场准入限制栏内列入"不受约束"的情况。中国市场准入限制为"不受约束"，相当于将第 16.2 条规定的所有措施都列入了市场准入限制一栏。

据此，专家组分析了第 20.2 条对"不受约束"的适用问题。专家组认为，第 20.2 条规定，就既违反第 16 条又违反第 17 条的措施而言，列入市场准入限制栏内的措施，同时包括违反市场准入义务的方面，和违反国民待遇义务的方面。因此，列入市场准入限制栏的"不受约束"这一措施，既违反第 16 条，也违反第 17 条。③ 依据第 20.2 条，在市场准入限制栏列入"不受约束"，视为成员也在国民待遇限制栏内列入了"不受约束"。因此，中国可以维持既违反第 16 条又违反第 17 条的措施，即使其国民待遇限制栏列入了"没有限制"。

需要指出的是，由于中国做出的国民待遇承诺是"没有限制"，而"不受约束"只包括第 16.2 条规定的 6 种措施，因此，"不受约束"以外的措施，仍应受国民待遇承诺"没有限制"的约束。④

综上，专家组依据第 20.2 条，解决了市场准入承诺为"不受约束"而国民待遇承诺为"没有限制"的问题。专家组通过阐述第 20.2 条的适用条件，认定列入市场准入限制栏的"不受约束"，同时违反第 16 条和第

① Panel Report, China—Certain Measures Affecting Electronic Payment Services, adopted 16 July 2012, WT/DS413/R, para. 7.660.
② Panel Report, China—Certain Measures Affecting Electronic Payment Services, adopted 16 July 2012, WT/DS413/R, para. 7.660.
③ Panel Report, China—Certain Measures Affecting Electronic Payment Services, adopted 16 July 2012, WT/DS413/R, para. 7.661.
④ Panel Report, China—Certain Measures Affecting Electronic Payment Services, adopted 16 July 2012, WT/DS413/R, para. 7.663.

17 条，并且认定，"不受约束"是一种"措施"，该措施包括了第 16.2 条调整的所有措施，因此，第 20.2 条可以适用于"不受约束"。依据第 20.2 条，成员列入市场准入限制栏的条件，也适用于国民待遇。因此，对于第 16.2 条调整的所有措施，中国不受其在国民待遇限制栏所做承诺"没有限制"的约束，但第 16.2 条调整范围以外的措施，仍应受该承诺限制。

需要说明的是，依据上述分析，"不受约束"是第 16.2 条调整的所有措施的总和，而第 16.2 条调整的措施包括歧视性数量限制。因此，专家组对"不受约束"所做的裁决，相当于对歧视性数量限制做出了裁决。因此，第 20.2 条适用于歧视性数量限制，虽然专家组未在专家组报告中阐明。

（三）有关涉诉措施的裁决及分析

专家组分别对"发卡机构要求""收单机构要求""终端设备要求""香港或澳门要求""唯一提供者要求"和"跨地区或跨行禁止"的合法性，做出最终裁决。专家组裁定，"香港或澳门要求"合法，其他 5 种措施违反中国在 GATS 项下的国民待遇义务，其理由如下。

1. 有关"香港或澳门要求"的裁决及分析

专家组依据第 20.2 条，认定该措施合法。

首先，专家组认为，"香港或澳门要求"规定，因内地发行的在香港或澳门使用的人民币支付卡或香港或澳门发行的在内地使用的人民币支付卡产生的人民币支付卡交易，只能由中国银联处理。由此可知，中国境内其他成员的电子支付服务提供者不能向中国消费者提供跨境服务。因此，"香港或澳门要求"构成第 16.2（a）项规定的模式 1 下的市场准入限制，因而受（d）部门模式 1 下市场准入承诺的约束。①

其次，依据中国在市场准入限制栏中列入的"不受约束"和第 20.2 条的规定，中国可以维持第 16.2 条规定的所有限制，包括歧视性限制和非歧视性限制。具体来说，即使"香港或澳门要求"是第 17.1 条规定的"影响服务提供的措施"，并且导致其他 WTO 成员的电子支付服务提供者通过模

---

① Panel Report, China—Certain Measures Affecting Electronic Payment Services, adopted 16 July 2012, WT/DS413/R, para. 7.667.

式 1 提供服务时，获得的待遇低于相同中国服务和服务提供者，市场准入限制栏中的"不受约束"，也"为第 17 条提供了条件"。依据第 17.1 条，成员的国民待遇义务适用于其承诺表所列的任何条件。因此，尽管中国在国民待遇限制一栏做出的承诺为"没有限制"，就"香港或澳门要求"而言，在模式 1 下，中国给予电子支付服务和其他 WTO 成员的电子支付服务提供者的待遇，可以低于其给予本国相同服务和服务提供者的待遇。①

基于上述原因，专家组裁决电子支付服务的跨境提供方面，"香港或澳门要求"不违反中国在 GATS 第 17.1 条项下的义务。

2. 有关其他涉案措施的裁决及分析

本案中，专家组未认定其余 5 种涉案措施违反 GATS 第 16.2（a）条，②裁定 GATS 第 16.2 条调整范围以外的措施，仍应受中国国民待遇承诺"不受限制"的约束。因此，在分析涉案措施的合法性时，专家组裁定，除"香港或澳门要求"涉及歧视性数量限制已做出裁决外，如果其他措施构成影响服务提供的措施，并且给予其他 WTO 成员电子支付服务和电子支付服务提供者的待遇，低于其给予本国相同服务和服务提供者的待遇，则这些措施违反中国在争议承诺部门模式 1 下的国民待遇义务。③对于其余 5 种涉案措施，专家组做出如下裁决。

对于"发卡机构要求"、"收单机构要求"和"终端设备要求"，专家组裁定，这 3 种措施均违反中国在争议承诺部门模式 1 下的国民待遇义务。裁决理由为，这 3 种措施既是影响服务提供的措施，也给了其他 WTO 成员较低待遇。④

对于"唯一提供者要求"和"跨地区或跨行禁止"，因美国未证明这些措施存在，专家组未认定中国银联是处理中国境内所有人民币业务的垄断电子支付服务提供者，并且未就"唯一提供者要求"和"跨地区或跨行禁止"与中国国民待遇承诺的一致性进行审查。⑤

---

① Panel Report, China—Certain Measures Affecting Electronic Payment Services, adopted 16 July 2012, WT/DS413/R, para. 7.668.

② Panel Report, China—Certain Measures Affecting Electronic Payment Services, adopted 16 July 2012, WT/DS413/R, para. 7.578 and 7.635.

③ Ibid. para. 7.670.

④ Panel Report, China—Certain Measures Affecting Electronic Payment Services, adopted 16 July 2012, WT/DS413/R, paras. 7.743 – 7.745.

⑤ Panel Report, China—Certain Measures Affecting Electronic Payment Services, adopted 16 July 2012, WT/DS413/R, para. 7.481, 7.579 and 7.642.

四 结论

"中国—电子支付案"是专家组首次在 GATS 框架下解决歧视性数量限制问题的案件。通过审理,专家组裁决,歧视性数量限制属于 GATS 第 16.2 条规定的措施,并且在市场准入承诺为"不受约束",国民待遇承诺为"没有限制"的情况下,GATS 第 20.2 条适用于歧视性数量限制。

本案中,专家组对"歧视性数量限制"所做的裁决具有重大意义。首先,专家组的裁决保护了 WTO 成员自愿选择维持市场准入和国民待遇限制的自由,并且没有缩小 WTO 成员做出市场准入限制和国民待遇限制的选择范围。

其次,专家组针对中国的特定承诺——市场准入承诺为"不受约束"而国民待遇承诺为"没有限制"——对"歧视性数量限制"做出裁决,明确了 GATS 框架下,歧视性数量限制以个案为基础的裁定原则。

最后,专家组的裁决具有个案指导意义。本案是专家组解决"歧视性数量限制"问题第一案。其中,专家组对 GATS 第 16.2 条的适用范围、第 20.2 条的适用条件、"不受约束"这一承诺的性质所做的裁决,实际上成为今后相似案件的"先例",对于中国和其他 WTO 成员,都具有极大的指导意义。

The Issue of Discriminatory Quantitative Restrictions under GATS from the Perspective of China—Electronic Payment Services Case

Yang Qin

Abstract: The scope of market access and national treatment of GATS has been in dispute for a long time, the core issue of which is the discriminatory quantitative restrictions. The panel of China—Electronic Payment Services Case concluded that the discriminatory quantitative restrictions are subject to measures described in Article 16. 2 under GATS. Therefore, Article 20. 2 of GATS can be the applicable law for solving the issue of discriminatory quantitative restrictions, which is of great value for China and other WTO members in their efforts to solve similar disputes in the future.

Key Words : GATS; Discriminatory Quantitative Restriction; Market Access; National Treatment; China—Certain Measures Affecting Electronic Payment Services

信息综述

第九届国际法论坛"发展中的国际法与全球治理"学术研讨会综述

沈　涓　李　赞　张美榕[*]

2012 年 11 月 17 日～18 日，中国社会科学论坛暨第九届国际法论坛"发展中的国际法与全球治理"在北京如期举办。近 80 位代表参加了会议，其中，10 多位代表来自意大利、荷兰、德国、加拿大、澳大利亚、日本等国家的大学和研究机构，国内代表则来自商务部、外交部、最高人民法院以及 20 多所大学和研究机构。论坛围绕"发展中的国际法与全球治理"这一主题，从国际公法、国际私法和国际经济法三个专业的方向进行了充分和热烈的讨论和交流。

一　国际公法

在本次国际法论坛上，国际法学者就广泛的国际法议题发表了各自的见解。不论从提交论文的数量上还是探讨问题的深度上，在往年的基础上都有了长足的进步。这次论坛上学者们对国际公法问题的探讨，给人印象深刻的一点是，比以往更加注重将国际法问题与中国的发展和实际需要结合起来，立足于中国问题的解决。这应该与中国的国家实力和国际地位的进一步提升，面临着更多的国际摩擦和争端需要解决有很大的关系。总体来看，本次论坛在国际公法部分，学者们主要集中探讨了以下一些问题，包括但不限于国际法的基本理论、国际人权法、与中国有关的海洋领土纠纷和国际组织法。

---

* 沈涓，中国社会科学院国际法研究所研究员；李赞，中国社会科学院国际法研究所助理研究员；张美榕，中国社会科学院国际法研究所博士后研究人员。

（一）国际法的基本理论

探讨国际法的基本理论，学者们往往以宏大叙事的方式论证和阐发他们对当代国际法发展的观察和思考。

国际法总是在发展之中的，但国际法不管怎么发展，它还是国际法而非变成了别的什么法。这当中势必会有发展中的变与不变的问题存在。那么，有学者通过对过去几乎一个世纪以来的国际法发展的梳理，为我们认识国际法的变与不变提供了视角。他认为，20世纪以后，特别是二战结束后的国际法，虽然主体的形式增加了，但国家在国际法主体中的核心地位未被撼动；国家的数量虽然随着非殖民运动而大幅上升，但大国的关键作用依然显著。虽然国际法所处理的问题领域扩大，规范数量增多，规范形式多样，但国家安全问题依然是国际法的核心关切。虽然国际法的渊源与运行显示出了法治化的端倪，但是大国政治的痕迹依然明显。由此可知，国际法变的仅仅是外表，而非内核；仅仅是形式，而非实质；仅仅是量变，而非质变。国际法的真正法治化还有待于国际社会各行为体长期的努力。

有学者在这次论坛上再次阐述了国际法对于当下中国的重要性。这似乎是一个老调重弹的问题，但是，随着中国综合国力和国际影响力的进一步提升，中国与周边国家的关系如何处理，中国与欧美和其他大国及有关地区的关系如何发展，都将面临更为复杂的形势。正确认识国际法对于当下中国的重要性，不仅仅关系到国际法学科在未来几十年的发展，更关系到中国利用国际法在国际社会长袖善舞，趋利避害，切实维护自身发展和实现国际社会共同利益。该学者转述另一位国际知名的国际法学者的话说，每当国家处于历史的转折点或关键时期，都会重视国际法。他认为，这句话，对中国也具有同样的意义。改革开放之初，邓小平同志提出要重视国际法。改革开放之后，中国开始重视国际法。道理很简单，是因为中国要与外国打交道，要按照国际规则去打交道，要与外国合作，必须要重视国际法。还有，中国入世以后，如何与国际经贸规则接轨。2012年，中国又开始重视国际法，因为黄岩岛和钓鱼岛。大家可以看到，社会的方方面面，媒体、政府、学界等都在谈国际法，都谈及国际法的重要。为什么呢？因为国际法对于中国主张领土主权，对于维护领土主权，都显示了它的重要性。所以，在当下的中国，国际法的重要性日益凸显。改革开放之初，国际法对我们显示的重要性，就是与各国交往与合作的功能，这一功能在今天依然重要。中国虽然经过30

多年改革开放,但与改革开放之初的中国一样,我们仍处于进一步改革开放、发展经济的进程中。在这一点上,我们没有变。所以,我们还是要非常重视国际法交往与合作的功能。另外,国际法还有一个重要功能,也是当下中国需要重视的,那就是和平解决争端的功能。只有这样,我们才能更好地运用国际法,深化我们的改革,为 2020 年全面建成小康这一目标而服务。

(二)国际人权法

在每届国际法论坛上,国际人权法几乎都成为学者们热衷探讨的领域。这次也不例外。近 20 位学者从人权的各个方面和不同视角提出了他们的人权见解。

1. 少数群体的人权保护

值得特别提到的是,在这次论坛上有学者对起草《联合国老年人权利公约》进行了初步的研究。虽然该学者在此次论坛上还只是就老年人权利公约的问题进行了初步的研究,但是,我们应该开始认识到,国际老年人权保护问题研究,将成为国际人权法领域继难民、妇女、残疾人和儿童等特定群体的人权保护之后,又一个重要的新领域。国际社会对老年人权保护的重视随着世界人口老龄化的加深而不断得到强化。当代国际人权法主要是在第二次世界大战之后逐步建立和发展起来的。包括《世界人权宣言》、《公民权利和政治权利国际公约》和《经济、社会、文化权利国际公约》等核心人权公约在内的国际人权法律体系并没有在其条文中明确提及老年人权的内容。与其说是立法者的疏忽,不如说是当时世界人口的老龄化问题尚未凸显而不足以引起人们对老年人权的关注和重视使然。像难民、妇女、残疾人、儿童等少数群体的人权保护问题,国际社会先后分别通过了相关的国际法律文书予以专门规定。而国际老年人权保护的法律制度则随着世界老龄化的发展而呈现出方兴未艾的势头,《联合国老年人权利公约》的酝酿是近年来国际社会应对日益严峻的老龄化形势而采取的重要步骤,必将对老年人权的保护和积极应对老龄化产生深刻影响。国际社会的人口老化问题呈现日益严重的状况。在 20 世纪里,人口寿命发生了巨大变化。平均预期寿命比 1950 年延长了 20 年,达到 66 岁,预计到 2050 年将再延长 10 年。人口结构方面的这一长足进展以及 21 世纪上半叶人口的迅速增长意味着 60 岁以上的人口将从 2000 年的大约 6 亿增加到 2050 年的将近 20 亿,预计全球划定为老年的人口所占的比率将从 1998 年的 10% 增加到 2025 年的 15%。在发展中国家,这种增长幅度最大、速度最快，预计今后 50 年里，这些国家的老年人口将增长为 4 倍。在亚洲和拉丁美洲，划定为老年的人口比例将从 1998 年的 8% 增加到 2025 年的 15%，但是在非洲，同一时期内这一比例预计仅从 5% 增加到 6%，可是到 2050 年这一比例将增加 1 倍。在欧洲和北美洲，在 1998 年至 2025 年期间，划定为老年人的比例将分别从 20% 增加到 28%、从 16% 增加到 26%。这种全球的人口变化已经在各个方面对个人、社区、国家和国际生活产生了深刻的影响。人类的每一方面——社会、经济、政治、文化、心理和精神上——都将产生变化。世界人口老龄化将导致人口的重大变革，其重要性可以与工业革命比肩。工业革命是自新石器时代以来人类历史上最重大的社会、经济突破，它标志着现代经济增长这个长期运动的开端就如同今天全球化标志着一个前所未有的全球文化的长期运动。人口变革至少将和这两个运动一样对整个人类社会产生重大影响。自 1999 年中国正式步入老龄化社会以来，中国的老龄化发展也极为迅速。"十二五"时期，随着第一个老年人口增长高峰的到来，我国人口老龄化进程将进一步加快。从 2011 年到 2015 年，全国 60 岁以上老年人将由 1.78 亿人增加到 2.21 亿人，平均每年增加老年人 860 万人；老年人口比重将由 13.3% 增加到 16%，平均每年递增 0.54 个百分点。老龄化进程与家庭小型化、空巢化相伴随，与经济社会转型期的矛盾相交织，社会养老保障和养老服务的需求将急剧增加。未来 20 年，我国人口老龄化日益加重，到 2030 年全国老年人口规模将会翻一番，老龄事业发展任重道远。因此，研究和落实国际老年人权保护的法律制度对于我国应对老龄化和妥善解决日益严重的养老问题具有紧迫的现实意义和深远的历史影响。

有学者对我国妇女劳动权利保护的法律制度进行了述评。她认为，随着我国经济转型和深入发展，提升妇女在劳动力市场地位的计划性制度安排已然解体，而相应的推动和保护男女平等的新机制还没有建立起来。妇女在劳动力市场中面临的就业和劳动权利保护问题愈加严峻，矛盾更为突出，应当引起理论界和实践部门的重视。同时，我国政策与法律制度在推动妇女劳动力市场参与活动中表现出重宏观、轻微观，扬宣传、抑行动的高成本低效率运作，也凸显妇女劳动权利保护研究的重要性和紧迫性。

侨民的人权保护问题是近几年受到关注的问题之一。有学者认为，侨民是指离开本国而在另一国定居但仍然保有本国国籍的人。人权指的是一个人的人身安全、财产、自由以及各项民主权利的总和。它强调的是人的尊严和价值。侨民的人身安全、财产、自由等基本权利应得到居留国的保护,当侨民人身、财产、自由等基本权利遭受非法侵害时其国籍国有权予以保护。国际法确认属人管辖权是国家对其侨民进行保护的法律基础,这是由国家主权派生出来的权利。其表现方式主要是国家对其侨民实行外交保护和领事保护。鉴于对人权的无视和蔑视已发展为野蛮暴行,这些暴行玷污了人类的良知,而一个人人享有言论和信仰自由并免予恐惧和匮乏的世界的来临,已被宣布为普通人民的最高愿望,有必要使人权受法治的保护,以促成社会进步和生活水平的改善,促进对权利和自由的尊重,特此提出侨民的人权保护,以期使身居他国的侨民之权利和自由得到普遍和有效的尊重和保障。人权保护在侨民保护中业已成为一个与外交保护、领事保护并行的新的有效的侨民保护方法。

有学者以印支难民为例,探讨中国保护难民的挑战及其解决。中国参加国际社会保护和解决难民问题的活动已有几十年的历史,中国从 20 世纪 70 年代起就参加联合国保护难民的活动。例如,参加联合国近东巴勒斯坦难民救济工程处工作议题的审议,1982 年加入 1951 年《关于难民地位的公约》和《关于难民地位的议定书》,与联合国难民署合作,参加难民署高级专员方案执委会活动,1979 年同意难民署在华设立任务代表处。还派代表或专家积极参加亚太政府间关于难民、流离失所者、移民问题磋商论坛。中国政府不仅通过国际会议或国际文件阐明保护难民的立场和主张,更是努力将自己的主张和立场付诸实施,保护和接受几十万印支难民就是突出的实证。印支难民是指 20 世纪 70 年代末到 80 年代初来自越南、柬埔寨和老挝的难民,他们逃难到中国时约有 28 万多人,90 年代,在华的老挝和柬埔寨难民基本上返回了本国。目前留在中国的仍有约 29.5 万人,他们被安置在中国南方的广西壮族自治区、广东省、云南省、海南省、福建省和江西省,过着与中国公民并无二致的幸福生活。当前我国保护在华印支难民的最大挑战是国籍问题。建议中国政府根据在华印支难民的不同情况予以解决,使他们获得中国国籍。

2. 跨国公司的社会责任

有学者从国际法论跨国公司承担人权责任的正当性问题,显得颇有新意。他认为,跨国公司作为当今国际经济活动中的重要主体,对经济发展、就业促进的积极作用改善了人权的享有条件,但对人权的消极影响却被人们所忽视。跨国公司的人权责任问题自 20 世纪 90 年代开始受到国际社会的关注，尽管对于跨国公司是否应承担人权责任问题存在着较大争议，但在国际法上跨国公司承担人权责任有其正当性，在司法实践中追究跨国公司的人权责任亦有例可循。联合国制定的《全球契约》《商业与人权的指导原则》等软法文件，在推动跨国公司人权责任规则形成方面将发挥重要作用。

有学者就国际法背景下跨国公司社会责任中的几个热点问题进行了阐述。该学者认为，跨国公司并不属于国际法的传统研究对象。经典国际法中涉及跨国公司的内容大多与国际贸易、外交保护有关，其目的是保证跨国公司在东道国能够享有较为稳定和安宁的投资环境。然而，从 20 世纪 70 年代开始，欧美国家的一些人权组织对大型跨国公司位于发展中国家"血汗工厂"（sweatshop）的报道不仅直接引发大规模的"消费者运动"，也促使各国政府、学者和社会大众开始思考跨国公司的社会责任问题。自此，国际法学者开始就跨国公司在国际法层面的法律地位、责任承担方式、具体实施机制等问题进行深入探讨与论证。该学者通过研究和分析国际法层面下跨国公司社会责任问题的产生、发展及演变过程，借助对国际、国内立法和司法实务界中主要国际文件和重点案例的梳理，试图明晰当前此领域中的几个学术研究热点，包括跨国公司社会责任的法律规制和跨国公司社会责任的实施机制。

3. 人权基本理论

人权主流化是近年来受到关注的一个问题。有学者对人权在联合国的主流化及对中国的意义进行了论述。自 1997 年联合国人权主流化概念被正式提出，已过去 15 年，并逐渐明显地成为联合国各个机构工作和联合国机构改革的核心之一。该学者旨在梳理这一过程，追溯其缘起和根源，比较各个机构、基金和项目采取的主流化办法，总结经验和成就，分析障碍和挑战，从而明确对中国的意义。

有学者对《公民及政治权利国际公约》在缔约国国内法中的地位进行了实证考察。《公民及政治权利国际公约》（以下简称《公约》）是"国际人权宪章"的重要组成部分，甚至被称为"可能是世界上最重要的人权条约"。中国于 1998 年 10 月 5 日签署了《公约》，并一直在积极、认真地进行批准和实施《公约》的准备工作。实施《公约》必然涉及《公约》在国内法中的地位问题。对于《公约》在中国法律制度中应具有何种地位，学者们进行了大量的探讨。但绝大部分探讨没有充分考察《公约》缔约国的相关实践。该学者对《公约》在缔约国国内法律制度中的地位进行了较为全面的实证考察,以期为中国学者有关《公约》在中国实施问题的探讨提供一些资料性的基础。

有学者对联合国人权条约监督机制的新发展做出了认真的观察和分析。联合国人权条约监督机制的建立以联合国人权条约,包括一些任择议定书的规定为基本依据。在此基础上,缔约国和条约机构在实践中不断地丰富和发展人权条约监督机制的内容。与此同时,人权条约监督机制在运行过程中暴露出来的一些问题又要求有关各方不断反思,提出完善人权条约监督机制的新举措。1989 年,联合国指派独立专家,正式着手研究监督国家执行人权条约的有效途径。从此,联合国探索改革人权条约监督机制的进程从未中断。2009 年,现任联合国人权事务高级专员(以下简称人权高专)启动了"加强条约机构系统的反思进程",旨在"合理化、适应、加强和简化在人权领域的联合国机制,以提高其效率和效果"。该学者以这些时间点为界限,将联合国人权条约监督机制的发展历程大体划分为三个阶段:从第一个条约机构——消除种族歧视委员会成立到 1990 年,为联合国人权条约监督机制的创立阶段;1990 年至 2009 年,为联合国人权条约监督机制的发展阶段;2009 年至今,为联合国人权条约监督机制的加强阶段。该学者梳理了联合国人权条约监督机制的发展进程,落脚于条约机制的新进展,并对条约机制的未来做出展望。

此外,还有学者就联合国普遍定期审议机制的成效、改革和中国对策提出了自己的见解。有学者就中国参与人权国际合作的历程、问题进行了阐述,并提出了自己的建议。有学者就执法行动中的生命权保护以及欧洲人权法在武装冲突中适用的最新发展与前景展望进行了阐述。有学者从欧洲的学说和制度探讨了保护人权作为和平的前提条件问题。

(三) 与中国有关的海洋和岛屿纠纷

在过去的一年当中,钓鱼岛、黄岩岛以及整个南海问题一直都牵动着全体国民的神经。不同领域的学者从不同的视角探讨解决这些岛屿和海洋纠纷的途径。国际法学者则从国际法的角度来寻求解决之道。在过去的很多年中,有关这方面的论述可谓繁多,但往往是自说自话。在这次论坛上,钓鱼岛和南海问题依然有学者论及,要说有什么新意,恐怕还是见仁见智了。

在钓鱼岛问题上,日本政客曾抛出中日之间不存在搁置争议共识的论调。在本次论坛上，有学者对此予以批驳。该学者认为，中日邦交开始，中日两国领导人就钓鱼岛争端达成"搁置争议"的口头约定，对此事实和效力日本政府始终故意模糊处理。中日邦交以来日本始终拒绝以"共同开发"模式来化解钓鱼岛争端。2012年以来，日本政府加紧实施独占钓鱼岛的步骤，不仅实施所谓的"买岛"闹剧，还非法命名钓鱼岛附属岛屿。该学者论证了"搁置争议"的客观存在，研究了口头"搁置争议"的效力，是对日本政府主张的钓鱼岛是日本固有领土、不存在争议之谎言的有力回击。他还以国际法为视角，分析了正确把握"搁置争议"与"共同开发"等辩证关系。该学者认为，依据历史事实证明中日间客观上存在的"搁置争议"，不仅有助于揭示日本政府背弃协议的违法性，也是粉碎日本所谓"实际控制"钓鱼岛效果的一服猛药。另一方面，在日本政府背弃"搁置争议"或者没有明确锁定日本政府承认"搁置争议"的条件下，提倡所谓的拖延解决钓鱼岛争端未必不利于中国的论调，实为一厢情愿的估算。所谓拖延解决钓鱼岛有利于中国的主张，其理论是等中国国力强大之后，再收复钓鱼岛。这种主张是假想除了中国外，对手一定是不会发展强大，而且是孤立的，同时，国际社会面对中国的强大不会进行横向的联合。这种只强调国力，而不重视以历史事实和国际法理论与日本博弈的理论，容易误导中国，今天，日本公然背弃"搁置争议"，既是对中国主权的挑战，也是中国抓住收复钓鱼岛的历史机遇。以一切合法有效的方法收复钓鱼岛，时不我待。

南海问题本身就是一个纷繁复杂的领域。关于南海U形线或九段线或南海断续线的法律性质问题，一直以来模糊不清。有学者以"中国南海断续线的法律性质及线内水域的法律地位"为题，提出了自己的看法。该学者认为，南海问题已成为国际社会关注的重要议题。南海问题的显现与升级有多种原因，其中《联合国海洋法公约》的生效、东盟一些国家强化对南海岛礁的抢占及加强资源开发力度，以及域外大国的参与及偏袒，是促使其不断升级的重要原因。一般认为，南海问题包括南沙岛礁领土争议及海域划界争议，而处理这些争议的基础之一为，必须进一步地明确我国在南海划出的断续线或U形线的性质，以及线内水域的法律地位。经对各种学说的分析，中国南海断续线的性质应为岛屿归属及资源管辖线，而其线内水域的法律地位分为两类：基于海洋法制度下的水域和历史权利下的特殊水域，两者并行不悖，互相补充。为此，我国可根据直线基线的方法适时宣布在南沙群岛的领海基线，并运用群岛基线制度明确管辖海域范围，以确保中国在南海诸岛的主权和利益。该学者还分析了解决南海问题争议的方法，并提出了中国应对的具体措施。该学者主张，近来，我国面临严峻海洋问题的实践启示我们，我国制定和实施国家海洋发展战略的时机已经成熟，且不容耽搁。国家海洋发展战略是维护国家海洋领土主权、海洋权益的重要保障，在国际、区域和双边关于海洋问题的制度无法修改、完善的情形下，制定和实施国家海洋发展战略以及海洋基本法，以完善国家海洋政策和法制，确保体制机制的健全和完善，是国际社会的普遍共识和有效途径，也是我国"十二五"规划纲要规定的政治任务。所以，面对当前海洋问题的严峻态势，整合力量制订国家海洋发展战略已是我国当前的重大政治任务之一，必须引起各界人士的高度重视和关注，否则，我国应对海洋问题的被动局面无法改变。对于南海问题争议，我国持续性地坚持南海断续线的基本立场特别重要。

有学者论及《联合国海洋法公约》（以下简称《公约》）的主要缺陷及其完善问题，试图为中国解决南海问题支招。该学者认为，《公约》虽然确立了人类利用海洋和管理海洋的基本法律框架，但是在历史性权利、岛屿与岩礁制度、专属经济区的军事活动、群岛制度、海岸相向或相邻国家间海域的划界以及海盗问题等方面存在诸多缺陷。《公约》可以通过订立专门的补充协定或区域性协定、召开审议会议以及用扩大解释的方法等方式予以完善。今后中国政府在坚持《公约》的宗旨和目的的前提下，应积极推动《公约》的进一步发展，并逐步取得海洋法发展的话语权。该学者认为，1982 年签署的《公约》是当代国际社会关系海洋权益和海洋秩序的基本文件，它确立了人类利用海洋和管理海洋的基本法律框架，标志着新的海洋国际秩序的建立，被誉为"海洋宪章"（Constitution for Oceans）。然而，《公约》虽然基本反映了当时国际社会在海洋问题上所能达成的共识，但不可否认的是《公约》中有不少条款是不完善的，甚至是有严重缺陷的。因此，研究《公约》的主要缺陷，提出相关的完善建议，对解决有关南海的各种争议、构建中国在南海问题上的国际话语权，无疑具有重要的现实意义。该学者认为，《公约》是国际社会各种力量妥协折中的产物，《公约》并不是一成不变的，还应该重视《公约》的宗旨和目的。该学者提出了中国的应对之策。一是不能把《公约》作为解决南海问题的唯一法律依据。毋庸置疑，《公约》为解决包括南海问题在内的各种海洋争端提供了基本的法律框架。然而，从某种意义上来说，《公约》在历史性权利、群岛制度等方面的缺陷与模糊规定，正是南海海域划界争议产生的重要原因。因此，完全局限于《公约》的规定及其所确立的争端解决框架，根本无法彻底解决南海的岛屿主权和海域划界争端。正如《公约》序文所指出的："确认本公约未予规定的事项，应继续以一般国际法的规则和原则为准据。"二是积极推动《公约》的进一步完善，逐步构建中国在海洋法发展中的话语权。虽然中国政府代表团自始至终参加了第三次海洋法会议的各期会议，但不可否认的是中国在《公约》制定过程中参与程度并不高，所发挥的作用也非常有限。可以说，中国正是由于在构建以《公约》为核心的当代海洋法律体系中话语权的缺失，在一定程度上导致了维护海洋权益的被动局面。因此，在未来海洋法的发展中，中国应在坚持《公约》的宗旨和目的的前提下，明确提出进一步完善《公约》相关规定的主张，并创造出解决南海问题的国际法规范，从而逐步形成并取得海洋法发展的话语权。

（四）国际组织法

联合国的改革问题是一个探讨了几十年的老问题了。由于联合国改革的步履非常艰难，改革的影响也十分巨大，所以，一直以来有无数学者从不同的视角对联合国的改革问题不惜笔墨地进行论证、阐述和探索。联合国的改革涉及法律问题，这是毋庸置疑的。但联合国改革的真正实现，归根到底，还是一个政治问题。

有学者以《全球治理与联合国的改革问题》为题，阐述了自己的观点。全球治理背景下关于联合国的角色定位。首先，从应然角度出发，一般认为，在全球治理的过程中，国际组织作为一种多边外交的平台，是最能发挥全球治理作用的。而联合国又是世界上最具有普遍性的组织，所以，联合国应该扮演一个最重要的角色。从联合国的宗旨和目的出发，可以更清晰地看到这一点。《联合国宪章》的宗旨有四个：维护国际和平与安全；发展各国间友好关系；促进国际合作；构成一个协调各国行动的中心。《宪章》第2条的7项原则是配合这些宗旨的。第二，联合国的组织结构和职权划分，也体现出全球治理的理念。联合国是一个庞大的组织体系，主要包括三类机构或组织：主要机构、附属机构和专门机构。联合国有6个主要机构，它们是在《宪章》中有明确规定和地位的，包括大会、安理会、经社理事会、托管理事会、秘书处和国际法院。主要机构下还可以根据行使职权的需要设立各种附属机构。此外，还有通过经社理事会与联合国订立关系协定而纳入联合国系统的 20 多个专门机构。第三，全球化背景下联合国面临的危机和挑战。联合国的某些制度设计及其实际运作也并不是那么完善和理想。特别是随着时代的发展，20 世纪 80 年代冷战结束以来建立在雅尔塔体制基础上的两极势力均衡体系已经崩溃，超级大国越来越明显地奉行单边主义和强权政治，各种名目的区域主义苗头泛起。学术理论上似乎也出现了一种所谓"去集中化"思潮。在全球治理的背景下，联合国不但没有起到应有的中心协调作用，反而在一定程度上出现了被"边缘化"的危险和挑战。联合国在维护国际和平与安全方面的集体安全体制尤其受到严重的冲击和影响。联合国的"边缘化"问题，除了超级大国的单边主义和北约强权政治的原因，还涉及其他一些正式和非正式的国际会议和机制的因素或影响。如八国集团虽然并不是一个严格意义上的国际组织，也没有任何实际的决策权，却具有强大的内部协调和外部促进功能。作为一个工业化国家的俱乐部，主要是协调成员国对国际政治和经济问题的看法和立场。八国集团对于联合国、世界贸易组织和其他国际金融机构不会产生直接的竞争关系，但其对外部世界的影响力在不断加强。其他一些区域性和专门性国际组织与联合国的关系也在发生微妙的变化，逐渐呈现出一种去集中化趋势。当然，联合国没有必要也不可能垄断一切权力。但在冷战后的全球化浪潮中，联合国的确面临着前所未有的威胁和挑战。联合国要在新的时代背景下继续发挥其应有的作用，较全面的改革势在必行。

联合国改革的前景与中国的立场和对策。该学者认为，中小国家要求的全球治理和联合国改革的和大国的要求是不一样的，同样的问题不同国家要求改革的重点也是不一样的。但同样的是，它们都要求改革。所以说，联合国改革既是一个法律问题，也是一个政治问题。无论是从法律视角，还是从不同会员国政治意愿的视角，有关联合国任何实质意义的改革都不是一件轻而易举的事情，都必须寻求最广泛的共识，都需要联合国会员国真诚的合作和努力。从联合国组织本身的情况来看，这次大规模的联合国改革运动，主要是在前任秘书长安南任下发起的。现任秘书长潘基文上任后至少在其第一个任期内并没有采取太多的实际行动。他的态度是，他会履行和执行其前任所提出的任何在实践中可行和必要的改革计划和方案，并表示必要时也会组织提出一些自己的改革计划或方案。但从以往的情况看，秘书长的惯例似乎都是在任期即将结束或卸任之前才开始重视改革问题，可能也是才发现一些需要改革的问题。他们似乎也更愿意把问题留给下任处理。久而久之，联合国的问题就会积累得越来越多。

关于中国的立场和对策，该学者认为，中国是联合国的创始会员国，特别是 1971 年恢复了在联合国的合法席位后，中国对于联合国作用和地位的观念也发生了重要变化。如以前我们将其视为一个"外交斗争的场所"，而现在大家更多地认为联合国是一个重要的多边外交活动平台，需要更多地发挥其促进国际合作方面的作用。作为安理会的常任理事国，随着中国在国际上地位的提升，我们也应该承担更多的国际责任。2005 年中国外交部发布了《中国关于联合国改革的立场文件》。文件指出，在全球化深入发展、各国依存不断密切的情况下，全球性威胁和挑战也呈现多元化的特点，更加相互关联。因此各国应共同努力，以集体行动应对威胁和挑战，特别是努力消除其产生的根源。联合国作为最具普遍性、代表性和权威性的政府间国际组织，在国际事务中的作用不可或缺，是实践多边主义的最佳场所，是集体应对各种威胁和挑战的有效平台。通过改革加强联合国的作用，符合全人类的共同利益。文件强调改革应有利于推动多边主义，最大限度地满足和回应所有会员国尤其是广大发展中国家的要求和关切，并在此基础上提出了联合国改革应遵循的原则和主要方面的问题。应该肯定，中国政府关于联合国改革的原则立场及其行动无疑是理性和正确的。实践证明，在全球化的背景下，任何强权政治或单边主义的选择都是不可取的。任何一个国家，不论其多么强大或有实力，都不可能单独应对跨越国境的所有问题。何况中国尚不是一个实力国家。尽管中国的经济总量现在排名世界第二，但是人均国民生产总值仍排在 100 位左右。即使有实力，中国也不会选择霸权主义和权力政治。而从全球治理和国际法治的基本理念出发，我们赞成并强调应该通过改革来加强联合国的作用和地位，这既符合中国的国家利益，也符合整个国际社会和全人类的共同利益。但是，中国也不赞成推行不成熟的联合国改革方案，特别是在没有达成广泛共识之前，强制性地表决某些方案。国际社会只有尊重联合国的作用和权威，不断完善其组织机制，全球治理和国际法治才会取得更大成效。

有学者论及国际组织公务行为的确定问题，应该说这是解决国际组织及其职员豁免待遇的先决条件。国际组织豁免是国际法上的重要制度。在国际法上，国际组织享有职能性豁免，即意味着国际组织只能就其所从事的公务行为享有豁免。因此，界定国际组织公务行为的范围，是其享有豁免的前提条件。国际组织是与国家不同的国际法主体。适用于国家的管理权行为与统治权行为的分类法不能适用于国际组织。国际组织只能采取公务行为和非公务行为的分类法。在确定国际组织是否以公务能力行事方面，职能性标准依然是必须考虑的重要因素。至于何为有权决定国际组织公务行为的机关，有关成员国与国际组织的主张往往完全相左。但一般而言，由行政首长作为有权机关来决定职员是否以公务能力行事和由决策与权力机构决定行政首长是否以公务能力行事，是合适的选择，也更有利于国际组织职能的履行和目的的实现。

该学者通过详细论述得出了三个结论：（1）由于国际组织是与国家完全不同的国际法主体，其行为具有与国家行为不同的特征，因此，不能将国家行为的分类法套用在国际组织的行为上。国际组织只能适用公务行为与非公务行为的分类法。（2）从有关国际组织的实践来看，一般只能根据个案的具体情况，找到一个当时可以为各方所接受的办法，解决有关争端。但是，职能性标准依然是划分国际组织公务行为和非公务行为的重要决定性因素。只有国际组织的公务行为享有豁免，其好处在于，并非可以归因于国际组织履行职能的所有行为，而是只有那些实质上与国际组织的公务职能有关的行为，才可以豁免于国内法院的审判权。可见，建立在严格履行职能所必不可少的基础上，对国际组织的行为按照"公务行为"和"非公务行为"的标准进行分类，则可以明确区分国际组织的哪些行为可以享受豁免，哪些行为不能享有这种豁免。明确国际组织的非公务行为不享有豁免，这样就能刺激和鼓励国际组织将自己的行为限制在履行职能所允许的范围内。（3）关于有权确定国际组织公务行为的机关，一般而言，由国际组织行政首长作为有权机关来决定职员是否以公务能力行事，而国际组织行政首长是否以公务能力行事则由该组织的决策与权力机关如安理会和执行董事会等来决定。这样做有利于国际组织不受干扰地履行其职能和实现其目的。当然，在此基础上尊重一国的司法主权也是需要予以重视的方面。

二　国际私法

全球治理时代，无论是各国国际私法理论、立法与实践，还是全球性与区域性的统一国际私法进程，都处于变化发展中。如何让国际私法在全球治理中发挥新的更大作用，如何让中国国际私法在全球治理背景下做出更大贡献，引起了与会代表的思考与争鸣。此次论坛在国际私法领域主要围绕我国

《涉外民事关系法律适用法》的实施问题和国际私法的晚近发展两个主线进行了广泛深入且卓有成效的研讨。

（一）《涉外民事关系法律适用法》的实施问题

就中国国际私法而言，2011 年 4 月 1 日起实施的《中华人民共和国涉外民事关系法律适用法》是中国国际私法立法史上的里程碑。确保这部法律在中国司法实践中发挥其应有的重要作用，对于构建和维护公平和谐的国际民商事秩序具有重大意义和深远影响。这次论坛为学术界和实务界共同探讨《涉外民事关系法律适用法》（以下简称为"新法"）的立法完善和实施问题提供了良好契机。新法中有关涉外民事关系的界定、新法旧法的衔接、当事人意思自治原则、强制性规则、最密切联系原则、自然人经常居所地的界定等，均是与会代表密切关注的问题。

1. 涉外民事关系的界定

新法明确规定了其调整对象是"涉外民事关系"，但并没有明确界定"涉外民事关系"。如何进一步界定"涉外民事关系"？该问题是适用新法的基本问题，因为只有系争的法律关系属于"涉外民事关系"，才有适用新法的余地，否则，作为纯国内案件，没有冲突规范的适用余地。我国原有司法解释《最高人民法院关于贯彻执行〈中华人民共和国民法通则〉若干问题的意见》第 178 条对"涉外民事关系"的界定采纳"三要素说"，即从民事法律关系的主体、客体、法律事实三要素进行考查，只要其中一个要素涉外，即属于涉外民事关系。

有学者指出，对于什么是涉外/国际的民商事关系，国际上已有了一系列新的发展，如《联合国国际货物销售合同公约》第 1 条、《国际商事调解示范法》第 1 条等。因此，学界主张新法对"涉外民事关系"的界定应予以适度扩展，如《涉外民事关系法律适用法（建议稿）》（以下简称《建议稿》）第 2 条。《建议稿》对涉外民事关系的界定，包含五点，其特色体现在：一是将"涉外"做了一个扩大的解释，如外国国家和国际组织也可以作为涉外民事关系的主体；二是采用了列举加上兜底的立法方式。

来自最高人民法院的代表介绍，最高人民法院正在讨论关于新法的司法解释，是在原有"三要素"基础之上，更详细地对涉外民事关系进行界定，以为司法实践提供更具操作性的规范。引起大家关注的一个问题是，关于涉外民事关系的主体,是否要把国际组织和外国国家列入。对此,最高人民法院还是有所顾虑,这涉及国家豁免问题。尽管正在研究制定的国家豁免法倾向于转向"相对豁免",但我国目前的实践一直主张"绝对豁免",而非"相对豁免",如果在新司法解释中明确将外国国家、国际组织列入,有可能被误认为我国法院已经采取了相对豁免的立场,故虽有将"外国国家或者国际组织"列入的建议,但未予采纳。

2. 新法旧法的衔接

新法旧法如何衔接的问题,也就是新法与我国法律体系中其他冲突规范的适用关系如何衔接的问题。尽管新法第2条、第51条对此做出了原则性规定,但仍容易引起疑惑,因此有必要进一步明确。

有学者指出,新法没有很好地解决新法和旧法的衔接问题,特别在新法与《民法通则》等法律间关系的问题上。该学者认为,对于新法和旧法如何衔接的问题,应依据《立法法》第83条的规定,即新法优于旧法。因此,新法第51条没有必要将《民法通则》第146条和第147条单列出来,并做一不完全的废止列举。因为《民法通则》第八章总则有9条冲突规范的规定,而新法只列举了其中的两条适用新法的规定,那么,《民法通则》中的其他冲突规范规定与新法不一致的,怎么处理?该学者的观点是,新法与其他法律对于同一法律关系法律适用问题规定不一致的,应该适用新法的规定;如果新法对涉外民事关系法律适用没有规定,而其他法律有规定的,适用其他法律的规定。

3. 意思自治原则

当事人意思自治从传统的合同领域扩展到涉外民事关系法律适用的诸多方面,是该法的一大亮点,但如何在实践中具体操作,包括当事人何时可以选择法律、以何种方式选择、可选择的法律的范围等等,都需要进一步明确。

有学者在报告中指出,新法关于意思自治原则的规定有如下两个特点:一是在总则(一般规定)中对意思自治原则做了规定。新法第3条规定:"当事人依照法律规定可以明示选择涉外民事关系适用的法律。"二是在分则里广泛采用意思自治原则(有14个条文规定了意思自治原则,涉及代理、信托、仲裁协议、夫妻财产关系、协议离婚、动产物权、运输中动产物权、合同、消费者合同、侵权、产品责任、不当得利与无因管理、知识产权转让与许可使用、知识产权侵权等领域)。对此,有三个问题需要明确:第一，意思自治原则不是新法的一般原则。尽管意思自治在"一般规定"中做了规定，但是，它不是新法的一般原则，它只是一个法律适用的原则或规则。第二，法律明确规定某涉外民事关系适应意思自治原则时才适用；法律没有明确规定当事人可以选择涉外民事关系适用的法律，当事人选择适用法律的，应该无效。第三，当事人选择的方式是"明示选择"涉外民事关系适用的法律，适用于新法所有意思自治条款。此外，该学者对意思自治原则适用中的几个具体问题进行了探讨：（1）关于当事人选择法律的时间，依据原有司法解释的规定，当事人在一审法庭辩论终结前通过协商一致，选择或者变更选择合同争议应适用的法律的，人民法院应予准许；（2）当事人以"行为"表现的"明示选择"的情况下，应当视为当事人已经就涉外民事关系适用的法律做出了选择；（3）关于当事人选择法律的范围问题，审判实践中经常将当事人选择法律与选择管辖法院相混淆，产生疑问。因此，建议我国司法解释应该明确规定，只要双方当事人选择了法律，就应该有效。

当事人是否可以选择对中国尚未生效的国际条约？对这个问题，有学者认为，这种情况在海事审判实践中是很普遍的，我国司法实践应该明确：根据法律规定当事人可以选择涉外民事关系适用的法律时，当事人选择适用对我国尚未参加的已经生效的国际条约的，人民法院应予支持，但其适用不得损害我国社会公共利益。来自最高人民法院的代表在报告中指出，司法实践中当事人在合同等法律文件中援引对我国尚未生效的国际条约，人民法院一般会尊重当事人的选择，且同时认为，既然是对我国尚未生效的国际条约，该条约对我国没有拘束力，不能将其作为裁判的法律依据，即我国法院不能将其作为国际条约予以适用。然而，在司法实践中，如何看待这些对中国尚未生效的国际条约，将会产生完全不同的结果：一种观点认为，可以将其认为是当事人合同的组成部分，也就是说，将约定适用的条约视为合同的条款，用于确定当事人之间的权利义务关系；第二种观点认为，可以将这些国际条约视为国际惯例。但是，目前对于国际惯例的界定也存在很多分歧，我们在司法实践中对国际惯例和国际习惯法的关系等问题也有很多争论；第三种观点认为，将这些国际条约视为"外国法律"来对待。该观点认为，既然新法允许我们的法院适用外国法，而一个国际条约本身已经生效了，且是由若干个国家之间缔结的一个国际条约，所以这样的条约完全可以视作外国法律来看待。可见，在将尚未对中国生效的国际条约视为合同条款、国际惯例和外国法这三种不同的态度会产生不同的后果。如果将其看作合同条款，那么当事人还会具有选择准据法的权利，换句话说，中国法院还是要根据冲突规则的指引来确定这个案件应当适用的法律；而如果直接将其看作外国法律，那么准据法的问题就已经确定了。这也是我们在司法解释讨论过程中面对的非常疑难的问题。

4. 强制性规定的直接适用

新法第 4 条关于强制性法律适用的规定，也是新法的一大亮点，是中国国际私法立法进步的体现之一。然而我国法律体系中哪些规定属于"强制性规定"的范畴呢？新法对强制性规定并没有明确界定。这是新法实施过程中的突出问题，也是新法司法解释制定过程中一个非常重要的问题。

来自最高人民法院的代表指出，关于新法第 4 条所规定的"强制性规定"，较为一致的观点是，它应当是属于专门调整涉外关系的，而且是涉及我们国家的一些社会公共利益和安全，不允许当事人选择，也没有冲突规范适用的余地的这样一类法律或行政法规。正在拟定的司法解释，是准备用一个抽象性条款和一些列举性规定来界定"强制性规定"，从而使这个规定更具有操作性。但是，对于列举哪些具体事项作为强制性规定，是目前很有争论的问题。

有学者认为，所谓强制性规定，是指一国法律中明确规定某类法律关系应直接适用某法律规定，不允许当事人选择，当事人不能通过约定排除适用，法院在审理案件过程中也不必通过本国冲突规则的指引而予以直接适用的法律规定。该学者通过考察广东省部分法官的问卷调查，认为：其一，实践中适用最多的强制性规定，是关于外汇管制的规定；其二，法官在回答当中混淆了强制性规定的直接适用与公共秩序保留的适用；其三，需要明确列举强制性规定，给法官清晰的指引，但如何列举强制性规定仍然是一个难题。最高法院正在拟定的司法解释的讨论稿规定下列八种情形作为新法第 4 条规定的强制性规定，包括：外汇管制等金融安全、反垄断、环境安全、食品或公共卫生安全、消费者权益保护、劳动者保护、网络安全和其他涉及社会公共利益或安全的情形。在实施过程中，我们需要注意的问题包括：第一，注意区分强制性规定的直接适用与公共秩序保留、法律规避；第二，注意区分公法中的强制性规定与私法中的强制性规定；第三，注意区分实体法中的强制性规定与程序法中的强制性规定。

新法中"强制性规定"的术语，在法律适用这个确定的语境下，其与

"直接适用的法"的含义和外延应是相同的，其内涵有着高度的同构型。有学者在系统考察"直接适用的法"理论与实践发展的基础上，对我国新法第4条"强制性规定"在司法实践中的具体运作提出了如下一些疑问：首先，新法第4条仅仅是关于"直接适用的法"之适用规范，这条关于强制性规范效力的宣示性规范，无疑是法院适用我国相关强制性规范的法律依据。但何种意义上的强制规范属于"直接适用的法"之范畴还有待明确。其次，鉴于"直接适用的法"属于争议较大的单边主义方法，其在司法实践中的运用无疑需要法官加以克制。因此，属于"直接适用的法"范畴的特定实体法律规范，究竟是依据于自身术语表明其空间适用范围，还是因其隐含的基本政策而径自适用于涉外民事法律关系，这涉及法官对相关实体法效力的认识及解释问题。再次，新法对"直接适用的法"之制度与公共秩序制度均做出了规定，加之在理论上学者讨论较多的法律规避制度，应如何在司法实践中处理上述制度之间的关系问题，仍待在司法实践中明确。最后，新法所规定的"直接适用的法"是否包括了外国"直接适用的法"，也有待进一步明确。这些都表明，我国关于"直接适用的法"制度的规定仍有进一步完善的空间。该代表提出了如下完善意见：第一，"直接适用的法"仅应限于强制性规范中的效力性规范。第二，"直接适用的法"应否适用取决于相关实体法立法意向之表达。第三，"直接适用的法"一般应优先于公共秩序与法律规避制度而适用。第四，"直接适用的法"应谨慎地扩及于外国之强制规则。

5. 经常居所地

新法的一个很大特色是采取了经常居所地作为属人法的连接点，并以国籍国法辅之。目前，在新法中，有24条涉及经常居所地，39处使用"经常居所地"这一词。新法第14条对法人的经常居所地做了明确的界定，即"法人的经常居所地，为其主营业地"。但新法没有明确自然人的经常居所地。那么，何为自然人经常居所地？这也是新法实施中遇到的一个非常重要的问题。

有学者对该问题进行了探讨。《最高人民法院关于贯彻〈民法通则〉若干问题的意见》第9条规定："公民离开住所地连续居住一年以上的地方，为经常居住地。但住医院治病的除外。"该规定并不是完全没有问题。比如，学生留学国外、劳务派遣、公务人员驻外工作，且在国外居住一年以上，他们的经常居所地是否在国外？这些问题的解决，均有待最高法院的新司法解释能对"经常居所地"做一个明确界定。

来自最高人民法院的代表介绍了正在拟定的司法解释对"自然人经常居所地"的界定，即当事人在起诉的时候已经连续居住 1 年以上，而且这个地方是作为他"生活中心"的地方，可以作为他的经常居所地。但是，需不需要规定除外情形，以及除外情形如何设计，是目前争议比较大、讨论非常多的一个问题。

6. 法律规避

法律规避制度作为传统国际私法中的一项制度，通常认为其可以为法官在处理涉外民事案件过程中维护我国的社会公共秩序增加一道屏障。来自法院的代表对法律规避问题进行了报告。新法没有规定法律规避的情形，有没有必要在拟定的这个司法解释中规定法律规避这一问题，是有分歧的。一种意见认为，有必要规定法律规避。他们认为，法律规避制度是和强制性法律、社会公共利益制度互补的，它可以避免一方当事人故意创造一些连接点而规避本来应当适用于他但对他不利的法律，从而保护我们最根本的利益。第二种观点认为，在我们的法律明确有强制性法律直接适用的情况下，还有一个社会公共利益保留制度兜底的情况下，法律规避在实践中的意义已经不大了。因为规定的意义不大，所以建议不对法律规避进行规定。而且，这个观点认为，法律规避更多的是事实性的问题，它可能具有很多理论性的价值，但是实践价值不高，所以建议不予以采纳。

此外，来自实务界的代表就"领事婚姻登记"的基本原则、两种管辖及法律效力等若干问题进行了实证研究，同时对《涉外民事关系法律适用法》相关条款进行了阐释，进而对中国政府提出了如下建议：积极稳妥地推动"领事婚姻登记"的国内立法工作；与时俱进地调整中外双边领事条约（协定）的相关条款内容；以我为主地促进国际社会对规范"领事婚姻登记"达成共识。

（二）国际私法的晚近发展

半个多世纪以来，在所有法学学科中，国际私法的发展是最为迅速的，特别是这种发展是在理论、立法和司法各个方面全面展开的。这种发展给国际私法带来了全新的面貌和生命的活力，使这门古老的学科依然散发出年轻的光彩。与会代表主要从理论和立法两个层面对国际私法晚近发展问题进行了深入研讨。

1. 国际私法的理论发展

就国际私法理论晚近发展趋势问题，学者们从多个角度切入，论证有力，精彩纷呈。有学者通过考察最密切联系原则、当事人意思自治原则、法官自由裁量原则和结果选择理论来论述国际私法理论的晚近发展；有学者以法律选择方法为视角，探讨了当代法律选择多元方法的并存与融合；有学者从管辖权、准据法确定和判决承认与执行等方面阐述了国际私法中的多元正义。

有学者认为，20 世纪中期开始，国际私法理论逐渐集中至几个方面，并发展出清晰的趋势脉络。此前纷繁的理论学说，有的渐渐萎缩而少有人提及，如国际礼让说、本国法说等等；有的得到继承并被扩拓或改良，如意思自治原则、法律关系本座说等等。如此，晚近国际私法发展出了几项最重要的理论：最密切联系原则、意思自治原则、法官自由裁量原则、结果选择理论。

最密切联系原则对国际私法理论体系的发展表现在多个方面：（1）最密切联系原则中的"最"字表明这一原则并不满足于根据法律关系与法律之间的一般联系来选择法律，而是要求于比较各种联系之后，选择最合适的法律，显示该原则对最合理、最公正的法律选择和法律适用结果的追求，这是一种最符合国际私法宗旨的追求。因此，最密切联系原则在国际私法中有着至今为止最高层次的价值追求。（2）最密切联系原则关注的不再仅是某法律关系应被置于何国法律管辖之下，也不再仅根据法律与法律关系地域上的联系来确定法律适用，而是更关注法律的选择是否最合适、法律适用的结果是否最合理和最公正，这就把法律选择的质量从传统的"管辖权选择"提升到了"结果选择"。（3）最密切联系原则最显著的意义正是为传统的理论增添了选择法律的灵活性。这种灵活性因素既提高了法律适用结果的合理性，又提高了对各种法律关系的适应性。（4）最密切联系原则程度不同地冲击了传统的国际私法制度。比如，最密切联系原则对反致制度的冲击，并不是完全否定这项制度，而是赋予这项制度以最密切联系的观念。又比如，最密切联系原则给识别制度也带来了新的发展。将最密切联系原则纳入识别制度，可提高识别的合理性和有效性，这是依法院地法或可能的准据法识别都难以获得的结果。

意思自治原则在现代国际私法中的主要发展方向仍然是不断扩大适用范围，以及更加宽容地对待当事人意思表示。（1）晚近国际私法对意思自治原则的坚持。自 16 世纪以来，意思自治原则在国际私法的发展历程中始终被坚持，并被两大法系共同接受，这种被继承而未被弃用本身就是这项原则的发展形式和表现。此外，这项原则在适用方法、适用范围和价值追求方面都得到了新的发展。（2）意思自治原则的晚近发展趋势是对当事人意思表示日趋宽容。在晚近国际私法中，当事人于缔结合同后，甚至争议产生后做出选择法律的意思表示已经得到非常多国家的认同。当事人可选择法律的范围不再仅仅限定在与合同关系有关联的国家范围内。在规则上设置了更细致的分类，允许当事人就合同的不同方面选择多个不同的法律作为各自的准据法，这无疑提高了意思自治原则对现代合同的适应性。（3）晚近国际私法中，意思自治原则几乎存在于所有民事关系各个领域，其适用范围有了很大扩展。但另一方面，意思自治原则又受到了新的限制。比如，强制适用的规定具有排除当事人意思自治的效力。又如，消费合同和劳务合同，为给予处于弱势的消费者和劳务提供者倾斜性保护，当事人意思自治也被排除或被置于次要地位。

法官自由裁量原则。现代国际私法中，法官裁量以其相对于预制规则而独具的灵活性起着不可替代的作用，这是因为法官裁量在实现预期结果方面有着预制规则所不具有的优势。在法律选择和法律适用过程中，法官裁量有着三个特殊功能：（1）贯彻法律选择规则对准据法的援引；（2）修正预制规则援引法律的偏差；（3）弥补了预制规则指引法律的漏洞。

结果选择理论是国际私法晚近发展的最高成就，其体系包括了最密切联系原则、意思自治原则和法官自由裁量原则，也就是说，无论是考查法律与法律关系的关联程度，还是充分尊重当事人意思表示，或是依赖法官裁量，都应该是为了获得一个好的结果。所以，在结果选择理论体系中，除了属于方法部分的最密切联系原则、意思自治原则和法官自由裁量原则等有了很大发展之外，作为目标部分的结果的设置和判断也得到了前所未有的发展。该学者从法律适用的有效结果和法律适用的有利结果两个角度对结果选择理论进行了系统阐述。（1）法律适用的有效结果。国际私法上的管辖权和判决的承认和执行、送达和取证、外国法的查证等都关乎法律适用结果的有效性，这些方面的发展方向均是尽量促进结果有效。（2）法律适用的有利结果。在国际私法的晚近发展中，追求法律适用的有利结果有两种表现形式：一种表现是在预制法规中更多设置以获得有利结果为目标的条文，通过适用这些条文，获得法规预期的结果；另一种表现是赋予法官自由裁量权，让法官裁量选择和适用能够获得有利结果的法律。晚近国际私法追求有利结果的具体方面，主要包括：有利于实现当事人意志的结果；有利于实现法律行为成立和正当利益期望的结果；有利于维护受害人利益的结果；有利于保护弱者利益的结果；等等。

有学者指出，国际私法的理论发展史就是寻找法律选择方法的历史。国际私法中选择法律的各种方法常常以不同的方式组合在一起，来解决某个特定的法律冲突问题。这些方法之所以能够并存与综合，是因为每种方法都有其他方法无可代替的优点，亦有自身不能克服的弊端与缺陷。事实上，"方法的综合"也是国际私法渐趋成熟的表现。该学者从如下几个方面论证了当代法律选择多元方法的并存与融合：（1）法律选择方法兼容的时代基础，主要包括普遍主义与特殊主义的并存、形式正义和实质正义的并存、国际社会的多极化和学说之间的相通。（2）两大法系法律选择方法的兼容。一是欧洲传统国际私法对美国现代冲突法中单边主义的借鉴，主要体现在：强制性规则的直接适用体现了对政府利益与政策的考虑与追求；将单边方法与多边方法结合使用，引入从属性冲突规则；用方法对冲突规范进行"软化"处理，如意思自治原则的广泛承认、最密切联系原则的引入、选择性冲突规则的增加、保护性多边规则的使用、例外条款的适度使用。二是美国现代冲突法中"多边方法"的使用，主要体现在：将传统硬性冲突规则与现代灵活法律选择方法相结合；将现代灵活的法律冲突解决方法定型化，从中总结出一些比较固定的法律适用规则。（3）多边与单边方法的共生现象（Symbiosis of the Multilateral and Unilateral Methods）是当代国际私法的特征——多元化方法（pluralisme des méthodes）的表现之一。

来自我国台湾的学者从多元正义的角度思考国际私法中的选法模式、法律渊源、管辖权确定及判决承认与执行问题，并提出了不少引人思考、值得继续钻研的国际私法问题。该学者首先阐述了1997年法国Batiffol教授《国际私法方法论上的多元主义》和1999年Paolo Picone教授《国际私法的协调方法》的著述背景及其主要内容，进而分析多元主义与国际私法的关系。其次，分别论述了国际私法中的传统选法模式与新兴选法模式，认为大陆法系新兴的"直接适用的法"和英美法系新兴的"最密切关系说"可以弥补传统选法模式在具体个案呈现的不足。再次，冲突规则与实体规则同时并存，国际私法多元法源呈现冲突与调和。该学者以台湾垦丁的油污损害赔偿案件为例，就不方便法院在台湾的适用讨论国际私法中的公平正义问题。他认为,意思自治原则的广泛适用,较好地实现了正义中的分配正义问题,但是,对于如何处理侵权领域中的矫正正义问题,值得大家思考。同时,在复杂国际政治关系下,如何实现跨境国际诉讼中的正义,也值得继续关注。以上述论证为基础,该学者提出以个案式解决途径(Ad hoc solution)来理解国际私法中的多元正义的新主张。

2. 国际私法立法的晚近发展

(1)国际私法统一化运动

以海牙国际私法会议为代表的全球性国际私法统一化运动和以欧盟国际私法为代表的区域性国际私法统一化运动,均取得了令人瞩目的景象。有学者对海牙国际私法会议的立法和欧盟国际私法立法发展进行了系统回顾与比较研究。

该学者总结了海牙国际私法会议立法发展的几个特点,体现如下:第一,调整法律选择规则和程序规则的冲突。海牙会议制定的公约主要是针对法律选择和程序两方面的法律冲突,即海牙公约重在统一法律选择规则和程序规则,不涉及实体法的统一。第二,调整范围广泛。海牙会议制定的公约涉及范围十分广泛,几乎覆盖了国际私法所有调整范围。第三,适用范围广泛。截至2012年4月,海牙会议已有72个成员,是目前成员最多的国际私法统一化组织,海牙会议公约在如此众多的国家适用,加之非成员国对公约的关注和采用,使海牙会议公约因为适用的国家最多而具有了最广泛的适用范围。第四,具有国际性。海牙国际私法会议72个成员来自两大法系世界各大洲,这使海牙会议成为一个真正具有国际性的组织。第五,推动了国际私法趋同。一方面,统一公约的形式使各缔约国有了共同遵守的规则,提高了法律选择和法律适用结果的一致性;另一方面,由于公约与国内法可能存在不一致的内容,为此,各缔约国采取两种方法来解决这种国际公约与国内法之间的冲突,从而使国际法融入国内法、使国际法成为国内法的组成部分。此外,另有学者就海牙《跨国收养方面保护儿童及合作公约》及其在中国四法域的适用问题进行了较为系统的阐述。

该学者对欧盟国际私法之立法特色进行了如下总结:第一,欧盟国际私法法规也主要针对法律选择规则和程序规则两方面的法律冲突,不是统一实体法。第二,欧盟国际私法是区域性立法,其适用范围仅限于欧盟国家。可见,欧盟国际私法的国际性是不完全的国际性,其广泛性不及海牙公约。第三,欧盟国际私法,推动了区域国际私法统一,随着更多欧洲国家加入欧盟，欧洲国际私法的统一化还会加强。第四，欧盟国际私法的发展对其他区域产生了重大影响，其他各洲都对欧盟国际私法十分关注，并在研究欧盟国际私法统一化的模式和实施效力，试图借鉴欧盟国际私法统一化的经验，实现自己区域的国际私法统一。第五，现在欧盟已成为海牙会议成员方，欧盟国际私法有可能对海牙国际私法产生一定程度的影响；欧盟国际私法立法也会受到海牙国际私法会议立法的重大影响。最终，这两大统一国际私法的机构所产生的国际私法立法将会在相互影响中逐渐趋近。

（2）外国国际私法的立法

了解和研究外国国际私法立法，可以给我国立法及其完善提供良好的借鉴。在这次论坛上，与会的外国代表跟大家分享了其本国国际私法立法的新发展。

有德国学者以德国汉堡马普比较法与国际私法研究所中国部的工作为视角讨论了外国法在德国的适用情况。第一，马普比较法与国际私法研究所，近 10 年以来，每年向德国法院提供 3 到 9 件法律意见。所提供的法律意见（2002~2012）的范围主要涵盖：泰国继承法；韩国收养法、继承法；越南家庭（离婚）法、继承法；中国合同法（合同一般条款，贷款合同，运输合同）、公司法、竞争法、家庭法（离婚、收养、夫妻财产、离异后对孩子的监护）。第二，马普研究所向法院和行政机关提供的法律意见的范围包括外国法律和冲突法的相关信息，但是，向法院提供法律意见，并不是马普研究所的任务或功能。此外，马普研究所并不向个人提供法律咨询意见。在极其有限的情况下，马普研究所可能会向公证员、律师提供法律信息。提供法律意见的目的是避免利益冲突。马普研究所（但不是指马普所中的某个研究人员）通常是受法院委托而提供关于外国法和冲突法的法律信息。当法院向马普研究所递交一份关于请求提供法律意见的书面函件之后，马普研究所将这一请求转发给专门负责研究这一法律问题的研究员。研究员将根据其学术能力和兴趣对该案件进行考察。研究所或者研究员并没有义务对此提供法律意见。第三，在向法院提供法律意见过程中所遇到的问题。法律文献和法院的决定并不总能回答具体案件中的每一个问题。如果具体案件中某个问题的答案，既不能通过法律文献、法院判决得以解决，也不能通过与外法域的学者和法官的磋商中得到解决，那么，问题就产生了。当事人是可以基于适用外国法的错误而提起上诉的（基于德国法院对外国法查明的不足）。目前，马普所还出现过相关研究人员因提供虚假法律意见作为外国法律而被追究责任的情形。

有日本学者就知识产权侵权诉讼的国际管辖问题作了精彩报告。第一，日本知识产权诉讼的国际管辖问题概况。随着全球化和世界贸易组织的发展，近年来的知识产权侵权案件日益增加和多样化。日本对于此类案件的审理，依据的是日本已有的判例，其至今尚无关于知识产权侵权诉讼国际管辖权的专门法律规定。日本法院在确定国际诉讼管辖权时，分为两个阶段：首先，依据《日本民事诉讼法》第 4～13 条的规定确定日本法院是否具有国际管辖权；其次，如果日本法院依据第一阶段的标准具有国际管辖权，则须进一步考察是否存在有违当事人公平和阻碍适当迅速审判的可拒绝管辖的特殊情形。第二，知识产权侵权诉讼的国际管辖权的标准。一般而言，日本法院认为，属地管辖原则，意味着知识产权的产生、转让和效力均适用属地国法律，且该权利仅在所在国领土范围内有效。有以下情形的，日本法院享有管辖权：被告在日本有住所；或者，被告在日本没有住所或者住所地未知，但其居所地在日本；或者，被告在日本没有居所或者居所地未知，或者被告在诉讼开始之前在日本有住所（他/她离开日本之后拥有外国住所的除外）。如果被告在日本没有住所，日本法院须依据对每一个案件的特殊管辖权基础，才能对案件享有管辖权。对于侵权诉讼的国际管辖问题，如果侵权所在地在日本，则日本法院享有管辖权。但是，侵权发生地在日本，而侵权结果发生地在国外的情形，日本法院不享有管辖权。第三，共同诉讼的国际管辖权。依据《日本民事诉讼法》第 3～6 条的规定，如果在一个诉讼中存在多个请求，日本法院仅对与请求有密切联系的事项享有管辖权，对其他事项则不具有管辖权。《日韩共同议定书》第 207 条也有类似规定。对于不同当事人提起的关于同一标的的共同诉讼，只有以基于相同事实和法律请求为前提，日本法院才享有管辖权。《日韩共同议定书》第 208 条有类似规定。第四，拒绝行使日本国际管辖权的特殊情形。依据《日本民事诉讼法》第 3～9 条的规定，如果对某一诉讼享有国际管辖权的日本法院，发现案件所涉及的商业性质、被告在诉讼中的举证责任、证据所在地或其他损害当事人间公平或阻碍适当和迅速审判的特殊情形存在时，日本法院可以全部或部分拒绝行使其管辖权，依据当事人协议日本法院具有排他性专属管辖权的除外。相关的最早判例是马来西亚航空案。《日韩共同议定书》第 211 条也有类似规定。特殊情形条款，是目前依日本传统判例法进行审理过程中保证个案公正所不可或缺的保障。过去日本判例法，忽视了管辖权确定的第一阶段，而过多地考虑"特殊情形"的存在，而现在修正后的法律则不再允许这样的实践。我们不应仅因为在讨论外国法适用时涉及"特殊情形"而简单地拒绝行使国际管辖权。第五，结论。如果被告住所位于日本，日本应当对该知识产权侵权诉讼享有国际管辖权，包括基于外国知识产权而引起的侵权诉讼。如果被告住所不在日本，则应考虑侵权管辖所在地。如果不法行为所在地或发生地位于日本，则日本法院应享有管辖权。只有在不法行为发生在日本时，日本才对该侵权案件享有管辖权。希望因特殊情形而拒绝管辖的判例法在未来获得一些新的发展。

（三）其他国际私法问题

在这次论坛上，与会代表还对国家及其财产豁免问题、国际商事仲裁问题、美国《第三次冲突法重述》学术争论等问题进行了探讨。

1. 国家及其财产豁免问题

国家及其财产豁免问题，引起了这次论坛与会代表的强烈兴趣，学者们从不同角度对国家及其财产豁免问题进行了解读。

有学者以德国诉意大利案为视角深入分析了国际强行法与国家管辖豁免权的冲突及解决。德国在国际法院诉意大利一案已有定论，2012年2月3日国际法院认定即使德国做出违反国际法的行为，仍然不能够剥夺其应享有的国家豁免权。在司法实践中国际强行法规则屡屡让步于国家豁免权，这也使得国际法学界更加关注国家豁免权与国际强行法之间的关系。该学者认为，违反国际强行法规则的行为严重威胁到了国际社会秩序的稳定，进而会危及到主权国家自身的利益。因而，主权国家放弃部分自己的豁免权以换取国际秩序的稳定和国际利益是可行的，也是必要的。法律或政治的理由不能构成允许国家利用国家豁免权来阻止涉及违反国际强行法规则的诉讼的借口。为了协调二者的关系，可以考虑将国家管辖豁免权加以限制，将违反国际强行法规则的行为作为国家管辖豁免权的一种例外，确保双方均能接近司法正义（access to justice）。就执行豁免而言，还需更为谨慎地处理其与国际强行法的关系。

有学者以欧洲人权法院的实践为中心探讨国家豁免对诉诸法院之权利的限制。该学者指出，欧洲人权法院根据《欧洲人权公约》第6条第1款发展了诉诸法院之权利，当然也可以予以限制，只要限制的目的合法，而且符合比例原则，并且经综合评估后没有侵犯诉诸法院的核心。在审查限制的目的上,欧洲人权法院认为,民事诉讼中授予外国国家以豁免是符合遵守国际法的合法目的的,即通过尊重另一国的主权而促进各国之间的礼让和友好关系。在比例原则上,《联合国国家豁免公约》中的限制豁免规则起着越来越大的作用,尤其是在涉及雇用合同、人身伤害等事项上,保护申诉人的诉诸法院之权利,限制国家援引国家豁免。在国家豁免与诉诸法院之权利的关系上,欧洲人权法院的判决深刻地影响了各缔约国的国内法和相关实践,同时也受缔约国实践的影响。在未来,关于诉诸法院之权利与国家豁免的关系可能会有相应的变迁与发展。当然,在强行法与国家豁免的关系上,欧洲人权法院也倾向于支持国家豁免,并不认为违反国际法就成了豁免的例外,缔约国法院授予外国国家以豁免的保护并不违反比例原则,不违反《欧洲人权公约》第6条第1款。

2. 国际商事仲裁问题

国际商事仲裁问题,亦是这次国际法论坛的关注热点。在这次论坛上,有学者通过对北京市第二中级人民法院在1996年至2010年间审理申请撤销北京仲裁委员会仲裁裁决案所做的563份裁定,尤其是其中66份撤销裁决裁定的实证研究表明,我国1994年《仲裁法》对申请撤销仲裁裁决的规定虽然过于简约,但撤销程序存在的问题更多系源于法律的实施,前述66份撤销裁决的裁定没有一份没有任何瑕疵。法院在审理申请撤销裁决的案件时存在误读法条、同案不同判、忽略当事人主义、未充分理解支持的政策及不太注重运用裁判方法等问题。法官缺乏仲裁法知识以及法律训练不足等因素,也是造成这一现状的重要原因。为改变现状,作为过渡措施,仲裁机构应加强与法院的业务互动;最高人民法院也不妨考虑将涉外仲裁的报告制度,扩大适用于国内仲裁裁决的撤销。为规范撤销程序,一方面,仲裁机构及仲裁员应特别注意遵守程序正义的要求,注意保障裁决在法律上的安全性。另一方面,法院应不断改进仲裁观,提高司法能力,善用自由裁量权。

三 国际经济法

全球治理的背景下,传统发达国家的衰弱和新兴经济体的崛起,对既有的国际经济新秩序形成了巨大的冲击,国际经济版图正在不断改写。这些发展变化为国际经济法注入了新的发展动力,也带来了新的挑战。世界贸易组织（WTO）及其改革、欧债危机问题和国际投资法律制度等国际经济法前沿问题成为这次论坛关注的焦点。

（一）世界贸易组织

国际关系和力量格局的深刻变化、WTO 体制日益暴露出愈发严重的制度性缺陷均说明确有必要对 WTO 现有体制进行改革。在这次论坛上，有学者评析了 WTO 改革的必要性、WTO 改革的指导思想以及 WTO 改革的具体建议。他指出，尽管改革思路和方案内容不同，但对于 WTO 改革的必要性，各界有着广泛的共识，突出地体现为以下两点：一是 WTO 体制已不适应新的国际关系和力量格局；二是 GATT/WTO 体制中制度性缺陷凸显。学界普遍认为，WTO 存在的制度性缺陷主要集中于两大方面：作为国际组织管理功能的严重缺失以及"协商一致"决策方式造成的决策困难。从对多边贸易体制运转影响的广度和深度上讲，以上两点制度性缺陷的破坏性突出。

WTO 改革的指导思想，是首先要明确的问题。在这个问题上，发达国家和发展中国家之间存在分歧，学术界也是观点迥异。目前看，主要围绕以下三方面议题展开争论：（1）WTO 是否应当改变贸易自由化宗旨而代之以以维护人权与社会正义为核心的"宪政化"之路？该学者认为，贸易自由化宗旨是 GATT/WTO 体制赖以生存和发展的根基，必须予以坚持，绝不可动摇、改变。对于人权、环境等非贸易事务，WTO 完全可以通过"一般例外"规则等现有机制加以协调，而不必大动干戈地将 WTO 体制"宪政化"。（2）一些学者提出，WTO 应改变旧有传统，将工作重心转移至规制成员方国内政策和行为方面，以应对经济一体化带来的挑战，更好地行使多边贸易体制管理国际贸易的职能。该学者认为的正确做法是，在降低关税、推动市场准入的同时，加强对各成员方国内政策和立法的管理与监督。这种改革更符合全球经济一体化对 WTO 体制的要求，更有利于各国协调行动应对经济全球化的挑战，是完善全球经济治理的必然之举。（3）一些学者提出，目前的 WTO 体制笨重不堪、无法前行，已远不能适应全球经济治理的需要，应尽快改变目前的权力运行模式，将 GATT/WTO 体制的定位由传统的"成员方导向型"转为"管理导向型"，从而强化 WTO 作为国际组织的管理职能。该学者指出，实际上，改变 WTO 的"成员方导向"定位会遭到不少成员方的反对，真正实施的希望十分渺茫。但是，管理职能弱化的确是 WTO

体制长期存在的缺陷，必须采取措施加以克服。

WTO 总干事设立的专家咨询委员会、一些非政府组织、研究机构以及众多 WTO 学者从各自的改革思路出发研究并提出的具体改革方案尽管内容迥异，但重点大都针对总干事以及秘书处的职权、WTO 决策及争端解决的透明度、现行决策机制这三项。具体而言：（1）强化总干事和秘书处职权。有学者认为，在当前多边贸易体制面临困境的时候，强化总干事和秘书处的职能是 WTO 摆脱困境、推动多边贸易体制前行的唯一选择，但由于指导思想尚未统一，因此，目前不宜在 WTO 内另设类似管理委员会的独立机构，着眼点应放在加强总干事和秘书处推动规则制定和贸易谈判的权力这一具体方面。（2）扩大 WTO 决策的透明度。主要包括两方面建议：一方面是建议增强 WTO 与成员方议会之间的互动，另一方面是建议尽快建立与非政府组织之间的沟通机制。（3）改革现有决策机制。这一改革的呼声最为强烈，现已发表的每一个改革方案都提出此类建议并设计了具体方案。有学者指出，WTO 应在坚持"协商一致"原则的前提下增强权重决策的比例，逐步改变目前决策困难的局面，推动 WTO 体制高效运转，但应坚持将权重决策作为"协商一致"原则的例外，严格规定适用条件和范围，并不得滥用。

来自实务部门的代表以欧盟—紧固件反倾销案为例探讨了 WTO 争端裁决与执行对反倾销当中的非市场经济规则的突破。该代表指出，我国在欧盟—紧固件案中通过在《关于实施 GATT 1944 年第 6 条的协定》（简称为《反倾销协定》）第 2.4 条"价格公平比较"条款上取得程序性的胜诉。从欧盟对判决的实施情况来看，我国从程序性胜诉走向了实体的胜诉，也就是欧盟承认其在实体上违反了 WTO 规则。该案的影响在于，即使在我国未能取得市场经济地位的背景下，如果我国能够在其他案件中运用好《反倾销协定》第 2.4 条，我国在 WTO 贸易救济的地位也会得到很大的改善。

还有学者指出，WTO 上诉机构就"中国原材料出口限制案"（以下简称"原材料案"）做出的关于 GATT 1994 第 20 条一般例外不适用于《中国入世议定书》第 11.3 段的裁决是错误的。在本案中，上诉机构采用了严格的约文主义解释方法，忽视了"目的和宗旨"的作用，实际上是对《维也纳条约法公约》第 31 条的违反。这种解释方法也导致了 WTO 的一些新加入国一旦承担了超 WTO 义务并且没有明示援引 GATT 1994 的第 20 条一般例外的规定就意味着该国被剥夺了援引一般例外的权利，这一结论造成了国家自身具有的规制贸易的固有权利被扭曲为授予权利，也造成了 WTO 新加入国权利与义务的失衡，甚至使得中国的出口关税的义务成为 WTO 体制下最为"神圣"的义务，这显然是违背 WTO 规则基本常识的。

（二）欧债危机问题

欧盟在区域经济政治一体化方面的努力和作用，尤其在应对欧债危机过程中所做出的改革及其重要作用，值得我们学习和借鉴。此次国际经济法分论坛对欧债危机问题进行了激烈讨论。

来自德国的学者从欧元区面临的多重危机、短期与长期危机应对政策、银行业问题等方面对欧元区的危机应对政策做了系统阐释。自 2009 年全球金融危机转变为欧洲主权债务危机之后，欧洲中央银行和国际货币基金组织等一直致力于寻求危机解决对策，但分歧不断。德国学者系统分析了针对欧元区危机而提出的短期危机管理对策和长期战略政策，主要是国际货币基金组织和欧盟的金融援助措施和法律规定。为了应对债务与经济危机，欧盟进行了一系列危机应对措施，包括成员国对希腊提供双边贷款，此后又通过欧洲金融稳定机制（EFSM）和欧洲金融稳定基金（EFSF）对爱尔兰、葡萄牙等国进行财政援助。2011 年 3 月 25 日，欧洲理事会通过了一项旨在修订《欧洲联盟运行条约》的《2011/199/EU 号决定》。欧盟此次修订基础条约的目的，是为建立永久性的"欧洲稳定机制"（ESM）提供法律依据。2012年 7 月 1 日《建立欧洲稳定机制条约》（ESM）正式生效。由于 ESM 与欧盟法的一致性以及与成员国财政主权的关系问题引起多起争议，德国联邦宪法法院多次应本国原告的请求就相关机制做出裁决。该学者就德国宪法法院所面临的欧债危机管理与宪法的关系进行了阐述。最后，关于欧盟货币联盟（EMU）的未来，该德国学者提出两个基本问题：第一个问题是欧盟货币联盟对欧盟成员国的作用，这是一个宪法问题；另一个更基础性的问题是，如何针对长期挑战而重整欧盟当前的货币政策。

有学者分析了欧债危机的经济结构及其国民性困局。他认为，欧元区17 个国家从地理上分南北两大类，引起欧元债务危机的问题国家 PIGS 恰恰就是南方地中海沿岸国家。这些国家的经济结构和北方国家完全不同，而国民性是形成这些经济结构的深层原因。欧元债务危机可以通过采取各种措施得以缓解，但其国民性却不可能短期改变，因此欧债危机实际上已经陷入难以解决的恶性循环之中。其实中美经济贸易关系也受中美经济结构左右，但是由于中美两国的国民性有所不同，因此是处于互利互补的良性循环之中。就全球来看，也存在着美英等盎格鲁撒克逊国家的消费型经济和中日德等生产出口型经济的对立和互利互补的经济结构。但由于美国仍然具有充分的创新能力和金融货币霸权，这样的经济互动关系仍然具有生命力。

有学者系统阐述了欧债危机下欧盟财政监管与一体化的最新立法进展。他指出，在欧洲债务压力之下，欧盟成员国进行了一系列改善经济协调和预算监管的改革。这些改革都是在《里斯本条约》基础之上进行的，尽管也涉及条约的修订，但是在权能领域方面，并没有超越基础条约的限制。当前的欧盟经济治理，与所谓欧盟经济政府所需要的权力范围有着巨大的差距，这不仅使欧盟法在这个领域呈现出一种明显的碎片化，而且一再地受到欧盟法合法性与成员国法合宪性的挑战。另一方面，《经济货币联盟治理、稳定与协调公约》以及《建立欧洲稳定机制条约》试图在欧盟法之外获得更大的政治合理性。在基础条约难以修订的背景下，以近乎开放式协调方式所进行的立法确实取得了一定政治上的支持，但是放弃原本可以采用欧盟层面的加强型合作尝试，使得这两个条约得不到欧盟法那样的法律确定性和至上性。法律效力与政治合法性在此上存在明显的落差。这种落差的出现，说明欧洲一体化进入了更加艰难推进的瓶颈。如何获得成员国更大的主权让渡意愿，是推进欧盟财政监管无法逾越的问题。

作为欧洲经济的"火车头"，联邦德国成为解决欧债危机的"关键人物"，承担了最大的援助份额。有学者专门关注了德国应对欧债危机的举措，通过德国联邦宪法法院对有关欧元区援助法案的司法判决的分析，展示宪法法院为德国参与集体性援助行动所确立的基本法律框架。该学者指出，对欧元区援助法案进行违宪审查的司法判决表明，联邦议会是在德国唯一有权决定通过国家财政实施对外援助的主体。国家财政决定权是一项议会基于宪法保护的公民选举权和民主原则的不可随意转让的宪法权力。即使在参与为解决欧元区成员国主权债务危机的集体性救助行动时，也必须保证议会的权力不被完全剥夺，尤其要符合有限的单项授权、监督权的议会保留以及正当程序的宪法约束。总体而言，宪法法院在国家对外财政援助事务中构建了一个以联邦议会为核心的基本框架，同时局部加强了联邦议员和党团在议会中的权利，却在某种程度上限制了联邦政府以及欧盟机构的职权，其目的是维护代议制民主下的人民自治权。

（三）其他国际经济法问题

在这次论坛上，与会代表还对中美双边投资条约谈判问题、金融市场的全球法律实体标识系统、系统重要性金融机构国际监管、外国法律制度及其对我国的启发等问题进行了探讨。

1. 中美双边投资条约谈判问题

关于中美双边投资条约问题，美国要求以最复杂并且意味着对市场准入和投资保护最高标准的双边投资条约美国范本作为谈判基础，将导致目前中国以产业政策为导向，对有潜在的外国直接投资进行"一项目一批"为特征的投资管理体制不得不进行系统化的全面修订。鉴于变化的中美两国利益、巨量的潜在投资、双方当事国立场的冲突，中美双边投资条约的谈判注定是史上最困难的，并且可能演变成为两国间旷日持久的外交战。

有学者对中美双边投资谈判的有关问题进行了研究，并在此次论坛上报告了其初步研究成果。该学者的报告包括如下主要内容：第一，中美之间选择双边投资条约的考量。第二，中美双边投资条约谈判的焦点，包括：谈判文本问题、国民待遇问题、国家安全问题、主权财富基金问题、劳工问题和其他问题。第三，中美在争议解决机制问题上的意见与分歧。美国迫切要求建立完整的投资者—东道国仲裁规定，中国则建议投资争端解决中心只能通过仲裁协议对每一个投资者—东道国争端主张仲裁管辖权。第四，关于中美双边投资条约的影响，可以在两个维度内进行评估：其一，中美经济联系上更密切；其二，中美双边投资条约范本可为未来全球投资体制的构建提供范例。该学者认为，为缓解中美间经济紧张，防止美国将经济问题政治化，需要加强对美国双边投资条约范本，从 2004 年版到最新修订版，进行历史和法理的精细化分析和研究。探讨从目前中国的经济现状到未来的"走出去"战略的深入实施，如何让"高标准"的双边投资条约在不同的历史时期发挥不同的作用，真正做到为我所用，维护国家利益。

2. 金融市场的全球法律实体标识系统

全球法律实体标识（LEI）体系是在 G20 的倡导下国际监管界着手建立的、旨在识别参与金融交易的法律实体身份的全球统一的识别系统，具有唯一性、普适性、公益性、便利性等基本特征。有学者对全球法律实体标识（LEI）体系的创建及其特征、治理框架、价值目标和现实挑战进行了评述。她指出，该体系适用于从事金融市场交易的所有法律实体，其治理框架以监管委员会、中央操作机构和地方操作机构为组织架构,包含高级原则、监管委员会章程以及注册发行、持续注资和反垄断等程序安排。该体系的价值目标在于:加强系统性风险监测和审慎管理,维护金融稳定;促进金融集团内部风险披露,提高金融数据的精确性和完整性;便利金融数据的免费提供,维护市场秩序和公共利益。与此同时,该体系在适应性、操作性和强制性等方面也面临现实挑战。该学者建议,中国作为 FSB 的成员,应充分认识到全球 LEI 系统的战略价值,将其作为促进金融监管标准化的一项重要基础性工程来加以实施。目前,我国金融法律实体识别制度还很不完善,从总体上看,缺乏统一性和协调性,不能实现迅速识别金融集团内法律实体的身份、增进风险披露等目标,不利于准确反映金融体系内的真实风险和关联性,且不利于为市场参与者无偿提供有参考价值的数据信息。鉴于大型银行在金融体系内最具系统重要性,全球 LEI 系统在我国的确立或将从银行业起步,银行业监督管理部门可作为全球 LEI 系统在我国建立与实施的主管部门。该部门应深入研究全球 LEI 系统的治理框架和操作规则,提出我国加入该系统或将国内原有法律实体识别制度嵌入该系统的方案和相应标准,并与证券业、保险业监督管理部门等机关通力合作,扫清可能的制度障碍。中国银行作为全球系统重要性金融机构,将与工商银行、建设银行等国内系统重要性金融机构一起,成为我国最先适用全球 LEI 的机构,随后,根据金融机构系统重要性程度的高低,全球 LEI 系统将逐步覆盖国内所有金融机构。

3. 系统重要性金融机构国际监管

系统重要性金融机构(SIFI)是指那些由于其规模、复杂性和系统关联性,陷入危机或无序倒闭将使更大范围内的金融系统和经济活动受到严重扰乱的金融机构。对系统重要性金融机构进行有效监管是全球金融危机以来国际金融监管改革工作的重要组成部分。有学者系统分析了系统重要性金融机构国际监管的发展,并对其发展趋势提出了自己的观点。

金融稳定理事会联合其他相关国际金融组织制定的一系列文件奠定了系统重要性金融机构国际监管的基础。该学者将其基本内容概括为如下三个方面:一是确立认定标准或评估方法,借以识别和判定特定机构的系统重要性;二是提高监管的强度和有效性,例如在一般金融机构所适用的资本充足要求之外提出附加损失吸收能力要求,以求减少 SIFI 经营过程中的道德风险;三是建立和实施适当的处置机制,一方面终结"大到不能倒"这种实质上是金融机构"绑架"公众的不合理现象,另一方面将 SIFI 倒闭给金融体系和经济活动可能造成的负面影响降到最低。

迄今为止的监管工作采取了由国际到国内、由银行到非银行金融机构的渐进式思路，其由外而内、由大及小的轨迹清晰可见。该学者指出，这一方面有助于在初期工作中迅速打开局面，及时构建起一个初步框架和一套初步规则；另一方面又使得整个监管框架和规则体系在一定程度上呈现"碎片化"特征，全局性和统一性稍嫌不足，框架和规则之间的兼容和协调成为问题。随着 SIFI 监管工作向国内层面和非银行金融机构延伸，问题的多样性和复杂性必将日渐显著，国内规则与国际规则、不同国家的国内规则之间的冲突与协调也将日益占据突出地位。这些都将是未来研究和讨论的重点所在。

4. 外国法律制度及其对我国的启发

加拿大发起的针对中国产品提起的反补贴调查数量逐渐增加，对加拿大反补贴制度进行深入的研究，对中国具有重要的现实意义。有学者从如下四个方面全面系统地研究了加拿大补贴与反补贴法律制度：（1）加拿大贸易救济制度概况与特征。该学者在阐述加拿大贸易救济制度形成和发展的基础上，对加拿大贸易救济法中的补贴与反补贴法律体系分议会立法、行政法规、法院裁决三个部分进行了全面系统梳理。（2）加拿大反补贴机构及制度。首先，加拿大反补贴实施机构主要是加拿大边境服务署和国际贸易法庭。前者负责对补贴进行调查和认定，后者负责对损害进行调查和认定。其次，《特别进口措施法》是加拿大现行的施行反倾销和反补贴措施的主要法律依据。依据该法律规定，一项反补贴措施的实施涉及补贴、损害以及因果关系的认定。再次，加拿大补贴与反补贴法律程序制度主要包括以下几个方面的内容：调查的发起、初步调查及裁决、承诺、最终调查、最终裁决、重新调查、中期复审、终期复审以及公共利益调查。加拿大补贴与反补贴法律规定，所有法律要求做出的决定，都必须在《加拿大公报》上进行公示。（3）加拿大反补贴法律实践。从 1984 年加拿大《特别进口措施法》颁布起，至 2011 年 9 月 30 止，加拿大共发起反补贴调查 32 起。近年来，加拿大发起的反补贴调查数量正逐渐增多，且主要针对中国进口加拿大的产品。为充分反映加拿大补贴与反补贴法律在实践中的运用，该学者分析了加拿大—原产中国户外烧烤架反补贴案、加拿大—原产中国碳钢和不锈钢紧固件反补贴案、加拿大—原产中国无缝钢制油气套管反补贴案、加拿大—原产中国半导体冷热箱反补贴案等。（4）加拿大补贴政策。从加拿大向 WTO 补贴与反补贴措施委员会提交的补贴政策通知可以看出，加拿大 2007～2012 年的补贴政策，主要涉及联邦及地方两个层面，包括工业、农业、林业、渔业和文化出版五个方面的补贴计划。这些计划包括研究和发展援助、联邦/省的共享成本援助和地区发展援助等。

此外，有学者从控制的概念、方法、对象、单独控制、共同控制以及控制权的改变着手，深入分析了欧盟竞争法律中的控制权制度，希望对欧盟《合并控制条例》中的控制权制度进行类型化划分和论证。该学者指出，欧盟《合并控制条例》中的控制权制度对塑造我国《反垄断法》第 20 条的控制权和决定性影响有着重要的理论和实践意义。

《国际法研究》稿约

《国际法研究》（以下简称《研究》）是由中国社会科学院国际法研究所主办的国际法学术书刊。本刊秉持"正直、精髓"之精神，坚持客观、公正和学术自律的方针，力求成为展示中国国际法学研究之成就的新园地。

《研究》将覆盖国际公法、国际经济法和国际私法等国际法诸领域，包括论文、译文、评论、书评等栏目，以及国际法动态、中国的实践、国际法教学、重要文件等内容。

《研究》面向国内外征集稿件。本刊审稿人员将由高水平的国际法学者担任，坚持以学术水平为唯一的审稿标准。

《研究》采用一般学术刊物通行的注释体例。来稿请附英文标题，若属于"论文"专栏，请附英文摘要。

《研究》一年四期，长期征稿。

来稿请寄：中国社会科学院国际法研究所《国际法研究》编辑部（北京市东城区沙滩北街 15 号，邮编：100720）。欢迎使用电子邮件投稿：cril_cass @ 126. com。

欢迎国际法学界同仁投稿、建议或咨询。

中国社会科学院国际法研究所

《国际法研究》编辑部

图书在版编目（CIP）数据

国际法研究. 第 8 卷/陈泽宪主编. —北京：社会科学文献
出版社，2013.6
ISBN 978 - 7 - 5097 - 4749 - 0

Ⅰ. ①国… Ⅱ. ①陈… Ⅲ. ①国际法 - 研究 Ⅳ. ①D99

中国版本图书馆 CIP 数据核字（2013）第 127752 号

国际法研究（第八卷）

主　　编/陈泽宪
本卷执行主编/黄东黎

出 版 人/谢寿光
出 版 者/社会科学文献出版社
地　　址/北京市西城区北三环中路甲 29 号院 3 号楼华龙大厦
邮政编码/100029

责任部门/社会政法分社　（010）59367156　　责任编辑/芮素平
电子信箱/shekebu@ ssap. cn　　　　　　　　责任校对/李杰明　季武西
项目统筹/刘晓军　　　　　　　　　　　　　责任印制/岳　阳
经　　销/社会科学文献出版社市场营销中心　（010）59367081　59367089
读者服务/读者服务中心（010）59367028

印　　装/北京鹏润伟业印刷有限公司
开　　本/787mm×1092mm 1/16　　　　　　印　　张/32
版　　次/2013 年 6 月第 1 版　　　　　　　字　　数/551 千字
印　　次/2013 年 6 月第 1 次印刷
书　　号/ISBN 978 - 7 - 5097 - 4749 - 0
定　　价/128.00 元